一部系统而实用的汉语国际教育教材

对外汉语教学入门

THE GUIDANCE OF TEACHING CHINESE TO SPEAKERS OF OTHER LANGUAGES

（第三版）

主　编　周小兵

副主编　张世涛　洪　炜

中山大学出版社
SUN YAT-SEN UNIVERSITY PRESS

·广州·

版权所有　翻印必究

图书在版编目（CIP）数据

对外汉语教学入门/周小兵主编；张世涛，洪炜副主编．—3 版．—广州：中山大学出版社，2017.9

ISBN 978-7-306-06120-1

Ⅰ.①对… Ⅱ.①周… ②张… ③洪… Ⅲ.①汉语—对外汉语教学—教材 Ⅳ.①H195.4

中国版本图书馆 CIP 数据核字（2017）第 180823 号

出 版 人：	王天琪
策划编辑：	李海东
责任编辑：	李海东
封面设计：	曾　斌
责任校对：	何　凡
责任技编：	何雅涛
出版发行：	中山大学出版社
电　　话：	编辑部 020-84111996，84113349，84111997，84110779
	发行部 020-84111998，84111981，84111160
地　　址：	广州市新港西路 135 号
邮　　编：	510275　　传　真：020-84036565
网　　址：	http://www.zsup.com.cn　E-mail:zdcbs@mail.sysu.edu.cn
印 刷 者：	广州市友盛彩印有限公司
规　　格：	787mm×960mm　1/16　33 印张　720 千字
版次印次：	2004 年 4 月第 1 版　2017 年 9 月第 3 版　2023 年 4 月第 24 次印刷
印　　数：	57501～59500 册　　定　价：66.00 元

如发现本书因印装质量影响阅读，请与出版社发行部联系调换

第三版前言

应汉语国际教育迅速发展的需要,《对外汉语教学入门》(第二版)从2014年底开始修订。经过两年多的辛勤工作,《对外汉语教学入门》(第三版)终于面世了!

本书编写的目的和特点,前两版序言分别表述为:

第一版:"如何规范对外汉语教学,使新的学校和机构按照教学规则组织管理教学,如何使新教师遵照教学规范实施有效的教学,已经成为一个迫在眉睫的任务。本书就是为了完成这一任务而策划编写的。"

第二版:"在编写过程中,本书力求吸收汉语国际教育最新研究成果,把知识讲解和相关教学方法、手段、技巧的解释结合起来,具有规范性、科学性、易学性和易操作性。力求概念解释清楚,叙述简单明了,例子明白易懂。"

第三版的修订原则是:从知识技能、图表、练习三个系统入手修订,使教材更实用、更好用。具体为:知识技能系统,吸收教学研究最新成果,增加新内容、实用的例子、简单明了的解释;删除不合适的表达和例子;精练文字。图表系统,增加图片、表格,适合多模态阅读与教学。练习系统,增加练习内容和类型,希望学习者通过练习,巩固相关知识与技能。

跟第二版相比,这一版的主要变化有:

一、增加"人才培养与教师发展"(第七章)、"专用汉语"(第十九章)两章。前者致力于解决"三教"中合格教师不够的难题,探讨国际汉语教师的基本素质、人才培养(含本科生、研究生培养和一般教师培训)的主要内容、教师发展的具体路径;后者为适应专用汉语快速发展的需求,探讨专用汉语的定义与分类、教学大纲与课程设置、教学实施与测试评估。

二、某些章节做了较大改动。如:"教材的评估、使用与开发"(第六章),吸收中山大学国际汉语教材研发与培训基地多项成果,讨论教材分类、评估、教材库建设与教材概览、网络资源与在线工具、语料库建设与应用等论题,系统而实用;"汉语传播与教学简史"(第八章),附上大量历史图片,增强了可读性。改动较大的章还有"第二语言习得"(第四章)、"跨文化交际与文化教学"(第十三章)、"汉语综合课教学"(第十四章)。

三、将第二版第二章分解为"外语教学法"(第二章)和"课堂教学"(第三章)两章,改善内容与表达。

修订后的《对外汉语教学入门》，内容更加系统科学，图表例子更为多样，更方便师生的教授与学习。由于三个系统的改善与更新，本书不但对新手教师有用，对熟手教师也有用。

本书的读者对象主要是：海内外从事汉语国际教育的教师、志愿者、教学管理人员和其他从业人员（如出版机构人员、教学资源建设人员和管理机构、咨询机构人员），攻读汉语国际教育本科、硕士、博士学位以及相关专业、方向的学生，以及想参与汉语国际教育、想获得国际汉语教师证书的各类人士。

本书具有工具书性质。通过学习和训练，就可以上各类汉语课，进行语音、词汇、语法、汉字、文化等课程教学；可以处理多种教学难题，有效进行教学；可以启发读者找到研究选题，促进二语教学和习得研究。

本书主要由中山大学原国际汉语学院教师编写，兄弟院校的教师和中山大学部分博士生、硕士生也参与了编写工作。编写、修订工作的分工情况如下：

上编：第一章，周小兵，杨峥琳（原中山大学，现云南民族大学）、陈琳、伍秋萍；第二章，刘若云、罗宇（广东第二师范学院）；第三章，邓淑兰，周小兵；第四章，洪炜，周小兵，邓小宁，贾蕃（博士生），李蕊（原中山大学，现济南大学）；第五章，吴门吉，伍秋萍，王功平（暨南大学），李春琳（广东外语外贸大学，中山大学在职博士生）；第六章，周小兵，金檀，郭曙纶（上海交通大学）、陈楠（原中山大学，现广东惠州学院），杨峥琳，张瑞朋，高雪松，王乐（博士生），王意颖（博士生）；第七章，范常喜，韩一瑾，周小兵；第八章，邓小宁，王煜，周小兵。

中编：第九章，邓小宁，张鹏（云南师范大学，中山大学在职博士生），周小兵；第十章，李英，洪炜，李海鸥，赵新；第十一章，周小兵，杨峥琳；第十二章，李蕊，陈琳；第十三章，张世涛，颜湘茹。

下编：第十四章，李英，张世涛，刘妍李；第十五章，朱其智，张玉娥，郑宇宁；第十六章，李海鸥，蔡晓丽；第十七章，徐霄鹰，伍秋萍，潘小洛；第十八章，张念，陈淑梅，丁沽沽；十九章，莫秀英，邓淑兰，李英，王乐（博士生）。

周小兵的博士后宋贝贝，博士生薄巍（现在大理学院任职）、李春琳，硕士生刘苗苗、黄丽丽、郭琕、郭瑞雪、李舒静、林佩珠、刘寒、刘艺、张丹妮、谢菲、刘淑婷、刘诗敏、麦倩明等也参与了本书的修订工作。此外，中山大学不少研究生、国内外不少读者对本书第二版提出了很多建设性意见，对本书修订帮助很大。中山大学出版社对本书的出版和修订给予了大力支持。在此我们一并表示衷心的感谢！

本书修订版还会存在不足与错漏，敬请读者提出批评指正！

周小兵

2017年8月1日

目 录
CONTENTS

上编 对外汉语教学通论

第一章 总论 (3)
第一节 学科性质 (3)
一、学科定位 (3)
二、学科名称 (4)
三、对外汉语教学的三个含义 (6)
第二节 语言学习的基本概念 (10)
一、目的语、第一语言和第二语言 (10)
二、习得与学习 (11)
三、第一语言习得和第二语言学习的差异 (13)
第三节 第二语言教学的性质、任务和类别 (15)
一、性质 (15)
二、任务 (16)
三、国内汉语教学类别 (16)
第四节 基础学科和相关学科 (19)
一、语言学 (19)
二、心理学 (21)
三、教育学 (23)
四、神经生理学 (24)
五、社会语言学 (26)
六、跨文化交际学 (29)

思考与练习 (31)
本章参考文献 (31)

第二章　外语教学法 (34)

第一节　教学法概述 (34)
一、跟教学总体设计的关系 (34)
二、跟教材设计的关系 (34)
三、跟课堂教学的关系 (35)

第二节　传统教学法 (35)
一、语法—翻译法 (35)
二、阅读法 (36)
三、直接法 (36)
四、听说法 (37)
五、认知法 (38)
六、全身反应法 (39)

第三节　人本主义教学法 (39)
一、静默法 (40)
二、启示法 (40)
三、咨询法 (41)

第四节　交际型教学法 (41)
一、功能法 (41)
二、任务式教学法 (42)
三、内容教学法 (43)
四、3P教学法 (44)

第五节　创新型教学法 (44)
一、全语言教学法 (44)
二、体裁教学法 (45)
三、"四位一体"教学法 (45)

第六节　教学法的发展趋势 (45)
一、与相关学科的互动 (45)
二、折衷主义 (46)
三、综合化倾向 (46)

思考与练习 (47)
本章参考文献 (47)

第三章　课堂教学 (49)
第一节　备　课 (49)

一、备课准备 …………………………………………………………… (49)
　　二、编写教案 …………………………………………………………… (50)
　第二节　讲述与倾听技能 …………………………………………………… (52)
　　一、讲述技能 …………………………………………………………… (52)
　　二、倾听与反馈技能 …………………………………………………… (52)
　第三节　提问与组织讨论技能 ……………………………………………… (53)
　　一、提问技能 …………………………………………………………… (53)
　　二、组织讨论技能 ……………………………………………………… (56)
　第四节　非语言表达技能 …………………………………………………… (57)
　　一、手势表达 …………………………………………………………… (57)
　　二、面部表达 …………………………………………………………… (57)
　　三、眼神表达 …………………………………………………………… (57)
　　四、教态 ………………………………………………………………… (57)
　第五节　表扬与批评技能 …………………………………………………… (58)
　　一、表扬技能 …………………………………………………………… (58)
　　二、批评技能 …………………………………………………………… (58)
　第六节　课堂组织与管理 …………………………………………………… (59)
　　一、课堂组织 …………………………………………………………… (59)
　　二、课堂管理 …………………………………………………………… (60)
　第七节　板书和多媒体 ……………………………………………………… (61)
　　一、板书 ………………………………………………………………… (61)
　　二、多媒体 ……………………………………………………………… (62)
　思考与练习 …………………………………………………………………… (63)
　本章参考文献 ………………………………………………………………… (63)

第四章　第二语言习得 …………………………………………………… (65)
　第一节　第一语言的作用与对比分析 ……………………………………… (65)
　　一、对比分析的心理学基础 …………………………………………… (65)
　　二、对比分析的内容、作用与程序 …………………………………… (66)
　　三、对比分析的应用 …………………………………………………… (71)
　第二节　偏误分析 …………………………………………………………… (72)
　　一、偏误分析的作用 …………………………………………………… (72)
　　二、偏误分析的步骤 …………………………………………………… (74)
　　三、偏误分析在汉语教学中的具体应用 ……………………………… (78)

第三节　中介语及其发展过程 ································· (79)
　　　一、中介语 ·· (80)
　　　二、中介语的变异 ·· (80)
　　　三、二语习得的自然发展途径 ································ (83)
　　第四节　输入、输出与互动 ····································· (86)
　　　一、自然情境下的输入与互动 ································ (86)
　　　二、课堂情境的输入与互动 ··································· (88)
　　　三、输入、输出、互动在二语习得中的作用 ··················· (89)
　　第五节　学习者个体差异 ··· (95)
　　　一、年龄与性别 ·· (95)
　　　二、智力与语言学能 ··· (96)
　　　三、认知方式 ··· (97)
　　　四、态度与动机 ·· (98)
　　　五、个性与情感过滤 ··· (99)
　　第六节　学习和学习者的策略 ··································· (100)
　　　一、显性学习和隐形学习 ····································· (100)
　　　二、学习策略 ·· (101)
　　第七节　语言普遍性假说 ·· (108)
　　　一、语言普遍性 ·· (108)
　　　二、语言普遍性和第一语言习得 ······························ (110)
　　　三、语言普遍性和二语习得 ··································· (111)
　　第八节　其他语言习得假说 ····································· (115)
　　　一、文化适应模式 ·· (115)
　　　二、竞争模式 ··· (116)
　　　三、界面假说 ··· (117)
　　　四、动态系统理论 ·· (118)
　　思考与练习 ··· (120)
　　本章参考文献 ·· (122)

第五章　语言测试与成绩分析 ······································· (128)
　　第一节　语言测试的性质与目的 ·································· (128)
　　　一、语言测试的性质 ··· (128)
　　　二、语言测试的内容与目的 ··································· (128)
　　第二节　语言测试的类别 ··· (129)

一、分散测试和综合测试 ………………………………………… (129)
　　二、主观测试和客观测试 ………………………………………… (130)
　　三、分班测试和学能测试 ………………………………………… (131)
　　四、成绩测试和水平测试 ………………………………………… (131)
　　五、常模参照测试和标准参照测试 ……………………………… (131)
　　六、静态性测试和动态性测试 …………………………………… (132)
　　七、诊断测试 ……………………………………………………… (132)
　第三节　语言测试的原则和特点 …………………………………… (132)
　　一、针对性 ………………………………………………………… (133)
　　二、可靠性 ………………………………………………………… (133)
　　三、有效性 ………………………………………………………… (134)
　　四、实用性 ………………………………………………………… (134)
　第四节　测试成绩分析 ……………………………………………… (135)
　　一、描述分数集中性的统计指标——平均数、中位数和众数 … (135)
　　二、描写分数离散性的统计指标——方差、标准差、全距和四分位间距 … (137)
　　三、测试成绩的标准化 …………………………………………… (138)
　　四、百分位 ………………………………………………………… (138)
　　五、试题分析 ……………………………………………………… (139)
　　六、小结 …………………………………………………………… (139)
　思考与练习 …………………………………………………………… (140)
　本章参考文献 ………………………………………………………… (142)

第六章　教材的评估、使用与开发 ……………………………………… (143)
　第一节　教材分类 …………………………………………………… (143)
　　一、媒介性质 ……………………………………………………… (143)
　　二、课程内容 ……………………………………………………… (144)
　　三、标准参照 ……………………………………………………… (145)
　　四、组织结构 ……………………………………………………… (146)
　第二节　教材评估的基本内容与方法 ……………………………… (148)
　　一、教材评估的定义 ……………………………………………… (148)
　　二、评估类型 ……………………………………………………… (148)
　　三、教材评估的基本原则 ………………………………………… (149)
　　四、教材评估的标准 ……………………………………………… (150)
　　五、教材对象、目标与价值取向 ………………………………… (152)

六、教材评估的文本内容 …………………………………… (153)
  第三节　教材库建设与教材概览 ……………………………… (162)
　　一、教材形式 ………………………………………………… (162)
　　二、教材类别 ………………………………………………… (163)
　　三、教学媒介语 ……………………………………………… (166)
　　四、适用对象 ………………………………………………… (166)
　　五、出版信息 ………………………………………………… (167)
　　六、思考 ……………………………………………………… (168)
  第四节　网络资源与在线工具 ………………………………… (169)
　　一、国际汉语网络资源 ……………………………………… (169)
　　二、国际汉语在线工具 ……………………………………… (172)
  第五节　汉语语料库的建设与应用 …………………………… (178)
　　一、语料库建设 ……………………………………………… (178)
　　二、语料库的应用 …………………………………………… (182)
　　三、结语 ……………………………………………………… (184)
  思考与练习 ……………………………………………………… (184)
  本章参考文献 …………………………………………………… (185)
  附录　目前开放的汉语语料库 ………………………………… (187)

第七章　人才培养与教师发展 ………………………………… (189)
  第一节　国际汉语教师的基本素质 …………………………… (189)
　　一、个人素质 ………………………………………………… (189)
　　二、知识储备 ………………………………………………… (190)
　　三、能力结构 ………………………………………………… (191)
  第二节　人才培养与技能训练 ………………………………… (193)
　　一、语言教学技能 …………………………………………… (193)
　　二、文化传播技能 …………………………………………… (194)
　　三、跨文化交际能力 ………………………………………… (195)
　　四、研究能力及论文写作能力 ……………………………… (196)
  第三节　汉语教师的发展 ……………………………………… (197)
　　一、培养反思教学的能力 …………………………………… (197)
　　二、培养跨文化意识 ………………………………………… (198)
　　三、提高教学和管理艺术 …………………………………… (199)
　　四、培养科研素养和能力 …………………………………… (200)

五、后方法理论与教师发展 ·· (201)
　思考与练习 ··· (201)
　本章参考文献 ··· (202)

第八章　汉语传播与教学简史 ·· (204)
　第一节　汉语在东亚、东南亚的传播 ·· (204)
　　一、汉语在朝鲜半岛的传播 ·· (204)
　　二、汉语在日本的传播 ·· (208)
　　三、汉语在越南的传播 ·· (214)
　　四、小结：汉语汉字在朝鲜半岛、日本、越南的传播 ··········· (216)
　第二节　汉语在西方的传播 ··· (217)
　　一、明代以前汉语在西方的传播 ·· (217)
　　二、明末至清代汉语在西方的传播 ····································· (220)
　　三、汉语在西方的传播小结 ·· (222)
　第三节　华人移民和华文教育 ·· (222)
　　一、旧式华文教育阶段 ·· (223)
　　二、华侨教育阶段 ·· (223)
　　三、华文教育阶段 ·· (224)
　第四节　中华人民共和国成立前国内的汉语教学 ······················· (225)
　　一、1840 年以前 ·· (225)
　　二、1840 年以后 ·· (226)
　思考与练习 ··· (230)
　本章参考文献 ·· (232)

中　编　语言要素和文化教学

第九章　语音教学 ·· (237)
　第一节　语音介绍 ··· (237)
　　一、语音的含义 ·· (237)
　　二、语音的属性 ·· (237)
　　三、语音单位 ··· (239)
　　四、汉语语音简介 ··· (240)
　第二节　语音教学的原则 ··· (242)
　　一、目标明确 ··· (242)

二、汉外对比 ………………………………………………………… (243)
　　三、循序渐进 ………………………………………………………… (245)
　　四、足量的操练实践 ………………………………………………… (247)
　第三节　语音教学方法与技巧 ………………………………………… (248)
　　一、教学方法 ………………………………………………………… (248)
　　二、语音难点的教学 ………………………………………………… (257)
　思考与练习 ……………………………………………………………… (260)
　本章参考文献 …………………………………………………………… (260)

第十章　词汇教学 ……………………………………………………… (261)
　第一节　现代汉语词汇的特点 ………………………………………… (261)
　　一、双音节词是主体，单音节词仍占有重要地位 ………………… (261)
　　二、复合法构词为主，偏正式最多 ………………………………… (261)
　　三、词汇与非词汇界限模糊，切词困难 …………………………… (262)
　　四、语素造词理据性强，词语表意明确 …………………………… (263)
　　五、包含共同语素的近义词数量多 ………………………………… (263)
　　六、有叠音词和带叠音形式的词，叠音形式多样 ………………… (263)
　第二节　词汇教学的重要性和任务 …………………………………… (264)
　　一、词汇教学的重要性 ……………………………………………… (264)
　　二、词汇教学的任务 ………………………………………………… (264)
　第三节　教学词汇的选择和控制 ……………………………………… (265)
　　一、目标词选取及依据 ……………………………………………… (266)
　　二、词汇量的控制 …………………………………………………… (266)
　　三、词汇等级的控制 ………………………………………………… (267)
　　四、词汇重现率的控制 ……………………………………………… (268)
　　五、领会式、复用式词语的选取与控制 …………………………… (268)
　第四节　词汇教学的重点与难点 ……………………………………… (269)
　　一、近义词 …………………………………………………………… (269)
　　二、多义词 …………………………………………………………… (271)
　　三、用法特殊的词语 ………………………………………………… (272)
　　四、容易混淆的词语 ………………………………………………… (273)
　　五、熟语 ……………………………………………………………… (274)
　第五节　词汇教学的基本原则 ………………………………………… (274)
　　一、浅显讲解，难点分化 …………………………………………… (275)

二、结合语境，精讲巧练 ……………………………………… (276)
　　三、语素教学与整词教学相结合 ……………………………… (277)
　第六节　词汇教学的环节和技巧 …………………………………… (277)
　　一、展示生词 …………………………………………………… (277)
　　二、解释词义及讲解用法 ……………………………………… (280)
　　三、词语练习 …………………………………………………… (285)
　思考与练习 …………………………………………………………… (289)
　本章参考文献 ………………………………………………………… (290)

第十一章　语法教学 …………………………………………………… (292)
　第一节　语法的含义和类别 ………………………………………… (292)
　　一、语法的含义 ………………………………………………… (292)
　　二、语法学派的类别 …………………………………………… (292)
　第二节　汉语语法的特点 …………………………………………… (297)
　　一、词序和语序重要 …………………………………………… (297)
　　二、修饰成分的位置比较固定 ………………………………… (298)
　　三、有一些特殊词类和特殊的词 ……………………………… (299)
　　四、狭义形态少 ………………………………………………… (301)
　　五、特殊的动词结构 …………………………………………… (302)
　　六、句子成分跟词类既对应又不对应 ………………………… (303)
　第三节　语法教学的原则 …………………………………………… (303)
　　一、语法教学的目的 …………………………………………… (304)
　　二、语法教学的内容和语法项目的选择 ……………………… (305)
　　三、语法点的排列次序 ………………………………………… (306)
　第四节　语法教学的方法 …………………………………………… (311)
　　一、情景化教学 ………………………………………………… (311)
　　二、生成式教学 ………………………………………………… (311)
　　三、对比教学 …………………………………………………… (313)
　第五节　语法点的教学技巧 ………………………………………… (316)
　　一、语法点的展示 ……………………………………………… (316)
　　二、语法点的讲解 ……………………………………………… (318)
　　三、语法点的练习 ……………………………………………… (321)
　思考与练习 …………………………………………………………… (324)
　本章参考文献 ………………………………………………………… (325)

第十二章　汉字教学 (328)

第一节　汉字教学的地位和重要性 (328)
一、汉字的特点决定了汉字教学的重要性 (328)
二、汉语与汉字的特殊关系决定了汉字教学的重要性 (330)

第二节　对外汉字教学的特点 (330)
一、"对外"的特点 (331)
二、对成人的教学特点 (331)
三、对非母语儿童的教学特点 (332)

第三节　汉字教学的原则 (332)
一、汉字教学的目的和要求 (332)
二、汉字教学的内容 (333)
三、汉字教学中的几个顺序关系 (334)
四、以部件为中心的汉字教学 (335)

第四节　汉字教学的技巧 (338)
一、展示汉字的技巧 (338)
二、教授汉字的技巧 (340)
三、练习汉字的技巧 (342)

思考与练习 (345)
本章参考文献 (345)

第十三章　跨文化交际与文化教学 (348)

第一节　跨文化交际 (348)
一、关于文化 (348)
二、关于跨文化交际 (351)

第二节　价值观和文化 (357)
一、价值观和道德标准 (357)
二、历时文化和共时文化 (358)

第三节　汉语教学中的文化教学 (358)
一、语言技能教学中的文化教学 (358)
二、文化课教学中的文化教学 (359)
三、文化教学对教师的要求 (359)
四、文化教学的基本内容 (359)

第四节　跨文化交际与文化教学的基本态度和方法 (361)
一、对不同文化的基本态度 (361)

二、文化教学的方法和材料 ……………………………………………(363)
　思考与练习 …………………………………………………………………(364)
　本章参考文献 ………………………………………………………………(366)
　附　录　美国外交学院《汉语能力标准·文化》………………………(367)

下　编　语言技能课教学

第十四章　汉语综合课教学 ……………………………………………(371)
第一节　性质和特点 …………………………………………………(371)
　一、初级汉语读写课的特点 ………………………………………(371)
　二、中高级汉语精读课的特点 ……………………………………(372)
第二节　教学内容和教学原则 ………………………………………(373)
　一、初级汉语读写课 ………………………………………………(374)
　二、中高级汉语精读课 ……………………………………………(379)
第三节　教学环节和教学方法 ………………………………………(387)
　一、导入新课 ………………………………………………………(387)
　二、讲练生词 ………………………………………………………(388)
　三、讲练语言点 ……………………………………………………(389)
　四、讲练课文 ………………………………………………………(391)
　五、课堂练习 ………………………………………………………(393)
　六、课后复习 ………………………………………………………(393)
　七、考核 ……………………………………………………………(394)
　思考与练习 …………………………………………………………………(394)
　本章参考文献 ………………………………………………………………(396)
　附录　第十五课　大卫把菜洗干净了（教案）……………………………(396)

第十五章　听力技能课 ……………………………………………………(403)
第一节　听力课课型特点 ……………………………………………(403)
　一、语音输入与可懂输入 …………………………………………(403)
　二、重现主打课语言点，适量、适度学习语言知识 ……………(405)
　三、训练听力技能 …………………………………………………(405)
　四、强化、突出语音输入形式 ……………………………………(409)
第二节　听力课的课堂教学 …………………………………………(410)
　一、听力课课堂教学环节与教学步骤 ……………………………(410)

二、听力教学要注意的几个问题 …………………………………… (416)
　思考与练习 ……………………………………………………………… (417)
　本章参考文献 …………………………………………………………… (420)
　附录　教案设计 ………………………………………………………… (420)

第十六章　口语课教学 ……………………………………………… (426)
　第一节　口语教学原则 ………………………………………………… (426)
　　一、"i+1"原则 ………………………………………………………… (426)
　　二、交际原则 …………………………………………………………… (427)
　　三、个性化原则 ………………………………………………………… (429)
　　四、精讲多练原则 ……………………………………………………… (430)
　第二节　口语教学环节 ………………………………………………… (433)
　　一、导入环节 …………………………………………………………… (433)
　　二、课文处理环节 ……………………………………………………… (434)
　　三、语言点练习环节 …………………………………………………… (436)
　　四、自由表达环节 ……………………………………………………… (438)
　思考与练习 ……………………………………………………………… (439)
　本章参考文献 …………………………………………………………… (440)
　附录　教案设计 ………………………………………………………… (441)

第十七章　阅读课教学 ……………………………………………… (452)
　第一节　读者是如何阅读的？ ………………………………………… (452)
　　一、阅读习得的认知基础 ……………………………………………… (452)
　　二、阅读过程中的词汇识别 …………………………………………… (452)
　　三、句子理解 …………………………………………………………… (453)
　　四、篇章理解 …………………………………………………………… (453)
　　五、图式与推论 ………………………………………………………… (454)
　第二节　怎么上阅读课？ ……………………………………………… (454)
　　一、阅读课文处理 ……………………………………………………… (455)
　　二、阅读理解题目的讲解 ……………………………………………… (456)
　　三、技能训练部分的处理 ……………………………………………… (458)
　　四、培养学生良好的阅读习惯 ………………………………………… (459)
　第三节　阅读课怎么教词汇？ ………………………………………… (462)
　　一、如何选定教学词汇 ………………………………………………… (462)

二、讲解词语的方法 ……………………………………………（462）
　　三、词汇练习的方法 ……………………………………………（464）
　第四节　如何把阅读课上得生动有趣？ …………………………（465）
　　一、增加参与感，加强师—生、生—生互动 …………………（465）
　　二、增加信息输入量，结合文化知识学习 ……………………（465）
　　三、增加输出机会 ………………………………………………（465）
　　四、合理安排阅读节奏 …………………………………………（466）
　第五节　报刊阅读课 ………………………………………………（466）
　　一、报刊阅读课的特点 …………………………………………（467）
　　二、报刊阅读课的教学技巧 ……………………………………（469）
　思考与练习 …………………………………………………………（471）
　本章参考文献 ………………………………………………………（472）
　附录　教案设计 ……………………………………………………（473）

第十八章　写作课教学 ……………………………………………（476）
　第一节　汉语写作教学的特点 ……………………………………（476）
　　一、汉语写作的特点 ……………………………………………（476）
　　二、汉语写作教学的特点 ………………………………………（476）
　第二节　写作教学原则 ……………………………………………（477）
　　一、实用性原则 …………………………………………………（477）
　　二、联系性原则 …………………………………………………（478）
　　三、渐进性原则 …………………………………………………（478）
　　四、互动性原则 …………………………………………………（479）
　　五、操作性原则 …………………………………………………（479）
　第三节　课堂教学方法 ……………………………………………（480）
　　一、写前准备 ……………………………………………………（480）
　　二、写作训练 ……………………………………………………（484）
　　三、作文讲评 ……………………………………………………（486）
　思考与练习 …………………………………………………………（489）
　本章参考文献 ………………………………………………………（489）
　附录　教案设计 ……………………………………………………（491）

第十九章　专用汉语 ………………………………………………（496）
　第一节　专用汉语的定义与分类 …………………………………（496）

  一、专业汉语 …………………………………………………………… (496)
  二、职业汉语 …………………………………………………………… (497)
 第二节　专用汉语教学大纲与课程设置 ……………………………………… (497)
  一、专用汉语教学大纲 ………………………………………………… (497)
  二、专用汉语的课程设置 ……………………………………………… (499)
 第三节　专用汉语教学方法 …………………………………………………… (501)
  一、商务汉语教学方法 ………………………………………………… (501)
  二、医学汉语教学方法 ………………………………………………… (504)
 第四节　专用汉语的测试和评估 ……………………………………………… (507)
  一、商务汉语的测试和评估 …………………………………………… (507)
  二、医学汉语的测试和评估 …………………………………………… (508)
思考与练习 ………………………………………………………………………… (509)
本章参考文献 ……………………………………………………………………… (509)

[上 编]

对外汉语教学通论

第一章 总　　论

第一节　学科性质

一、学科定位

对外汉语教学，指教师将汉语交际技能及相关汉语知识传授给海外非母语者的过程。

作为一门新兴学科，对外汉语教学是在20世纪80年代出现的。它并不是一门独立学科，而是一门交叉学科。它跟一些传统学科，如语言学、心理学、教育学、生理学、社会学等，有不可分割的关系。此外，它跟一些新兴学科，如计算机科学、通信工程科学、跨文化交际（流）学、传播学等，也有密切关联。

（一）应用语言学

多数学者认为，对外汉语教学是语言教学的一种，是应用语言学（applied linguistics）的一个分支学科。

《现代语言学词典》（戴维·克里斯特尔，2000）说，应用语言学"主要关心的是如何应用语言学理论、方法和成果来阐释其他经验领域遇到的语言问题。应用语言学发展最充分的分支是外语教学，有时这个名称似乎只指这个领域。但是近年来出现了好几个其他应用领域，包括语言障碍的语言学分析（临床语言学）、母语教育中的语言使用（教育语言学）、词典学的发展、翻译和风格学等"。

此说法强调"语言学理论、方法和成果"如何应用。也有专家认为，应该从语言应用本身关照"应用语言学"。凡是涉及语言应用的问题，都应该纳入"应用语言学"范畴，不管原有的语言学理论、方法和成果是否有所涉猎。

（二）广义应用语言学

广义应用语言学，原来指把语言学的理论、方法、知识应用于其他学科领域，解决某一单独学科无法解决的问题。例如，把语言学应用于社会学，研究不同社会阶层、行业、群体在语言使用中的区别，从而形成社会语言学。

随着社会发展和学科交叉日益成熟，广义应用语言学的含义有所扩大。语言学跟其他学科结合，不限于两个学科之间；解决的难题可能是语言学的，可能是其他学科的，也可能是很难归类于传统单一学科的。例如计算语言学，将计算机科学、模糊数学和语言学结合起来，研究语音的识别与合成、词类标识、歧义化解、自动翻译等问题。再如社会心理语言学，是社会学、心理学和语言学交叉渗透而形成的。又如神经语言学，是以语言学、神经心理学、神经病理学、生物学和脑科学等学科为基础形成的一门交叉学科。它广泛运用语言学和神经学的各种研究手段和方法，以临床实验的资料作为依据，研究语言交际、形成和理解的神经心理机制。它的研究对象和内容，很难说是语言学的，还是神经学的。

语言学知识和其他学科的结合渗透，往往导致边缘学科的产生。除了临床语言学、社会语言学、社会心理语言学、计算语言学、神经语言学之外，还有心理语言学、言语病理学、数理语言学、人工智能语言学等。从严格意义上来讲，广义的应用语言学并不是一门学科。

（三）狭义应用语言学

狭义应用语言学，主要指语言教学，尤指第二语言或外语教学。赵金铭（2001）认为，中国应用语言学（语言教学）有两个分支：汉语教学和外语教学。前者又分两个部分：汉语作为母语教学；汉语作为第二语言教学，包括对外国人汉语教学和对中国少数民族的汉语教学。

在狭义应用语言学（语言教学）领域里，被应用的知识主要有两个方面：

（1）理论语言学与描写语言学，包括人类语言的普遍规律和具体语言的语音、词汇、语法、语义、语用、篇章等方面的分类描写。

（2）跟语言学相关的学科，如心理学、教育学、生理学、人类学、社会学等。还包括跟语言学结合而产生的边缘学科，如心理语言学、神经病理学、社会心理学等。

二、学科名称

对外汉语教学（Teaching Chinese to Foreigners） 《中国大百科全书·语言文字》解释说，"对外汉语教学是指对外国人的汉语教学"。它包括对母语非汉语的海外华裔的汉语教学。此名称1982年提出，主要考虑到中国学汉语的外国人，由中国人教，有一定的局限性。例如在美国，一些欧洲裔美国籍教师教美国学生学汉语，很难说是对外国人的教学。

汉语教学（Chinese Teaching） "对外"难以为国外汉语教学所用，一些国家有自己的名称。美国叫"中文教学"，日本叫"中国语教学"。因此有人建议用"汉语教学"的名称。它可以跟国内对母语汉语者的"中文教学"（对本族中小学生的汉语书面语能力和汉语知识的教学，学习者已可以用口头汉语交际）区别开。这个名称跟国际组织"世界汉语教学学会"及其会刊《世界汉语教学》，以及连续举办12届的"国际汉语教学研讨会"名称相符，在一些国际场合使用比较多。不足之处是容易跟国内母语教学混淆，常常需要在前边加上"世界""国际"给以限制。

华语（华文）教学（Chinese Teaching） 主要指对海外华裔子弟的汉语教学。学习者虽在国外学汉语，无中国国内的汉语环境，但他们的家人或环境有人使用汉语，尽管可能不是普通话。因此，其学习环境既不是典型的目的语（汉语）环境，也不是典型的非目的语环境。因民族、血缘关系，学习者跟中国有密切关系。学习内容有汉语，也有大量中华文化传统知识；对非华裔的汉语教学，则没有这么多中华文化知识。此名称的局限性是，难以包含非华裔的汉语教学。有些学者广义理解此名称，认为"华语"源自"中华"，历史久远，可用"华语教学"指称海外的汉语教学。国内有华语教学出版社；若干大学有华文学院，专门负责留学生的汉语第二语言教学。

面向跟目标语民族相同的学习者的语言教学，有学者称为"传承语教学"（heritage language teaching）。目前，传承语教学在全球已成为语言教学和语言教学研究的一个热点。

汉语作为第二语言教学（Teaching Chinese as Second Language） 此名称在科学研究中经常使用，使用地点、场合不受限制，国内国外都可以用。不足之处有二：一是名称太长，音律上不那么平衡；二是意思上包含了对国内少数民族的汉语教学。

对外汉语（Chinese as a Second Language） 一些学者认为，外国人说的汉语有自己的系统，跟母语者说的汉语不同。学科应该研究这种独特的汉语。英语作为第二语言教学也常常称 English as Second Language，美国一些大学有 Department of English as Second Language，没有"教学"二字。北京语言大学有"对外汉语研究中心"，是我国该专业唯一的教育部研究基地；一些大学的专业学院也用这个名称。但有学者认为它显示不出"教学"的特点。

对外汉语教育学（Chinese Education to Foreigners） 一些国家把本国语言的第二语言教学称为"教育"，如日本，"国语教育"是面向国内母语者的，"日本语教育"是面向国外非母语者的。"对外汉语教育学"强调"教育"的内涵，用"学"突出学科性质。但有学者认为，外语教学很难承担德智体美等综合素质的培养，尤其是面向境外的非母语者。

汉语作为外语教学（Teaching Chinese as a Foreign Language） 用此名称有两个原因。第一，汉语对学习者来说基本是外语，可排除国内少数民族的汉语教学。第二，有学者认为"汉语作为第二语言教学"的名称不准确。目标语在目标语环境里学是"第二语言"，在非目标语环境里学是"外语"。目前在国外学汉语者占绝大多数，应称"外语"。它的不足是，从严格意义上讲，不涵盖在中国国内的汉语教学。

对非母语者的汉语教学（Teaching Chinese to Speakers of Other Languages） 可涵盖"汉语作为第二语言教学"和"汉语作为外语教学"。国务院学位委员会办公室（以下简称学位办）通过的硕士专业学位（汉语国际教育），用的就是这个英语名称。不足之处是可能包含中国国内少数民族的汉语学习。

汉语国际教育（Teaching Chinese to Speakers of Other Languages） 最早出现在为培养汉语师资的硕士生培养方案中。2007年初，国务院学位办批准试办汉语国际教育硕士专业学位（Master of Teaching Chinese to Speakers of Other Languages），全国有24所大学试点开设该专业学位。到2016年3月，已有107所院校培养汉语国际教育硕士专业学位研究生。2014年，原有的培养汉语教师本科专业的名称从"对外汉语"改为"汉语国际教育"。此名称多了"国际"，可排除对国内少数民族的汉语教学。值得注意的是，中文用的是"教育"，英语是"teaching"，而不是"education"。

国际汉语（Chinese as a Second Language） 跟"对外汉语"有点接近，虽无"教学"，但不否定"教学"，只是更强调汉语作为第二语言的特殊性质。"国际汉语"也没有否定"教育"。它一方面更强调海外非母语者使用的汉语的特殊性，另一方面强调在国际交往中汉语使用的特殊性。国家汉办2007—2008年组织研制并发布的三个标准化文件，都以"国际汉语"开头：《国际汉语教师标准》《国际汉语能力标准》《国际汉语教学通用课程大纲》。

我们在下面的讨论中主要用"对外汉语教学"，但实际含义已不是最早的"对外国人的汉语教学"，而是"对海外（或来自海外的）母语非汉语者的汉语教学"。有时也会根据语境内容使用其他名称。

三、对外汉语教学的三个含义

（一）教学

教学是"教师把知识、技能传授给学生的过程"（中国社会科学院语言研究所词典编辑室，2016）。这个教学过程涉及四个部分：总体设计，教材编写，教学实施，测试。

对外汉语教学类别很多，如进修教学（短期或长期）、预备教学、本科教学。还可以分为通用汉语教学、专用汉语教学两大类。后者如商务汉语、旅游汉语、医学汉语等。

（二）学科

作为一个学科，对外汉语教学包括教学，也包括跟教学相关的理论研究和系统研究。其研究内容既包括教学中出现的各种现象，也包括教学中的一般原则、方法和规律。

对外汉语教学的基础学科是语言学、心理学、教育学。作为学科研究,当然要进行理论研究,即研究这三门学科的基础理论,并结合教学实践,建立学科理论范畴。具体来说,可以研究"教什么""如何学""怎么教",研究这三者之间的关系(图1.1)。

图1.1 "教什么""如何学""怎么教"的关系

教什么,指选择什么知识、技能让学生学习,必须考虑可学性,不能把中国人掌握的都教给学生;怎样教,指用什么教学方法、教学顺序、教学手段,才能取得最佳教学效果;怎么学,指学生按什么顺序、用什么策略机制学习语言知识,掌握交际技能。

如果不研究"教什么""如何学""怎么教",就可能将对母语汉语者的教学内容放进非母语者的教学,或把语言研究中语言项目的次序搬到对外汉语教学中。如动词后的"了$_1$"、句末的"了$_2$",是汉语本体研究成果,只是为了研究方便定出序号。但不少教材却按这个次序教学生,效果不理想。经过基于语料库的研究发现,学习者几乎都是先会用"了$_2$",经过2～4周后才会用"了$_1$"。后来不少教材吸收了这个成果,推动了教学的发展。

作为交叉学科,对外汉语教学至少涉及四个层面:语言层面,心理层面,教育层面和技术层面。作为学科建设的成果之一,是相关硕士点和博士点的设立(详见本章第三节)。

(三)事业

对外汉语教学是国家、民族的事业。20世纪80—90年代改革开放初期,汉语被认为是沟通中国和世界的桥梁之一。"让世界了解中国,让中国走向世界",是当时对外汉语教学的任务之一。1987年成立由国务院11个部门组成的国家对外汉语教学领导小组[①],下设办公室(以下简称"国家汉办"或"汉办")。领导小组及其办公室的成立,极大地促进了对外汉语教学事业的发展。

21世纪初,中国经济高速发展,综合国力不断增强,汉语地位日益提高。汉语学习需求急剧上升,原有教学机构和运作模式满足不了需求。2003年3月,国家汉办决

---

① 2006年改为国家汉语国际推广领导小组。

定在海外设立"孔子学院"。加快汉语走向世界,提高中国软实力,成为对外汉语教学事业的新任务。

2004年海外成立第一家孔子学院。截至2016年12月,已有140个国家建立了511所孔子学院和1073个孔子课堂。2016年,全球孔子学院有中外专兼职教师4.6万人,各国孔子学院和课堂各类学员总数达210万人,举办的各类文化活动受众达1300万人。①

2014年9月,习近平主席在祝贺孔子学院建立十周年暨首个全球"孔子学院日"的贺信中指出:"10年来,孔子学院积极开展汉语教学和文化交流活动,为推动世界各国文明交流互鉴、增进中国人民与各国人民相互了解和友谊发挥了重要作用。"②

国务院副总理刘延东指出,汉语国际教育事业是一项以增进各国人民对中国语言文化了解、加强中国与世界各国友好关系、促进世界多元文化发展、建设和谐世界为宗旨的高尚事业。发展国际汉语教育与推广事业,加强教育文化交流合作,对于促进中外人文交流与合作,发展中外友好关系,推动建设持久和平、共同繁荣的和谐世界具有重要意义。③ 以下从若干方面简述孔子学院的发展。

"一带一路"倡议。刘延东副总理指出:孔子学院要以"创新、合作、包容、共享"为努力方向,主动服务于"一带一路"建设倡议。④ 孔子学院总部致力于完善"一带一路"沿线孔子学院布局,启动"一带一路"汉外双语词典编纂工作。目前,"一带一路"沿线国家已有51国建立了134所孔子学院和127个中小学孔子课堂,2016年注册学员达46万人,开展文化活动近8000场,受众270万人。⑤ 其中,94%的孔子学院和课堂开设了汉语课程,93所大学开设了中文专业,10所大学开设了汉语师范专业,20个沿线国家将汉语教学纳入其国民教育体系。北京语言大学李宇明教授指出,"'一带一路'建设涉及国家的国语或国家通用语有近50种,再算上这一区域民族或部族语言,重要者不下200种。"⑥ 可见,"一带一路"沿线国家的语言工作、汉语传播面临许

---

① 《近70国将汉语教学纳入国民教育体系》,http://conference.hanban.org/confucius/news-details.html?id=1734。

② 《习近平致信祝贺全球孔子学院建立十周年暨首个全球"孔子学院日"》,http://politics.people.com.cn/n/2014/0928/c1024-25748582.html。

③ 刘延东:《在外国汉语教师奖学金生开学典礼上的致词》,http://www.moe.cn/publicfiles/business/htmlfiles/moe/moe_176/200911/54192.html。

④ 《刘延东:携手并肩开创孔子学院发展新局面》,http://news.xinhuanet.com/politics/2016-12/10/c_1120093216.htm。

⑤ 《郝平:力争孔子学院在"一带一路"国家实现全覆盖》,http://www.chinanews.com/cul/2016/12-11/8090419.shtml。

⑥ 李宇明:《"一带一路"需要语言铺路》,http://theory.people.com.cn/n/2015/0922/c40531-27616931.html。

多挑战。

教材研发。截至2015年，孔子学院已初步建成总部主干教材资源库，涵盖54个语种的主干教材802套6643册/件，其中教材6083册/件，文化读物424册/件，工具书136册；其中数字形态产品占55%。截至2015年，共有75个国家的278所孔子学院开发了适应当地教学大纲和考试标准的本土教材834套1162册。①

师资队伍。国家汉办与国外机构联合培养海外汉语教师，支持各国开设汉语教师培养专业或课程。2015年共培训外国本土汉语教师43322人次，组织47个专家团组赴30个国家培训本土教师3176人，向118个国家派出汉语教师志愿者5562人。②

汉语考试。孔子学院总部研发与完善汉语水平考试（HSK）、汉语水平口语考试（HSKK）、中小学生汉语考试（YCT）、商务汉语考试（BCT）和孔子学院/课堂测试（HSKE）等多种考试。2015年全球各类汉语考试考生人数达600万人次。③ 至2016年，全球各类汉语考点共有1219个（国内436个，分布于91个城市；海外783个，分布于125个国家和地区）。至2016年12月，全球网络考生达22万人次，遍布六大洲30个国家，年考量近9万人次。

汉语国际推广基地。为了提升汉语言文化研究与传播能力，积极开展教师培训、教材改革、教学法创新等工作，国家汉办启动了汉语国际推广基地建设工作。2015年在全国建立了35所推广基地，如华东师范大学国际汉语教师研修基地、中山大学国际汉语教材研发与培训基地、厦门大学汉语国际推广南方基地和"孔子学院院长学院"，取得显著成果。

全球汉语网络平台建设。初步统计，全球建成孔子学院网站197个。"网络孔子学院"（http：//www.chinesecio.com/）以汉语教学为核心内容，拥有60多万注册学员、4000多名在线教师、30多万节在线课程、7000多份学习课件。"孔子学院数字图书馆"（http：// elibrary.chinesecio.com/）面向大众、儿童、汉语学习者和汉学研究者四类人群。

"孔子新汉学计划"。2012年孔子学院总部设立"孔子新汉学计划"，吸引了大批中外学者、学生与各界精英加入，深入推动了中外高端人才交流，拓展了国际汉语教育学事业的发展空间。至2015年，项目累计录取260名外国博士生。2015年项目资助了21国高校及学术机构的43名专家学者来华作学术交流与研究，27国172名社会各界中高层管理者与青年领袖来华研修访问。④

---

① 《孔子学院年度发展报告（2015年）》，http：www.hanban.edu.cn/report/2015.pdf。
② 《孔子学院年度发展报告（2015年）》，http：www.hanban.edu.cn/report/2015.pdf。
③ 《孔子学院年度发展报告（2015年）》，http：www.hanban.edu.cn/report/2015.pdf。
④ 《孔子学院年度发展报告（2015年）》，http：www.hanban.edu.cn/report/2015.pdf。

汉语国际教育事业在国家的高度重视与大力支持下，取得了突出成就和丰硕成果，成为中国软实力的一个重要组成部分。

第二节　语言学习的基本概念

一、目的语、第一语言和第二语言

（一）目的语

目标语（target language）指学习者正在学习的语言。它涵盖性强，可以包括第一语言、第二语言、母语、外语、本族语、非本族语、标准语、方言等。不管是什么语言，只要是一个人正在学习的语言，都可以称为目的语。

（二）第一语言

第一语言（first language）通常指孩子最早习得的语言，也就是从父母或其他人那里自然习得的语言。第一语言跟母语、本族语有一定区别。母语传统上指本国或本民族的语言，本族语指本民族的语言。表面看这三个概念有一些重叠，有时似乎一样。其实不然。

多数情况下，母语是最先习得的语言。但现在移居国外的人越来越多，他们的后代最先习得的语言可能是居住国语言。对未取得居住国国籍的人来说，这种语言是第一语言，但不是传统意思上的母语（本国语）。对已取得居住国国籍的人来说，这种语言是本国语；但从民族角度看，又不是本族语。例如，中国汉族人移居美国并取得美国国籍，其后代出生后先习得英语。对他们来说，英语不是本民族语，却是本国语。那么英语对他来说到底是母语还是外语呢？这时，用"第一语言"最合适。

从语言学习角度看，"第一语言"的概念较为科学，更有包容性，使用起来更方便。

（三）第二语言

第二语言（second language）指在第一语言之后再学习的其他语言。

在双语、多语流行地区，不少人在第二语言之外，还学习其他语言。可按时间顺序称之为第三、第四语言。在应用语言学领域，第一语言之外学习的其他语言统称为第二语言。

第二语言，一般包括非本国语（外国语）、非本族语（外族语）、非本地语（他方言）。如一个汉族人在习得汉语后，先后学习了藏语和英语，藏语和英语都是他的第二语言。

再看外语和非本族语。外语当然指外国语言。非本族语指本民族之外的语言，可能是他民族语言，也可能是他国语言。但用这两个名称，有时会遇到麻烦。例如，中国汉族人移居美国并取得美国国籍，其后代在美国出生后，先习得英语，然后到中国学习汉语，汉语对他来说是外国语，但却是本族语。这种情况下，汉语对他来说是外语还是母语呢？此时用"第二语言"的名称，就可免去这些麻烦了。

再如韩语、朝鲜语，是从国家角度定名；朝鲜族语，是从民族角度定名。从语言本体看，它们本质相同。这种语言，中国汉族人学习，它是外族语，又是外语，但都是第二语言；中国朝鲜族人学习，它是本族语，却是外语；朝鲜人或韩国人学习，它既是本族语，又是本国语，也可称为"母语"。但对朝鲜族人来说，这种语言都是第一语言。可见从学习角度看，用"第一语言""第二语言"的概念，可免去国家、民族、地区的纠缠。

学习第一语言之外的其他语言，虽因语种不同，遇到的难题可能有一些区别，但这类语言学习都有共同的途径和规律。用第二语言指称，有利于从宏观角度进行研究。

第二语言和外语的区别还可根据另一个标准区分：第二语言指在目的语（所学语言）环境中学习的外语，如外国人在中国学习的汉语，中国人在法国学习的法语；外语指在非目的语语言环境里学习的外语，如中国人在国内学习的英语，美国人在美国学习的汉语，日本人、韩国人在本国学习的汉语。

二、习得与学习

（一）习得

习得（acquisition）指从周围环境中自然学习获得某种能力。如幼儿站立、行走、饮食的能力，就是自然习得的。习得无需专门的教师和教学。

人的第一语言都是通过习得方式掌握的。孩子周围的人（父母、亲戚、朋友或其他人）绝大多数不懂语言学和教学法，但孩子在跟他们的接触中，自然而然地学到了语言。

第二语言也可能自然习得。如一些移居法国的华裔后代，出生后先在家庭环境里习得汉语，接着在法国自然习得法语。儿童少年习得第二语言比较容易。成人习得第二语言相对困难一些；即使习得，也有可能是不完全习得，如能听懂大部分，只能表达有限内容。

1. **习得阶段**

幼儿习得第一语言可以分为几个阶段：

（1）前语言阶段：婴儿出生 1～2 个月后就可以分辨出语音和非语音的区别。半岁能听懂指令，并遵从指令行动；并开始模仿发音。

（2）单词句阶段：1～1.5岁，开始说话。一般用一个词交际，叠音词多。习得顺序是：名词—动词—否定词—形容词—指示词。

（3）双词句阶段：1.5～2岁，有了初步语法。两个词构成一个句子。一句话常有多义，如"妈妈水"可能表示"妈妈我要水"，也可能是"妈妈这里有水"。

（4）多词句阶段：2～3岁，能用两个以上的词组句，有时会将句子构造过程说出来。

（5）复杂句和语篇阶段：4～5岁，掌握基本语法，会用多种虚词和简单复句。词汇量超过2500个。到了5岁，语言程度跟大人没有本质区别。

2. 习得理论

强化论（reinforcement theory） 理论依据是行为主义的刺激反应论，代表人物是斯金纳（B. F. Skinner）。认为儿童学习说话就是对环境或成人话语做出合适的反应，反应正确，就会得到奖励，使之受到强化并形成语言习惯。它重形式轻意义，难以解释复杂一些的习得现象。

传递论（mediation theory） 理论基础同上，代表人物是奥斯古德（C. E. Osgood）。认为反应有两类：一是外部刺激下产生的外部反应，如房子失火引起的反应；二是内在刺激产生的内部反应，如听见"失火"这个词引起的危险感。后一种可以称为"传递性刺激"，可以用来解释语言媒介如何表现不在眼前发生的事，以及根本没有发生的事。

内在论（innate theory） 理论基础是心灵主义，代表人物是乔姆斯基（A. N. Chomsky）。认为儿童天生具有语言习得机制，使其能对接触的语料进行处理。当他发现了语言的深层结构并将之转换为表层结构的规则时，就可以创造性地应用语言了。内在论认为语言是一种以规则为基础的复杂系统，儿童习得语言就是将这些规则"内在化"。但它忽视环境的作用；而且语言习得机制只是一种假设，需要许多研究来证明。

认知论（cognitive theory） 代表人物是皮亚杰（J. Piaget）。认为人有两种组织功能：一是遗传的心理功能，决定如何与环境相互作用并向环境学习，称为"功能不变式"；二是"功能不变式"跟环境相互作用的产物，是人向环境学习而产生的，随着人的心理发展而系统增长，称为"认知图式"。儿童的语言发展，是天生能力和客观经验相互作用的结果。认知论重视主观因素和客观因素及其互动。

（二）学习

学习（learning）指从阅读、听讲、研究、实践、训练中获得知识和技能。多指在专门场所由专门教师实施的专门教学，有教学计划、教材、教学实施和测试。语文、数学等知识和相应能力就是通过学习获得的。在许多情况下，成人第二语言是通过学校正规教育，通过系统的学习获得的。如中国学生在国内学校接受正规教育来学习、掌握英语。

语言学习涉及多种类型。心理学家加涅（R. M. Gagné）将学习分成由低级到高级的八种类型。

信号学习（signal learning）　学习对某一种信号做出某种反应。它是根据巴甫洛夫（I. Pavlov）的经典性刺激反应实验概括出来的。

刺激—反应学习（stimulus-response learning）　学会对一个有区别性的刺激做出准确反应。根据斯金纳的操作条件反射实验总结出来，即对刺激做出正确反应后要立即得到强化。

连锁学习（chaining）　由一连串的刺激—反应形成的学习行为。既要有每一次刺激—反应的联结，又要按一定的顺序形成连锁行为。

多种辨别学习（multiple discrimination）　对一些表面相同、实质不同的刺激做出不同的识别反应。如语言学习中对形近字、近义词的辨别。

言语联结学习（verbal association）　跟连锁学习近似，但是由已经学过的词、句建立一种独特的联结关系。如出一个动词，要求学生给出可以受它支配的名词；出一个名词，要求学生给出相应的量词。

概念学习（concept learning）　对同一大类里有明显区别但又有共同性的刺激做出相同的反应，即学会根据特征对包含不同个体的同类事物做出抽象性的识别。概念可分为具体、抽象两类。概念学习训练学习者的识别和抽象概括能力。

原理学习（principle learning）　原理跟逻辑学上的判断推理有相似之处，由两个或两个以上的相关概念连锁而成。例如，"汉语的名词要求或可以跟相应的量词搭配"，其中涉及"名词"和"量词"两个概念，还有它们之间的联结。

解决问题的学习（problem-solving）　学习使用已有的知识，去解决各种新问题。简单问题只需用学过的知识来解决；复杂问题需要用学过的东西推出新的原理或知识，再用它们来解决。这种学习需要创造性和顿悟。

上述八类学习，前五种属行为主义心理学，后三种属认知心理学。有些应该在上学前掌握，有些则是小学教育的内容。

三、第一语言习得和第二语言学习的差异

二者有许多共同点，如都是为了获得语言交际能力，都要经过理解、模仿、记忆、应用等阶段，都运用类推、泛化、回避、简化等学习策略。下面主要讨论儿童第一语言习得和成人第二语言学习的区别。

（一）主体

第一语言习得的主体是儿童，其神经系统、肌肉、发音器官处于发育期，可塑性强，能自然习得地道的发音。因大脑每天产生约1亿个新的脑细胞，接受、模仿能力强，短时记忆好；但抽象思维弱，未形成完整的认识，自我意识弱，自尊心不易受伤害，学习主动性高。

第二语言学习的主体主要是成年人。过了语言学习的临界期（十二三岁），大脑发育完成，脑细胞死亡速度比产生速度快，语言学习能力逐步下降。发音器官和相应肌肉系统完成发育，发音不容易地道。大脑和相应神经系统发育完成，归纳推理能力强，善于总结规律；但模仿能力、记忆能力下降。自我意识强，自尊心易受伤害，学习主动性不如儿童。

（二）动机

儿童习得母语，是出于生存本能，其动力是天然的。

成人学习第二语言，目的不一。有的为了求职，有的为了考试分数和文凭，有的为了专业需求。不管什么目的，成人学习第二语言的动机相对没有儿童那么强。他们已经掌握了母语并能使用它在社会中生活，学习压力不如儿童习得母语那么大，积极性也比较弱。

（三）环境

儿童是在自然环境中习得母语的。其特点是：语言单纯，没有或很少其他语言干扰；语言生活化，不像一些课本语言，脱离生活；接触时间长，每天有较多时间沉浸在母语中；随时随处可以置身于用母语交际的场景，碰到什么学什么，需要什么学什么。

成人学习第二语言大多在课堂，每天接触第二语言的时间有限，下课后就可能没有第二语言环境，就可能使用母语。

（四）方式

儿童习得母语，往往是在现实环境中看到实物、真实动作或真实事件，并听到表示这些实物、动作或事件的语音。相同情景和相应语音多次发生后，儿童将二者联系起来，建立了有关实物、动作、事件的概念，并通过模仿学会了相应的发音，因此习得词语和句子。习得母语是把母语和概念以及概念之间的关系联系在一起进行学习的。二者同时学习，难度比较大；但在真实情景中学，相对又容易一些。

成人学习第二语言，常常要通过母语来联结概念与声音的关系。就算使用直接法教学，学习者脑子中也会出现母语的词句。有母语及思维能力，可以节省建立概念、形成判断和思维的时间。但通过母语学习第二语言，不如在现实情景中学得直接、自然。母语不同于第二语言的地方，可能会对学习产生干扰。如果两种语言相差不大，学习就容易一些。

（五）教育者及相关因素

儿童接受的母语，大多由亲属输入，清楚简单，语速慢，重复多，有感情，伴随表情和动作，是照顾性语言。教育者重内容，不会抓住错误不放。取得成绩和进步时，物质和语言奖励比较多。

成人学习第二语言，大多由教师输入，感情、表情和身势语不那么丰富。学习过程重形式，对偏误注意过多。有进步时一般不容易得到及时鼓励。

（六）过程

前边讲过儿童习得母语的几个阶段。成人学习第二语言，没有前语言和单词句阶段，语音学习和词汇学习同步进行，词语学习和句法学习几乎同步进行。

（七）文化

儿童习得母语时，沉浸在和母语息息相关的文化之中。他们在用母语交际时很少出现因文化误解造成的交际障碍。

成人学习第二语言，往往没有沉浸在相应的文化之中，缺乏相应的文化知识，这对学习一种语言会有不利影响。

第三节 第二语言教学的性质、任务和类别

一、性 质

第二语言教学（以下简称二语教学）是指在学校进行的正规教学活动。这种教学活动应该有教学大纲和教学计划，有配套的教材，有课室和其他教学场所，有配套的教学设施，有经过专门学习和训练的教师，有经过某种筛选（如考试）后进行学习的学生，有正规的课堂教学和相应的课外教学辅助活动，有配套的学习测试，等等。

二语教学跟一般语言习得不同。一般的语言习得主要是在目的语环境里接触目的语而自然地掌握，没有专门的教师和教材，看见什么学什么，不需要正规的教育。二语教学不管在不在目的语环境里，都主要在课堂上进行，有一套正规的教学程序和方法。

二语教学跟一般学校的非外语教学不同。一般学校的非外语教学，主要是传授有关的知识系统，如数学、化学等学科的知识。即使是一般的语言学课程，如语言学概论、

现代汉语、语义学等，也以传授知识为主。相应的测试主要是考查学生掌握所学知识的程度。二语教学注重的是学习者对第二语言能力的掌握，包括具体的言语交际能力和技巧。学生并不一定熟悉目的语知识，但能在特定的交际场所完成相应的交际任务。

在中国学校对外国学生进行的系统的汉语教学，其对象既有儿童也有成人。相比之下，目前成年人学习者要多一些。因此本书主要讨论面向成人的汉语作为第二语言的教学。

二、任　务

二语教学的目标可以用一句话概括：培养出能用目的语进行交际的人才。

具体的教学目的、对象不同，"人才"的含义不同。短期速成教学，主要是培养具有一定的听说能力、能应付一般日常生活需要或能应付某个特定交际领域内简单交流需要的人；长期进修和汉语专业教学，则要求培养具有听说读写多种交际能力的人才。

除了通用汉语人才之外，目前对专用汉语（Chinese for specific purposes）人才的需求日益增加。专用汉语可分为两类：一是专业汉语，培养学习者在中国高校用汉语（跟中国学生一起）学习某个专业的能力，如医学汉语（培养学生用汉语学习医科的能力）、科技汉语等；二是职业汉语，培养学生用汉语（含中文）从事某个行业的能力，如商务汉语、旅游汉语、法律汉语等。（参见本书第十九章）

要实现教学目标，完成教学任务，必须研究以下课题：教学基础理论，教学法，教学大纲，教材建设，师资培养，教学手段，教学技巧，教学设施，等等。这些课题，有些是理论性课题，有些是应用性课题，更多的则是二者结合。一般认为，语言教学理论至少涉及六个问题：

(1) 谁（who），学习者和教育者是谁，以及他们的母语、教育程度、智力、个性、社会地位等相关情况。

(2) 什么（what），学什么，教什么，母语习得和第二语言学习有什么区别，语言知识和语言能力是什么。

(3) 怎样（how），怎样学，怎样教，怎样成为成功的学习者。

(4) 何时（when），学习者的年龄，临界期是什么时候，何时学习第二语言最合适。

(5) 哪里（where），在什么环境里学习，目的语环境还是非目的语环境，课堂还是社会。

(6) 为什么（why），为什么学，如是工具主义目的还是参与社团的目的。

三、国内汉语教学类别

汉语教学主要包括：预备教学、进修教学和本科教学，其对象都是外国留学生；本科、专业硕士的"汉语国际教育",主要培养对外汉语师资,对象包含中国学生和留学生;留学生进入中文系攻读汉语言文字学或其他专业的硕士/博士学位,与学习经济学、金融管理、计算机科学、生物学、英语等专业一样,都不属于对外汉语教学的范围。

(一) 预备教学

对象是准备在中国高等院校学习非汉语专业的外国留学生。它是中华人民共和国对外汉语教学开创时期最早的教学类型。其目标是提高学生汉语语言能力和交际能力,尤其是用汉语学习专业知识的能力,使他们能顺利完成攻读学位的任务。预备教学跟一般汉语进修教学的区别在于前者不但有基础汉语教学,还包括专业名词术语及相关表达方面的教学。例如,对准备攻读医学学位的留学生,需要开设"医学汉语"等课程。

汉语预备教学阶段的学习完成时,要求学习者参加汉语水平考试(HSK)且成绩达到相应级别才能入系学习特定专业。

(二) 进修教学

不以获取文凭为目的的汉语教学。短期1周至3个月,长期半年至3年。其目标是提高汉语语言能力和汉语交际能力。

国家汉办(2002)编写的《高等学校外国留学生汉语教学大纲(长期进修)》,对长期进修的教学性质与特点、教学对象、教学目标、等级结构与教学内容、教学途径、教学原则、教材编写与选用、测试等八个方面,做了明确规定和详细说明。如初等、中等各分四个级别,高等分两个级别。课程分语言技能训练课和语言文化知识课两大类。语言技能训练课初等阶段包括综合课、汉字课(必修或选修)、口语课、听力课,中等阶段还有阅读课、写作课。大纲附有词汇表、汉字表、语法项目表和功能项目表。大纲对长期进修教学有明确规范的功能和积极的指导作用。

预备教学也参照这个大纲进行。进入理工医等本科的预备教学,对应于长期进修的初等教学;进入文科、中医本科的预备教学,对应于长期进修的初等、中等教学。

(三) 汉语言本科教学

汉语言本科专业1975年设立,目标是培养适应现代国际社会需要、具备良好综合素质、全面发展的汉语专门人才。学制4年,要求修满2800～3000学时、150～160个学分,并进行语言实习,撰写毕业论文。修满专业教学计划规定的课程,通过论文答辩,取得规定学分后,准予毕业。符合《中华人民共和国学位条例》的,授予学士学位。

国家汉办(2002)编写的《高等学校外国留学生汉语言专业教学大纲》,对教学对象、培养目标、教学内容、教学安排、教学原则、课程设置、教学要求等做了明确规定和具体解释，并附有分年级的词汇表、汉字表、语法项目表、课程介绍，还有功能项目表（含纲目和细目表）。

因社会需求不同，该专业下可设置多个方向，如汉语文化、经贸汉语、商务汉语、旅游汉语、汉语教育等。

（四）汉语国际教育本科教学

1985 年该本科专业创立时叫"对外汉语"，2014 年改为"汉语国际教育"，以培养对外汉语教师为目标。教学对象主要是中国学生。课程主要由四个方面组成：语言学和汉语（如现代汉语、语言学概论和相应的选修课）、教育学和心理学、外语（主要是英语）技能及相关知识课、对外汉语教学（如对外汉语教学导论、教学法、课堂教学、第二语言习得、语言测试等）。

（五）汉语国际教育硕士专业学位教学

汉语国际教育硕士专业学位 2007 年创立，目标是培养具备海外汉语教学能力、中华文化传播能力和跨文化交际能力的教师人才。教学对象含中外学生。单证班培养在职人员，学位论文或者毕业设计通过后获学位证书；双证班培养全职学习者，完成学业并通过学位论文，可获毕业证书和学位证书。该专业采取导师指导与集体培养相结合的方式。学生需要在导师的指导下参与汉语教学和辅助教学工作，以加强教学实践能力的培养。

专业课程的学习实行学分制，要求总学分不低于 32 学分。其中必修课占 10 学分，内容包括汉语语言学导论、汉语作为二语教学法、第二语言习得、中华文化、跨文化交际、课堂教学研究等。教学实习占 4 学分，包括汉语教学设计、观摩与实践，其中课堂教学实习不低于 40 学时。其他学分为公共课和选修课学分。

学位论文以国际汉语教育实践中发现的问题为导向，要求紧密结合实践来选题。论文可以是专题研究、调研报告、案例分析、教学设计等。

（六）科学学位硕士生博士生培养

以培养国际汉语教师和汉语作为外语/二语教学研究人才为目标。教学对象包含中外学生。硕士生学习的主要课程有：语言学理论（概论），应用语言学概论，对外汉语教学概论、现代汉语、心理学、教育学、语言教学法、第二语言习得、语言对比、偏误分析、中介语研究、语言调查与实验、教学评估与语言测试、教学资源评估与建设、语言统计、计算机、语料库建设、国际汉语教育史等。

这些硕士点、博士点分布在不同一级、二级学科，如中国语言文学（语言学及应用语言学）、外国语言文学（外国语言学及应用语言学）、教育学（课程与教学论）。有的学校自设二级学科，如北京语言大学、北京外国语大学、厦门大学的"汉语国际教育"，中央民族大学的"国际汉语教学"，华东师范大学的"国际汉语教育"，四川大学的"中华文化国际传播"，等等（王祖嫘、吴应辉，2015）。

第四节　基础学科和相关学科

对外汉语教学是一门新兴的学科。它的产生，是多学科交叉的结果；它的发展，跟相关学科的发展更是有着密切联系。下面具体介绍相关学科及其研究成果。

一、语言学

语言学理论是对外汉语教学学科基础理论之一，可直接指导汉语作为外语/二语教学。反过来，汉语教学又为语言学提供新的应用空间，提出新问题以促进语言学发展。

（一）语言学对汉语教学的指导

普通语言学揭示语言的普遍规律，汉语语言学揭示汉语规律。语言是人类最重要的交际工具。因此，对外汉语教学的目的应该是培养学习者的交际能力。

对比语言学，任务是对两种或多种语言进行共时对比，描述它们的异同，总结规则。它可以帮助教师有的放矢地进行教学，帮助学生有效掌握目的语规则。如汉英对比：

在桌子上 on the table　　　在桌子下　under the table
在政治上 in politics　　　　在……基础上 on the basis（of）...

有时，英语不同的介词，对应于汉语一个介词；有时，英语"介词+名词短语"，对应于汉语"介词+名词+方位词"。明白二者的区别，教师可以更有效地给学生讲解。

再如语序对比。如汉语、英语句式语序对比：

他昨天坐火车去上海了。
He went to Shanghai *by train yesterday.*

时间状语和工具成分，汉语在动词前边，英语在动词后边，形成镜像关系：

汉语：时间状语—工具成分—谓语动词词组
英语：谓语动词词组—工具成分—时间状语

讲清异同并适当操练，有利于学习者克服负迁移，掌握汉语相关的语法规则。

对比语言学与行为主义心理学相结合，在二语教学界出现"对比分析"假说。该假说认为：从第一语言到第二语言的迁移必然发生；语言差异点造成学习困难并导致偏误；相同点促进学习；母语和目的语之间的差异可分为不同等级，跟学习难度等级挂钩。对比分析在二语教学中有重要意义，可以帮助找出偏误原因，从而确定教学内容、

学习难点和教学项目的次序。（详见第四章第一节）

周小兵（1996b）发现部分英语母语者出现以下偏误：

*除爬山外，他们都游泳了。

*除了排球，所有球类运动他也喜欢。

通过英汉对比，发现两种语言中相关句式的加合关系、排除关系的表达形式不同：英语靠介词标示，汉语靠副词及其他手段（周遍性词语等）标示。如：

a. Other persons in the class left *besides* him.
   除了他，班里其他人也走了。（加合式）
b. Other persons in the class left *except* him.
   除了他，班里其他人都走了。（排除式）
c. All rooms are occupied *except* this room.
   除了这一间，全住满了。（排除式）

此外，汉语还有一些无标志的句式，只能靠语义组合来理解。如：

除了注释，这篇文章才 3000 字。

汉语和英语的不同给学习带来一定困难。上述表达，一些语言的形式跟英语相似，一些语言的形式跟汉语相似。因此，对不同母语者，这个语法点的难度可能不同。

对外汉语教学不能照搬语言学理论。教学实践要求语言理论与现象解释具备形式化、外显化的特点，方便教师教学，易于学生理解、接受，可操作性强。对外汉语教学的语言理论不一定要非常系统化，但对具体语言点的解释力要强。

汉语教师应该掌握必备的语言学知识，指导汉语教学。《国际汉语教师标准》[①]（国家汉办，2007，以下简称《教师标准》）要求：教师要熟悉并掌握汉语语音、词汇、语法、汉字的基本知识和特点，针对学习者的学习需求和困难，运用这些知识有效地指导汉语教学实践。

（二）汉语教学对语言学的促进

外语教学会提出了以往语言学没有遇到的许多新问题，需要语言工作者和语言教育者共同研究解决。这个过程，就是语言学发展、旧理论得到补充、新理论得以产生的过程。

现代英语语法体系的产生，源于英语作为第二语言的教学在世界范围内的实施。英语语法的许多特点，是在英语作为二语教学中，在跟其他语言的对比中被发现，进而得到科学系统研究的。对外汉语教学提出的问题，也会促进汉语本体研究。

---

① 国家汉办/孔子学院总部已于 2012 年对该标准进行了修订，并于 2015 年出版了中英对照、汉语·德语对照等版本。由于新标准高度凝练，新入行者不易掌握，本教材在一些地方仍使用旧版。请读者自行学习新版标准。

例如，不少词典说"反而"表示转折。因此，一些留学生会出现以下偏误：

　　我去车站接她，她反而没有到。

马真（1983）研究发现，"反而"的使用有一定的语义背景，可分为：A. 某情况发生；B. 按常理，A 会导致另一情况发生；C. 另一情况没有发生；D. 出现了跟另一情况相反的情况。"反而"就出现在 D 里。其中前三项有的可以不出现。如："进入 5 月，反而更冷了"。A 是"进入 5 月"；B 是按常理，5 月比 4 月暖和；C 是并没有暖和；D 是反而更冷了。不少留学生按词典教科书或老师的解释，认为"反而"只表示一般转折，因此出现偏误。

以往研究常从本族人视角看问题，单向、狭窄、静态。二语教学要从外国人角度看汉语，从多语对比的层面去观察汉语，从中介语现象里找问题，从发生、发展角度观察中介语。这种多向、宽广、动态的全新视点，自然会促进研究的创新与突破。

国外许多语言学家，如叶斯柏森（O. Jespersen）、帕尔默（H. E. Palmer）、布龙菲尔德（L. Bloomfield）、弗里斯（C. C. Fries）等，都直接或间接进行过外语教学，有的就是外语教师。他们的语言学研究成果跟外语教学是分不开的。

二、心理学

语言是人的一种心理活动。语言学习一直是心理学研究的重要内容。1936 年，美国心理学家坎特（J. Kantor）提出"心理语言学"（Psycholinguistics）的术语。近年来，这一新兴学科发展很快，具体研究以下几个问题：人类语言的共性，语言习得（包括第一语言习得和第二语言学习），语言感知，语言理解，语言产出，语言与思维的关系，语言的生理基础。

（一）第一语言习得和第二语言学习的区别

参见本章第二节，这里不详细论述。

（二）第二语言学习者的心理因素

心理学家杰克伯维斯（L. Jakobovits）根据在美国大、中学生中做的调查研究，绘出一个表格，说明影响外语学习的有关学习者的几个因素，以及这些因素所占的比例：才能，33%；智力，20%；坚持性和动机，33%；其他，14%。

学习能力　第二语言学习（以下简称二语学习）能力包含语音编码、解码能力，语法敏感性，语言的归纳能力、强记能力。它跟智力有关联又有区别。戴维斯（A. Davies）对英国 32 所中学学法语的初一学生进行过 5 年的调查，发现跟学生法语水平关系最密切的是学生的一般性智力水平。

语言学习动机（language learning motivation）　加拿大学者在对双语制地区的学习

者进行研究后，提出两种典型的学习动机：一是融入型动机（integrative motivation），不但要学语言，而且还要准备接受和使用跟这种语言密切相关的文化和生活方式；二是工具型动机（instrumental motivation），学语言是为了某些实际目的，如阅读科技文献、寻找工作等。

语言学习策略（language learning strategies）　　这是学习者在语言学习过程中，为了更有效地促进语言知识的获取、保存、运用，而采用的学习方法或表现出的学习行为（Oxford，1985）。语言学习策略是提高语言学习效率、发展自主学习能力的重要保证（赵金铭，2008）。Naiman 等（1996）发现，优秀的语言学习者在语言学习中会使用更多语言学习策略。汉语水平、母语背景、性别等因素都会影响到语言学习策略的使用。

母语影响　　二语学习受到的母语影响被称作学习迁移（transfer of learning）。如果学习者第一语言和第二语言相差不大（二者是亲属语言，或一种语言在历史上对另一种语言产生过重要影响），学习者利用两种语言中的相同点去促进二语学习，就是正迁移（positive transfer）；如果第一语言跟第二语言相差很远（二者不是亲属语言，或语言类型完全不同），学习者用母语知识去类推第二语言而出现偏误，就是负迁移（negative transfer）。

（三）二语教学法的心理学基础

不同的语言教学法，是以不同的心理学理论作为基础的。目前，二语教学法多种多样，如语法翻译法（Grammar Translation Method）、直接法（Direct Method）、听说法（Audiolingual Method）、程序教学法（Presentation Practice Production）、全身反应法（Total Physical Response）、交际教学法（Communicative Language Teaching）、任务型教学法（Task-based Learning）、语块教学法（The Lexical Approach）等。早期的教学法主要受到行为主义心理学的影响，近期的教学法则主要受到建构主义心理学的影响。

行为主义心理学认为学习就是通过强化，在刺激和反应之间建立联结的过程。在行为主义心理学指导下的教学方法强调模仿、重复、强化三种手段，并把它们程序化。该方法认为二语教学基本上是一个形成习惯的机械过程，口头形式要先于笔头形式，类推比分析更有益于学习，学习时要联系目的语的文化。在具体操作上，从会话入手，以句型操练为主，排斥母语和语法规则，通过模仿、强化、大量练习达到过度学习（over-learning）。

建构主义心理学认为学习是学习者在活动中不断修正自己心理结构的过程。在它指导下的教学法认为，言语行为的基本特征是创新而不是模仿，理解是习得语言知识的基础，强调在交际环境中训练语言运用的能力，重视阅读在语言和思维能力培养过程中的作用，注重语言知识的科学性和系统性。在具体操作中，口笔并进且相互促进；充分利用母语，尤其是在初级阶段；把句型练习和语法规则的讲解结合起来；帮助学习者把新语言材料和本人的生活经验联结起来，选择合适的情景进行语言教学。

（四）二语学习的心理过程研究及偏误分析

关于二语学习的心理过程，存在两种不同的解释。一种是逐步重组论（progressive restructuring），认为学习者处在一个逐步调整母语系统，使之渐渐接近目标的过程，学习上的进步意味着学习者正在用目的语的特征逐步代替母语的特征；另一种解释是重新创造论（recreation），认为学习者处于一个和母语习得基本相同的过程，学习上的进步意味着目的语正在从简单到复杂地向前发展。也有学者认为二语学习两种过程兼而有之。

产生语言学习偏误的心理原因有四个：①过度概括（over-generalization），即学习者根据学到的规则做出概括，创造出一些错误的规则。如有学生根据量词"位"可修饰指人名词的规则，将它用于所有指人名词前，说出"那边来了一位人"。②规则限制的忽略（ignorance of rule restrictions）。如有学生知道程度副词可以放在谓语形容词前面，但不知道这个规则用于"比"字句时要受到限制（绝对程度副词不能这样用），生成"我比他很高"的偏误。③规则片面应用（incomplete application of rules）。有学生会用单独的是非问句、正反问句，但不清楚"否定+动词"对它们的限制，说出"我不知道他是教师吗？"。④错误概念的形成（false concepts hypothesized）。有学生以为"看"和"见"是等值词，说出"我对课程有意见，想去看看系领导"。

对学习者偏误，有两种态度，反映了两种心理学观点。一种是最好不让学生出现偏误，一出现就立刻纠正，以免养成习惯。这反映了行为主义的心理学观点。另一种态度认为，很难要求学习者不犯错误，对错误也不一定要纠正，到了一定时候学习者的错误就会自然消失。这反映了心灵主义的心理学观点。外语教育家桂诗春（1988）认为，教师应善于利用错误分析，为克服错误创造条件；在操练语言形式时，对错误应给予纠正；在运用语言形式进行交际时，只要不影响意义表达，不必当场纠正。

三、教育学

教育学是一门研究人类教育现象、揭示教育规律、指导教育实践的学科，它有许多分支，如教育哲学、教育心理学、教育社会学、教育统计学、教育管理、教育规划、课程理论、教育工程学、电化教学等。教育学是对外汉语教学学科的基础学科之一。

（一）教育学理论是二语教学的基础

教育学理论主要研究"教什么""怎么教"的一般规律。"教什么"包括确定语言教学的目标和内容，制定语言教学原则和教学大纲，选择适当的语言材料，编写合用的语言教材，等等；"怎么教"包括教学的思路与方法。二语教学的构成元素和操作程序，如总体设计、教材编写、课堂教学、测试等，要受一般教育理论的指导；反过来，教育学理论、方法也会因为二语教学的具体实践而得到补充和发展。

（二）知识与能力的关系

知识与能力之间的关系一直是教育学探讨的重要课题，处理不好，可能培养出高分低能、有知识无能力的学生。在二语教学中这种情况更突出。有专家认为，二语教学的效果不够理想，原因之一是过分强调语言知识的传授，忽视了语言技能和交际能力的培养。探讨知识与能力的关系，摸清第二语言的言语技能和交际技能的培养途径（由语言知识转化而来，还是相对独立地培训出来），找到有效实用的训练方法，是二语教学的重要课题。

（三）教学主体观

传统的教育观以教师为中心，总体设计、教材编写、课堂活动等均以"教"作为轴心。后来出现了以学生为中心的教育观。二语教学出现了咨询法，认为语言学习中学生是中心，是"病人"；教师是顾问，是"病人"的辅导者。"教"就是帮助、引导学生学习。再后来又出现"双主体"观，认为教师是教育行为的主体，学生则是学习和发展的主体；教育过程就是教师与学生双主体协同活动的过程。

这些理论观点对汉语教学有直接的指导和促进作用。如何通过"双主体"效应的发挥切实提高学生的汉语交际能力，是本学科需要关注、研究的重要课题。

（四）教学法的改进

传统的教学法受行为主义理论的影响，采用造句、替换练习和句子变换等练习不断强化学生的语言知识和技能。随着教育观的变化，教学法得到了不断改进。现代教学法注重学以致用，尊重学生实际需要，重视培养学生的语言交际能力。

当前"双主体"观被二语教学广泛使用，衍生出任务型教学法（Task-based Approach）。它让学习者用目的语完成一系列交际任务，在过程中学习语言的运用，以发展学习者的言语交际能力（吴中伟，2004）。学习者运用目的语进行虚拟情景中的交流，完成一个特定交际目的。完成任务的过程就是人们日常生活交际过程的再现。一个任务就是一次完整的交际活动。基于交际任务的教学分为三个阶段：任务前（准备阶段）、任务中（学习者在课堂上完成虚拟情境中的交际任务）和任务后（教师讲评）。实践表明，任务型教学法可以切实提高学生的汉语交际能力。

四、神经生理学

语言教学跟人的大脑组织机制及相应的神经系统有密切联系。20世纪的神经生理学研究表明：布洛卡区（Broca's area）是言语的运动中枢，此处发生病变，会丧失说话能力，但接受理解话语的能力仍然保留；威尔尼克区（Wernicke's area）是言语的感觉中枢，此处发生病变，病人能说话，也能听到声音，但听不懂别人和自己说的话。

后来的研究进一步表明，青春期过后，大脑的功能侧化基本完成：左半球主要负责智力、逻辑、分析等有关抽象思维的事务，右半球主要掌管感情、社会需要、综合能力等有关形象思维的事务。语言主要由大脑左半球掌管。有学者用电极连接出生仅一周的婴儿头部颞叶部位，给出不同声音的刺激，发现他们对语音和其他声音有不同的反应，对语音出现反应的只是大脑左半球。这个研究说明，婴儿左半球的语言优势由遗传因素决定。

近年研究发现，除布洛卡和威尔尼克两个区域之外，大脑中主管语言的还有专门负责舌、颚、咽、喉和其他躯体的新皮质区，位于视觉皮质区和威尔尼克区之间，其中第39号区跟眼·说功能有关，第40号区跟词·物联系功能有关。

神经生理学跟第二语言习得（以下简称二语习得）相关的研究，主要对以下几个问题感兴趣。

（一）二语学习与脑区

人们在学习第二语言时，母语和第二语言在大脑皮层是不是有相同的定位？

有的学者对掌握两种或多种语言的失语病人进行了临床症状的观察，发现这种失语症损害了两种或多种语言的代表区，进而推断大脑有一些区域适用于各种语言。但也有一些复杂的情况。有的病人母语恢复了，但当第二语言恢复时，母语的能力却慢慢衰退；有的病人则只保留以前不常用的那种语言。

有学者对两名因癫痫而需要实施开颅手术的病人进行考察，用电刺激优势半球皮层，看两种语言在大脑皮层的代表区域是否有不同的反应。结果是，不同病人不同语言的定位区域是不同的。实验证明，大脑优势半球和语言区域定位是相对的，不同的个体往往有不同的情况。

使用核磁共振技术探测大脑区域活动情况时发现，从小同时习得两种语言的人，在使用这两种语言时，大脑有两个独立邻近的椭圆形区域显示出非常活跃的信号。先习得第一语言再学会第二语言的人，使用第一语言时，大脑有一个椭圆形区域非常活跃；使用第二语言时，这个椭圆区域周围有许多很小的散点式区域很活跃，说明第二语言的使用跟第一语言有非常密切的关系。

（二）二语学习的最佳时期

加拿大学者做的儿童双耳听觉实验表明，双耳对声音刺激的敏感程度不同，右耳对语音的反应敏感，左耳对其他声音的反应敏感。这说明左半球是语言管辖区，因为双耳受反方向大脑半球的控制。实验还表明,右耳对语音的敏感度随着年龄的增长而提高,10～12岁达到高峰,此后逐步下降。这个实验结果跟语言习得临界期的说法大体吻合。

美国学者从20世纪30年代起对一些病人实施大脑半球切除手术,并进行跟踪观测。结果表明,许多不到10岁的儿童大脑左半球切除后,暂时失去语言能力,但一年以后语言能力逐渐恢复。原因是控制语言的功能转移到右半球相应的区域。但这种转移的时期最迟是10岁,超过10岁,左半球切除者的语言功能就永远丧失了。之所以不能再实现语言优势的转移,是因为大脑右半球的相应区域已经承担了其他功能。不过,也有一些研究指出,有些成人大脑左半球切除后,语言能力并没有全部丧失。但无论如何,大脑左半球切除后产生的语言障碍,比右半球切除后产生的非语言障碍要严重;实施左半球切除术后,儿童恢复语言能力的人数比成人多得多。这说明,习得和学习语言的最佳时间是儿童时期。

(三) 学习不同语言的神经生理差异

关于汉语加工的研究发现,汉语加工的认知神经机制与其他语言系统存在差异。对汉语母语者认知神经加工机制发展的研究表明,随着阅读量增多,阅读技能不断提高,母语者对汉字正字法表征越来越精确,语言发展引发中文阅读时双侧视觉正字法区(bilateral visual orthographic areas)的激活明显增强(Cao, Lee, Shu, et al., 2010; Cao, Peng, Liu, et al., 2009)。右侧视觉正字法区的激活程度与其他语言存在显著差异,该区域主要负责文字空间关系的识别,因而对中文的加工尤为重要。随着汉语的发展,汉语母语者会形成一个专门感知汉字书写顺序的加工网络(Guan, Liu, Chan, et al., 2011; Yu, Gong, Qiu, et al., 2011)。

关于非汉语母语者汉语加工机制的研究发现,随着汉语水平的提高,汉语学习者会逐渐适应中文书写的特异性,形成与中文相适应的加工机制。来自事件相关电位(ERP)的证据发现,经过汉语学习后,非汉语母语者的词汇识别的时程表现出与汉语母语者一样的特性(Liu, Perfetti, Wang, 2006; Liu, Wang, Perfetti, 2007)。来自功能性核磁共振成像(fMRI)的证据表明,非汉语母语者在经过汉字书写练习后,会增强对汉字在视觉空间结构上的表征,表现出与汉语母语者相似的脑区加工方式,双侧梭状回(bilateral fusiform gyrus)、双侧顶上小叶(bilateral SPLs)、左侧顶下小叶(left inferior parietal lobule)和左侧额中回(left middle frontal gyrus)的激活都会加强(Cao, Vu, Chan, et al., 2013),这些区域与中文加工有密切关系。

五、社会语言学

社会语言学将语言和社会结合起来研究,在传统语言学研究各种语言形式及其使用规则的基础上，把言语交际的过程纳入语言分析中。社会语言学家认为，语言是人类的交际工具，更是社会交际的工具。语言的作用不仅限于表达思想和陈述事实，还在于完成各种"言语行为"（speech act）。社会语言学研究的重点就是人类运用语言所进行的实实在在的社会交际活动，研究人们的言语行为与其背后起支配和制约作用的社会交际规则的关系。

社会语言学主要研究如何应用语言，而不是语言形式的准确。这跟语用学部分重叠。其研究内容和成果，如"合作原则""礼貌原则""得体性原则"，格莱斯（H. P. Grice）的"会话准则"，也是语用学研究的内容和成果，跟国际汉语教学密切相关。《教师标准》指出：教师应理解语用学知识，并将有关知识应用于培养学生交际能力的教学实践中；提出教师要掌握的七个基本概念范畴，包括语用及语用能力，会话结构，合作原则、礼貌原则，格莱斯的会话准则，得体性原则，言语行为理论，语言行为分类。

（一）交际能力

人生活在一个特定的社会环境中，作为一个社会成员，其言行举止必须符合社会的规则，这其中就包括语言的使用规则。

语言能力是先天的，而交际能力是后天在人的社会化过程中逐渐获得的。儿童在开始学语言时就同时开始学习说话的规矩，学习怎样跟不同的人打交道，懂得什么时候该说什么话，什么话能对谁说，什么话怎么说才合适。如一个孩子学会了说话，但如果他在得到礼物或帮助时不会说"谢谢"，见了客人不会称呼对方，我们就会说这孩子不懂礼貌、不会交际。由此可见，语言能力和交际能力是两个东西。

美国语言学家海姆斯（H. D. Hymes）提出语言学还应该研究人的交际能力，包括四个方面：合语法性（grammaticality），可接受性（acceptability），适合性（appropriateness）和可能性（probability）。

合语法性，指语言形式合乎语言规则。"我在中国学习汉语"，不能说成"我学习汉语在中国"。可接受性，表现在有时有些句子语法没有问题，但是听话人心理上不能接受。如现实生活中没有人会说以下长句："我昨天看到的那个男孩的父亲的朋友是我爸爸的朋友的亲戚的儿子"①。该句子虽然符合语法规则，但实际生活中人们不接受这样的表达。适合性，指说话人要懂得什么样的话适合在什么场合说，不适合在什么场合说。有的留学生在课外学会了"哥们儿"这个词，回到学校里把老师喊成"哥们儿"，没有适合性。可能性，指说话人要懂得某一语言形式使用的可能性有多大。因为在不同的语言社团中，某些语言形式的使用频率是不同的。

---

① 转引自徐大明、陶红印、谢天蔚著：《当代社会语言学》，中国社会科学出版社 1997 年版，第 253 页。

后来卡那尔（M. Canale）和斯威恩（M. Swain）把海姆斯的交际能力具体归纳成四个方面的能力，即语法能力、社会语言能力、语段能力和策略能力。其中，语法能力对应于海姆斯的合语法性；社会语言能力指懂得交际的社会环境，知道交际双方应扮演的角色；语段能力指如何将单个的语言单位连贯起来；策略能力指在交际过程中懂得如何开始、如何结束、如何将交流维持下去，以及在出现问题时如何补救。

（二）会话策略

会话策略指交际双方为了使交际顺利进行采用的方法。每一次成功的言语交际过程，谈话双方总是以某种方式为开端，会话过程中双方都必须根据对方的言语行为逐渐调整自己，以便建立和谐的谈话气氛，使谈话得以继续。在谈话出现危机时，也要懂得如何调整自己来化解矛盾，维持谈话过程。这其中涉及众多的社会文化规约。如果谈话双方拥有的社会文化背景差异很大，缺乏相互理解，就容易使谈话无法继续而终止。

王魁京（1998）的调查显示，留学生很愿意和中国人交流，可是不同的中国人见到他们时，常常问同样的问题："你是哪国人""来中国多长时间了""你在哪个学校学习"等。他们觉得，总回答这些问题很厌烦。留学生不明白，在中国人之间，会话前先询问对方一些个人情况是为了建立融洽的人际关系，试探对方的交际欲望，决定是否进一步交谈。这些询问并不代表发话人真正的交际意图。如果学习者明白这种会话方式，就可以用积极的交际策略将会话引向他们感兴趣的方面，而不是仅限于简单的会话。

（三）会话中的合作原则和得体性原则

合作原则是社会语言学中的另一个重要的概念。

格莱斯指出，会话双方都应该遵守"合作原则"。这包括以下准则：①质量准则，即不说自己认为不真实或者没有证据的话；②数量准则，即提供的信息要满足会话的目的，但又不超出会话的需要；③相关准则，即所说的话必须是相关的，不能答非所问；④方式准则，即表达上要简明、有条理，避免模糊和歧义。

利奇（G. Leech）对格莱斯的合作原则进行补充和发展，提出了得体性原则。这一原则由得体、慷慨、赞誉、谦逊、一致和同情等六个准则构成。

这些原则具有普遍指导性作用，但文化背景不同，其表现不同。如接受赞誉时，欧美人常常说"谢谢"；中国人则喜欢使用谦逊原则，尽量少赞誉自己，多贬损自己。当别人表扬时，中国人常常回答"哪里，哪里""我做得还不够"；别人表扬自己的衣服漂亮时，中国人常说"我的不漂亮，你的才漂亮呢"。这些客套话，常常让其他文化背景的人觉得中国人不够真诚。

六、跨文化交际学

不同文化背景的人从事交际的过程就是跨文化交际（胡文仲，2003）。跨文化交际学研究此类交际中出现的问题及对策，关注交际中的文化差异，如民族性格、社会心理、语言运用、非语言交际等多个方面的差异。

语言是文化的重要组成部分，又是文化的重要载体。人们学习或者使用一种语言进行交际时，就会自然把自己的言行纳入该语言所代表的社会和文化中，在某种程度遵从该社会的惯例。不同社会文化背景下培养出来的人，往往由于缺乏对对方的文化背景知识的了解而容易造成交际的困难。"在对外汉语教学中引入文化因素，目的在于排除外国留学生用汉语跟中国人交际中的文化障碍，克服因文化背景、思维模式、价值观念、道德伦理观念的差异造成的交际困难。"（程棠，1991）

《教师标准》明确指出，"教师应理解文化与跨文化交际的主要概念，理解文化与跨文化交际在语言教学中的作用，并能运用于语言教学实践"，并列出教师应该掌握的九个基本概念范畴和七项基本技能。

（一）语言交际

词语的使用，要受特定交际情境的影响，要考虑说话人、听话人的关系和地位。学习者如果不了解这些，不懂得文化规则，就可能出现偏误。如"胡说、放肆、拜访、访问、诸位、吩咐、嘱托、培养、栽培、赏识"等词语，不了解其中的语用因素和文化因素，就可能用错。有一个留学生不想当班长，对老师说："老师，美得你，我不想当班长。"他只知道"美得你"可以表示"拒绝"，不知道它不能用于下级、晚辈对上级、长辈。

汉语的一些典型交际语与西方国家也有差异。汉语打招呼语有一定程度的具体性，根据具体的情境而论，见到什么说什么、问什么。路上碰面了会问"今天不上班吗？""今晚做什么好吃的？"，其功能同英语里的"It's very nice to meet you!"（见到您真高兴！）一样。留学生不理解这一点，会误以为对方真的在询问。再如，中国人的寒暄话题可以表现出人们之间的亲密，但往往被西方人视为对个人隐私的威胁。

再如"请求"，有"直接"和"间接"两大类。一般情况下，汉语"请求"行为要比英语直接；英语祈使句经常和"please"连用，或以"could you…"的形式出现，这就减小了直接的程度。又如回应对方的恭维，中美两国也有差异。中国人习惯于拒绝或贬低恭维语的语义内容（"哪里哪里"），而美国人更多的是接受、欣赏。一位访美女学者在宴会上听到美国朋友称赞她的衣服漂亮"That's a lovely dress you have on!"时，按照汉语习惯回答："No, no, it's just a very ordinary dress." 对方误以为这个学者批评他连衣服的好坏都分不清。

对外汉语教学中的跨文化研究，解决的是留学生理解在一定场合中"中国人为什么这么说"和"这么说的含义是什么"的问题，也就是解决留学生"如何理解和接受这样的说法"的问题（林国立，1997）。

（二）非语言交际

非语言交际是以非语言手段来传递信息的交际。从人的身体特征到身上穿戴的服饰品，从搽的香水的味道到身体内散发出的体气，从声音的高低到房间的摆设、光线、色彩，从时间观念到空间观念，这些都是非语言交际的因素。

体势语是非语言手段中最重要的一种，包括动态、静态两类。

动态体势语，指身体各部分的动作，如头、脸、颈、肩、臂、手、腿等的动作。用手指轻轻钻捻太阳穴，在中国表示要仔细考虑或在思考问题，在土耳其表示"你太愚蠢了"，在荷兰却是夸奖对方聪明。中国同性别的人之间表示亲密关系时，男性可以搂肩搭背，女性可以牵手，这在中国人看来都很正常，西方人却认为这有同性恋的倾向。

静态体势语，指身体静态下的姿势，如站、坐、蹲、倚靠姿势、体距、呼吸、气味、装束、发型等。英美人认为陌生人或不太熟悉的人之间要保持一定的体距。中国人喜欢请客人坐下，以示尊敬客人。但在很多场合，西方人对"站"有一种偏爱，喜欢站着吃饭，站着聊天。有时在会客厅里，年轻主人要么不给年长的客人让座，要么站着与客人交谈。

每个人的行动都可能受到本民族文化的支配。只有在与其他文化的接触和对比中，我们才能体会这些"熟视无睹"的文化。在对外汉语教学中，教师应了解中外文化的主要异同，了解跨文化交际的主要概念，具有跨文化交际意识。这样，一方面可以与不同文化背景的学生进行有效的交际；另一方面可以帮助语言学习者克服学习过程中由于文化差异引起的交际困难，避免其语言实践中的交际失败。

（三）文化的接受过程

学习第二语言，要在原有自我认同的基础上学习第二语言中包含的生活模式和行为模式，进行新的自我认同。学习者对目的语文化的接受过程，可分为四个阶段（盛炎，1990）：

（1）蜜月期（2～3个月）：学习者对新的语言和文化充满了好奇，感觉一切都很美好。

（2）挫折期（4～5个月）：由于语言障碍，挫折感强烈，伴随着文化上的不适应（也叫文化休克）。

（3）逐渐适应期（4～5个月以后）：学习者语言能力有所提高，逐渐适应和熟悉新的环境，开始结交目的语国家的朋友，孤独感得到缓解。有人把这一阶段称为"文化关键期"。

（4）接近或完全复原期（半年之后）：学习者接受了第二文化，在新的文化环境中学习，充满了自信心。在学习上进步很快，不受环境干扰。

赴外教师需要了解上述情况，尽快适应海外社会文化。所有教师都要帮助学生顺利渡过这些阶段，顺利融入积极的学习状态中，顺利进入适应期和复原期。

思考与练习

1. 如何理解对外汉语教学与应用语言学的关系？
2. 请举例说明学习与习得的关系。
3. 如何理解对外汉语教学作为交叉学科的性质？
4. 如何理解对外汉语教学的性质和任务？它和语言习得、一般学校的非外语教学有何区别？
5. 对外汉语教学研究包括哪些层面和内容？
6. 从学科角度看，对外汉语教学有哪些基础学科和相关学科？试论它们跟对外汉语教学学科的关系。

本章参考文献

[1] 毕继万．跨文化非语言交际［M］．北京：外语教学与出版社，2001．
[2] 程棠．关于中高级阶段对外汉语教学的几个问题［C］//国家对外汉语教学领导小组办公室教学业务部．中高级对外汉语教学论文选．北京：北京语言学院出版社，1991．
[3] 程棠．对外汉语教学目的原则方法［M］．北京：华语教学出版社，2000．
[4] 崔希亮．语言理解与认知［M］．北京：语言文化大学出版社，2001．
[5] 戴维·克里斯特尔．现代语言学词典［M］．4版．沈家煊，译．北京：商务印书馆，2000．
[6] 桂诗春．应用语言学［M］．长沙：湖南教育出版社，1988．
[7] 国家对外汉语教学领导小组办公室．高等学校外国留学生汉语教学大纲（长期进修）［M］．北京：北京语言文化大学出版社，2002．
[8] 国家对外汉语教学领导小组办公室．高等学校外国留学生汉语言专业教学大纲［M］．北京：北京语言文化大学出版社，2002．
[9] 国家汉语国际推广领导小组办公室．国际汉语教师标准［M］．北京：外语教学与研究出版社，2007．
[10] 胡文仲．跨文化交际学概论［M］．北京：外语教学与研究出版社，2003．
[11] 李晓琪，等．英语日语汉语第二语言教学学科研究［M］．北京：中国大百科全书出版社，2002．

[12] 利伯特 R M，等．发展心理学［M］．刘范，等译．北京：人民教育出版社，1983．

[13] 林国立．对外汉语教学中的文化因素体系［M］//周思源．对外汉语教学与文化．北京：北京语言文化大学出版社，1997．

[14] 刘珣．对外汉语教育学引论［M］．北京：北京语言文化大学出版社，2000．

[15] 刘月华．状语的分类和多项状语的顺序［C］//中国语文杂志社．语法研究和探索．北京：北京大学出版社，1983．

[16] 卢利亚 A P．神经语言学［M］．赵吉生，卫志强，译．北京：北京大学出版社，1987．

[17] 陆俭明．对外汉语教学与汉语本体研究的关系［J］．语言文字运用，2005（1）．

[18] 吕必松．对外汉语教学探索［M］．北京：华语出版社，1987．

[19] 吕必松．对外汉语教学概论（讲义）［M］．北京：国家对外汉语教师资格审查委员会办公室，1996．

[20] 吕文华．对外汉语教学语法体系研究［M］．北京：北京语言文化大学出版社，1999．

[21] 马真．说"反而"［J］．中国语文，1983（3）．

[22] 盛炎．语言教学原理［M］．重庆：重庆出版社，1990．

[23] 王魁京．第二语言学习理论研究［M］．北京：北京师范大学出版社，1998．

[24] 王祖嫘，吴应辉．汉语国际传播发展报告（2011—2014）［J］．新疆师范大学学报：哲学社会科学版，2015（4）．

[25] 卫志强．当代跨学科语言学［M］．北京：北京语言学院出版社，1992．

[26] 吴中伟．浅谈基于交际任务的教学法——兼论口语教学的新思路［C］//《第七届国际汉语教学讨论会论文选》编委会．第七届国际汉语教学讨论会论文选．北京：北京大学出版社，2004．

[27] 徐大明，陶红印，谢天蔚．当代社会语言学［M］．北京：中国社会科学出版社，1997．

[28] 许琳．汉语加快走向世界是件大好事［J］．语言文字应用，2006（增刊）．

[29] 赵金铭．对外汉语研究的基本框架［J］．世界汉语教学，2001（3）．

[30] 赵金铭．对外汉语教学概论［M］．北京：商务印书馆，2004．

[31] 赵金铭．汉语作为第二语言教学：理念与模式［J］．世界汉语教学，2008（1）：93 – 107．

[32] 中国社会科学院语言研究所词典编辑室．现代汉语词典［M］．7版．北京：商务印书馆，2016．

[33] 仲哲明．应用语言学研究的现状和展望（上）［M］//许嘉璐，王福祥，刘润清．中国语言学现状与展望．北京：外语教学与研究出版社，1996．

[34] 周小兵．第二语言教学论［M］．石家庄：河北教育出版社，1996a．

[35] 周小兵．句法·语义·篇章［M］．广州：广东高等教育出版社，1996b．

[36] 周小兵，赵新．对外汉语教学中的副词研究［M］．北京：中国社会科学出版社，2002．

[37] 周小兵，朱其智，邓小宁，等．外国人学汉语语法偏误研究［M］．北京：北京语言文化大学出版社，2007．

[38] 周小兵．对外汉语教学导论［M］．北京：商务印书馆，2009．

[39] 周思源．对外汉语教学与文化［M］．北京：北京语言文化大学出版社，1998．

[40] 祝畹瑾．社会语言学概论［M］．湖南：湖南教育出版社，1994．

[41] Cao F, Lee R, Shu H, et al. Cultural constraints on brain development：Evidence from a developmen-

tal study of visual word processing in mandarin Chinese [J]. Cereb Cortex, 2010, 20 (5): 1223 – 1233. doi: 10.1093/cercor/bhp186.

[42] Cao F, Peng D, Liu L, et al. Developmental differences of neurocognitive networks for phonological and semantic processing in Chinese word reading [J]. Human Brain Mapping, 2009, 30 (3): 797 – 809. doi: 10.1002/hbm.20546.

[43] Cao F, Vu M, Chan D H, et al. Writing affects the brain network of reading in Chinese: A functional magnetic resonance imaging study [J]. Human Brain Mapping, 2013, 34 (7): 1670 – 1684. doi: 10.1002/hbm.22.

[44] Guan C Q, Liu Y, Chan D H L, et al. Writing strengthens orthography and alphabetic-coding strengthens phonology in learning to read Chinese [J]. Journal of Educational Psychology, 2011, 103 (3): 509 – 522. doi: 10.1037/a0023730.

[45] Liu Y, Perfetti C A, Wang M. Visual analysis and lexical access of Chinese characters by Chinese as second language readers [J]. Language and Linguistics, 2006, 7 (3): 637 – 657.

[46] Liu Y, Wang M, Perfetti C A. Threshold style processing of Chinese characters for adult second-language learners [J]. Memory & Cognition, 2007, 35 (3): 471 – 480.

[47] Naiman N, Fröhlich M, Stern H H, et al. The good language learner [M]. Clevedon, England: Multilingual Matters, 1996.

[48] Oxford R L. A new taxonomy of second language learning strategies [M]. Washington DC: CAL/ERIC Clearinghouse on Languages and Linguistics, 1985.

[49] Yu H, Gong L, Qiu Y, et al. Seeing Chinese characters in action: An fMRI study of the perception of writing sequences [J]. Brain & Language, 2011, 119 (2): 60 – 67. doi: 10.1016/j.bandl.2010.11.007.

第二章　外语教学法

第二语言教学法的历史可以追溯到古代。公元前2000多年，幼发拉底河流域的苏美尔人征服了阿卡德人，对被征服者实施第二语言教育。公元前500多年，罗马人开始学习希腊语。在我国，汉代开始就有外国学生来华学汉语。在古代，人们对第二语言教学法还没有系统研究，但在教学中却不自觉地使用某种教学方法。如苏美尔人对阿卡德人实施的第二语言教学，就是借助双语词典，采用翻译法进行教学。古罗马人从小接受双语教育，一般也是用翻译法。

从古到今，出现了很多教学法流派。特别是近100多年来，教学理论研究推动了第二语言教学法的探索与突破，新的教学法不断产生。

第一节　教学法概述

吕必松（1994）认为，语言教学法的研究对象是语言教学的全过程和这个过程中的各个环节，包括总体设计、教材编写、课堂教学以及对语言学习能力和实际语言水平的测试等广泛的领域。由于跟各教学环节关系密切，教学法在第二语言教学中有着十分重要的地位。

一、跟教学总体设计的关系

教学法跟教学目标和教学内容的确定、教学途径和教学手段的使用，有紧密的联系。

例如，某一教学法适合于哪些教学对象，成人还是非成人？一般来说，直接法和听说法比较适合少年儿童，认知法比较适合成人。

再如，学习者的目的是什么？如果只是为了短期旅游，或简单的生活对话，听说法比较适用；如果只是为了阅读工具书，语法—翻译法和阅读法比较适用；如果是为了职业，如当语言教师，翻译法和认知法比较适用。

二、跟教材设计的关系

在确定课文内容和前后次序时，语法—翻译法偏向于根据语法点的难易程度和系统性来进行；功能法强调根据交际功能项目在实际生活中出现的先后来进行，如问候、介绍、感谢、邀请等。在设计练习时,听说法强调大量的重复性机械操练,不重视意义和交际场景;功能法注意给出交际场景和交际项目,让学生在真实或类似真实的环境中完成交际任务。

三、跟课堂教学的关系

语法—翻译法主张使用学生母语,着重原文和语法知识的讲解,注重学生翻译能力的提高。直接法和听说法主张不使用母语,着重口语的操练,注重听力和口语能力的提高。在分配师生开口的比例时,语法—翻译法和阅读法要求老师多讲;功能法要求师生开口比例大致相同;静默法要求老师少讲,学生多讲。一般的教学法都要求学生在课堂上全神贯注地学习;暗示法尽量使学生在极度放松甚至在临近睡眠的状况下学习,学生可以躺在舒适的地板上。

由于教学对象、目标、任务侧重点的不同,教学法往往分成不同的流派。这些流派大致可以分成以下几大类:传统教学法,人本主义教学法,交际型教学法,创新型教学法。

第二节 传统教学法

一、语法—翻译法

语法—翻译法(Grammar-Translation Method)盛行于18世纪末,代表人物是奥伦多夫(H. G. Ollendorff)。

语法—翻译法的教学语言基本上是学生的母语,教学方式以翻译为主,大量的笔头翻译练习(从目的语到母语)是为了巩固和检验语法教学。其教学过程是:①先教字母的发音和书写;②然后系统地进行语法教学,用先讲规则后举例的演绎法,边讲边译,并用互译的方法巩固对语法规则的学习和掌握;③最后阅读课文,顺序是用母语介绍课文内容,逐词翻译,朗读课文,用互译法巩固。

语法—翻译法的语言学基础是传统语言学,注重语言规则的归纳和列举,认为语言教育就是规则的理解和教学。在教学中,学生根据教师讲授的语法规则进行翻译练习,通过翻译练习辨别目的语和母语的异同,达到对目的语的理解和掌握。

语法—翻译法在二语教学中曾占主导地位。后来,这一地位被直接法、听说法取代。原因是语法—翻译法不重视口语教学,不注重当下语言。不过,目前它仍在一定的范围里使用。

二、阅读法

阅读法（Reading Method）产生于20世纪初，是魏斯特（M. West）在进行英语教学试验时创造的一种专项教学法。阅读法认为，二语学习的第一个目标，是培养学生的直接阅读能力，即阅读时不通过翻译，直接阅读一定数量的语料，就会获得一定的语感，促进随后的口语教学，从而提高整个二语学习的效率。

阅读法的特点可以从魏斯特编写的《新方法读本》（*New Method Readers*）中看出来。这是一本供初学者使用的阅读教材，最低限度的词汇量是3500个，其编写原则是：①让学生从开始学习时就产生兴趣，看到自己的学习成果；②通过课文学习生词；③词汇越少，其使用范围就应该越大；④课文内容适合学生的年龄。课文以生动的故事为主，注重趣味性；平均50个熟词中出现一个生词，每个生词在新课文里至少出现两次，此后出现率逐步减少。

魏斯特把阅读分为精读和泛读，要求前者每分钟400个词，后者每分钟可达1200个词。主教材之外配阅读副本，分量超过主教材；但无生词，目的是训练学生的快速阅读能力。

阅读法的功绩在于：首次区分精读、泛读，引进快速阅读，创造了多种阅读训练方法；课文编写注意控制词汇量，由此产生的分级阅读课本和词汇分级系列，一直在各国流传。

20世纪40年代以后，阅读法被许多语言教育学家和教师加以使用、补充和修正，用于多种课型教学之中，如会话、平行阅读、快速阅读、听视阅读、推测性阅读、朗读、听写。

三、直接法

直接法（Direct Method）产生于20世纪后半叶，其含义就是不用母语翻译，直接用目的语教学。代表人物有贝立兹（M. D. Berlitz）、帕尔默等。

直接法的教学过程包括：①讲授新词。日常问候，自然进入讲授新词阶段。如讲"苹果""梨"，出示相应的图片或实物，在对话中使用新词。教师可以用一般疑问句、选择疑问句以及特殊疑问句进行提问，如："你喜欢吃梨吗？""苹果贵吗？"学生一般能听懂这些问题，并做出回答。如果学生说"喜欢"，教师就进一步追问："喜欢什么？"②语法或句式练习。可以看一张商场内标有各种水果价格的图片，然后老师问："苹果多少钱一斤？"学生回答，从而练习"N + 多少钱 一 + measure word？"这个句式。或者先请一个学生进行对话示范。③分组练习。根据教师示范，学生两人一组练习。④教授新课。出示一幅描述课文内容的图画，根据图画提问，要求学生回答。⑤分组问答。学生两人一组根据图画相互问答。

由上例可以看出，直接法的基本教学原则是：①建立语言与客观世界的直接联系，把词语和所指直接相连，不用母语翻译；②在教学手段上，用口语伴随动作或图画展示教学内容；③让学生通过各种模仿的方式重复所学的语句，以便养成习惯，达到自动化的程度；④口语领先，从简单的故事、对话开始进行教学。

直接法的心理学基础是联结主义心理学，注重语言跟客体和环境的直接联结。同时又认为学习外语跟习得母语一样，都是靠人的自然能力。

直接法利用各种直观手段进行自然的口语教学，促进学生不依赖"心译"的拐棍而直接用目的语进行思维和交际，对二语教学影响很大，对听说法、功能法的产生也起了很大的作用。其不足之处是忽视成人思维和母语能力的作用，忽视成人学习第二语言的特点。

四、听说法

听说法（Audiolingual Method）产生于20世纪40年代的美国。第二次世界大战前，美国外语教学中语法—翻译法占主导地位，主要培养阅读能力。第二次世界大战爆发后，美国军队要到许多国家、地区作战，急需有听说能力的大批外语人才。当时，美国所有语言学家和第二语言教师都直接或间接地参加了外语人才的速成培训。语法—翻译法不能满足教学需要，听说法应运而生。

下面以餐厅就餐的一段对话为例，讨论听说法：
A：怎么样？好吃吗？
B：感觉还可以，就是太淡了。
A：咱们再加一个辣一点儿的菜吧！
B：不要加菜了，我吃饱了。

课堂教学过程：①教师演示对话，学生模仿；教师纠正语音问题。长句处理，先让学生反复跟说"辣一点儿的菜"，熟练后再扩展为全句。②重复每一句。或分区，或分男女，或单独叫学生重复，或教师与学生进行角色扮演，并不断改变角色。③叫两个学生到前边表演对话，说不出时老师提醒。④聚焦于与语言点有关的句子，重点操练。如："感觉还可以，就是太淡了。"学生熟练后，教师把"淡"换成"贵、咸、辣"等，让学生跟说全句。然后只说"贵、咸、辣"等，让学生说全句。进一步，把句子放在对话中，让学生问："怎么样，好吃吗？"教师回答。转换角色，老师问："怎么样，好吃吗？"并提示学生用"贵、咸、辣"等替换词，让学生回答。

最后目标：通过课堂操练，整段对话能够脱口而出，并掌握一定的句式。

听说法的教学特点是：①新课内容以会话形式展开；②用模仿、记忆、重复等方式学习，以养成语言习惯；③语言结构按序排列，依次教学；④句型结构反复操练，语法教学用归纳法进行类推，很少语法解释；⑤词汇量严格控制，词汇依赖上下文来学习；

⑥重视语音教学;⑦大量使用视听设备和语言实验室;⑧对学生成功的反应立即予以强化,尽量防止学生出现错误;⑨按听、说、读、写的顺序安排教学。

听说法的心理学基础是行为主义的刺激反应论,认为人们学习语言,就是通过刺激反应进而养成语言习惯。

听说法有一套较完整的教学体系,有一些较成熟的教材,培养出大批第二语言人才。它还促成了其他教学法(如视听法)的产生。其不足之处是:过分强调听;不准用母语,不讲语法规则;句型练习太枯燥,影响学习积极性;一些学生把句型背得滚瓜烂熟,在现实生活中却无法运用。

五、认知法

认知法(Cognitive Approach)产生于20世纪60年代。代表人物卡鲁尔(J. B. Carroll)认为:"外语教育是对其语音、语法和词汇的各种形式进行学习、分析并获得有意识的控制的一种过程。"该教学法的基本原则是:①培养学生的语言能力是教学的主要目标。语言能力是内化的语言知识系统,必须通过系统、有意识的讲解和练习来获得。②母语是学习者已有的知识,应该加以利用。语言对比能促进对语言规则的理解和掌握。③新的语言材料应该跟学生母语和目的语已有知识衔接,跟学生的生活经验联系,语言教学应该选择、创造合适的情景。④听说读写并进,口头笔头并举,以促进各种感官同时运动,收到最佳的教学效果。

认知法教学过程分三阶段:①理解阶段,约占课时的四分之一。从已有的知识出发,讲解新语言知识和概念。讲授时间占50%～75%,母语使用较多。②能力培养阶段,约占课时的二分之一。训练学生理解和掌握语言的能力。方式是先做理解性练习(辨别、动作反应、选择图片、定义、多项选择、是非、问答),再做结构性练习(重复、替换、情景问题、看图说话等)。讲授时间占40%～50%,母语使用时间占5%～20%。③综合运用阶段,约占课时的四分之一。组织学生用学过的语料进行听说读写多方面的交际。方式有课文讨论、口头摘要、交谈、报告、讨论、角色表演、语言游戏等。操练为主,讲授时间不超过5%。

认知法的心理学基础是以奥苏拜尔(D. Ausubel)为代表人物的认知心理学。认知心理学认为:①心灵是思维、学习过程的积极动因;②学习基本上是由学习者个人而不是由环境决定的;③学习必须是有意义的。奥苏拜尔把学习分为两类:机械性学习和有意义的学习。影响学习的因素是:①学习者认知结构,即现有知识的数量、理解程度和组织结构;②新旧知识的关联度;③学习者的联结意识,即学习时是否有意识地把二者加以联结。

认知法的语言学依据是乔姆斯基的生成语法。其基本观点是:①语言由无限的句子构成,无限的句子由有限规则生成。语言学家的任务是发现规则,语言教学的任务是教给学生生成语言的规则系统。②语言有共性。语言教学应注重共性，启发学生把母语知识用于二语学习。③个人语言包括语言能力和语言表现。前者是内在化的生成语言的规则系统，后者是运用这个系统来生成新句子。先有能力，才可能表现。④生成语法的基本规则是人的智力组织的一部分。这种智力组织是先天的，是语言习得的先决条件。

40多年来，认知法没能形成一种完整的教学体系，也没有编写出一本成熟的教材。但是它的一些教学观点被许多语言教育家和教师所采用，用于教材编写或具体教学之中。

六、全身反应法

全身反应法（Total Physical Response）产生于20世纪60年代，创始人是美国心理学家阿舍尔（J. T. Asher）。该法强调通过身体动作教授第二语言，开始主要用于美国的移民儿童。

全身反应法的教学程序是：①演示，教师一边发指令，一边做示范动作，学生只做动作不说话。如教跟身体部位有关的词"鼻子""眼睛""耳朵""手"时，教师可以把这些词编成顺口溜，每念一个就指向相应的部位，最后拍手结束；学生不说话，跟着做动作。②教师只说不做，要求学生按指令做相应的动作。③教师将新旧指令混在一起发布，如"鼻子眼睛手和脚"，同时做示范动作，让学生边听边做。④教师将新旧指令混在一起发布，不做示范，让学生按指令做动作。⑤某个学生发指令，教师和其他学生按指令做出反应。

其教学原则是：①先有充分的理解性能力的听，才能自然地转移到说；②全身动作是发展理解性能力的关键；③指令是基本的交际，第二语言大多数语法结构和数百个词汇项目，都可通过教师熟练的指令进行教学；④在大量输入之后，等待学生自然地产生说话愿望并付诸行动，不要强迫。

全身反应法以儿童习得母语理论为基础，认为二语学习过程应当跟儿童习得母语一样。其优点是强调通过动作来理解指令（即语言形式），用大量输入引发学生开口；其缺点是忽视成人学习第二语言的特点，对表示抽象概念的词汇就无能为力。20世纪70年代的自然法也与此类似。

第三节　人本主义教学法

人本主义教学法认为，学习者是既有认知需求也有情感需求的完整的人，教学应该体现对人的情感因素的深切关注。人本主义教学法包括静默法、启示法和咨询法等类别，其共同点是重视学习者内在自我的发展和过程教学，强调学习自主性的培养，明显地带有人本心理学的理论特征。

一、静默法

静默法（Silent Way）产生于20世纪60年代，是英国数学家和心理学家加特诺（C. Gattegno）创造的。静默法重视大脑的作用，注重开发学生的智力学习第二语言，认为创造性的发现学习优于重复式的记忆学习。

静默法的基本原则是：①学生是主体，教师是启蒙者；在课堂教学中，教师少说（即静默），启发学生多说；除了示范新的语音、词汇、句子外，教师主要用彩色棒、彩色挂图、实物、动作、手势等进行教学，引发学生开口说话。②口语领先，有了一定口语能力后再进行读写能力的培训。③让学生自己纠正错误。④促使学生用少量的词汇创造大量的句子；在词汇学习中，用分类学习的方法迅速扩大词汇量。

静默法的倡导者认为，在课堂上教师不说话，学生中总会有人说点什么，跟着就会有其他人接续，这样，学生中的谈话就可以继续下去。

二、启示法

启示法（Suggestopedia）产生于20世纪60年代中期，创始人是保加利亚心理学研究所所长罗扎诺夫（G. Lozanov）。启示法认为人的大脑在无忧无虑的状况下，能在有意无意之中产生超常的认知能力和记忆能力，提高学习效果。据说在效果好的情况下，一天可以学会1000个词，或60节课学会2000个词。

具体操作分两个阶段：①展示阶段。先播放优美的音乐，让学习者很自然地放松自己，然后伴着音乐，在愉快的心境下听教师介绍和朗读课文，以便在无意识中理解和记忆。学生可坐可躺，坐椅舒适，有的课室甚至有席子、地毯或床，让学生尽可能地放松。②运用阶段。同样沉浸于优美的音乐中，让学生把学到的知识很轻松地用于交际。在这两个阶段里，除了在学习生词和阅读课文时需要睁开眼睛，学习者在许多情况下可以闭上眼睛，以排除杂念，沉浸于音乐之中。

启示法的基本原则是：①创造舒畅愉快的环境气氛，让学习者在极度轻松的心境下学习；②让学习者大脑的两个半球同时发挥作用，让有意识和无意识的活动相互支持，达到和谐的统一，以达到最佳的学习效果；③用种种手段让学生得到启示，然后进行自由自在的交往。

启示法把医学心理学和生理学的知识用于二语教学，用音乐等手段让学生处于安宁、休息的假消极状态，使之在下意识中产生一种超常的认知记忆能力和创造性的学习能力。暗示法有两个关键性的暗示手段：一是教师个人和信息源的威信，即让学生确信输入的信息绝对正确；二是成年学生的幼稚化，即学生把自己想象为孩子，以消除心理负担和障碍。

三、咨询法

咨询法（Counseling Learning）又名社团语言学习法（Community Language Learning），产生于20世纪60年代初，创始人为古兰（C. Curran）。

其教学形式是学生围成一个圈，教师坐在圈外。一个学生想用目的语表达一个意思，就用母语问教师，如："我想知道'书桌'在英语里怎么说？"教师告诉他："'书桌'叫'desk'。"然后让该学生重复并做相应的练习。另一个学生再问其他问题，教师回答后让他做相应的练习。问的可以是词，也可以是句子或语段，还可以是其他问题。答问时可以很简单，也可以有一些解释。其他学生听，也可以跟着提问的学生练，还可以回答问题。

开始，学生基本上依赖教师。以后慢慢独立，可以用目的语说一些句子和语段，同学之间可以进行一些交际。到最后，基本上能够自由地谈话，教师只是偶尔当一下顾问。

咨询法的特点是：①教学过程以学生为中心，学生是"病人"，教师是顾问、辅导者，必须注意和满足学生的需要；②只学口语，不学书面语；③依赖母语，学生在学习过程中逐步实现由母语到目的语的过渡。

咨询法的心理学依据是人本主义心理学。它认为学生本身有某种学习要求时，学习效果最好。不是教师要学生学什么，而是学生要教师教什么，这样能减少来自教师的压力和学生之间的竞争带来的紧张感。

第四节 交际型教学法

交际型教学法产生于20世纪60年代。当时传统教学法受到冷遇，以交际为导向的教学法应运而生。交际型教学法有几类，英文可以统称为Communicative Teaching Approach。

一、功能法

功能法（Functional Approach）又称为交际法。20世纪70年代末，美国纽约州教育部门完成了《现代语言交际大纲》。该大纲反映了功能教学法的主要内容，产生了广泛影响。

功能法的主要理念是：①外语教学的中心任务是培养学生用外语交际的能力，让他们在目的语文化语境中实现有效交际。②不强调用语言学途径教授语言，而是强调交际途径。不让学生孤立地记生词和语法规则，而是帮助学生在特定情景、特定话题中完成交际任务，注意力放在用目的语去"做什么"和"如何做"。③文化作为交际中的有机成分，是决定交际是否准确、是否有意义的重要因素。学生不仅要理解文化含义，还要应用它们。

国家汉办（2002）编写的《高等学校外国留学生汉语教学大纲（长期进修）》中有详细的《功能项目表》，列出了"打招呼、问候、寒暄、介绍、感谢"等110项交际功能。

功能法的教学实施：老师的教应以表演为基础，课堂教学以学生为中心。学生的学以任务为基础，用学习的新语言项目完成交际任务。教师要根据语言背景设计场景，指挥学生活动。学习和使用新语言项目的时间各占50%。最重要的，是将真实的交际引入课堂。

真实交际可体现在课堂教学的各个环节中。例如词汇教学，可引导学生说出自己对新词的体会和感受。如讲完"善良"，讨论什么样的人善良、为什么。在学习"是……的"句时，让学生两人一组问问题、填表格，问题包括"你昨天做什么了？你是什么时候/怎么/在哪儿/跟谁一起V的？"要合理制造信息差（information gap），使交际双方占有信息不一样。如在听说练习时，一组学生出去，另一组学生在教室听录音。然后让出去的学生进来，分别询问录音内容。限制问题数量，看谁能用最少的问题问清楚内容。

卡片法也很常用。给交际双方不同的卡片，上面写着不同的内容。让学生根据不同的指引进行交际。如A同学的卡片上写着："你是小英。你现在很忙，因为你刚洗完头，正忙着吹干头发，并且马上要出去。这时你的电话响了。"B同学的卡片上写着："你是王丽。你刚跟你的男朋友吵了一架，你非常需要跟人说说这件事。你给小英打电话。"

运用功能法编写的较好的英语教材有 Function of American English（by Leo Jones and C. Von Baeyer）和 Life and Language ——The Urban College Experience（by Carole Riedler-Berger, et al.）。汉语教材有南京大学邱质朴编写的《说什么和怎么说》和美国夏威夷大学任友梅等编写的《交际汉语》。中山大学周小兵总编、张念主编的《阶梯汉语·中级口语》（华语教学出版社，2006年）是比较新的功能法教材。

二、任务式教学法

任务式教学法（Task-based Approach）最早产生于20世纪80年代的英国，代表人物有伯拉胡（N. S. Prabhu）、纽南（D. Nunan）。它实际上是交际法的新发展。教学活动以学生为中心，教师设计具体的、带有明确目标的活动，让学生用目的语通过协商、讨论，达到学习目的。教学原则是"用中学"（learning in using）。

任务设计时要考虑三个具体程序：①任务前活动。先确定任务，再确定执行任务需要的语言项目，接着对这些词汇、句型、表达方式等进行训练。②完成任务的活动。例如，以小组方式相互咨询、解释、澄清、陈述、互动。教师在这一过程中与学习者互动，提供有关语言项目和必要信息；其参与多少取决于任务难度、学生水平等因素。③任务后活动。以表达的形式展示任务结果，对任务完成情况进行检验评估，对某些集中错误和不足进行反馈，学生之间也可以相互学习。

如在初级口语课中教授"问路"这课时，可安排几个教学环节：

第一步：学习相关词语和句型，提供完成交际任务必需的语言基础。词语如"一直、往、前、走、向、拐、（十字）路口、先、然后、公共汽车、地铁"；句型如"请问，去……怎么走?""从……到……有多远?""坐几路车?""先往……走，然后往……拐，再……"等。

第二步：学生两人一组，每人分到一张卡片。A 卡片印有地图，B 卡片印有目的地。拿到 A 的学生指路，拿到 B 的学生问路，两人运用上面的词汇和句型完成问路的任务。

第三步：请若干组学生在全班表演。点评完成任务的情况，针对出现较多的语言错误进行集体纠正，并对重点句型进一步进行强化操练。

任务式教学法的特点是：①将真实语言材料引入学习环境，把课内语言学习跟课外社会语言活动结合起来。②意义优先，交际优先。教学重点是语言内容、信息沟通而不是形式。课堂活动接近自然习得。③以是否完成交际任务作为评估标准。

在课堂教学活动中，任务式教学法强调四个基本原则：①语言、情景真实。以学生的生活经验和兴趣为出发点，任务内容、方式应尽量真实，使学生在自然、真实或模拟真实的情景中体会和学习语言。②形式功能结合。使学生在学习语言形式的基础上，通过一系列任务的训练来理解语言的功能，使交际活动顺利进行。③任务层层递进。任务由简到繁，由易到难，前后相连，层层深入。④以做促学。学生自始自终通过完成具体任务来学习语言，积累学习经验，享受成功的喜悦。

三、内容教学法

内容教学法注重通过专题内容的学习，培养学习者的语言交际能力。它要求对学习者输入他们感兴趣且难度略高于学习者当前语言水平的内容，以便满足语言教学多方面的目的。它将教学重点放在内容上，整合听说读写技能。每一个教学阶段都要求学生主动、积极地参与。所谓专题内容，应该跟学习者兴趣、生活和学习目标密切相关，并且尽量选择"真实"或接近"真实"的课文和任务，对语言结构进行直接学习。

内容教学法遵循三个原则：①以不同的专题为中心组织课程，而不是以语言的形式、功能和技能为中心来组织课程。②课程的核心材料选自母语说话者的作品。学习活动集中于理解和传达有意义的信息，并且用真实的语言完成真实的任务。③学习内容和学习活动符合学生的语言、认知和情感需要，以及他们的职业需求和个人兴趣。

在具体实施中，要注意以下几点：第一，要向学习者提供真实的输入，材料准备充足，并充分进行利用；第二，倡导团队精神，进行任务式教学；第三，要考察学生的学习准备情况和学生的具体学习能力，以恰当的方式纠正学生的错误，最后引导学生进行有效输出。

四、3P 教学法

3P 教学法（Presentation，Practice，Production）是 20 世纪 70 年代交际语言教学模式下的产物。它把语言教学分为三个阶段：呈现（presentation），操练（practice），运用（production）。教师先直接或间接呈现某一个语言点，解释并示范新语言点的意义和形式。接着学生对新学的语言点进行操练。然后进入运用，学生可以比较自由地谈论真实世界中的自己或他人。

例如学习"我在食堂吃饭"这种句子时，可以先呈现"S + 在 + N + V +（O）"这一句型，提醒学生注意"在 + N"的位置；然后通过问答、连词成句等方式进行操练；最后是运用。教师可以给出几张图片，让学生说句子，如：他们在图书馆学习，他们在超市买水果。或把学生分成三组，第一组写出人名，第二组写出在哪儿/给谁/跟谁一起，第三组写出做什么。然后收集三组的纸条放在一起，从中各任意挑出一张纸条，合成一个句子，这个句子可能是正常的，也可能是不合逻辑的，如：王老师在图书馆游泳，小张在银行锻炼身体。

第五节　创新型教学法

一、全语言教学法

全语言教学法认为，语言教学面对的是全学习者（whole learner），包括需要、兴趣、特长及弱点。教学法应考虑学习者的全部，满足其全方位需要，发挥特长，帮助他们克服弱点。

全语言教学需要的是全教师（whole teacher）。一个全教师在学生眼中不是权威，而是朋友。他应该把学生作为完整的人对待，时刻牢记学生的需要与兴趣；与学生一起学习，胸怀开阔，随时准备采用适合学生的理论方法，去实践被证明是有效的东西。

全教师教授给全学习者的是全语言。所谓全语言，是指语言的各个方面，包括全文（whole text）及全语言技能（whole language skills）。全文不是指整本的原文书或整篇文章，而是指在恰当的交际场合意义完全的语言片段。全技能包括听、说、读、写，教学焦点应集中在提高学习者的综合技能上，而不是把这些技能分割开来。

全语言教学需要全方法（whole methods）。全方法是指不要把方法与学习过程分离，教学方法的选用应根据学习情况的需要。全语言还包括全语言环境（whole environment）。就是说，语言教学一定要注意某个语言点或某个表达的使用场景，让学生在合适的语言环境中学习语言，培养交际技能。语言技能的发展是语言和社会环境共同作用的结果。

全语言概念兴起于 20 世纪 70 年代，全语言教学法在北美以及英国、新西兰、澳大利亚等英语国家中已引起越来越多的教育工作者的重视。仅美国和加拿大就有 400 多个全语言协会（Teachers Applying Whole Language, TAWL）。

二、体裁教学法

体裁教学法（Genre-based Teaching Approach）产生于 20 世纪 80 年代中期，指在课堂教学中自觉运用体裁分析理论而产生的一种教学方法。体裁教学法主要包括六个步骤：体裁分析，模仿分析，小组讨论，独立分析，深入分析，模仿写作。

体裁教学法把体裁概念和体裁分析方法运用于课堂教学，围绕着语篇的图式结构开展活动，其目的是利用体裁分析的结果，帮助学外语的学生了解不同体裁语篇的结构和交际目的，进而认识到语篇不仅是一种语言建构，也是一种社会的、意义的建构，并把这些知识应用到语言学习中。显而易见，这种方法主要用于写作教学。

三、"四位一体"教学法

"四位一体"教学法也叫 4P 教学法，其基本特点是：以知识为基础，以学习为中心，以质量为导向，以素养为目的。4P 教学法力图通过知识、技能、能力、素质四位一体的宏观框架模式，以及"循序渐进、阶段侧重、精讲精炼、五技并举"的教学原则，使外语教学程序化、模块化，帮助学生树立成就感和自信心，培养学生的观察能力、记忆能力、思维能力、想象能力和创新能力。

第六节 教学法的发展趋势

一、与相关学科的互动

语言教学法跟心理学的发展关系最密切。首先，教学法的产生往往有其心理学基础。如语法—翻译法的心理学基础是官能心理学，直接法的心理学依据是联结主义心理学和幼儿语言习得论，听说法的理论基础是行为主义心理学，认知法的依据是认知心理学。其次，所有教学法都涉及心理学学科的相关问题，如全身反应法涉及听—说心理机制，阅读法涉及书面符号认知记忆等阅读心理的课题。此外，有些教学法，如启示法、静默法、全身反应法等，就是心理学家创立的。

语言教学法跟神经生理学也有密切关联。如启示法就是把心理学和生理学应用到二语教学中产生的一种全新的教学法。

许多教学法都有其语言学基础。如语法—翻译法的基础是传统语法，听说法的基础是描写语言学，认知法的依据是转换生成语法。一些教学法本身就是语言学家创立的。20世纪以来，描写语言法一直在稳步发展；以它为基础的听说法得以发展成为比较成熟的教学体系。相反，转换生成语法自20世纪50年代末出现以来，理论上不断修正，内部不断分化出新的学派；因此，以它作为依据的认知法一直没能发展成为一个比较成熟的教学体系。

语言教学法跟教育学的发展也有联系。如静默法、咨询法的产生，跟以学生为中心的教育理论的出现和成熟有不可分割的关联。

二、折衷主义

折衷主义指在行为主义教学法和心灵主义教学法之间的调和。自20世纪20年代以来，折衷主义的教学法有混合法、综合法、折衷法等。其教学原则基本上都存在于其他教学法中，折衷法不过是东拿一点，西拉一点，把它们凑在一起。

如典型的折衷法（Eclectic Method）产生于20世纪60年代，创始人是美国教学法专家卡里曼（A. Coleman）和日本的教学法专家田岛穆。折衷法认为应当博采各家之长，根据不同的教学实际使用不同的教学法，培养学生掌握听说读写多种技能。其教学原则是：①教学次序是听→说→读→写；②注重口头练习，尤其是语音操练；③讲语法注重实用，主要用归纳法，不排斥演绎法；④开始不排斥翻译，以后逐渐减少；⑤口头学过的材料要进行笔头训练。

从这些原则可以看出，折衷法吸收了语法—翻译法重读写的特点，以及听说法重听说的特点，形成一个体系，有可取之处。

三、综合化倾向

所谓"综合"，指在全面认识二语教学的基础上，把某些教学法中某些理论、原则抽出来，按一定的优化组合规则搭配起来，注入新鲜成分，生成一种带新质的方法和体系。20世纪60年代产生的自觉实践法，70年代产生的功能法，都可以说是综合的典型。

自觉实践法由苏联心理学家别良耶夫创立。开始的构想是以直接法为主，以语法—翻译法为辅；在发展中，又先后汲取了听说法、情景法、功能法、视听法的养分，形成一种比较成熟的教学体系。其教学原则是自觉性原则、综合性原则。使用大量直观教学手段如插图，充分利用视听设备，建立目的语和客体的直接联系；同时适当使用翻译法，发挥学生母语的作用。

思考与练习

1. 语法—翻译法和听说法各有哪些优缺点？
2. 任务式教学法所遵循的原则有哪些？如何贯彻实施？
3. 使用三种不同的教学法，写出下列生词教学的教案：

  天气 冷 热 风 雨 下（雨） 雪 刮 季节 春天 夏天 秋天 冬天 暖和 最 游泳 凉快 郊游 滑冰

4. 根据以下课文，使用功能法、任务法来设计练习：

  大卫：请问，有明天去北京的火车票吗？
  售票员：你是要硬座票还是卧铺票？
  大卫：我想要卧铺票。
  售票员：对不起，三天以内的卧铺票都没有了。
  大卫：我有急事，请您帮帮忙吧。
  售票员：你等等，我再查一下，可能有退票的。真巧，有一张明天早上九点五十分的票。
  大卫：太好了，我就要这张吧！请问这趟车几点到站？
  售票员：如果不晚点的话，后天早上八点半到站。
  大卫：好的。请问有学生证可以打折吗？
  售票员：可以。学生证带来了吗？
  大卫：带来了，这是我的学生证。

本章参考文献

[1] 曹贤文. 内容教学法在对外汉语教学中的运用 [J]. 云南师范大学学报：对外汉语教学与研究版，2005（1）.

[2] 崔良，叶军. 信息落差与口语教学 [C] //中国对外汉语教学学会. 中国对外汉语教学学会第四次学术讨论会论文选. 北京：北京语言学院出版社，1993.

[3] 崔永华，杨寄洲. 对外汉语课堂教学技巧 [M]. 北京：北京语言文化大学出版社，1997.

[4] 桂诗春. 应用语言学 [M]. 长沙：湖南教育出版社，1988.

[5] 国家对外汉语教学领导小组办公室. 高等学校外国留学生汉语教学大纲（长期进修）[M]. 北京：北京语言文化大学出版社，2002.

[6] 国家汉语国际推广领导小组办公室. 国际汉语教师标准 [M]. 北京：外语教学与研究出版社，2007.

[7] 黎天睦. 现代外语教学法——理论与实践 [M]. 北京：北京语言学院出版社，1987.

[8] 李娟. 任务型教学法与3P教学法的理念依据及模式比较 [J]. 陕西教育学院学报, 2007 (3).

[9] 李燕. 任务型教学法与对外汉语初级口语教学 [J]. 云南师范大学学报: 对外汉语教学与研究版, 2006 (3).

[10] 刘壮, 等. 任务式教学法给对外汉语教学的启示 [J]. 世界汉语教学, 2007 (2).

[11] 卢伟, 等. 功能和形式的关系及其处理原则 [C] //中国对外汉语教学学会. 中国对外汉语教学学会第四次学术讨论会论文选. 北京: 北京语言学院出版社, 1993.

[12] 吕必松. 对外汉语教学发展纲要 [M]. 北京: 北京语言学院出版社, 1990.

[13] 吕必松. 吕必松自选集 [M]. 北京: 北京语言学院出版社, 1994.

[14] 马箭飞. 任务式大纲与汉语交际任务 [J]. 语言教学与研究, 2002 (4).

[15] 潘文晋. 体裁教学法与大学英语阅读教学 [J]. 三峡大学学报: 人文社会科学版, 2009 (1).

[16] 盛炎. 语言教学原理 [M]. 重庆: 重庆出版社, 1990.

[17] 束定芳, 庄智象. 现代外语教学——理论、实践与方法 [M]. 上海: 上海外语教育出版社, 1996.

[18] 王立非. 现代外语教学论 (A Survey of Modern Second Language Learning & Teaching) [M]. 上海: 上海教育出版社, 2000.

[19] 袁洪婵. 全语言——理论基础、实践、启示 [J]. 外语与外语教学, 2001 (8).

第三章 课堂教学

语言教学是一门科学，也是一门艺术。教学艺术需要学习，更需要培育、修养。课堂教学主要由教师、学生、教学内容和教学环境组成。教师需要科学运用各种教学技能，利用教学环境，把教学内容传授给学生。这种传授要依赖良好的师生交流和生生交流。汉语作为外语/外语教学的特殊性，要求教师能跟不同水平的学习者交流互动，有效地传授汉语交际技能和知识。

下面从七个方面讨论如何进行课堂教学和课堂管理。

第一节 备 课

备课是保证教学质量的关键。主要包括两个工作：了解与上课相关的信息，编写教案。

一、备课准备

（一）了解学生信息

上课前教师应调查学生的基本情况，如母语、目标语水平、学习经历、学能、兴趣等。可以查看成绩单，向前任教师了解等。掌握了这些信息，教学设计就可以有针对性。

（二）了解课程信息

课程的基本信息如：这门课在课程体系中处于什么地位？对学生语言能力有什么要求？跟其他课程是什么关系？跟后续课程有什么关系？最重要的是明确教学目标：通过这门课的学习，应学到哪些新知识、新语言点，语言交际能力和相关知识应达到什么水平。

课程的相关信息如：本校新开课程，要调查其他学校开课和教材使用情况。本人上新课，应查阅该以往教学计划、试卷等，调查老生对这门课的评价，跟上过该课的教师交流，了其教学方法等。即使是上旧课，也要总结经验，使用一些新资料、新方法，以改善教学。

（三）了解课程教材

备课前先要通读教材，了解教学法基础、体例和结构，领会编写者意图；了解语言点的编排、生词的顺序和解释，熟悉练习形式，以确定教学计划。

任何教材都不是完美的。备课要参考一些其他教材，考虑是否需要自编辅助教材或补充相关资料，向学生推荐哪些学习参考书目和课外读物等。

二、编写教案

教案是体现教学设计理念的"导演脚本"①，是课堂教学的蓝本。写教案，是明确教学目标、优化教学法、设计教学活动的过程，是上课前的预演，是教师研究、改进教学法的主要活动。编写教案的核心，是考虑如何在有限时间内科学安排教学内容，合理使用教学技能，以达到教学效果的最大化。

（一）教案形式

教案形式多种多样，有详细教案、简略教案和微型教案，有提纲式、问答式、列表式、叙述式等。教案的具体形式可参考本书下编"技能课教学"。如初级汉语综合课《实用汉语课本》第四十三课教案是详细的叙述式教案，《中级汉语精读教程》（Ⅱ）第七课的教案是列表式和叙述式结合的详细教案。对新手教师，教案应尽可能详细；对熟手教师和专家教师，教案可以简略一些。

（二）教案内容

教案一般包含以下内容：教学单元（注明使用的教材）、教学对象（班级、人数、汉语水平）、教学目的、教学重点和难点、教学时数、教学环节或教学过程（包括内容、步骤方法、时间分配等）、补充练习及课堂活动、板书设计（包括多媒体课件）、作业及课外活动安排、经验和问题（课后填写）。

教案的核心是设计教学环节。教学环节通常由教师发出一系列指令性语句连贯而成。如汉语综合课教学环节，通常由"复习旧课""学习新课"和"布置作业"组成。"复习旧课"环节，教师常用指令有："听写上一课的生词和句子""用……词语说句子""回答下列问题"等。"学习新课"环节，教师常用指令有："跟我读生词""看下面这些句子""跟我朗读课文""分角色表演课文""回答下列问题""做课堂练习"等。"布置作业"环节，教师常用指令有："布置今天的作业，请打开书第几页，做第几题""复习这课的生词、课文，下节课听写""预习下一课"等。

---

① 周健、彭小川、张军著：《汉语教学法研修教程》，人民教育出版社2004年版，第510页。

课型不同，教案内容、形式也会有所不同。具体请参考本书下编"技能课教学"。

（三）教案编写步骤

（1）明确教学目标。明确每节课结束时，学生应掌握什么语言点，会用哪些词语和句式，能运用哪些交际功能。

（2）确定教学内容。上课时不可能把所有内容都讲透，要做到主次分明、重点突出。①列出学生必须知道的内容；②找出核心内容和学生必须掌握的知识、技能，并设计好足够的时间让学生掌握；③参考内容难度、学生兴趣和能力，确定讲什么、讲多少。

（3）设计内容结构。最重要的内容，应安排在学生注意力最集中的时间。一节课的重要内容，通常有两三个，或三四个。这些内容要结构清晰，重点突出，内容之间的过渡要十分清楚。

（4）合理安排各部分内容的教学时间。根据教学内容的主次，合理安排每部分要讲多长时间。还要考虑，若时间不够，什么内容可以省略；若时间有余，什么内容可以补充。

（5）根据教学内容设计课堂活动。要关注教师讲什么，还要关注学生做什么，怎样操练才能掌握知识技能。要设计好怎样导入（复习旧课、引入新课），怎样讲解新语言点（语音、词汇、语法、课文）、新交际功能点。更重要的是，要设计好怎样让学生进行有效的操练，尤其要重视根据教学内容设计形式丰富的课堂活动。

（6）教学内容要让学生能够听懂，而不是看懂。教案包含两种语言：一是书面语，指示教师如何做；二是口语，讲给学生听的。

对于口语，要注意：①用学生学过的简单易懂的词汇和语句讲课；②语句要清晰、简短，少用长句；③在转换内容时要有过渡或提示，如"我们已经讲过……""现在我们开始……"等；④重点、难点必须重述，或适时地进行总结。新手教师编写教案，一定要合理使用口语，设想你上课时怎么讲就怎么写。

（7）注意做标记。对重点、难点（如新语言点规则、公式）、过渡部分指令性语句等，可用彩色笔在备课本上做醒目标记。

在备课本的一侧预留部分空间做备注。备注栏中常见内容包括每一部分所需时间、需要板书的、该提问的、该提高声调强调的、容易忘记的等。

课后，对教学感受、长处短处、未解决的难题、相关思考等，都可以在备课本上记录。

第二节　讲述与倾听技能

一、讲述技能

讲述，是用口语向学生讲授知识，使学生理解的最常用的教学行为。对教师来说，掌握讲述技能至关重要。

（一）语音、语速和语调

讲标准普通话是有效讲述的基本要求。汉语教师要注意纠正、减少方音和外语口音。

语速在外语教学中尤为重要，过快过慢都不利于学习。要根据教学对象和内容运用合适的语速。零起点、初级班，语速要慢一些；刚开学一两周，语速要稍慢一些；等学生习惯教师的课堂教学后，语速可适当加快。

语调也很重要。教师要使自己的声调带给学生一种亲切感、确信感。要根据教学内容的不同，运用不同的语调，抑扬顿挫，以集中学生的注意力。

（二）表述要浅显易懂

教学应该"以学生为中心，精讲巧练"。"精讲"就是教师用最少的语言，使学生明白并掌握教学内容。因此，浅显易懂的讲解非常重要。

教师应熟悉学生的语言水平，尽量用学生学过的词汇、句式讲解。如"恰巧"是高级词，可通过设置具体的语言环境，用学生学过的同义词"正好（初级词）"来释义。

二、倾听与反馈技能

善于倾听，科学地倾听，是汉语教师需要掌握的基本功之一。

（一）平等与尊重

课堂教学中的师生对话，应体现师生平等的原则。教师要想方设法引导学生与他人对话，细心聆听学生的发言，让学生感觉到自己是受尊重的。通过这种平等的交流，营造良好的课堂气氛，达到教学相长。

（二）赏识与期待

倾听意味着积极的赏识。倾听就是把学习的主动权交还给学生，让学生多操练、多讨论。在学生回答问题时，教师要用期待的眼神注视他，用心听，不要听错学生的答案，以免影响学生的积极性。如果学生说得好，教师要用赏识的眼神或言行给予表扬。

（三）参与和反馈

倾听过程中，要敏锐判断学生是否已掌握所学内容，要根据学生的语言水平、学习能力、特点采取不同的策略：对学习能力弱的学生，要适当提示，合理引导，有一点进步，就要及时表扬；对学习能力强的学生，既要让他们充分展示才能，也要指出其不足，提出更高的要求。倾听过程中一般不要随意打断，尤其不要草率评价。

例如，学习复合趋向补语，处所宾语的位置容易出错。教师可以及时反馈、纠错、强化：

师：阿里呢？他刚刚还在教室。
生：他觉得头很疼，<u>回去宿舍了</u>。
师：他<u>回哪里去了</u>？
生：他回宿舍去了。
师：哦，阿里回宿舍去了。

第三节　提问与组织讨论技能[①]

提问与讨论是师生之间、学生之间互动的主要形式。互动以话语形式为主，也包括非话语形式。通过互动，教师可以了解学生水平，调整自己的话语，恰当地为学生提供有效输入；学生能更多地参与到课堂活动中，在互动中提高汉语能力。

《课堂教学中的互动与垂直结构》（周小兵、陶思佳，2008）讨论了八种师生互动模式。课堂教学中，教师应该根据不同的教学内容和对象，选择不同的互动模式，提高教学效率。

一、提问技能

提问是一种重要的教学技能。好的提问能加强交流，激发学习兴趣，活跃课堂气氛，调控教学进程。教师要围绕教学目的设计一系列问题，引导学生思考，完成教学任务。

提问过程包括：教师发问，等待，叫答，学生回答，教师反馈。在此过程中，要注意以下几点。

[①] 本部分关于课堂互动和垂直结构的内容主要参考周小兵、陶思佳：《课堂教学中的互动与垂直结构》，"不同环境下的汉语教学国际学术研讨会"会议论文（珠海，2008年）。

（一）提问要有针对性和区分度

针对性，一是指针对教学目的，设计出与教学内容有关的问题；二是指针对学生整体水平，确定问题包含的词句学生已经学过，问题可懂，学生能够回答。区分度是指针对学生的个体差异，设计出难易度不同的问题。如对低水平学生可以先问是非问句。

在互动过程中，教师应有意识地提供垂直结构，让学生通过借用前面话语中的成分、句型来组句回答。如果发现问题太难，应立即调整，化难为易，分解难点，促进互动。如：

师：你来中国多长时间了？
生：……（无法回答）
师：你什么时候来中国的？
生：我2月来中国的。
师：很好，你2月来中国的。现在是几月？
生：现在是6月。
师：对，你2月来中国的，现在是6月。你来中国几个月了？
生：我来中国4个月了。

学生无法回答第一个特指问句。教师把这个难度较高的大问题，分解成了三个难度较低的小问题，由易到难提问。实际上就是把回答第一个难题时的思维过程一步一步展示出来。而且，学生可以充分利用垂直结构，从前边话语中借用一些词语进行思考和会话。

（二）多角度、多方式地提问

课堂教学中，学生有时会回避完整句的输出。此时，教师可从多个角度提出不同的问题，促使学生通过垂直结构建立表义完整的水平结构句式。例如：

教师（指图）：请说一说这张图。
学生：嗯……
教师：那是谁？
学生：阿里。
教师：阿里在干什么？
学生：做作业。
教师：谁在做作业？
学生：阿里在做作业。

最后一句是完整的水平结构句式，它的语言单位大部分来自前边的句子。教师合理的输入提供正确的句式，学生通过垂直结构提取组成完整句子所需的语言材料，就能说出完整句。

（三）变换提问方式，引出不同句式

从语篇角度看，回答问题的句式往往受提问句式的限制。课堂教学中要合理设计问句形式，自然引出答句。还要注意变换提问方式，引出不同句式。如在初级班操练正反问句，可以先用学过的是非问句导引，再交替输入两种句式：

师：你是韩国人吗？
生：我不是韩国人。
师：你不是韩国人。你是不是越南人？
生：我不是越南人。
师：你不是越南人，（那）你是日本人吗？
生：我不是日本人。
师：你不是日本人。你是不是印度尼西亚人？
生：我是印度尼西亚人。
师：哦，你是印度尼西亚人。

这样反复输入和操练，学生容易自己发现两种句式的不同，慢慢形成语感。

（四）提问要能激发学生的兴趣

引发兴趣，能使学生处于兴奋状态，营造活跃的气氛，提高教学效果。教师应了解学生兴趣点，设计出合适的情境；问题最好贴近学生生活，能满足现实的交际需要。如：

师：你去鞋店买 Nike 运动鞋，怎么问？
生：请问有没有 41 码的 Nike 运动鞋？
师：售货员给你拿了一双 41 码的，你试了试，感觉长短不合适，你怎么说？
生1：这双有点儿大，有没有 40 码的？
生2：这双有点儿小，有没有 42 码的？
生3：这双有点儿小，有没有大一点儿的？
生4：这双有点儿大，有没有小一点儿的？

同样的语境，还可问服装类的款式、颜色、长短等问题，既实用，又能诱发学生兴趣。

（五）叫答方式灵活多样

叫答方式有指定叫答和自由叫答两种。

指定叫答，又分规则叫答、随机叫答两种。前者按一定形式（如座位）依次请学生回答，是可预见的；后者则看不出什么规律。两种方式各有优劣。规则叫答可减轻学生的焦虑感，在轻松的氛围中学习；但有的学生只想着自己要回答的问题，不听别人的发言。随机叫答可以使所有学生一直集中注意力，学习效率高；但可能会让学生过于紧张。

两种方法可交替进行：读生词、课文和替换练习时，可规则叫答；讲解、分析语段、语篇时，可随机叫答。还可以针对水平不同的学生，随机提问不同难度的问题。

自由叫答，比较适用于较难的问题。如用接龙法做词汇扩展练习时，教师先说一个词，如"教师"，然后用自由叫答方式让学生一个接一个地说下去：

师生—生活—活动—动作—作业—业余—余下—下课—课堂……

（六）叫答要面向全部学生

课堂教学由师生共同完成。教学能否成功，跟以下因素有关：学生是否参与？多少学生参与？以何种方式参与？如果一节课教师只是和少数学生互动，教学就是失败的。

一个班的学生水平不一，能力不同，性格各异。要求教师准备难度不同的问题提问不同的学生，引导全体学生参与教学互动。尤其不要忽略那些性格内向、基础不好的学生。例如复习量词，常用的有三四十个，教师依次说出名词：

衣服、鞋、电视、汽车、飞机、铅笔、票……

让全班学生按座位依次说出量词。再反过来来一遍，教师说量词，学生说名词。这样，很快就可以让全体同学练习若干次。

二、组织讨论技能

课堂讨论是生生互动的主要形式。讨论主题应周全考虑，精心准备，符合学生的语言水平，能激发学生的表达欲望。一般分为小组（两人）、中组（三四人）、大组（五六人）。最好是不同国籍的学生组合在一起。小组讨论后还可以每组选派一名代表总结发言。

"课堂讨论最突出的矛盾是讨论能否进入'状态'，以及讨论的发展方向如何控制的问题。学生是讨论的主角，教师仅仅是个导演。"[①]教师首先要让学生明白自己在讨论中的角色。讨论时教师要倾听，做必要的记录；并根据情况，适时适量介入讨论，确保讨论顺利进行。介入、干预讨论有几种情况：

（1）发言冷场时，教师弄清原因，提一些有趣又容易回答的问题使讨论升温。
（2）学生在枝节问题上花太多时间，教师提醒学生回到讨论主题。
（3）个别学生发言长而且表意不清楚时，教师应请他概括要点后转问其他人的意见。（4）个别同学不参与讨论时，教师可提出跟他密切相关的问题，引导其发表看法。
（5）出现争执时，教师要调和矛盾，不偏不倚，引导学生认识共同之处，化解冲突。

---

① 陈田顺主编：《对外汉语教学中高级阶段课程规范》，北京语言文化大学出版社1999年版，第77页。

第四节　非语言表达技能

非语言表达自成系统,如手势表达系统、面部表达系统、眼神表达系统、体态表达系统等。合理运用非语言表达技能,可达到意想不到的教学效果。

一、手势表达

手势运用要得体、自然,恰如其分。如讲解简单趋向动词,可结合手指方向讲"上、下"的区别;讲复杂趋向补语,可结合手势区分"趋向动词+'来'"和"趋向动词+'去'",说明"来"是向说话人方向移动,"去"是向说话人相反方向移动。

教学活动也用手势表达。如示意学生暂停某一学习活动、请学生回答问题、让学生安静等,都可以用特定的手势表达。

二、面部表达

心理学实验表明,教师在愉快情绪下的教学效果比在低落情绪下的教学效果要好得多。在课堂上教师应和颜悦色,让学生感到温暖,消除距离感。微笑是最受欢迎的表情。此外,对学生的表现、回答等表示赞叹、惊讶、不满等,都可以用丰富的表情表达。

三、眼神表达

眼神表达的丰富内涵有时比语言更微妙,更有效。目光的运用和变化,要根据课堂需要而定。刚走上讲台面向全体学生时,教师视线可以从左到右、从右到左进行环视,表现出对每个学生的关注和对课堂全局的掌控。当某学生注意力分散、不遵守课堂纪律时,教师可与他目光对视,达到"此时无声胜有声"的效果。教师注视的次数增加,学生的注意力就会增强。

教师应避免以下情形:只看课本、教案、电脑或黑/白板、屏幕;不注意学生的表情和反应,眼睛不与学生交流。

四、教　态

教态指教师在教学中表现出的仪表、举止、风度等。教态好的教师,能赢得学生的尊敬和喜爱,激发学生的学习积极性。

仪表是教态的外在因素。教师应穿着整洁,大方得体;不要奇装异服,不要穿走路很响的鞋,以免影响学生情绪、分散注意力。

教师在课堂上的举止要自然、亲切。教师站着讲课,学生坐着听课,容易让教师

"高人一等"。为了拉近师生距离，增强互动，教师可调整姿态，跟学生处于同一高度。不要总是站在讲台上；应根据教学内容和情景，在教室里适当走动。

第五节　表扬与批评技能

一、表扬技能

适当表扬学生，可激发学习积极性。表扬要掌握火候和分寸。轻率表扬，或表扬失实、失准、失度，可能促发骄傲或者消极情绪。

（一）表扬要真诚具体

学生顺利完成学习任务，教师要及时给予鼓励。表扬要针对具体行为，让学生感觉到自己的努力和表现得到了教师的赏识。表扬用语要具体、多样。如：

　　你今天读生词，第四声声调很标准，进步很大。
　　你能把昨天的课文复述得这么好，真不简单！
　　你这次听写的生词全对了，好极了！
　　这个句子很准确，而且很有意思，太棒啦！

（二）表扬要公正

公正是表扬基本的要求。不偏爱某些学生，不忽视、歧视每一位学生。不公正的表扬会削弱学习动力，引起逆反心理，影响师生关系和生生关系。对语言能力较弱的学生，要善于发现其每一个小进步，及时给予肯定，使表扬起到鼓励先进带动后进的作用。

二、批评技能

批评也是课堂教学的重要手段。批评既要客观公正，又要考虑学生的情绪和心理特点，注意场合，注重情感交流，保护学生的自尊心。对敏感、自尊心强的学生，批评要慎用。批评要注意方式，还要重视批评后的安抚技巧，消除师生间的感情隔膜。

（一）微笑批评

微笑能使学生体会到教师的善意与宽容，使之乐于接受批评、改正缺点。此法适用于轻微违纪或偶尔过错。如迟到几分钟、看手机短信，你盯着他微微一笑，他就会意识到自己的不对。

（二）建议式批评

批评带有商量、讨论的口气，与学生平心静气地交换意见，能创造一种宽松、愉快的气氛，弱化抵触情绪，有利于解决问题。例如，对学习认真却常常迟到的学生，你可以说：

你学习很认真，要是每天能早来几分钟，那该多好啊！

对成绩好但有些粗心的学生，你可以说：

要是每次作业、考试，你能仔细检查检查，我相信你可以表现得更好。

（三）暗示式批评

以语言、神态等为暗示手段进行批评。面对学生的不良表现，你微露不悦并沉默不语，就会给学生一种暗示，学生能心领神会。这种方式主要适用于心细、敏感、自尊心强、能知错就改的学生。如有学生上课走神，教师可以中断讲课，沉默几秒，或盯着学生看几秒，学生便会警觉起来，集中注意力。

（四）先表扬，后批评

人受激励，改过容易；受责骂，改过较难。尤其对自尊心受到挫伤、上进心不足、什么都无所谓的学生，有时批评很难起作用。用表扬代替批评是一种良策。但这种表扬要经过细致调查，找到学生的某一"闪光点"，进行恰如其分的表扬，不夸大其词，不轻描淡写，要让学生感觉到说到心坎上了，才会有效果。

（五）严厉批评

当学生严重违纪，造成不良后果时，就要严厉批评。但批评时可对事不对人，用语不能伤害学生自尊心，要以理服人，以情感人。

第六节　课堂组织与管理

课堂组织与管理是教学顺利进行的保证。教师应该根据实际情况，通过良好的课堂组织管理，使学生集中注意力，积极配合教师，保持良好的课堂气氛，实现教学目标。

一、课堂组织

（一）制定明确、具体的课堂规则

除学校、学院的规章制度外，教师在开始给新班级上课时，应该向学生提出、解释自己的要求。规则要简单明确。前两周教师应重复提醒，使每个学生都能牢记于心。课堂规则如果让学生参与制定，效果就更好了。这就是所谓的"契约式"管理。

（二）掌握学生信息，记住学生姓名

教师应了解学生情况，尤其小班教学时应在短时间内记住学生姓名，以建立和谐的师生关系。教师能叫出学生姓名，并根据学生具体情况组织教学时，学生会倍感亲切和满足。如学习词汇"名胜古迹"，你可以问："阮氏秋庄，河内有什么名胜古迹？"在小班教学中，如果过了半个学期，教师还叫错学生的姓名，学生就会觉得不受老师重视，从而影响学习。

（三）激发学习积极性

要善于设计引人入胜的开场白，激发学生的好奇心和求知欲。授课语言不但要符合学生水平，还要生动活泼，准确形象，有吸引力。语言模糊不清，拖泥带水，词不达意，过难或过易，都会影响学习。教学方法灵活多变，可保持学习的新鲜感。如讲解生词，可按教材顺序进行，也可重新排序；讲生词，可按词性、话题、场景、字形分类。

（四）集中学生注意力

有学生注意力涣散，要及时找原因。若学生听不懂，要调整教法，或变讲为练，或变练为讲，在可懂输入的基础上实施教学。若学生对内容不感兴趣，就要适当变换话题，引进有趣的例子。看到若干学生互相询问，就应放慢速度，换简单词语，用更恰当的方式、例子再次讲解，保证学生能理解教学内容。

（五）座位安排科学合理

学生上课一般都随意就座。教师可根据教学内容的需要，为完成某一教学任务，为学生安排座位，座位可摆出不同的形状，方便师生、生生交流互动，方便教学和课堂管理。

二、课堂管理

课堂上难免出现纪律问题：迟到，接/打电话，看/发微信，吃零食，打瞌睡，看课外书，做其他功课，交头接耳，等等。教师应该及时处理类似问题，保证教学顺利进行。

（一）小问题的应对

小的问题，不太影响他人学习的，可用暗示法。学生打瞌睡、开小差，教师可用提问的方式，也可与他对视几秒，或不经意地走到他旁边站立一会儿。

（二）"明知故犯"问题的处理[1]

对"明知故犯"问题有以下处理办法：

（1）冷处理。个别"问题学生"喜欢自言自语，还会高声说话，引发师生注意。教师可以不予理睬，课后了解情况后做心理辅导。如果真是心理有严重问题，要及时报告学校和联系家长。

（2）行为替换。如有学生说话影响了他人，教师可点名叫该生回答一个他能够回答的具体问题，或者朗读课文，或者与其他学生进行角色表演；完成后对好的地方给予表扬和鼓励。

（3）适当惩罚。对中小学生，可以参照其本国情况惩罚，如罚站。惩罚可以跟学习有关。如学生迟到，初级班的可罚抄生词，中高级班的可罚抄课文，口语课可罚讲中文故事或唱中文歌等。惩罚之前，教师要讲清道理，让学生心甘情愿接受惩罚，并积极改正不良行为。

（三）突发情况的处理

对突发情况，教师要随机应变，保证教学顺利进行。例如，某学生回答失误，引发哄堂大笑。教师应该巧妙地抚慰被取笑的学生，用得体的语言、恰当的手段，给出正确的答案，并自然转换话题。又如，学生上课玩手机游戏、接打电话、故意弄出声响等，教师可以结合教学内容向他提问。学生回答不正确，就请他认真听老师解释；回答正确，可以提出新问题、给出新教学内容来吸引他。

第七节　板书和多媒体

一、板　书

板书是课堂教学普遍使用的教学手段。它可以帮助学生理解、记录教学内容；还可以把听说技能与读写技能联系起来，给非汉字圈学生提供认读汉字的机会。[2]

板书的总原则是简单扼要，眉目清楚，重点突出。首先要准确（拼音、汉字的字形和笔顺、标点符号、格式等）、规范、工整、清楚、布局合理。精心设计的板书能让学生感觉到教师的认真态度和严谨教风。没有板书，学生不容易把握教学重点，还可能

---

[1] 参见周健、彭小川、张军著：《汉语教学法研修教程》，第534页。
[2] 参见周健、彭小川、张军著：《汉语教学法研修教程》，第539～540页。

觉得老师不负责任。

其次，板书要精心设计，包括内容、位置、板书所需时间等。如果内容多，书写时间长，就应该课前准备好课件。

再次，要根据课堂实际情况灵活进行板书。遇到课前没有预料到的学习难点，学生输出时出现的好问题、好句子等，都可以板书。前者解决难题，后者激励学生。

最后，板书内容要在黑/白板上保留一定时间，让学生理解、记录和强化。

二、多媒体

多媒体教学以声像俱佳、图文并茂、动静皆宜的表现形式，以跨越时空的表现力，增强了学生对事物的理解与感受。运用多媒体教学时要注意以下问题。

（一）选择多媒体教学的依据

课文中的文化题材和时事要闻，包括神话传说、旅游胜地和器物、历史人物等，以及新闻、名人、流行活动等，都可以利用图片和视频等多媒体手段，让学生体验。如《初级汉语精读教程Ⅰ》第三十六课中提到"川菜""冰灯"，《初级汉语精读教程Ⅱ》第三十课中提到《西游记》等，《中级汉语精读教程Ⅰ》第十八课《梁山伯与祝英台》等。

抽象词汇和语法点的讲解，也可以利用多媒体进行辅助教学。例如"把"字句和"复合趋向补语"的教学，可以使用动画和小视频，展示一系列动作，用以说明句式。

在练习阶段，教师也可以利用多媒体手段，给学生布置交际任务。如练习方位词时，要求学生使用在线卫星地图寻找自己家的位置，并描述方位；练习价格的表达时，让学生利用购物网站，对比各种商品在不同国家的价格等。

（二）多媒体教学的原则

利用多媒体课件上课，信息量大，可视性、可感性强。使用时需要考虑以下原则：

（1）辅助性。在课堂的语言技能教学中，多媒体是辅助性的。教师应该设计好每节课的教学内容和教学环节，明确哪些内容可以用PPT辅助教学，哪些内容要通过传统方式教学。

（2）针对性。教学对象不同，社会生活和语言环境也在不断变化。教师应该根据实际情况，不断更新、完善课件。有的教师做了课件后，只要教材不换，课件就不改。这种做法不利于教学。

（3）交互性。多媒体课件有一个弱点：即时交互性弱。现在许多教师用PPT上课，从上课到下课看着课件讲，与学生没有互动，更不会根据学生提出的问题进行板书。这样上语言技能交际课，效果肯定不好。教师应发挥粉笔、黑/白板、普通教具等传统教学手段的优势。如学生输入理解、输出生成时出现汉字、词语、语法问题，应结合实际，及时板书，给学生解惑释疑，帮助学生掌握汉语知识和交际技能。

思考与练习

1. 如果你第一次上中级精读课，备课前要做哪些准备工作？

2. 在《初级汉语精读教程Ⅰ》中选取一课设计教案，思考编写教案时要注意哪些问题。

3. 根据下面这段课文，设计一个有效的、促进师生互动的课堂提问。

我看中了一套房子。这套房子离学校不太远，在一个居民小区里。小区的南边是一个小公园，每天有很多人在那儿散步、下棋。北边有一个大超市，买东西很方便。东边离地铁站不远。西边没有房子，远远地可以看到西山，风景很漂亮。我很满意，认为条件不错。虽然房租有点儿贵，但我还是决定马上搬家。

4. 设计一个课堂教学情境，谈谈你会怎样运用非语言表达技能。

5. 设计一个课堂教学情境，谈谈你会怎样运用表扬技能。

6. 针对《博雅汉语》（初级起步篇）第二十三课《你学了多长时间汉语》，设计该课的板书。

7. 在《阶梯汉语·中级精读》这套教材中选一课，做一个PowerPoint教学课件。

8. 根据下面这段课文的生词和语言点编制一个教案。编制时使用本章介绍的知识、方法。然后用此教案上课，记录上课的情况；并根据教学情况，对教案进行修改。对比前后两个教案，看看能发现什么区别，得到什么启示。

昨天我的一个朋友来了，我发现他的汉语进步很快。以前我和他的水平差不多，现在他比我高多了，说得也比我流利。原来他现在住在中国人的家里。我也想搬到外面去了。

生词：发现　进步　以前　水平　比　高　流利　原来　搬

语言点："比"字句

本章参考文献

[1] 陈田顺. 对外汉语教学中高级阶段课程规范[M]. 北京：北京语言文化大学出版社，1999.

[2] 崔永华，杨寄洲. 对外汉语课堂教学技巧[M]. 北京：北京语言文化大学出版社，1997.

[3] 李静，邹广德，陈学星. 教师教学指南[M]. 济南：山东大学出版社，2007.

[4] 刘壮，等. 任务式教学法给对外汉语教学的启示[J]. 世界汉语教学，2007（2）.

[5] 卢伟，等. 功能和形式的关系及其处理原则[C]//中国对外汉语教学学会. 中国对外汉语教学

学会第四次学术讨论会论文选．北京：北京语言学院出版社，1993.
［6］吕必松．吕必松自选集［M］．北京：北京语言学院出版社，1994.
［7］盛炎．语言教学原理［M］．重庆：重庆出版社，1990.
［8］王立非．现代外语教学论（*A Survey of Modern Second Language Learning & Teaching*）［M］．上海：上海教育出版社，2000.
［9］周健，彭小川，张军．汉语教学法研修教程［M］．北京：人民教育出版社，2004.
［10］周军．教学策略［M］．北京：教育科学出版社，2003.
［11］周小兵．第二语言教学论［M］．石家庄：河北教育出版社，1996.
［12］周小兵．对外汉语教学导论［M］．北京：商务印书馆，2009.
［13］周小兵．汉语知识与教学技能［M］．北京：北京语言大学出版社，2015.
［14］周小兵，陶思佳．课堂教学中的互动与垂直结构［C］．珠海：不同环境下的汉语教学国际学术研讨会，2008.
［15］朱勇．国际汉语教学案例与分析［M］．北京：高等教育出版社，2013.

第四章 第二语言习得

本章结合实例,介绍第二语言习得(以下简称二语习得)的主要内容、研究成果与方法。本章的目标:一是"了解二语学习的基本原理"(国家汉办,2015),二是为二语习得研究打好基础。

二语习得研究跟以往外语教学研究的最大区别在于对象和方法。其对象,把学生学习过程中不断变化的语言作为实在的语言体系,考察它的组合、聚合规则和发展规律;注重研究二语学习的特点、过程和规律,以及学习者心理过程和特点。其方法,主要借鉴本体语言的研究方法和范式,以及心理学的理论方法、范式和统计手段。

第一节 第一语言的作用与对比分析

一、对比分析的心理学基础

对比分析法(Contrastive Analysis)由拉多(R. Lado)1957年提出,其心理学基础是行为主义心理学。

(一)习惯

华生(J. B. Watson)的古典行为主义认为,刺激诱发(elicit)反应。刺激达到一定频率,反应就形成习惯(habit)。斯金纳的中期行为主义理论则强调强化(reinforcement)的作用,认为反应发生后,若有一个特定行为进行强化(根据学习者反应的适当与否,给以奖励或惩罚),就能促进习惯的形成。

根据行为主义理论,儿童模仿成人话语,获得相应的奖励或指正,建构习惯表达,进而掌握第一语言。二语习得与此类似。刺激—反应联系构成了第二语言习惯,模仿和强化是重要手段。

(二)迁移与偏误

学习者已掌握的语言会对他们学习新语言产生影响,这种影响就叫迁移(transfer)。语言迁移有两类:正迁移和负迁移。

正迁移,指有利于语言学习的迁移,当某些语言项目第一语言跟第二语言相同时可能出现。如法语、英语都有 table，意义相同。学习时可以把第一语言的形式转移到第二语言中。

负迁移，指不利于语言学习的迁移，又叫"干扰"。当两种语言用不同形式表达同一意思时，学习者将第一语言的形式迁移到第二语言中，会出现偏误（errors）。如英语母语者受英语（I went to the school *yesterday*）影响，学汉语时说"我去了学校昨天。"

"迁移""干扰"泛指广义的学习心理行为。Sharwood-Smith 和 Kellerman（1986）提出"跨语言影响"（crosslinguistic influence）这一术语，特指借词、干扰和语言迁移等反映语言间相互影响的现象。

二、对比分析的内容、作用与程序

（一）内容

1. 对比等级与难度等级

对比分析的语言学基础是结构主义。对比分析重视语言形式的差异。下面是 Ellis（1985）提出的对比"等级"（degrees）：

（1）第一语言和第二语言的某个语言点无差异。如法语（一语）缩略形式 j'ai 对应英语的 I've。

（2）第一语言两个语言项对应第二语言一个语言项。如德语（一语）kennen、wissen 对应英语 know。

（3）第一语言某个语言项在第二语言中不存在。如德语（一语）从句语序跟主句不同，但英语一样。

（4）第一语言某个语言项与第二语言中的等值项分布不同。许多非洲语言（一语）ng 出现在词首，但英语中它只出现在词中或词尾（如，si*ng*er 和 thi*ng*）。

（5）第一语言的语言项和第二语言没有相似之处。如西班牙语（一语）否定词在动词前（no se），而英语否定词在助动词后（I don't know）；英语否定式要用助动词系统，而西班牙语不用。

（6）第一语言中一个语言项，在第二语言中有两个或多个语言项与之对应。如英语（一语）the 对应法语的 le 和 la。

一些学者如 Stockwell、Bowen、Martin（1965）和 Prator（1967）提出可以将语言差异跟学习困难联系起来，排列出"困难等级"（hierarchy of difficulty）。如 Prator（1967）认为上述对比等级 1~6 级，对应难度等级 0~5 级：对比等级 1 级，等于难度等级 0 级；对比等级 6 级，等于难度等级 5 级。

2. 外语、汉语的对比模式

汉语跟其他语言的对比，也可以用这个模式来描述：

（1）学习者母语跟汉语一样。绝大多数语言都有元音 a、i，辅音 b、m、s。一些语言跟汉语一样，含动词的主要句式是 SVO。

（2）学习者母语两个/多个语言点对应汉语一个语言点。如英语 is、are、was、were 等对应汉语"是"。

（3）学习者母语中的语言点在汉语里没有对应成分。英语定冠词 the、日语韩语敬辞谦辞系统、泰语表示说话人性别的成分，汉语普通话中都没有。

（4）学习者母语中的语言点和汉语中的等值项分布有同有异。英语及不少语言的被动句，跟汉语的被动句分布有相同之处，也有不同之处。如：

The bowl has been broken into pieces.　碗被打得粉碎。
The plan has already been drawn up.　计划已经拟出来了。
More highways will be built here.　这里需要修更多的公路。

英语有标志被动句比汉语多；有些跟汉语形式被动句大致对应，有些跟汉语非被动句对应。

（5）汉语中的语言点学习者母语没有。汉语个体量词（一棵树、两盏灯），动词、形容词重叠式，在许多语言中没有。

（6）学习者母语一个语言点，对应汉语中两个或多个语言点。英语 or 及许多语言中的相应成分，在汉语中大致对应"或者"和"还是"；不少语言的"2"，对应汉语"二"和"两"。

对比分析对二语教学有指导作用，可预测出学习难点和偏误。如以下偏误：

＊运动会上星期被举行了。／＊你买苹果或者香蕉？
＊他感兴趣对汉语学习。／＊他买了二本书。

（二）对比分析的发展

1. 回避

回避（avoidance）指学习者故意不使用某个语言形式。Schachter（1974）发现，英语关系从句（如 This is an English-Chinese dictionary which is useful for you.）对汉语、日语母语者很难，对波斯语、阿拉伯语母语者不太难；因为汉语、日语没有近似句式，而波斯语、阿拉伯语有近似句式。但调查发现，汉语、日语母语者的英语关系子句偏误少，波斯语、阿拉伯母语者偏误多。原因是，对这种句式，汉语、日语母语者常常回避，而波斯语、阿拉伯母语者不常回避。事实上，阿拉伯语的关系子句跟英语并不完全对应：阿拉伯语中一个关系代词الذي，对应英语的三个关系代词"who、whom、whose"。因此学习时容易出错。

这表明，在生成和理解第二语言时，第一语言的影响确实很大，但并非都引发偏误。

2. 相似度

相似度（degree of similarity）指两种语言中对应的语言点表面相似，实际上有一些区别。当存在这种"关键相似度"（a crucial similarity measure）时，干扰更可能引发偏误。如英语和旁遮普语都有含 of 的所属结构，旁遮普母语者学习英语时容易出错。而英语和旁遮普语介词的位置、句中动词有明显区别，则偏误不多。前述阿拉伯语和英语关系代词的例子也证明了这一点。

越南语有声调，越南学生的声调感比母语没有声调的学生好得多。但到了中、高级阶段，仍有一些学生发第四声时降得不到位。原因是越南语有两个降调，一个 32，另一个是 331。学习者受它们影响，发四声下降不到位。

相似度与对比等级 4 级相关。学生容易看到相同点，忽略差异。如越南语被动句标志词"được"（如意）和"bị"（不如意），可对应汉语"被"：

  a. Nó bị thầy giáo phê bình một trận.

对译：他 被 老师 批评 一 顿

意译：他被老师批评了一顿。

  b. Chị ấy được bầu làm bí thư thành uỷ.

对译：她 被 选 作 书记 市 委

意译：她被选为市委书记。

表面看，此类情况似乎应归入对比等级 2 级，不难学习。但越南学生常出现以下偏误：

  *他昨天被感冒了。/ *我被迷路了。

为何困难等级低，偏误却比较多？原因是以上对比忽略了一个重要事实：越南语用 bị、được 的句子，谓语动词可以是不及物动词：

  a. Tôi bị ốm rồi.

对译：我 被 病 了

意译：我病了。

  b. Bố mẹ cố gắng để Nam được đi học.

对译：父母 尽力 让 小南 被 上学

意译：父母尽力让小南上学。

而汉语"被"字句，谓语动词一般是及物动词。两种语言的对比如图 4.1 所示。

越南语   汉语

S_1: NP_1+bị（+NP_2）+VPt./VPi. S_1: NP_1+VPi.

S_2: NP_1+được+（NP_2）+VPt./VPi. S_2: NP_1+被+（NP_2）+VPt.

VPt. 表示及物动词，VPi. 表示不及物动词

图 4.1 越南语被动句与汉语相关句式的对比

这种情况，实际上是对比等级 4 级：大致对应的等值项分布不完全一样。学习者以为越南语 được、bị 句对应汉语"被"句而生成偏误（周小兵，2007a）。

词汇习得中也存在类似的相似度。如日语汉源词中的同形异义词（"告诉"意为"控告"、"颜色"意为"脸色"），容易产生负迁移，引发偏误。

孟柱亿（2007）称韩语此类词为"蝙蝠词"。其形式跟汉语词相同或相似，但经中韩不同地域多年的发展演变，在词义、感情色彩、词性等方面有了明显差异。如소심意为"小气，胆小"，跟汉语"小心"意思不同。学习者不了解韩语소심与汉语"小心"的差异，会说"张先生从不请客，很小心"。再如"关心"是动词，韩语 관심是名词，学习者分不清，会说"＊他对你有关心"。

第一语言的干扰往往出现在某个特定语境中。习得研究要准确、详细说明什么构成"关键相似度"，准确预测、解释何时会发生干扰。这需要结合心理学和语言学进行研究。

3. 干扰是学习者的策略

"策略"是对语言学习和运用进行认知考察的一部分。二语学习者使用储存的知识（包括母语和第二语言）进行二语学习和交际，是一种策略。

Corder（1978）描绘了"干扰"（interfere）可能重塑为学习者策略的方式：当第一语言跟第二语言相似时，第一语言知识可为二语学习利用。当学习者缺乏目标语资源而遇到交际困难时，往往借助第一语言来补偿。Corder 提议将"干扰"重构为"调解"（intercession）。前者属学习特征，后者属交际策略。"调解观"把学习者当作二语习得的积极贡献者来考察。

（三）对比分析的作用

弗里斯研究指出，对比分析的意义可以从几方面理解：①第一语言学习、二语学习是截然不同的过程；②二语学习的根本困难，是母语系统习惯特征的干扰；③有效的教材、教学基于第一语言、第二语言的科学平行描写；④对比分析可避免教学和测试中没有价值的语言项目（周维江，2010）。

弗里斯不但在对比研究方面成果显著，而且在系统对比英语和其他语言的基础上，编写了面向不同母语者的英语教材。

语言对比可以促进汉语二语学习的正迁移，减少负迁移。通过对比确定难点，可以使教材编写、教学实施具有针对性、实效性。如"＊我学习汉语在中国。"是各国初学者常见的偏误。这个表达，许多语言的处所短语都在句末：

  a. 英语：I learnt Chinese <u>in China</u>.
  b. 印度尼西亚语：Saya belajar bahasa Mandarin <u>di Tiongkok</u>.
     对译：我 学习 语言 普通话 在 中国

c. 阿拉伯语：الصدية الصدية في أدرس.
  对译： 中国 在 汉语 我 学习

明白了偏误原因，就可以通过科学、恰当的讲解、练习，让学生掌握汉语表达方式，减少、避免错误生成。对成年学习者，适当进行对比教学，效果更好。

（四）分析程序

1. 传统程序

传统的对比分析有四个步骤：①描写（description）。对学生的母语和目的语进行准确、清晰的描写。②选择（selection）。选择一定的语言项目、规则或结构进行对比。③对比（comparision）。找出两种语言的特殊点。④预测（prediction）。预测学习中可能出现的错误和难点。这个程序从一般到个别，没有充分考虑二语教学的需求，工程大，难操作，研究者往往不清楚该如何选择。

2. 改良程序

经多年研究，周小兵（2004，2014）提出适合第二语言研究的对比分析六步程序，简述如下：

（1）发现。在教学、研究实践中发现值得对比的语言点，学习者输入、输出问题最多的语言点，如用"一点"误代"有点"（*我今天一点累），是初级阶段最常见的偏误之一。

（2）选择。发现的问题，有的跟学生母语相关，有的不相关。选择就是要初步对比，选定前者，去掉后者。如"一点、有点"的误代，就跟大多数学生的母语相关。

（3）收集语料。确认对比目标后，要广泛收集语料。语料包括中介语语料、语言对比语料两类。前者包括对话、陈述、作文、看图说话/写作、各种测试（翻译、完成句子、判断）等，后者包括各种双语翻译文本。除自己收集语料外，还可以使用中介语语料库和双语语料库。

中介语语料库公开使用的有三个，分别由北京语言大学、中山大学外国语学院（http://cilc.sysu.edu.cn）、暨南大学华文学院建设，进入该校（院）主页可以找到。双语语料如：①北大 CCL 英汉双语语料库：http://ccl.pku.edu.cn:8080/ccl_corpus/index.jsp；②"二语星空"英汉平行语料库：http://www.luweixmu.com/；③沪江韩语学习网站：http://kr.hujiang.com/。

（4）逐项比对。将学习者母语和汉语的每个语言单位进行逐项比对，凸显相同点和不同点：

  a. 韩语：밥을 조금 먹었다.
   对译：饭$_{宾格}$ 一点 吃$_{完成}$
   句译：吃了一点儿饭。

b. 韩语：학교가　조금　멀다.
　　　　对译：学校_主格_　一点儿　远_词尾_
　　　　句译：学校有点儿远。

（5）多层解释。韩语조금对应汉语"一点""有点"，对比等级6级，难度等级5级。学习者不知道何时用"一点"，何时用"有点"。常用"一点"误代"有点"，因为"一点"是无标记的，使用频率高，先习得。还有很多语言跟韩语类似，如英语 little、泰语นิดหน่อย，对应汉语"一点""有点"。

（6）教学建议。找出有效方法进行教学，使学习者更好地掌握学习项目。如"一点、有点"。首先是顺序和编排。应先教"一点+名词"（吃了一点饭，喝了一点水）。一两个月后，学生完全掌握"一点+N"，再教"有点+形容词/心理动词"（有点累，有点想家）。一两个月后，学生熟练掌握前两个句式，再教"形容词+一点"（大一点）。其次是教学实施。每学一个词、一个用法，都要结合典型语境和环境，给出大量例子，反复练习，让学生产生语感，真正习得。学后一个词语时，可以适当进行汉语内不同词语的对比；高中生、成年人还可适当进行外汉对比。

三、对比分析的应用

（一）宏观

吕叔湘（1977）对比汉英语法，概括出三种情况：

第一，彼此不同。如疑问句和非疑问句，英语语序不同（相同只是偶然），汉语语序相同：

　　你在看什么？What are you reading?

第二，一对多。汉语一而英语多，如：

　　你要看什么？*What* would you like to read?
　　我想看点什么？I should like to read *something*.
　　我不想看什么；我什么都不想看。I don't want to read *anything*.

英语一而汉语多，如英语没有"我们""咱们"的区别。

第三，彼此有无。如句中一个成分，英语要说，汉语可不说，甚至不能说：

　　He asked me whether *you* would be there. 他问我你去不去。
　　He asked me whether *I* would be there. 他问我［　］去不去。
　　He asked me whether *I* would be able to be there. 他问我［　］能不能去。

汉语可以重复，英语不能重复，如：

　　买书卖书。Buy and sell books. ／看书看报。Read books and newspapers.

以上对比相当细致，可惜未能像 Rod Ellis（1985）那样形成模式。

(二) 微观

"了"是汉语学习难点。赵世开、沈家煊（1984）对英译汉、汉译英材料中跟"了"相关的统计发现，跟英语一般过去时和完成体互译的"了"分别为 715 句和 313 句，占总数的 75%；"了"还有其他功能。赵永新（1996）对个别母语英语者的习得考察发现，初中级学习者基本上将"了"跟英语一般过去时和完成体等同，过去发生的都用"了"（*我是上星期回来了），或常回避"了"（明天我们吃饭以后再谈吧）。

张世涛（1995）从义项对应与否、及物不及物、兼类、双音节趋势、动词与动补组合五方面对比汉英词语，探讨了母语英语者汉语偏误（*我破了杯子）的来源。金珍我（2002）对汉语、韩语的量词进行系统对比，考察其同异，发现韩语数量组合常放在名词之后，韩语量词跟汉语量词有时是一对多（"一根香烟、一辆车、一台机器"的量词韩语都是대）。这对韩国人学习汉语造成干扰。周小兵（2007）使用对比等级等模式，对越南语汉语、韩语汉语若干语言点进行对比，找出越南人、韩国人学习汉语一些语法偏误的原因。曾莉（2012）考察发现，"他自己"跟英语的构词形态（himself）相似，促使英语母语者成功习得；但阻碍了学习者习得跟母语反身代词构词形态相异的"自己"。

偏误研究多使用对比分析。肖奚强（2002）指出韩国学生偏误"*我三年学习汉语了"，是因韩语无补语，时间用状语表达而引起。铃木基子（2003）对比汉日存在句，证明"*他的东西在屋子"源于日语迁移。何黎金英（2014）指出越南语时间副词 đã 表示完成，位置跟"已经"一样，意义跟"了$_1$"接近；学习者不知道"已经""了$_1$"的异同而出现偏误："*昨天晚上，京珠公路上已经发生一起撞车事故。"周小兵（2014）指出，表示程度（很高）、差量（比他高得多），韩语可用同一形式많이，位置相同，汉语则用不同形式、不同位置表示，意思相近而形式不同，使韩国人容易出现偏误："*我比他很高。"

第二节　偏误分析

偏误分析（error analysis）跟对比分析结合，服务于教学。偏误不仅跟母语干扰有关，还跟目标语规则泛化相连。偏误分析是中介语研究、习得顺序研究的重要组成部分。

一、偏误分析的作用

（一）深化汉语习得研究

考察偏误的原因，是习得研究的重要内容。学生为什么出现"*见面了老师"？有三种可能的原因：①母语迁移。很多语言跟"见面"对应的词都可以带宾语，如 I *met my teacher*。②目的语规则泛化。汉语可以说"我见了老师/我看见了老师"。初学者以为，"见、看见"可带宾语，"见面"也可以带宾语。③教学误导。不少教材、词典将"见面"英文注释为"meet"。学习者认为，meet 可带宾语，"见面"也应该可以。

习得顺序研究离不开偏误分析。丁雪欢（2006）考察了二语学习者对疑问代词的使用率、偏误率和正确使用率等，发现外国人学疑问代词，大致按照以下顺序：

怎么样/什么→多少/几→哪里/谁→怎么+动词→多+形容词

（二）促进对外汉语教学

偏误分析可以让学习者了解偏误原因，有效掌握汉语规则，减少偏误。根据偏误出现点和频率，教师可以有针对性地进行教学，编写者可以编纂出更符合学习者需要的教材和词典。如果结合"﹡见面他/﹡一次见面过"等偏误讲练离合词，或参照外国学生疑问代词习得顺序进行教材编写和教学实施，就可以提高学习效率。

结合学生偏误讲解汉语规则，进行相应操练，可以取得更好的效果。这有点像"久病成医"：得了病之后，对卫生保健知识的学习往往更有效果。

（三）推动汉语本体研究

以往本体研究只从本族人视角、从符合语言规则的现象里去看问题，单向、狭窄、静态。偏误研究从学习者视角、从多语对比的层面观照汉语，从偏误现象去找问题，从发展角度纵向观察中介语，多向、宽广、动态，自然会促进研究的创新，推动汉语研究。

以前不少词典说"反而"表示转折。一些留学生据此造句，出现偏误："﹡我去了车站接她，她反而没有到。"马真（1983）发现，"反而"并非简单表示转折，它的使用需要条件：

以为进入 9 月会凉快了，想不到不但没有凉快，反而更热了。

条件：A. 某情况发生；B. 按常理 A 会导致另一情况发生；C. 另一情况没有发生；D. 出现了跟另一情况相反的情况。"反而"出现在 D 项；A、B、C 三项往往可省略一到两项。

以往对"除"字句研究不够深入。周小兵（1991）结合留学生偏误（﹡除爬山外，他们都游泳了），对比英汉句式，发现加合式、排除式的区别，英语靠介词标示，汉语靠副词及周遍性词语标示：

Other persons in the class left *besides* him.

除了他，班里其他人<u>也</u>走了。（加合式）

Other persons in the class left *except* him.

除了他，班里其他人<u>都</u>走了。（排除式）

All rooms are occupied *except* this room.

除了这一间，全住满了。（排除式）

汉语和外语的上述异同，给学习造成困难，是引发学习者生成偏误的原因之一。

可见，基于偏误分析的研究，对汉语语法的本体研究有重要的启发；偏误研究及整个对外汉语教学的需求，是推动汉语语法研究的动力。

（四）偏误分析的不足

偏误分析只考察偏误。而二语习得要全面考察学习者的中介语及其发展（连续体），包括跟目标语一致的地方。这样才能看出习得轨迹。如英语特指问句二语习得阶段：

a. What's he doing?　　b. What he is doing?
c. What is he doing?　　d. What's he doing?

a 句，学习者把 What's 当作一个语块来习得，不知道它是 what 和 is 的缩写形式。b 句虽然错误，却是一种进步，开始将 what 和 is 分开。d 句并非 A 句的简单重复，而是在 c 句基础上的发展。只分析偏误，则看不出学习者整个习得过程。

二、偏误分析的步骤

以下以语法偏误为例解释偏误分析的步骤。

（一）语料收集

语料有自然语料（作文、对话录音等）和非自然语料（语音、词汇、语法练习等）。要考虑样本的大小、类别（如口语还是书面语、随意语体还是谨慎语体）、一致性（学习者年龄、母语、学习阶段）等因素。

（二）偏误识辨

第一，要区分"失误"（lapse）和"偏误"（error）。前者源于一时疏忽，后者因为缺乏语言能力。区分标准有两条：一是频率。偶尔出现可能是失误，出现较多则可能是偏误。二是生成者能否自纠。可以自纠是失误，不能自纠是偏误。偏误分析的对象主要是后者。

第二，要区分"显性偏误"和"隐性偏误"。显性偏误在形式上违反句法规则，如"*他破了杯子"。隐性偏误看单句可能没有问题，放在上下文就有问题了。"我不比他矮"没有错。但"他一米七，我一米八，我不比他矮"表达有误。正确表达是"我比他高"。再如"他去了两个小时了，怎么还不来？"，后一分句单看没有错误，有了上文，就应该用"回来"。

（三）偏误纠正

进行偏误纠正时要注意以下几个原则：

第一，不违背作者原意。如："*刚结婚以后，他们很幸福。"可能有两个意思：a. 结婚以后，他们很幸福。b. 刚结婚那段时间，他们很幸福。可通过上下文或询问作者来确定。

第二，符合语感和语法规则。如"*昨天我没看了一个电影"，纠正时不能改为"*昨天我没看一个电影"。要避免纠正了某个偏误点，遗漏了另一个偏误点。

第三，最简化。如："*我被他骂。"有三种纠正的办法："a. 我被他骂了一顿。b. 我被他骂哭了。c. 我被他骂了。"建议纠正为 c 句，满足最简化原则。

第四，接近学生水平。如："*一边你说，一边我记。"有两种纠正法："a. 你说我记。b. 你一边说，我一边记。"b 句接近学生水平，可以解说"一边"的用法，建议纠正为 b 句。

（四）偏误点选择

偏误点是指引发偏误的具体成分。偏误点的确定跟偏误纠正密切相关。如以下两句：

a. *我等着他在图书馆。　b. *釜山是在韩国第二大城市。

a 句偏误点是"着"还是"在"字结构？纠正为"我在图书馆等着他"，可看出偏误点是"在"字结构错位。b 句应改为"釜山是韩国第二大城市"，不宜改为"釜山在韩国是第二大城市"。偏误点是误加"在"，而不是"在"字结构错放在动词"是"后边。

（五）偏误描述

第一，从传统的语法范畴（词类、句子成分、句式）等入手进行分析。如"*我旅行中国"是不及物动词带宾语导致的偏误，"*我一年学了汉语"是把补语"一年"用作状语，"*我把这本书没看完"是"把"字句否定词错位。

第二，从标准数学范畴入手，对比偏误形式跟正确形式，概括二者区别。可分五类：

（1）误加：*我和他在一起去看奥运比赛。
（2）遗漏：*他在广州住了六 [ ] 月。
（3）错位：*小王比较跑得快。
（4）误代：*小李通常迟到。
（5）杂糅：*日子过得更加幸福多了。两个句子（……更加幸福了；……幸福多了）结构混搭在一起。

偏误分类大多是上述两种方法的结合，或先用语法范畴分类，再使用数学范畴分类。偏误描述不能为分类而分类。分类是为了找出偏误原因，找出具体的教学对策。

（六）偏误探源

偏误产生的心理原因，可以从四个角度来考察。

1. **语际偏误**

语际偏误（interlingual error）是由母语负迁移引起的偏误，又称"干扰性偏误""对比性偏误"（参见本章第一节）。

2. **语内偏误**

语内偏误（intralingual error）指第一语言内部的发展偏误，又称"目标语规则泛化偏误""发展性偏误"。田善继（1995）把汉语语法习得中的语内偏误分为以下几类：替代（从早上到晚上地工作），类推（我的错误比你的多得很），回避（代表团在机场受［到］热烈欢迎），简化（他丢了眼镜，连眼前的东西也没看见［看不见］），诱发（他离开了他家，他国家……）。

周小兵、刘瑜（2010）的研究显示，语内偏误的原因可从两方面考察：第一，语言规则本身。如"*我比他很高"这句话不能说所涉及的汉语规则和汉外语言的异同。第二，学习者对规则的认识和使用。如"我很高""我比他更高""我比他高很多"都可能引发规则泛化而诱发偏误。规则泛化主要源于三类心理机制：类推（*我找过两次他［小王］），混淆（*他喜欢一方面吃饭，一方面看书），叠加（*在学校里要好好学习是我们的义务）。

语内偏误涉及普遍认知，一语者、二语者都可能出现。例如，二语者或汉族儿童都可能遗漏个体量词，或用"个"代替其他个体量词（一个衣服、一个狗）。

3. **训练偏误**

训练偏误（training error）指因为教科书、词典编写不恰当或教师讲解不好而引发的偏误。例如，一些教材说相连的两个数词表示概数，一些留学生据此生成偏误：

*他的孩子十五十六岁。

教材常用英文注释，如"家""热爱"分别注释为family、to love，可能诱发偏误：

*但是她的家生活真的很幸福。［但是她的家庭生活真的很幸福。］

*我热爱我的男朋友。［我爱我的男朋友。］

"家"一般不能修饰双音节词语，"热爱"一般修饰比较抽象的事物或行为（热爱祖国/劳动）。教材未解释词语的具体用法，容易诱发偏误。有学生问：为什么不能说"热爱男朋友"而可以说"爱男朋友"，有老师竟然解释说，"热爱"的意思是"非常爱"，使学生更糊涂了。

4. 认知偏误

认知偏误（cognitive error）指因人的认知能力跟某种语言规则产生矛盾而出现的偏误，又称"普遍偏误"。Hatch（1983）曾提出"自然度"（naturalness）的概念，认为在语音学、词汇学领域，自然度因素和干扰同时起作用；在句法、话语领域，自然度因素起主导作用。

例如，母语无声调的学生，声调习得顺序大体一致：第一声→第四声/第二声→第三声。母语习得调查显示：汉族儿童生成声调的顺序也如此。原因是自然度在起作用：发第一声时声带松紧无变化，最容易；发第四声时声带由紧到松，发第二声时声带由松到紧，较难；发第三声时声带先由紧到松，再由松到紧，最难。

周小兵、刘瑜（2010）认为语法项目的认知难度可从五方面观测：①特征是否凸现。如："这个字连他都不认识。/这个字留学生不认识，中国学生不认识，连中国老师都不认识。"第二句合适的上下文凸显了"连"的意义。②形式是否简单。如："他去了天津吗？/ *我不知道他去了天津吗？"③形式意义的关系是否简明。如英语 again 形式意义简明；汉语"又、再、还"都可以表示动作重复发生，还分别可以表示其他意思，难度大，容易错。④有无其他诱发成分。如："去年夏天我常常去了游泳。"⑤语篇语用功能是否复杂。跟"我没有他高"比，"我不比他高"容易出现偏误，因其使用需要一定的语篇、语用条件。

从自然度角度考虑，二语习得可能涉及三种因素：①普遍因素，即涉及组织自然语言普遍方式的因素；②学习者第一语言特有的因素；③第二语言特有的因素。研究二语习得，要考察、认定习得不同语言项目时上述三种因素之间的关系。

（七）规则解释

规则解释包括学习者第一语言和目标语。如以下偏误句：

*他打完篮球，一点累。/ *我的头一点痛。

偏误原因是"有点、一点"对应很多语言中的一个词（英语 little，日语すてし，韩语 조금），对比等级高，学生容易混淆这两个词。由此，我们可以对初级学生这样解释相关规则：

第一，"一点+名词"表数量少，如"喝了一点水""吃了一点饭"。

第二，"有（一）点+形容词/心理动词"表示性质（心理）状态的程度不高，如"天气有点热""我有点累""他有点想家"。表示静态义时，"有点"只跟"中性/贬义形容词"结合，表示不满意。如"房间有点脏"，不能说"房间有点干净"。

对更高级一些的学生，还可以讲解以下规则：

第三，"一点"可以放在形容词后边，表示程度高，如：

这双鞋大一点。/这双鞋大了一点。/这双鞋大一点了。

第四,"一点"可放在否定式前面,如:
   他一点也不累。/她们一点不像两姐妹。

(八) 教学建议

从二语教学的目标看,偏误分析后应该得出有用的教学建议。建议一般分几个部分:一是大纲、教材如何处理跟该偏误有关的语言点,二是如何解释,三是如何操练。

如李蕊、周小兵(2005)考察留学生"着"的偏误,提出教学建议:第一,区别静态、动态,先静后动,表静态的"着"和表动态的"着"应分开教;第二,"着"的否定式没有必要教;第三,有的句式重点讲练,有的简单讲练。再如,教"一点""有点",可以参考上边的顺序,设计合适的语境进行讲解和适量的操练。

三、偏误分析在汉语教学中的具体应用

(一) 语音偏误

语音偏误分析,可以帮助学生掌握正确发音方法,提高辨音及书写拼音的能力,掌握相关的语音知识。

陈凡凡(2006)的调查显示,韩国学生容易把 f 读成 b 或 p,原因是韩语没有普通话的唇齿清擦音声母 [f]。很多韩国人不会发 f,用发音部位相近而且韩语中有的 b 或 p 代替。还有,韩国学生有时分不清 f 和 h,把"釜山(fǔshān)"发成"虎山(hǔshān)"。

(二) 词汇偏误

词汇偏误在任何阶段都会出现。下边举一些词语误代的偏误:
   a. *老师的脸色很严格。[严肃]
   b. *我发函妈妈,我通过HSK 6级考试了。[写信给]
   c. *她是很有名的跳舞家。[舞蹈家]

a 句跟目标语规则泛化有关。b 句偏误原因是有的教材把"发函"注释为"写信,to inform by letter",诱发学生偏误。c 句偏误原因可能是学习者还没有学过"舞蹈",但学过"跳舞",可以说是使用交际策略的结果。

赵新、洪炜、张静静(2014)收集了 1200 余例中高级留学生近义词使用偏误,指出,母语负迁移,教材、工具书误导,讲解不足和学习者交际策略是造成近义词偏误的主要原因。其中母语负迁移的情况较为复杂,有单语负迁移,有多语负迁移。如日语"濃厚"对应汉语"浓厚""浓重",难度等级最高;"浓重的味道"日语是"濃厚な味"。日本学习者的偏误如:

＊因为姜和绿茶能消除或减少口中留着的浓厚的味道。[浓重]
多种母语背景的学习者都可能出现以下偏误：
　　＊我认识，他决定给我写信，一定是下了很大的决心。[了解]
　　＊那时我才来中国一个星期，只知道几个同学，没有其他朋友。[认识]
原因是汉语"认识""知道""了解"，在不少语言中都只对应一个词：越南语"biét"，韩语"알다"，英语"know"。因此，这些母语背景的学习者常将这几个词混淆。

（三）语法偏误

　　早期研究大多从语言结构角度给偏误分类，如佟慧君（1986）《外国人学汉语病句分析》。后来出现偏误课教材，如李大忠（1996）《外国人学汉语语法偏误分析》、程美珍（1997）《汉语病句辨析九百例》。周小兵等（2007）《外国人学汉语语法偏误研究》使用多种理论方法，对多个语种的汉语学习者偏误进行多个角度系统分析。试举几例：
　　a.（老师：你怎么去学校？）学生：＊我去学校骑自行车。
　　b.＊他跑步得很快。
　　c.＊宿舍是教学楼的前边。
　　d.＊我问她，"你是不是灵魂还是人？"
a句两个动宾词组位置颠倒，是母语负迁移。b句应重复动词语素"跑"（"跑步跑得很快"）。c句误用"是"代替"在"，跟母语迁移有关。d句是"你是不是灵魂？""你是灵魂还是人？"的杂糅，跟句子生成时学习者思维有关：原来想用正反问句，后来又改用选择问句。

（四）汉字偏误分析

　　张瑞朋（2015）研究上下文语境对汉字偏误形成的影响，提出误同形、误异形的概念。误同形指字形本来不同，因上下文语境影响，书写时变得部件相同：
　　　　提供→提拱，　　旗袍→祺袍
误异形指本来有相同之处的汉字，因上下文语境影响，书写时却变得不同：
　　　　他们→他门，　　鲤鱼→里鱼

第三节　中介语及其发展过程

　　偏误分析只研究从目标语规则来看属于偏误的部分，没有考察习得者的语言全貌和发展。中介语研究进了一步，它将二语习得者的语言作为一个跟母语和目标语既有相同点又有不同点的语言系统，考察这一语言系统的可变性、发展途径（习得顺序）等。

一、中介语

中介语（interlanguage）是学习者在二语习得过程中建构的、既不同于母语又不同于目标语的一种语言知识系统。它是逐步接近目标语的一种发展阶段。Selinker（1972）认为它是学习者在某个发展阶段建构的语言系统；是一系列连锁的语言系统，形成学习者的内置大纲（built-in syllabus），即构成中介语连续体（interlanguage continuum）。也有人用"接近系统""个性化语言""过渡能力"等术语探讨这一语言系统。中介语有可塑性、动态性和系统性三个特征。

（一）可塑性

可塑性指中介语的语言规则不断修正。如在英语二语学习者的中介语里，否定词加主要动词的形式往往先出现；一段时间后，否定词才开始出现于助动词和主要动词之间。其实，任何语言都有可塑性。如英语的演变。乔叟时期英语标准的否定结构就是否定词加主要动词；历经几个世纪演变，才出现否定词在助动词和主要动词之间的结构。类似变化过程在二语学习者的中介语中大概只经历几个星期。

不少国家的学生学习汉语形容词谓语句时，可能出现几个阶段：＊他是高。→？他高。→他很高。通过修正规则，中介语不断变化，逐步接近母语者的语言。

（二）动态性

动态性指中介语的规则是以渐进方式逐步扩展的。汉语特指问句的习得有一个较长的过程，疑问代词是逐步扩散的：第一阶段是"怎么样、什么"（你怎么样？这是什么？），第二阶段是"多少/几、哪里、谁（多少/几个人？去哪里？他是谁？），第三阶段是"怎么＋动词"（怎么去？），第四阶段是"多＋A"（多长、多高）。

（三）系统性

系统性指中介语的语音、词汇、语法都有一套规则。学习者出现的中介语现象并不是偶然的，也不是随心所欲的。中介语规则不能只用目标语的术语来进行评估。从目标语语法规则来看，不少中介语现象是偏误，但它们可能符合中介语规则。如"他是高"，虽不符合汉语，但对于某些汉语二语者来说，它符合中介语规则，习得过程中必然要出现。

二、中介语的变异

变异在自然语言中存在，在中介语中同样存在，只是在程度上、范围上有所不同。

（一）社交情景变异

由于社交情景变化导致的变异，跟母语使用者的风格变异相似。对汉语作为二语学习者的考察发现，"着""不""没"等词语的使用，在口语表达中的偏误较多，在书面语表达（描述情景）中的偏误较少，在书面语法练习中最少。社交情景下的中介语连续体可以用图4.2表示。

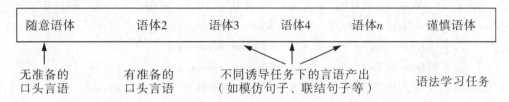

图4.2 社交情景下的中介语连续体

（二）语境变异

语境变异指语言的内部语境变化，导致学习者使用了多种不同的语言形式。

陈小荷（1996）发现，经过一段时间学习，一般情况下学习者很少把"也"放在主语前，但在以下几种情况下容易出现偏误：

　　*昨天下午也我去买东西。／ *在网吧里也她在上网。

　　*小明也半个瓜吃完了。／ *电脑鼠标坏了，也屏幕不行了。

句子主语前都有其他成分（时间、处所状语，主谓谓语句大主语，前一复句），这些成分就是诱发"也"错位的语言情景。

上述两种情境，语境更重要。中介语变异的社交情景基本相同，内部语境却各不相同。找出发生变异的具体语境，可概括语言规则，揭示习得规律，有针对性地进行二语教学。语境和社交情景会产生交互作用，具体可以用图4.3表示。

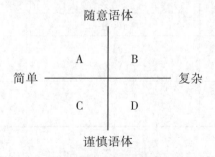

图4.3 语境和社交情景的相互作用

（三）中介语变异研究

中介语变异常用变异规则来描述。它的主要作用是：考察、确定在不同的社会情境或语言情境中，多种语言变体的出现频率。

例如，WH（特指）问句何时倒装，何时不倒装？学习者可能在不同阶段出现以下句式：

	单句	包孕句
（1）	*Where he is?	I don't know where he is.
（2）	Where is he?	*I don't know where is he.
（3）	Where is he?	I don't know where he is.

单句和包孕句是是否倒装的条件。在阶段（1），学习者不知道将动词或助动词倒装到主语前，单句不倒装，出现偏误；包孕句碰巧对了。在阶段（2），学习者知道动词或助动词要移到主语前，单句对了；但包孕句却错了。在阶段（3），学习者知道了倒装的条件，两种句式都对了。

扩散模式（diffusion model）也很常用。它将中介语的发展分为两个阶段：习得阶段（两个自由变体无规律交替使用）和取代阶段（一个情境只用一种形式，另一个情境两个形式混用→不同的情境使用不同的形式）。

如英语作为外语的学习者开始时使用两个否定形式：

（1）no + 动词　　（2）don't + 动词

以下是中介语的发展过程（表 4.1）：学习阶段 1，学习者只会使用形式（1），不管是在陈述情境还是在祈使情境；学习阶段 2，学了句式（2），但看不出（1）（2）的区别，二者混用于两种情境；取代阶段 3，知道在祈使情境只用句式（2），但在陈述情境还是两种句式混用；取代阶段 4，学会在不同的情境使用不同句式。

表 4.1　中介语的发展过程

阶　段	情　境	
	陈述	祈使
学习阶段 1	（1）	（1）
2	（1）（2）	（1）（2）
取代阶段 3	（1）（2）	（2）
4	（1）	（2）

再看汉语概数"多"的习得。"多"在汉语里有时在数量词组后边，有时在中间；

英语、越南语等相应词语一般放在词组前面。如：

三公斤多 // **more** than three kilograms // **hon**（多）ba（三）cân（公斤）

三十多公斤 // **over** thirty kilograms // **hon** ba muoi（十）cân

母语为英语、越南语的一些学习者学习汉语时，可能出现三个阶段：

A. *多三公斤/*多三十公斤

B. 三公斤多/*三十公斤多/三十多公斤/*三多公斤

C. 三公斤多/三十多公斤

A 阶段是母语负迁移阶段，中介语变异由母语迁移引发。B 阶段是目的语规则泛化阶段，学习者知道"多"要放在数词后边，但不知道何时放在数词和度量词中间，何时放在最后。到 C 阶段，学习者掌握了相关规则（周小兵，2004）。

三、二语习得的自然发展途径

不少学者认为，二语习得按照一种共同途径，不受年龄、学习环境及母语等因素影响。因为二语学习认知机制跟母语学习相同。

（一）乔姆斯基的第一语言习得模式

乔姆斯基认为：儿童的母语知识来源于普遍语法（Universal Grammar）。它是一套天生的内在的语言规则，支配着任何语言可能的句法形式。他认为第一语言习得模式如下：

基本语言素材→习得机制（acquisition device）→语法

其中，基本语言素材的作用仅仅是激活习得机制，习得机制才是习得过程的决定因素。

一些学者用实证研究证明乔氏的观点。他们通常用两种方法收集语料：①收集母亲孩子之间实况对话录音，将它们转写成文本，进行对比分析；②用多种方法刺激儿童说话，如让儿童模仿成人的话语，但一般要在超出短时记忆期之后不久进行。其研究成果主要有两点。

1. **多数孩童的早期语句独立于成人**

汉语儿童语句如：

不要好（不好）。　不要香（不香）。　不要手（不洗手）。

这些事实说明，儿童的话语并非都是模仿成人的，它们表现出儿童自己的语言创造力。

2. **语言发展可分为不同阶段**

从长度看，可分三阶段：单词句，双词句，多词句。也可以按语法特点划分阶段。如英语母语习得阶段有以下特点：-ing 和助动词 do 不同时习得，否定式和疑问句不同时习得，否定句从 no + statement 开始。习得阶段的共性证明了习得顺序的自然性。

句子平均长度（mean length of utterance，MLU）是测量语言成熟程度的尺度，具有可靠性、易测定性、客观性、定量性、易理解性等多种优点。有学者对 3～8 岁的母语英语儿童做过调查,在他们跟成人相处的语境中抽出 50 句进行统计,得出不同年龄段的 MLU(表 4.2)。

表 4.2 不同年龄段的 MLU

年　龄	3 岁	4 岁	5 岁	6 岁	7 岁	8 岁
平均每句包含词数/个	4.1	5.4	5.7	6.6	7.4	7.6

(二) 第二语言的发展过程

首先要区分两个概念:大致发展阶段(*sequence* of development),指学习阶段的先后,有普遍性,适用于所有学习者;具体发展顺序(*order* of development),指学习具体语言项目的先后,不同学习者有不同的表现。

1. 横向研究

横向(cross-sectional)研究常常调查语法点的习得顺序。其步骤为:①用双语句法测量手段诱发学习者生成口头语或书面语;②识别分析其中的语法点;③根据语法点使用准确度排列习得顺序。

研究结果表明:二语习得跟母语习得近似。表 4.3 是英语二语习得的四个阶段。所有被观察者的大致发展阶段一样。在每一阶段内部,具体发展顺序可能因人而异。

表 4.3 项目习得情况

阶段	语法项目习得情况	
1	格(主格/宾格)	词序
2	单数系词('s/is) 复数助动词(are)	单数助动词('s/is) 进行体(-ing)
3	不规则动词过去式 长音复数(-es)	would 所有格('s) 第三人称单数动词(-s)
4	have	-en

王建勤(1997)以北京语言学院"汉语中介语语料库系统"为基础,借鉴 Gatbonton 的扩散模式对"不"和"没"的习得过程进行研究,发现习得的四个过渡时期:①"不"的单一否定期;②混合期("不"向"没"的渗透以母语迁移为特征,"没"

向"不"的渗透以目的语泛化为主）；③以"没"泛化为主的偏执期；④分化、整合期，正确使用"不"和"没"。

2. 纵向研究

纵向（longitudinal）研究能提供不同发展期的语言素材，描述整个习得过程。

（1）否定。调查对象目标语为英语，母语为日语、西班牙语、德语、挪威语；年龄层次不同，包括儿童、少年、成人。通过调查，发现不同母语不同年龄的人都按以下四个阶段习得：

1）No very good. / No you playing here.

2）Mariana not coming today.

　　I no can swim. / I don't see noting mop.

3）I can't play this one. / I won't go.

4）He doesn't know anything.

　　I didn't said it. / She didn't believe me

这四个阶段可以分别命名为：外否定，内否定，情态动词否定，基本掌握规则。

（2）疑问。英语疑问句的习得可以分为四个阶段：

1）语调问句：I am colouring? / Sir plays football today?

　　　　　　I writing on this book? / What's this?

2）不完全 Wh-问句：What you are doing? / What "tub" mean?

　　　　　　What the time? / Where you work?

3）主语—动词倒置问句：Are you a nurse? / Where is the girl?

　　　　　　　　Do you work in the television? / What is she's doing here?

4）包孕问句（两小阶段）：I don't know where do you live.

　　　　　　　　→ I don't know what he had.

根据丁雪欢（2006）的研究，外国留学生习得汉语疑问句的顺序可分为三个阶段：

1）"吗"是非问、"怎么样"问、"什么"问。

2）"多少/几"问、"怎么"问、"X 呢?"、"嵌入问句"、"助不助"问（包括"有没有 VP"）/"哪儿"问/"A 不 A"问、"为什么"问、"吧"问/"谁"问、正反附加问/是非附加问、"V 不 V"问。

3）特指反问句、"多 A"问、是非反问句。

如果大致按照这个顺序教学，效果可能会好一些。

（3）关系从句。Schumann（1980）对五个不同年龄的母语西班牙语的英语学习者进行考察，发现他们先习得修饰宾语的关系子句，后习得修饰主语的关系子句：

　　And she said all the bad things that he do.

　　But the one you gonna go it don't have ice.

考虑关系代词的使用情况，Schumann 将习得分为三个阶段：

　　1）I got a friend speaks Spanish.

　　2）I got a friend he speaks Spanish.

　　3）I got a friend who speaks Spanish.

其中，1）阶段句子无关系代词，2）阶段用了普通代词，3）阶段正确使用了关系代词。

3. 横向研究和纵向研究相结合

李英、邓小宁（2005）考察了留学生"把"字句的使用情况和习得顺序。纵向研究语料取自中山大学初、中、高级的调查问卷，横向语料来自 30 万字的留学生作文。横向、纵向语料互补研究发现，教材和大纲将某些"把"字句放在一起教，但二语者实际习得顺序不同。如"S＋把＋N_1＋V 成＋N_2"（他把美元换成人民币）的习得难度明显高于"S＋把＋N_1＋V＋在/到/给＋N_2"（你把书放在桌子上），但不少教材、大纲却把它们放在同一等级。

（三）第一语言习得是否跟二语习得相似

第一语言习得都是儿童，二语习得大多是成人。年龄区别在生理、认知、情感等方面都有明显的表现。Cook（1977）发现，处理含定语从句的句子时，因记忆负担过重，说母语的儿童、成人和成年外语学习者使用同样的策略，都把句中第一个名词当作主语，把动词后的第一个名词当作宾语。

汉语的二语习得和第一语言习得也会出现相同的顺序。如疑问句的习得，赵果（2003）对 15 名美国留学生为期四个月的四次调查发现，"吗"字是非问在第一次调查中便出现，在四次调查中数量都最多，分别占所有问句总数的 42.8%、31.5%、38.3%、45.9%。"吧"字是非问到第四次调查才出现，且仅出现一例。李宇明、陈前瑞（1998）对儿童问句系统的调查表明，"吗"是非问的理解时间（1 岁 4 个月）、发生时间（2 岁），都早于"吧"是非问（1 岁 5 个月理解，2 岁 1 个月发生）。

第四节　输入、输出与互动

一、自然情境下的输入与互动

（一）外国式语言

1. 外国式语言与互动调节

外国式语言（foreigner talk）是本族人对外族人说的话语。其特点是：①合乎语法的简化。如减慢语速，小心清楚地发音，使用简单词汇，多用是非问句。②不合语法的简化。如对初学者说："这是昨天买［ ］。"

跟非本族人交际时，为了让对方听懂，操本族语者要进行多种类型的调节：

第一，确认性检查（confirmation checks）：

  外国留学生：我去银行了。 中国学生：银行？

第二，理解力检查（comprehension checks）：

  中国学生：老师出差了。"出差"，你听懂了吗？

第三，澄清（clarification requests）：

  外国留学生：我想试下那双裤子。 中国店员：什么？

第四，<u>重复</u>（repetitions）：

  外国留学生：我去北京路了。 中国朋友：哦，你去北京路了。

第五，<u>补充</u>（expansions）：

  外国留学生：这是一本词典。 中国学生：对，这是一本<u>英汉</u>词典。

第六，<u>重述</u>（recast）：

  外国留学生：昨天他不去上课。 中国朋友：哦，他昨天<u>没</u>去上课。

2. 外国式语言的功能和解释

外国式语言跟保姆式语言（motherese）相似，具有以下功能：①促进交流；②使本族语者和非本族语者建立情感纽带；③作为隐性的教学方式。

交流时，本族语者会适当调整话语以适应学习者水平。调整主要通过三种方式：

（1）回退（regression）。无意识地退回到儿童期语言。

（2）相配（matching）。评估学习者语言，模仿其中的语言形式。

（3）协商（negotiation）。根据学习者反馈（迷惑的眼光，问"什么意思？"）来简化、解释话语，避免交际失败。

（二）话语与互动

话语（discourse）研究主要考察二语者和母语者共同参与的语篇。二语者的反馈会影响母语者的后续输入。互动（interaction），指沟通、理解发生困难时，交际双方依据对方理解与否的反馈，调整语言，如重复、解释、核实等，使语言输入容易理解，促进习得。

常见的修正策略有：①简化词汇：我看杂志→我看书。没有人民币→没有中国钱。喜欢中餐→喜欢中国饭。②协助对方表达：外族人者：天上的那个……，很好看。//本族人：天上的云，很好看。③转换句子结构和问话点：你来中国多长时间？→你什么时候来中国？

意义协商是双方的。学习者应明确表示，对母语者的话语是否理解。双方都不能放弃，通过各种假设、意义协商，使本族人的输入变得可以理解，使会话有效持续下去。

二、课堂情境的输入与互动

（一）输入的教师语言

对二语学习者的教师语言（teacher talk）是一种语体，有形式特征和互动特征。它既是教学媒介语，又是学习者的目标语。作为前者，它承担着传授知识、培训技能的任务；作为后者，它要求清楚、准确，给学习者一个很好的示范。教学语言又有受限性特点，在语音、词汇、句子、语篇等方面要根据学习者水平做出调节。语言课的教师语言有以下特点：

（1）所有层次都有形式调节：准确、规范的发音；上位词替换下位词（"打球"代替"打羽毛球/篮球/排球/网球"）；缩短句子，将长句化为短句。

（2）合乎语法的调节。不说"这件衣服我买不起"，而说"这件衣服很贵，我没钱买"。

（3）常出现重复、提示、鼓励、扩展等。理解性检查多，确认检查和请求澄清少。因为课堂上单向交流占优势，教师控制谈话，学生说话机会较少。

专业课的教师语言跟语言课相似。但词汇调节少，因为专业课很难回避专业术语。

课堂教师语言大多是一对多，学习者水平不同，只有来自少数学生的有限反馈。教师调节语言，比一对一要困难得多。需要测出班级学生的总水平，将调节放在平均层次上。

（二）话语分析

课堂话语分析常常会关注"三段话语"（Sinclair & Coulthard, 1975），即教师引发（initiates）、学生反应（responds）、教师反馈（feedback）。如：

老师：墙上有地图吗？（引发）
学生：墙上有地图。（反应）
教师：很好，墙上有地图。（反馈）

可缩写为IRF。此结构在外语教学课堂上可能会有变化、扩展，如以下两个不同的IRF+R：

A. 老师：你每天早上做什么？
　　学生：我早上跑步。
　　老师：你每天早上跑步。[补充]
　　学生：我每天早上跑步。
B. 教师：你昨天去买书了吗？

学生：我昨天不去买书。
　　　教师：你说，你昨天没去买书？［确认、重述］
　　　学生：嗯，我昨天没去买书。
教师反馈包括确认、补充、纠错等，能帮助学习者验证他们是否形成了正确的目的语规则（Ellis，1985）。第二语言课堂上，该模式可能采用非语言形式：教师发指令，学生行为反应：
　　　教师（指桌上的词典）：大卫，请你把那本词典给我。
　　　（大卫把词典拿给老师）
此类互动适合初学者和少年儿童学习者。
　　课堂话语的分析阐明了教师和学生的共同作用，有助于清楚显示在课堂上下文里，意义如何澄清，输入如何适合学习者语言加工机制的要求。

三、输入、输出、互动在二语习得中的作用

（一）输入强化和高频输入

　　输入强化（input enhancement），即有意识地突出语言输入中的某些成分。例如，用特殊字体或标题等形式呈现，强化内容与某一特点鲜明的刺激物或动作同时呈现，使用重音、放慢语速、重复等方式强化特定内容，等等。被强化了的输入容易吸引学习者注意，帮助记忆。
　　研究表明，特定语言形式输入次数和学生输出次数正相关。如是非问句，二语者开始学习时接触最多，自然最先习得。再看以下课文中出现最多的句式：
　　　老师：罗兰，电视台想请留学生表演一个汉语节目，你愿意去吗？
　　　罗兰：老师，我不想去。
　　　老师：为什么？
　　　罗兰：我汉语说得不好，也不会表演。
　　　老师：你学得不错，有很大进步，汉语水平提高得很快。
　　　罗兰：哪里，我发音发得不准，说得也不流利。让玛丽去吧。她汉语学得很好，说得很流利。
"得"字补语句最多。为强化高频输入效应，教学中还可以让学生找出频率最高的句式。

（二）可理解输入和"i+1"原则

　　克拉申（Krashen，1982）强调，二语习得依赖于学习者得到的可理解输入（comprehensible input）。输入是"i+1"。"i"是学习者已掌握并完全理解的内容，占大部

分;"1"是新语言形式,占小部分。从 i 阶段上升到 i+1 阶段的必要条件,是学习者能理解包含"i+1"的输入。

这种输入能被理解,靠以下途径:

(1) 利用学习者已经学过的结构和词汇。

(2) 根据"此时此地"取向(here-and-now orientation),使学习者能利用言内、言外环境以及常识去理解新的语言知识。如:

李铭宿舍的 x 坏了,他的 y 打不开门,他进不了宿舍。他找了一个工人来修 x。x 修好了,可以用 y 打开门了,工人走了。李铭睡觉的时候发现,门又 x 不了了。

对学生来说,x 和 y 是生词。学生懂得句中其他词语,可通过上下文猜出它们的意思是"锁""钥匙"(言内知识)。教师也可利用实际情景进行演示(言外环境)。

(3) 通过教师调节会话的互动结构。如:

教师:你吃海鲜会过敏吗?过敏,明白吗?

学生:过……?

教师:你吃了海鲜以后皮肤会不会觉得痒?

学生:会,会!

教师:那就是过敏,因为吃海鲜,所以过敏了。

(三)摄入与输出

输入被学习者理解了,不等于习得完成。只有当输入(input)转为摄入(intake),即被吸收时,习得才发生。输入是学习者听到、看到的材料,摄入是被吸收并融入中介语体系中的那部分第二语言。摄入又叫吸纳,是学习者将输入转化为内部语法的心智活动,是对语言输入中的信息进行整合的尝试。

Swain(1985)认为,二语学习不仅需要大量的可理解性输入,还需要大量的可理解性输出(comprehensible output)。学习者必须用学到的二语知识进行输出,并让母语者理解,才能真正习得。母语者无法理解时,就会迫使学习者使用更精确的语言形式。这种过程促使学习者更多地从语义加工转向句法加工,更加注重表达的语言形式,使输出可以理解。

(四)建立垂直结构

垂直结构(vertical structures)指在语流中,学习者从前面话语中借用一些语块构成的话语。如:

老师:这是什么?(指图画)

学生:杯子。

老师:对,<u>一个杯子</u>。

学生：一个杯子茶。

末句是从前句借来"一个杯子"，加上"茶"构成。二语输出必然受到输入的影响；输出的语言形式，可能是由学习者对前面话语的处理不同形成的。因此，输出应该放在话语中考察。

　　善于利用垂直结构，可促进习得，提高教学效益。如上例，教师如果预知学生会利用自己的话语，就可能给出更合适的输入，诱发学生输出正确句：

　　教师：这是什么？（指图画）

　　学生：杯子。

　　教师：对！杯子里有什么？

　　学生：茶。

　　教师：对。这是一杯什么？（再指图画）

　　学生：这是一杯茶。

　　教师：很好。这是一杯茶。

问"这是一杯什么"，促使学生用"茶"替代"什么"，输出正确句（周小兵，2008）。

（五）纠正性反馈的应用

纠正性反馈，指二语者出现输出错误时他人提示错误的反馈信息（Sheen & Ellis, 2011）。以下参考徐锦芬（2015）的论述，讨论纠正性反馈的类型和教学问题。

1. 书面纠正性反馈

用于纠正学习者文本错误，可分直接、间接两类。

（1）直接纠正。即给出正确形式，可分两小类：①无元语言信息。只给正确形式，不解释规则。②有元语言信息。既提供正确形式，又简要解释规则。

（2）间接纠正。即不给出正确形式，也可分两小类：①无元语言信息。或者明确定位错误所在，如下画线；或者不明确定位，如只在有错误的那一行旁边的空白处打"×"。②有元语言信息。或者简要解释规则，如"动宾搭配不当""否定词误代"；或者只用符号标识错误，如用 WO 表示词序错误。

2. 口语纠正性反馈

用于纠正学习者口语错误。有多个角度的分类。从纠正时间看，出现错误立刻纠正，是及时反馈；等学习者参与的交流活动结束后再纠正，是延迟纠正。从是否提供正确形式看，给出正确形式，是输入性纠正；不给出正确形式，诱导学习者说正确形式，是输出性纠正。从是否明示错误看，明确指出学习者出现错误，是显性纠正；不明确对方出现错误，是隐性纠正。如学习者口语表达出现以下错误：

　　他昨天病了，不上课。

下面以此为例，以"输入、输出"为大类、"显性、隐性"为小类讨论教师纠正反馈的类别。

（1）输入式纠正，提供正确形式。

1）显性纠正。老师说："不对！应该说'他昨天病了，没有上课。'（发生了的行为，一般用'没有'，不用'不'。）"明确提示出现了错误，并给出正确表达。是否进行简要的语法解释（见括号），可根据具体情况决定。

2）隐性纠正。不提示错误，只说出正确表达。如老师说："嗯，你是说'他昨天病了，没有上课'，是吗？"。输入性隐形纠正也可称为"重述"。

（2）输出式纠正反馈，不提供正确形式，只引导学习者说正确形式。

1）显性纠正。老师简单解释"不"和"没"的区别，引导学生用"没有"。或只口头刺激，问："他昨天病了，不上课？"重读"昨天""不"，诱发学生记忆规则，说出正确句。

2）隐性纠正。老师问（澄清请求）："你说什么？我不太明白。"或重复："他昨天病了，不上课？"并疑惑地看着对方。

3. 教学实施

纠正性反馈可以引起学生注意到自己的输出跟目标语的"差距"，通过"修正输出"，让修正后的特征进一步融入中介语系统中，实现"领会"吸收。因此，一些教学法，如听说法，很推崇纠正性反馈，认为它可以大大促进二语习得。不少研究也证明，正确实施纠正性反馈，可以提高教学效益。当然，也有研究认为，过度的纠正性反馈会有负面作用。

哪种类型的纠正性反馈效果好？Long（2007）认为，"重述"（前述"输入式纠正反馈"中的"隐性纠正"）不仅给学习者提供错误的负面证据，而且提供了正确表达的正面证据，把学习者注意力聚焦在形式上，对二语学习特别有效。另有学者认为，显性反馈，尤其是提供简要的规则解释（元语言信息），不但能引起学习者对错误和正确形式的关注，还能提高学习者对错误本质的认识。Lyster（2004）认为，"提示性语言"（prompts），即诱发学习者自我修复/修正的纠正性反馈（前述"输出式纠正反馈"），效果比"重述"要显著。

此外，Sheen（2010）认为，"输入式""输出式"纠正性反馈也可以用于书面语教学。如果教师创造机会把"领会/修正输出"等运用到书面语教学中，让学习者对文本进行修正，肯定会提高学习者的书面语表达能力。

在纠正时间上，如果重视语言表达的流畅性，多用延迟纠正；如果重视语言表达的准确性，多用及时纠正。此外，纠正哪类错误（参考本章第二节），如何纠正错误（见以上反馈类型），由谁来纠正错误，都可能对纠正性反馈的效应有一定影响（徐锦芬，2015）。

(六) 互动假说与协同理论

1. 互动假说

互动假说（Interaction Hypothesis）由 Long（1983）提出，是对克拉申的语言输入假说的拓展（图4.4）。互动假说认为，输入的可理解性是在意义协商过程中通过交际实现的，而且也可以实现学习者的可理解输出。因此，二语习得应该创造以信息传递为主的双向交际的情境。

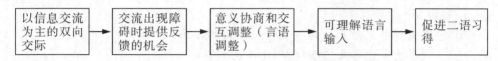

图4.4　以信息交流为目标的互动、习得

Ellis（1994）根据 Gass（1979）的理论，发展了二语习得模式（图4.5）。该模式认为，感知输入依靠的是频率、百科知识、注意力（观察语言对比）、情感（动机、态度等），理解输入依靠的是普遍语法、母语和二语知识，吸收依靠的是元语言知识储存和内隐语言知识/中介语系统的形成。

图4.5　Ellis 的二语习得模式

我们认为，这个图还有改进空间。因为没有稳定的输出，不可能实现真正的吸收。

2. 协同理论

Long（1983）指出，学习者与高于自己水平的人（尤其是本族语者）互动，外语水平提高快。互动促学的机理，是协同效应，协同即学习。

王初明（2012）指出，学习效率取决于语言理解和产出结合的紧密程度，结合越紧，协同效应越强，学习效果越好；协同应该是语言输出向语言输入看齐，由低向高拉平，缩小差距。最佳效果是产出语言与所理解语言趋于一致。

3. 汉语习得相关研究

（1）口语教学中协商类型研究。

赵雷（2015）考察了任务型口语课堂学习者之间的协商互动。在信息差任务中，两人一组，先分别阅读故事 A、B，接着向对方复述，并讨论故事异同点；在意见差任务中，观看电影《刮痧》，两人一组，分正、反方讨论"打是亲、骂是爱"，然后报告讨论情况，说明双方主要观点。通过考察两类任务的实施，总结出学习者常用的三种协商方式：

1) 意义协商：

S1：海洋是什么？（听话人发起的澄清请求）

S2：这个，啊，有水的地方，海，大海。

2) 形式协商：

S1：最好是，呃，不，不私自？不 selfish 怎么说？（显性求助）

S2：嗯，不自私的。

S1：对，不自私的，一起，他们一起。

3) 内容协商：

S1：我觉得（父母）打骂（孩子）是好的办法。

S2：好办法？你喜欢父母打你？（确认核查）

S1：父母打孩子是他们的爱。

S2：为什么？（澄清请求）

S2：孩子的时候，他没有那么多的概念，不知道什么是好，什么是不好。

意义协商、内容协商的数量接近，而形式协商的比重相对较少。其原因在于：①表达主要关注内容，无力顾及形式；②任务前老师对语言形式的要求不明确。

作者认为，口语教学应激发学生关注、学习语言形式，并考核学生的协商互动能力。

(2) 中级口语课堂输入输出情况考察。

姜芳（2011）考察了中级口语课堂教师输入和学生输出的对比研究。熟手教师教 A 班，新手教师教 B 班。水平、进度、教材相同；每班四节课录音；文字转写，语料 3 万多字。

文章考察了在口语课堂上，教师输入和学生输出的比例（表4.4）。熟手教师话语量明显低于新手教师，更是低于本班级学生；新手教师的话语量不但高于熟手教师，而且高于本班级学生。口语课的特点是：学生话语量应高于教师。熟手教师控制话语量，主要是通过教学设计，减少讲授环节，如词汇讲解、朗读讲解对话（示范）等；增加学生说话环节，如根据情景练习口语习惯语、情景对话、话题讨论等。

表4.4　12节中级口语课师生话语总量对比

班级	每节课平均话语总量	
	教　师	学　生
A	13.01 分钟/35.44%	23.7 分钟/64.56%
B	19.31 分钟/51.1%	18.57 分钟/48.9%

该文还考察了口语课教师和学生词汇密度的情况。词汇密度指语篇中词种（word type）所占的百分比。计算公式为：词汇密度＝词种数量/词总量×100%。如以下两个句子：

    a. 早上，我吃了馒头，他也吃了馒头。

    b. 早上，我吃馒头、油条、鸡蛋，还喝小米粥。

a 句的词汇密度是：7/10×100%＝70%；b 句的词汇密度是：10/10×100%＝100%。在词汇难度、总数相同的情况下，词汇密度高，学习难度越高。由两个班师生的词汇密度情况（表4.5）可以看出：①平均词汇密度，熟手教师明显低于新手教师。说明熟手教师更关注中级学生的实际水平，词汇重复较多。②学生输出的词汇密度，A 班明显高于 B 班。说明 A 班学生口语输出水平在这个指标上高于 B 班。③教师输入和学生输出负相关。

表4.5　中级口语课教师、学生话语词汇密度对比

班级	平均词汇密度/%	
	教　师	学　生
A	37.3	35.3
B	42.7	30.2

可见，师生课堂互动，应以协同为目标。教师输入适当贴近学生水平，学生容易听懂，容易模仿，输出容易向输入水平靠拢。

第五节　学习者个体差异

二语学习者在个性、动机、学习方式、能力倾向和年龄等方面存在不同，这种不同对二语习得会产生影响。

一、年龄与性别

（一）年龄

大多研究结果表明，年龄不会改变习得顺序。有学者考察了 6～15 岁的孩子和成人学习者，发现他们对 20 个语言点的习得顺序一样。但年龄对学习速度有明显影响。有研究发现，在接触二语的时间相同的情况下，跟儿童和成人相比，13～19 岁的青少年（teenages）二语习得的进步最快。并且，年龄只影响词法和句法的学习速度，对语

音方面的习得似乎没有影响。

接触二语时间长短和起始年龄均对二语熟练程度有显著影响。接触二语时间越长，语言越地道。接触时间长短对产出性语言技能（说写）的影响大于对接受性语言技能（听读）的影响。开始习得时年龄越小，发音越地道。但开始习得时间的早晚，对语法的掌握和使用似乎没有太大影响。

（二）性别

在英语中，sex 指生理性别，gender 指社会性别。社会语言学家和语言习得研究者倾向于使用后者，因为社会性别着重强调"男性"和"女性"的社会建构和属性。

1. 二语习得中显示的性别差异

一些研究表明女性学习者总的来说胜过男性，女性的学习态度明显比男性积极。在学习策略的使用上，也有性别差异。如在使用二语互动交际的过程中，男性语言输出的频率多于女性，而女性语言输入的频率多于男性。不少初学者在说二语之前先在脑海中默念一下，女性使用这种方法的比率多于男性。此外，男性在交际时使用翻译策略多于女性，而女性对理解监测较多，即通过多种方法，检测自己是否真的听懂了对方的话语。

2. 个案分析

周小兵（2006）对"着"的习得情况进行了考察。让初级班来华留学生（男 5 人、女 5 人，学完"着"一段时间）描述以下两个情景：A. 桌子上放着两本教材。B. 教师在椅子上坐着看书。结果获得包含"着"的句子 15 个。描述情景 A 的句子如：

桌子上放着两本书。/桌子上有两本书。（回避"着"）

描述情景 B 的如：

老师看着书。/老师在椅子上，坐着看书。/老师在椅子上看书。（回避"着"）

考察发现，所有女生都用了"着"句，总量 10 句；男生 3 人用了"着"句，2 人未用，总量 5 句。女生用"着"的比率明显高于男生；男生更多使用较早学习的"有"字句等，回避"着"句。这说明女性对新语言形式更敏感。

对中级班来华留学生"着"习得情况的考察，结果跟初级班相似。

二、智力与语言学能

（一）智力

智力（intelligence）指一般智力因素，是掌握和使用学术技能的基础。有学者认为，讨论智力对二语习得的影响需要区分两类语言能力（language ability）：第一类是认知/学术语言能力，如学习语法、词汇的能力和阅读理解、听写、自由写作能力；第二类是基本的人际交际技能，涉及口语表达的流利性和语言社交能力。智力因素与第一类语言能力有较大相关性，而与第二类语言能力关系不大。换言之，智力因素能够较好预测在正式环境（如语言课堂）中学习的语言成绩，与在自然环境中习得二语的情况则没有必然关系。

（二）语言学能

Carroll（1965）认为语言学能（aptitude）主要包括四种不同能力：

（1）语音编码能力（感知记忆新发音的能力）。例如，母语没有声调的学习者能否辨别汉语声调的差异，初学汉语的日本人能否辨别汉语声母中送气音、不送气音的异同。

（2）语法敏感性（理解语法功能的能力）。例如，学习者在看到"墙上贴着一个通知"和"我忘了通知他"时，能够意识到两个句子中的"通知"词性不同，语法功能不同。

（3）归纳能力（注意、判定语法形式和意义的异同的能力）。例如经过一段时间学习，汉语二语者能发现表示复数的"们"一般用于表人名词后面，不用于表物名词后面；且不能与数量短语共现（*三个同学们）等。

（4）机械记忆能力（将不同刺激联系在一起和记住的能力）。例如给出一些汉语词语，并提供英文对应翻译，考察学习者能否在短时间内将汉语词形和词义进行正确匹配。

这四种学能实际上都属于第一类语言能力，即认知/学术语言能力的范畴。一些研究发现，学习者语言学能测试得分的高低与学习者的语言水平存在中度相关关系。

三、认知方式

认知方式（cognitive style）指对信息的感知、概念化、组织和记忆的方式。我们可以从多种二分维度来给认知方式分类。其中最常见的是将认知方式分为场依附（field dependence）和场独立（field independence）两类（表4.6）。

表4.6 两种认知方式的比较

场依附	场独立
人际取向（靠外在架构处理信息）	非人际取向（靠内在架构处理信息）
整体（把场视为整体，各部分与背景融合）	分析（分别感知场的各部分，部分与背景分离）
依附（个人见解源于他人）	独立（独立的身份感）
社交触觉（较强的人际关系和社会关系技能）	较弱的社交意识、人际关系和社会关系技能

王添淼（2007）对 98 名学生（其中男生 42 人、女生 56 人）进行了镶嵌图形测试，得分越高，说明受试场独立性越强。而后对其进行了 HSK 模拟测试。结果发现：①综合填空和语法结构受认知方式的影响较大。②场独立认知风格在语法结构和综合填空测试中表现出更强的优势；在听力理解、阅读理解和口语测试中，场依存型则较有优势。通过分析场独立和场依存两种认知风格的不同之处，王添淼总结出两种认知风格相对应的教学方式（表 4.7）。

表 4.7 两种认知方式的具体表现

学习行为	场独立	场依存
个人行为	·与学生关系是正式的 ·注意权威形象 ·注重教学目标 ·鼓励学习者单独取得成就 ·鼓励同学之间的竞争	·用温暖赞许的方式表达情感 ·运用奖励以增进与学生的关系 ·对学生取得成功的能力表示信心 ·对需要帮助的学生很敏感
教学行为	·只在学生有困难时予以辅导帮助 ·鼓励通过尝试错误而学习	·主动给予学生辅导 ·鼓励通过模仿而学习
课堂教学策略	·注重教材细节 ·给学生自己思考的各种机会 ·鼓励独立研究、设计、发现式学习	·强调概念的整体性 ·给学生精细的课程计划和明确的讲解 ·注意创设集体气氛

四、态度与动机

（一）态度

态度（attitude）指为目标努力时表现出来的持久性。态度还有其他一些的定义，如对目标语成员的看法（有趣与否、诚实与否）、对本族文化的信念。态度可以分为三类：对操二语的社区和人的态度，对正在进行的语言学习的态度，对一般语言和语言学习的态度。

倪传斌等（2004）调查发现，影响留学生对汉语语言态度的因素包括是否有华裔背景、年龄、性别、来华前汉语学习时间、学历、所属国家或地区的地理分布。

（1）是否有华裔背景。华裔学生在情感、地位和适用要素上明显好于非华裔学生。

（2）年龄与性别。汉语适用要素方面，较小年龄组（17～22 岁）对汉语的态度好于大年龄组；情感要素方面，女性对汉语的态度好于男性。

(3) 来华前汉语学习时间。实验证明中期最好,具体如下:
1) 中期>短期:①积极的语言态度能维持较长时间的汉语学习;②一段时间的汉语学习加速语言态度向积极方面转化。
2) 中期>长期(长期学生在母国多以汉语为专业)。
(4) 学历背景。学历越高,对待汉语态度越积极。
(5) 地理分布。东南亚和混合类的留学生对汉语的语言态度明显好于东亚。

(二) 动机

动机(motivation)指行为的整体目标和方向。对动机有不同的分类。一种是将动机划分为三小类:整体动机(二语学习的整体目标方向),情景动机(课堂学习/自然学习),任务动机(完成某个具体学习任务)。

原一川等(2008)对云南某高校来自泰国、越南、缅甸等国家的44位留学生发放问卷,调查后认为,对东南亚留学生来说,最重要的七种动机分别为教学因素动机、合作/竞争学习动机、家长支持动机、融合型动机、对外国语言/文化的态度、社会责任动机、学习愿望,影响汉语学习成绩最重要的四个因子分别为学习努力程度、学汉语的态度、对本民族认同的态度、家长支持动机。

五、个性与情感过滤

(一) 个性

个性(personality)是由一系列个人特性集合成的个体性格。个性通常有一系列的对立因素:冷漠/热情,害羞/大胆,不自信/有统治欲,内向/外向,神经质/稳定。

例如,外向学习者很容易跟使用目标语的人(包括本族语者和非本族语者)接触,自然会接受更多的目标语输入。研究显示,口语流利的程度与性格的内向外向相关,性格外向者二语流利程度比性格内向者要高。有学者做了八个测量自然交际语言的研究,其中六个研究表明,外向型学习者占优势。Chastian(1975)的研究发现,学习者性格开朗程度和他们的德语以及西班牙语成绩有显著相关。

(二) 情感过滤

情感过滤假说(the Affective Filter Hypothesis)认为,语言习得主要依靠可理解的输入;但是,它也受到情感因素的影响,出现情感过滤。情感过滤越强,输入能进入主管语言机制的大脑部分变成语言能力的比例就越低;反之,情感过滤越弱,输入能进入主管语言机制的大脑部分变成语言能力的比例就越高。其过程如下所示:

输入 →情感过滤(语言习得机制)→ 语言能力。

影响情感过滤的因素主要有学习动力、自信心和焦虑感等。钱旭菁（1999）通过"外语课堂焦虑等级模式"的调查也发现焦虑对留学生学习汉语具有负面影响，主要表现在口语方面。具体地说，口语成绩和焦虑感成反比：焦虑感越强，口语成绩越差；焦虑感越弱，口语成绩越好。年龄、性别、学习汉语的时间、是否华裔以及期望值等因素和焦虑没有明显关系。

第六节 学习和学习者的策略

一、显性学习和隐形学习

（一）显性学习

1. 显性知识

显性知识（explicit knowledge）是指学习者能够有意识地表达出来的知识，即学习者不但知其然，而且知其所以然（Ellis, 2004）。例如学习者可以表达"我比他高"，知道"我"是主语，"高"是谓语，"比他"是状语；又如看到"*我认识了三个同学们"，学习者能纠正，知道错误原因在"三个"与"们"不能共现。

2. 显性学习

显性学习（explicit learning）是指通过显性手段（如记忆法、语法分析）学习语言内容（如词汇、语法），是通过有意识的方式进行的，学会的知识以显性方式储存，使用起来用意识进行控制（戴曼纯，2005）。例如学习者在学习新词"读者"时，意识到"者"是一个表示人的词缀，"读者"就是阅读书刊文章的人，并通过这样的分析存储该词。

3. 显性教学

显性教学（explicit teaching）是指在教学当中详细讲解语言规则，使学习者注意某一形式的教学。如在课堂上就某一对或一组近义词进行辨析。在辨析"出生""诞生"时，明确告诉学生"出生"只能用于人，而"诞生"既可以用于人，也可以用于事物。

4. 自动化和有控制的语言处理

Schneider 和 Shriffen（1977）指出：有控制的语言处理（controlled processing）需要积极的注意力，自动化的语言处理（automatic processing）则不需要积极的控制和注意力。从有控制到自动化的运作模式是二语习得的一个必经阶段。例如学习汉语称数法时，学习者一开始需要注意位数词和多位数中间及末尾的零（如3003、6660）的读法，需要在大脑中搜索相关规则才能准确说出来。这就是有控制的处理阶段。经过一段时间，学习者看到一个数字后能够不假思索地说出来，就是达到了自动化处理阶段。

5. 陈述性知识和程序性知识

陈述性知识（declarative knowledge）是指由能够作为命题（proposition）储存起来的有意识掌握的事实、概念、观点等构成的知识，程序性（操作性、过程性）知识（procedural knowledge）是关于一些我们知道如何做却并非有意识掌握的知识（Richards & Platt，2000）。

Ellis（1994）认为，陈述性知识是"知道是什么"（knowing what），由已经内化的二语规则及记忆中的语言单位组成，程序性（操作性、过程性）知识是"知道怎样做"（knowing how），由学习者习得和使用二语的策略和程序组成。

例如，英语及其他一些语言（西班牙语、泰语等）的母语者经过一段时间的学习，已经将汉语的状语置于谓语之前这条规则内化，明白了汉语跟他们母语的区别，这时他们就具备了这个语法点的陈述性知识。有的学习者并没有系统掌握母语和汉语状语位置的异同，但他们在跟汉族人接触中或大量练习中习得了相关语法点，可以比较自然地说类似"我每天学习汉语/我昨天去了商店/他跟同学去看电影"，说明他们具备了这个语法点的程序性知识。

（二）隐性学习

1. 隐性知识

隐性知识（implicit knowledge）指在二语习得中，学习者在交际中通过可理解输入无意识发展起来的二语知识（Ellis，1999）。例如目的语环境下的二语者虽未接受过正式的语言培训，但仍能发展出二语知识，该知识即隐性知识。

2. 隐性学习

隐性学习（implicit learning）指学习者未意识到正在学什么的学习（DeKeyser，2003）。例如学习者在接触了大量"上上相连"的音节如"nǐhǎo、měihǎo、wǔbǎi、běihǎi、gěinǐ、yǔfǎ、kěyǐ、fǔdǎo"后，可能在无意识状态下自然习得了连读变调的规则。

3. 隐性教学

隐性教学（implicit teaching）指通过大量的练习、活动，潜移默化地影响学习者的思维和活动，使学习者无意识地获取目的语知识并能够恰当运用目的语的过程（DeKeyser，2003）。

二、学习策略

学习策略是一个比较模糊的概念。Chamot（1987）认为学习策略是学习者为了促进学习和回忆语言形式和内容所采取的技术、方法和行动。Oxford（1989）将其定义为学习者采取的各种能够使语言学习更成功、更有自主性、更愉悦的行为和行动。Cohen

(2007)认为语言学习策略应具有以下特征：①属于意识的一部分；②能够提高语言学习表现，使学习更容易、更快和更有趣；③能够被不同语言水平的学习者采用；④能够按顺序使用或集群使用；⑤与学习者的自主性相联系；⑥很大程度上受个体差异影响。

学习策略可根据运用的目的、功能、与语言学习的关系进行不同角度的分类。

（一）语言学习策略和语言运用策略

根据策略运用的目的，学习策略可分为语言学习策略（language learning strategies）和语言运用策略（language use strategies）（Tarone，1980）。

1. 语言学习策略

语言学习策略指为了发展目的语的语言、社会语言能力而采取的策略。

（1）套语。

套语（formulaic speech）是指那些不能分析而作为整体学习的语言单位，常运用于特定的场景，如打招呼、请求等。它在二语习得中很常见，尤其是开始阶段。比较典型的套语如：

> I don't know. /Can I have a ____? /What's this?

学习早期，学习者常常使用"模式记忆"或"模式模仿"的策略，把整个套语作为一个整体进行理解和使用。每个套语都与特定交际目标相关，可以最大限度发展学习者的交际能力，减轻学习负担。

套语是创造性话语发展的基础。早期，学习者把套语当成一个整体；后来他逐渐明白，套语由分离成分构成，这些成分根据不同规则可以与别的成分结合。如 I don't know 可以分解成 I don't 和 know，可以被其他成分替换而表示相同或不同的意思：

> I don't understand. /I don't like.

> I know this. /You don't know where it is.

分解套语需要识别保留成分和替换成分的能力。学习者注意到套语结构随情景变化而变化。

（2）创造性话语。

创造性话语是二语规则的产物。规则构成了学习者的中介语系统，反映出语言发展的自然顺序。建构中介语规则的策略可以分为两种基本的相关过程：假设建构与假设检验。

1）假设建构。

假设建构通过两种方式形成：运用已有语言知识（包括一语、二语和其他语言知识），从输入语料中归纳新规则。这些过程跟两种策略（简化策略与推断策略）相关。

A. 简化（simplification）。简化指学习者努力尝试将假设控制在相对容易的范围内，以减轻学习负担的一种策略。有学者认为一语迁移和目的语规则泛化实质上是一种简化策略。例如，英语母语者开始学习汉语时，往往简单地将"了"与英语的过去时相对应；越南学习者用越南语中的降调对应普通话的去声。又如学习者先学到"我见过两次张老师"，以为所有包含"动词、数量补语、指人宾语"的句子都能按照"动词+数量补语+指人宾语"的顺序造句，结果生成"*我见过两次他"的偏误。

B. 推断（inference）。推断是学习者依据输入形成假设的手段。Ellis（1994）认为推断有两种。一种是言内推断（intralinguistic inferencing），指学习者从大量二语输入中归纳出语言的规则。如日本人有时会出现以下偏误：

*我都写了十个生词。

输出者认为，对象不止一个，就可用"都"。当学习者有了大量正确输入，并对这些输入有了正确理解后，会自行修正原来的规则，知道"都"逐指对象一般在前，说出以下正确句：

我十个生词都写了。

另一种是言外推断（extralinguistic inferencing），指学习者从外部输入的环境中推断出说话人的意思。如学习者发现中国人挥手告别时常互道"再见"，因此可能推断出"再见"的意义和用法。

2）假设检验。

学习者一旦产生一个假设，总会通过各种途径来检验这一假设。检验方式有：①接受性的（学习者在注意二语输入时，把自己的假设与语料提供的信息相比较）；②生成性的（学习者在生成二语话语时，就已包含了他所形成的有关二语规则的假设，根据他所获得的信息反馈来评估假设的正确与否）；③元语言知识（学习者通过向操母语者、老师请教，通过查阅语法书、词典等来建构有效的假设）；④相互作用的方式（学习者通过调动谈话对方的修正来进行假设检验）。

假设检验是以上一种或多种方式使用的结果。不断变化着的中介语规则系统正是学习者在语言实践中不断修正有关假设的结果。

3）自动化过程。

在假设检验后进行的形式操练和功能操练，使语言规则达到自动化的程度。

2. 语言运用策略

（1）产出策略。

产出策略指尝试用最小努力达到有效、清楚使用目的语的目的。简化也是一种典型的产出策略。与前面假设建构中提到的简化稍有不同，产出中的简化策略主要是指早期二语学习者尝试用其有限的语言资源尽量传达更多信息的一种输出策略。简化可分为语义简化和形式简化。

1）语义简化。语义简化指学习者通过减少与语言代码相对应的命题成分来简化句子的过程。省掉的是语义成分，如施事、与事、受事等。如：

　　　　我给了他一本书。
包括施事、行为过程、受事。学习者可能生成以下"语义简化句":
　　　　给书/我给书/给他书。
　　用哪种"简化句"取决于学习者已有的语言资源,以及他认为某些成分能最大限度提供信息以满足交际与情景的需要。
　　2) 形式简化。形式简化包括语法功能词、虚词与词缀的遗漏。如一些汉语二语学习者经常会遗漏表强调的"是……的"句式中的"的"(*我是昨天晚上到北京)。
　　(2) 交际策略
　　交际策略是交际能力的一部分,是学习者因二语知识有限,在表达遇到困难时采取的一种弥补手段。学习者缺乏合适的语言资源来表达自己的意图,只得用这种方法补偿他们在语法知识或词汇上的欠缺,以达到交际任务。
　　例如,汉语二语学习者不会说体温计,说成"看看发烧了没有的一种东西";不会说"盆",说成"一个很大的碗";不会用"比"字句表达"我比我弟弟高多了",说成"我很高,我弟弟不高";等等。
　　1) 缩减策略。缩减策略是一种逃避问题的策略,包括对部分交际目标的放弃。如:
　　　　我下午打…… 我下午运动。
　　　　我们今天去了……一个地方。
因二语知识不足,只能用上位表达法代替具体运动项目,用"一个地方"代替具体地点。
　　2) 成就策略。成就策略是学习者为实现交际目标而采用的补救措施,可分为四个小类。第一小类是借助第二语言。如:
　　　　老板,有没有放在床上可以热的被子?(电热毯)
第二小类是直接借助第一语言或者其他熟悉的语言。如:
　　　　我比较喜欢吃有 almond(杏仁)的巧克力。
　　　　我们去北京,坐……airplane。
第三小类是动作或其他非口头语言形式。如:
　　　　老师:你昨天做什么运动?
　　　　(学生做瑜珈的姿势)
第四小类就是直接求助于本族语者:
　　　　学习者:他的……那种能力比较强,你知道 Sherlock Holmes 吗?像 Sherlock Holmes 这样的人你们怎么说?
　　　　本族人:侦探?
　　　　学习者:对,侦探,侦探一般什么能力比较强?

本族人：推理？
　　学习者：对，我想说的就是，他的推理能力特别强。

（二）元认知策略、认知策略和社交/情感策略

O'Malley 和 Chamot（1990）从功能角度，将策略分为元认知策略、认知策略和社交/情感策略三大类。

1. 元认知策略

元认知策略指学习者试图通过学习前计划、学习中监控和学习后评估来规范语言学习的活动，具有执行和控制的功能，如引导注意、自我管理等。它是用来协调学习活动和认知加工过程的。如：

事先组织：在学习之前先对整体内容、框架进行浏览。

引导注意力：事先决定注意哪些方面的学习内容，忽略哪些方面的内容。

选择性注意：事先决定将注意力集中在哪些语言输入的细节上，并将其作为记忆的线索。

自我管理：知道哪些条件有助于学习，并努力执行。

提前准备：预先准备好相关知识以应对接下来的语言任务。

自我监控：注意发音、词汇、语法等方面的准确性。

2. 认知策略

认知策略指学习者用以提高学习及记忆能力，特别是完成具体的课堂任务时的行为，是在对学习材料进行直接分析、综合和转换等过程中采取的步骤或操作，具有操作加工或认知加工的功能。认知策略包括但不限于下列类型：

重复：如模仿一个语言单位，包括大声朗读或默念。

查阅资料：如通过使用参考资料获得词语的意义。

翻译：如借助母语来理解和产出目的语。

分组：如对学习材料根据不同属性进行分类。

推论：如有意识地运用语言规则分析、产出二语。

意象：如将某个词语与意象建立联系。

声音表征：如通过声音帮助记忆词、短语等。

语境化：如将生词或短语置于特定语境中记忆。

迁移：如利用过去的语言和概念知识学习新的任务。

推测：如根据可利用的信息猜测词义、预测下文、补全缺失信息等。

3. 社交/情感策略

社交/情感策略为学习者提供更多接触语言的机会。

社交策略（social strategy）是与别人合作学习的策略，包括提问、与他人合作等。

例如，学习者听不懂授课内容时直接问教师，在课内外活动中积极用汉语与同学交流与沟通，等等。

情感策略（affective strategy）是用来管理、规范情绪的，包括克服焦虑、鼓励自己、控制情绪等。例如，学习者在遇到学习困难时，进行自我鼓励，或者是与别人谈论自己的感受等。（参见本章第五节"五、个性与情感过滤"）

（三）直接策略和间接策略

Oxford（1990）根据策略与语言心理加工的关系，将策略分为两大类：直接策略和间接策略。

1. 直接策略

直接策略与目的语学习加工直接相关，包括记忆策略、认知策略和补偿策略。

记忆策略（memory strategy）是用来记忆和复习新知识的，包括联想、利用图像和声音、有计划的复习、使用动作等。例如，学习者在学习生词时，将它和熟悉的词语联系起来记忆；制作生词卡片，帮助记忆；背诵一些语言片断，为参加戏剧表演做准备；等等。

补偿策略（compensation strategy）使学习者在新语言知识有限的情况下能运用多种方法，如合理猜测等来弥补缺陷和不足。遇到生词时，可利用上下文、构词语素以及汉字中表意的形旁来猜测词义。不会使用某些新学会的词语时，就使用同义词、近义词来代替，如：

老板，有没有放在床上可以变热的被子？（电热毯）

我觉得中国菜味道比较深的。（重）

口语无法表达清楚时，就使用手势语等。如：

老师：昨天晚上你做什么了？

学生：我跟朋友去做……去运动。

老师：什么运动？

学生：不知道怎么说。（做瑜珈的姿势）

2. 间接策略

间接策略指通过聚焦、计划、评估、寻求机会、控制焦虑、增加合作等各种方式间接支持语言学习的各种策略，包括元认知策略、情感策略和社交策略。

需要指出的是，Oxford（1990）和O'Malley、Chamot（1990）的分类中都提及认知策略、元认知策略、情感策略、社交策略，但每类策略中具体包含的内容略有差异。有兴趣的读者可自行参考原文。

（四）影响策略使用的因素

1. 个体差异因素

学习者看待语言学习的方式、年龄、学习风格、动机都可能影响学习策略的使用。

有研究发现，认为语言需要通过系统学习的学习者会更多地使用各种认知策略，而认为语言是通过使用学会的学习者会更多地使用交际策略。

儿童采用的策略往往更简单、直接，通常在特定任务中采用特定的策略；成人则采用更复杂、精细的策略，且使用得更灵活。

学习动机强的学习者比动机弱的学习者更频繁地使用形式练习、功能练习、对话等策略。

2. 情境和社会属性因素

课堂学习环境下学习者较少使用社交策略。在目的语环境下的学习者比非目的语环境下的学习者更多地使用认知策略。

还有研究发现，学习词汇和进行口语操练时学习者更常使用学习策略，在听力理解、做口头报告等任务中则较少使用学习策略（O'Malley, et al., 1985）。

女性学习者使用策略的频率通常高于男性学习者。

（五）汉语学习策略的研究实例

江新、赵果（2001）将初级留学生汉字学习的认知策略分成六类：①笔画策略：学习笔画笔顺并按其书写；②音义策略：记忆字音和字义；③字形策略：注重整体形状，简单重复记忆；④归纳策略：归纳形近字、同音字；⑤复习策略；⑥应用策略：用汉字阅读和写作。研究发现：留学生最常使用的是整体字形策略、音义策略、笔画策略和复习策略，其次是应用策略，最不常用的是归纳策略。

熊文（1997）认为初级阶段的简化主要是学习者因知识有限而主动采用的策略，如"我买不起那件衣服"简化为"那件衣服太贵，我不买"。

杨翼（1998）、徐子亮（1999）等人对汉语二语学习策略进行过探讨。罗青松（1999）分析了留学生回避策略的表现形式和原因。江新（2000）探讨性别、母语、学习时间、汉语水平等因素与留学生汉语学习策略使用的关系。

钱旭菁（2005）考察了一位日本人猜词时使用的知识。先让他阅读下句：

高层建筑破坏了城市的和谐，给人以一种恐怖的感觉。

然后让他猜测其中"和谐"的含义。以下是研究者和学习者的对话：

学习者：城市环境的"和"，城市环境的"和"，"合适"。

研究者：为什么是"合适"？

学习者：高层建筑破坏、破坏城市环境的……噢，给人一种恐怖的感觉，这是那个，后边的那个，啊，怎么念？"和……"

研究者：xié。

学习者："和谐"的"谐"，是那个汉字谐的"音谐"，也可以说"音谐"，那个 balance，所以说 balance 是那个"和谐"。

学习者在推断"和谐"含义的时候，使用了目标语汉语的知识（尤其是词汇知识）、第一外语英语的知识和对世界的一般性常识。

第七节 语言普遍性假说

目标语的特征是否具有普遍性，会影响习得难度。大多数语言具有的性质，比少数语言具有的性质容易学。普遍性研究有助于预测语言间的差异哪些会导致困难，哪些不会。

一、语言普遍性

描述语言普遍性有两种方法。乔姆斯基试图通过对某一种语言的深入研究界定语言普遍性。相反，格林伯格（J. H. Greenberg）及其追随者通过广泛考察不同语族语言的共同特征来界定语言的普遍性。都是语言普遍性，前者被称为"普遍语法"，后者被称为"类型学普遍性"。

（一）普遍语法

乔姆斯基认为，没有一套天赋的基本原则，儿童不可能掌握母语语法。因为输入所能提供的语言素材不足以使儿童发现可靠的规则，儿童的语法知识不可能由输入的语言素材所决定。下面两个例句常常被用来证明普遍语法的存在：

(1) We gave the book to the girl.（我们把那本书给了那个女孩。）

(2) We explained the answer to the girl.（我们把答案解释给那个女孩听。）

两个句子表层结构相同，但是（1）可改写为（3），（2）改写为（4）则不合法：

(3) We gave the girl the book.（我们给了那个女孩那本书。）

(4) *We explained the girl the answer.（*我们解释那个女孩那个答案。）

儿童如何发现 give 和 explain 在搭配上的区别呢？怎么知道（4）不合语法呢？研究表明父母一般不会告诉孩子相关知识，也不会经常纠正儿童的错误。应有某种内在原则在起作用。

乔姆斯基认为，普遍语法由原则和参数构成。原则是指人类语言共有的高度抽象化的语法属性，参数是普遍原则在具体语言中的体现。原则和参数是共性和个性的关系，前者体现的是各种语言的共性，后者体现的是差异和特点。

儿童在普遍语法的帮助下发现规则并建构语言的核心语法（core grammar）。各语言所包含的不由普遍语法制约的元素，构成了外围语法（peripheral grammar），如源于历史发展的某些规则（类似"the more the merrier"的结构），或从其他语言中借鉴的规则（如"police"的发音借自法语），或是偶然出现的规则。儿童的母语知识由核心语法规则（普遍语法所决定的）和外围语法规则（不能借助普遍语法学习的）组成。

相关问题是标记（markedness）理论。无标记语言点是最常见、最普遍、最自然的，属于核心规则；有标记语言点是不那么常见、不那么普遍、不那么自然的，属于外围规则。有标记规则和无标记规则是一个连续体中的两端。"大、长、快、宽、重"等词可出现在陈述句中，也可以构成特指问句的谓语（如：衣服多长?），是无标记的；"小、短、慢、窄、轻"等词一般不构成特指问句，是有标记的。陈述句是无标记的，疑问句是有标记的。一般来说，有标记规则比无标记规则复杂。但有无标记的判断标准有时候比较难把握，要基于对大量自然语言的调查结果。

（二）语言类型普遍性

语言类型普遍性中有一个很重要的概念是蕴含普遍性。蕴含普遍性将一种语言特征的存在与另外一种或一些语言特征的存在联系起来。如果特征 X 存在于某种语言之中，那么我们就可以推论特征 Y，Z，…，N 也存在。

语言类型学的代表格林伯格提出层级的概念，认为一种特征存在，所有比它层级高的其他特征也存在。如清辅音的层级比浊辅音高。如果一种语言存在浊辅音，那一定存在清辅音；相反，一种语言存在清辅音，却不一定存在浊辅音。

例如颜色词在不同语言中存在的情况不同（表4.8）。

表4.8　颜色词在不同语言中存在的情况

类　型	颜色词数	颜色词	语　　言
1	2个	白/黑	Jale（贾莱语，新几内亚）
2	3个	白/黑/红	Tiv（蒂夫语，尼日利亚）
3	4个	白/黑/红/绿	Hanunoo（哈努努语，菲律宾）
4	4个	白/黑/红/蓝	Ibo（伊博语，尼日利亚）
5	5个	白/黑/红/绿/黄	Tzeltal（泽套语，墨西哥）
6	6个	白/黑/红/绿/黄/蓝	Tamil（泰米尔语，印度、斯里兰卡）
7	7个	白/黑/红/绿/黄/蓝/褐	Nez Perce（内兹佩尔斯语，美国）
8	8～11个	白/黑/红/绿/黄/蓝/褐/紫/粉红/橙/灰	English（英语）

多种语言中的颜色词可以构成如下的系列（左边为最高，右边为最低）：

白、黑＞红＞绿、黄＞蓝＞褐＞紫、粉红、橙、灰

一种语言，如果存在"蓝"，一定存在"白/黑/红/绿/黄"，如 Tamil 语、Nez Perce 语和英语；相反，存在"白/黑/红/绿/黄"，不一定存在"蓝"，如 Tzeltal 语。

Comrie 和 Keenan（1979）考察过关系从句的可及性层级（accessibility hierarchy）（表4.9）。

表4.9 关系从句的类型

符号	关系代词的语法功能	例 句
主语	主语	the man that kicked the dog（踢了那条狗的男人）
直宾	直接宾语	the tree that the man cut down（那个男人砍了的那棵树）
间宾	间接宾语	the man that she cooked the cake for（她为他做蛋糕的那个男人）
介宾	介词宾语	the house that she lived in（她住在那儿的那所房子）
属格	属格	the dog whose owner has died（那条死了主人的狗）
比宾	比较词的宾语	the man that I am richer than（我比他富有的那个人）

从句中，关系代词分别是主语、直接宾语、间接宾语、介词宾语、领属定语、than 连接成分。如果一种语言有某种语法功能的关系代词（如"间接宾语"），那么它一定有其他关系代词（如"主语、直接宾语"）。根据关系代词的语法功能可列出一个关系从句的顺序如下：

主语＞直宾＞间宾＞介宾＞属格＞比宾

二、语言普遍性和第一语言习得

（一）普遍语法的制约

普遍语法学者认为，语言普遍性和第一语言习得（以下简称一语习得）的关系是必然的。乔姆斯基认为普遍语法理论提供了为什么儿童能学会母语的唯一解释。儿童建立语法的过程受到普遍语法约束。普遍语法限制了可选假设的数量，儿童的任务就是尽量测试已有的这些假设，然后选择由环境提供的与正确说法相应的那一个。如果在适当的时间给予适当的输入，可以加速语言学习。

（二）普遍语法与语言发展

语言发展是实时的语言学习。它不仅受普遍语法的影响，还受许多非语言因素的影响，如记忆容量和一般认知能力的影响。非语言因素限制着儿童感知、创造特殊句型的能力。儿童没有足够的信道容量造出复杂的句子，许多语言原则（如复杂的句子结构）在这个阶段就是不适用的。

White（1981）认为，在普遍原则和儿童发展的感知力之间存在一种互动关系，各个原则和不同的发展阶段有联系。儿童的感知力制约着他能够注意到哪些输入语料的特征。随着儿童感知输入语料能力的改变，儿童会在不同的发展阶段吸收不同的语料。这些语料接着就会用来建立起普遍语法的不同参数。儿童建立起来的每个中介语语法都是他从其所能感知的语言素材中建立起来的最佳语法。

（三）标记等级与一语习得顺序

儿童习得母语中包含核心语法的无标记规则比习得那些外围标记规则要容易。White（1981）指出，根据标记等级可预测语言习得次序。她以乔姆斯基调查过的例句为例：

（5）John told Bill to leave.（约翰告诉比尔离开。）
（6）John promised Bill to leave.（约翰答应比尔离开。）
（7）John asked Bill to leave.（约翰要比尔离开。）
（8）John asked Bill what to do.（约翰问比尔做什么。）

她根据最近距离原则（一个不定式补语的主语应该是在紧靠不定词左边的那个名词）讨论了这几个句子。这个原则只适用于（5）（7），不适用于（6）（8）。换言之，（5）（7）遵循了普遍语法规则，（6）（8）没有。标记理论预测儿童先习得（5）（7），后习得（6）（8）。相关研究结果显示确实如此。

一语习得中语言普遍性的许多论断，对二语习得有重要的启示作用。

三、语言普遍性和二语习得

普遍语法对二语习得的影响比对一语习得的影响要复杂，因为前者最少涉及两种语言。学习者会把两种知识带入学习中：普遍语法知识和第一语言特有的语法知识。

（一）语言普遍性和中介语发展

关于中介语发展中语言普遍性的作用有三种假设：①中介语像其他自然语言一样，受语言普遍性的制约；②蕴含普遍性可用来预测第二语言项目在中介语里的出现顺序；③学习者先习得无标记（或弱标记）特征，再习得有标记（或强标记）特征。

Schmidt（1980）对不同背景二语学习者省略英语并列结构中某些元素的情况进行了考察。英语可能出现的省略类型见表4.10。她收集的语料中没有发现非自然（即语言中不存在）的省略类型。最难习得的省略类型是第三类，因为宾语省略比主语或动词省略标记性强。虽然有的自然语言允许主句宾语省略（如英语）和允许从句主语省略（如汉语），但学习者不清楚规则就会出现偏误。Schmidt的研究为上述假设①③提供了证据。

表4.10 英语中并列句中的省略类型

省略类型	例　句
并列从句中主语省略	John sang a song and played a guitar.
并列从句中动词省略	John plays the piano and Mary the violin.
主句中主宾省略	John typed and Mary mailed the letter.

Gass（1979）调查了以英语为二语的成人学习者关系分句的习得情况。她将不同关系代词的正确率顺序与Comrie和Keenan（1979）的可及性等级（见表4.9）进行对比，发现二者之间有密切关联。即最容易对应的位置是主语，其次是直接宾语；唯一例外的是属格，它比按等级位置所预测的难度要容易些。Gass认为这也许是因为"whose"（谁的）是一个高度凸显的代词，或是因为"whose + 名词"被当作一个整体习得和使用。这一研究证明了假设②。规则间的隐含次序预测了关系代词功能的正确度（及习得）次序。

对多种语言的调查显示，"否定 + 动词"最常用，使用地域最广，是无标记或弱标记形式。德语、日语否定词都在动词后，但德语、日语母语者学汉语时，很容易学会动词前否定的句式。

简单问句是弱标记的，嵌入问句是强标记的。相对来说，"他去北京吗？""他去不去北京？"都比较容易学。嵌入问句的习得就难一些，生硬地套入就可能出现偏误：

*我不知道他去北京吗。／我不知道他去不去北京。

上述研究表明普遍性对中介语有制约作用，习得也许遵循着特征层级性次序，无标记/弱标记特征先于有标记/强标记特征习得。

（二）语言普遍性和一语迁移

标记理论有助于解释为什么母语和目的语之间的区别有些会导致学习困难，有些不会。表4.11总结了有关标记理论和一语迁移之间关系的各种观点。

表 4.11　标记理论和一语迁移

母语（一语）	目的语（二语）	中介语
（1）无标记的	无标记的	无标记的
（2）无标记的	标记的	无标记的
（3）标记的	无标记的	无标记的
（4）标记的	标记的	无标记的

以下举例说明四种情况。

（1）某语言项在一语、二语中都是无标记的，中介语也是无标记的。例如，韩语、汉语特指问句的语序跟陈述句的语序一样，是无标记的：

　　　a. 너는　무엇을　샀습니까?
对译：你$_{主格}$　什么$_{宾格}$　买$_{过去时}$
　　　b. 나는　사과를　샀습니다.
对译：我$_{主格}$　苹果$_{宾格}$　买$_{过去时}$

韩语母语者学习汉语特指问句，生成的是无标记形式"你买什么？""你在广州怎么样？"。

（2）某语言项在一语中是无标记的，在二语中是有标记的，中介语可能是无标记的。例如，不少国家的学生学习汉语含"半"时量短语（词组）时，常常生成如下偏误：

　　　*我学了<u>两个月半</u>。

当词语义大于"一"时，这些学生的母语中跟"半"对应的词语放在时间单位词后边。如：

　　英语：two months and a *half*
　　日语：二ヶ月半
　　西班牙语：dos（二）semanas（月）y（和）*medio*（半）
　　泰语：สอง（二）เดือน（月）ครึ่ง（半）
　　越南语：hai（二）thang（月）*ruoi*（半）

表"半"义词语在后，存在于很多语言中，是无标记项。汉语"半"位置复杂，或在时间单位词后（一天半），或在时间单位词前（三个半月），甚至在时间单位词中间（三分半钟），是有标记项。留学生容易迁移无标记项，生成"*两个月半"。

（3）某语言项在一语中是有标记的，在二语中是无标记的，中介语可能是无标记的。如祈使句否定式汉语用"<u>别</u>+V"，否定词在动词前；韩语用"V+말다"，否定词

在动词后：

  韩语：가지 말아라!
  对译： 去   别
  句译：别去!

"否定词 + V"普遍性高，是无标记项；"V + 否定词"不那么普遍，是有标记项。韩国人对汉语"别 + V"的学习没有什么困难，极少将"V + 否定词"迁移到中介语里。

  (4) 某语言点在一语、二语中都是有标记的，中介语也可能先出现无标记形式。"数 + 名"存在于多数语言中，属于无标记形式；"数 + 量 + 名"存在于少数语言中，是有标记的。如：

  越南语：một cái/chiếc quần
  汉语： 一 条   裤子

尽管汉语、越南语都有个体量词，但越南人学习汉语时，有时还会用无标记项。如：

  *一裤子多少钱？

  总而言之，根据表 4.11，我们从以下两个方面做出预测。

  第一，当母语是无标记的，如 (1)(2)，产生迁移的可能性、比例相当高，不论二语是否有标记。

  Zobl (1983) 认为，当二语规则模糊时，学习者会退回到一语知识中去。有两种可能的模糊性。一是二语类型不协调。普遍性规则之间的隐含关系在二语中不明显，学习者就求助一语来解决这个问题，尤其当一语规则是无标记时。二是模糊性类型不确定。每种语言的设置方法都是各自不同的，存在着大量可能的设置。如副词的位置，在不同语言中有很大区别。学习者可能喜欢用一语无标记的形式来解决学习难题，因而出现迁移。

  第二，当母语是有标记的，如 (3)(4)，产生迁移的可能性、比例不高，不管目标语是否有标记。

  汉英特指问句的对比和习得可以充分证明这一点。汉语的特指问句，疑问代词放在被代替词原来的位置上（他住在<u>哪里</u>？——他住在<u>广州</u>。），体现语言的普遍性，是无标记的；英语的特指问句，疑问代词要提到句首，大多要在它跟主语之间加助动词（*Where does* he live？——He lives in *Guangzhou*.），体现英语的特殊性，是有标记的。因此，母语为英语者学习汉语特指问句，难度不大，很少出现母语迁移的偏误；相反，母语汉语者学习英语特指问句，难度就非常大，常常出现汉语迁移的偏误。

  再如上述 (2)，汉语"两个半月"是有标记的，"半"在量词和时间单位词之间；多数语言表示"半"的成分在时间单位词后边，是无标记的。由此，不少学习者学习汉语此项目相当难，偏误多，延续时间长；相反，母语汉语者学习这些语言的相关语法项难度低（周小兵，2004）。

尤其是（4），尽管一语、二语一样，但因为都是有标记的，中介语可能还是先出现无标记形式，后出现有标记形式。即如果学习者遵循普遍语法规则，无标记形式就可能先出现。如越南人学习汉语时，开始可能漏掉个体名量词。

常辉、周岸勤（2013）在原则与参数理论框架下考察英语母语者学习汉语空论元的情况，发现空主语［张三喜欢小狗，但（他）不喜欢小猫］使用率显著高于空宾语［昨天张三应该完成作业，但他没有完成（它）］，原因是母语迁移。郑丽娜（2014）的研究则显示，英语母语者在目标语输入和普遍语法作用下，可以完成附加语参数重设和疑问词移位的参数重设；但由于母语影响，SOV、OSV 语序极为有限。

第八节　其他语言习得假说

一、文化适应模式

文化适应模式（Acculturation Model）的基本假设是：二语习得只是文化适应的一个方面，学习者对目的语社会文化适应的程度决定他习得二语的程度（Schumann，1978）。该模式通过社会距离的八个因素和心理距离的四个因素来分析和阐述文化适应的程度。

对于文化适应的含义，Brown（1980）认为是二语学习者逐渐适应新文化的过程，Schumann（1978）认为是学习者与目的语社团的社会和心理结合。

（一）社会距离因素

社会距离关注的是二语学习者群体和目的语群体的社会关系，包括：

（1）社会主导模式，指二语学习者群体与目的语群体的平等程度（分主导、从属、平等三种情况）。一般认为，两个群体处于平等关系更有助于二语水平的发展。

（2）融合策略，指二语学习者群体对目的语文化采取的态度和做法（包括同化、保留、适应三类）。当二语学习者接受目的语群体的生活方式和价值观（即同化）时，二语习得效果更好。

（3）封闭性，指二语学习者群体和目的语群体在社会设施（学校、医院、娱乐场所）等方面的封闭程度。两个群体能共享的社会设施多，封闭性低，则会创造更好的习得环境。

（4）凝聚性，指二语学习者群体内部成员的紧密度。如果二语学习者紧密程度过高，社交圈子过于局限在群体内部，则不利于与目的语群体的交流，阻碍二语水平发展。

（5）学习者群体规模。群体规模小不容易形成内部聚集，更有助于与目的语群体的交流。

(6) 文化一致性。二语学习者群体与目的语群体文化一致性越高,越有利于二语习得。

(7) 群体态度,指二语学习者群体和目的语群体对彼此所持的态度。二语学习者群体对目的语群体持正面态度会有助于二语习得的发展。

(8) 打算居留时限。打算在目的语群体所在国长期居住的二语学习者可能更主动融入目的语群体,因而二语习得更快。

(二) 心理距离因素

心理距离关注个体学习者对目的语群体的整体情感因素,与个体学习者对学习任务的适应程度有关,包括:

(1) 语言休克,指二语学习者使用目的语时感到害怕、恐慌。

(2) 文化休克,指学习者在接触目的语文化时的焦虑和不安。

(3) 学习动机,指学习者学习目的语的目的以及为实现该目的所做的努力。

(4) 自我渗透性,指二语学习者语言自我(language ego)的僵化程度。语言自我是指学习者在母语习得过程中逐渐形成的具有保护性的心理屏障。如果二语学习者语言自我渗透性弱,即无法打开心理屏障,则很难吸收新的语言信息,从而抑制二语水平的发展。

当社会距离和心理距离很大时,学习者容易在经过初期习得阶段后就停滞不前,语言形式"皮钦化"(pidginized)。Schumann(1978)详细记录了一位成年的西班牙人在美国习得二语——英语的过程。这位学习者 Alberto 遇到了很大的社会距离的阻碍,因而没能在英语学习过程中有大的进展。他的英语中充满了大量在皮钦语中存在的形式,如"no + 动词"形式的否定句,不倒装的疑问句,没有所有格、复数的变化和特殊的动词形态,等等。

二、竞争模式

竞争模式(Competition Model)由 MacWhinney 和 Bates(1984)等人提出。该模式认为,语言交流是语言的两个层面——形式层与功能层相互投射(mapping)的结果。语言产出是说话人把功能层的功能映射到形式层(转化为能够被理解的结构形式),语言理解则是听话人把形式层的词语投射到功能层(给形式赋予言语功能)。两层面间的投射通过线索(cues)来实现。这些线索存在于语言的各个层次,如音律、形态标记、语序和词汇语义等。

（一）线索趋同与竞争

在信息处理和理解的过程中各种线索都可能激活并相互发生作用。当所有的线索指向同样的言语功能或语言形式时，就会形成联盟；当线索之间存在矛盾时，各个线索就会相互竞争，其中一个线索有战胜其他线索的可能。

"孩子吃了一个苹果"，很容易理解和接受，因为理解句子的两条线索——语序和名词的生命度趋同，均提示"孩子"是动作的发出者，是施事。而"苹果吃了孩子"很难接受，因为语序和生命度两条线索发生竞争。依据语序线索，苹果应是句子施事，但生命度线索又提示把苹果作为施事不合理。由此可看出在该句理解中，生命度线索的作用强于语序线索。

（二）线索力度

在线索竞争中，线索力度是取胜的关键。不同语言中各种线索的力度不同。英语中，语序线索是占据优势的线索，人们倾向于依赖词序判断哪个词语是施事；意大利语中人称、性数格、名词和动词的一致性是比语序更强的线索（Bates & MacWhinneys, 1987）。

线索的可觉察程度、确定难度等也会影响线索力度。如果觉察、确定某条线索需要较大的信息处理量，学习者就往往较少地利用该线索，进而影响到该线索的力度。在语言习得中，较难被觉察、确定难度较大的线索会被推迟利用。

例如，留学生在习得"了"的初级阶段，最常使用的线索是过去时间词，因为这条线索可以直接从句子表层结构觉察和确定。当句中出现过去时间词时，学习者通常会使用"了"。同样，留学生在习得"不"和"没"时，一开始也常利用时间词来判断该用哪个否定词，较少使用主客观意义这条线索。因为相对于时间词，主客观线索的可觉察程度较低，较难确定。

三、界面假说

界面假说（Interface Hypothesis）由 Sorace 和 Filiace（2006）提出。它认为人脑存在的语言系统，包括语音、形态、句法、语义等模块，都有自己的组织结构、层级和运作机制；同时还有联系不同模块的运作机制，即句法和语义界面、形态与语音界面等。界面是语言模块间的相互映射。成人二语者的学习困难，是涉及不同界面语言现象的整合出现了问题。

（一）内部界面与外部界面

早期界面假说认为，纯句法特征可以完全习得，句法与其他任何认知范畴（如语义、形态、语篇等)之间的界面特征则难以完全习得(Sorace & Filiace,2006)。但近期界面假说进行了修正,认为应区分"内部界面"和"外部界面"。

"内部界面"包括"句法—语音"界面、"句法—形态"界面、"句法—语义"界面,仅涉及语言本身,其特征经长时间学习可能习得。"外部界面"指"句法—语篇"界面、"句法—语用"界面,涉及外部的语境条件等,难以习得(Sorace & Serratrice,2009;White,2009、2011)。

(二) 实证研究证据

1. 内部界面的习得

Yuan(1999)考察了英语母语者对涉及"句法—语义"界面的汉语一元动词的习得情况。汉语一元动词分两类。第一类是非宾格动词(断、破、沉、来),大多表示由外在因素引起动作与状态变化,或运动方向;所带名词短语(NP)可以出现在动词前,也可以出现在动词后(一条腿断了/断了一条腿);动词后的 NP 语义上不能是有定的(来了一个人/*来了那个人)。另一类是非作格动词(哭、笑、跳),一般是自发动作或表示动作方式;所带 NP 只能出现在动词前(许多人哭了/*哭了许多人)。

实验表明,高水平学习者仍无法完全弄清这两类动词的使用差异,说明他们无法在语义和句法界面建立接口。这似乎证明了早期界面假说:包含句法、语义的界面特征难以习得。

2. 外部界面的习得

疑问代词的话题化涉及"句法—语篇",即外部界面。一般情况下,汉语疑问代词在问句中位于初始位置(你吃什么?)。但在特定语篇条件下,疑问代词可以移位到句首作话题,如"什么菜你没有吃?",此时,菜的范围已被限定在上文提到的菜式中。Yuan 和 Dugarova(2012)的研究表明,以英语为母语的学习者能够掌握汉语疑问代词话题化的语篇条件,即只允许与语篇相关的疑问词话题化,不允许与语篇无关的疑问词话题化。此后,Yuan(2014)的另一个研究进一步证明,学习者在一定程度上能够建立起"句法—语用"的界面关系。

袁博平(2015)指出,二语习得中的不稳定性和不确定性,原因不一定是界面类型,而是界面所需的信息处理量。一种界面所需协调、整合的信息量越大,学习者的二语就越可能出现不稳定性和不确定性。

四、动态系统理论

Larsen-Freeman(1997)将动态系统理论(Dynamic Systems Theory)引入语言学,认为语言学习并不是单纯的线性发展过程,而是充满停滞、倒退或者跳跃前进的动态系统行为。

（一）全面联结性

影响语言发展的不仅有语音、词汇、句法这些语言系统要素，还包括认知环境（记忆力、语言学能、学习动机等）、社会环境（对二语的接触、受教育程度、社会关系等）、教学环境（课程、教材、教学法等）、社会政治环境、客观物质条件等（De Bot, et al., 2007; Larsen-Freeman & Cameron, 2008; 郑咏滟, 2011）。这些子系统相互影响；每个子系统的变化都会导致其他系统的变化，进而引起整体系统的变化。

（二）开放性

每个系统都有开放性，一些新的事物和影响因素会随着时间、环境变化不断被纳入这个系统，进一步增加系统的复杂性。新的词汇、句法点融入学习者二语系统中，会对原有词汇、句法项产生影响。由于学习过程中不断有新的影响因素纳入系统，研究者应该考虑、预测某个特定因素是如何影响学习者，以及这些因素是如何交互作用的。

（三）非线性发展

在一个系统中，原因和结果不是简单的线性关系。学习了两年汉语的学习者的水平并不一定比只学了一年汉语的学习者高一倍。学习者对某一语言项目的学习常常呈 U 形发展模型。陈默、王建勤（2010）考察了不同母语背景的汉语学习者双字组声调发展情况，发现学习者在学习初期，五项声调特征（调值、调形、调长、调强、调域）的得分呈现出五种类型：直线型，下降型，上升型，U 型和倒 U 型。

（四）不可预测性

语言系统中某个初始变量细微、偶然的变化，可能引起其他变量的变化，引发整个系统变化。这种变量间的复杂互动，使系统的行为和发展路径变得不可预测。两个母语背景、智力、语言初始水平没有差异的学习者，可能仅仅因为其中一个偶然听了歌曲《茉莉花》而另一位没有，从而引起他们对中国文化的认同出现差异，进而使他们在后续的汉语学习中表现迥异。

从这个意义上讲，个体语言发展难以预测。但整体发展趋势在某种程度上是可预测的。

（五）自组织过程

语言发展是自组织的过程。在自组织过程中，系统经历两种状态：吸引状态（attractor state）和相斥状态（repeller state）。前者指系统被某个因素吸引，导致发展停滞；后者指系统因某种作用力使其处于震荡状态，引起系统变化或重组。De Bot 等

(2007)对此作了一个形象比喻:语言发展像一个小球在起伏不平的地面滚动,坑陷是吸引状态,拱起是相斥状态。语言发展是不断地从吸态到斥态再到吸态的曲折过程。

中介语石化现象就是中介语处在某个吸态。杨连瑞(2015)从二语习得复杂性角度考察石化,指出汉语母语者常出现although/but并用句,即使是在美国生活了20年的语言学教授。如:

*There are multiple types of complexity, but we are going to focus on one type.

当然,假使有足够的力量驱动,如注入强有力的学习动机、更多有效输入等,则可能突破瓶颈,达到更高的语言水平。多数汉语二语者在习得"了"的过程中会出现不同程度的石化。但经过大量输入,尤其是在目的语环境下的沉浸式学习,一些学习者最终能掌握"了"的用法。

思考与练习

1. 中介语的变异主要体现在哪些方面?请举例说明。
2. 你觉得第二语言的发展过程是否具有普遍性?为什么?
3. 在二语习得过程中,我们应如何从输入与互动的方面来促进二语习得?
4. 影响二语习得的个人因素和一般因素分别有哪些?
5. 以你自身的学习经历为例,说说在二语习得过程中你都使用了什么交际策略,这些交际策略对你的二语习得有什么影响。
6. 外国人习得下面几个语言点时,哪些可能是他们的难点,哪些不是?容易出现哪些偏误?试用对比分析假说进行说明和解释(括号里是学习者的母语)。
  (1)汉语拼音声母"c"和"s"的习得(英语);
  (2)"(累)一点"和"有点(累)"的习得(韩语)。
7. 英语、法语、韩语母语者在学习汉语时常常出现"*他喝了多啤酒"的偏误,汉语母语者在习得英语、法语、韩语时却很少将"很多+N"的格式迁移过去,请解释原因。
8. 系统分析以下偏误句,内容包括:指出偏误点,改正句子,说明相关语法规则,形式分类,尝试解释偏误生成的原因(括号标明了造句者的母语)。
  (1)*他把书本放在桌子。(多种语言)
  (2)*那条裙子有点好看。(韩语、英语)
  (3)*昨天我见面他了。(英语)
  (4)*她买了二件衣服。(法语)
  (5)*老师站讲课,我们坐听课。(越南语)
  (6)*院子里都种了十二棵树。(日语)

(7) *国庆节他再去了许多地方旅游。（英语）
(8) *除了小王，全班人去了西藏旅游。（英语）
(9) *她又不是广州人，哪有资格教别人广州话的道理呢？（德语）

9. 给以下汉字偏误分类，并说明原因。
(1) 把"舒"的右边写作"子"或"了"。
(2) 把"腔"注音为"kōng"。
(3) "馆"的右下角写作 B。
(4) "玻"注音为 pō。
(5) "看医生"写成"看一生"。
(6) "学"的上边少一点。
(7) "凤"写作"气"。
(8) "玻"注音为"wáng"。

10. 分析以下各例，说明学习者使用了哪些策略，哪些策略对二语学习、交际更有效，并从策略的使用说明学生的学习阶段。
(1) 他昨天买了一个打扫地板的工具，下边有布的，用水的。
(2) 报纸上有一个 news，说一个飞机【做手势】，在地上，很多人死了。
(3) 我小时候看很多书，大的书，有很多画的，字不多。
(4) 昨天去了老师家，他的儿子很……turbulence。
(5) 广州地铁的椅子很钢，我不胖，但是这里【指着臀部】很疼。
(6) 我星期天去王府井，买了两个……东西。
(7) S_1：你觉得广州的交通怎么样？
　　S_2：……车很多，但是燃料站很少。
(8) S_1：你在韩国的时候不用上学，那平时喜欢玩什么？
　　S_2：我喜欢打【做打高尔夫球的手势】运动。

11. 分别举例说明汉语哪些语法现象涉及界面假说中的内部界面和外部界面。

12. 中介语的动态性指出："中介语的规则是以渐进方式逐步扩展的，并总是处于这种状态中。"但是，第二语言发展过程的研究常常强调习得顺序。例如有的研究将汉语特指问句中疑问代词的习得顺序分为"'怎么样、什么'→'多少/几、哪里、谁'→'怎么+动词'→'多+A'"。那么，这一习得顺序里的最终阶段"多+A"是否意味着疑问代词中介语动态性的终结？你认为应该如何解释？

13. 一位初级水平的汉语二语学习者说出"上课了"这样的句子；但是在同一时期，他也在说"昨天收到妈妈的信，我很高兴了"和"我很早就打算了来中国"（语料来自赵立江，1997）这样的句子。从中介语的发展过程来看，你认为可用什么方法收集语料来解释这种现象？

14. 观看对外汉语课堂录像或者授课视频，进行话语分析。思考哪些体现了课堂输入、输出的特点，并选取有代表性的部分转写成文字；话语中，哪些课堂教学输入能够促进习得，并选取有代表性的部分转写成文字。

15. 说明下列语言点的对比等级和难度等级，并解释原因。

(1) 越南语：Tôi ăn cơm rồi.
    对译： 我 吃 饭 了
    汉语：我吃饭了。

(2) 英语：more than three kilogram.
    汉语：三公斤多
    英语：more than thirty kilograms.
    汉语：三十多公斤

(3) 英语：I have one pen.
    汉语：我有一支笔。

16. 留学生以母语为例，举出一个学汉语常见的偏误并解释，指出对比等级和难度等级。中国学生在教学实习中寻找一个留学生的典型偏误并解释，指出对比等级和难度等级。

17. 学习者的个体差异体现在哪些方面？这些方面对二语习得会产生怎样的影响？

18. 显性学习和隐性学习分别指什么？请举例说明。

19. 学习策略包括哪些方面？举例谈谈自己学习外语的过程中所使用的学习策略。

20. 什么是蕴含普遍性？请举例说明。

21. 请结合自己的外语学习经历，列举3～5个"一语迁移"的例子，并尝试使用标记理论进行分析。

22. 请结合自己学习外语的经验，阐述对第八节所介绍的某一理论的理解。

23. 请在近三年的《世界汉语教学》《语言教学与研究》《外语教学与研究》等权威刊物中找出三篇有关汉语二语习得的文章，分析这些文章分别使用了哪些理论，文章是如何使用这些理论的。

本章参考文献

[1] 常辉，周岸勤．母语为英语的学习者汉语中的空论元研究［J］．语言教学与研究，2013（3）．

[2] 陈凡凡．韩国人汉语二语习得的语音个案分析及其纠正方案［M］//周小兵，朱其智．对外汉语教学习得研究．北京：北京大学出版社，2006．

[3] 陈默，王建勤．汉语作为第二语言的汉语双字组声调发展研究［J］．云南师范大学学报：对外汉语教学与研究版，2010（4）．

[4] 陈小荷. 跟副词"也"有关的偏误分析［J］. 世界汉语教学, 1996（2）.
[5] 程美珍. 汉语病句辨析九百例［M］. 北京：华语教学出版社, 1997.
[6] 戴曼纯. 二语习得的"显性"与"隐性"问题探讨［J］. 外国语言文学, 2005（2）.
[7] 丁雪欢. 留学生疑问代词不同句法位置的习得顺序考察［J］. 汉语学习, 2006（5）.
[8] 国家汉语国际推广领导小组办公室. 国际汉语教师标准［M］. 北京：外语教学与研究出版社, 2007.
[9] 何黎金英, 周小兵. "已经"和"了1"的异同及其跟越南语？a？的对比［C］//周小兵. 国际汉语：第三辑. 广州：中山大学出版社, 2014.
[10] 姜芳. 中级汉语口语课堂教学输入与输出的考察［M］//周小兵. 中山大学国际汉语教育三十年硕士学位论文选. 广州：中山大学出版社, 2011.
[11] 江新. 汉语作为二语学习策略初探［J］. 语言教学与研究, 2000（1）.
[12] 江新, 赵果. 初级阶段外国留学生汉字学习策略的调查研究［J］. 语言教学与研究, 2001（4）.
[13] 金珍我. 汉语与韩语量词比较［J］. 世界汉语教学, 2002（2）.
[14] 李大忠. 外国人学汉语语法偏误分析［M］. 北京：北京语言文化大学出版社, 1996.
[15] 李蕊, 周小兵. 对外汉语教学助词"着"的选项与排序［J］. 世界汉语教学, 2005（1）.
[16] 李英, 邓小宁. "把"字句语法项目的选取与排序研究［J］. 语言教学与研究, 2005（3）.
[17] 李宇明, 陈前瑞. 语言的理解与发生［M］. 武汉：华中师范大学出版社, 1988.
[18] 铃木基子. 与汉日表示存在的句子相关的认知问题［C］//赵金铭. 对外汉语研究的跨学科探索——汉语学习与认知国际学术研讨会论文集. 北京：北京语言大学出版社, 2003.
[19] 吕叔湘. 通过对比研究语法［J］. 语言教学与研究, 1977（2）.
[20] 罗青松. 外国人学习汉语过程中的回避策略分析［J］. 北京大学学报：哲学社会科学版, 1999（6）.
[21] 马真. 说"反而"［J］. 中国语文, 1983（3）.
[22] 孟柱亿. 韩汉孪生词对汉语学习的影响［C］//《第八届国际汉语教学讨论会论文选》编辑委员会. 第八届国际汉语教学讨论会论文选. 北京：高等教育出版社, 2007.
[23] 倪传斌, 王志刚, 王际平, 等. 外国留学生的汉语语言态度调查［J］. 语言教学与研究, 2004（4）.
[24] 钱旭菁. 外国留学生学习汉语时的焦虑［J］. 语言教学与研究, 1999（2）.
[25] 钱旭菁. 词义猜测过程和猜测所用的知识［J］. 世界汉语教学, 2005（4）.
[26] 施家炜. 外国留学生22类现代汉语句式的习得顺序研究［J］. 世界汉语教学, 1998（4）.
[27] 田善继. 外国人汉语非对比性偏误分析［J］. 汉语学习, 1995（6）.
[28] 佟慧君. 外国人学汉语病句分析［M］. 北京：北京语言学院出版社, 1986.
[29] 王初明. 读后续写——提高外语学习效率的一种有效方法［J］. 外语界, 2012（5）.
[30] 王建勤. 汉语"不"和"没"否定结构的习得过程［M］//王建勤. 汉语作为第二语言的习得研究. 北京：北京语言文化大学出版社, 1997.
[31] 王添淼. 场独立与场依存型认知风格与对外汉语教学［J］. 云南师范大学学报：对外汉语教学与研究版, 2007（6）.

[32] 肖奚强. 外国学生汉字偏误分析 [J]. 世界汉语教学, 2002 (2).
[33] 熊文. 论二语教学中的简化原则 [M] //柳英绿, 金基石. 对外汉语教学的理论与实践. 延吉: 延边大学出版社, 1997.
[34] 徐锦芬. 纠正性反馈与外语教学 [J]. 二语学习研究, 2015 (1).
[35] 徐子亮. 外国学生汉语学习策略的认知心理分析 [J]. 世界汉语教学, 1999 (4).
[36] 薛小芳, 施春宏. 语块的性质及汉语语块系统的层级关系 [J]. 当代修辞学, 2013 (3).
[37] 杨连瑞. 二语学习中的习得复杂性 [J]. 二语学习研究, 2015 (1).
[38] 杨翼. 高级汉语学习者的学习策略与学习效果的关系 [J]. 世界汉语教学, 1998 (1).
[39] 袁博平. 汉语二语习得中的界面研究 [J]. 现代外语, 2015 (1).
[40] 原一川, 尚云, 袁焱, 等. 东南亚留学生汉语学习态度和动机实证研究 [J]. 云南师范大学学报: 对外汉语教学与研究版, 2008 (3).
[41] 曾莉. 母语为英语的留学生对汉语反身代词的习得研究 [J]. 华文教学与研究, 2012 (3).
[42] 张瑞朋. 上下文语境对留学生汉字书写偏误的影响因素分析 [J]. 语言教学与研究, 2015 (5).
[43] 张世涛. 对外汉语教学中的汉英词语对比 [C] //外国语言文学论文集. 广州: 中山大学学报编辑部, 1995.
[44] 赵果. 初级阶段美国留学生"吗"字是非问的习得 [J]. 世界汉语教学, 2003 (1).
[45] 赵雷. 任务型口语课堂汉语学习者协商互动研究 [J]. 世界汉语教学, 2015 (3).
[46] 赵立江. 留学生"了"的习得过程考察与分析 [J]. 语言教学与研究, 1997 (2): 113 – 125.
[47] 赵世开, 沈家煊. 汉语"了"字跟英语相应的说法 [J]. 语言研究, 1984 (4).
[48] 赵新, 洪炜, 张静静. 汉语近义词研究与教学 [M]. 北京: 商务印书馆, 2014.
[49] 赵永新. 新词新语与对外汉语教学 [C] //中国对外汉语教学学会秘书处. 中国对外汉语教学学会成立十周年纪念论文选. 北京: 北京语言学院出版社, 1996.
[50] 郑丽娜. 英语为母语的学习者汉语语序参数重设研究 [J]. 语言教学与研究, 2014 (6).
[51] 郑咏滟. 动态系统理论在二语习得研究中的应用——以二语词汇发展研究为例 [J]. 现代外语, 2011 (3).
[52] 周维江. 查尔斯·弗里斯与对比语言学 [J]. 学术交流, 2010 (2).
[53] 周小兵. 浅谈"除"字句 [M] //张维耿, 何子铨. 对外汉语教学研究. 广州: 中山大学出版社, 1991.
[54] 周小兵. 学习难度的测定与考察 [J]. 世界汉语教学, 2004 (1).
[55] 周小兵. "着"的习得情况考察 [C] //《第八届国际汉语教学讨论会论文选》编委会. 第八届国际汉语教学讨论会论文选 [M]. 北京: 高等教育出版社, 2006.
[56] 周小兵. 越南人学习汉语语法点难度考察 [J]. 云南师范大学学报: 对外汉语教学与研究版, 2007 (1).
[57] 周小兵. 语言对比分析的技术应用——基于对韩汉语语法教学 [M] //周小兵, 孟柱亿. 国际汉语教育: 教学资源与汉韩对比. 广州, 中山大学出版社, 2014.
[58] 周小兵, 刘瑜. 汉语语法点学习发展难度 [J]. 华文教学与研究, 2010 (1).
[59] 周小兵, 陶思佳. 课堂教学中的互动与垂直结构 [C]. 珠海: 不同环境下的汉语教学国际学术

研讨会, 2008.

[60] 周小兵, 朱其智, 邓小宁, 等. 外国人学汉语语法偏误研究 [M]. 北京: 北京语言大学出版社, 2007.

[61] Bates E, MacWhinney B. Competition, variation and language learning [M] //MacWhinney B, Bates E. Mechanisms of language acquisition. Hillsdale, NJ: Erlbaum, 1987.

[62] Brown H. Principles of language learning and teaching [M]. Englewood Cliffs, N. J.: Prentice-Hall, 1980.

[63] Carroll J. The prediction of success in foreign language training [M] //Glaser R. Training, research and education. New York: Wiley, 1965.

[64] Chamot A. The learning strategies of ESL students [C] //Wenden A, Rubin J. Learner strategies in language learning [M]. Prentice Hall: New Jersey, 1987: 55 – 69.

[65] Chastain K. Affective and ability factors in second language acquisition [J]. Language Learning, 1975, 25: 153 – 161.

[66] Cohen A D. Coming to terms with language learner strategies: Surveying the experts [M] // Cohen A D, Macaro E. Language learner strategies: 30 years of research and practice. Oxford: OUP, 2007: 29 – 45.

[67] Comrie B, Keenan E. Noun phrase accessibility revisited [J]. Language, 1979, 55: 649 – 664.

[68] Cook V. Cognitive processes in second language learning [J]. International Review of Applied Linguistics, 1977, XV: 1 – 20.

[69] Corder S. Language distance and the magnitude of the learning task [J]. Studies in Second Language Acquisition, 1978, 2: 27 – 36.

[70] De Bot K, Lowie W, Verspoor M. A dynamic systems theory approach to second language acquisition [J]. Bilingualism: Language and Cognition, 2007, 10: 7 – 21.

[71] DeKeyser R M. Implicit and explicit Learning [M] //Catherine J, Michael H. The handbook of second language acquisition. Oxford, MA: Blackwell, 2003.

[72] Ellis R. The definition and measurement of L2 explicit knowledge [J]. Language Learning, 2004, 54: 227 – 275.

[73] Ellis R. The study of second language acquisition [M]. New York: Oxford University Press, 1994.

[74] Ellis R. Understanding second language acquisition [M]. New York: Oxford University Press, 1985.

[75] Gass S. Language transfer and universal grammatical relations [J]. Language Learning, 1979, 29: 327 – 344.

[76] Hatch E. Psycbolinguistics: A second language perspective [M]. Rowley Mass: Newbury House, 1983.

[77] Krashen S D. Principles and practice in second language acquisition [M]. Oxford: Pergamon Press, 1982.

[78] Larsen-Freeman D. Chaos/complexity science and second language acquisition [J]. Applied Linguistics, 1997, 18: 141 – 165.

[79] Larsen-Freeman D, Cameron L. Complex aystems and applied linguistics [M]. Oxford: Oxford University Press, 2008.

[80] Lado R. Linguistics across culcures: Applied linguistics for language teachers [M]. Ann Arbor: University of Michigan Press, 1975.

[81] Long M H. Native speaker/non-native speaker conversation in the second language classroom [J]. TESOL, 1983, 82: 94 – 120.

[82] Long M. Problems in SLA [M]. Mahwah, NJ: Larrence Erlbaum, 2007.

[83] Lyster R. Differential effects of prompts and recasts in fourm-focused instruction [J]. Studies in Second Language Acquisition, 2004, 26: 51 – 81.

[84] MacWhinney B, Bates E, Kligell K. One validity and sentence interpretation in English, German and Italian [J]. Journal of Verbal Learning and Verbal Behavior, 1984, 23: 127 – 150.

[85] O'Malley J M, Chamot A U. Learning strategies in second language Acquisition [M]. Cambridge: Cambridge University Press, 1990.

[86] O'Malley J M, Chamot A U, Stewner-Manzanares G, et al. Learning strategies used by beginning and intermediate ESL students [J]. Language Learning, 1985, 35 (1): 21 – 46.

[87] Oxford R L. Use of language learning strategies: A synthesis of studies with implications for strategy training [J]. System, 1989, 17 (2): 235 – 247.

[88] Oxford R. Language learning strategies: What every teacher should know [M]. Boston, MA: Heinle & Heinle, Inc, 1990.

[89] Prator C. Hierarchy of difficulty (Unpublished classroom lecture) [M]. University of California, Los Angeles, 1967.

[90] Richards J, Platt J. 朗文语言教学及应用语言学辞典 [M]. 北京：外语教学与研究出版社, 2000.

[91] Schachter J. An error in error analysis [J]. Language Learning, 1974, 24: 205 – 214.

[92] Schmidt M. Coordinate structures and language universals in interlanguage [J]. Language Learning, 1980, 30: 394 – 416.

[93] Schneider W, Shriffen R M. Controlled and automatic human information processing: in detection, search and attention [J]. Psychological Review, 1977, 84, 1 – 66.

[94] Schumann J. The pidginization process: A model for second language acquisition [M]. Rowley, Mass: Newbury House, 1978.

[95] Schumann J. The acquisition of English relative clauses by second language learners [C] // Scarcella R C E and Krashen S D E. Research in second language acquisition: selected papers of the Los Angeles Second Lnaguage Acquisition Forum. Rouley Mass: Newbury House, 1980.

[96] Selinker L. Interlanguage [J]. International Review of Applied Linguistics in Language Teaching, 1972, 10: 209 – 242.

[97] Sharwood-Smith M, Kellerman E. Crosslinguistic influence in second language acquisition: an introduction [M] //Kellerman E and Sharwood-Smith M. Cross-linguistic influence in second language acquisi-

tion. Oxford: Pergamon, 1986.

[98] Sheen Y. Differential effects of oral and written corrective feedback in the ESL classroom [J]. Studies in Second Language Acquisition, 2010, 31: 203 – 234.

[99] Sheen Y, Ellis R. Corrective feedback in language teaching [M] //Hinkle E. Handbook of second language teaching and learning. New York: Routledge, 2011.

[100] Sinclair J, Coulthard R M. Towards an analysis of discourse [M]. Oxford: Oxford University Press, 1975.

[101] Sorace A, Filiaci F. Anaphora resolution in near-native speakers of Italian [J]. Second Language Research, 2006, 22: 339 – 368.

[102] Sorace A, Serratrice L. Internal and external interfaces in bilingual language development: Beyond structural overlap [J]. International Journal of Bilingualism, 2009, 13: 195 – 210.

[103] Stockwell R, Bowen J, Martin J. The srammatical structures of English and Spanish [M]. Chicago: Chicago University Press, 1965.

[104] Swain M. Communicative competence: Some roles of comprehensible input and comprehensible output in its development [M] // Gass S, Madden C. Input in second language acquisition. Cambridge, MA: Newburry House, 1985.

[105] Tarone E. Communication strategies, foreigner talk and repair in interlanguage [J]. Language Learning, 1980, 30: 417 – 431.

[106] White L. The responsibility of grammatical theory to acquisitional data [M] //Hornstein N and Lightfoot D. Explanation in linguistics: The logical problem of language acquisition. London: Longman, 1981.

[107] White L. Grammatical theory: Interfaces and L2 knowledge [M] //Bhatia T K, Ritchie W C. The new handbook of second language acquisition. Bingley: Emerald Group Publishing Limited, 2009.

[108] White L. Second language acquisition at interfaces [J]. Lingua, 2011, 121: 577 – 590.

[109] Yuan B. Acquiring the unaccusative/unergative distinction in a second language: Evidence from English-speaking learners of L2 Chinese [J]. Linguistics, 1999, 37: 275 – 296.

[110] Yuan B, Dugarova E. Wh-topicalization at the syntax-discourse interface in English speakers' L2 Chinese grammars [J]. Studies in Second Language Acquisition, 2012, 34: 533 – 560.

[111] Yuan B. The effect of increased processing demands on the L2 syntax-pragmatics interface: evidence from English speakers' L2 Chinese attitude-bearing wh-qestions [M]. London: University of Cambridge, 2014.

[112] Zobl H. The formal and developmental selectivity of L1 influence on L2 acquisition [J]. Language Learning, 1983, 30: 43 – 57.

第五章　语言测试与成绩分析

第一节　语言测试的性质与目的

一、语言测试的性质

语言测试是对受试者的语言能力所进行的定量与定性评估。一般认为，语言测试应具有以下基本要素：

（1）代表性。代表性，有人称为行为样本（刘润清、韩宝成，2000）。语言测试者常常通过对受试者进行听说读写四种技能的测试来确定其语言能力。而对这四种技能的测试又必须在规定的时间内以特定的内容出现，这特定的内容也就是测试题。测试题实际上只是一个语言行为的样本。然后根据这个样本对受试者的语言能力做出推测。因此，作为样本的测试题就一定要有代表性，使其真正成为能够对总体进行推断的样本。

（2）客观性。测试的客观性包括测试题目的难易度与区分度、测试的信度和测试的效度。

（3）科学性。测试的科学性是指在测试题目的编制、测试的实施、记录以及对分数的解释等方面都有一套严密的科学的程序。

（4）社会性。语言测试总是在一定的社会政治背景下进行的。从测试过程的运作机理看，考试是平等主义观念的外化，它与裙带关系相对立，以理性、公正的手段优化社会资源配置；从语言测试的结果看，语言测试的社会性突出表现为维护国家语言的权威性、维护语言标准、限制语言的多样化等。

二、语言测试的内容与目的

（1）测试内容。语言测试的内容是随着教学需要和教学法演变而变化的。第二次世界大战之前，占统治地位的教学法是语法—翻译法，测试内容主要是外语语法规则的掌握和句子翻译。第二次世界大战之后，直接法和听说法逐步取代了语法—翻译法，测试内容逐步转向语言技能，尤其是听说能力。20世纪70年代以来，功能法产生并流行，言语交际能力成为测试的重要内容。后来，语言教学出现综合化倾向，语言测试的内容呈现多样化趋势。

（2）测试目的。测试是语言教学的重要组成部分，是一般教学活动四大环节（总体设计、教材编写、课堂教学、测试）之一。它的主要目的是检验学生语言的学习情况和教师的教学效果。从教的角度来看，测试可以反映教学工作的质量和效益，发现教学中存在的各种问题，起到促进教学的作用；从学的角度来看，测试可以检查学生的学习进程，检验语言知识和技能的掌握情况，鉴定学习成绩，并发现学习中存在的各种问题，以促进学生的继续学习。

另外，测试也是我们进行选拔和科研的重要方法。通过测试，为更高级的课程与教学机构做出选择。例如，汉语水平考试（HSK）除了衡量考生的汉语水平以外，也是为高一级的课程做出选择。测试也是我们进行语言教学研究的重要方法，通过测试可以研究我们的教学方法的优劣、教学大纲是否科学、教学材料是否能达到教学目的等。

语言测试是一种特殊的评价。评价包括总结性评价和形成性评价。总结性评价注重回溯（retrospective）和总结已学的内容，形成性评价能给教学和学习提供反馈和指导。前者判定学习成果，后者则告知未来学习的努力方向。传统的语言测试多注重前者，现今的语言测试多倾向于后者。

因此语言测试在语言教学中有着举足轻重的作用，其主要目的在于反馈、选择、研究。

第二节 语言测试的类别

语言测试的类别是由测试的目的决定的，不同的测试目的，测试的内容与要求也不一样，测试的形式也不会完全一样。下面我们根据不同的标准进行分类。

一、分散测试和综合测试

这两种测试是根据测试内容和项目的不同而进行分类的。

分散测试（discrete point test）指用不同的语言项目分别检测学生不同的知识和技能。因为语言是由语音、词汇、语法、篇章等不同的要素组成，言语交际能力包括听、说、读、写等不同的技能，因此应该按照语言要素的不同或语言技能的不同分别进行测试。这就是分散测试。分散测试一般考查学生的单方面技能。此外，在教学过程中，教过某个语言点，如"把"的最简单的使用、可能补语的用法，随后就进行有关语言点的测试，这也是分散测试。一般来说，某一课程的阶段考试，如阅读课的期中考试，也算分散测试。

综合性测试（integrative test）指全面检测学生综合运用语言的能力。由于人们在交际中往往同时使用几种不同的语言技能，如在会话中要运用听说两种技能，因此测试应该是综合性的，同时检测考生的多种技能，如听说技能、读写技能等。一般的能力测试，要检测学生的听说读等多种技能，语音、词汇、语法、文字等多种要素，是综合测试。简单一点的问答测试、会话测试，要涉及听和说两个方面，也可以算综合测试。

同一类测试，由于出题的具体形式不同，可能是分散测试，也可能是综合测试。例如同是汉语听力测试，汉语水平考试（HSK）的试题是用中文写的，考生在听的过程中，必须能看懂选择题的中文，才能回答问题，这就等于考了学生的听力和阅读能力，算是综合测试。而美国有的汉语听力测试题用英文，以英语为母语的考生在听汉语的过程中，只要看英语就能回答问题，无需汉语阅读能力，这就是分散测试。

二、主观测试和客观测试

这两种测试的区别主要在于评判成绩的方式不同，与命题的客观或主观、答题的客观或主观没有关系（李筱菊，1997）。

主观测试是指测试题为主观题。在主观测试中，评分员对考生回答的反应相当重要。如写作的评判，同样一篇作文，有的教师可能打高分，有的教师可能给低分。口语考试也属主观性测试，两个学生说的可能差不多，但一个学生可能得高分，另一个学生可能得低分。因此，确定具体统一的评分标准，评分员经过培训，是保证主观测试信度的重要条件。

美国外语教学学会（ACTFL）指定的口语测试模式（OPI）就是一种典型的主观测试。该测试依据一个反复验证、修订的测试标准——《ACTFL 语文能力大纲——口语》对五个主要的语言能力等级做出描述：优异、优秀、高级、中级及初级。对每个主要等级的描述代表了一个具体范围内的能力。这些水平等级汇集成一个等级体系，其中每个等级都涵盖低于它的所有等级。高级、中级、初级三个主要等级内部又各分为高等、中等、初等三个次级。大纲对讲话者在各个等级所能完成的任务以及与各等级任务有关的内容、语境、准确程度及谈话类型做出描述。大纲还展示了讲话者在试图达到下一个更高的主要等级时能够达到的界限。（《ACTFL 语文能力大纲2012——口语》）OPI 一般持续 10～30 分钟，受试者和测试员之间进行现场对话，测试程序从进入考试状态开始，到反复探测能力等级，再确定极点，最后收尾。经过这一列步骤，受试者产出了一个可分等级的样本。OPI 的测试员要经过专门的选拔与培训后才能上岗。

客观测试就不会出现上述问题。在客观测试中，所有考生成绩的评判都依据一个客观标准。如多项选择题，要求在四五个答案中选一个正确的，选对了得分，选错了没分。正误判断题也是客观测试。这种测试在阅读、词汇、语法考试中经常使用，不但可以用人来判卷，还可以用机器来判卷。

当然，这里的主观和客观是相对的。客观测试题判卷方便，不容易出现明显的偏差；但设计试卷时相当麻烦，而且带有较大的主观性。例如，设计试卷时，你为什么出"了""过""着""来着"让学生选择填进某一个句子里？这说明你认为学生在这里容易出错。主观测试题判卷难，容易出现主观引起的偏差；但是出试题比较方便，而且出题时带有的主观性没那么强。

相对而言，主观测试有利于检测学生实际交际的技能，客观测试更方便检测学生掌握知识的程度。

三、分班测试和学能测试

这两种测试都是为了将来的学习，其区别在于：分班测试着重测量学生现实的实际水平，学能测试（aptitude test）着重测量学生将来的潜在能力。

分班测试的目的是测出学生的实际水平，以便按等级对学生合理地进行编班。这种测试的对象一般是有过二语学习经历的人。测试内容一般包括听力、阅读、词汇、语法等，有时也要进行口语的面试。测试的结果应该是把水平相同或相近的学生划为一个层级，把水平差距较大的学生划为不同的层级，以便进行下一步的教学。

学能测试有人翻译为"性向测试"。它的目的是测出考生学习第二语言的潜在能力，如语音的编码解码能力、语法的敏感度、语言的归纳能力、对语言的强记能力以及人的智商。由于它主要用来预示学生将来语言发展的定势和趋向，又被称为预示测试。好的学能测试注重定量分析，测试结果跟考生将来语言能力真实的发展速度和状况相吻合。

四、成绩测试和水平测试

二者的区别主要在于测试的内容和目的。

成绩测试的目的在于检查学生对所学课程的掌握程度。其特点是学了什么考什么。某一课程，如口语的期中期末考试，就是成绩测试。成绩测试的内容一定要跟教学进度一致，测试形式也要跟教学中的练习形式一致。由于练习形式比较多，而且随教学内容的改变而变动，成绩测试的形式总的来说比能力测试要多。通过成绩测试，学生可以看出自己学习的实际情况，教师也可以检测自己的教学效果。

水平测试的目的是检测学生运用二语的能力。其特点是通过特定的语言项目来考核学生运用二语进行交际的能力，不以某一套检测、某一个课程为依据。测试内容除了要包括听说读写等交际技能，还特别注意在考试中包括交际所需要的内容，尤其是在二语为母语的社会里进行交际时可能使用的言语。水平测试往往用于考生准备到母语为目的语的社会之前，其内容往往超出正规课堂教学的学习范围。美国的托福考试、我国的汉语水平考试、英国的剑桥英语考试等，都是水平测试。

五、常模参照测试和标准参照测试

常模参照测试是为了显示考生语言能力的差异，每个考生的成绩只需要跟其他考生比较。在这种测试中，考生之间的成绩差距应该拉开。如果考分很接近，或者基本一致，这说明测试没能达到目的。

标准参照测试是为了显示考生水平跟某种标准的距离，每个考生的分数主要跟规定的标准比较。这种测试适用于各种成绩测试，看学生对所学内容掌握的程度。如果考生达到标准，就可以得到满分。如果一个班的学生水平接近，教师教得好，可能考分会比较接近。普通话水平测试属于标准参照测试。

六、静态性测试和动态性测试

动态性测试（dynamic assessment）是以社会文化理论，尤其是以最近发展区（zone of proximal development）为核心的维果斯基认知发展理论为基础的一种测试理论和类型。动态性测试强调与教学紧密结合。动态性测试的主要目标在于评判考生的发展潜力，即未来的语言发展可能性；静态性测试的主要目标是考查学生当前的语言水平或者对某一阶段语言学习任务的掌握情况。

七、诊断测试

诊断测试与成绩测试相反。成绩测试关注的是学习成功的程度，诊断测试关注的则是失败的程度。诊断测试常常用来发现教、学方面存在的问题。其目的是改进教学，调整教学计划，进行个别指导。DIALANG（Diagnostic Language Tests）是一种典型的诊断性语言测试。DIALANG 是一个欧洲项目体系，它包含 14 种欧洲语言的诊断性语言测试，于 2003 年春季在互联网上正式推出。人们可以通过互联网免费对自己感兴趣的某种外语进行自测，了解自己的外语水平和能力。

当然，不少类别的考试并不局限于上述某一类别的测试。如我国的英语四六级考试，其目的在于全面考核已修完大学英语相应课程的学生是否达到教学大纲所确定的各项目标。四六级考试需要参照教学大纲，与学生在校的教学内容紧密相连。四六级官网在说明大学英语考试的作用和影响时，着重强调了其"每年为我国大学生的英语水平提供客观的描述"。因此，可以说四六级考试既是成绩测试，又是诊断测试，同时又担当水平测试的重任。

第三节　语言测试的原则和特点

有关语言测试的基本原则，说法很多，如：测试内容和方式跟测试目的一致；根据目的语的特点（在可能情况下考虑学生母语的特点）和学生水平进行测试；测试方式有的适合多种语言要素和语言技能，有的适合特定的要素与技能。具体来说，语言测试应该注意以下几个方面。

一、针对性

测试一定要有针对性,即为了达到某种特定目的而进行测试。例如,如果是检查学生学习某一课程、某一本教材的具体情况,测定其在学习这一课程、这一教材中某一特定阶段的成绩,考试内容就要和相应的课程教材中一定的进度相配合,和平时练习的形式相一致。超出课程教材范围,超过进度指标,跟练习形式相去甚远,就不能考出学生学习的真正水平和教学的真实情况。类似的测试如某一听力课程的期中测试、期末测试。

如果是为了测试学习者使用某种语言的实际能力,则不能依据某一课程、某一教材,而应该对听说读写等技能进行全面的考查。

二、可靠性

可靠性又叫"信度"(reliability)。所谓可靠性的测量,指用同一标准在同样方式下测量同一个人或物体时,每一次应该产生相同的值,即结果一样。在测试方面,可靠性则指测试结果的稳定性。例如,同一篇作文,第一位教师判卷后给 90 分,第二位教师判卷后同样给 90 分,说明评分具有信度;如果一个教师给 90 分,另一个给 70 分,说明评分没有可靠性。

使测试具有可靠性,是第二语言测试的重要内容。常用的方法有重测法和对等法。重测法是指把同一份试卷让学生连续考两次,如果两次测试分数基本相同,说明该试卷的可靠性较高;对等法是指出两套分量和难易度相当的试卷,让学生在一次测试里同时做这两套试卷,如果两套试卷的分数大致相同,证明它们的信度比较高。

测试的可靠性一般用 0.0～1.0 之间的数字表达,叫可靠性系数。越接近 1,可靠性就越高;越接近 0,可靠性就越低。英语作为第二语言的托福考试,可靠性系数大约为 0.95。一般说来,在各项语言测试项目中,语法、词汇、阅读的可靠性系数比较高,通常达 0.85～0.98;听力次之,通常达 0.8～0.89;口语又次之,通常是 0.7～0.79;写作的评分标准最难把握,可靠性系数最低。

对测试信度产生影响的可能因素很多,但主要的可以概括如下:①测试长度。在平均程度的学生没有感到疲倦之前,题目多一些,让学生发挥的可能性就大一些,可靠性就会高一些。②测试的同质性。同质性指各项试题相似或一致的程度。同质性高,可靠性就高。在综合测试中,可能会有几种类型的试题,但要适当对之进行控制,以保证信度。③试题区分度,主要指对区分学生分数差异的作用。区分度高,可靠性就高。一道题,如果所有学生都会做,或所有学生都不会做,就没有区分度。具有区分度的一套试题,应该可以把学生语言能力的差异按等级真实反映出来。④评分准确性。一般来说,客观性测试评分的准确性高一些,如多项选择题的标准化评分;主观性测试评分的准确性低一些，如口语和写作的测试评分。

此外，测试的场所、环境、设备等也会对可靠性产生一些影响。

三、有效性

有效性又叫"效度"（validity），指测试是否能达到测试的目的。例如，试题要考什么，有没有考出要考的东西。如何检测考试的有效性，有几个方面值得注意：

（1）内容。指试题范围应该包括需要测试的内容。如精读测试应该有文章阅读方面的试题，不能只是一些单个词语的解释、辨析、翻译或造句。

（2）标准。根据特定的标准来设计试题，看学生是否达到这一标准。类似驾驶执照的笔试和路试，不但反映考生的实际水平，还反映考生试后的实际能力。托福命题者认为托福测试具备标准有效性。当然，标准能够使测试变得更加有效、教学目标更加明确，但也可能限制教学的创造力和多样化等。

（3）共时。用两种不同方法对同一种内容进行测试，所得结果相关程度高，就具有较高的共时有效性。例如，用两种方法测试考生的阅读能力，看考试结果是否一样，有多少差距。

（4）预测。指显示学生未来发展能力的准确性。例如，学能测试结果显示一个考生语言学习能力很强。之后几个月以至一两年，该考生的语言发展证明了这一点，说明这一测试有较高的预测有效性。

影响有效性的因素很多，但主要因素有：试题是否清楚明了，试题语言是否简明易懂，难易度及其排列顺序是否合适，试题含义和答案是否单一，考试时间的选择和长短是否适当，技能和知识的比率是否合理，等等。在计算机辅助语言测试日益盛行的今天，计算机和多媒体的使用会对效度和构念产生什么样的影响？纸笔测试和计算机测试有何可比性？计算机自动评分的效度如何，怎样提高？测试公平性与效度之间的关系是怎样的？这些问题都值得我们进一步探索。

四、实用性

实用性主要指测试的可操作性，即使用起来是否方便、俭省。具体来说，包括以下几个方面：

（1）考试的进行。考试的方式、场所、设施等因素都会影响考试的进行。一般来说，书面考试比较容易实施，而口语尤其是中高级阶段的某种交际场所中语言技能的测试比较难以实施。现在一些能力水平测试如托福，可以随时在电脑上进行并即时得到分数，具有较高的实用性。

（2）判卷评分的难易度。例如，多项选择题的评分，很容易操作，甚至可以用机器进行；口语和写作的评分则难得多。因此大规模的测试一般不包括口语测试，写作测试也是严格控制的。

（3）管理的方便和俭省。指整个考试过程和考试前后的工作便于管理，省时省力，经济俭省。例如，目前的托福考试在全世界进行，其试卷一般都是邮寄，比较节省；汉语水平考试的试卷主要靠人亲自携带，花费比较大。

第四节　测试成绩分析

成绩分析是为了对测试情况做出解释。要对测试成绩进行分析，通常要用到描述性的统计学知识，描述我们所得到的数据的集中趋势以及离散度。下面对这两种统计数据的处理做一个简单的介绍。

一、描述分数集中性的统计指标——平均数、中位数和众数

（一）平均数

平均数（mean）又叫算术平均数、均值。其计算方法是用数字个数去除数字总和即可得出。用公式表示为：

$$\bar{x} = \frac{x_1 + x_2 + x_3 + \ldots + x_n}{N} = \frac{\sum x}{N}。$$

式中：$\bar{x}$ 表示平均数；x_1，x_2，…，x_n 为每个分数的值；$\sum$（读做 sigma）表示数字相加的和，即"……之和"的意思；N 为数据的个数。下面举一个例子（林连书，1995）。

某中学英语教师教两个同年级平行班，在一次英语测验中，甲、乙两班的成绩如下：

甲班：75，76，77，79，80，83，85，86，88，90
乙班：65，69，75，79，81，85，87，91，93，94

这位老师要对比两个班的成绩。她首先算出两个班的平均成绩，分别用 $\bar{x}$ 和 $\bar{y}$ 表示这两个班的平均成绩：

$$\bar{x} = \frac{75 + 76 + 77 + 79 + 80 + 83 + 85 + 86 + 88 + 90}{10} = 81.9，$$

$$\bar{y} = \frac{65 + 69 + 75 + 79 + 81 + 85 + 87 + 91 + 93 + 94}{10} = 81.9。$$

平均数计算很简便，是人们应用最普遍的一种集中量数；它并不能完全反映出分数的分布情况。在上面的例子中，两个班的分数平均值完全一样，但并不能说明这两个班的分数情况没有分别。我们可以观察到，甲班的分数比较靠近平均值，而乙班的分数却高低差别很大，偏离平均值程度较高。关于分数间的离散情况我们将在下一节介绍。谈

到平均值时,我们要与中位数和众数进行区别。

(二)中位数

前面我们提到平均值是一种最普遍的集中量数,也常常是中心值的很好的表征。例如,如果有五个数据:3,6,7,9,11,这五个数据是左右对称的,很容易算出它们的平均数是7;但是如果最后一个数是55,可以算出其平均数达到16,这时,这个平均值就不能很好地表示集中趋势了。因此,有必要引进一个不受太大或太小的样本值影响的中心值,这个数值叫作中值,又叫中位数。

中位数(median)就是在一组数据中居于中间位置的数值。如果有奇数个数据,那么中间的那个数据就是中位数;如果有偶数个数据,那么,最中间的两个数据的平均数就是中位数。例如,在下面的一组数据中:

$$3,6,6,6,6,7,8,9,11,15,$$

中位数就是:

$$m=(6+7)/2=6.5。$$

用中位数表示集中量数的优点是简单方便,尤其是在一组数据中出现极端的数据时,一般用中位数来作为该组数据的代表值,而不是平均数。但计算时由于不是每个数据都加入计算,因而有较大的抽样误差,不如平均数稳定。

在正常情况下,平均分和中位数应该大致相同或相似。例如,11个人的分数分别是:95,92,90,88,83,80,79,75,72,65,55;平均分是79.5分,中位数是80分,二者一致。这说明该测试基本正常。如果这两个分数相差太大,或者说明该测试有问题,或者说明相关的情况下不正常。例如,11个人的分数分别是:95,94,93,91,91,89,86,83,56,51,48;平均分是79.7分,中位数分是89分,相差9.3分。这可能表明原来分班的情况不太合适,有三个学生应该分在下一个层次的班级。此外,该测试可能还存在另一个问题,即其他8个考生的分数太接近,测试没有把他们的真实差距准确反映出来。

(三)众数

众数(mode)是指在一组数据中出现次数最多的那个数值。例如,在上面讲中位数时提到的那组数据,其中6出现了四次,是出现次数最多的,因此,6就是那组数据的众数。众数可以不止一个。

当一组数据出现不同质的数据时,或数据分布中出现极端数据时,可以用众数对该组数据的集中趋势做粗略估计。

平均数、中位数和众数都有其相对稳定的一面,又有其不稳定的一面。因此,我们在考察数据的集中趋势时,最好这三个量都要看一看。这三个量越是接近,数据曲线就越接近正态分布；相差越大，数据曲线就呈偏态分布；三个数字完全相同时，数据曲线就是最理想化的正态分布。

二、描写分数离散性的统计指标——方差、标准差、全距和四分位间距

上面我们在介绍平均数时有甲、乙两组数据，它们的平均数一样，但我们可以观察到，这两组数据是有区别的，而要想清楚描述它们之间的区别，不仅要考查数据的集中性，还需要考查数据的离散情况。只有这样，才能更加全面地描述数据之间的异同。描述数据离散情况的统计量称为离散量数。常用的离散量数指标有方差、标准差、全距和四分位间距。

（一）方差和标准差

方差和标准差是描写数据的离散性特征最常用的统计指标。

方差的计算方法是：先把一组数据中每个数据与该组数据的平均数之差进行平方，再求其和，然后再除以数据的个数。用公式表示为：

$$s^2 = \frac{\sum (x - \bar{x})^2}{N}。$$

式中：N 为数据数目；分子是每个数据与平均值之差的平方之和。

方差的不便之处是它的度量单位，因为它是一个平方数。为了方便，又引入了标准差这个统计指标。标准差的计算方法是求方差的平方根，用 s 表示。标准差是最重要的统计度量之一，它是用来表示一组数据中每个值跟均值的差的典型量。其公式为：

$$s = \sqrt{\frac{\sum (x - \bar{x})^2}{N}}。$$

我们用这两个公式可以计算出前面甲、乙两组分数的方差与标准差。

$$s_x^2 = \frac{47.61 + 34.81 + \ldots + 37.21 + 65.61}{10} = \frac{248.9}{10} = 24.89,$$

$$s_y^2 = \frac{285.61 + 166.41 + \ldots + 123.21 + 146.41}{10} = \frac{896.9}{10} = 89.69。$$

用方差开平方就可以算出标准差：

$$s_x = \sqrt{24.89} = 4.99, \quad s_y = \sqrt{89.69} = 9.47。$$

（二）全距和四分位间距

把一组数据按从小到大的顺序排列，用最大值减去最小值，所得的值就是全距。上面甲组数据的全距为 15，乙组数据的全距为 34。全距小说明数据分布相对集中；反之，说明数据分布比较分散。

四分位间距的计算方法是：把数据从小到大排列，然后把它分为四个相等的分位，这组数据的第一个四分位（即25%的位置）的值正好处于数据分布的1/4处，中位数为第二个四分位的值，第三个四分位的值位于该组数据分布的3/4处。把第三个四分位的值减去第一个四分位的值，所得到的值叫作四分位间距。统计学上也用这种方法来表示数据的分散情况。

三、测试成绩的标准化

测试成绩的标准化是为了得出一个标准分，标准分的作用是便于比较不同测试形式与内容的测试成绩。直接从试卷中得出的分数是原始分，原始分只能比较同一次的测试，而不能对不同时候的测试进行比较。为了比较，常常需要把原始分化成标准分（又称为 Z 分数）。

标准分是以标准差为单位，表示某一分数与平均数的差。例如，在一次考试中，学生 A 的考试成绩为 80，这次考试的标准差是 10 分，平均分是 70 分。我们说这个考生的分数比平均分多出一个标准差，也就是说他的标准分是 1。标准分的计算公式是：

$$Z = \frac{x - \bar{x}}{s}$$

式中：x 是原始分；$\bar{x}$ 是平均分；s 是标准差。上面所举学生 A 的标准分为：

$$Z = \frac{80 - 70}{10} = 1$$

从上面的计算可以看出，标准分实际上就是原始分与平均分的距离，即某一原始分高于或低于平均分几个标准差。如果某考生的分数正好是某次考试的平均分，那么他的标准分就是 0。从上面的公式还可以看出，标准分可以是正的，也可以是负的。正分的意思是高于平均分，负分的意思是低于平均分。

四、百分位

百分位（percentile rank）是指某一成绩在全部考生成绩中百分比的位置。如美国的研究生入学考试 GRE，总分是 2400 分。假设有 100 个学生参加考试，最高分是 2300 分，最低分是 900。那么，得最高分者的百分位就是 100，尽管他并没有得满分；得最低分者的百分位则是 1，尽管他的实际分数远远超过 1。第二名、第三名、……的百分位依次类推。当然，当考生超过 100 人时，在某一个百分位的可能不止一个。由于参加 GRE 的人很多，百分位一般都用百分比表示。假设有 1000 个考生，如果你的百分位是 66%，说明分数比你高的大约有 340 人，分数比你低的大约有 650 人。在 GRE 考试中，百分位一般是根据单个考试项目（如语文、数学、逻辑）的分数来计算的。

百分位的统计是为了对考生进行筛选。如 GRE 考试，是要选英语、语文、数学、逻辑能力强的人入学。光看某个考生的个别分数，不知道这个分数在整个考试中排列的位置。例如，2300 分在某一次考试中可能是第一名，但在另一次考试中可能是第二十名。有了百分位，大学就可以更准确地挑选自己想要的人。

五、试题分析

这里着重介绍对客观测试题的分析。

试题分析主要是为了使试卷具有针对性、可靠性、有效性和实用性。具体来说，就是把好的试题保留下来，把不好的试题删掉，对某些试题进行修正，对某些试题的排列次序做一些改动。在本章第一节里我们介绍了重测法和对等法，它们是用来检验整份试卷的可靠性的。下面再介绍两种对试题和试卷进行检测的方法。

（一）总分对比法

先把所有考生在测试中的总分从高到低排列出来，如 100 个学生，100 道题，一题一分，最高分是 95 分，最低分是 45 分，其他的匀质地分布于二者之间。再看每个考生做每一题的情况。有些题高分的考生做对了、低分的考生做错了，有些题高分低分的考生都做对了，说明这些题可能没什么问题。但如果有一题，高分的考生有很多做错了，低分的甚至最低分的考生反倒做对了，这题就值得怀疑。从其效果来看，它没能起到把好的考生和差的考生区分开来的作用。

大规模的第二语言考试，如美国的托福考试、中国汉语水平考试，其试卷在正式使用前都内部试用过多次。每次试用后，都对每个考题进行过总分对比，看它们是否符合要求，并根据实际情况进行删改修正。

（二）内外比较法

如果是成绩测试，就把考试成绩和学生的平时成绩进行比较。如果平时学习好的学生考试成绩也好，平时学习差的学生考试成绩也差，说明考卷没有多少问题；否则，考卷就可能有毛病，需要修改。

如果是能力测试，就把考试成绩和试后考生用目的语进行交际的实际情况进行比较。例如，某学生在汉语水平考试中达到了某一个等级，按规定可以入系和中国学生一起学习某个专业。如果该学生的汉语可以应付学习，说明考卷具有效度；反之则说明考卷缺乏效度，不能反映出考生的真正水平。

六、小　结

测试是语言教学的重要组成部分，是检验教学、促进教学、进行教学研究的重要手段。

测试可以从不同的角度分类。根据分数对比参照点的不同，测试可以分为常模参照测试和标准参照测试；根据考试项目的区别，测试可以分为分散测试和综合测试；评卷方式的不同，构成主观测试和客观测试的不同；现在时和将来时的区别，形成了分班测试和学能测试的区别；依据内容和目的的不同，考试又分为成绩测试和能力测试。

试卷的设计和考试的组织是一项复杂的工作，要注意以下几个原则：针对性，可靠性，有效性，实用性。

对分数进行统计分析，要注意以下概念的意义和作用：平均数、中位数、众数、方差、标准差、原始分、标准化分、百分位等。对试卷进行分析，有重测法、对等法、总分对比法和内外比较法。

思考与练习

1. 为什么要进行语言测试？
2. 举例说明成绩测试与水平测试的异同。
3. 什么是主观测试？如何控制主观题评分的主观性？
4. "初级水平的讲话者能够就极具预测性、直接影响他们的日常话题交流简短讯息。他们主要通过使用自己见过、记住并能想起的孤立的词汇和短语来实现这一任务。即使对于最宽容体谅且习惯非母语谈话的对话者来说，初级水平讲话者的语言也可能会很难懂。"这是《ACTFL语文能力大纲2012——口语》中对口语初级水平的一个描述，您认为这是一种客观的评价还是主观评价？为什么？
5. 什么是标准差？在数据统计中标准差的意义是什么？
6. 什么是标准分？如何计算？计算标准分有什么意义？
7. 下面是HSK考试的阅读部分题目，说说这些题目体现了测试的什么特点。

1)

   Bié shuōhuà.
A 别 说话。
   Zhè shì nín de.
B 这 是 您 的。
   Nǚ de shì yīshēng.
C 女 的 是 医生。

2)

   Tā xiào le.
A 他 笑 了。
   Tā hěn gāoxìng.
B 他 很 高兴。
   Tā méi tīngdǒng.
C 他 没 听懂。

3）男：Nǐ huà de shì shénme?
你 画 的 是 什么？
女：（　　　）。

　　A 白色 的 báisè de　　B 写 完 了 xiě wán le　　C 阳 太 和 月 亮 tàiyáng hé yuèliàng

4）男：Wǒ de diànnǎo bù néng shàngwǎng le, nǐ bāng wǒ kànkan?
我 的 电脑 不 能 上网 了，你 帮 我 看看？
女：（　　　）。

　　A 500　　B 太 慢 tài màn　　C 没 问题 méi wèntí

5）男：Nǐ mǎi shénme?
你 买 什么？
女：我 想 买 Wǒ xiǎng mǎi（　　　）水果。shuǐguǒ

　　A 些 xiē　　B 岁 suì　　C 只 zhī

8. 下表表示某个留学生班的一次期末考试四门课程的成绩。

姓名	听力	阅读	综合	口语
刘　静	99	98	89	89
杨　洋	88	89	55	99
何　莉	99	80	50	89
陈华清	89	78	67	88
贾月月	94	78	67	98
任　涛	90	89	56	78
孙　强	79	87	56	89
李　昆	56	76	99	98
孙　昊	89	56	88	89
郭　剑	99	76	99	80
卢春伟	70	89	89	78
盛佳超	89	89	94	78
许　可	55	99	90	89
杨　杰	50	89	79	87
曹　冰	67	88	56	76

续上表

姓名	听力	阅读	综合	口语
姜　东	67	98	89	89
陈　瑞	56	78	55	99
严佳楠	56	89	50	89

根据前面所学的知识，统计出：

1）每一门课程的均值、均值标准误。
2）计算每一位学生成绩的均值、均值标准误。
3）计算出综合课成绩的中位数、众数和全距。
4）计算出口语成绩的方差、标准差。
5）比较得出全班哪门课程的成绩最好，哪门课程的成绩最差？
6）比较得出全班哪个学生的成绩最好，哪个学生的成绩最差？

本章参考文献

[1] 阿兰·戴维斯．语言测试原理［M］．任福昌，等译．北京：经济科学出版社，1997．

[2] 郝德元．教育与心理统计［M］．北京：教育科学出版社，1982．

[3] 黎天睦．现代外语教学法——理论与实践［M］．北京：北京语言大学出版社，1987．

[4] 李筱菊．语言测试科学与艺术［M］．湖北：湖北教育出版社，1997．

[5] 林连书．英语实验研究方法［M］．广州：中山大学学报编辑部，1995．

[6] 刘润清，韩宝成．语言测试和它的方法［M］．北京：外语教学与研究出版社，2000．

[7] 刘英林．汉语水平考试研究［M］．北京：现代出版社，1989．

[8]"欧洲语言共同参考框架及其对中国语言学习、教学和评估的影响"研讨会在京举行［N/OL］．http：//www.chinadaily.com.cn/language_tips/campus/2010-11/26/content_11626483.htm.

[9] 盛炎．语言教学原理［M］．重庆：重庆出版社，1990．

[10] 王佶旻．外语口语测验的历史发展综述［J］．中国考试，2010．

[11] 周小兵．第二语言教学论［M］．石家庄：河北教育出版社，1996．

[12] Bachman L F, Palmer A S. Language testing in practice［M］. Oxford：Oxford University Press, 2010.

[13] Green A. Exploring language assessment and testing：Language in action. London：Routledge Press, 2014.

[14] Woods A, Fletcher P, Hughes A. Statistics in language studies［M］. Cambridge：Cambridge University Press, 1986.

第六章 教材的评估、使用与开发

教材是教师组织教学、学生进行学习的依据。它不仅规定教学内容，还体现教学方法和原则，保证教学大纲实施。科学研发、合理使用教材，可提高教和学的质量，促进课程建设。不参加正式教材编写的教师，也要编写教辅材料，对教材进行增删、修补等方面的处理。

第一节 教材分类

对教材进行科学分类，有助于认识教材的性质特点，合理选择、使用教材；有助于建立教材体系，完善资源建设。教材分类的角度很多，以下从四个角度探讨教材分类：教材媒介，课程，标准参照，教材结构。

一、媒介性质

（一）纸质教材

早期教材多为纯纸质。后来逐渐在纸质教材基础上负载声、像等多媒体资源。负载形式开始多为字卡、磁带、CD、VCD、DVD，近年有电子点读笔、有声挂图、互动学习软件等。

（二）多媒体教材

多媒体教材指不依托纸质教材，从多媒体角度设计开发的电子教材。此类教材可对学习者进行多通道的语言输入输出训练，增强了教材的立体性、体验性和学习的互动性、自主性。

（三）网络教材

网络教材基于互联网运行平台，以文本、图片、音频、视频、动画等多种媒体手段构建，交互性、体验性、学习环境泛在性以及学习自主性得到更充分的体现。

二、课程内容

（一）技能类课程教材

1. 通用汉语

技能包括听、说、读、写、译。教材有综合技能、专项技能两类。前者有综合型、精读类、读写类、听说类，后者有口语、听力（视听）、阅读（报刊阅读）、写作、翻译类。

综合型教材含听说读写和语音词汇语法汉字等，用一套课本培养学习者的语言知识和语言技能。如《新实用汉语课本》《博雅汉语》《当代中文》《发展汉语》《中文听说读写》等。

专项技能教材分三类：①一本教材为主干，其他配合，如《现代汉语教程》，以《读写课本》为主，《说话课本》《听力课本》《汉字练习本》为辅；②几本教材并行，如《阶梯汉语》，初级含《读写》《口语》《汉字》，中级含《精读》《口语》《听力》《阅读》；③独立技能教材，如《汉语会话301句》。

2. 专用汉语

专用汉语又叫"特殊用途汉语"（Chinese for specific purposes），满足某种专门需求，其目标明确，针对性强，跟实际应用结合，使用价值高。专用汉语教材收录大量跟专门用途密切相关的词汇和某些句式，并有相关的交际场景。这些专门词汇大多在通用汉语教材中不出现。

专用汉语可分职业性、教育性两类。

（1）职业性专用汉语。职业性专用汉语是为了让学习者用汉语从事特定职业，课程如商务汉语、旅游汉语、酒店汉语、法律汉语、空乘服务汉语等。此类教材含多项技能学习，方便学习者用汉语从事某个职业。对部分学习者而言，听说技能更重要：学习者只需用有声语言交际，阅读书写可让翻译、秘书完成。

职业性汉语课程可分经验前课程和经验后课程。前者教学对象没有从事过相关职业，边学汉语边学职业知识；后者教学对象正在从事相关职业，只需学习跟职业相关的汉语。

（2）教育性专用汉语。教育性专用汉语是为了让学习者用汉语学习某个专业，课程如科技汉语、医科汉语、经贸汉语、人文汉语、社科汉语等。此类教材更重视输入性的听力、阅读技能训练，以方便学习者跟中国学生一起用汉语学习某个专业（主要是听课、看专业书）。

（二）知识类课程教材

1. 语言知识课程

一般汉语教学，语音、词汇、语法、汉字等知识通常融于听说读写等教材。但有时为了让学习者系统掌握相关知识，会有单独的语音、词汇、汉字、语法课和相关教材。在汉语本科课程中，则有系统的语言知识课，如汉语概论和现代汉语、语音、词汇、语法等。

2. 其他知识

其他知识包括文化知识、专门知识两类。

文化知识又可分为三小类：①概况性教材，如中国概况、中国国情等；②分类文化知识教材，如中国传统文化、中国历史、中国哲学、中国文学、中国艺术、中国风俗等；③文化对比与跨文化交际教材，如中外文化比较、跨文化交际等。

专门知识主要是专业知识和职业知识。前者是为了学习某个专业（如文学、哲学、历史、管理、计算机科学、临床医学等）并获取相关证书，后者是为了从事某个职业、某项工作（如经贸、导游、文秘、律师等）。

三、标准参照

教材编写会直接、间接地受到环境、类别、对象、时长、形式等因素的影响。

（一）教学环境

教学环境主要指汉语学习产生于何种语言环境中。在中国境内的汉语学习者不仅在课堂上学习汉语，课后也生活在汉语环境里，这种学习环境属于目的语环境。在海外学习汉语的学习者，一般来说，课后基本回到母语环境里生活，这属于外语环境。此外，还有介于二者之间的语言学习环境。如在华人占绝大多数的国家（如新加坡）或者海外华人社区，这些区域中的学习者比起处于外语环境中的学习者来说，课后可能有更多的机会听到汉语，看到汉字，有更多的机会使用汉语、汉字进行一些交际。

环境影响教材。目标语环境中，常常是多国学生一起学，教材编写很难逐一考虑不同语种及其文化的情况。在某国家学汉语，教材编写可考虑当地化，展示当地文化，对比当地语言、文化，用学生母语教学，凸显当地人学习难点等，以适应当地教育体系，提高学习效率。

（二）教学类别

中国汉语教学有预备教学、进修教学、本科教学等。预备教学是为留学生用汉语学专业知识做准备，有通用汉语教学、专业汉语教学；汉语进修主要是通用汉语教学，时间从几周到 3 年，主要学汉语交际技能；本科教学时间通常为 4 年，汉语交际技能和相关知识都要学习。

海外汉语教学有课程教学和本科教学。有的还有普通教育，如中小学汉语课程。美国 2007 年开始在高中开设 AP（Advanced Placement）中文课程，课程学分可以直接带到大学。

（三）教学对象

根据年龄不同，汉语教材可分为少儿教材、成人教材。前者应充分考虑少儿的生理、心理特点，大量使用图片等教具，编排适合儿童的游戏，通过活动、游戏来自然习得汉语。

根据学习起点和汉语水平的不同，汉语教材可分为初级、中级、高级教材。

（四）教学期限

长期教学指半年或更长时间，多使用课程教材。短期教学主要指一周到两个月的教学，学习者大多学过汉语。中国的短期学习者，大多在国外学过一段时间汉语，利用中国的目的语环境全方位体验汉语，培养语感，迅速提高交际能力，加强对中国文化的感知。

（五）教学形式

教学形式有班级教学和个别教学。班级教学的教材要考虑学生之间的互动，尤其是在活动、练习形式上；个别教学的教材只需要考虑一个教师和一个或几个学生之间的互动。

四、组织结构

组织结构指教材内容的安排顺序和依据、内容之间的关联、具体单元的设置等。

（一）编写纲目

编写教材时精心考虑、贯穿整个教材的主要内容或主要线索，就是教材纲目。

1. 语言为纲

以语言结构为主要线索，根据语言点的难易度和学习顺序来安排教学内容。一些教材先根据语音结构安排教学内容；语音教学结束后，再根据语法或句型结构的难易程度安排教学内容及其顺序。例如某教材的目录：

    十三课 五、语法 1. 正反疑问句 2. 连动句 3. "也"和"都"的位置
    十四课 五、语法 1. "有"字句 2. 介词结构
    十五课 五、语法 1. 一百以内的称数法 2. 数量词作定语 3. 双宾语动词谓语句

有的教材只突出语言要素的某一个部分，如汉语常用句式100句，以常用句式为纲。

2. 话题为纲

话题是指会话或文章的主要内容，如天气、自我、家庭、朋友、职业、饮食、爱好、民族、国家、人口结构（性别/年龄）、社会焦点（代沟/养老/审美）等。此类教材根据不同话题内容为线索，具体安排教学内容。有的教材在话题中融入一定的交际功能和语言结构。

3. 交际为纲

交际功能指打招呼、询问、介绍（自我介绍和介绍他人）、感谢、道歉、表扬等交际项目。交际项目常常出现在教材目录中。也有教材以交际场景为纲，如：在飞机内（找座位、换座位，和旁边的人聊天，点喝的饮料），在机场，在酒店，在购物的地方，在邮局。

这类教材根据交际功能项目、任务、场景的常用度或顺序来安排教学内容，较少考虑语言结构；以交际为纲，比较适合口语教材，不太适合综合技能教材或读写、精读教材。

4. 课文为纲

课文是语言教学内容最主要的载体。有的教材以讲授课文为主，通过课文学习语言结构和词语。此类教材注视课文内容和形式的选择，注意课文的现实性、规范性、趣味性等因素，不太重视语言结构（语音、词汇、语法、文字）在教材中的编排。

5. 文化为纲

把中国文化知识分成若干个文化点（如历史、地理、器物、制度、礼仪、观念、风俗、饮食、传统节日等）来组织教材。在介绍文化知识的同时，安排一些在文化介绍中出现的语言点进行教学。

很多教材并非单独以某一内容为纲，而是综合考虑。结构—功能型教材以语言结构为基础，同时考虑结构所表达的交际功能；功能—结构型教材则与之相反。有的教材以话题或场景为主线，以语言结构或交际功能为副线。也有的提出"结构、功能、文化"兼顾，但未必真能实施。

（二）单元划分

教材有单课制、单元制。单课制以课为基本单位，几课（约五课）后设一个综合复习。单元制由几课组成一个单元，一部教材分若干单元。单元划分根据语言结构、教学内容或话题。

（三）每课构成

教材中每课的构成大致相同，都包含生词、课文、语法、练习部分，有的教材还会设计热身、汉字、文化知识等教学环节。一些教材有主副课文：前者课堂使用，需精讲精练；后者灵活使用，可课后泛读。

初级教材课文主要用对话体，有的配叙述体；中高级教材课文主要用叙述体。

（四）推进模式

教材的推进模式有直线式和螺旋式两种。直线式是将某项内容分为若干部分，一课教一部分，由易到难地直线排列。例如，将语法点或句型按难易排列，一课教若干语法点；或按话题分类，一课一个话题（入海关、到学校报到、上课、购物……），一直排列到最后几课（告别、出海关）。

螺旋式根据交际需要，把话题由易到难分成几个圈，每个圈都将主要话题出现一遍，呈螺旋状上升。例如，将话题分为个人、亲属与朋友、学校、社会、世界等五大类。第一循环分五课，先学最简单的五个话题；第二循环难度增加一些，然后一直上升到最高级别。某教材第一册的"时间和天气"单元有三课：现在几点，我的生日，今天不冷；第二册的"时间和天气"单元也有三课：明天有小雨，在公园里，我感冒了。

第二节 教材评估的基本内容与方法

一、教材评估的定义

教材评估，就是对教材的使用效果进行评判，对学习型教材的价值进行测量（Tomlison & Masuhara，2007）。评估可从两个角度考虑：

第一，能否达成某一门课程的教学目的，是否满足学习者的需求（赵金铭，1998）。例如，内容是否值得教，能否引起学生和老师兴趣；编写是否有灵活性，可供教师进行适当修改以适应学习者和学习环境；等等。

第二，根据特定标准、原则对教材设计优劣高下进行评估。例如，该有的是否有，有的是否合理，合理的是否创新，创新的是否突出，等等（李泉，2012）。这个角度包括跟同类教材的对比。

二、评估类型

（一）使用前评估

使用前评估指决定使用什么教材时进行的评估（周小兵，2009）。评估的考量点通常有：课程需要，学生对知识技能的需求，学生实际水平，评价者对教材的初步认识。这种评估缺少教学实践检验，容易受直觉和经验影响，因而要注意避免出现"随意的印象性评价"（程晓堂 等，2011）。例如，被教材版式、插图、练习设计等方面吸引，或者被前言中教材介绍和说明影响，主观、片面地认为该教材适用或者不适用。

因此，评估前应先理清教学理念，确定具体的考量标准，提高评估的有效性和系统性。

（二）使用中评估

使用中评估指根据教材使用过程中的实际效果，对教材价值进行测量。使用中评估有教学实践观察和总结，比使用前评估要客观。Tomlinson 和 Masuhara（2007）指出，评估可参照以下指标：教学指导是否清晰，版本编排是否清晰，课文是否有可读性、吸引力，教学任务是否有可操作性，材料是否具有灵活性。

任何教材都不能满足课程和教学对象的所有需求。教师会发现教材存在多种问题，会根据需要调整教材。但是，教材的取舍和调整不应以个人喜好为依据，删减修补的内容不宜过多。

（三）使用后评估

使用后评估指教材完整使用之后，教师、学生或者研究人员对它的系统评价。除了前述内容外，评估还应包括：教材教了什么，学完后学生可以做什么，教材内容对学习者的吸引力、影响力如何，短期和长期学习效果如何（Tomlison & Masuhara，2007）。

使用后评估的方式很多，如考试、访谈、问卷调查、使用者对教材的评价、教学笔记和课程主管、教师的报告。使用后评估的作用有：教学单位或教师决定该教材是否继续使用；编写者决定该教材是否需要修订，何时修订，如何修订（周小兵，2009）。

三、教材评估的基本原则

教材评估应该根据一套表述清楚的原则来实施。制定评估原则需要考虑以下两点：

（一）教学理念

教学理念对教材编写有重要影响，教材评估时必须考虑。可提出一些具体问题细化对教学理念的评估。如：①教材以哪种语言理论为基础，结构主义还是功能意念？②教材侧重哪种教学法，听说法还是交际法？③如何处理知识传授和技能培养的关系？④技能训练的比重是否合理，侧重哪种技能？⑤语言表达的地道性和得体性是否得到重视？

（二）学习理念

学习研究成果在教材中也有体现。评估可提出以下具体问题：①以哪种二语学习理论为基础？②内容与学习者需求一致吗？③内容编排是否符合学习心理过程？④语言水平与学习者相符吗？⑤内容与以前所学衔接吗？⑥是否顾及学习者情感因素？

四、教材评估的标准

评估应有基本指标和具体指标。后者能细化相关原则，让评估系统、准确、有理有据。

（一）通用准则

通用准则提供一般教材评估的基本原则，可评估面向所有学习者的所有语言教材。赵金铭（1998）认为，具有宏观指导意义的标准是遵循"教材编写理论"和"教材编写基本原则"，确定编写基本框架。Tomlinson 和 Masuhara（2007）认为应通过头脑风暴获得教材评估通用准则的清单，如：①为学习者提供独立思考的机会；②教学指导语清楚；③适合不同学习风格的人使用；④考虑学习者的情感投入。

（二）指标的细化

通用准则需要分解为细致指标，用于评估教材的具体定位和细节。如赵金铭（1998）提出的"对外汉语教材评估一览表"，把"前期准备""教学理论""学习理论""语言""材料""练习编排""注释解说""教材配套"和"其他"等九个方面，细化成具体的 55 个评估指标。例如，把"语言"细化为以下六个指标：①每课生词量适当，重现率充分；②句子长短适度；③课文篇幅适中；④课文与会话语言真实、自然；⑤口语与书面语关系处理得当；⑥语境自然、情景化。

（三）指标的分类导向

1. 媒介导向

这跟教材媒介性质（如纸质、音像光盘等）相关。如：教材的光盘中的视像是否清楚？不同声音的区别是否清晰可辨？演员的动作、姿态是否有助于理解语言的意义？

2. 内容导向

涉及教材的话题和教学点。有些指标能测量商务汉语教材，但不适用于测量通用汉语教材；有的指标适用于阅读技能教材，但对语法教材不适用。如：商务语篇（如信件、收据等）是否来源于真实商务实践？阅读语篇是否涵盖了广泛的语体和风格？

3. 年龄导向

教材针对性的一个重要指标就是学习者年龄。不同年龄段的学习者在兴趣、认知、情感、学习心理、学习风格等方面都存在着明显差异。需要考虑以下问题：①内容适合这个年龄阶段的学习者的认知需要吗？②学习者可以理解教材中呈现的情感体验吗？③练习设计符合此年龄段的学习者吗？④学习内容能够激起该年龄段学习者的学习兴趣吗？

4. 区域导向

区域导向，涉及真实的、潜在的使用环境，跟教材的特定环境、特定使用者密切相关。

(1) 通用教材与区域教材。

通用教材指为某一类教学对象及特定教学目标编写的教材。"某一类教学对象"指成人/非成人、学历生/非学历生等，或初中高不同阶段的学习者，但不限于特定国家和母语背景，具有普适性；"特定教学目标"或是提高综合交际能力，或只提高单项技能（周小兵，2015；李泉、宫雪，2015）。通用教材适用于中国：学习者母语不同，在相同班级里一起学习。

区域教材，指根据学习者所在国家、地区教育体制、社会文化、学习者母语特点等因素开发的适合当地人学习的教材（周小兵、陈楠，2013）。区域教材能满足特定区域使用者的需要，具有本土性。在中国使用的教材，搬到外国很多不适用。某些"一版多本"教材，缺少当地社会文化内容和常用话题，不受欢迎。如在伊斯兰教为主的地区使用的初级教材，出现"猪肉、酒、比基尼"等词语和图片，"喝了一晚上的酒"等句子，与当地宗教习惯冲突。

目前学汉语的人中有99%以上是在本国学汉语，许多语种的汉语教材不够，如西班牙语、阿拉伯语和其他非通用语种。限制汉语国际教育发展瓶颈的，实际上是适用的区域教材不足。

(2) 区域教材的作用。

1）提高教学效益，减少目标语文化与学习者母语文化的冲突矛盾，使目标语教学能在特定区域、国家顺利进行。在全球各种外语教材编写中，"酒、猪肉、性、毒品、暴力、宗教"等，都是极为敏感甚至避讳的话题。

2）适应、反映学习者所在国情况，如社会制度、文化习俗、思维模式等，使二语教学能融入当地教育体制和整个社会，使学习内容有本地元素，使学生能结合当地社会文化来学习第二语言，提高学习兴趣，使二语学习在当地具有交际性。

3）依据学习特点难点设计教学点与顺序、教学方式、练习活动等，以降低学习难度，提高教学效率。例如，对西方学习者的教材可多用社交策略；对日本学习者的练习可相应减少社交策略，较多采用"替换""改句子"等可独立完成的题型（陈楠、杨峥琳，2015）。

(3) 区域教材的发展。

区域教材将和通用教材同步发展。在特定地区使用的区域教材，数量、种类会大大增加。通用教材可以有区域版本，但不应该只从英语母版衍生。普适性、区域性搭配的汉语教材会以多种方式出现，如：①普适性教材，搭配区域性教师手册；②普适性语料，搭配区域性语料和练习活动；③普适性练习、活动，搭配区域性语料。

五、教材对象、目标与价值取向

（一）学习对象

首先，学习者是汉语作为二语/外语的海外人士。这好像是常识。但不止一部教材，照搬面向母语者教材，难度极高。例如，某初级教材第一课教语音，列举了很多绕口令，明显是从汉族方言区推广普通话教材中搬来的。

其次，要明确学习者年龄、汉语水平等。请看某部准中级教材对学习者的定位：

> 学过基础汉语语法，掌握1200个常用词语和850个常用汉字的学生使用。在国外学过两年初级汉语（每周不少于5学时）的来华学生，或在中国学过一年初级汉语，掌握基础汉语语法的学生均可使用。

从多角度（时间、环境、字词、语法）定位，相当清楚。但有些教材对学习者的定位却很模糊，如：

> 本书大体对应《汉语水平等级标准和等级大纲》（试行）三年级的文化教材，适合二年级外国留学生使用。一年级第二学期亦可视情况试用。

该教材到底适用于哪个年级呢？对该教材两课课文的词汇统计如下：丙级词86个，丁级词47个，超纲词99个。全书课文词汇8433个，四篇古文，若干首古诗词。一、二年级使用肯定难度太高。

（二）教学目标

以文化教材为例。面向海外学习者的文化教材，教学目标有以下几类：①"以掌握中国文化知识为主要教学目的"；②中外文化对比，教文化又教汉语；③华文教材，目的是培养语言能力的同时传播中华文化，弘扬中华传统美德。

再看其他二语文化教材的教学目标。一类是宏观的：

> 增进学生对美国文化价值观、他们自身国家以及其他国家的理解和认识。为小组成员和班级研究讨论提供有趣的跨文化活动，也为口头表达、研究及写作内容提供主题。

即通过对比加深对目的语和学生母语文化的认识，促进跨文化交流，促进口语、书面语表达。另一类是微观的：

> 提高移民生存能力，增强沟通能力。

讲文化，又讲生存技能。内容与分技能搭配：讲选举，读选票，重视阅读；介绍去医院看病，只训练说听。

好的教材，全书目标明确，每课都有具体目标，教师容易教，学生容易学，评估测试容易进行。好的文化教材，应有跨文化视野，引导学生对比不同文化，实现跨文化交流。

(三) 价值取向

价值取向的内容很多。例如，对目标语文化与其他文化的对比，应客观公正，不轻易褒贬。尤其不要过分赞扬目的语文化，贬低其他文化。某教材有一篇课文，讲一位华人移居美国，几次请美国邻居到自己家吃饭、喝酒，对方却一次都没有回请，最后他感叹道：

> 我在美国生活了三十多年，曾先后与各种美国人做过邻居。最后，我终于明白绝大多数的美国人是不愿意为朋友花费一分钱的，真可以说是"人情薄如纸"。

此类文本很容易引发文化误读甚至冲突。而该教材在使用时多次受到美国学生的抗议。

有一部介绍美国的二语教材谈及国民性时，说美国人有包容多样性，也有种族主义、偏见；指出美国人过分相信人的能力可以改造自然，会产生负面影响，具体表现为污染、核问题、人口过多等。这样的教材，介绍较为客观，正反两方面都有展示，让读者自己做出判断。

六、教材评估的文本内容

(一) 课文

对课文的评估包括：课文是否有趣、丰富，内容、形式在交际中是否有用，形式是否多样化，语言是否规范通用，观点是否可以接受，跟学生的文化是否有冲突，课文的长度、难度是否合适，等等。

课文的内容有趣，能激发学习兴趣，加深印象，如：

> 小王今年三十二岁，有四个女儿，没有儿子。因为这四个孩子都很小，所以他总是很忙、很累。有一个位朋友问他为什么要生这么多孩子，是不是因为想要个儿子？小王说："我不想要儿子，可是我父母一定要个孙子！"（《汉语口语》①）

这段课文语言幽默，对比了两代人的生育观，反映出家庭成员关系和生育观念的变化，读后令学生印象深刻。更为难得的是，这样既有趣又有深度的课文，词汇、语法却相当简单。

教材语言是学习者学习的范本，必须规范。有的汉语教材存在语病，会影响学习效果，如：

> 那时候，穆罕默德住在麦加，麦加地方有很多人信仰他。[这地方/崇拜]

---

① 佟秉正，PING-CHENG TUNG 出版社 1983 年版。

（二）语言要素

语言要素的设计是教材评估的重要内容，是考察教材科学性的主要依据。

1. 语音

（1）准确性。例如，语音标注和解释是否正确。请对比以下两部教材对辅音"z"的解释：

  A. z 像 beds／beads 里的 ds。

  B. z sounds like the ds in beds（but de-voiced）。

B 教材通过英汉对比解释了 z 的发音部位，又说明发音方法不同。A 教材容易误导学生，以为汉语拼音 z 跟英语 z 一样是浊音。

（2）科学性。例如语音排序、解释应考虑学习规律，循序渐进。请对比以下两部教材对一组辅音的排序：

  A. zh、ch、sh、r、z、c、s

  B. s、z、c、sh、zh、ch、r

B 教材排列符合学习规律。因为：①多数语言存在跟汉语舌尖前音 s、z、c 部位相同或相似的音，没有跟汉语舌尖后音 sh、zh、ch 部位相同或相似的音；②从自然度看，擦音 s、sh 比塞擦音容易发，不送气塞擦音 z、zh 比送气塞擦音 c、ch 容易发。

（3）本土性。利用学生母语进行语音教学，效果比较好。请看以下教材的解释：

  g，像意大利语里 criniera 中的 c。

  mo 跟日语中的"モ一"发音一样。

母语没有对应音，可以用其他外语解释。如：

  f，相当于英语的 f。（韩国教材）

  j，像英语 jeep 中的 j。（西语教材）

2. 词汇

词汇的评估内容如：难度、数量合适吗？在真实交际中有没有用？词汇注释（含翻译）是否准确易懂？生词出现的语境是否典型、实用？重现率是否足够？书末是否有词汇表？

（1）难度。生词的难度决定教材是否适用。可以用《汉语水平词汇与汉字等级大纲》（国家汉办，1992）进行检测。根据该大纲，初级主要教甲、乙级词，中级主要教丙级词，高级主要教丁级词。表 6.1 中的三套中级教材，C 教材生词难度最合适：丙级词占 68.4%，丁级词、超纲词少。B 教材词汇难度偏高：丙级词占 50.0%，丁级词、超纲词偏多。A 教材问题最多：丙级词只占 32.9%，丁级词、超纲词太多，乙级词数量也不少。

表6.1 A、B、C三套中级教材的生词表中词汇的难度等级　　　　单位：%

词汇等级	A上	A下	B1	B2	C上	C下
甲级	1.4				0.4	0.2
乙级	23.7				0.9	1.6
丙级	35.2	30.7	55	46	79.7	57.1
丁级	19.7	28.9	30	39	7.6	17.1
超纲	20.2	41.2	15	15	11.5	23.9
丙级平均	32.9		50.0		68.4	

我国汉语教学主要依据以下几个词汇大纲：《汉语水平词汇与汉字等级大纲》（国家汉办，1992），《高等学校外国留学生汉语教学大纲（长期进修）》（国家汉办，2002），《汉语国际教育用音节汉字词汇等级划分》（国家汉办，2010）。教材编写应依据词汇大纲，越级词、超纲词不宜太多。研究发现，某初级汉语教材有以下词汇，跟初级学生的水平不相符：

　　丁级词：气功

　　超纲词：白薯、圆圈、按摩、镯、飞碟、石膏、信物

（2）数量。生词数量是评估教材的另一个指标。请看三部中级精读教材的生词数量情况（表6.2）。A教材平均每课生词接近70个，最多一课达118个，数量过多。相比之下，B、C两种教材平均每课生词数量比较合适。

表6.2 A、B、C三部中级教材的生词表中词汇数量分布　　　　单位：%

词汇	A上册	A下册	BⅠ册	BⅡ册	C1册	C2册	C3册	C4册
每课平均	60.6	77.6	47.8	51.4	45.8	50.5	52.6	49
一课最多	85	118	55	58	55	58	70	78
一课最少	44	47	25	40	42	44	39	38
单册词量/个	910	1165	956	1028	458	506	526	490
总生词量/个	2075		1984		1980			

（3）实用性。词表往往落后于语言发展。如"超市、手机、上网"等词语，与生活密切相关，1992年大纲没有，2010年大纲有。教材应选择这类高频词。某些真实交

际中很少用到的词语，如钱币单位"分"，是否有必要跟"元/块""角/毛"同时教给学生，需要考虑。

（4）词语解释、例句和语境。生词解释和外语注释必须准确。例如"马马虎虎"用 careless 注释，就有问题；有的教材把"终于"注释为 after all，容易诱发类似"汉字对我们终于太难了"的偏误。

词语讲解应该有足够的例句，例句要为生词理解提供合适的语境。如"辅导"：

  我有一个辅导老师。每天下午帮助我学习汉语，有时候辅导我写汉字，有时候辅导我做作业。她辅导得很好。她辅导我两个月了。现在，我觉得汉语不难了。

做谓语时跟"帮助"先后出现，还有做定语的用法，促进学生理解。也有的教材例句不合适，如在某人考试对他前说："祝贺你考试拿到好成绩！"明显混淆了"祝、祝贺"的区别。

汉字、语素在汉语中很重要，但不能用汉字教学取代词汇教学。如：

  对（correct）、不（not; no）、起（get up; rise）→ 对不起（I am sorry; excuse me）

  意（meaning）、利（sharp）→ 意大利（Italy）

语素义（对、不、起、意、利）与词意没有直接联系。这样的英语注释，效果适得其反。

（5）生词与课文词语的一致性。有的教材，生词部分"本"的注释是：root of a tree（树根），课文出现的却是"一本书"；生词"结婚"注释是名词 marriage，课文出现的却是动词"他结婚了吗？"；生词表把"带"注释为 bring, take。课文却是"我要一碗米饭和一个带肉的菜"。

3. 语法

语法的评估内容如：语法点的选择是否科学实用？语法点编排顺序是否符合学习规律？解释（含外语）是否清楚明白？例子是否恰当有趣？使用条件是否清楚？有无太多难以理解的语法术语？书末有无容易查找的语法点索引？

（1）语法点选择。有的教材选择"墙上没挂着画儿"作为教学内容，而该语法点在本族人的交际中很少使用，不应该在初级阶段教。再如有些教材将"不比"作为"比"字句的否定形式同时教授给学生。但从语义上看，与"比"意义相反的句式是"没有"。因此，应将"没有"作为"比"字句的否定形式同时教学，"不比"句应该推后再教。

（2）解释。语法解释常见的方式有：单语（学生母语或目标语），双语，图表、公式、例句。如：

  "才（2）"用在数量词前面的时候，表示在说话人看来，时间还早或数量很少。如：

现在才十点,看一会儿电视再睡吧。
才听了十五分钟,就头疼了。怎么办?明天有听力考试!
这件衣服才200块,太便宜了。
你怎么才吃了一个包子?太少了吧!

例句长,有足够的信息让学生理解、体会"才(2)"的意义。

语法解释常见的方法有:以旧释新,外语解释,语言对比,汉语内部对比,本土化解释(海外语言异同,可能的偏误)。

有的教材语法解释不够准确。如:

多:一百多个。数词后边加上"多",表示比前边数词所表示的数目多。

这样的解释,容易诱发类似"＊三多斤"的偏误。好的教材应解释清楚"三斤多"和"三十多斤、三百多斤"的区别,并设计适量的练习。

外语注释不当,也容易诱发学习者出现偏误。如:

"打招呼":to greet sb. by word or gesture /"结婚":to marry

没有说明后边不能带宾语,学生按外语规则用,容易出现"＊打招呼他、＊结婚玛丽"等偏误。

(3)合适的语境。好的语境设置和语法点对比,能优化学习效果。请看《汉语口语》①中的课文:

儿子要到山上住几天,母亲问他:"穿的、用的以外,你还要什么?"儿子爱看书,当然说:"我还要书。"……儿子离家远行前,收拾屋子,地上堆着一堆"破烂",母亲进来问:"这些东西你都不要了吧?"儿子忽然发现里头还有几本心爱的书,赶快说:"书我还要。"

"我还要书"和"书我还要"意思没多少区别。上下文不同是选用不同句式的主要原因。回答"你还要什么?"倾向于使用"施事+动词+受事",回答"这些东西你都不要了吧?"倾向于使用"受事+施事+动词"。教材利用语境,使用对比,回避了语法术语的赘述,在生动的对话中清楚比较了两个语法点的区别(赵金铭,2009)。

(三)交际技能

交际技能的评估内容如:各项技能的学习、练习比例是否合适?各项技能的关联度如何?学习顺序是否合理?因篇幅有限,只讨论三个问题。

1. 听说

(1)教材纲目。我们从两部口语教材中各挑选了五课题目,从题目看它们的编写纲目:

---

① P. C. TUNG, D. E. Pollard,(英国)Routledge & Kegan Paul, 1982.

A. 你去过香山吗/门开着/你打错了/她出去了/他恐怕去不了
　　B. 邀请　请你参加/婉拒　我不能去/道歉　对不起/遗憾　真遗憾我没见到他/称赞　这张画真美

A 教材以语法项目为纲（过、着、了），B 教材以交际功能为纲。根据一般教材分工，以语言项目为纲的，大多是综合教材或精读教材；口语教材应该以交际为纲。

　　（2）输入方式。周小兵（1989）的研究显示，从生理、心理机制看，跟说话直接联系的不是阅读而是听话；口语课效果不好，跟大量阅读输入有关。实验研究发现："听力输入—口语输出"组在准确度、流利度、遗忘率等方面，均优于"阅读输入—口语输出"组。

　　好的口语教材，应该先进行听力输入，让学生在听懂的基础上形成"听感"，再进行有效的口语输出。如《汉语听说教程》（赵菁等，2000），"表达练习"前有足量的"听力练习"，这样的设计符合语言技能习得规律。但有的口语教材，每课有一篇长课文、两三篇短课文让学生阅读，练习要求根据课文内容回答问题，阅读量大，很难有效培养口头能力。

　　（3）层级递进。对口语表达，如何设计初中高不同阶段的教材，是一个难题。口语能力的层级发展，可以从长度/复杂度（句子、语段、语篇，课文长度）、体裁（对话体、独白体）、话题类型等方面考虑。如话题类型可分三类：功能型，陈述型，观点型。

　　考察成熟的英语二语教材内容，初级主要是从句子到语段，从对话体到独白体，从功能型到陈述型；中级主要是从语段到语篇，从对话体到独白体，从讨论到辩论；高级主要是各类口语语篇表达。如德范克（1968）《高级汉语课本》有 24 课。除 4 课复习课，每课课文包含五部分：短对话（10～15 段），讲话（讲座发言稿，900～1000 字），复述，温习和问题。课文主体是"讲话"，其余部分围绕"讲话"，如开学欢迎辞、中国社会结构等。

　　但有的汉语口语教材，初、中、高级都是对话，不同之处只在于：①长度；②词汇、语法难度；③口语化，尤其是地方口语化程度。到了高级教材，基本照搬中国人谈家长里短。这样很难满足二语者的交际需求。如国内某一部《高级口语》，课文 36 篇，场景对话 25 篇，占 69.4%；散文 4 篇，占 11.1%；采访 2 篇，学术讨论 2 篇，语段 2 篇，各占 5.6%；议论文 1 篇，占 2.8%。

　　2. 写作

　　（1）目标写作还是过程写作。目标写作，就是先给范文，讲解范文，要求学生学习范文，模仿范文写出相应的作文。练习成果往往是成篇作文；过程写作，就是给相关的场景、词语等，让学生一个场景一个场景地描写，一个句子一个句子或一个语段一个语段地写；最后再建构成一篇作文。最早的写作教材，也有以文体知识为导向的，跟母语写作教学相仿。

（2）范文类别。早期写作教材大多选经典的现代文学作品（节选）作为范文，如鲁迅的《一件小事》（记叙文）、叶圣陶的《苏州园林》（说明文）、梁启超的《最苦与最乐》（议论文）；但因年代不适合，而且比学生汉语水平高太多，难以模仿。后来开始选取同时代一般人的文章（经修改），有时选取优秀的留学生作文，效果比较好。

（3）练习。练习方式可以有多重分类。如：单一的文体知识练习，文体知识与语言项目训练并重；单一的篇章写作，语句、语段和篇章写作兼顾；读后写，听后写，看图写；写提纲，缩写，扩写。当然，也有多种文体、体裁的写作练习，如记叙文、说明文、议论文、散文、随笔等，还有日记、读书笔记、读（听、观）后感、求职信、个人简历等。

3. 打字与书写

"打字"是否应该作为技能进行学习训练？目前一些欧美版教材把"打"作为跟"听说读写"并列的一项技能进行教学、训练，以降低汉字学习难度，提高学习信心和学习效率。也有教材忽视学习规律，过早要求书写。有初级教材第一课出现汉字"谢谢"，就要求书写；有初级教材在第一课，就教学生写"师、张、贵、家"的笔顺。好教材应把书写练习适当推后；即使写，也应根据字形的复杂度和书写率的高低安排学习顺序。

（四）练习活动

课堂讲授的内容，需要一定量的练习予以强化，才能融入学习者已有的语言知识结构中，最终转化成技能（李绍林，2003）。练习是外语教材最重要的组成部分，是使学习者达到预期学习目标的重要保证（赵金铭，1996）。

练习的评估内容如：练习是否跟所学内容相配？是否具有可操作性？练习形式、内容是否有意思，是否多样化？练习能否真正促进学习？学生经过努力是否可以做对70%的练习？

1. 练习位置

练习在每一课的位置，一些教材有不同的处理。请对比两部教材：

　　A. 课文，生词，词语搭配与扩展，语法例释，副课文，练习

　　B. 热身，会话＋会话练习，语法认识＋语法练习，配对互动＋练习，阅读与回答＋读后练习

对比可知：A教材是"集中练习"，即整体输入（讲解知识、技能），整体输出（练习）；B教材是"分散练习"，即部分输入，部分输出。有学者认为，前者练习与课文等主体部分距离较大，不利于对新知识的吸收，不符合记忆规律；后者输入、输出间距较小，有利于学习者在短时间内消化吸收所学知识技能。

2. 练习类型

练习类型有多种分类。如语言要素练习、交际技能练习。考察发现，汉语二语教材中，前者比重远远超过后者；英语二语教材中，二者比例相对均衡。下面只讨论两点。

（1）机械性、理解性、应用性练习。

机械性练习不需要经过太多思考，如模仿、替换、扩展、认读等。此类练习的作用，对学习者而言，是加深对语言点的感知，提高表达的准确性和流利度；对教师而言，可以纠正学生的语音、词汇和语法等方面的偏误。

理解性练习需要进行思考和选择，如回答问题、复述课文、完成句子、翻译等。此类练习的作用，是在有意义的情境中加深对所学语言点的认识、理解，巩固对语言点的记忆。

应用性练习主要为交际性练习，如情景对话、辩论、角色扮演、听故事表演等。其作用是学生真正掌握语言点的用法，学会在真实或接近真实的交际环境中使用所学语言点，完成交际任务。

教材设计可根据教学需求协调这三类练习的比例。请对比以下"打招呼"的练习：

A．熟读以下句子：你好！我叫_____。

B．根据翻译补全句子：

안녕하세요. 저는 중국사람입니다.

nǐ _____, wǒ _____ zhōngguó _____ 。

C．在教室里走一圈，向你的同学介绍你自己，问问他们来自哪些国家。

A练习是机械性＋理解性练习，让学生准确使用打招呼的基本用法；B练习是用翻译法对所学内容进行巩固；C练习通过跟同学的真实交际，完成对语法点的巩固，完成"打招呼"这一交际功能的学习，能激发学习兴趣。

每一个大类内部，还可细分小类。请对比以下"问生日"的交际性练习：

A．同学互相问答。甲：你的生日是几月几号？乙：我的生日是……。

B．问一问全班同学的生日。然后根据生日的先后排成一队，生日早的人排在生日晚的人前面。……排好以后，老师会确认大家排得是否正确。老师会问第一个人："你的生日是几月几号？"第一个学生回答，然后他再问第二个学生……。

A练习指令语和任务比较简单。B练习丰富、有趣；活动分三个步骤，每个步骤指令明确，操作性强。

（2）理解性练习与产出性练习。

理解性练习，指不需要学习者输出语言形式，题型一般有选择、判断、匹配等。以"把"字句相关练习为例：

选择：看书的时候，她总喜欢____重要的内容用彩色笔画出来。（ ）

A．把   B．被   C．对   D．让

判断句子正误：

（　　）他把房间没有打扫干净。

理解性练习可以帮助学习者熟练识别并理解目标语言项目，操练简单省时。

产出性练习，一般需要学习者输出句法结构，题型一般包括改写、描述图片、翻译句子、成段表述等。如：

a. 把以下句子改成"把"字句：

这几个问题我们终于弄明白了。

b. 用"把"字句描述图片。

c. 看一段录像后叙述录像中的故事，叙述时使用三个"把"字句。

产出性练习能够促使学习者熟练生成目标语言项目，但难度大、费时。根据以往研究成果，产出性练习的学习效率比理解性练习要高一些。

3. 练习有效性

练习能否有效促进语言知识和交际技能的学习，是教材评估的重要内容。

（1）与知识、技能讲解的关系。讲解什么，练习什么，是保证练习有效性的基本要求。某教材有一课语法点讲解"无论……，都……"，之后设计一个针对此语法点的练习：

改错：

无论做什么事情，都要有群众观点，不要夸张个人作用。

显而易见，此句关联词语并没有问题，偏误是误用"夸张"代替"夸大"，属于动词偏误。此练习对学习、使用"无论……都……"起不到任何作用。

（2）练习指令。Tomlinson 和 Masuhara（2007）指出"教学指导语清楚"可以细化为：①简洁（succinct）；②足够（sufficient）；③自我支撑（self-standing）；④标准化（standardized）；⑤独立（separated）；⑥有序（sequenced）；⑦分阶段（staged）。这也是对练习指令的基本要求。指令不清晰的例子如：

练习：

完成句子（Complete the following Sentences）：

1. 他不知道＿＿＿＿＿＿＿＿＿＿＿＿＿＿＿＿＿＿＿＿＿＿＿＿。
2. ＿＿＿＿＿＿＿＿＿＿＿＿＿＿在＿＿＿＿＿＿＿＿＿＿＿＿＿＿＿＿。
3. 他告诉我＿＿＿＿＿＿＿＿＿＿＿＿＿＿＿＿＿＿＿＿＿＿＿＿。
4. 我问她＿＿＿＿＿＿＿＿＿＿＿＿＿＿＿＿＿＿＿＿＿＿＿＿＿。

看完此指令，学生甚至教师都不清楚应该用什么来填空完成句子。回过头看本课语法点解释，发现是讲解"这/这儿，那/那儿"，估计是要求用表示方位的指示代词来完成句子。

第三节　教材库建设与教材概览

全球汉语教材库（www.ctmlib.com）由中山大学国际汉语教材研发与培训基地研发，2011年6月正式上线。目前收集、整理、展示全球汉语教材信息17800多册/种（40国出版，57种媒介语），包含题名、ISBN号、责任者、出版者、内容等基本信息。其中10000多册（29国出版，53种媒介语），录入基本信息+详细信息，后者包括学习者水平（零起点、初级、中级、高级）、学校类别（幼儿园、小学、中学、大学）、教学媒介语、技能类别（综合、听力、口语、阅读、写作、翻译）、语言要素类别（语音、汉字、词汇、语法和句型）等。截至2016年11月，网站访问达532572人次。

本节以全球汉语教材库收录的10108册/种实体教材为对象，从教材形式、教材类别、教学媒介语、适用对象和出版信息（出版时间、出版地）等五大方面概述国际汉语教材发展概况。

一、教材形式

（一）纯纸质教材

指没有多媒体附载物（磁带、MP3光盘、DVD等）的纸质教材。其数量最多，有6015册，占59.51%。如《快乐儿童华语》①、*The Sky is Bright with Stars*② 等。

（二）配套多媒体的纸质教材

指配套纸质教材，开发出其他媒体形式（声、像或声像结合）的教材。有3959册，占39.17%。如《中文滚雪球》③《小黑与小白》④ 等。

（三）多媒体教材

从多媒体角度开发设计的电子教材，有的后来配有纸质教材。有134册，占1.32%。如《长城汉语》⑤《汉语教学直通车》⑥ 等。

---

① 虞丽翔，Better Chinese Ltd，2010。
② Weijia Huang, Qun Ao，（美国）Cheng & Tsui Company, 2011。
③ 詹爱平编著，北京大学出版社2005年版。
④ 陈琦、班班，北京语言大学出版社2009年版。
⑤ 国家汉办/孔子学院总部，五洲汉风教育科技（北京）有限公司2010年版。
⑥ 谷丰主编，BCIT温哥华孔子学院2009年版。

二、教材类别

（一）课堂教材

课堂教材共 6385 册，约占 63.17%，含通用汉语教材、专用汉语教材、中华文化教材等。

1. 通用汉语教材

通用汉语教材有听说读写等技能教材，也有语音词汇语法汉字等语言要素教材，占课堂教材的 93.25%。如中国的《汉语教程》[①]《发展汉语》[②]《汉字轻松学》[③]《HSK 标准教程》[④] 等，国外的《步步高中文》[⑤]《中文听说读写》[⑥]《汉语双轨教程》[⑦]《中文课本》[⑧]《循序渐进汉语》[⑨] 等。

2. 专用汉语教材

专用汉语教材指可以满足某种专门需求（从事某一职业，或学习某类专业）的教材，占课堂教材的 5.2%。如《新世纪商用汉语》[⑩]《医学汉语·实习篇》[⑪]《中国法律专业汉语教程》[⑫]《警务中泰英三语教程》[⑬]《中国語で解く算数》[⑭] 等。

3. 中华文化教材

中华文化教材占课堂教材的 1.55%，如《文化中国·中国文化阅读教程》[⑮]《体验汉语·文化篇》[⑯]《中国概况》[⑰] 等。

[①] 杨寄洲主编，北京语言大学出版社 2006 年版。
[②] 李泉主编，北京语言大学出版社 2006 年版。
[③] 李蕊主编，北京师范大学出版社 2010 年版。
[④] 姜丽萍主编，北京语言大学出版社 2014—2016 年版。
[⑤] George X Zhang, et al., （英国）Cypress Books, 2006.
[⑥] 刘月华、姚道中等，（美国）Cheng & Tsui Company, 2009.
[⑦] 华卫民，（法国）You-Feng Libraire Editeur, 2008.
[⑧] Sawapak Woralakanakul，泰国蓝康恒大学出版社 2004 年版。
[⑨] 张慧晶等，（哥伦比亚）Los Andes University Press, 2009.
[⑩] Jane C. M. Kuo,（美国）Cheng & Tsui Company, 2008.
[⑪] 莫秀英主编，北京大学出版社 2007 年版。
[⑫] 王若江编著，北京大学出版社 2007 年版。
[⑬] 田友兰、王新主编，云南大学出版社 2008 年版。
[⑭] イーメディア编著，日本三修社 2005 年版。
[⑮] 王海龙著，北京大学出版社 2002 年版。
[⑯] 曾晓渝主编，高等教育出版社 2007 年版。
[⑰] 宁继鸣主编，北京语言大学出版社 2013 年版。

（二）读物

读物含汉语、中华文化两大类，约占11.92%。如中国出版的"实用汉语分级阅读丛书"[①]、《汉语风》中文分级系列读物[②]、"中国常识"系列[③]、《中国那个地方》[④]、《轻松汉语轻松读》[⑤]、《中国人的生活故事》[⑥] 等，海外出版的ASIAPAC BOOKS 系列[⑦]、中文读本系列[⑧]、Chinese Culture Active Learning Series[⑨] 系列等。

（三）自学教材

自学教材是课堂学习的补充，可供学习者在家自学使用，约占7.12%。如中国出版的《汉语900句》[⑩]《体验汉语100句》[⑪]《天天汉语》[⑫] 等，海外出版的《자학자습中国语》[⑬]、Talking Chinese Series[⑭] 等。

（四）实用手册

实用手册是供学习者在日常生活、工作、旅行中查检相关语句的手册，约占3.86%。如《300词畅游中国》[⑮]《想说就说：汉语口语完全手册》[⑯] 等，方便旅游、工作会话的查询，可作简单的语言教材，也可以作"救急"手册。

（五）工具书

工具书包括字典、词典、单词本等，占4.72%。如中国出版的《汉语图解词典》[⑰]

---

① 崔永华总主编，北京语言大学出版社2008—2010年版。
② 刘月华、储诚志主编，北京大学出版社2007—2014年版。
③ 国务院侨务办公室、国家汉语国际推广领导小组办公室，华语教学出版社2007年版。
④ 张英，北京语言大学出版社2008年版。
⑤ 郑岱华，三联书店（香港）有限公司2016年版。
⑥ 孔子学院总部/国家汉办，外语教学与研究出版社2015—2016年版。
⑦ （新加坡）ASIAPAC BOOKS PTE LTD, 2002—2004.
⑧ （澳大利亚）PPP Publications, 2009.
⑨ Dr. Jane Liedtke, et al., （美国）OCDF Publications & Dolphin Books, 2007.
⑩ 《汉语900句》编写组，外语教学与研究出版社2006年版。
⑪ 国际语言研究与发展中心，高等教育出版社2007年版。
⑫ 王国龙主编，华语教学出版社2005年版。
⑬ 한무희、윤영근、임향섭，（韩国）부민문화사，2011.
⑭ Li Shujuan, （泰国）Duangkamol Publishing, 2005.
⑮ 王尧美、林美淑编著，高等教育出版社2005年版。
⑯ 新语言工作室编著，北京语言大学出版社2007年版。
⑰ 吴月梅主编，商务印书馆2008年版。

《商务馆学汉语近义词词典》①《汉韩学习词典》②《现代汉语学习词典》③ 等，海外出版的《岩波汉语辞典》④、Collins Easy Learning Mandarin Chinese Dictionary⑤ 等。

（六）考试辅导教材

考试辅导教材占 3.52%，包括汉语水平考试（HSK）、中小学汉语考试（YCT）、商务汉语考试（BCT）、IB 中文考试等的辅导教材，还包括日本、韩国、泰国等出版的自己的各类汉语考试和汉字考试（如日本的"中国语检定"、韩国的 TSC 汉语考试）的辅导教材。

（七）教师培养教材

教师培养教材占 4.63%。如《对外汉语教学入门（第二版）》⑥《对外汉语教学课堂教案设计》⑦ 等，系列类教材有商务印书馆"对外汉语本科教材""实用汉语师资培训教材"以及北京语言大学出版社"对外汉语教学专业教材系列"、北京大学出版社"对外汉语精品课程书系"、高等教育出版社"国际汉语教师培养与培训丛书"、外语教学与研究出版社"汉语国际教育硕士系列教材"等。

（八）教学大纲和等级标准等

教学大纲和等级标准等占 1.06%。如《国际汉语教学通用课程大纲（修订版）》⑧《汉语国际教育用音节汉字词汇等级划分》⑨《华语教学基础词库》⑩《国际汉语能力标准》⑪，还有《欧洲语言共同参考框架：学习、教学、评估》⑫《全美中小学中文教师资格大纲》⑬ 等。

---

① 赵新、李英主编，商务印书馆 2009 年版。
② 甘瑞瑗等编，北京大学出版社 2011 年版。
③ 北京商务印书馆辞书研究中心，三联书店（香港）有限公司 2015 年版。
④ 仓石武四郎，（日本）岩波书店 2009 年版。
⑤ Harper Collins，（美国）Harper Collins Publishers，2009.
⑥ 周小兵主编，中山大学出版社 2009 年版。
⑦ 陈宏、吴勇毅主编，华语教学出版社 2003 年版。
⑧ 孔子学院总部/国家汉办，北京语言大学出版社 2014 年版。
⑨ 国家汉办/孔子学院总部，北京语言大学出版社 2010 年版。
⑩ 台湾师范大学、华语文教学研究所，文鹤出版有限公司 2010 年版。
⑪ 国家汉语国际推广领导小组办公室，外语教学与研究出版社 2007 年版。
⑫ 欧洲理事会文化合作教育委员会，外语教学与研究出版社 2008。
⑬ Lucy C. Lee、Yu-Lan Lin，et al.，（美国）National East Asian Languages Resource Center，2007。

三、教学媒介语

教学媒介语指教材的注释、解释语言。汉语教材的教学媒介语达 57 种。

（一）单媒介语

单媒介语教材共 5512 册，占 54.53%。其中，汉语单媒介语教材 1761 册，占 31.95%，包括：中高级教材如《汉语综合写作教程》[1]、《发展汉语·高级汉语》[2]，华文教材如《小学高级华文》[3]《中学华文》[4]《华文》[5]《菲律宾华语课本》[6]，以及大部分教师培养教材。外语单媒介语教材 3751 册，占 68.05%，分布不均衡。排名前 10 位的为：日语 37.40%、韩语 31.96%、英语 15.73%、泰语 6.32%、法语 4.77%、越南语 1.25%、德语 0.88%、西班牙语 0.72%、俄语 0.35%、印度尼西亚语 0.27%。其他教学媒介语有意大利语、阿拉伯语、蒙古语、老挝语等。

（二）多媒介语

使用两种或以上媒介语的教材 4596 册，约占 45.47%。其中，两种媒介语的教材 4394 册，由高到低的排序为汉英（2675 册，约占 60.88%）、汉韩、汉日、汉泰、汉俄、汉法、汉越、汉西、汉德、汉印度尼西亚。三种及以上媒介语的教材 202 册。

四、适用对象

（一）适用水平

标注学习者汉语水平的共 7767 册，占教材总数的 76.84%；未标注的占 23.16%。标注明确的教材，具体情况如下：零起点 1068 册，占 13.75%；初级 3616 册，占 46.56%；中级 1308 册，占 16.84%；高级 821 册，占 10.57%。这个比例大致符合汉语教学实际情况。跨类的教材为：初级到中级 452 册，占 5.82%；中级到高级 400 册，占 5.15%。

---

[1] 李汛主编，北京大学出版社 2009 年版。
[2] 岑玉珍、杨存田编著，北京语言大学出版社 2005 年版。
[3] 新加坡教育部课程规划与发展司小学华文课程组等，新加坡 EPB 教育出版社 2009 年版。
[4] 新加坡教育部课程规划与发展司中学华文编写组，（新加坡）Marshall Cavendish Education, 2015.
[5] 吴国强，（马来西亚）Mines Publishing Sdn. Bhd., 2013.
[6] 沈文等，菲律宾华教中心 2007 年版。

（二）适用学校

标注适用学校的教材共 6486 册，约占全部教材的 64.17%；还有 35.83% 的教材标注不明确。标注明确的教材，具体情况如下：大学教材 2565 册，占 39.55%；中学教材（含初中、高中）551 册，占 8.49%；小学教材 1130 册，占 17.42%；学龄前教材 139 册，占 2.14%。跨类的情况为：幼儿园至小学 264 册，占 4.07%；小学至中学 369 册，占 5.69%；中学到大学 293 册，占 4.52%。整体看，中学教材和学龄前教材偏少。

五、出版信息

（一）出版时间

2000 年以前出版的 1373 册，占 13.58%；2001—2005 年出版的 2279 册，占 22.55%；2006 年至今出版的 6456 册，占 63.87%。

2004 年以来，我国在 140 个国家建立了 511 所孔子学院和 1073 所中小学课堂，学汉语的海外人士猛增。汉语教材出版数量、种类不断增加，是全球"汉语热"刚性需求的表现，也是 2005 年汉语作为第二语言教学事业进入跨越式发展阶段的证明。

（二）出版地

中国出版的教材 5267 册，约占 52.11%；国外出版的教材 4742 册，约占 46.91%；中外合作出版的教材 99 册，约占 0.98%。

出版上述汉语教材的中国出版社（含港澳台）共 276 家。出版数量排前六名的出版社为：北京语言大学出版社（1514 册）、北京大学出版社（801 册）、华语教学出版社（414 册）、人民教育出版社（249 册）、商务印书馆（229 册，含香港）、外语教学与研究出版社（186 册）。

相关的国外出版社分布主要为：韩国 229 家，日本 143 家，美国 83 家，法国 74 家，越南 37 家，英国 33 家，德国 31 家，泰国 15 家，俄罗斯 14 家，新加坡 14 家，菲律宾 8 家等。各国出版社分布情况与该国汉语教学发展情况基本吻合。

中外合作出版的教材，如《加油》[1]《小学华文》[2]《走遍中国》[3]《环球汉语》[4]等。中外版权贸易有两种形式，一是版权合作，二是购买版权。本世纪以来，中国大陆

---

[1] 许嘉璐主编，北京师范大学出版社、美国 Cengage Learning 出版社 2008 年版。
[2] 《小学华文》编写组，人民教育出版社、新加坡 EPB 教育出版社 2009 年版。
[3] 丁安琪等，外语教学与研究出版社、英国麦克米伦公司 2010—2011 年版。
[4] Cynthia Y. Ning, et al., 华语教学出版社、美国 Yale University Press, 2011—2016 年版。

版汉语教材为其他国家购买版权并翻译出版的很多，如《汉语会话301句》①《汉语新视野》②《初级汉语阅读教程》③《中级汉语精读教程》④《阶梯汉语·中级口语》⑤ 等；教师培养教材也有一些，如《对外汉语教学入门》⑥ 《外国人学汉语语法偏误研究》⑦ 等。

六、思　考

基于以上宏观考察，我们认为，全球汉语教材建设目前存在一些问题，需要加以解决。

（1）多媒体数量、类型少，应提升多媒体化教材的数量与质量。从多媒体形式看，音频多，视频少。很多教材只是在已编纸质教材基础上增加音频或简单视频录像，不能充分发挥多媒体优势，也不能满足自主学习的需求。今后应以实用、有效为目标，大力开发多媒体资源。设计应密切结合对象低龄化和自学类教材开发。同时配合纸质教材，开发各类多媒体教辅用具。研发团队应该是多学科、多领域人才的优化集合。

（2）资源类型不够丰富，应加强多类型教材资源的开发。专用教材的数量和种类无法满足日益增长的多元化需求；课外读物、自学类教材比较缺乏；师资培训类教材主要用于国内，为海外不同地区汉语教师编写的培训教材极少。应适当增加专用汉语教材、课外读物、自学教材及其他类型教学资源的开发。师资培训类教材建设方面可考虑分国别开发相应的培训教材，以增强其教学针对性。

（3）幼儿、中小学教材偏少，应加大低龄化教材的开发力度。适用少儿学习的教材数量有限。全球汉语学习者的年龄结构渐趋低龄，教材开发重点应以中学为主，小学次之，同时兼顾学前儿童。应加强少儿汉语教学研究，联合少儿教育专家、二语教学专家，开发低龄化汉语教材，满足急速发展的需求。

---

① 康玉华、来思平编著，北京语言大学出版社2005年版。（日本出版「中国語会話301句」（新訳第3版），张美霞、冯富荣、竹添一惠译，语文研究社2006年版；韩国出版「NEW 301 句로 끝내는 중국어회화」，崔溶澈译，경기도 파주시，2006.）

② 张世涛编著，北京大学出版社2005年版。（日本出版『中国語の「看板」を読もう』，アスク，2006.）

③ 张世涛编著，北京大学出版社2003年版。（韩国出版「북경대 중국어 독해특강 기초」，SISIA EDUCATION, 2005.）

④ 赵新主编，北京大学出版社1999年版。（韩国出版 Peking University Chinese Reading Master，SISIA EDUCATION, 2000.）

⑤ 周小兵主编，华语教学出版社2006年版。（越南出版 GIÁO TRÌNH ĐÀM THOẠI TIẾNG HOA THÔNG DỤNG，NHÀ XUẤT BẢN TRẺ，2007.）

⑥ 韩国出版「중국어 교육입문」，柳在元等译，한국외국어대학교，2011.

⑦ 周小兵、朱其智、邓小宁等，北京语言大学出版社2007年版。（韩国出版「중국어 학습자의 문법오류연구」，柳在元等译，한국문화사，2014.）

(4) 区域性教材不足，应提高海外本土教师和出版社的参与积极性。海外版汉语教材最多的是日、韩、美等国，非洲、阿拉伯地区、拉美地区教材缺乏。应加强中外合作编写者及其与出版社的合作，开发面向不同区域、不同国家的本土性教材，方便使用者，有效提升国际汉语教材建设的本土化水平。

第四节　网络资源与在线工具

教学资源，是辅助汉语作为二语及文化学习、有助于汉语文化传播的教材、教辅资料、教学课件和网络材料的总称（周小兵，2009；郑艳群，2012）。

早期教学资源主要是纸质媒体，如《现代汉语教程·读写课本》（李德津、李更新，1988）。之后数码产品出现并逐步普及，部分纸质教材配套多媒体CD/DVD等形式，如《新实用汉语课本》（刘珣，2009）和《汉语乐园》（刘富华、王巍，2007）。网络时代学习资源以计算机、平板电脑为载体，以网络平台形式呈现，如中文帮、Mandarin Matrix、北京语言大学出版社旗下国际汉语资源中心和慕课中心等。

网络普及，资源日益丰富，为国际汉语教学提供了诸多选择。《国际汉语教师标准》（国家汉办，2007）指出，"教师熟悉并掌握有关计算机的基本知识与操作方法，了解常用的现代化教学手段及网络技术，并能用于汉语教学实践"。利用网络资源、在线工具成为教师的必备素质。以往加注拼音、查找生字词、新旧词语关联、课文改换调序等多靠人工，费时费力，容易出错，效率很低。现在使用网络资源和在线工具，可大大提高效率。

一、国际汉语网络资源

（一）课程教材资源

1. 基础知识

课程教材资源指能够与课程教材配套使用的辅助性的网络资源，包括多媒体课件、电子教案、教学视频（或MOOC）、音频和图片等。如北京语言大学出版社旗下的课程教材资源网站（http：//www.blcup.com/Res），目的是辅助该社出版的纸质教材。其主板块有四类：

（1）教材资源。主要是对纸质教材的扩展和补充，包括电子教案、教学课件、习题测试及答案、录音文本、配套音频、图片资源、视频资源和教材介绍。

（2）教学参考。下设教学教法、教学动态、教学研究和教学示范，涵盖分课型教学演示、课堂活动设计、教学反馈、教学研讨会会议资料等。

（3）文化资源。兼顾中国当代文化和传统文化、世界遗产和非遗文化，注重商务文化、饮食文化和汉字文化。另外，还有文学经典、美图、音乐和影视欣赏等方面的资源。

（4）精品欣赏。包含中国传统相声、敦煌壁画和民歌等，促进对中国文化精粹的了解，对学习兴趣的培养。

2. 操作建议

课程教材资源可以在不同程度上满足教师的需求。如北京语言大学出版社的教材资源涵盖多部教材，如《发展汉语》《成功之路》《新实用汉语课本》《轻松学中文》等。教师如果正使用上述教材，备课时可以阅读教案和参考课件、观看视频，根据学生水平和需求，因地制宜地进行教学。另外，北京大学出版社的对外汉语教材也配有较为完备的资源。例如，张老师正在准备《初级汉语精读教程2》第三十一课《既然选择了，就不太后悔》，她可以使用本课的电子教案。电子教案清晰地展示了教学任务和教学实施的每个环节，教师均可参考、借鉴和修改，以便明确该课的词汇、语法点内容及主要教学环节的衔接与过渡。

课程教材资源平台将提供更多的扩展性资源。教材的课次可适当减少，平台可提供更多选学课次供教师选择。但是，教材资源建设也面临两个问题：①通用教材资源多，国别化资源缺少（周小兵、陈楠，2013）；②因配套资源相对完善，教师依赖性高，使部分教师创造、整合资源的能力下降。

（二）自主学习资源

1. 基础知识

自主学习资源指可供学习、复习、提高听说读写等语言技能的学习资源。纸质教材中的课后练习、配套练习册和配套CD都可视为该类资源。网络自主学习资源是指利用网络获取、加工和产出知识的平台，其特点是趣味性和呈现方式多样性。Mandarin Matrix是有代表性的自主学习平台（http：//mandarinmatrix.org/products/mmx-online-classroom）。

Mandarin Matrix是香港P3出版社与英国剑桥大学出版社合作出版的240本系列中文图书的配套网络学习平台。该平台将学习和游戏有机结合，具有交互性、趣味性和挑战性。学习者通过系统学习，可以掌握2500个汉字。该产品曾获2013年度美国学术选择奖"智能媒体奖"，对教师辅助教学起重要作用。

学生可以通过注册账户，进入Mandarin Matrix学习页面，选择要学习的读物。每个读物都是一个10页的小故事，其页面包含文字、声音、拼音和全球语言设置。每个故事都是围绕5个主人公的生活展开，渗透了情境教学法的理念。读物后面配有多种形式的练习，如：①阅读理解练习与测试。通过搭配和选择，检验学习者对读物的理解、词汇记忆和汉字识别。②写字练习与测试。通过动画视频展示每个汉字的笔画，提示学生每个汉字的结构,学生可以进行自主练习,还可以反复观看。③听力练习与测试。强化每本书的听力理解与语法点,学生可以重复聆听。④口语练习与测试。帮助学生大声练习句子结构,增强学习汉语的积极性和信心。

上述练习与测试,可实现自动评分。只有写汉字和口语练习需要老师在教师页面进行评分。完成读物后,自动进入进度页面。学生可以看到自己的学习情况,掌握自己的强项和弱项。每本读物可反复学习。学生还可查看高分排行榜和完成最多读物的学生排行榜。

2. 操作建议

张老师最近正使用《汉语乐园》实施儿童汉语二语教学,她选择了 Mandarin Matrix 作为课后补充教学资源。那么,作为教师的她该如何使用该平台呢?

(1) 整体把握资源。张老师可从宏观和微观两个角度把握自主学习资源平台,从课内学习的针对性出发给学生推荐读物,避免自主学习的盲目性。如推荐学生课后自学读物《麦思和美美》,完成阅读、写字、听力和口语方面的练习和游戏,使学生们了解中国十二生肖的故事,培养他们对中国文化的兴趣。

(2) 全程激励学生。张老师应对学习者实施自主学习监控和创造鼓励机制,使学习者在整个学习过程中循序渐进、持之以恒,提高学习效率,增强学习效果。例如,张老师组织学生学习读物《麦思和美美》,每个学习小组内都应该及时统计大家的读物完成和得分情况,张老师可以依据学生的情况进行个性化教学。

(3) 全员互动分享。张老师可以组织学生进行课堂互动和分享,交流阅读读物《麦思和美美》与使用自学平台 Mandarin Matrix 的心得体会,从中培养学生的学习兴趣。另外,她还应该推动学习者小组内合作学习,共同进步。

(三) 互动合作资源

1. 基础知识

互动合作资源是以真实交际情境为载体、以社交软件为工具的学习材料(Dudeney & Hockly, 2011)。例如,近年来开发的"中文帮"(http://chinesebon.com/index),是由中国外文局、国家汉办、国家侨办指导支持的中文学习与应用国际化传播平台,是全球首个以 C2C 为核心业务的社交化中文在线学习应用平台。"中文帮"坚持视频化、移动化、社交化的产品理念,实现中外跨国教育新模式。其平台包括中文教师和课程、培训机构、数字出版资源,为全球中文学习和应用提供全链条互联网服务。学习者可以通过检索课程场景、授课语言及价格区间等选择适合自己的老师,也可通过语种、价格区间及性别等检索适合自己的语伴。

2. 操作建议

大卫是一名中级汉语学习者。随着学习的深入,他认为有必要找一个语伴一起学习和提高汉语表达水平。在这个过程中,教师和语伴该发挥哪些作用呢?

(1) 给予建议。教师应给出话题和教学资料方面的建议,不可放任学生寻找语伴漫无边际地聊天。这样有助于加强口语训练的针对性。例如,大卫在上网寻找语伴前可以获取张老师的建议。张老师给定大卫一个话题——爱心,并给出一些参考词汇(如奉献、价值、帮助及快乐等)。大卫在实际操练中可以围绕主题,进行有目的的词汇学习和口语练习。

(2) 实时指导。在互动过程中张老师应加强对大卫的指导和监控,将课内的语言知识与技能训练同课后互动学习有机结合起来。例如,张老师可以要求大卫在和语伴聊天时进行录音或录像,并根据大卫的表现给予反馈。

(3) 多元评估。大卫可以针对自己的学习效果自我评估。另外,大卫的语伴也可以帮他记录交流中出现的问题,并给他打分。

针对语伴的平台现已运行,但适合语伴间练习的话题与资源尚未研发,未来应加强该方面资源的建设。例如,可编写针对语伴介入的互动式口语教材,包括学习者用书和语伴用书,并辅以信息差和任务式的编写手段,真正提高学习者口语水平。

有研究证明,社交媒体(如Facebook)和视频网站(如YouTube)有利于提高外语学习者的跨文化交际能力(Benson, 2015; Jin, 2015)。那么,网络互动资源的促学机制如何?如何选择适合学习者的互动工具、互动内容和评估方式?这些问题仍需进一步讨论研究。

二、国际汉语在线工具

在线工具包括文本难度评估工具和在线写作交互工具。

(一) 文本难度评估工具

1. 基础知识

"汉语文本指难针"是一款面向对外汉语教学和教材研发的在线文本难度评估工具。该工具基于大规模"国际汉语教材语料库",依托大数据智能技术,是一种新的以文本难度分析为核心内容的工具。"汉语文本指难针"为大家提供了在线免费使用的机会,以推动对外汉语教学、教材编写、修订和科研工作的进一步开展(金檀 等,2016)。

该工具的词汇反馈功能主要采用《汉语国际教育用音节汉字词汇等级划分》(中华人民共和国教育部、国家语言文字工作委员会,2010)(以下简称《等级划分》),将音节、汉字、词汇等级分成一级、二级、三级和高级"附表"。在例句查询功能中,该工具依据"全球汉语教材库"中的15000多册教材信息数据,搭建了一套完整的检索系统,以实现基于词语查询例句的功能。

2. 研究应用

"汉语文本指难针"的工具网址为 http：//www.languagedata.net/editor/，其操作界面如图 6.1 所示。

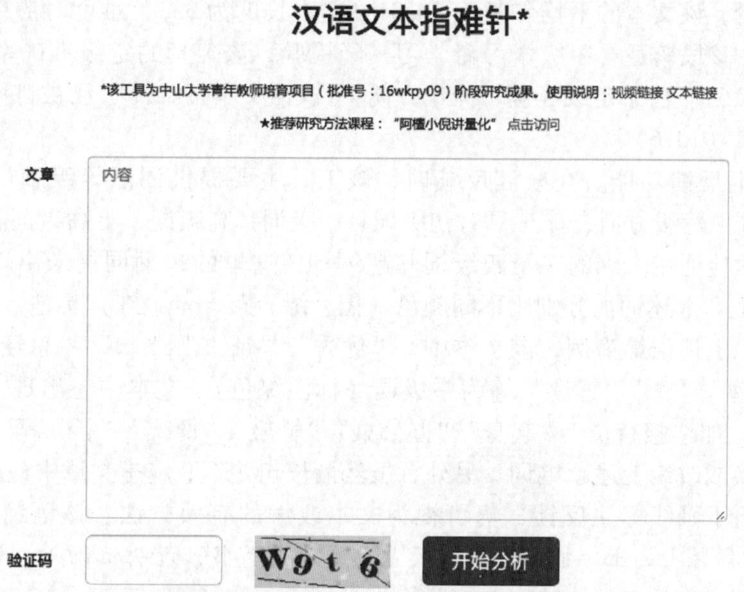

汉语文本指难针*

*该工具为中山大学青年教师培育项目（批准号：16wkpy09）阶段研究成果。使用说明：视频链接 文本链接

★推荐研究方法课程："阿壤小倪讲量化" 点击访问

文章 ｜ 内容

验证码 ｜ [W9t6] [开始分析]

图 6.1 "汉语文本指难针"操作界面

我们可以将要分析的文本内容输入"文章"一栏，并根据提示输入相应验证码，点击"开始分析"，工具即可实现对文本的自动分析。

（1）文本定级功能。我们以《发展汉语》中级综合（Ⅱ）第五课的课后练习为例进行测量。

最优秀的简历和证书

公司要招一名接待员，却来了四十多人。总经理让每一个人去他的办公室面试。这些人，不是拿着厚厚的简历，就是抱着各种各样的证书。

面试了一个又一个，总经理都不满意。这时，有人轻轻地敲了三下门，进来一个青年，他没有拿证书，只拿了一份只有一页纸的简历。他在门口蹭掉鞋上的土，进门后随手关上了门，礼貌地递上简历。地上有本书，他很自然地捡起来放到办公桌上。谈话的时候，一位腿有毛病的老人走进来，青年连忙起身扶他，给他让座。

面试结束后，总经理说："这个青年我用了！"其他人不理解："他简历那么少，什么证书也没有，为什么是他？"

总经理说:"其实他带来了最优秀的简历和证书!他轻敲三下门,说明他有礼貌;他搀扶老人,并且给老人让座,说明他善良;进门时,蹭掉鞋上的土,捡起那本我故意放在地上的书,说明他细心,而别人都好像没看见一样。我们招的是接待员,还有比他更合适的吗?"

通过测量,该文本的平均句长为20.81,文本长度为333,难度对应中级水平。这说明,教材中该段落适合中级学习者学习。经检验,该工具的定级准确率已超过90%(林星彤,2016)。由于定级准确、操作方便,"汉语文本指难针"已被许多二语研究所采用,如许琪(2016)。

(2)词汇反馈功能。在改编反馈时,该工具主要提供词汇等级和最长句的标注(图6.2)。词汇等级方面,该工具对初级词、中级词、高级词、更高级词和超纲词进行标注,分别对应通用大纲的一至四级词和超纲词,这里的超纲词指未出现在《等级划分》中的词汇。上述词汇分别用不同颜色(黑、绿、黄、紫、红)标注。

我们仍以上述语篇为例,该文本中,"优秀""证书""却""总经理""面试""礼貌""让座""着""善良"等为中级词(标注绿色)。文本中还出现了一些超纲词(标注红色),如"接待员""起身""办公桌""轻敲""搀扶""捡"等。教材编写者可视情况替换或改编上述超纲词。另外,虽然最长句并不一定是文章中最难的句子,但对最长句进行下画线标注反馈,仍可视为文本改编的有效方法。该语篇的最长句为:"进门时,蹭掉鞋上的土,捡起那本我故意放在地上的书,说明他细心,而别人都好像没看见一样。"

汉语文本指难针

标注词语

☑超纲词 ☐更高级词 ☐高级词 ☑中级词 ☑初级词 ☐专有名词   显示标注

原文

最优秀的简历和证书公司要招一名接待员,却来了四十多人。总经理让每一个人去他的办公室面试。这些人,不是拿着厚厚的简历,就是抱着各种各样的证书。面试了一个又一个,总经理都不满意。这时,有人轻轻地敲了三下门,进来一个青年,他没有拿证书,只拿了一份只有一页纸的简历。他在门口蹭掉鞋上的土,进门后随手关上了门,礼貌地递上简历。地上有本书,他很自然地捡起来放到办公桌上,谈话的时候,一位腿有毛病的老人走进来,青年连忙起身扶他,给他让座,面试结束后,总经理说:"这个青年我用了!"其他人不理解:"他简历那么少,什么证书也没有,为什么是他?"总经理说:"其实他带来了最优秀的简历和证书!他轻敲三下门,说明他有礼貌;他搀扶老人,并且给老人让座,说明他善良;进门时,蹭掉鞋上的土,捡起那本我故意放在地上的书,说明他细心,而别人都好像没看见一样。我们招的是接待员,还有比他更合适的吗?"

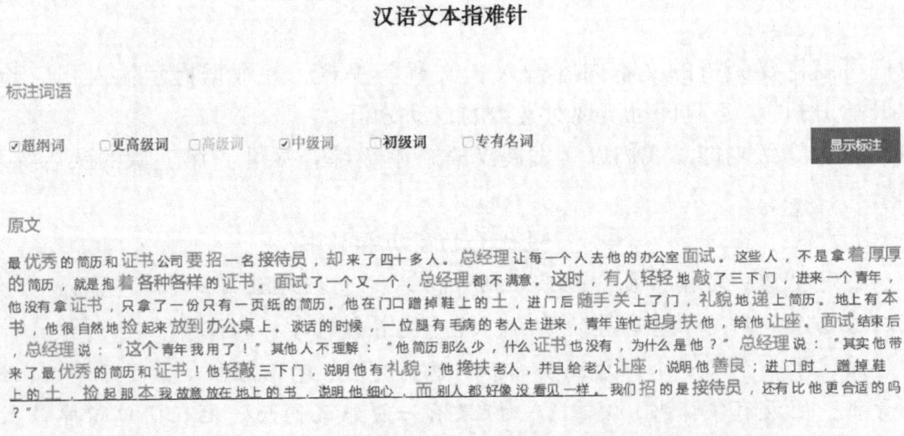

图6.2 标注词语

想进一步了解字词分布,还可使用"汉语字词小档案"(http://www.languagedata.net/clpat)。该工具包括"汉字档案分析"和"词语档案分析"。

"汉字档案分析"对不同等级的字数、字种数、分布和累积分布进行统计。通过表6.3对所选文章用字的数据分析可知,一、二级字的累积分布(一、二级字分布比例的和)达到99.09%,说明绝大多数汉字为初中级水平,汉字选取比较合理。

表6.3 汉字档案分析

字表	字数/个	字种数/种	分布/%	累积分布/%
一级	312	132	94.26	94.26
二级	16	10	4.83	99.09
三级	0	0	0.00	99.09
三级附录	3	2	0.91	100
超纲字	0	0	0.00	100
总计	331	144	100	100

说明:"三级附录"字指在《等级划分》高级"附表"中的汉字,超纲字是超出《等级划分》字表的汉字。

"词语档案分析"主要对不同等级的词数、词种数、分布、累积分布、每句分布和每句累积分布进行统计(表6.4)。通过表中数据可知,一、二、三级词的累积分布达90.83%。从这个角度来看,这篇文章比较适合中级汉语水平学习者阅读。

表6.4 词语档案分析

词表	词数/个	词种数/种	分布/%	累积分布/%
一级	171	92	74.67	74.67
二级	30	17	13.10	87.77
三级	7	2	3.06	90.83
三级附录	2	1	0.87	91.70
专有名词	0	0	0.00	91.70
超纲词	19	14	8.30	100
总计	229	126	100	100

说明:"三级附录"词指在《等级划分》高级"附表"中的词;超纲词是超出《等级划分》词表的词语;专有名词主要包括人名、地名、组织机构名等,如"杜甫、北京、保险公司"等。

(3）例句查询功能。在查询例句时，该工具依据"全球汉语教材库"中的3212册/种教材语料信息，基于"频数驱动"理念，筛选出最具代表性的教材语料数据，从而实现通过词语查询例句的语料库检索功能。使用者可以根据需求，输入特定词语（如"见面、满足、都、了"等），找出各类教材中该词汇或语法点呈现的句子或语篇，用于编写教材、教辅或教学实施。使用者可以通过"查询"功能，明确某些超纲词在教材语料库中的使用情况，进而决定对这些词汇的取舍。

例如，文本中出现超纲词"搀扶"，点击该词，进入查询，使用者会发现教材语料库中只收录了两个例句，且均来自高级教材。这说明，作为超纲词，该词在其他教材中使用较少。进入教材时，可以考虑将其改为"扶"。

在选取文本时，该工具的文本定级功能对教师来说很有帮助。通过工具的分析，每一篇文本都可以对应一个难度值和难度等级，从而帮助教师解决过去选材时主要靠个人经验和主观判断的问题。在改编文本时，该工具的词汇反馈功能可为教师提供有效的参考，从而帮助教师解决过去改编文本时因缺乏参考而过于随意的问题。在教授生词时，该工具的例句查询功能可为教师提供相应的例句参考，从而帮助教师解决过去编写例句困难的问题。

（二）在线写作交互工具

1．基础知识

在线写作交互工具是指网络平台技术支持下的基于共同准则和价值观的协作性产品（Tagg，2015）。常见的在线写作工具是维基写作平台。维基指一种超文本系统，是多人协作的写作工具。维基站点可以有多人维护，每人可以发表自己的意见，或者对共同的主题进行扩展或者探讨，其发明者是一位 Smalltalk 程序员沃德·坎宁安。[①]

用户可以轻松实现修改、创造和链接网页。维基写作平台以讨论页（Talk Page）为基础。讨论页是供每篇特定维基文章编辑使用的网页，也是供新用户学习的非正式且必要的机制（Tagg，2015）。在国际汉语教学中，维基可以作为学习者协助学习的工具。

2．研究应用

学习者使用维基的最佳方法是启动一个简单的协作式写作项目（Dudeney，Hockly，2011）。假设以"我的暑假计划"为题，学生两人一组写一下自己的暑假计划，该写作项目可以通过维基网站完成。

（1）注册维基账号。登录 http：//zh.wikipedia.org，注册一个新用户，如注册一个"中文维基写作"的账户。

（2）项目及要求。点击"用户页开始编辑'User：中文维基写作'页面"。

---

① http：//www.baike.com/wiki/维基.

教师在维基网页上首先给出项目的话题以及对学生的具体要求。如：命题作文《我的暑假计划》，要求内容具体，语句通顺，字数在 200 字以上。

(3) 利用平台写作。学习者登录账号，进入编辑区，写下自己的个人信息（姓名、学号等）。然后开始进行正文部分的写作（图 6.3）。

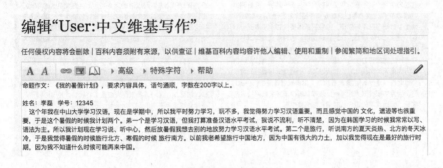

图 6.3　维基平台编辑区

写作结束，需要在"编辑摘要"栏描述做出的修改。由于本稿为学习者的第一稿，因此可以选择"内容扩充"。在页面底部按下"显示预览"，检查无误后，选择"保存编辑"（图 6.4）。

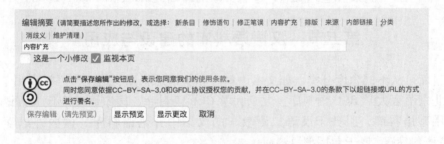

图 6.4　维基平台编辑保存

(4) 修改。学习者的作文全部上传到维基后，让他们读一下别人的作品。教师和同伴都可以在维基写作平台上修改他人的文章。我们尝试修改一篇学习者的作文，修改完毕，点击网页下端"显示修改"，出现两个版本（图 6.5）：左侧版本是学习者的第一稿，右侧版本是他人修改后的第二稿。修改者可以在"编辑摘要"中选择"修饰语句、修正笔误"，然后点击"保存编辑"。

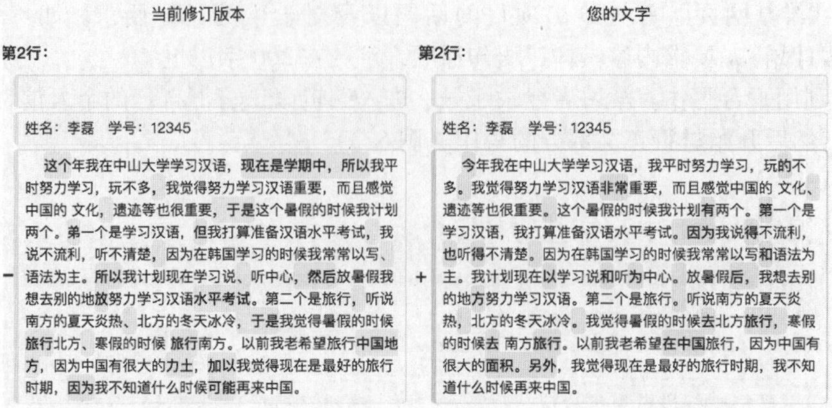

图 6.5　作文版本对比

学习者的作文第一稿，可以被不同的修改者修改，生成第二稿、第三稿……以此类推。每次的修改记录都可通过"查看历史"检索。

维基可以从多方面促进教学，最显著的功能在于维基平台会保留学习者从初稿到终稿的所有修改稿。第一，教师可以清晰地看出学习者的语言发展过程，进行有的放矢的教学；第二，学习者可以总结自己的不足，有利于自主学习和合作学习；第三，师生借助平台可以增加、扩展和重组观点，增减文章的篇幅（Mak，Coniam，2008）。

第五节　汉语语料库的建设与应用

语料库可从不同角度分类，如文本语料库和口语语料库、通用型语料库和专用型语料库。北京语言大学 BCC 语料库、北京大学 CCL 语料库、国家语委现代汉语语料库等属于通用型语料库，服务于汉语二语教学的汉语中介语语料库（国内外语学界称为"学习者语料库"）属于专用型语料库。

陆俭明（2012）指出，汉语中介语语料库的建设和应用有助于客观了解汉语学习者的习得表现和发展过程，有助于揭示学习者汉语学习的规律，是进一步改进汉语教材、革新汉语教学方法、提高汉语教学质量的基础。中国大陆公开的汉语中介语语料库，主要有北京语言大学 HSK 动态作文语料库（以下简称"北语 HSK 语料库"）和中山大学汉字偏误标注的连续性中介语语料库（以下简称"中大中介语语料库"）。本节以它们为例介绍中介语语料库的建设和应用。

一、语料库建设

语料库建设有一定的流程和步骤。建库前进行总体设计规划，明确建库目的和功能；然后收集、录入语料；之后标注语料，开发语料库管理软件和检索工具；也可开发附属子库。建成后应上网试运行，根据反馈意见完善功能。确定语料库各项功能稳定后，开放使用（图6.6）。

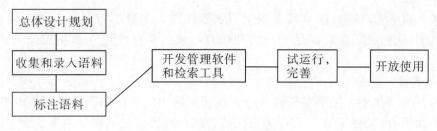

图6.6 语料库建设流程

（一）总体设计，明确建库目的和任务

语料库建设是一项复杂的系统工程，建库前应做好设计，确定建库目的。设计内容如：建立什么样的语料库？规模多大？收入平时语料还是考试语料？语料背景信息包括哪些方面？语料应标注哪些内容？标注规范如何？这些问题不弄清楚，语料库建设就可能先天不足。

（二）语料的收集和录入

语料质量决定了语料库的使用价值。目标不同，语料类型不同，语料来源不同。汉语中介语语料库的主要目的是对汉语学习者的汉语进行全面、系统、真实的调查和描述，通过与学习者第一语言语料对比，确认学习者的主要困难。因此，在收集录入语料时要注意以下因素。

1. 真实可靠性

中介语语料库大多包括试卷作文和自由作文。北语HSK语料库都是试卷作文；中大中介语语料库主要是自由作文，包含少量试卷作文。两类语料各有利弊。试卷作文在一定程度上反映学习者的写作水平，考场压力使他们无暇他顾，能发挥平时水平；但学习者考试时的压力和焦虑感使作文呈现非常态的语言运用，数据"自然性"较弱。自由作文更符合学习者语言运用常态，数据更自然、真实、可靠；但可能存在抄袭、水平失真的情况。因此，收集语料前，教师必须先检查作文，力求反映学习者正常水平。同时，一定要避免录入教师修改过、加工过的二手语料。

录入语料时，应在语言和文字、标点符号等方面确保学生写作原貌。键盘输入的语料，必须仔细校对。再现错字、标点原貌，是语料库建设的难点。中大中介语语料库在输入时利用光电扫描技术辅助生成电子文本语料。因语料的格式、书写与标点符号等原始面貌在原始语料中才能得到真实体现,北语 HSK 语料库和中大中介语语料库都附带有语料原始扫描本。

2. 代表性

代表性指所选语料要能真实反映学习者整体或大多数学习者的汉语面貌与水平,"语料库的代表性决定研究问题的种类和研究结果的普遍性"(道格拉斯·比伯 等,2012)。

3. 平衡性

(1)国别平衡性。国别平衡性可分为建设实践中的平衡和研究视野中的平衡。建设实践中的平衡,指在建库过程中力求保持各国语料数量的平衡。由于受到客观限制,各国、各母语者的语料呈现不平衡状态;但这种不平衡又是客观现实的真实反映。研究视野中的平衡,指研究者在使用语料过程中,针对某一个检索点,要求能从语料库中抽取数量平衡的各个国家的语料,以满足研究需求。例如,研究者需要研究韩国、俄罗斯、美国三个国家学生"把"字句习得情况,需要从语料库中抽取每个国家学生各 50 句"把"字句;尽管语料库中韩国人语料远远多于俄罗斯人和美国人的语料。

因此,应想方设法增加语料中数量较少的国别语料。北京语言大学在建的全球汉语学习者语料库,调动各个地区和学校参与,可以发挥各地优势,增强语料的丰富性和多样性。

(2)层级平衡性。层级平衡性指初、中、高各层级语料的平衡。目前的语料库中,初级水平的语料比较欠缺。增加初级水平语料,就要注意收集学生日常练习、造句等零碎输出。中大中介语语料库收集并标注了初、中、高不同阶段学生的作文(每阶段内有细化水平划分,初级语料有一部分造句),语料库中 75% 的学生都经历了初、中、高级三个阶段的学习过程。这样,既可做不同级别的习得情况的整体研究,也可做个体学生的语言追踪研究(张瑞朋,2012)。

(三)语料相关背景信息的收集与整理

背景信息是语料的灵魂。背景信息包括两种。

1. 作者背景信息

作者背景信息包括:年龄、性别、性格、学习动机、文化程度、国别、民族、职业、母语或第一语言、外语及其熟练程度、是否华裔、是否有汉字背景、所学专业、学历教育或进修、年级、学习汉语的时间长短、学习地点,等等。如果更为具体的话,还有使用教材、交际范围等。是否华裔以及母语或第一语言很重要。母语或第一语言对二语习得情况深层原因的分析有重要价值。

2. 语料文本的背景信息

语料文本的背景信息指语料产出时的信息，包括：语料体裁、题材、话题等，语料产出时的字数要求，语料产生方式（如书面或口头，水平考试作文、平时考试作文、平时练习、回答问题时的成段表达等），语料评价（如成绩、得分），语料长度，等等；有的还包括文本产出时间、地点和提供者。

（四）语料标注

1. 人机互助

语料库的分词和词性标注，大多采用人机互助的标注方式。近年来北京语言大学荀恩东研发的"基于 web 的语料协同标注系统"在语言项目的标注上实现了"人机互助""人人互助"。一名标注员在网络上标注，其他标注员都能看到其工作过程，可对其标注情况提供意见，多名标注员可以在网络平台上协调工作，同时可保证标注代码统一，避免人工输入标注符号时的错漏和不匹配问题，从而大大提高了标注的科学性与效率（荀恩东，2012）。

2. 标注精细度

标注的问题如：是否所有字、词、句等偏误都要标，怎么标。语料标注工作繁琐、细致。从用户角度看，标注越详尽越好；但标注者却要考虑标注的可行性。因此任何标注模式都是在二者之间求得一种妥协的产物（郭曙纶，2011）。

目前中介语语料标注大多根据研究者的需求，如研究汉字主要标注汉字偏误，研究语法主要标注词性和语法偏误。然而，就充分发挥语料库的语言学研究价值而言，可以建设两类语料库：干净文本库和标注文本库。这两类语料库应该互补共存。

在充分标注前，可先提供干净文本，再根据研究需要逐步完善标注。例如，要研究特殊句式在习得中的回避和泛化问题，需要精细标注相关内容的语料（基础标注＋偏误标注）；要研究易混淆词及编写易混淆词词典，则未必需要借助详细标记的文本。又如研究语体风格在二语习得中的表现，文本直接阅读和具体项目标注就显得同等重要（施春宏、张瑞朋，2012）。

在实现大规模数据的前提下，根据建库目的和要求，对某些语言点精标，某些语言点粗标，是行之有效的方法。如中大中介语语料库在大量扩充语料规模的前提下，先对偏误汉字实现精标，再逐步增加完善各项标注，以提高语料库使用效率。

（五）检索工具要求

1. 检索项目

一个语料库可以提供什么样的检索，关系到语料库能否为用户提供他们所期望的语言材料，也关系到语料库的利用程度。

北语 HSK 语料库可进行字、词、字符串检索，错句检索，错篇检索和全篇检索。字符串检索分单字符串检索、词语检索和字符串检索。在字词检索时可以显示全部用例，也可以按照错误类型检索。在句子检索方面，提供了把字句、被字句等 30 种错句检索。

中大中介语语料库的每篇语料包含专业等级、国别、作文题目、性别等信息，检索工具可根据这些字段名考察某个等级学生某个语言项目的使用状况。如果想考察错字原貌和上下文，可在工具检索栏里输入"CZ"和正确汉字。如在检索栏里输入"CZ【旅】"，就会检索出"旅"的各种错字所在的句子。

中大中介语语料库还建有专门的错字数据库，用户只需输入想要查询的正确汉字即可输出这个汉字在语料库中的所有错误形式，并且附带该错字所在语料编号、作文题目、国别、级别、性别、年龄、学习时段等基本附属信息，查询结果以图片形式呈现，操作简单方便。该错字数据库是该语料库的附属系统，可随语料库的扩充而增加错字种类和数量。

2. 检索的便捷性和结果显示

便捷性主要体现在检索工具是否简单易操作，检索界面是否明白易懂。北语 HSK 语料库无论是字符串、错句、错篇还是全篇检索都很便捷，一目了然。字词和字符串直接输入检索即可，错句检索则可以下拉选项，而且错句选项十分丰富。如果用户要搜索特殊结构或者有特殊要求，在网站首页点击"帮助"，可显示语料库使用说明和标注说明（张瑞朋，2013）。

检索结果排列是否整齐美观，字号大小是否合适，是否方便用户整理阅读，能否提供一定的下载功能，也是衡量语料库效能的重要因素。

二、语料库的应用

使用语料库，可以比较方便地对各种数据进行量的统计。如北语 HSK 语料库在建设构想中明确指出："运用本语料库，研究者可以进行多方面的研究。例如汉语中介语研究、第二语言习得研究、对外汉语教学理论研究、对外汉语教材研究、汉语水平考试研究、汉外语言对比研究、汉语本体研究，等等。"（张宝林 等，2004）

（一）字频词频统计

大多数语料库工具都提供字频词频统计功能。字频统计相对简单，统计结果可以为汉语本体语言研究提供参考，为汉语教材和各类大纲生字的选择提供依据。用户还可根据文本的正字或错字频率，考察学习者的汉字习得情况。例如，统计泰国学生语料中正确汉字频率，错字、别字频率，可明确哪些汉字泰国学生掌握得较好，哪些汉字容易写错，哪些汉字容易写别，进一步分析其中原因，制定相应的教学策略，以提高泰国学生汉字书写教学的效率。

对于汉语"词"没有一致认可的定义，书面语没有自然切词，"切词"成为一个难题。"现代汉语词频统计"课题组采用一定的检错技术，显著提高了正确切分率。基于词频统计，可以考察中介语中汉语词汇应用情况。张博等的《基于中介语语料库的汉语词汇专题研究》（2008）就是基于北京语言大学"汉语中介语语料库"和特定国别学习者的作文、译文语料，通过中介语词汇分布和词语偏误统计，考察外国学生汉语词汇的学习状况和难点；并对比汉语词汇与学习者母语词汇的共性与差异，揭示深隐在母语者语感背后的汉语词汇特点和规律。

（二）语法研究

利用汉语语料库可以对汉语语法展开各种语言层面的研究。如对句子结构、句型以及语篇和文体进行分析，进而分析语言习得情况。肖奚强等的《汉语中介语语法问题研究》（2008）利用外国学生汉语中介语偏误信息语料库，对比不同水平学生学习某些句式正误用例的数量和比例、中介语和汉语母语者的使用情况，得出其习得难度与顺序，并提出教学分级和排序建议。

赵金铭等的《基于中介语语料库的汉语句法研究》（2008）以北京语言大学"汉语中介语语料库"中的材料为依托，采取定量研究与定性分析相结合的方法，对汉语中某些重要句式、句法成分和虚词的习得状况进行描写和分析。基于语料库的统计分析使研究结论更准确，体现了语言学发展的进一步科学化。

（三）教材编写

利用语料库编写教材逐渐成为学界热门。对此可以从两方面考察。

1. **生词选取和处理**

可以在较大规模的语料库中统计高频词，人工干预选取真正的常用词作为教材生词；同时可以根据词频等信息对生词出现顺序进行排序。也可以统计对比各种相关教材已有生词，得出高频出现的生词，作为新教材的生词列表。

在生词处理方面，语料库技术可以保证生词不会重复出现，还可以从技术层面减少超纲词。同时，有了语料库技术，给出的生词释义和例句会更真实，更丰富。生词释义中的例句来自语料库中的真实例句，释义也给出与课文句子及例句相关的意义，针对性更强。

2. **课文素材难度控制**

可以统计候选文本的长度、用字量、用词量、超纲词数量及比率等数据，据此决定是否将该文本选用为课文。课文词汇等级也可以用语料库技术进行干预，严格控制词汇等级，合理安排各级词汇分布比例。可以根据课文长度、词汇等级、词汇难度等和课文难度相关的数据统计来确定课文排序。此外，还可以考虑语法点出现的顺序以及语法点出现的多少，尽量选择共有字词比较多的素材来作为课文，以提高生字词的复现率，提高教学效果。

（四）对于词典编纂的作用

大型语料库对于词典编纂极有用处。词典正文中的词义解释、例句和词语使用频率标记等都可以来源于实际语料库。词典编纂者可以从数百万字的语篇语料中查找出某个词或短语的用法实例。这样，词典的编纂和修订速度可以大大加快，可以及时提供新的语言信息，大量的自然语言实例可以使词的定义更加完整和确切。

面向汉语母语者的学习词典可以基于母语语料库，面向外国学习者的学习词典可以基于中介语语料库，外语词典则可以基于外语语料库。

三、结　语

目前中介语语料库都是研究驱动的。从发展前景看，我们还应该做以下工作。

（一）建立面向应用的语料库

使学习者可以自己使用语料库。这类语料库能够自动记录学习者的学习状态，将学习的结果记录到相应的语料库中，通过语料库的计算分析，为学习者生成学习分析报告和建议。甚至还可以将相关分析结果反馈给教师，教师据此来评估教学效果、安排新的教学计划等，从而形成教与学深入互动的局面。这种带有"个性"的语料库，既可以给学习者以即时的反馈，也可以有效地充实语料库的语料。

（二）建立口语语料库和多模态语料库

目前，汉语母语者口语语料库主要是北京语言大学的北京话口语语料库和中国传媒大学的有声媒体文本语料库，中介语口语语料库只有北京语言大学的汉语口语语料库。口语语料库的建设已引起学界重视，希望不久的将来能建成若干口语语料库。

建立多模态语料库目前也已提上日程。多模态语料库即将文本、声音和图像高度结合，利用专业软件工具，处理多媒体视频信息，通过标注和文字转写，实现对视频所载负的多模态信息进行语音、词汇、语法、音律、表情、身态的交互分析，实现对话语行为的综合分析和理解。这将为语言学及应用语言学的研究带来更新的研究工具和视角。

思考与练习

1. 教材分类可以从哪四个角度考虑？

2. 对你或者你们学校使用的若干部教材进行分类，并解释分类标准和理由。

3. 教材评估可以分为哪几种类型？每种类型的功能、特点是什么？

4. 教材评估的具体标准有哪些？

5. 请使用相关标准，对某部教材进行使用前评估，记下评估结果；在使用后再对该教材进行评估，写下评估结果。对比两个评估结果，找出异同，并解释原因。

6. 进入中山大学国际汉语教材研发与培训基地网站，根据你选择教材的需要（如泰国中学生使用的综合教材），输入相关字符，查找并记下网络上显示的教材信息，看是否符合你的需要。

7. 举出几种常见的国际汉语网络资源，说明它们的内容、功能、特点。

8. 请使用中山大学国际汉语教材研发与培训基地研发的"字词档案"分析教材中任意一个文本，并判断该文本是否适合当前的教学对象。

9. 请组织学生使用维基写作。思考：维基写作与纸笔写作的差异有哪些？

10. 登录附录中的语料库，对比、分析这些汉语语料库有什么相同点和不同点。

11. 运用某个语料库查询一个语言项目，并对相关查询结果进行考察。

12. 运用文中所提到的语料库工具，自己输入一个文档，统计字频和词频，看看哪些字词是高频字词，这些字词有什么特点。

13. 除了本章讨论过的内容，你认为语料库还有哪些方面的应用功能？

本章参考文献

[1] 北京语言学院. 实用汉语课本［M］. 北京：商务印书馆，1981.

[2] 辞海编辑委员会. 辞海［Z］. 上海：上海辞书出版社，1979.

[3] 陈楠，杨峥琳. 基于学习策略的汉语教材练习本土化研究［J］. 世界汉语教学，2015（2）.

[4] 程晓堂，孙晓慧. 英语教材分析与设计［M］. 北京：外语教学与研究出版社，2011.

[5] 道格拉斯·比伯，苏珊·康拉德、兰迪·瑞潘. 语料库语言学［M］. 北京：清华大学出版社，2012.

[6] 德范克. 高级汉语课本（汉字本）［M］. 美国：Murray Printing Co，1968.

[7] 郭曙纶. 汉语语料库的建设及应用［M］. 上海：上海外语教育出版社，2011.

[8] 郭曙纶. 汉语语料库应用教程［M］. 上海：上海交通大学出版社，2013.

[9] 国家对外汉语教学领导小组办公室. 高等学校外国留学生汉语教学大纲（汉语言本科）［M］. 北京：语言文化大学出版社，2002.

[10] 国家对外汉语教学领导小组办公室. 高等学校外国留学生汉语教学大纲（长期进修）［M］. 北京：语言文化大学出版社，2002.

[11] 国家对外汉语教学领导小组办公室汉语水平考试部. 汉语水平词汇与汉字等级大纲［M］. 北京：北京语言学院出版社，1996.

[12] 金檀, 李百川, 林星彤, 等. "汉语文本指难针"产品介绍与使用说明 [EB/OL]. [2017-01-19] http://languagedata.net/ce/.

[13] 李德津, 李更新. 现代汉语教程·读写课本 [M]. 北京: 北京语言文化大学出版社, 1988.

[14] 李泉. 对外汉语教材通论 [M]. 北京: 商务印书馆, 2012.

[15] 李泉. 对外汉语教学理论思考 [M]. 北京: 教育科学出版社, 2005.

[16] 李绍林. 对外汉语教材练习编写的思考 [J]. 云南师范大学学报: 对外汉语教学与研究版, 2003 (3).

[17] 林星彤. 国际汉语阅读文本难度指针的设计与实现 [D]. 广州: 中山大学, 2016.

[18] 刘富华, 王巍. 汉语乐园 [M]. 北京: 北京语言大学出版社, 2007.

[19] 刘珣. 新实用汉语课本 [M]. 北京: 北京语言大学出版社, 2009.

[20] 陆俭明. 汉语中介语语料库建设面临的任务与对策 [C]. 第二届汉语中介语语料库建设与应用国际学术讨论会, 北京, 2012.

[21] 施春宏, 张瑞朋. 论中介语语料库的平衡性 [J]. 语言文字应用, 2012 (2).

[22] Tomlison B, Masuhara H. 语言教材的开发、利用与评价 [M]. 北京: 人民教育出版社, 2007.

[23] 王萍, 等. 汉语普通话上声的听感范畴 [J]. 中国语文, 2014 (4).

[24] 王晓静. 华文教材文化误读研究 [D]. 广州: 暨南大学, 2009.

[25] 武惠华. 发展汉语·中级综合Ⅱ [M]. 2 版. 北京: 北京语言大学出版社, 2012.

[26] 肖奚强, 等. 汉语中介语语法问题研究 [M]. 北京: 商务印书馆, 2008.

[27] 许琪. 读后续译的协同效应及促学效果 [J]. 现代外语, 2016 (6).

[28] 荀恩东. 基于 Web 的中介语语料库协同标注子系统 [C]. 第二届汉语中介语语料库建设与应用国际学术讨论会, 北京, 2012.

[29] 杨石泉. 教材语料的选择 [J]. 语言教学与研究, 1991 (1).

[30] 张博, 等. 基于中介语语料库的汉语词汇专题研究 [M]. 北京: 北京大学出版社, 2008.

[31] 张宝林, 崔希亮, 任杰. 关于 "HSK 动态作文语料库" 建设构想 [C] //中国应用语言学会. 第三界全国语言文字应用学术研讨会论文集. 香港: 香港科技联合出版社, 2004.

[32] 张宝林. 谈汉语中介语语料库的建设标准 [J]. 语言文字应用, 2015 (2).

[33] 张瑞朋. 留学生汉语中介语语料库建设若干问题探讨 [J]. 语言文字应用, 2012 (2).

[34] 张瑞朋. 三个汉语中介语语料库若干问题比较研究 [J]. 语言文字应用, 2013 (3).

[35] 赵金铭. 桥梁: 实用汉语中级教程 [M]. 北京: 北京语言文化大学出版社, 1996.

[36] 赵金铭. 论对外汉语教材评估 [J]. 语言教学与研究, 1998 (3).

[37] 赵金铭. 教学环境与汉语教材 [J]. 世界汉语教学, 2009 (2).

[38] 赵金铭, 等. 基于中介语语料库的汉语句法研究 [M]. 北京: 北京大学出版社, 2008.

[39] 赵菁, 等. 汉语听说教程 [M]. 北京语言大学出版社, 2000.

[40] 郑艳群. 对外汉语教育技术概论 [M]. 北京: 商务印书馆, 2012.

[41] 中华人民共和国教育部, 国家语言文字工作委员会. 汉语国际教育用音节汉字词汇等级划分 [M]. 北京: 北京语言大学出版社, 2010.

[42] 周小兵. 口语教学中的听话训练 [J]. 世界汉语教学, 1989 (3).

[43] 周小兵. 对外汉语教学导论 [M]. 北京：商务印书馆，2009.

[44] 周小兵. 对外汉语教学入门 [M]. 2版. 广州：中山大学出版社，2009.

[45] 周小兵，陈楠. "一版多本"与海外教材的本土化研究 [J]. 世界汉语教学，2013（2）.

[46] 周小兵，赵新. 中级汉语精读教材的现状与新型教材编写 [J]. 汉语学习，1999（1）.

[47] 周小兵，罗宇，张丽. 基于中外对比的汉语文化教材系统考察 [J]. 语言教学与研究，2010（5）.

[48] 周小兵. 国际汉语教材库建设内容及其启示 [C] //《第十届国际汉语教学研讨会论文选》编辑委员会. 第十届国际汉语教学研讨会论文选. 沈阳：万卷出版公司，2012.

[49] Benson P. Commenting to learn：Evidence of language and intercultural learning in comments on YouTube videos [J]. Language Learning & Technology，2015，19（3）：88–105.

[50] Dudeney G，Hockly N. How to teach English with technology [M]. Posts & Telecom Press，2011.

[51] Jin S. Using Facebook to promote Korean EFL learners' Intercultural competence [J]. Language Learning & Technology，2015，19（3）：38

[52] Mak B，Coniam D. Using wikis to enhance and develop writing skills among secondary school students in Hong Kong [J]. System，2008（3）.

[53] Tagg C. Exploring digital communication：Language in action [M]. Routledge，2015.

[54] Teng Shou-hsin. Acquisition of LE in L2 Chinese [J]. Teaching Chinese in the World（世界汉语教学），1999（1）.

[55] Tomlinson B. Materials development in language teaching [M]. Cambridge：Cambridge University Press，1998.

附　录

目前开放的汉语语料库

一、汉语母语者文本语料库

1. 北京语言大学 BCC 汉语语料库（http：//nlp. blcu. edu. cn）

总字数150亿字，包括报刊、文学、微博、科技、综合和古汉语等多领域语料，全面反映当今社会语言生活。可横向检索，也可提供历时检索。同时提供英汉双语检索功能。

2. 北京大学 CCL 语料库（http：//ccl. pku. edu. cn：8080/ccl_corpus/index. jsp？dir = xiandai）

总字数约3亿字，包括现代汉语和古代汉语，另外还有汉英双语语料库。

3. 国家语委现代汉语语料库（http：//www. cncorpus. org）

平衡语料库，总字数1945万，题材类别广泛，时间跨度大，包括人文社会科学类、自然科学类、综合类等领域的语料。语料经分词和词性标注，可进行按词检索和分词类的检索。

4. 厦门大学语料库（http：//www. luweixmu. com/ccorpus/index. htm）

包括中文语料库和商务汉语语料库。中文语料库收集中文自然语料文本大约1061万字次、738万词次（含标点），涉及的语体有书面语和口语，语域（学科）包括文学、科技、新闻、广告等。标注语料库用软件自动分词和词性附码，但未经人工干预。商务汉语语料库收集商务汉语自然语料文本大约120万字次、85万词次（含标点）。

5. 台湾"中央研究院"现代汉语平衡语料库（http：//app. sinica. edu. tw/cgi-bin/kiwi/mkiwi/kiwi. sh）

服务于语言分析，每个句子都依词断开，并标注词类。语料收集尽量做到不同主题和语式的均衡分布，包括文学、生活、社会、科学、哲学、艺术等领域，共约790万字。

6. 兰卡斯特汉语语料库（LCMC）（http：//bowland-files. lancs. ac. uk/corplang/cgi-bin/conc. pl）

现代汉书面语通用型平衡语料库，100万词，由旅英学者肖忠华博士建立。严格按照FLOB模式编制。有助于汉语单语研究或汉英、英汉双语对比研究。

7. 北京大学《人民日报》标注语料库（http：//www. icl. pku. edu. cn/icl _ groups/corpus/dwldform1. asp）

收集1998年《人民日报》2700多万字。加工项目有：词语切分，词性标注，专有名词（人名、地名、团体机构名称等）标注，语素子类标注，动词、形容词的特殊用法标注，短语型标注。

二、汉语中介语语料库

1. 北京语言大学HSK动态作文语料库（http：//202. 112. 195. 192：8060/hsk/login. asp）

包含1992—2005年部分外国考生的HSK高等考试作文，约424万字，可查询字、词、字符串、篇章等信息。

2. 中山大学汉字偏误标注的汉语连续性中介语语料库（http：//cilc. sysu. edu. cn）

收集中山大学留学生日常作文380万字，涵盖初级、中级、高级各个水平阶段。字词语法偏误标注80万字，汉字偏误精标版340万字；并附带错字数据库，可以查询错字情况。

3. 暨南大学留学生语料库（www. globalhuayu. com/corpus3/search. aspx）

收集留学生日常作文语料500万字，生语料，有方便的检索界面。

三、汉语口语语料库

1. 北京口语语料库（http：//app. blcu. edu. cn/yys/6_beijing/6_beijing_chaxun. asp）

基础语料包括：由370人119盘录音带转换成的有声语料文件（wav格式）及其与录音文件相对应的184万字转写文本。可以依据说话人的属性和话题查询某一字、词、短语或结构在北京口语语料中的使用情况，并能对查询结果进行相关统计。

2. 中国传媒大学媒体语言语料库（http：//ling. cuc. edu. cn/RawPub/）

包括2008—2013年的34039个广播、电视节目的转写文本，总字数为200071896个。

第七章　人才培养与教师发展

近十年来汉语国际教育迅速发展，合格教师供不应求的矛盾日益凸显。"会说汉语就能教汉语"的传统观念已经遭到唾弃。要解决汉语教师不足的问题，必须理清以下问题：合格的汉语教师应该具备什么素质？用什么方法培养优秀的汉语教师？现有教师如何提升自己的知识水平和综合能力？

第一节　国际汉语教师的基本素质

国家汉办 2007 年出台《国际汉语教师标准》（以下简称《教师标准》），对国际汉语教师所应具备的知识、能力和素质进行了全面描述。2012 年，国家汉办对该标准进行了完善和修订，推出新版《教师标准》，为国际汉语教师的能力评价和资格认证提供了依据。

以下从个人素质、知识储备和能力结构三方面，对国际汉语教师的基本素质进行讨论。

一、个人素质

（一）责任心和事业心

汉语国际教育是一种职业，更是一项需要全身心投入的事业。优秀的教师应该做到"以此为业、以此为乐、以此为荣、以此为善"（崔希亮，2012）。这样才能够长期维持工作热情，积极反思和解决教学中遇到的问题，不断提高教学、科研能力，得到全面发展。

事业心的具体表现之一，是善待学生，备好、上好每一节课，让每个学生通过学习，真正提高汉语交际能力，加深对中华文化的了解和认识。

（二）亲和力

亲和力是国际汉语教师的基本素质。有亲和力的汉语教师，容易获得学生和同行的认可，容易在事业上取得成就。亲和力主要表现在两方面。

（1）善待学生。要时刻了解学生需求，关注学生反应，并根据学生的实际情况及时调整教学内容和方式。一位美国教育家指出,师生关系决定学生的兴趣。师生关系不好,会影响教学效果。善待学生不等于取悦学生。有一位老师课后常请学生吃东西,帮学生去办各种私事;但因教学效果不好,教学评估得分却最低。

善待学生,就要公平对待每一位学生。有一位老师发现一位日本学生学习吃力,英语又不好,就常用日语给他解释。其他国家的学生认为,这对大多数学生不公平,应该用汉语(或用一点英语)授课。那如何帮助那位差生呢?熟手教师会安排汉语好一点的日本学生辅导他,也可以在做练习时或课后单独辅导。这样,后进学生也能感到老师的善意,得到适当的帮助。

(2)善待同事、同行。优秀教师可以跨越性格乃至文化差异,与同事良好合作,营造良好的人际关系,创造和谐的工作氛围,以促进专业发展。

(三)良好的心理素质

国际汉语教育会遇到许多意想不到的问题。原因有:可能到完全陌生的国家、地区工作,学生可能具有不同的母语和文化背景,等等。在复杂的环境中,汉语教师应培养良好的心理素质、良好的预判能力和解决问题的能力,以应对、处理遇到的各种困难,包括一些突发事件。

二、知识储备

(一)汉语知识

汉语教学的实施者,需要掌握现代汉语语音、词汇、语法、汉字等方面的基础知识,能对学习中出现的语言问题进行解释和分析。掌握汉语知识,是为了满足汉语作为外语教学的需求,而不只是为了研究汉语本体。中文专业的毕业生应根据教学需求使用相关知识。

如上课时有学生问,为什么"他真好"可以说,"*他是真好的老师"不能说,"他是很好的老师"又可以说。一位新教师无法解释这个问题,让学生很困惑。有了基本语法知识,就可以给学生解释清楚:汉语程度副词有的用于陈述句,如"很";有的用于感叹句,如"真"。

(二)外语知识

教师具备相应的外语知识,不仅能够进行交流,还能在语音、词汇、语法等方面进行有效的汉外对比,发现母语迁移在学习中的表现,有效指导教学。

例如,很多国家的汉语初学者容易混淆"一点、有点",说"*我一点累"。通过汉外对比就能找出原因:不少语言对应汉语"一点""有点"的可能是一个词(如英语

little、泰语นิดหน่อย），学生难以辨别；从学习顺序看，通常先学"一点"，后学"有点"。因此，二语学习者容易误用"一点"代替"有点"。

（三）跨学科知识

汉语国际教育是多学科交叉产生的新兴学科，教师必须具备语言学、教育学、心理学、跨文化交际学等相关学科的基本知识。同时，还应该学以致用，能够把这些知识融会贯通，综合运用于教学实践当中。

新教师上课，习惯用讲授知识为主的方法，学生没有兴趣。如果能熟练运用外语学习中"i+1"可懂输入、"i+1"可懂输出的互动、协同教学法，就可以顺利完成教学任务了。

（四）中华文化知识及才艺

语言与文化密切相关，教师应了解中华文化的基本知识，能通过对文化现象、习俗、文化产品的展示和说明，向学生准确、客观地介绍、阐释中华文化。最好能具备一定的中华文化才艺，如传统乐器、舞蹈、书法、太极拳等，可以直观地展示和传播中华文化。

（五）世界文化知识和跨文化交际知识

建立多元文化意识，学会尊重不同文化，避免刻板印象和文化冲突。海外教师对所在国的历史、文化、习俗、学习心理等应有足够的了解和认识，以促进汉语教学和跨文化交流。

例如，有一位志愿者教师在美国上课，对一位学生说："某某是白人，成绩这么好。你是华人，成绩为什么不如他？是不是周末又到你爸爸的餐厅打工去了？"这段话既暴露了学生个人隐私，又有种族歧视嫌疑，跟当地文化有严重冲突。

三、能力结构

国际汉语教师能力，以往认为包括三种：教学能力，跨文化交际能力，研究能力。2009年汉语国际教育硕士专业学位教学指导委员会制定了《全日制汉语国际教育硕士专业学位研究生指导性培养方案》（以下简称《培养方案》），指出本专业要培养具有"熟练的汉语作为第二语言教学技能""良好的文化传播技能"和"跨文化交际能力"的专门人才。

（一）教学能力

这是汉语教师能力结构的核心，包括海内、海外汉语教学能力，教学组织和课堂管理能力。以下从备课、教学实施与测试三方面讨论。

（1）备课，要具有较强的教学设计能力和对教学资源的综合利用能力。教师应能根据教学大纲制订合适的教学计划，根据课型特点设计合理的教学活动，编写详尽、规范的教案，以完成教学任务。选用合适的教材，对其进行消化、取舍和处理，也属于教学设计能力。

（2）教学实施，要有出色的课堂管理能力、较强的口头表达能力以及熟练使用现代教育技术的能力。教师应有能力掌控教学节奏，通过互动营造和谐的课堂氛围，组织实施设计好的教学活动，引导学生完成教学目标，并能恰当处理课堂发生的各种意外情况。

（3）测试，主要用于评估教学效果。教师应该掌握测试和评估的基本知识和主要方法，能根据不同的教学目的，选择或设计合适的测试方式对学生进行科学的评估。此外，还应知道如何分析测试结果，如何根据测试来调整、改进教学。

（二）跨文化交际能力

每个第二语言教师都应具备文化意识和文化敏感度，对其他文化有充分的了解、理解和适应；应该具有全球化思维能力、开放的心态和多元文化意识，具备跨文化交往的技巧，能减少、避免文化冲突，能有效地进行不同文化的融合。

如在伊斯兰教地区教汉语，就要慎用"酒、猪肉、比基尼"等词语。相关内容的教学，最好到了中高级阶段，选择合适的情景进行，不要因为教学不当引起文化冲突。

（三）文化传播能力

语言是文化的重要载体，语言教学伴随文化传播。汉语教师必须具备文化传播能力，准确、恰当、有效地进行文化传播。

中华文化传播能力可分为"内功""外功"。"内功"，要求教师对中华文化有广泛、正确的了解，通过有意识的学习和积累，掌握足够的知识；"外功"，指恰当、有效地进行文化传播，而不是简单地进行文化灌输。有效传播能力的培养，可以从内容、方式两方面考虑。

首先，要能选择合适受众的传播内容。没有经验的汉语教师在进行文化传播时，总是喜欢根据自己的想法选择传播的内容，而没有充分考虑到受众的需求。有效传播必然是一个需求导向的过程。张治（2008）对美国汉语学习者进行调查，发现中国教师喜欢讲长城、京剧等历史知识。而学习者需要的是现代活的文化知识，如中国人见面怎么打招呼、怎么招待客人、在什么场合说什么话等。这些活的文化更能满足美国学生用汉语交际的需要。

其次，要学会使用适合受众的方式和手段，激发受众的学习兴趣。如在欧美国家，可以充分利用学生喜欢动手的特点，设计合理的方案，引导、帮助学生营造并体验真实的中国文化氛围。

最后，目标语文化的介绍，应该结合当地文化。应该让学生在多项文化对比中来体验目标语文化和母语文化的异同，进行有效的理解和适度的融合。

（四）教学研究及创新能力

首先是教学观察和教学研究能力。作为教师，要学会发现教学中的实际问题。例如，为什么韩国学生很难发汉语声母 f？为什么韩国、印度尼西亚等国学生常说"＊我很多跑步"？为什么自己上课的效果不如熟手教师，区别在哪里？善于发现问题，是培养研究能力的第一步。

其次要能够学习、使用相关的理论、方法来分析、解决问题。如在很多语言中，"（很）多"可表示数量（他有很多朋友），也可以表示频率；但汉语"很多"不能表示频率。

有了研究能力，就可以通过相关研究，解决教学中遇到的真实问题，并利用研究成果指导、促进教学活动；就可以摆脱单纯"教书匠"的层次，使汉语教师自身的价值得到提升。

第二节　人才培养与技能训练

传统的人才培养方式以知识传授为主，注重培养学习和研究的能力。外语教学是实践性很强的活动，对汉语作为外语的教师来说，汉语教学技能的训练和培育更为重要。

为适应汉语学习者快速增长的形势，培养更多合格的汉语师资，国务院学位办于2007年设立应用型的"汉语国际教育硕士"专业学位，并颁布相应的《培养方案》，提出培养具有熟练的汉语作为第二语言教学技能、良好的文化传播技能和跨文化交际技能的专门人才。

这三种技能是国际汉语教师必备的能力。我们认为，要成为一个称职的高水平汉语教师，还应该有相应的研究技能。这些技能的培养，需要参与大量的实践活动。下面主要以中山大学汉语国际教育硕士专业学位生的"全程见习实习"培养模式为例，论述汉语国际教育人才的培养方式。

一、语言教学技能

语言教学技能是汉语教师必备的核心能力。这种能力，当然需要汉语本体知识、汉语作为第二语言教与学的知识作为基础。但是，大量的教学实习和实践对于教学技能的培养更为重要。只有"做中学，做中教"，参与各种教学实践，才能逐渐积累经验，形成教学能力。实践应该循序渐进，可分为"见习""实习"两大阶段进行。

（一）见习阶段

在此阶段，每位研究生有固定指导教师，随时观察、指导见习活动，保证见习活动能收到应有的效果。见习包括三个步骤：课堂观摩，模拟教学，试讲。可在一学期完成。

步骤一，课堂观摩。包括实地观摩和以录像等形式呈现的教学观摩。研究生可在教师指导下，将汉语二语教学理论知识与观摩到的课堂教学联系起来，并学会加以分析，理解具体教学安排的目的和意义。可以观摩多种课型的教学，体会特点。通过观摩，研究生可以逐渐了解教什么、怎么教等基本问题。

步骤二，模拟教学。研究生选某一课型某一教学单元，在教师指导下撰写教案；模拟真实教学，根据教案进行说课和无学生的模拟教学；教师评点教案和模拟教学，提出改进方案。

步骤三，试讲。在模拟教学基础上，研究生在真实课堂试讲一两次课。指导教师在试讲前给予具体指导；试讲时随堂听课；试讲后及时评点，提出改进方案。

（二）实习阶段

研究生需要独立或与其他教师合作完成一门课程的教学。在实习开始前，先集中培训，按课型特点分别给予有针对性的指导。为每位研究生安排熟手教师进行全程指导。指导方式有：互相听课，撰写听课报告，指导撰写教案，解决研究生教学中的实际问题。学期中安排专门的课型教研活动，为研究生提供更多答疑解惑的机会。

通过全程见习实习，研究生能把所学知识跟具体的教学实践结合起来，有效积累教学经验，培养汉语教学能力。研究生入学第二年，就可以到海外任教，胜任多种教学任务。

二、文化传播技能

文化传播能力的培养有两种方式。

（一）传统的授课或讲座方式

《培养方案》的课程设置部分中，中华文化与传播类的课程占有重要位置。各高校除了开设中华文化知识类课程，还会设置如书法、太极拳、古筝、剪纸等中华才艺类课程，为研究生掌握中华文化知识和技艺创造了有利条件。

（二）实践式培养

让研究生参与各项文化传播活动，在实践中获取经验。可以在教师指导下，让研究生自主策划、组织文化传播项目，传播对象为在校的汉语进修生和留学生本科生，或国际学校的中小学生。在策划、组织工作中，要解决各种问题。在选择主题、设计活动方式时，需要考虑：举行电影节还是访问中小学？介绍太极文化还是制作中国印章？具体问题如资金利用、人员分工、租借布置场地、设计舞台效果等。活动后，要在教师指导下总结、反思，对参加活动的留学生进行调研，以便改善后继的文化活动。

类似实践，锻炼了研究生的文化传播能力，为其在海内外独立从事文化传播打下坚实的基础。

三、跨文化交际能力

对国际汉语教师来说，跨文化交际能力是核心能力。其地位比对一般人而言要重要得多。

（一）跨文化能力的发展阶段

跨文化交际能力的发展可分四阶段。

第一阶段，跨文化意识的形成。新教师开始接触外国人时，可能会按中国文化方式与对方交流，容易产生误解。外国学生也会因不了解中国文化而产生误解。慢慢地，新教师会意识到文化差异，开始形成跨文化意识。

第二阶段，多元文化意识的建立。汉语教师面对不同文化背景的学生，学会理解对方文化，尊重和平等对待不同文化，同时也会逐步去掉对对方的刻板印象（如德国人严谨守时、法国人天性浪漫、英国人古板无趣等）。教师开始把握每个学生的特点，而非简单地给对方贴文化标签。

第三阶段，增强自我调节能力，主动适应文化差异。与不同背景的学生交往，文化冲击在所难免。海外教学环境不同，可能出现文化休克。为适应文化冲突，应逐步提升调节能力。

第四阶段，自觉运用跨文化交际技能。汉语教师既要自己适应文化差异，还可以帮助学习者建立跨文化意识，克服学习过程中因文化不同和交际失误而引起的各种困难。

（二）跨文化能力的培养

跨文化交际能力需要通过学习培养。教师应学习跨文化知识和世界主要文化的特点，逐步建立跨文化意识。外语学习是跨文化交际能力培养的重要渠道。对赴外教学的志愿者，还需要加强目的国文化知识和习俗的学习，以适应工作环境。

跨文化交际能力更需要在实践中培养。研究生就读期间，必须参与各类跟跨文化相关的活动，如见习和实习、汉语教学及助教、组织策划各种文化活动等。通过实践，让研究生在跟不同民族、文化的学生交往中，实际体验跨文化交流，促进跨文化技能的培养。

在课程学习和实践之间，还需要一个桥梁，就是案例式教学。跨文化交际课程应该用大量的真实案例来诠释理论，说明问题。通过对各种跨文化交流案例的展示、分析和讨论，帮助学习者更好地理解、体验相关理论，为跨文化实践打下坚实的基础。

四、研究能力及论文写作能力

研究能力可以参考本章第一节三。

论文写作能力的培养主要聚焦于问题导向。汉语国际教育硕士专业学位为国际汉语教育行业培养人才，而培养目标能否实现，很大部分体现在学位论文能否推动行业发展上。要推动行业发展，当然就要解决行业发展中的实际问题。

问题导向，可以从四个方面讨论。

（一）选题

在汉语国际教育（包括教学、工作）实践中找到存在的具体问题。例如，在美国怎样教小学生汉字？学生使用 App 词典的情况如何？汉语国际教育的历史教材和当代教材有何异同，有何传承关系？学生某些语言点偏误（＊今天一点冷／＊教室里不会抽烟）的真实原因是什么，如何教授、练习这些语言点才能让学生更好、更快地掌握？特定教材的语言要素和交际技能教学、话题和文化点的选择和呈现有什么特点？能让学生有效提高语言和交际能力吗？如何通过具体的文化活动有效传播中华文化？中华文化如何跟当地文化相互结合，从单向的文化传播优化为双向的文化融合？

上述问题，必须是研究生在实践中自觉发现，必须是真实、具体的问题，才有可能写出高质量的学位论文。

（二）材料

真实问题的解决，必须使用真实有用的材料。例如，要了解学生如何学习某个语言点，就需要有合适的、足量的学习者语料；要考察师生如何互动，教师输入如何促进学生输出，就必须有真实教学过程的录音录像材料；要具体考察特定的孔子学院如何运作，就应该有该孔子学院的全面、系统的资料，包括教学大纲、课程设置、教材、教师、管理部门和管理机制等；要对比相关教材，就应该有教材在选择、呈现、解释、练习有关语言要素、交际技能、话题文化等方面的具体事实和数据（静态），最好有教师、学生使用该教材的相关调研（动态）。

（三）方法

科学运用不同的理论、模式、方法、手段，有效促进问题的研究和解决。理论、模式、方法、手段等，一定要适合自己的论文题目，一定是真正有助于实际问题的解决。不要空谈理论、方法，在具体研究中却没有把理论、方法融进去。

（四）结论

结论不能空泛。应该对第一点提出的具体问题，给出具体的解决方案；即使不能全部解决，起码也能提出部分解决的方案。

贯穿于上述四点的，是创新思维。在发现问题、收集材料、分析解决问题时，始终要清楚：你的论文与前人有何不同？创新点在哪里？能够在哪些方面促进行业发展？

第三节 汉语教师的发展

跟一般教师比，国际汉语教师的发展成长有其独特性。《教师标准》从五方面指出汉语教师的职业能力标准：汉语教学基础，汉语教学方法，教学组织与课堂管理，中华文化与跨文化交际，职业道德与专业发展。以下结合实例，讨论汉语教师的专业发展。

一、培养反思教学的能力

反思教学，是指教师以旁观者身份，从教和学的角度考察本人的教学是否有效、如何改善。它是一个"将'学会教学（learning how to teach）'与'学会学习（learning how to learn）'结合起来，努力提升教学实践的合理性，使自己成为学者型教师的过程"（熊川武，1999）。反思教学，是教师专业发展的基本过程。

《教师标准》中"教师综合素质"第一条标准是："教师应具备对自己教学进行反思的意识，具备基本的课堂研究能力，能主动分析、反思自己的教学实践和教学效果并据此改进教学。"具有反思教学的能力，才能不断提高教学和教学研究能力，使教师得到全面、持续的专业发展。

王添淼（2010）归纳国内外有关反思型教师成长路径的几种方式，可以作为参考：

（1）撰写反思日志，建立成长档案。建立文档有三个好处：第一，记录自己的成长过程；第二，系统整理教学经验；第三，方便对自身教育行为和理念进行反思。建立文档，是进行反思教学的基础。

（2）微格教学。微格教学是反思教学的一种方式。教师将一个简短的教案实践环节，或者一个真实的教学视频片断向同事或一个较小班级的学生呈现。呈现过程中，教师用新视角审视自己、学生和课程。教师可以与同事、专家、学生交流，发现教学中的问题，商议解决方法。通过呈现、交流与讨论，达到全方位深刻反思的目标。

（3）行动研究。行动研究是一种关注实践改进的研究模式，具体指教师对自身的教学行为进行即时监控与调节，对出现的问题进行即时研究和解决。它将教学行动与研究这两个领域融合成一体，能锻炼、提升教师发现问题、解决问题的能力，能及时体现反思教学的实际价值。

（4）叙事研究。叙事研究是教师讲自己或他人有关教育的故事，并进行相应研究。叙事包括想象叙事、口头叙事和书面叙事。个人故事发生在大教育背景之下，合理的叙事研究可以促使教师把个人经历、体验与社会生活相连，在社会背景下反省个人的教学、生活与学习，使反思不但生动具体，而且具有普遍意义（吴勇毅 等，2014）。

（5）建立教师专业共同体。教师专业共同体以教育实践为内容，以共同学习、研讨为形式，通过团体成员的沟通与交流，最终实现整体成长。教师专业共同体可以以学校为单位，也可以是校际或区域间的职业联合体。每位教师都有自己的经验，通过共同体这座桥梁，可以促进教师把潜意识中的知识、经验得到外化、确认和整理，与他人共享和相互促进，可以提高教师在专业发展中的反思和协作能力。

二、培养跨文化意识

教师应具备跨文化意识，了解他国文化，避免出现文化冲突。

一位教师给留学生讲《愚公移山》，学生却问：为什么愚公不搬家，而要花那么大的力气去搬山？中国人认为，愚公移山的启示是：只要坚持到底，就能克服任何困难，取得最后胜利。西方人则认为：做事要灵活，讲求效率；愚公移山得不偿失，应找出更好的解决办法。

《阿凡提借锅》的故事是：阿凡提向财主借锅，还锅时多还了一口小锅，说是借的锅生了孩子，财主高兴地收下了。后来阿凡提向财主借了个大锅；几天后说：大锅死了。财主问：锅怎么会死呢？阿凡提答："既然她会生孩子，也就会死啊！"故事本意是颂扬阿凡提惩治贪婪的财主，可留学生却认为：阿凡提骗人，没有诚信；财主借锅却被暗算，值得同情。

以上案例说明，我们以往接受的世界观，可能跟其他文化有冲突。可能的话，尽量不选用此类教材。无法回避时，可在说明原文含义时，让学生发表意见，在讨论中提高汉语水平和思辨能力。切忌将某些观点强加到学生头上。

一位有着20多年教龄的教师，上课讲解手指的中文名称，逐个竖起手指：这是大拇指，这是食指……讲到"中指"时，学生们哄堂大笑。因为西方文化中对别人竖中指是侮辱行为。一位年轻的汉语教师到国际学校参观，看到小孩子纯真可爱，忍不住摸摸这个孩子的脸、那个孩子的头，任课老师连忙制止。因为在某些国家，摸别人小孩的头是犯忌。可见，文化冲突无时不在。教师要注意文化差异，提高敏感度，保证教学和日常交际顺利进行。

在某种意义上讲，学会着装也是跨文化内容之一。国际汉语教师面对的是来自各个国家的学生，着装问题就显得非常重要了。除了一般要求（不能穿高于膝盖的短裙和无袖衣服，不能穿色彩过于艳丽的奇装异服）之外，还有一些问题值得注意。在西方课堂，任课教师每天都应换不同的衣服（衬衣）。如果你哪天没有换，学生会很奇怪，甚至会问：老师，你昨天晚上没回家吗？有一位韩国学生的毕业论文写过一个案例：一位教师穿着运动服和运动鞋来上课，引起学生反感。韩国学生认为，这样是对学生极大的不尊重。

三、提高教学和管理艺术

（一）因材施教

"因材施教"是孔子两千多年前就提出的教育方针。教师选择教材、备课上课，都要根据学生的实际情况。了解学生的心理、性格、特点、水平，才可能使用合适的教材和教法。再好的方法，也不能千篇一律地使用。教师还应该学会适当变换方法，满足学生的新鲜感。

（二）提高对学生的观察力

"聪明"原意是"耳聪目明"；要使自己变聪明，首先要提高观察力。课堂上，要注意观察学生懂了没有，是否对教学感兴趣；发现问题后，要及时调整教学。"懂了吗？"是最不明智的提问。东方人大多性格内敛，不懂也不好意思说；西方人大多会主动提问。部分学生自以为听懂了，部分学生可能不懂装懂。判断学生是否掌握所学知识，一是看表情，二是做恰当的练习。如教"把字句"，可以先让学生把"SVO"句转换成"把字句"；再设计几个真实情境，让学生输出。发现哪个学生练习有明显问题，说明他还没有真正习得，还需要到位的教学、训练。

（三）提高教学管理能力

中国文化以集体利益为重，西方国家以个人利益为重。在中国课堂上，教师居高临下，学生大多唯命是从，管理相对轻松；西方教育崇尚个性发展，照搬中国式管理不一定有用。

有一位实习教师在美国人国际学校代课，教十一二岁的学生。一次学生们刚上完体育课，课堂上吵吵闹闹，有人交头接耳，有人做小动作。教师多次劝阻无效，就冲着学生发火。事后，在熟手教师指导下，该实习教师和学生一起协商，制定了课堂公约，违反纪律的学生要承担后果，如警告、放学后抄课文、留堂半小时、向家长反映、见校长……惩罚逐步升级。契约法非常有效,课堂纪律井然有序。

从上例可知,在西方学校,可以引进西方的契约制,让学生自己参与制定一套切实可行的规则。它维护了学生的人权和尊严,具有较强的民主性,比教师单方面颁行规则要好得多。

(四)提高解释难点的能力

汉语教师上课时常会遭遇类似情况:学生突然问你"一定""应该"有什么区别。这个问题你可能完全没有想到,因为它们在汉语里不是近义词。但学生有时很容易混淆。如韩语"반드시",词典解释有"一定",也有"应该"。当学生问到区别时,就需要保持冷静,迅速用这两个词造句,看句中的"一定""应该"能否互换,互换后意思有何区别。如:

你不应该闯红灯。　　＊你不一定闯红灯。
周末应该休息。　　　周末一定休息。

进而概括它们的在意义上、句法形式上(句型句式、位置、词语搭配等)有何不同。

如果确实回答不上来,就要承认自己也不清楚,并承诺以后把答案告诉学生。下课后要查阅相关资料,询问同事同行专家,或进行相关研究,保证下一节课实现承诺。

四、培养科研素养和能力

要在汉语国际教育行业有所建树,不搞科研是不行的。科研素养和能力至少包括以下几点:文献查找和研读能力,资料收集整理能力,分析解决问题的能力,技术应用能力。

首先,教学中遇到疑难问题,除了向同行请教,还应该知道如何查找相关文献,清楚哪些网站、杂志、书籍可以查找,知道如何从前人研究中找到解决难题的方案,找到自己进行研究的合适的理论、方法、手段等。

其次,要学会收集、整理研究用的各类资料,如汉语母语者语料、双语语料、中介语语料、教材语料、课堂教学实况材料、跨文化交际案例材料、各类学校的教学管理资料、国际汉语教育史料等。

再次,要学会用理论、方法来分析这些材料,得出解决问题的答案,得出令人信服的结论。因为教学中出现的很多问题在前人研究中是找不到现成的答案的。

最后,还要学会使用现代教育技术,进行材料的收集、整理和统计。如汉语母语语料库、双语或多语平行语料库、中介语语料库、教材语料库、教学案例库等,都应该学会使用。有时为了进行专门研究,还应该学会自己建设小型语料库、资源库。

科研素养和能力的养成需要长期训练。平时遇到难以解决的问题,要勤思、善问、多写。只要坚持不懈地磨练,科研素养和能力自然会得到提高。

五、后方法理论与教师发展

进入 21 世纪,西方一批著名外语教育专家声称,第二语言教学处于"后方法时代"。崔永华(2016)认为,他们的基本共识是,否定在第二语言教学中,教学和教师必须"自上而下"地接受和遵循某种特定语言教学理论和操作方法的做法。

后方法理论的代表人物库玛(2014)指出,后方法理论是"以教师为中心","承认教师有能力,不仅知道当前状况,而且知道在机构、课程和教材等学术和行政条件制约下,如何自主行动"。具体来说,教师必须做到以下五点:具备扎实的专业和知识基础;能够对学习者的需求和动机进行分析;能够辨识学习者的身份、信念和价值观;能够实施教学并形成自己的教学理论;能够监控自己的教学行为。不难看出,这五点跟我们前边讨论过的教师能力大同小异。这五点也是库玛提出的教师教育的五个模块,即知(knowing)、析(analyzing)、识(recognizing)、行(doing)、察(seeing),由此构成教师教育的 KARDS 模型。教师如果具备了上述能力,就不仅仅是教学的实施者,而且可以成为教学研究者和理论构建者(Adamson,2004)。

赵杨(2016)认为,后方法理论的"教师中心论"对外语教学有重大意义。首先,它是对以往教学法淡化教师作用的一种反叛,将教学的主导权中心归还给教师。其次,它将以往教学的"术"提升到了后方法"道"的层面,认为语言教学并不仅仅是一种技能教学,而是将学习者、教师和教师教育者视为合作探索者,是特定的文化社会环境中开展的一种社会活动。

思考与练习

1. 国际汉语教师的基本素质有哪些具体内容?对比你自己或者你的若干学生,看看自己哪些方面比较好,哪些方面比较弱。

2. 国际汉语教师的知识结构包含什么?对比你自己的知识结构,对比相关的教师培养课程,看看自己哪一类知识比较欠缺,哪一类知识比较多。

3. 对比你自己的成长过程,或者你周围人的情况,你认为研究生教育应该包括哪些能力的培养,应该用什么方式培养?现有研究生教育还有什么不足,应该如何改进?

4. 根据本章第三节的内容,尝试写一段时间(一个星期、一个月或一个学期)的教学日志,看看对自己的教学、研究有无促进作用。

5. 记录一个跨文化交际方面的案例,并进行具体分析。

6. 作为一个研究生或在职教师,应该如何提高自己的研究能力?请参考本章内容,寻找一个值得研究的问题,写出研究设计(选题内容与意义,如何收集、整理材料,如何研读前人成果,如何分析材料并得出有说服力、有创新性的结论)。

7. 作为一个国际汉语教师，应该如何做行为研究和叙事研究？请参考相关文献（包括下边列出的文献），尝试做相关研究，并写下研究过程和结果。

8. 作为一位教师，如何培养学生提高研究能力？

本章参考文献

[1] 北京汉语国际推广中心，北京师范大学汉语文化中心．国际汉语教育人才培养论丛：第一辑［M］．北京：北京大学出版社，2008．

[2] 北京汉语国际推广中心，北京师范大学汉语文化中心．国际汉语教育人才培养论丛：第二辑［M］．北京：北京大学出版社，2011．

[3] 北京汉语国际推广中心，北京师范大学汉语文化中心．国际汉语教育人才培养论丛：第三辑［M］．北京：北京大学出版社，2012．

[4] 崔希亮．汉语教师的知识结构、能力结构和文化修养［M］//周小兵．国际汉语：第二辑．广州：中山大学出版社，2012．

[5] 崔永华．后方法时代的汉语教学理论建设［J］．国际汉语教学研究，2016（2）．

[6] 邓恩明．谈教师培训的课程设置［J］．世界汉语教学，1991（1）．

[7] 高一虹．跨文化交际能力的培养："跨越"与"超越"［J］．外语与外语教学，2002（10）．

[8] 国家汉办，教指委．全日制汉语国际教育硕士专业学位研究生指导性培养方案．2007．

[9] 国家汉语国际推广领导小组办公室．国际汉语教师标准［M］．北京：外语教学与研究出版社，2007．

[10] 国家汉语国际推广领导小组办公室．国际汉语教师标准［M］.2012版．北京：外语教学与研究出版社，2012．

[11] 库玛．全球化社会中的语言教师教育［M］．赵杨，付玲毓，译．北京：北京大学出版社，2014．

[12] 李泉．对外汉语课堂教学的理论思考［J］．中国人民大学学报，1996（5）．

[13] 陆俭明．汉语教师应有的素质——兼谈汉语教师的培养与培训问题［J］．汉语国际传播研究，2013（2）．

[14] 陆俭明，马真．汉语教师应用的素质与基本功［M］．北京：外语教学与研究出版社，2016．

[15] 邵滨，邵辉．新旧《国际汉语教师标准》对比分析［J］．云南师范大学学报：对外汉语教学与研究版，2013（5）．

[16] 孙德坤．教师认知研究与教师发展［J］．世界汉语教学，2008（3）．

[17] 王添淼．成为反思性实践者——由《国际汉语教师标准》引发的思考［J］．语言教学与研究，2010（2）．

[18] 吴勇毅，华霄颖，储文怡．叙事探究下的CSL教师成长史研究——实践性知识的积累［J］．国际汉语教学研究，2014（1）．

[19] 吴勇毅．关于教师与教师发展研究［J］．国际汉语教学研究，2015（3）．

[20] 夏纪梅．外语教师发展问题综述［J］．中国外语，2006（1）．

[21] 熊川武．反思性教学［M］．上海：华东师范大学出版社，1999．
[22] 张和生．对外汉语教师素质与教师培训研究［M］．北京：商务印书馆，2006．
[23] 张和生．对外汉语教师素质与培训研究的回顾与展望［J］．北京师范大学学报：社会科学版，2006（3）．
[24] 张洁．对外汉语教师的知识结构与能力结构研究［D］．北京：北京语言大学，2007．
[25] 张治．汉语国际教育教师如何适应在美汉语教学——在美国东北部汉语教学感悟［J］．长江学术，2008（3）．
[26] 赵杨．外语教学的核心是教师［J］．国际汉语教学研究，2016（2）．
[27] 周小兵．全球视野下的国际汉语教育［C］//周小兵．中山大学国际汉语教育三十年硕士学位论文选．广州：中山大学出版社，2011．
[28] 周小兵．国际汉语师资教材考察与本土教材开发［C］//世界汉语教学学会秘书处．第十一届国际汉语教学研讨会论文选．北京：高等教育出版社，2013．
[29] 周小兵，陈楠，卢达威．基于教材库的教师培养教材系统考察［C］//姜明宝．汉语国际教育人才培养理论研究．北京：北京语言大学出版社，2013．
[30] 周小兵等．突出特性，体现共性，强调应用——汉语二语学科人才培养模式的创新［C］//北京语言大学对外汉语研究中心．汉语应用语言学研究：第2辑．北京：商务印书馆，2013．
[31] 周小兵．研究设计与论文写作（代序）［C］//周小兵．汉语国际教育硕士学位论文选．广州：中山大学出版社，2015．
[32] 朱志平．汉语国际教育专业硕士能力的培养——专业硕士培养模式的可持续发展［J］．国际汉语教育，2013（2）．
[33] Adamson B. Fashions in language teaching methodology［C］//Davies A，Elder C. The handbook of applied linguistics. Malden，MA：Blackwell，2004：604-622．

第八章 汉语传播与教学简史

第一节 汉语在东亚、东南亚的传播[①]

从秦汉时期，汉语汉字开始向外传播，并逐步形成一个"汉字文化圈"，主要包括现在东亚的朝鲜半岛、日本和东南亚的越南。

一、汉语在朝鲜半岛的传播

中国同朝鲜半岛的往来源远流长。据史料记载，汉语汉字在朝鲜半岛的传播，不晚于商末周初，即公元前12世纪。《尚书大传》卷三曰："武王胜殷，继公子禄父，释箕子囚。箕子不忍周之释，走之朝鲜。武王闻之，因以朝鲜封之。"关于箕子赴朝鲜一事，朝鲜和韩国史书也有类似记载。《朝鲜历代史略·箕子纪》称："初，箕子东来，中国人随之者五千，诗书礼乐、医巫、阴阳、卜筮、百工、技艺，皆从之而来。既至，言语不通，译而知之。国号朝鲜，都平壤。"因此有理由认为，朝鲜半岛之最终成为"汉字文化圈"的重要成员，实奠基于箕子。朝鲜高丽朝中期著名诗人、文学评论家李奎报说："我东方，自殷太师东封，文献始起。"说明朝鲜古代学者也把箕子东封视为朝鲜文明史的开端。

春秋战国时期，齐国通过海路、燕国通过陆路与朝鲜进行贸易。朝鲜出土的铸有汉字铭文的刀币、布币及其他金属器具，无可辩驳地证实了这一点。刀币是春秋战国时期流通于齐、赵、燕等国的金属货币；布币也是金属货币，但主要流通于三晋地区。刀币、布币及中国的众多金属器具、生活物品在朝鲜的大量出土，说明其时齐国、燕国等中国大陆国家对朝鲜北部曾发生深刻影响，双方交往密切，汉字在其地继续流行。

公元前221年，秦始皇统一中国，其领土"东至海暨朝鲜"，并在全国"书同文字"。汉武帝元封三年（前108）在朝鲜北部设置"乐浪、临屯、玄菟、真番"四郡，任命郡县官吏，直接对其地进行统治。现代考古发掘证实，乐浪郡治朝鲜县，即今平壤市大同江南岸的乐浪区土城，其地出土的"乐浪礼官"（图8.1）"乐浪太守章""乐浪大尹章"等瓦当、官印封泥证明汉语汉字的确曾在朝鲜汉四郡地区广为流行。

[①] 本节主要参考了董明《古代汉语汉字对外传播史》，中国大百科全书出版社2002年版。特此致谢！

汉末至魏晋南北朝时期,朝鲜半岛有三个国家——新罗、高句丽、百济。高句丽掌握汉语汉字的水平最高。其建国之初,已能用汉字著书。"国初始用文字,时有人记事一百卷,名曰《留记》。"此外,即位于汉成帝鸿嘉二年(前19)的高句丽第二代国君琉璃明王所作的《黄鸟歌》,也用汉语写成。原文为:"翩翩黄鸟,雌雄相依;念我之独,谁其与归。"诗以黄鸟起兴,每句四言,颇有《诗经》之风。能写出这样凝炼古朴、具有较高艺术性的诗歌,说明部分高句丽人对汉语汉字的掌握与运用已经达到了相当高的水平。东晋义熙十年(414)高句丽国王制作"好太王碑"(图8.2),由此可以看出其国当时掌握中文的大致水平。该碑是高句丽长寿王巨连为其父广开土王谈德所立,碑文四面环刻,近1800字,历叙高句丽始祖朱蒙的开国经过、广开土王生平及拓地武功,文从字顺,与中国文人的作品没有明显差别,充分显示了高句丽人掌握汉语汉字的娴熟程度。

图 8.1　"乐浪礼官"瓦当　　　　图 8.2　"好太王碑"局部

唐代中国经济空前繁荣,绚烂多彩的文化吸引了周边国家许多友好人士来学习。留学生教育成为汉语传播的重要手段。《新唐书·选举志》写道:贞观年间,"四夷若高丽、百济、新罗、高昌、吐蕃,相继遣子弟入学,遂至八千人"。据朝鲜《三国史记》统计,在唐代,新罗共向唐朝遣使约120次。大批留学生将汉语、汉文化带回朝鲜。加上当时的政治、经济、文化交往,朝鲜半岛成为当时汉语传播最兴盛的地区。

朝鲜半岛的留学生不但在中国学习,而且有不少参加中国的科举考试。唐政府对来华留学生实行"宾贡科"制度,对新罗学子具有强大的吸引力。所谓宾贡科,指对外国贡士(含留学生)宾礼相待,允许他们跟中国读书人一样参加科举考试,及第者同样可以授予官职。据考证,仅9—10世纪,朝鲜人在中国科举考试及第者大约有90人。在这些及第者中,崔致远是最突出的一位。他856年入唐学习,5年后进士及第,877年任宣州溧水县尉。884年以唐使身份归国,被新罗国王授予侍读兼翰林学士、守兵部侍郎知瑞书监。他为中朝两国文化交流做出重大贡献,被认为是朝鲜汉文文学的奠基人。

不少留学生汉语文学素养很高,诗文比很多中国人都好。崔志远的诗文集《桂苑笔耕集》20卷后来被收入《四库全书》。《全唐诗》中收有六位新罗人的诗,这六人是崔致远、王巨仁、高元裕、金真德、薛瑶(女)、金地藏。

918年,高丽朝开国始祖王建"即位于布政殿,国号高丽,改元天授"。五代时期,高丽重视汉语学习与汉语文人才的网罗培养,其相关举措有三:创办学校,聚六部生徒教授汉字;重用汉语文人才;沿用唐制,科举取士。这使汉语和以儒家学说为代表的中国文化得以在朝鲜半岛生根、开花。

宋代,高丽人对汉语文学习倾注了很大热情,推行了一系列富有成效的措施,保障了汉语文与中国文化在高丽的持久传播。其主要措施如下:其一,继续推行并逐步完善科考制度。这使得一批又一批精通中文、熟悉中国典籍的高素质人才大量涌现,使汉语文和儒家文化在高丽得到前所未有的深入传播。其二,国王率先垂范,营造学习氛围。高丽历代国王都受过良好教育,通晓中文,熟悉儒家经典,且擅长诗文。其三,设国子监,重教劝学。其四,派遣留学生来宋深造,培养高层次汉语人才。其五,积极引进和翻刻中国书籍。

宋代,通过频繁的朝贡贸易与民间贸易,大量中国图书传播到了高丽。由于印刷术的成熟,即使是问世不久或刚刚问世的宋朝文人的作品,也往往很快就传播到高丽。《宋史·范镇传》说,范镇"其学本六经,口不道佛老、申韩之说,契丹、高丽皆传诵其文。"高丽不仅通过各种途径从中国输入大量图书,而且根据需要,大量校雠、抄录、翻印、重新编写和向臣民颁赐中国图书,促进了汉语文在朝鲜半岛的进一步传播。

元明清时期,汉语在朝鲜得到更深入的传播,汉语教学成为国家教育的重要部分,汉语是科举考试的重要内容。当时的朝鲜涌现出一批知名的汉语学者和教师,出版了一批汉语研究著作和大量汉语教材、工具书和其他参考书。这一时期,高丽设立了专门负责翻译事务的司译院,既负责外交事务,又培养汉语人才。司译院的建立,在高丽的汉语学习史上具有极为重要的意义。它标志着高丽人对汉语学习规律有了进一步认识,表明高丽的汉语教学在一定程度上跳出了只重读写的藩篱。它是高丽人总结长期以来汉语学习经验的结果,也是其同中国长期交往的必然产物,对提高教学效果,更多更快地培养高素质汉语人才,发挥了积极作用。

值得注意的是,司译院的汉语教材使用有三个阶段。初期,主要引进中国的启蒙教科书。中期,自己编写实用的翻译书和口语教材,开始注重口语教学,开始注意到把汉语当作外语教学。后期，编写出一批词语注释词典。当时最出名的汉语教材是《老乞大》和《朴通事》（图8.3）。据《李朝实录》记载："至国初置司译院，学徒所读不过《老乞大》《朴通事》《前后汉》等书而已。"虽然《老乞大》和《朴通事》的作者及成书的确切时间均不详，然从二书的内容和语言文字上看，大抵成书于高丽朝末期，即元末或明初。这两部教材以高丽商人在中国旅行、经商为线索，以中国老百姓的生活和风俗为话题，用北方老百姓的对话、口头语言编写而成。由于特色突出，二书在高丽和李朝时期得到广泛使用。在语言方面，它们的成书、传抄、印行、修订、翻译、注释等，经历了元明清三个朝代，真实反映了这一漫长历史时期汉语口语词汇和语法的变化，为研究汉语口语发展提供了丰富的资料。由于《老乞大》《朴通事》记载了当时中国的政治、经济和社会生活的方方面面，它们在历史、文化研究等方面也有很高的价值。

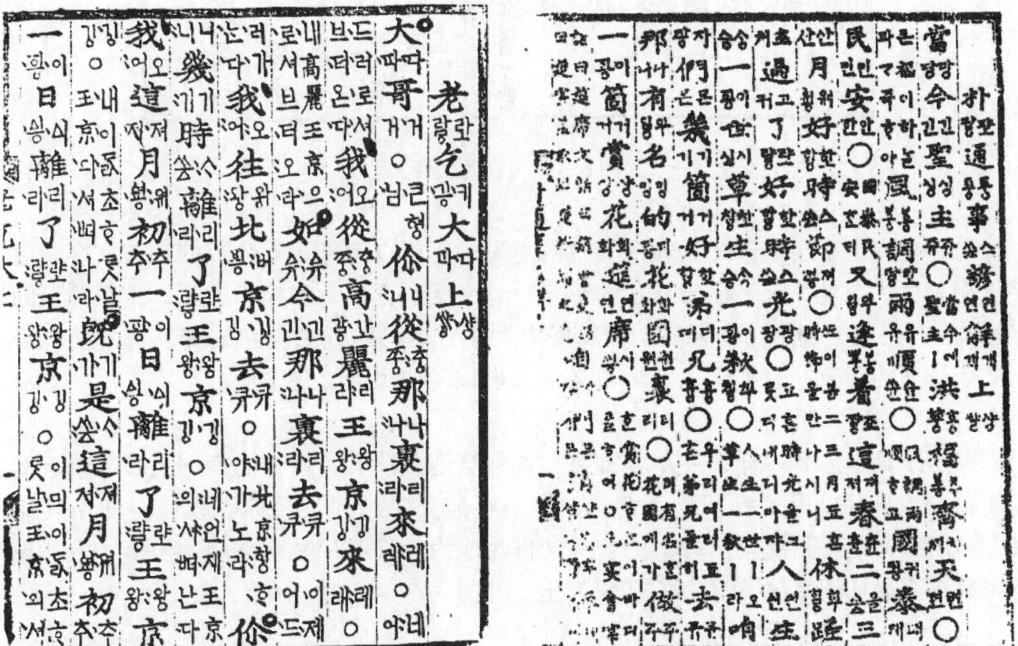

图 8.3　《老乞大》（左）与《朴通事谚解》（右）

此一时期，尤其是明代朝鲜人的汉语学习成绩显著，影响深远。世宗大王和一批知识分子于15世纪40年代创立了一套拼音文字系统，以《训民正音》（图8.4）的形式公布，以更为有效地记录朝鲜语。一般称这种文字为"谚文"。有了这套拼音文字，一般老百姓可使用比较简单的、跟口头语一致的书面语系统。但这套拼音文字在很长一段时间里主要为下层、妇女所用。官方和知识界还是使用汉字系统。

图8.4 《训民正音》

周有光先生指出：谚文是通俗文字的意思，它可以说是音素合成的音节文字。谚文字母在无意之中受了汉字笔画元素的影响。谚文叠成方块，跟汉字匹配，这是明显的汉字影响。① 谚文的创制，在朝鲜文明发展史上具有划时代意义。它改变了昔日朝鲜语言与文字分离的现象，有利于民众学习文化知识，发展民族文化事业，自推广后一直沿用至今。

但是跟日本假名一样，使用朝鲜谚文同样会遇到同音、近音的字词太多，难于阅读的问题。2005年2月，韩国政府宣布：在所有公务文件和交通标识领域全面恢复使用汉字和汉字标记，目前全用韩文的公务文件将改为韩汉两种文字并用。但事实上，现在韩国只有交通标识系统有汉字。迄今为止，韩国仍有1800多个汉字在使用。

二、汉语在日本的传播

公元前3至2世纪，中国水稻栽培、金属工具制造等技术经由朝鲜半岛传入日本九州等地，汉语、汉字也随之传入。日本原来有语言但没有文字。《隋书·倭国传》："无文字，唯刻木结绳。敬佛法，于百济求得佛经，始有文字。"

---

① 周有光著：《世界文字发展史》，上海教育出版社1997年版，第130页。

285年，百济的王仁把《论语》《千字文》带到日本，并为日本皇太子菟道稚郎子讲授，成为日本第一个汉语教师。隋唐以前，日本岛完全借用汉字记录本国口头语言，进行书面交际。现存最早的两部史书《古事记》（图8.5）和《日本书纪》（图8.6），全是用汉字写的。

图8.5 《古事记》　　　　　　　　　　图8.6 《日本书纪》

隋唐时期中国的兴盛，也吸引了大批日本留学生。据记载，仅从隋文帝开皇二十年（600）到隋炀帝大业十年（614）之间，日本即派出遣隋使5次之多。在唐代，日本政府先后派出16批遣唐使，每次都有大批留学生和僧人随船前来，有力地促进了汉语在日本的传播。在这些留学生中，也出现了不少名人。

著名的留学生吉备真备和阿倍仲麻吕即是唐玄宗开元五年（717）随第九次遣唐使来华的。吉备真备是奈良时代赴唐留学生，后来成为著名学者，并借用汉字的楷书偏旁创立了部分日本文字中的片假名。阿倍仲麻吕是与吉备真备同时来唐的日本留学生，性明敏，好读书，博闻强记，就学于唐太学，改名晁衡。卒业后，他参加科举考试中第，在唐就职。晁衡与唐朝著名诗人王维、李白、包佶等均有交谊且皆有诗文唱和。晁衡在唐留居52年，期间身居高位，显名中国，完全汉化，堪称汉语对外传播史及中日友好交流史的美谈。

此外，唐代日本来华的学问僧数量大大超过了普通留学生。学问僧本质上也是留学生，是既学汉语又学佛法的留学生。这些学问僧大多来唐居留时间长，且与唐时文化名人交往频繁，回日后均带回大量汉文典籍，又著书立说，对汉语在日本的传播同样贡献巨大。空海是其中最为著名的一位。他于贞元二十年（804）来唐，从真言密教第七代祖师长安青龙寺惠果法师习密教，诗文书道皆精，尤善草书，曾与草圣张芝齐名。元和元年（806），空海携数百佛教经卷、书法珍品及诗文东归，大弘密教。空海一生著述丰富，有《篆隶万象名义》《文镜秘府论》等。《篆隶万象名义》（图8.7）是一部汉字字典，对汉字在日本的继续传播与普及卓有贡献，也是研究中国古代文字的宝贵资料。

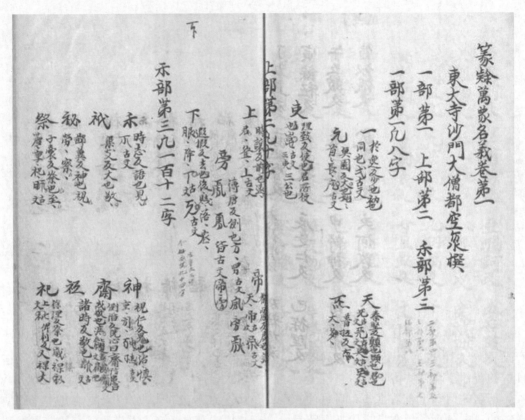

图8.7　《篆隶万象名义》

这一时期，中国也派出人员赴日，有的还成为汉语教师。如袁晋卿735年随日本遣唐使赴日，被任命为大学音博士，成为著名的对日汉语教师。唐代日本的汉籍学习，有"汉音""吴音"之分。袁晋卿到日本后，天皇诏"读书宜用汉音，勿用吴音"。还有一些前往日本的唐朝僧侣，他们为中日文化交流和汉语文的对日传播同样做出了不可磨灭的贡献。其中贡献最大，因而在两国历史上最有名的当属鉴真和尚。鉴真，俗姓淳于，广陵（今扬州）江阳县人，少年出家，后东渡日本传法。然由于当时交通条件等原因，鉴真的东渡曾五次受挫，终于在天宝十三年（754）第六次东渡成功。鉴真及其弟子用汉语讲说经论，传播佛法，促进了汉语在日本的传播。

唐朝的繁荣富强及崇高的国际地位，令日本朝野格外仰慕："当时瞻仰中华，如在天上。"致使日本通过不同渠道，利用多种方法，努力学习、汲取唐朝文化。日本政府极为重视国内的汉字汉语学习与汉语人才培养，并为此营造了良好氛围，推行了一系列得力举措，如：重视发展教育，推行考试制度；尊重知识，奖励汉语、汉学人才；建立相关制度，促进臣民、僧侣向学。再加上日本天皇身体力行，率先垂范，使得日本的汉语水平普遍得到提高。这主要表现在：汉字书法艺术得到进一步发展；汉文水平得到明显提升，用中文编成《日本书纪》等六种重要史书；中文诗歌创作得到蓬勃发展；出现了借用汉字字形记录日语语音的"万叶假名"，为片假名、平假名的最终诞生提供了基础与前提条件。

综上可见，唐代成为汉语言文化对日本传播的黄金时期。两宋时期，中日间的交通往来没有得到两国最高统治者的足够重视，不过两国民间商船来往频繁，对于两国的文化交流和汉语汉字在日本的继续传播都发挥了积极作用。此外，来往两国间的僧侣依然为传播汉语汉字做着贡献。

元明两代，汉语在日本的传播主要是靠来往僧侣以及日本国内有限的汉语教学。清代，截至咸丰末年（1861），中日两国没有正式外交关系。但是，就汉语言文化在日本的传播而言，清代却是个十分重要的时期。清代中期，汉语在日本的传播出现了重大变化。17 世纪前，日本人主要学习汉字、文言文；教材基本是《大学》《论语》《诗经》等中国古代儒家或佛教经典；教学重视阅读，轻视听说；多数学习者听说能力极差，只能用"训读法"和"目读法"阅读汉籍。自 1639 年日本江户幕府实行锁国政策之后的长达 200 余年时间里，长崎是日本唯一对外开放的港口。为此在长崎设立了兰通词（荷兰语翻译）与唐通事（汉语翻译），隶属于长崎奉行（长崎的长官）管理。唐通事的工作是在唐船进入长崎港进行货物交易时作翻译、阅译交易文书、制作相关文书和协助管理唐馆的唐人等。江户时代的汉语学习者主要是唐通事。他们所讲的"唐话"，有南京、福州、漳州三种方言口音，并以南京音为代表。因为当时唐话尚是一种父子传承的家学，所以唐话学习一般从幼年便已开始。唐通事家族中采用中国传统的私塾启蒙教育方式教育子弟，所编教材有《二字话》《三字话》《长短话》《小学生》《请客人》《要紧话》《苦脑子》《译家必备》《琼浦通》《三才子》《三折肱》《养儿子》《闹里闹》等。

1711 年，荻生徂徕结成译社，主张先学习汉语，然后直接阅读汉籍。通过译社的努力，学习"唐话"的风潮在日本兴起。作为译社的讲师，著名汉语教育家冈岛冠山在此期间编写、出版了五种唐话课本（图 8.8）：《唐话纂要》《唐译便览》《唐话便用》《唐音雅俗语类》《经学字海便览》。它们以口语为主，具有实用性、科学性、系统性和趣味性等特点。可以说，这批教材的编写和使用，开创了日本汉语学习的新阶段，极大影响了其后的汉语教学和教材编写。

《唐话纂要》　　　　　　　　《唐话便用》

图 8.8　日本唐话课本

　　此外，顺便一提这一时期汉语在琉球群岛的传播。琉球，即今日本冲绳县，曾经是一个独立的国家。明清两代，中国与琉球王国的关系密切。清光绪五年（1879），日本在琉球设冲绳县，从此中国同琉球的国家关系宣告结束。明清时期，琉球王国不仅不断向中国派遣留学生，学习汉语汉字，而且还在其国内创办学校，教授汉语，并为此编写了多部汉语会话教材，流传至今的有《官话问答便语》《学官话》《白姓官话》《广应官话》（图8.9）等，使得汉语汉字在琉球广为传播。

　　1868年的"明治维新"，使日本进入全新的历史时期。此后直到1945年第二次世界大战结束，汉语教学被逐步捆绑在侵略扩张的战车上。这时期出版了各类汉语教材2000多种，大都与战争有关，如《官话指南》《官话急就篇》《兵要支那语》（图8.10）和《支那语军用会话》等。此外，还出现不少中文刊物，如1932年的《支那语》、1936年的《新兴支那语》、1941年的《支那语杂志》等。这一时期日本的汉语教学大致经历了三个阶段：第一阶段（1868—1885年），学习的汉语从"南京语"向"北京官话"转换。第二阶段（1885—1918年），汉语教学同经济、军事扩张紧密结合；教学从日本国内转向中国，日本在中国办的汉语学校数量远远超过国内。第三阶段（1918—1945年），汉语教学直接为建立"东亚新秩序"服务。当时不仅很多大学，甚至不少中学也开设汉语课程。各地还增设了不少汉语学校或亚洲语言学校。

第八章　汉语传播与教学简史　213

《官话问答便语》　　　《学官话》　　　《白姓官话》　　　《广应官话》

图 8.9　琉球汉语会话教材

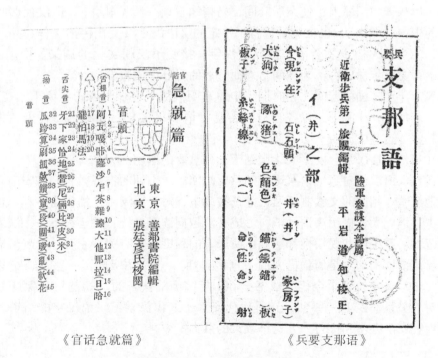

《官话急就篇》　　　　　　　　　《兵要支那语》

图 8.10　战争时期日本汉语教材

三、汉语在越南的传播

越南，古称交趾，三国时期改称交州，故后人常常交趾、交州二名混用。唐朝，又改称安南，所以人们又常把越南称作安南。

公元前 214 年，秦始皇设立象郡，指派官吏统治，并迁徙大量的移民与当地人杂居，促使了民族文化交流，汉字开始对越族发生影响。前 207 年赵佗称王，继续传播、推广华夏文化，使越北地区逐渐进入文明阶段。当时越北地区居住的是京族人，没有自己的文字，需要借助汉字作为书面语。

前 112 年。汉武帝平定南越，设置九个郡，其中交趾、九真、日南三郡大致相当于现在的越南北部、中北部地区。汉语汉字汉文化在当地的传播进入一个新阶段。如九真太守任延在当地"建立学校，导之礼仪"。交趾太守士燮设塾讲学，"教取中夏经传，翻译音义，教本国人，始知习学之业"；"化国俗以诗书，淑人心以礼乐"。通过行政、教育、人员交往等多种形式，汉语口头语、书面语在汉代大量输入当地。

值得一提的是，秦汉时期还存在着一支由"罪人"组成的汉语汉字传播队伍。《后汉书·南蛮西南夷列传》指出："凡交阯所统，虽置郡县，而言语各异，重译乃通。……后颇徙中国罪人，使杂居其间，乃稍知言语，渐见礼化。"即汉代那些被发配到交趾的中国"罪人"，也在交趾进行了一定的汉语汉字汉文化传播工作，并取得了可喜成绩，使交趾人初步学会了一些汉语汉字，接受了汉朝文化的濡染。中国"罪人"的这种语言文化传播，可称为民间自发而分散的对外汉语教学。

东汉末年至三国两晋南北朝时期，中原军阀混战。许多学者纷纷南下，荟萃交趾。或从政，或授徒，或游学，以各自方式传播汉语和汉文化。如刘熙、程秉、薛综、许慈、虞翻等，这些中原士人皆精通经史，又在交州研讨学问，著书立说，甚至讲学不辍，对在当地传播汉语、发展文化起到了十分重要的作用。

唐代是汉语汉字对当地语言影响的重要时期。唐王朝的重视教育和在安南实施与全国其他地区基本相同的文教制度及人才选拔政策，对汉语汉字传播极为有利。越族语言词汇较少，因此大量借用汉语词汇，形成了汉越词读音系统，并延续下来。汉语输入安南的规范性、系统性和规模性都达到前所未有的程度。据有关专家统计，越南语里数以万计的汉语借词大部分是唐代借入的。"唐朝时期，越南语吸收了一整套长安音（当时的官音）的读音系统，至今仍与成书于 601 年隋朝陆法言的《切韵》音保持着严格而系统的对应关系。"[①] 这一事实，正是唐代安南士人积极学习汉语汉字的结果，同时证明唐政府在安南办学和推行人才选举政策的巨大实效。

[①] 马克承：《汉字在越南的传播和使用》，北京大学东方研究所编：《东方研究》（一九九四年），天地出版社 1995 年版，第 192 页。

唐朝时，被贬往安南的"罪臣"大多受过系统的儒家思想教育，具有较高的文化层次，有的甚至是文化界名人。他们同秦汉时期被流放交趾的"罪人"一样，一般都自觉不自觉地做了一些汉语言文化的传播工作。王福畤，即号称"唐初四杰"之一的诗人王勃的父亲，高宗时任雍州司功参军，因受其子牵连左迁为交趾令。在交趾，王福畤"大开文教，士民德之"，为之立祠堂，予以祭祀。直至清朝，当地百姓仍"祀之"，号其祠曰"王夫子祠"。此足证王福畤在交趾传播汉语汉字的历史贡献及巨大影响。此外，杜审言、沈佺期等人的事例亦颇具典型性与代表性。

秦至唐 1000 余年，汉语作为一种先进文化载体，连同中原文化输入安南，扎根于交趾社会。语言和文化的双重影响，为越南建国后汉语在越南的继续传播奠定了牢固基础。

宋代，越南成为中国的藩属国，但是儒家文化、科考制度产生的深刻影响还在延续。越南长期实施科举考试制，用汉字考试。1070 年 8 月，越南李朝"修文庙，塑孔子、周公及四配像，画七十二贤像，四时享祀。皇太子临学焉"。这一时期，汉字汉语的使用非常广泛，不仅用于吟诗作文、著书立说，以及同中国交往时外交文书的撰写，而且几乎渗透到政治、经济、军事等社会生活的各个方面。如太宗乾符有道四年（1042）五月规定：官吏逃亡者，"杖一百，刺面五十字，徒罪"。

到了 13 世纪，越南人借用汉字和汉字部件创制了"喃字"。"喃字是从汉字孳乳出来的非汉语的汉语式词符文字。"在喃字的体系中，借用的汉字占大多数，"实际是汉字中间夹用自造新字"。现在人们收集到的喃字有 2800 多个。喃字后来多用于社会生活的某些领域，但封建统治阶级仍以汉字作为国家正统文字，喃字被迫置于边缘文字地位。

元明清时期，越南政府继续推行以科举考试为中心的各种考试，刊印儒书，引进中国文化典籍，派人来华，学习中国语言文化，继续执行重用汉语人才的政策。汉语汉字仍是其时官方语言文字。不要说同中国交往的"国书"必用汉语汉字，其国内的"宣诏"也同样使用汉语汉字——用汉字写诏书，用中国语发音宣读诏书，用京语解释诏书。具有汉学功底的文人学士的诗文等，也依然用汉语汉字书写。

清嘉庆七年（1802）阮朝建立，亦称旧阮。旧阮统一当年，即遣使来华，并请赐号"南越"。清朝统治者以为称"越南"为宜，从此安南改用越南这一称号。其时，越南还仿照中国童蒙识字课本《三字经》和《千字文》，编有《四字经》。该书四字一句，合辙押韵，计 294 句、1176 字，对越南的地理方位、神话传说、世系沿革、重大历史事件、杰出历史人物都有介绍，是一本典型的以识汉字和了解越南民族历史、文化为宗旨的童蒙教材，在传播汉字方面功不可没。清代，成千上万的中国人或因贸易经商，或因躲避战乱等侨居越南，"在彼入籍约四十有四万"。他们对汉语汉字汉文化在越南的传播做出了不可磨灭的贡献。

19世纪,越南逐步沦为法国殖民地。在越南,法国一方面确立法语地位,逐步建立西方教育制度;另一方面强制推广应用越语"国语字",也就是现在越南使用的拼音文字。1917年取消科举,全面废除汉字。越南劳动党执政后,进一步改进拼音文字系统。但是,汉语的影响在越南语中依然很大,越南语词汇系统大约有70%的汉越词(来源于汉语的词语)。因此,越南著名学者文新在1956年出版于河内的《中越辞典》"序言"中写道:"要想真正了解越南语言文字就不得不了解中国语言文字。""中国语言文字已经成为越南语言文字的有机部分,也正因为如此,对越南人来说,中国语言文字比任何一种外语都更加需要。"①

四、小结:汉语汉字在朝鲜半岛、日本、越南的传播

总体来说,汉字在朝鲜半岛、日本、越南的传播大致有三个阶段:第一阶段,用汉字记录本民族语言。第二阶段,为满足记录本民族语言的需要,改变一些汉字的作用,创造出特殊的汉字,如越南的喃字、日本的国字。第三阶段,依照汉语特点创造本民族文字。如在中国唐朝时期,日本在汉字楷书基础上设计出片假名,在汉字草书基础上设计出平假名。1443年,朝鲜世宗大王仿照汉字结构,设计出朝鲜文字;但创立后仅下层、妇女使用,官方、知识界仍用汉字和汉语书面语。直到1919年,当地爆发"三一"运动,文化上提倡"言文一致",提倡使用本国文字,汉字的地位才逐步下降。越南的拼音文字系统则是在17世纪葡萄牙、西班牙、法国等国到越南的传教士开始创造的,后来经过不断改进,形成现在使用的越南文。

汉语传播大致也有三个阶段:第一阶段,引进汉文经典,社会上层和知识界在学习汉文经典时,逐渐用汉语写作,转写政府公文等;第二阶段,汉语作为外语教学活动进一步扩展到教育、考试、民间交往,大量汉语词汇进入其词汇系统;第三阶段,到了近现代,对汉语有不同程度的排斥。

目前的情况是,日语、韩语、越南语中存在大量的汉语借词(虽然现在越南已经不用汉字)。在日本,日语还夹用2131个汉字和若干人名用字;每年举办汉字检定考试,受测人数已超过200万;800多万部手机中有2/3可传输汉字短信;计算机公司生产的汉字字库字体有1900余款;一些小学提倡诵读《论语》。在韩国,仍有大约1800个汉字在使用。韩国前总统金大中说:"韩国各种历史古典文章和史料都以中国汉字书写,如无视汉字,将难以理解我们的古典文化和历史传统。"2005年2月9日,韩国政府宣布:在所有公务文件和交通标识领域,全面恢复使用汉字和汉字标记,规定将目前全用韩语的公务文件改为韩汉两种文字并用。

---

① 中国社会科学院历史研究所《古代中越关系史资料选编》编辑组:《古代中越关系史资料选编》,中国社会科学出版社1982年版,第755、756页。

第二节 汉语在西方的传播

一、明代以前汉语在西方的传播

汉语起码在汉代已传播到中亚。公元前119年，张骞第二次出使西域，汉朝同印度建立了国家关系，此后双方一直往来密切，并因此繁荣了古丝绸之路，汉语也沿丝绸之路向西一直延伸到西亚和欧洲。西方汉学兴起，是在马可·波罗（Marco Polo）之后。马可·波罗是意大利旅行家，1275年来到中国，得到元世祖忽必烈的信任。此后他几乎游遍了中国。后来他写成《马可·波罗行纪》，描述了东方之富庶、文物之昌明，使西方人第一次比较全面地了解了中国。

16世纪后，在欧洲"大航海时代"的背景下，耶稣会不断谋求向国外发展。明嘉靖三十二年（1553），葡萄牙商人占据澳门；三十六年（1557），耶稣会士便尾随而至，且于四十一年（1562）在该地设立教堂，开始传教活动。不过，由于当时耶稣会的传教政策同中国固有的文化传统严重冲突，所以其传教活动迟迟未能取得较大进展，甚至在很长一段时间内难以涉足中国内陆。

明万历六年（1578）七月，耶稣会远东地区视察员范里安（Alexandre Valignani）来到澳门，在深入调查和深思熟虑的基础上，提出了解决问题的办法。他认为，来华传教应首重熟悉华语，要想取得满意的传教效果，在华传教士必须"中国化"，即"采用他们的服装，他们的语言，他们的习俗，他们的生活方式，总而言之，在一个欧洲人的可能范围之内竭力将自己改造成中国人……"①

于是，1579年7月，耶稣会士罗明坚（P. Michel Ruggieri）被从印度调到澳门学习汉语。经过大约一年半的语言准备和相关训练，罗明坚到了广州。他文质彬彬，会说汉语，注意遵从中国人的风俗习惯，因此获得了当地官府的好感，终于获准在广东肇庆城外建立教堂和在该地传教。罗明坚的汉语很好，是明代第一个用中文作诗的传教士。他在肇庆时，跟利玛窦合编了第一部汉外辞典——《葡汉辞典》（图8.11），以帮助入华传教士学习汉语。他还在澳门写出了欧洲人第一部以汉语所写的著作——《天主圣教实录》，使天主教本地化迈出了关键的一步。回到欧洲后，罗明坚把中国典籍《四书》中的《大学》的部分译成拉丁文在罗马公开发表，第一次在西方出版了详细的中国地图集（图8.12）。

罗明坚的事例说明，汉语作为一种纽带和桥梁，可以在沟通中西文化、联络中外人

---

① 巴尔托利：《论中国》（利玛窦、金尼阁《利玛窦中国札记》），何高济等译，中华书局1983年版，第672页。

士情感方面起到不可或缺的作用。大约正是基于这种考虑，在取得初步胜利后，耶稣会在澳门成立了一个供来华传教士学习汉语并用汉语向华人传教的"圣玛尔定经言学校"。1594 年（万历二十二年），又成立了"圣保禄学院"，汉语为该院师生的必修课程。

图 8.11　《葡汉辞典》手稿

图 8.12　罗明坚《中国地图集》封面

西方传教士在进入中国内地之前，多在澳门初步学过汉语，进入内地以后又孜孜不倦，从未停止汉语学习，因此他们的汉语水平不断提高。万历十年（1582）八月，耶稣会士、意大利人利玛窦（P. Matthoeus Ricci）奉派来华。他一到澳门，立即开始学习汉语，数月后始至肇庆伙同罗明坚进行传教活动。在学习汉语的过程中，他和其他一些西方人创造了给汉字加注罗马字母的方法，为欧洲人认读汉字、学习汉语提供了便利。利玛窦 1606 年完成的《西字奇迹》（图 8.13）是第一份用拉丁字母拼写汉字的读物，也是目前发现的第一份用符号来标注声调的字母拼写读物。他一边学习儒家经典，一边翻译，把它们介绍到欧洲。尤为可贵的是，他还创造了 80 多个汉语词，如"北极、钝角、多边形"等。这些词大多数沿用至今，对汉语词汇的发展起到了促进作用。

利玛窦有一位很好的教师，就是著名科学家徐光启。他是当时给西方人教授汉语和中国文化最高级别的教师。他和利玛窦合作翻译《几何原本》，合译过程中两人互为师生。翻译的过程也是徐光启教利玛窦中文写作的过程。

除了利玛窦和罗明坚之外，法国传教士金尼阁（Nicolas Trigault）也是这一时期的代表人物。金尼阁于1610年秋来中国传教，他用拉丁文翻译出版的“五经”，使其成为第一个将译成西文的中国典籍付诸出版的西方人。为帮助来华传教士认读汉字，以及让中国人了解西文，他在中国学者王征等人协助下，用西方语音学探讨整理汉语音韵规律而成的《西儒耳目资》（图8.14），是一部帮助西洋人学习汉语、汉字的罗马字注音字汇，在我国音韵学史上具有开拓新领域的作用，事实上也成为我国最早的汉语拼音方案。金尼阁的另外一大贡献是把利玛窦用意大利文写作的回忆录手稿《基督教远征中国史》翻译成拉丁文（改名为《利玛窦中国札记》），并作了补充和润色。这本著作刊印后，在欧洲引起轰动，耶稣会内掀起了到中国传教的热潮。它在欧洲的不断再版，引起欧洲人了解中国的热潮。

这一时期的传教士来华学会了汉语，熟悉了中国文献，了解了中国文化。通过他们，汉语汉字和汉文化流传到西方。

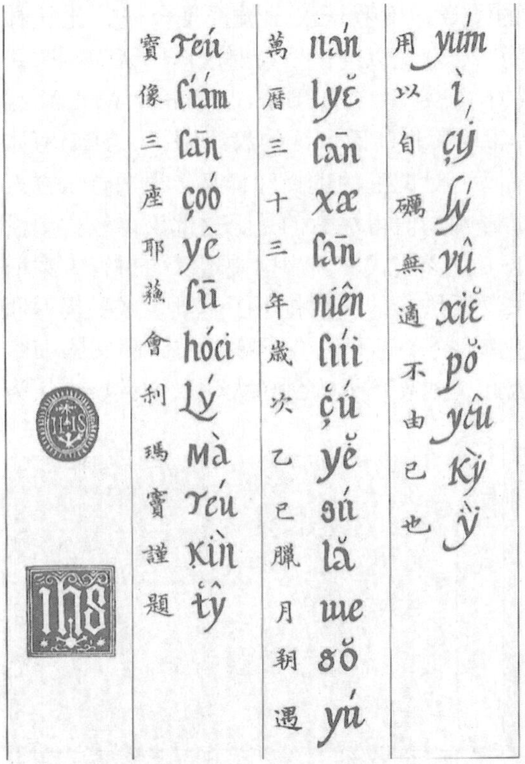

图8.13　《西字奇迹》

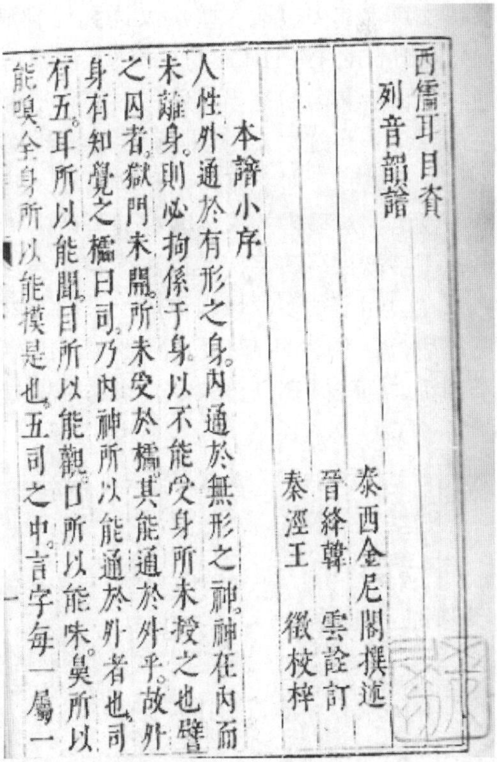
西儒耳目資

列音韻譜

泰西金尼閣撰述

晉絳韓雲詮訂

秦涇王徵校梓

本譜小序

人性外通於有形之身。內通於無形之神。神在內而未離身。則必拘係于身。以不能受身所未授之也。譬之囚者。獄門未闢。所未受於牖。其能通於外乎。故外身有知覺之牖曰司。乃內神所以能通於外者也。司有五。耳所以能聞。目所以能觀。口所以能味。鼻所以能嗅。全身所以能摸是也。五司之中。言字每一屬一

图8.14　《西儒耳目资》

二、明末至清代汉语在西方的传播

明末清初,有一批传教士活跃在中国社会,其中有代表性的有德国人汤若望(P. J. Anam Schall von Bell)、比利时人南怀仁(P. Ferdinandus Verbiest)、法国人白晋(P. Joach Bouvet)等。

到了19世纪,欧洲出现了一批汉学家,编写了一批汉语教材、汉语语法书和汉外字典(图8.15)。例如,法国汉学教授雷慕沙(Abel-Remusat)的《汉文启蒙》是第一部由非宗教人士所写的汉语语法书;法国汉学教授巴赞(Antoine Bazin)的《官话语法》(*Grammaire Mandarine*)强调学习汉语口语的重要性,是研究白话语法的重要著作;葡萄牙籍天主教遣使会传教士江沙维(J. A. Goncalves)的《汉字文法》是当时部分欧洲大学学习汉语的必备手册;美国传教士卫三畏(Samuel Wells Williams)的《拾级大成》(*Easy Lessons in Chinese*)、《汉英韵府》曾一度成为来华传教士和商人的必读书;德国汉学教授克拉勃罗德(Julius Heinrich Klaproth)的《满洲文选》收录了许多满语文章,其中包括一些从汉语翻译到满语的文章;俄罗斯汉学教授雅金夫·比丘林(ИаКИНФБИЧУРИН)的《汉文启蒙》代表了20世纪以前俄罗斯对汉语的认识。这些教材中,最著名的是当时曾做过英国驻华大使的威妥玛(Sir Thomas Francis Wade)编写的《语言自迩集》,这是汉语教学史上第一部教学北京话口语的汉语课本,其编写体例、注音方式,对北京口语语音语法系统的描写,对词汇的选择和释义,很适合西方人学习汉语,对后来的汉语教材编写产生了深远影响。值得注意的是,这部汉语教材中设计拉丁字母拼写汉字,其拼法称威妥玛式,这个拼音法式在新中国制定汉语拼音方案前一直在国际上很多领域内被广泛采用,为后来汉语拼音的产生打下了基础。威妥玛返回英国后,自1888年起任剑桥大学首任汉学讲座教授,他不但将所藏汉文、满文图书赠予剑桥大学,并在剑桥大学开设汉语课程。因此,威妥玛成为剑桥大学汉学教授被认为

《汉文启蒙》　　《汉字文法》　　《拾级大成》　　《汉英韵府》　　《语言自迩集》

图8.15　欧洲的汉语教材、汉语语法书和汉外字典

是汉学学科在英国正式成立的标志。

罗伯特·马礼逊（Robert Morrison）是西方派到中国的第一位基督新教传教士，他在华25年，在许多方面都有首创之功。马礼逊于清嘉庆十二年（1807年）奉伦敦传教会之命来华。他先后聘请数名中国人教他汉语，整日徜徉于四书五经之中，迅速提高其汉文水平。掌握了汉语的马礼逊汉译《圣经》，并陆续出版了英文版《汉语语法》、汉英对照本《华英字典》（A dictionary of the Chinese language，该字典第二卷第一部分名为《五车韵府》）以及英文版《广东省土话字汇》（图8.16）等。这些著作使马礼逊蜚声四方，成为当时欧洲最有影响的汉学家。为便于传教，马礼逊还于1818年创办马六甲英华学院。该院"一则造就欧洲人学习中国语言及中国文字；二则举凡恒河外各民族，即中国、印支及中国东南诸藩属之琉球、高丽、日本民族，就读于中文科者，皆能以英语接受西欧文学及科学之造就"①，对汉语在西方的传播贡献尤大。

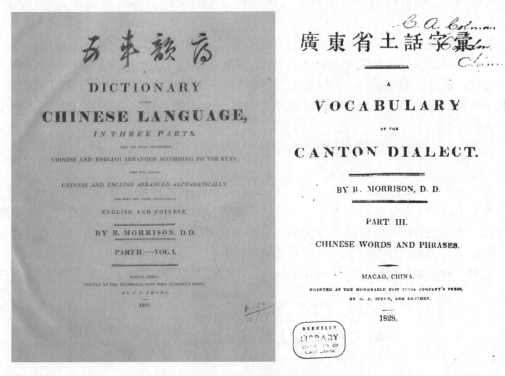

图8.16　马礼逊的著作

---

① 李志刚：《基督教早期在华传教史》，台湾商务印书馆1985年版，第203页。

汉语在西方的传播，境外汉语教师也做了不少工作。当时，耶稣会将一些中国信徒带往欧洲培养。这些信徒在西方主要学习神学和西方哲学、语文等，其中一些人同时进行中国文化传播和中文教学。沈福宗1680年到欧洲，在法国、英国等国居住过，并在当地教授汉语，传播中华文化。黄嘉略1702年到欧洲，后来在法国编写了《汉语语法》和《汉语词典》（未完成）。这两部书是中国人在欧洲编写的最早的供外国人学习汉语的教材。

此外，汉语教学在欧洲和美国也开始进入正规学校体系。1742年，法国皇家学院开始正式教授汉语。1833年，德国洪堡大学开设汉语课。1871年，美国耶鲁大学开始教授汉语。

三、汉语在西方的传播小结

综合可见，明清时期西方传教士为汉语在西方传播做出的贡献主要表现在五个方面：

第一，利玛窦等人在学习汉语的过程中，创造了在汉字旁加注罗马字母拼音的方法，以便使自己看到拼音就能正确读出字音，从而为欧洲人正确认读汉字和学习汉语提供了便利。此外，随着罗马字母拼音方案的创制与不断完善，汉语开始了拉丁化进程。传教士的这些工作不但推动了中国音韵学的发展，也对现行的《汉语拼音方案》产生了巨大影响。

第二，西方传教士编著中西字典等汉语学习材料，为欧洲人学习汉语提供了得力工具。

第三，在《马氏文通》诞生之前，西方汉语语法研究已经有了近200年的历史。西方传教士以拉丁语法体系为参照，对汉语语法进行系统描写。这些既有西方语言学理论支撑又重视汉语特性的语法研究成果为中国现代语法学奠定了基础。

第四，西方来华传教士学习并译介儒家经典，使之流传于欧洲。

第五，西方来华传教士将一些中国人带往欧洲，进一步促进了汉语汉字在欧洲的传播。

第三节　华人移民和华文教育①

近代以来，许多华人漂洋过海，走到哪里，就把汉语带到哪里。据统计，目前海外华侨华人分布于五大洲的143个国家（亚洲33，欧洲26，非洲38，大洋洲11，美洲

---

① 这一部分主要参考了郭熙主编《华文教学概论》第三章"海外华文教育事业的发展"，商务印书馆2007年版。谨致谢忱！

35)。华人人口排名前10位的国家为：印度尼西亚、泰国、马来西亚、美国、新加坡、加拿大、秘鲁、越南、菲律宾、缅甸。

海外华文教育是随着华人移民人数增加、移民后代人数增加而兴起和发展的。由于华人移民海外的地域分布不同，移民时间和规模有别，加之各国的政治、经济、文化情况各异，海外华文教育的发展呈现出多样性的特点。大体而言，东南亚华人移民早，人数多（一般认为占海外华人总数的85%），华文教育历史最久；美洲、大洋洲、欧洲华人移民晚，人数少，其华文教育历史相对较短，规模较小；非洲华人最少，其华文教育规模相对更小。

海外华文教育在20世纪初由于中国政府的支持推动正式兴起，60年代以后落入低谷，直到70年代末才逐步出现复苏迹象，到90年代基本形成复苏潮流。海外华文教育的发展大体上可以划分为三个阶段：旧式华文教育阶段，华侨教育阶段，华文教育阶段。各国华侨教育转入华文教育的时间先后不同。

一、旧式华文教育阶段

早期华文教育的形式主要是私塾、义学和书院，其中私塾是个人所办，招徒授业；义学为华社团体所办，是旧式华文教育的主要形式；书院层次更高一些，但离现代新式学校仍有很大距离。课堂一般设在大户人家的家庭、会馆、祠堂和神庙里。如印度尼西亚雅加达，1690年就开办了"明诚书院"；到1899年，全国义学有369所，学生6600余人。马来西亚槟榔屿1819年创办了五福书院。新加坡华侨1829年创办3所私塾。美国、加拿大等国在19世纪也有了私塾和义学。这些学校的主要教学内容有《四书》《五经》《三字经》《百家姓》《千字文》以及写信、珠算等。其教师多为中国科举落第者和星相筮卜之人，他们因为失意而远走海外教学为生，其教学则多主张背诵强记，对课文不作解释，其教学语言也是闽、粤方言。

二、华侨教育阶段

19世纪末20世纪初，当时中国半殖民地半封建的社会状况激发了中国人民的觉醒，在中国政府新的侨民政策和国内保皇派、革命派等的努力下，海外新式华校纷纷建立。如：1888年美国旧金山成立了中西学堂（现名美洲中华中学校），1899年日本横滨成立大同学校（现名横滨山手中华学校），1901年印度尼西亚雅加达成立中华学校，1904年缅甸仰光成立中华义学，1905年新加坡成立养正学堂。从此，华侨学校教育在南洋各国奇迹般地发展起来。到20世纪中期，华侨学校遍及南洋各国，最兴盛时，一个国家（如印度尼西亚）就有华侨学校1000多所，并形成了从幼儿园、小学、中学到师范、职业学校的较完整的教育体系。

华侨教育的特点是：①华侨自己创办，自己管理。②认同于中国。其教学宗旨是保存中华民族文化,发扬爱国精神;其学制取自中国,老师来自中国,课本、图书、仪器也购自中国,完全照搬中国的一套。③中国政府参与。④与中国的民族、民主运动密切相关。

事实上,华侨教育,即使在全盛时期,也潜伏着种种危机。一旦情况发生变化,这一教育体系便会迅速瓦解。第二次世界大战正是促使华侨教育向华文教育转变的契机。首先,华侨教育受到了当地政府的严格限制、打击。其次,战后东南亚各国纷纷独立,民族意识日益强烈,出现了不少反华排华活动,华侨教育被认为是华侨不接受同化的原因所在,成了打击的重点。第三,20世纪50年代,一些与中国建交的国家和中国政府解决了敏感的双重国籍问题,绝大多数华侨加入了当地国籍,成为外籍华人。

三、华文教育阶段

华文教育与华侨教育的不同有如下几点:①华文教育被纳入当地教育事业的轨道;②华文教育成为当地民族文化教育,无论是官方还是华人自身,都已将华文教育视作从属于居住国教育事业的民族文化教育,而不像战前那样完全追随中国的教育;③不具备完备的、全面系统的教育内容和形式,而仅着重于华语的学习和中华文化的传播。

华文学校的教学方式与内容,早期跟国内中小学语文课相似,近似母语教学,主要是识字和传播中国文化。在中国五四运动前,主要教授文言文;五四运动后,越来越多的华文学校以教授白话文为主。最近十几二十年,考虑到一些华裔学生不懂汉语(包括普通话和方言),只会当地语言,一些学校开始注意把汉语作为外语来进行教学。

各国华侨教育向华文教育转化的时间先后并不一致。印度尼西亚的华侨教育在1958年到1966年间逐步走向衰落,而其华文教育,即印度尼西亚籍华裔举办的华文教学则从1958年就开始了。1966年印度尼西亚原有的华侨学校以及华文学校被迫关闭,此后的华文教学只存在于个别地区的秘密家庭补习之中,以及少数特种民族学校所开设的华文教学课程里。

马来西亚的华文教学最有特色。1957年马来西亚独立后,一再制定和推行一元化教育政策。独立前马来西亚有1287所华文小学,至1969年底因为经费及生源关系均已改制成国民型小学。独立前有近百所华文中学,后来受到限制,有的接受改制成为国民型中学;1962年有16所坚持不改制,成为独立中学。目前,这种独立中学有60所。

20世纪50年代后,东南亚国家相继开始限制、禁止华侨学校和华文学校,华文教学走向低靡。但是到了70年代末80年代初,海外华文教育(不限于东南亚)开始复苏,出现了转机,在有的地区走上了复兴发展之路。这主要有以下几个原因:一是由于中外关系的发展,新移民大大增加,特别是移去美洲、欧洲、大洋洲的新移民,导致了华文学习人群的增加。二是中国实行改革开放政策,经济发展迅猛,华文人才的需求增加。从20世纪90年代起,新加坡、马来西亚、菲律宾、泰国、柬埔寨、老挝、印度尼西亚等国政府均开始采取措施，鼓励发展华文教育。最近几年，亚洲、美洲、大洋洲、欧洲、非洲华裔人士学习华文的需求不断上升，形成了持续的中文热。

目前，海外华文教育还存在五种基本形态：家教和私塾，各种语言学习班（中心），私立学校——个人创办，新兴的周末制中文学校——社团创办，传统的全日制华文学校。值得注意的是，一些含华文教育的全日制学校，已经纳入当地政府的正规教育系统。由于教学质量很高，学生不仅有华人华裔，还有不少非华裔的当地国民的子女。

第四节　中华人民共和国成立前国内的汉语教学

尽管历史上有很多外国人学习汉语，尽管华人华裔把汉语带到海外，但在中国国内，在中华人民共和国成立前，中国人编撰的专门为外国人学习汉语使用的教材很少，中国人开设的专为外国人服务的汉语教学也不多。外国人来中国学汉语，所用教材大多是传统的汉语母语教材，他们也大多跟中国人一起学习古汉语的文言文。其结果，虽然造就了一批熟谙中国语言文化的域外学者，如日本的空海、朝鲜的崔致远，其文采与学问毫不逊于中国文人，但是，也为一般外国人学习汉语、使用汉语带来了诸多不便。

一、1840年以前

就现有史料来看，我国现存最早的汉语教材可能是《番汉合时掌中珠》（图8.17），此书由西夏党项人古勒茂才于乾祐二十一年（1190）编写，是一部西夏文和汉文双解的通俗语汇手册。此手册于1909年在中国黑水城遗址（今内蒙古自治区额济纳旗）出土，原本现藏俄罗斯。此书前有西夏文和汉文对照的序言，里面写道："不学番言，则岂和番人之众；不会汉语，则岂入汉人之数。"从语言学习在不同民族间相互交流、相互学习的重要性的角度，说明了编写目的是为了番人（西夏人）、汉人学习对方语言。《番汉合时掌中珠》此类词汇对照手册的出现，说明当时确实存在过汉语作为第二语言的教学。

至明清时期，我国与周边国家的民间交流日益普遍、深入，加上西方传教的需要，出现了一批很有影响的汉语学习教材。如《老乞大》《朴通事》等是明代初期朝鲜人学习汉语口语的教材，《葡汉辞典》《西儒耳目资》等是西方人编写的汉语的教材。但这些教材都是出自外国人，主要目的是方便这些国家的人学习汉语。中国人编写的汉语作为外语的教材极少。此外，耶稣会在我国的澳门地区成立了一个供来华传教士学习汉语并用汉语向华人传教的"圣玛尔定经言学校"。1594年，又成立了"圣保禄学院"。这些内容在前面已经多有介绍，故此处从略。

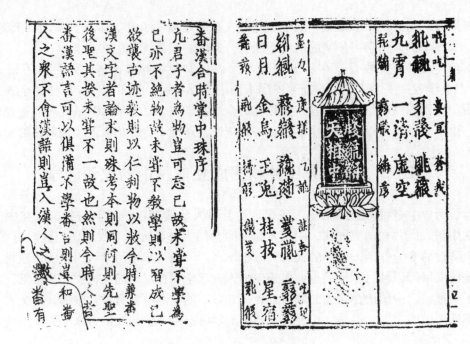

图 8.17 《番汉合时掌中珠》

二、1840 年以后

19 世纪中期，鸦片战争后中国和列强签订了一系列不平等条约，中国允许西方人居住和贸易的"条约港口"数目不断增加，出现了很多租借地，并且允许传教士在中国建立教堂，解除禁教，所以包括外交官、商人和传教士在内的西方人来华人数日见增多。面临他们来华以后生活和业务活动所必须要解决的语言问题，宗教团体和人士率先采取了许多措施，如开办专门的语言训练学校，通过精心安排，系统地提供中文教学课程。这形成了西方人在中国汉语学习的高潮。

西方在华设立了很多学校，其中多是以西方的方法对中国学生进行教育的教会大学，还有一些是在华外国人学习汉语的语言机构，如南京华言学堂、内地会安庆训练所和扬州训练所、华北协和语言学校、金陵大学传教士训练部、成都协和传教士训练学校、苏州东吴大学附属吴语方言学校等。这些学习汉语的语言机构有以下特点：主要学习汉语、中国文化、历史等课程；学习时间长短不一，短的只有几个月，长的要几年；学习的语言以官话为主，还有方言，如四川话、河间府方言、福州话、吴方言等；学习注重口语表达，同时也学习书面语；教学方式有面授也有函授；教学工作由中外教师共同担任。这些学习汉语的语言机构所用教材可分为四类：一是口语教材，如《语言自迩集》《官话初阶》《英华合璧》《华英文义津逮》《华西初级汉语课程》（CHINESE LESSONS for First Year Students in West China）等；二是书面语教材，如《汉文进阶》《华文释意》等；三是语法教材，如《中国言法》《汉语官话口语语法》（A Grammar of the Chinese Colloquial Language Commonly Called the Mandarin Dialect）《汉语语法自学》（Chinese Grammar Self-taught）等；四是汉字教材，如《汉字书写入门》（A Primer in the Writing of Chinese Characters）《汉字分析》（Analysis of Chinese Characters）《汉字研究》（A Course in the Analysis of Chinese Characters）等（图8.18）。

图8.18 语言机构所用汉语教材

这一时期值得一提的是华北协和语言学校。该校是一所由外国人建立，具有教会性质的汉语学校，是哈佛燕京学社的源头。华北协和语言学校于1913年正式成立于北京，校长由基督教北京青年会的外籍人士担任。1920年该校作为燕京大学的一部分独立存在，1925年夏改称为燕京华文学校。汉语课是该校的主要课程，同时也开设中国风俗、中国哲学、中国神话、现代中国外交关系、中国经济学等课程。学制五年，每学年分春、秋、冬三个学期。暑假期间，学生们在各避暑地跟私人教师学习。除外籍教师外，也聘任中国教师，1921年时有中国教师97人；注册学生总数147人。1910年至1925年，共毕业学生1621人，其中1140人为美国学生，323人为英国学生，158人为其他国家的学生，总共有24个国家的学生在校学习过。知名校友有司徒雷登（John Leighton Stuart）、史迪威（Joseph Stilwell）、费正清（John King Fairbank）等。华北协和语言学校在不长的十几年间培养出了一批杰出的汉学家、外交官、军事要员和中国专家，对汉语向美国的传播以及中美关系的发展产生了深远影响，确实是新中国成立前民国时期对外汉语教学的奇葩。①

1895年，《马关条约》签订以后，日本对台湾实行殖民地的"同化"政策，在台湾对日本人的汉语教育停止了。但在师范学校、警察司法学校还保留教汉语，台湾总督府的学务课也研究闽南话，并编写了相关词典，这都是为了统治殖民地的需要。日俄战争及随后签订的《朴茨茅斯和约》使日本从俄国手里攫取了很多特权，随后大连、长春、奉天等地成了日本人在东北学习汉语的基地。日本人在中国国内设立了多所学校，培养在中国进行商业和军事活动的人员，虽然这些学校并不都是专门的语言学校，但学生在学习商业、经济、政治等课程外还都学习汉语，而且汉语教学占有很大比重。汉语课主要进行会话训练，也教授儒家经典和汉语写作。学习的语言以北京官话为主，同时兼及广东、上海等地方言。

当时日本人在华设立的此类学校有1884年在上海成立的东洋学馆，1890年在上海成立的日清贸易研究所，1900年在南京成立的南京同文书院（后迁到上海，改称东亚同文书院），1930年在北京成立的兴亚学院。此外，1906年5月设立的大连伏见台寻常小学校、1913年4月在大连建立的教育研究所、1914年9月成立的大连神明高等女学校等都教授汉语。

1932年日本占领中国东北三省后，成立了伪满族国。为加强对中国东北地区的殖民统治，日本很重视管理层的中国语能力。1920年代，关东厅和"满铁"机构针对机构内下级职员及警察设立了"中国语检定试验"制度，考试成绩分级，合格者按所获等级发放津贴。这是日本，也可能是世界上最早的外语能力测试。至1945年日本战败，日本人在华的中国语教育才完全结束。

日本人在华的汉语教育当中，担任教师的大部分是日本人，他们职位较高，多为学校教授和副教授，大多数都系统学习过汉语，经验比较丰富。还有部分中国人，但职位

---

① 参见张西平主编：《世界汉语教育史》，商务印书馆2009年版，第90～96页。

较低，一般为讲师。日本在中国内地设立的学校主要集中在商业和贸易方面，所用教材除一般的会话教材外，还有适应商贸活动的教材。所用教材在华出版地多集中在台湾、大连、上海和北京。根据六角恒广《日本中国语教学书志》对日本 1867—1945 年间教科书和工具书目录统计，我国东北地区出版的多达 110 种，台湾出版的 60 多种，上海出版的 20 多种，北京出版的 10 种左右。这些教材种类十分丰富，主要有以下几种：

一是口语会话课本，包括一般会话问答，以及适应各种特殊需要编写的教材。一般的会话问答有官话的也有方言的，如《华语萃编》《日华对译福州语》《日台会话》《广东语讲座》《日汕会话》等。为特殊需要编写的会话课本有的是关于警务的，如《警务必携台湾散语集》《日满对照警务会话指南》等；有的是关于交通、农林、矿产的，如《日华对照铁道会话》《农业用日常华语》《日满对译矿山用语集》等。二是书面语教材，主要用以帮助学生阅读报纸和书写文件、公文，极具实用性。如《简易适用普通文件集》《最新满州国公文研究》《最新公私尺牍教科书》等。三是专门的语音教材。日本人除了在会话教材中关注汉语发音外，还编写了如《发音练习支那语读本》《易错支那语的区别与四声变化的应用》《常用千字华语发音教科书》等专门教材。四是语法教材。此类教材又包括两种：一是系统讲解语法的教材（包括官话和方言），如《北京官话支那语语法》《台湾语法》等；二是关于某个语法项目的，如《支那语助词用法便览》《华语惯用助动詞の活用》《华语支字の活用》等。五是考试用书，如《满州国政府语学检定试验问题集》《语学试验问题并解答集》《语学奖励模范试验问题集》等。

即使到了民国时期，对外汉语教学还常常跟对中国人的语文教学混淆。1940 年代，燕京大学的一些留学生想学习汉语，有关人员从教会请来一位老先生教汉语，他没有什么语言知识，又不懂外语，教学效果很差。后来在学校干预下，中文系才开设了"外国人汉语"这门课。用的教材却是法国人编的汉语课本。当时的对外汉语教学状况可见一斑。不过由于中外交流的需要，一些外国机构通过民间渠道聘请中国教师出国任教，像老舍、萧乾都曾在英国进行汉语教学。在这期间，老舍还参与编写了汉语教材《言语声片》（图 8.19），并亲自录音。另有一些中国教师被日本人聘为汉语教师，如英绍古、张滋昉、金国璞、张廷彦等，他们为当时的汉语教学和教材编写做出了自己的贡献。

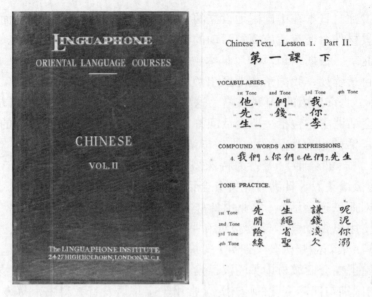

图 8.19 《言语声片》

思考与练习

1. 中华人民共和国成立以前西方在华设立了哪些汉语学习机构,其特点是什么?
2. 从历史上来看,对外汉语教学和海外华文教育有哪些异同?
3. 下图为日本横滨山手中华学校的课程设置。对比我国中小学的课程设置,谈谈海外华侨学校课程设置的特点。

【小学部】

	中文	説話	数学	理科	地理	歴史	日文	日本社会	音楽	図工	体育	英文会話	習字	生活	集体活動	周会	計
小一	6	3	4				4		2	2	2			1	1		25
小二	6	3	5				4		2	2	2			1	1		26
小三	6	2	6	3			4	2	2	2	2			1			30
小四	6	2	6	3			4	2	2	2	2		1	1		1	32
小五	6	2	6	3	3		4	2	2	2	2	1	1			1	34
小六	6	2	6	3		3	4	2	2	2	2	1	1			1	34

【中学部】

	中文	文化常識	数学	理科	日文	日本社会	英文	音楽	美術	体育	技家	周会	計
中一	6	2	4	4	5	3	4	1	1	2	2	1	35
中二	6	2	4	4	5	3	4	1	1	2	2	1	35
中三	6	1	4	4	5	4	4	1	1	2	2	1	35

4. 在原本《老乞大》中有这样的一段对话：

你谁根底学文书来？

我在汉儿学堂里学文书来。

你学甚么文书来？

读《论语》《孟子》《小学》。

怎每日做甚么工课？

每日清早晨起来，到学里，师傅行受了生文书。下学到家，吃饭罢，却到学里写仿书。写仿书罢对句，对句罢吟诗。吟诗罢，师傅行讲书。

根据这段对话，请描述和评价当时的汉语教学方式。

5. 阅读下面材料，回答问题：

初学四声之法，最难解说。今举梗概：如上平，其发声时，系自上落下而止，声音较短；如下平，其发声时，系向右傍一掷而止，声音较短；如上声，其发声时，系半含其音，渐渐而上，声音较长。（摘自《官话指南》凡例 1882 年）

（1）请问这一段解说的主要内容是什么？

（2）结合你阅读过的当代对外汉语教材和你的对外汉语教学经历，评价一下这段解说。

6. 阅读下面材料，回答问题：

我们先说他们的字母，或更好说他们的文字，因为他们的字像似埃及人的象形文字。他们日常讲的话与书写用的话相差颇远；虽然有人用语体文写东西，但不算正派，无人重视。虽然如此，平常讲话与书写所用的大部分都是相同的，二者都是单音字；但也有些像似西方的复音字。他们每一个词，有个不同的字，而不分母音和子音，也不分音节；因此在中文里，一个词就是一个字，也就是一个音节。故此在中文里，有多少词，就有多少字。他们以一种巧妙的方式配合应用，因此总字数不会超过七万或八万，一般常用的字不过一万左右。至于中国字究竟有多少，不必知道，也没有人知道。（摘自《利玛窦中国传教史（上）》第 22 页，光启出版社 1986 年版）

（1）这段文字提到了汉语的什么特点？

（2）如何评价早期传教士的汉语观？

7. 在马礼逊的《字典》（1815—1823）中 academy 的中文释义为：

ACADMY or private school for children，学馆；学堂 for men，whether opened by government or private teachers.

而在麦都斯的 English and Chinese Dictionary（1827—1848）中 academy 的中文释义为：

A school，学馆，学堂；a school in ancient times，庠序，学校；a school for adults，大经馆；a college，书院；a school established by Government，学宫，学院；the imperial academy，翰林院

（1）二者释义的异同点是什么？

（2）通过这些异同点，请你分析一下，马礼逊和麦都思认为如何才能将英语翻译成恰当的汉语。

本章参考文献

[1] 卞浩宇. 晚清来华西方人汉语学习与研究 [D]. 苏州：苏州大学，2010.
[2] 曹秀玲. 东北亚汉语教学的历史与现状综观 [J]. 世界汉语教学，2008（3）.
[3] 陈宝勤. 汉字在日本的应用与传播 [J]. 古汉语研究，2004（3）.
[4] 董海樱. 16 世纪至 19 世纪初西人汉语研究 [M]. 北京：商务印书馆，2011.
[5] 董明. 古代汉语汉字对外传播史 [M]. 北京：中国大百科全书出版社，2002.
[6] 郭熙. 华文教学概论 [M]. 北京：商务印书馆，2007.
[7] 金基石. 韩国李朝时期的汉语教育及其特点 [J]. 汉语学习，2005（5）.
[8] 卡萨齐·莎丽达. 汉语流传欧洲史 [M]. 上海：学林出版社，2011.
[9] 李无未. 日本明治时期北京官话教科书研究的基本问题 [J]. 吉林师范大学学报：人文社会科学版，2007（1）.
[10] 李亚楠，周小兵. 汉语拼音方案的产生、发展与对外汉语教学 [J]. 云南师范大学学报：对外汉语教学与研究版，2015（6）.
[11] 李宇明. 重视汉语国际传播的历史研究 [J]. 云南师范大学学报：对外汉语教学与研究版，2007（5）.
[12] 林明华. 汉语与越南语言文化（上）[J]. 现代外语，1997（1）.
[13] 鲁健骥. 谈对外汉语教学历史的研究 [J]. 语言文字应用，1998（4）.
[14] 吕必松. 对外汉语教学发展概要 [M]. 北京：北京语言学院出版社，1990.
[15] 朴京淑. 试论韩国朝鲜时代的汉语教学 [D]. 北京：北京语言文化大学，2000.
[16] 沈国威. 近代英华华英辞典解题 [M]. 大阪：关西大学出版社，2011.
[17] 史红宇. 从教材看历史上来华外国（族）人的汉语教学 [D]. 北京：北京语言文化大学，2002.
[18] 王顺洪. 六角恒广的日本近代汉语教育史研究 [J]. 汉语学习，1999（4）.
[19] 王顺洪. 日本明治时期的汉语教师 [J]. 汉语学习，2003（1）.

［20］王幼敏．近代日本的中国语教育［J］．云南师范大学学报：对外汉语教学与研究版，2006（4）．
［21］闫思行．中国对法汉语教学的历史与现状［D］．长春：吉林大学，2007．
［22］张珊．唐代留学生汉语教育研究［D］．长春：吉林大学，2007．
［23］张西平．世界汉语教育史的研究对象与研究方法［J］．世界汉语教学，2008（1）．
［24］张西平．世界汉语教育史［M］．北京：商务印书馆，2009．
［25］郑良树．马来西亚华文教育发展简史［M］．北京：外语教学与研究出版社，2007．
［26］周小兵．对外汉语教学导论［M］．北京：商务印书馆，2009．
［27］周小兵，张静静．朝鲜、日本、越南汉语传播的启示与思考［J］．暨南大学华文学院学报，2008（3）．
［28］周聿峨．东南亚华文教育［M］．广州：暨南大学出版社，1995．

[中 编]

语言要素和文化教学

第九章 语音教学

第一节 语音介绍

一、语音的含义

语音是人类发音器官发出来的含有一定意义的声音。打喷嚏、咳嗽、打哈欠、打呼噜等声音，没有包含意义，不算语音。

不同语言有不同的语音系统和结构规律。一种语言，首先要学习它的语音。一个人的语音面貌，通常能代表其语言水平和语言能力。

二、语音的属性

（一）物理属性

物体受到振动，在空气里产生音波，振动人或动物的耳膜，使之能听到各种声音。所有声音，包括语音，都有音高、音强、音长、音质四个要素，也称语音的四种物理属性。

1. 音高

音高指声音的高低。它是由发音体在一定时间内振动次数的多少决定的，振动频率高，声音就高。语音的高低与声带的长短、厚薄、松紧有关。儿童和女性声带短且薄，在一定时间内振动次数多，声音就高。人可以控制自己声带的松紧，发出不同音高的声音。

音高在语言中有重要作用，主要是构成声调和语调。汉语和其他一些语言有声调的变化，根源就是音高的变化。

2. 音强

音强指声音的轻重强弱，由发音体在一定时间内音波振动幅度的大小来决定。音波振动幅度的大小，是由发音时用力的大小、呼出气流的强弱决定的。

音强构成语言的重音、轻音和语调。汉语普通话中的轻声音节和一般音节的区别，主要在于音强的不同。如"孙子"表示"儿子的儿子"这一意义时，"子"读轻声；

《孙子兵法》中的"子"不读轻声。

3. 音长

音长指声音的长短，它由音波持续的时间决定。有的语言中，元音的长短有区别意义的作用，如英语的 sheep（羊）和 ship（船），日语的ビール（啤酒）和ビル（建筑物）。汉语普通话中，轻声音节音长比较短，非轻声音节音长比较长。如"东西、大意"，读轻声和非轻声意义不同，但汉语长短音并不成系统。

4. 音质

音质是由音波振动形式不同而产生的。一般来说，音质是由发音体、发音方法、发音共鸣器的形状决定的。例如，敲鼓和敲锣的声音不同，是因为发音体不同；小提琴的拉和拨产生不同的音响，是因为发音方法不同；同样是提琴，小提琴和大提琴的共鸣器、形状和大小都不一样，所以音质也不相同。具体到语音，音质是由声带的长短、厚薄、粗细、口腔、鼻腔的形状大小，发音部位和方法的不同等决定的。

音质在语言中的作用比音高、音强、音长都重要，它可以区分不同的语音。可以说，在语音的四种性质中，音质是最基本的属性；音高、音强、音长属于语音的韵律特征，必须依附于音质才能起作用。

上述四种物理属性，在不同语言中的作用是不同的。例如，汉语是有声调的语言，在其语音系统中，音高的作用仅次于音质而排在第二位；英语没有声调，但重音非常重要，因此在英语语音系统中，音强的作用比音高重要。

（二）生理属性

语音是由人的发音器官发出的。不同的语音，是由于发音器官活动部位的不同、活动方式的不同而造成的。人的发音器官可以分成三个部分：肺部、气管是气流的动力器官，声带是振动气流的主要器官，口腔、鼻腔是气流的共鸣器官。

肺部像一个风箱，不断地吸入呼出空气。气管及支气管是空气进出的通道。

声带是两条有韧性的肌肉带子，位于喉头。声带中间是声门，可以开合。发噪音时，声门打开，气流自由通过；发乐音时，声门仅留一条小缝，气流从小缝中挤出去，振动声带，生成音波，发出响亮的声音。

气流在口腔受到发音器官多种活动的调节，发出不同的声音。舌头、软腭、上下唇都可以活动；硬腭、上下门齿虽不能活动，但因舌头跟它们接触而产生多种活动。因此我们说，口腔是活动的共鸣器；鼻腔则是固定的共鸣器，它和口腔之间的软腭和小舌可以上下升降，使气流通过鼻腔产生共鸣，发出鼻音。

（三）社会属性

语言是一种社会现象。同样，语音也必须考虑它的社会性。

任何一种语言都有自己的语音系统，而任何一种语音系统都有其特性。例如，汉语是声调语言，更注重音高变化；英语是重音语言，更重视音强变化。再如，汉语普通话中的 b [p] 和 p [p']，其发音部位相同，且都是塞音，区别只在 b 是不送气音，p 是送气音。正是这个区别形成了两个有区别意义的音位，由它们构成的音节表达不同的意义。如"拔 bá"和"爬 pá"，韵母和声调一样，只是声母中送气、不送气的区别形成了两个包含不同意思的音节。而英语 p 在一般情况下发送气音 [p']，当出现在 s 后面时常发成不送气音 [p]，但这一差异没有区别意义的作用，即使你发成送气音，以英语为母语的人也许会觉得你的发音奇怪，但不会以为是另一个意思。

英语的 b [b] 和 p [p] 的差异不在于送气与不送气，而在于浊音和清音的区别，发前者时声带颤动，发后者时声带不颤动。这一差异构成了两个有区别意义的音位，由此构成的音节意义不同。如 boob（傻瓜）和 poop（船尾）。但汉语普通话没有这一区别。

三、语音单位

人说出的话是一串含有意义的语音流。如果从语音角度对它进行分析，可以得出不同的语音单位。

（一）音节

音节是语言里最自然的语音单位，在听觉上最容易分辨出来。如："xuéxí（学习）"是两个音节。一般说来，一个汉字就是一个音节。但普通话的儿化韵有一点不同。如"头儿"是两个汉字，但读音只有一个音节：tóur。

汉语一个音节分前后两部分，前面部分称为"声母"，后面部分称为"韵母"。普通话的音节一般都是由一个声母、一个韵母和一个声调组成。声母通常由辅音充当，韵母则由元音或元音加鼻辅音 n 或 ng 充当。如果音节由元音开头，我们说韵母前头有一个零声母。汉语普通话的音节只有 400 来个；加上声调，可以从读音上分辨出来的音节也就是 1300 个左右。但正是这些音节，通过不同组合，构成了现代汉语丰富的词汇系统。

（二）音素

将音节进一步横向切分，就可以得出音素。音素是从音质角度进行分析的结果。

音素可以根据声音的类别分为元音、辅音两大类。发元音时，气流通过口腔而不受阻碍，且声带振动，如 a、e、o、i 等。发辅音时，气流在口腔中受到阻碍而发出。汉语大多数辅音是"清辅音"，即发音时声带不振动；只有 m、n、r、l、ng 五个浊辅音（其中 ng 不能做声母，只能做韵尾），即发音时声带是振动的。

在汉语中，我们把一个音节开头的辅音称为声母，声母后边的音称为韵母。汉语的音节一般都是由声母、韵母和声调组成的。汉语共有 22 个声母，其中 21 个是由辅音充当的；另有一类音节没辅音声母，我们把它们称作"零声母音节"，如"傲（ào）、羊（yáng）、文（wén）"。汉语共有 39 个韵母，由元音或元音加鼻韵尾充当。

（三）音位

音位是一种语言中能区别意义的最小语音单位。如前边举过的"拔 bá"和"爬 pá"，韵母都是 a，声调都是阳平，其不同的意思只是通过辅音声母 b [p] 和 p [pʻ] 的不同来体现的。因此，b 和 p 在汉语普通话中是两个不同的音位。

在一种语言里，一个音位可能包含几个近似的音。比如汉语普通话中的 dā（搭）、dāi（呆）、dāng（当）、diān（颠），四个音节里都有 a。但在这四个音节里的 a 读音并不完全相同，发音时舌位有前或后、高或低的差异。dā 的 a 舌位在中间，国际音标是 [A]；dāi 和 dān 中的 a 舌位稍靠前，国际音标是 [a]；dāng 的 a 舌位稍后，国际音标是 [ɑ]；diān 的 a 舌位略前略高，国际音标是 [æ]。这几个 a 出现在不同的语音环境里，虽然发音有细微的差异，但即使发音不那么准确，发成同样的音，也没有区别意义的作用，同样可以交际。因此，我们把它们归纳为一个音位，以 [A] 作为典型音位，[a] [ɑ] [æ] 作为 [A] 的音位变体。

音位和音素是类别和成员的关系。音位可以是由几个发音比较接近的音素构成。每种语言归纳音位的原则基本一样，都要根据辨义功能、对立互补、音感差异作为标准，但具体到某个音素，则可能在不同语言里会被归纳到不同的音位里。例如，b [p] 和 p [pʻ] 在汉语中是对立的，"爸"和"怕"意思完全不一样；在英语中，"sport"中的 p 发成送气和非送气，意义没有区别，只是可能听着有点别扭。因此 b [p] 和 p [pʻ] 在汉语中必须归纳到不同的音位里，在英语中则可以归纳到同一个音位里。所以说音位具有社会属性。

四、汉语语音简介

（一）辅音与声母

1. 辅音

辅音是从肺部发出的气流在发音器官里受到阻碍而形成的一类音素。汉语有 22 个辅音。形成不同辅音的原因是发音部位和发音方法的不同。发音部位指辅音发音时发音器官形成阻碍的部位，发音方法指发音器官如何形成阻碍和如何消除阻碍。因此，辅音可以从发音部位和发音方法这两方面进行分类。

（1）发音部位。

双唇音：b、p、m；唇齿音：f；舌尖前音：z、c、s；舌尖中音：d、t、n、l；舌尖后音：zh、ch、sh、r；舌面音：j、q、x；舌根音：g、k、h、-ng[ŋ]。

（2）发音方法。

塞音：b、p、d、t、g、k；擦音：f、s、sh、r、x、h；塞擦音：z、c、zh、ch、j、q；鼻音：m、n、-ng；边音：l。

清浊音。辅音大部分是清音，即声带不振动发出的辅音；浊音：r、m、n、-ng、l，声带振动。

送气不送气。送气音：p、t、k、c、ch、q；不送气音：b、d、g、z、zh、j。

2. 声母

声母是指汉语音节开头的辅音，如 dā（搭）、pāi（拍）、fān（翻）、tāng（汤）、qiān（千）中的 d、p、f、t、q。上边介绍了汉语普通话有 22 个辅音，其中的-ng 只能放在音节结尾处，不能充当声母，如 dāng（当）末尾的 ng。但通常认为没有辅音开头的音节，韵母前边有一个"零声母"，如 ān（安）的开头是零声母。所以，普通话的声母还是 22 个。

（二）元音与韵母

1. 元音

元音是气流振动声带、在口腔不受阻碍而形成的一类音素。要发出不同的元音，需要口形的不同和舌位的不同。口形包括口腔的开合程度、口腔圆唇还是不圆唇。舌位是指发音时舌头较高的部位所处的位置的高低和前后。舌位与口腔的开合相关。

2. 韵母

按汉语传统音韵学的分析，一个音节声母后边的部分就是韵母。韵母可以由一个元音充当，叫单韵母；也可以由两个或三个元音充当，叫复合韵母。由鼻辅音 n 或 ng 结尾的叫鼻音韵母。

（1）单韵母。现代汉语普通话有 10 个元音，也可以称单韵母：

    a o e ê i -i[ɿ] -i[ʅ] u ü er

其中 a、o、e、ê、i、u、ü 是舌面元音，都可以独立成为一个音节。e、ê 共用一个字母 e。当 ê 自成音节时加上 ^ 表示区别，当 ê 出现在 ie、üe 等复合元音韵母中时，上边的 ^ 可以省略。-i[ɿ]、-i[ʅ] 是舌尖元音，只分别在 z、c、s 和 zh、ch、sh、r 后边出现。由于跟 i 出现的语音环境不同，在拼音中都用 i 来代替，但实际上它们是完全不同的音素。

（2）复韵母。由两个或两个以上代表元音构成的韵母，根据韵腹（发音最响亮的部分）的不同位置分为三类：

    前响复韵母：ai ei ao ou；

    后响复韵母：ia ie ua uo üe；

中响复韵母：iao iou uai uei。

(3) 鼻音韵母。鼻音韵母指末尾有鼻音韵尾的韵母，根据鼻音韵尾的不同分为两类：

舌尖鼻音韵母（前鼻音）：an ian uan üan en in uen ün；
舌根鼻音韵母（后鼻音）：ang iang uang eng ing ueng ong iong。

（三）声调

声调是音节读音的高低升降。它并不负载于某一个音素身上，而是负载于整个音节上。但是调号只标在音节的韵腹（韵母中开口度大、发音响亮的元音）上。汉语共有四个声调。有些音节在一定条件下读轻声。

如果用五度标调法，汉语普通话的调类和调值是：阴平（第一声），高平调，调值是55，如 dōng（东）、fēng（风）；阳平（第二声），中升调，调值是35，如 mín（民）、zú（族）；上声（第三声），降升调，调值是214（但根据最新研究成果，人们在日常交流中普遍都是发成212或211），如 hǎo（好）；去声（第四声），高降调，调值是51，如 xià（下）。

在一些特定情况下，声调会发生变化，即"连读变调"。例如，两个上声相连，前一个变为阳平，如 měihǎo 美好→ méihǎo；上声和非上声相连，前一个上声则变为半上，调值为21。

第二节　语音教学的原则

一、目标明确

从第二语言的角度看，语音教学目标可能有三个：技能训练，教授汉语，研究汉语。这三个目标是有层次性的：第一个目标针对的是汉语初学者或单纯的语言进修生作为教学对象的汉语教师，如语言机构的教师或海外本土汉语教师；第二个目标针对的是汉语作为二语教学专业的本科生或硕士生；第三个目标主要针对汉语语音研究的研究生。

（一）技能训练

为此目标进行的教学，主要让学生模仿好发音。如果学生能将学到的音记住，在听到这些音时可以准确辨认，能按照要求准确发音，将实际发音跟汉语拼音准确对应，就基本达到要求了。尽管许多教材列出了39个韵母、21个辅音声母的发音部位和发音方法，但一般的教学无须讲解这些知识。这是因为：第一，这些知识对留学生掌握汉语音一般没有多大帮助；第二，对绝大多数初学汉语的学生来说，讲解这些知识难度太大。

（二）教授汉语

这一目标主要是培养汉语作为第二语言的教师。《国际汉语教师标准》（国家汉办，2007，以下简称《教师标准》），对汉语教师教授语音所应具备的基本能力做了一系列明确规定，其中要求教师要"熟悉并掌握汉语语音的基本特点和知识，了解并准确运用描写汉语语音系统的概念、术语等"，同时要"熟悉主要语种和学习者学习汉语语音时的发音问题，并能提出有效的解决方案"。具体来说，教师需要掌握的语音知识，应包括第一节里讲的有关语音的物理、生理、社会属性，语音单位和相关因素（音节、元音、辅音、声母、韵母、声调、音位），每一个元音辅音、声母韵母的发音部位和发音方法，等等。同时，还要对学生母语的语音知识有所了解，尤其要掌握学生母语跟汉语的语音对比知识，了解学习汉语语音的难点，掌握作为第二语言的汉语语音教学方法和教学技巧。

此目标的语音教学，适用于汉语言本科专业高年级学生，对外汉语专业的本科生，汉语国际教育专业硕士生，对外汉语教学方向的硕士生、博士生。

（三）研究汉语

此目标是让学习者能从事汉语语音研究。要求在前两点的基础上，进行更多的学习和训练，内容包括发现课题、搜集材料（尤其是各种语料）、运用各种研究方法和研究手段分析解决问题等。对汉语言文字学专业以及语言学及应用语言学专业对外汉语教学方向的硕士生、博士生的教学，都是属于这一目标的。

二、汉外对比

《教师标准》指出，应"注重针对不同母语学习者的语音学习难点进行汉语语音教学"。要做到这一点，首先就必须对学生母语语音和汉语语音进行对比。通过对比，摸清学生母语跟目标语的异同，就能够预测不同母语学习者的学习难点，制定有效的解决方案，提高教学效率和质量。

母语跟目标语的语音对比，可以从元音、辅音、音节、声调、重音、语调等多方面进行。对比往往需要分成不同的类别进行，即从两种语言中语音项目异同、相似度上分类，并跟学习难度挂钩。对比一般有四类情况。

（一）母语有，目的语没有

英语长短元音对立，起区别意义的作用；汉语普通话没有。英语有 28 个辅音，其

中 [b]、[d]、[g]、[tr]、[tʃ]、[θ]、[ʃ]、[dz]、[dr]、[dʒ]、[v]、[ð]、[z]、[ʒ]、[r] 等辅音，汉语普通话没有。英语的 [æ]、[ʌ]、[əu]、[ɔi]、[iə]、[ɛə]、[uə]、[ɔə]、[auə]、[aiə]、[eiə]、[əuə]、[ɔiə] 等元音和复合元音，汉语普通话没有。英语有 20 个清浊成对的辅音，有区别意义的作用；汉语普通话没有清浊成对的辅音。英语有许多复辅音，汉语普通话没有。

上述语音的差异，对以汉语交际为学习目标的学生来说，要注意不要将近似的母语语音项目迁移到目标语中去，如将英语的浊辅音 [b]、[d]、[g] 迁移到汉语的不送气音中。

（二）母语和目的语一样

汉语英语都有 m [m]、f [f]、g [k]、h [h]、s [s]、n [n]、l [l] 等辅音，都有 a [A]、o [o]、u [u]、i [i]、ai [ai]、ei [ei] 等元音和复合元音。

由于上述音素汉语英语发音一样，英语为母语的学生学起来比较容易，在教学可以利用正迁移，难度不大。

（三）母语没有，目的语有

如汉语的 ü [y]、e [ə]、-i [ɿ]、-i [ʅ]、ia [ia]、ie [iɛ]、ua [ua]、uo [uo]、üe [yɛ]、iao [iau]、iu [iou]、uai [uai]、ui [uei]、ün [yn] 等元音和复合元音，英语没有；汉语的 p [pʻ]、t [tʻ]、k [kʻ]、j [tɕ]、q [tɕʻ]、x [ɕ]、c [tsʻ]、zh [tʂ]、ch [tʂʻ]、sh [ʂ] 等辅音，英语没有。

除了音质之外，音强、音高方面的区别更大。汉语普通话有四个声调，它们有区别意义的作用；汉语还有轻声，其中部分轻声也有区别意义的作用。这些都是英语所没有的。

母语没有、目的语有的语音项目，学习和教授的难度比较高。教师一定要做好充分的准备，用多种方法让学生听音、辨音、发音，使学生在教学和训练中养成听音、发音的习惯模式，能够比较自然地生成这些语音。

（四）母语和目的语相似

如英语的 b 是浊音，汉语的 b 是清音。母语为英语的学生初学汉语时常常把 b 发成浊音。如"不"本来应发 [pu]，但一些英语国家来的学生会发成 [bu]。再如越南语中的降调跟汉语去声（51）相似，但幅度没有那么大。一些越南学生以为降调都一样，汉语第四声往往降得不够。再如日语ウ跟汉语 u 开口度、舌位相似，但不圆唇。

类似的语音项目，学生即使发不准，在汉语交际中可能不会造成误解，不会形成交际困难。因此，学生偏误容易固化。从二语学习的角度出发，语言项目差别很大，或差别很小，学习难度都不低。表面相似但不同的语音点，不容易察觉，因此造成学习难度。

三、循序渐进

由易到难、循序渐进是教学的一般原则。问题是，在对外汉语语音教学中，如何贯彻这一原则。其实，循序渐进的主要依据是学习难度。以下从三方面讨论语音学习难度。

（一）对比难度

前边谈到，通过语音对比，可以判定语音项目的学习难度。在具体教学中，应根据语音对比情况来安排学习次序。

现在多数教材是将语音教学放在开头的10～20课进行，声韵调齐头并进，四个声调一起教。韵母、声母则分成若干课来教。韵母通常从单韵母开始教，然后是一般的复合韵母，最后是鼻音韵尾韵母。声母通常是按《汉语拼音方案》的次序教。

如果我们考虑到学习难度，就可以在学习次序上有新的安排。如声母，s 几乎在每种语言里都有；相应地，z、c 因发音部位相同，也不是很难学；舌尖后音 zh、ch、sh 相对难学一些，因为不少语言没有跟 zh、ch、sh 发音部位一样的辅音。按拼音方案的次序，先教 zh、ch、sh、r，后教 z、c、s，显然不符合由易到难的教学原则。遵循由易到难的原则，考虑跟母语对比及相应的学习难度，应该先教 s、z、c，再教 sh、zh、ch。

也有的教师教学时采用如下教学顺序：s、sh、z、zh、c、ch。这是因为 s 几乎在每种语言里都有，容易学。擦音 sh，发音部位比较稳定，发音方法比较单一，与擦音 s 比较接近，也相对容易掌握。z、zh 发音部位分别与 s、sh 相同，但是发音方法复杂了一些（塞擦，先堵塞再除去堵塞，最后形成摩擦），因此相对也难学一些。c、ch 与 z、zh 相比，发音部位分别相同，发音方法又复杂了许多（吐气发音方法是很多语言没有的发音方法），因此最难学。

教学顺序，除了考虑到发音部位的由易到难，还要考虑发音方法的由易到难。即先教擦音，后教塞擦音；先教不送气音，后教送气音。这样教，不但对英语国家的学生，而且对大多数外国学生都会有更好的效果。

（二）发展难度

声调对多数外国学生来说都比较难。事实上，汉语的四个声调的发音难度也不一样。根据我们对留学生的教学实践，第一声最容易，第四声、第二声次之，第三声最难。

有趣的是，根据我们对母语学习的考察发现，对汉族幼儿的习得来说，四个声调的发音难度也不一样。绝大多数幼儿的习得次序跟外国留学生一样，即第一声→第四声、第二声→第三声。这说明，四个声调的不同学习难度，是由语言习得的一般规律所决定的。

根据上述规律，遵循由易到难的原则，可以依照第一声→第四声、第二声→第三声的次序分别教这四个声调。首先教第一声，因为它能为其他声调定下调子的高低，我们依照五度音高对应乐谱音阶 i 来定调，平稳延长发音，发准第一声；其次在第一声的调高上尽量放松声带，就可以发出全降调的第四声；然后又拉紧声带，可以逆推出升调第二声；最后用较低的调高读一个低降第四声，紧接着发一个轻而短促的升调，就能发出第三声。

当然，也有一些教学研究成果显示，可以用明显差异的教学方法，按照以下顺序教学：第一声→第三声，第二声→第四声。理由是：第一声是高平调（55），第三声是低调（211或者212），高低对比明显，容易发；第二声是升调，由低到高（35），第四声是降调，由高到低（51），升降对比明显，容易教学。

分开教还有一个好处，可以减少两个声调的混淆。我们在教学中发现，学生学第三声时常常将上升的部分发得太长，跟第二声相似。如果先将第二声掌握到一定程度，再学第三声，可能效果会好一些。

当然，这种学习次序只是刚开始教声调时应考虑的。当四个声调都学了，但还未完全掌握好时，还是要求学生按一、二、三、四声的顺序唱读四声，通过对比来加强四声在头脑中的声音形象。

总之，教学顺序不是一成不变的。教师可以根据自己的教学经验，根据学生有无声调背景和不同国别学生实际学习的特点，进行适当的选择、调整、变换，以求达到最好的教学效果。

（三）认知难度

语言认知难度是由语言的自然度因素引起的。所谓自然度因素，指学习某种语言中某些语言项目遇到的困难，跟人类普遍的生理、心理因素有关。几乎所有人在学习这些项目时，都会出现这类困难。

如辅音的发音方法，单独的塞音，单独的擦音，都比塞擦音要容易。这是因为后者自然度低。

对汉语四个声调的学习难度等级也可以用自然度因素解释。我们知道，直线发展比曲折发展容易，匀速发展比变速发展容易。从发音的物理、生理属性看，声调是由音高决定的，而音高是由声带的松紧变化控制的：声带放松，声调就低，声带拉紧，声调就高。从生理上讲，第一声的高平调，声带松紧没有变化，最容易控制；第二声的中升调声带由松到紧，第四声的高降调声带由紧到松，都有一定难度；第三声的降升调，声带先由紧到松，再由松到紧，最难控制。可见，四个声调的不同难度及相应的习得次序，跟人的生理因素有关，跟语言习得的自然度因素有关。

四、足量的操练实践

语音的掌握跟知识的学习不同。掌握外语语音主要靠模仿、练习、实践，而且训练达到需要的量，才能形成一种对目标语语音自动的听说模式。《国际汉语教师标准》就明确提出语音教学应当注重"有意义的、大量的、多样的实际操练"。在进行实际的语音操练时，应该注意以下几点。

（一）技能训练为主，知识讲解为辅

语音教学不是语音知识的教学，而是跟听说密切相关的技能教学和培训。其目的是让学生能准确听音和发音，掌握汉语拼音方案。这就要求进行大量的听音、辨音、发音、认读书写拼音的训练。

语音教学离不开听说方面的技能训练。必须在技能训练中让学生掌握和习得听音、发音的能力以及认读书写拼音的能力。但是，技能训练也离不开辅助的知识讲解。如果教师针对学生的问题、学生的语音偏误，从发音部位、发音方法等方面给予学生恰当的指导，就可以促进学生的技能训练和汉语语音的掌握。如汉语不少声母有送气不送气的区别，但很少清浊对立；日语、韩语没有吐气不吐气的区别，英语不少声母有清浊的区别。因此，日本、韩国学生常常发不出吐气音，英语学生常常将清音发成浊音。如果结合技能训练，使用多种明白易懂的手法，稍微讲解一下这方面的知识，学生就容易区分送气声母和不送气声母，就不容易将清声母发成浊声母了。

（二）自觉模仿，勤于实践

让学生模仿，教师首先要发音准确。按国家语委和教育部的要求，教语音的教师普通话水平测试成绩应达到一级，一般的语文教师也要达到二级甲等。

声母、韵母、声调需要一个一个教；但主要不是讲解知识，而是让学生听辨老师的发音，模仿正确的发音，并保存在记忆里。教师应该更多地指令学生模仿发音。学生则应该利用一切可能的机会——在教师发出模仿指令时，在教师进行一般性讲解时，在课上或课后——模仿母语者发音。学生模仿的对象也是多样的：教师的发音，录音，同学的正确发音，还有课后母语者的正确发音，收音机、电视机里的各种节目，互联网上的汉语教学节目，以及多媒体汉语教学软件等。

总之，要让学生养成主动听音、发音、记音的习惯，鼓励他们在语音学习中勇于实践，勤于实践，乐于听音，勇于发音。这样，才可能使那些全日制学汉语的学生在一两

个月内大致掌握汉语语音。

（三）两个教学阶段

两个教学阶段指集中语音教学阶段和后语音教学阶段。

在第一阶段，虽然要将声母、韵母等一个一个地教给学生，但一般都是以音节为基本单位让学生进行模仿和操练。如吐气声母和不吐气声母的区别，必须以音节为单位进行教学操练，学生才容易听辨，容易发音，容易记忆。声调的教学更是如此。

在集中语音教学结束后，进入后语音教学阶段，就要注意以交际的句子为基本单位进行语音教学。也就是说，要让学生在语流中掌握汉语语音。各类音变现象，如连读变调，"一""不"的变调，"啊"的不同发音，都要在语流中学习掌握。此外，句调的掌握也只能以句子为单位进行演练。当然，到了第二阶段，音节的教学和操练也是必要的，不可忽视。

我们强调第二阶段句子的重要，是为了避免或减少出现一个一个音节很准，一到句子就不成话的现象。有的学生，一个一个音节发得可能不太准，但整个句子发音却挺好。对这种学生，不要在音节发音上要求太严格。

第三节 语音教学方法与技巧

语音教学的方法和技巧直接影响到教学的质量，丰富恰当的教学方法、技巧往往能使语音教学收到事半功倍的效果。《教师标准》将"注重利用多种手段展开语音教学"纳入语音教学的基本原则。本节分两部分讨论。

一、教学方法

（一）模仿法

可分为集体模仿和个别模仿。

1. 集体模仿

全班学生或部分学生一起模仿录音或教师的发音。优点是所有人都开口，既能提高开口率，又没有紧张感；缺点是教师听不清每个学生的发音，难以发现个别学习者的问题，更不方便针对个别学生的问题进行教学。因此，集体模仿几遍之后，就应该转入个别模仿。

2. 个别模仿

学生单个地模仿录音或教师的发音。优点是方便教师了解每个学生的发音情况，并据此进行有的放矢的指导和纠正。此外，还可以让其他同学练习听力。在个别模仿时要想办法让学生消除紧张情绪。

还可以将个别模仿跟集体模仿结合起来。个别学生模仿发音特别好,可以立刻让其他学生对他(她)再进行模仿。这样既可以鼓励模仿好的学生,又可以不使其他学生开小差,提高开口率。

(二)夸张法

在展示发音部位和发音方法、指导学生听音发音时,为加强学生的印象,应该适当用夸张的方法。它可以突出音素与音素之间、声调与声调之间的区别,促进学生理解和模仿正确的发音。

1. 口形

夸张口形是为了把发音部位、嘴形、舌形等比较清楚地展示给学生,以便增强形象性,便于理解和模仿。

同时也可以通过夸张显示各个音素的区别。如发 a 时可以把嘴张大一些,说明其开口度最大。发 i 时将嘴角用力向两边展开,发 ü 时将嘴唇用力向前突出,用夸张法让学生掌握二者的区别。

发 an 的舌尖鼻韵尾时可以将嘴角用力向两边展开,将舌头伸长到上下牙之间,甚至可以用牙齿轻轻咬住舌尖;发 ang 的舌根鼻韵尾时则将嘴张大一些,让学生看到舌尖向下收拢、舌头中段拱起的情状。

2. 响度与音程

发复合韵母时,可以将韵腹部分的响度增加一些,使韵腹与韵头、韵尾的区别更明显。

为了显示两个或两个以上的音素构成复合韵母以至整个音节的情况,可以延长发音过程。在整体延长的情况下,可以使韵腹的发音更长一些,使学生正确感知音程的变化,感知各个音素在构成复合韵母和音节的作用。

3. 板书

在教复合韵母时,还可以依照开口度的大小来书写字母,开口度大的写大一些。如:

ai ao ei ou ian ia ua ie uo

(三)演示法

要注重利用汉语发音原理的演示、描写与说明进行语音教学。具体可以采取以下一些方法进行演示说明。

1. 直观法

发音时的口形,如开口度的大小、舌位的高低、圆唇不圆唇、嘴唇的收拢或者前突等，都可以直接向学生展示（图9.1）。

圆唇

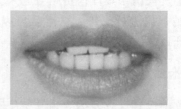
不圆唇

图9.1　圆唇、不圆唇

2. 实物演示

如用纸片表现气流的强弱，条件允许的也可以用吹蜡烛或乒乓球的游戏，来让学生体会吐气音和不吐气音的差异。

教学中也可以借助牙签找准发音成阻点。如泰国学生很难发准 sh 和 x 声母，我们将牙签放于第四颗牙之后，舌尖从牙签上面向斜上方伸出，就能准确找到成阻点，发准 sh 声母；将牙签放在第二颗牙后，舌尖在牙签内侧，舌面前部隆起，就能较快掌握 x 的发音方法，区分 sh 和 x（图9.2）。

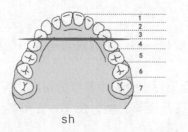
sh

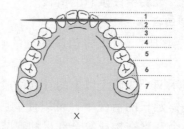
x

图9.2　sh 和 x 声母的发音

3. 图表演示

如利用声母表讲解声母，利用韵母表讲解韵母，用四声升降图演示声调的升降曲折变化（图9.3），用拼音表解释拼音的系统和写法。

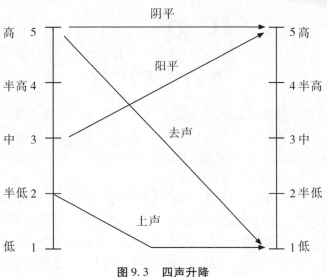

图9.3 四声升降

4. 板书演示

口腔和舌头、发音部位和发音方法、声调的升降等都可以用板书表示。板书的特点是机动，随时需要随时写，需要写在哪里就写在哪里，需要如何写就如何写，是一种动态的展示方法。

例如，可以将要讲解的声母依次竖写在黑板上，将韵母依次横写在黑板上。先一个一个地教韵母；再一个一个地教声母；最后在横竖交接处写上相应的音节，进行声韵拼读教学（图9.4）。

	a	o	e	i	u	ü
b						
p						
m						
f						

图9.4 声韵拼读教学

再如，为了说明 a、o、e、i 开口度的不同，可以由大到小地依次板书，让学生从字母的大小感受口形的大小（图9.5）。

a o e i

图9.5　开口度的不同

　　此外，连读变调，包括第三声的变调，"一"和"不"的变调，都可以用板书演示。如：

　　　　　nǐhǎo → níhǎo　yīgè → yígè　bùqù → búqù

5. 动作演示

　　由于口腔里的舌头、牙齿、硬腭、软腭等部分和动作有时很难让学生看到，发音部位和发音方法的情况就只能靠外在的动作来演示。最主要的是用双手模拟发音器官。

　　如讲解舌尖音时，可以把左手掌向左平展微屈，五指并拢手心向下，代表硬腭和牙齿。右手手心向上，代表舌头。发舌尖前音 s、z、c 时，右手指伸直，接近或者顶住左手指尖；发舌尖后音（卷舌音）sh、zh、ch、r 时，右手指微屈，接近或顶住左手第二关节。擦音和塞擦音也有区别：发擦音 s、sh 时，右手指接近左手指尖或第二关节；发塞擦音 z、c、zh、ch 时，右手指先顶住左手指尖或第二关节，再分开。

　　四个不同的声调，有四种不同的升降形态，可以用手指或手掌的划动来表示。也有教师一边发四个声调，一边用头颈的不同摆动来显示不同的升降模式。

　　在对海外中小学生进行声调教学时，有的教师结合学生活泼好动的特点，利用肢体动作演示和指导学生做声调操。要求学生一边结合声调变化伸展肢体，一边模仿教师的音节声调，加深对汉语声调音高走势的印象。如发第一声时，学生水平伸展双臂，脸部从左臂水平转向右臂，体会第一声音高自始至终保持均衡不变；发第二声时，与站立身体呈 45 度角伸展双臂，左低右高，发音时脸部从左手转向右手，体会第二声音高上扬的特点；发第三声时，双臂斜上举，脸部从左手面向胸口，再转向右手，体会单音节全上声音高先降再升曲折调的特点；发第四声时，与站立身体呈 45 度角伸展双臂，左高右低，发音时脸部从左手转向右手，体会第四声高降调的特点。

　　当然，外在可视的东西也可以用手势进一步加强讲解效果，如嘴唇的圆和不圆，既可以直接用自己的口形展示，也可以用手势演示：用大拇指和食指（及其他三个指头）圈成一个圆圈，表示圆唇；用大拇指和食指（及其他三个指头）伸直接近形成一条细缝，表示不圆唇。

　　此外，还可以通过手的感知来促进教学，如把手指头轻轻放在喉头上，感受声带的颤动与否，区分清音和浊音。

　　对于前后鼻音发音有困难的学生，如日本人，可以让其先发韵母中的元音，然后通过舌头往前伸和往后缩，分别发出前后鼻音。如发 an 和 ang，先发 a，接着舌头往前伸,便可发出 an;若舌头往后缩,则可发出 ang。接着可以给出一些后一音节为舌尖中声母的词语,便于学生发出前鼻音,如"前天、欢乐"等;操练后鼻音时,则要给出一些后接舌面后声母的词语,如"香港、讲话"等。

（四）对比法

包括汉语内部对比和汉外对比。

1. 汉语内部对比

即对发音部位相同但发音方法不同,或发音部位不同发音方法相同的成对因素进行对比。例如,z、c、s 和 zh、ch、sh、r 舌位差别的对比,先教舌尖前音,后教舌尖后音。再如吐气音和不吐气音的对比,先教不吐气音,后教吐气音。对比可以与图片结合进行（图 9.6）。

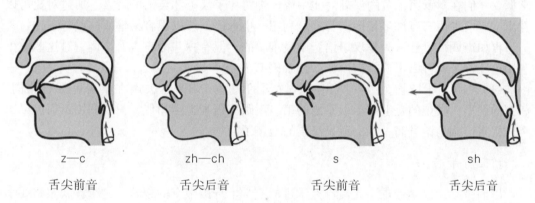

z—c　　　　　zh—ch　　　　　s　　　　　sh
舌尖前音　　　舌尖后音　　　舌尖前音　　　舌尖后音

图 9.6　汉语内部对比

资料来源：金晓达、刘广徽：《汉语普通话语音图解课本》,北京语言大学出版社,

2. 汉外对比

即将汉语和学生母语的语音系统进行对比,在对比的基础上找出相同点和差异点,利用学生的正迁移,减少负迁移,促进语音的学习和掌握。

先谈语音差异的对比。韩语没有舌尖后音,初学汉语者发 zh、ch、sh 时跟 z、c、s 类似,因为韩语有几个辅音跟汉语舌尖前音 z、c、s 接近。教舌尖音时最好遵循由易到难的原则,先教舌尖前音;等学习者掌握了舌尖前音之后,再引导学习者把舌尖上卷后移,发舌尖后音。

印度尼西亚语的辅音系统中,没有送气辅音。因此,印度尼西亚学生学习汉语 p、k 等送气清辅音时,往往感到困难。教学过程中,可以先教与之对应的不送气清辅音 b、g。因为印度尼西亚语中也有发音部位和发音方法完全相同的不送气清辅音 b、g。

再借助吹纸法等手段，引导学生在发不送气清辅音 b、g 时，加上一个送气的动作，从而逐步掌握汉语 p、k 等送气清辅音发音的方法。

在教日本学生学习 u 时，可以把它跟日语的ウ进行对比。日语的ウ跟汉语的 u 发音有相似之处，如开口度、舌位等。也有不同之处：发日语ウ时不圆唇，肌肉松弛；发汉语 u 时圆唇，嘴唇前突，肌肉紧张。让学生了解这两个音在上述几方面的异同，可以促进其克服日语ウ的负迁移，掌握 u 的正确发音。

在教英语学生学习 b、d、g 等清辅音时，可以将它们跟英语发音部位相同的浊辅音对比，使学生明白汉语这些音在发音部位上跟英语相似，发音时声带不颤动。这样就容易消除英语的干扰，发好这几个音。

语音相同的对比也非常重要。尽管各种语言的语音系统有许多区别，但多少都会有一些相同、相似之处。找出这些相同、相似点，就可以利用正迁移，促进对汉语语音的掌握。我们在本章第二节的汉外对比中曾详细对比了汉语和英语的音素。通过对比可以看出，这两种语言有许多相同的音素。利用学生母语，可以很容易学好这些音素。

再如声调一直被认为是汉语语音中最难学的。但有一些语言也有声调，对这些学生利用正迁移，就可以很快掌握声调。如泰语有五个声调（一声［33］、二声［21］、三声［41］、四声［45］、五声［114］），汉语的阴平、阳平、去声在泰语里都有相同、相似的调型。较难的是上声。但泰语的第二声跟汉语半上声相似，只要利用泰语的第二声，再将声调稍微升高一点，就是汉语的上声了。

（五）带音法

以旧带新，以易带难。先读已经学过的或学生母语中有的音素，这个音素跟将要学习的音素比，或者发音部位相同、相似，或者发音方法相同、相似；学习新语音时，只要改变发音部位（或其中的一小部分），改变发音方法（或其中一小部分），就可以顺利带出新的音。

如 ü［y］是前高圆唇元音，许多语言中没有，比较难发。而前高不圆唇元音 i 在绝大多数语言中都有，很容易发。可以先让学生发 i，然后用手指示自己的嘴，延长 i 的发音，让学生模仿自己，将嘴唇逐步变圆，就很容易发出 ü［y］了。

不少语言没有汉语的 zh、ch、sh、r 等辅音，但绝大多数语言都有 s 这个辅音。教学中可以先教 s，然后让学生在擦音前加上一个用舌尖成阻和破阻的动作就可以发出塞擦音 z；在 z 的基础上用力吐气，就可以发出塞擦吐气音 c 了。在 s 的基础上将舌尖稍微卷起，可以发出 sh；在 sh 的基础上成阻破阻，就不难发出 zh；在 zh 的基础上吐气，就形成 ch。先发 sh，然后声带颤动，就可以发出 r。

还可以用学生熟知的音带出难音。例如有一位赴泰国的汉语志愿者发现，她所任教的班级大部分泰国学生发"sh"很困难，唯独一位女学生发得很标准，于是询问该女生是怎么做到的。那位女生说她觉得"sh"很像蛇发出的声音，于是模仿蛇的音，结果发出的音真的很像"sh"。于是该志愿者在班里推广，效果竟然出奇地好，大部分学生都发对了。

（六）分辨法

主要是让学生仔细辨别相近的音素或声调。按语音要素分，有声母、韵母、声调等；按技能、方法分，有辨听、辨认、辨读等。

1. 分辨声母

展示一些容易听错、读错、看错的声母，让学生辨认。可以让学生从听力上辨别。如：

学生指辨声母：

老师念	学生指辨
pō	b　p
bèishī	b　p；sh　s

填声母练习：

老师念	学生写
míngnián	__íng __ián
zìjǐ	__ì __ǐ

判断声母正误：

老师念	学生判断
kū	gū（　）
zhāng	chāng（　）

标出听到的音节：

老师念	学生画线
zán	zán　zhán
lè	rè　lè

还可以进行认辨发音的练习，即学生看拼音后读音。如：

bízi—pízi　bóbo—pópo　sānzhū—shānzhū

2. 分辨韵母

让学生分辨一些容易听错、读错、看错的韵母。如：

学生指辨韵母：

老师念	学生指辨
xin	-n　-ng
xing	-n　-ng

填韵母：

  老师念　　　　　　学生写
  jìnjīng　　　　　　j＿＿ j＿＿
  zhēnchéng　　　　zh＿＿ ch＿＿

判断韵母正误：

  老师念　　　　　　学生判断
  lán　　　　　　　　láng（　）
  pén　　　　　　　　pén（　）

标出听到的音节：

  老师念　　　　　　学生画线
  lǜ　　　　　　　　　lì　lǜ
  tiāo　　　　　　　　tāo　tiāo

认辨发音练习：

  bāi—bēi　　rénmín—rénmíng　　xīnxiān—xīnxiāng

3. 分辨声调

听辨练习：

  老师念　　　　　　学生指辨
  dēng　　　　　　　左手伸一个手指
  shén　　　　　　　左手伸两个手指
  jiǔ　bēi　　　　　 左手伸三个手指，右手伸一个手指
  jiào shì　　　　　 左手、右手都伸四个手指

填写声调的练习：

  老师念　　　　　　学生写
  qīngmíng　　　　　qingming
  yóujì　　　　　　　youji

认辨发音练习：

  kě—kè　　méi—měi　　xìjù—xǐjù　　jiàoshī—jiàoshì

4. 分辨音节

学生指辨音节：

  老师念　　　　　　学生指辨
  shēng　　　　　　　shēn　　　　shēng
  zǎoshang　　　　　 zhǎoshang　　zǎoshang
  他没有字典。　　　 zìdiǎn　　　　cídiǎn

判断音节正误：

  老师念   学生判断
  gōngjī   gōngzī（　　）
  wàijiāo   wàixiào（　　）

二、语音难点的教学

  对学习者语音学习中的问题和难点应当有针对性地进行教学。这里主要讨论一些学习者学习中问题较多、有一定学习难度的语音项目的教学方法。

（一）声母

  主要有送气不送气、清浊、舌尖前和舌尖后等几类。

1. 不送气音和送气音

  如"饱"和"跑"，区别只在声母的吐气和不吐气。许多语言中没有明显的吐气音，因此不少外国人对吐气音掌握得不好，常常把吐气音发成不吐气音：本来要说"他很快"，却说成了"他很怪"。

  通常的教法是将吐气音和不吐气音成对进行操作。教师常常用一张纸片放在嘴前，发不吐气音时纸片不动，发吐气音时纸片明显地被气流吹动。接着可以让学生模仿、感知。

  用上述方法只是从原理上说明了两种辅音的区别。要让学生真正掌握，还需要大量的机械性练习和有意义的练习。通常的做法是将由吐气或不吐气声母构成的、韵母声调相同的音节放在一起操练。如：

    bō—pō dā—tā ké—gé zhī—chī zǐ—cǐ jiàn—qiàn

还可以拿一些双音节词进行有意义的训练。如：

    pùbù（瀑布） gāokǎo（高考） jīqì（机器） tèdiǎn（特点）

2. 清音和浊音

  前边讲过，英语有20对清浊对立的辅音。因此，母语为英语的学生容易把 b、d、g、zh、ch、sh 等都发成浊音。

  英语的 r 和汉语的 r 不同，在教学中要注意区分。

3. 舌尖后音（zh、ch、sh、r）

  不少语言中没有类似 zh、ch、sh 的音，因此，这几个音是大部分学生学习的难点。教学时，必须综合运用多种方法教这几个音。先用直观的发音器官图（图9.7），让学生找准这几个音的发音部位（舌尖与硬腭），弄清舌头的形状；然后用双手模拟发音过程，分清 zh、ch、sh 三者的不同发音方法；最后由教师带读，学生模仿练习。

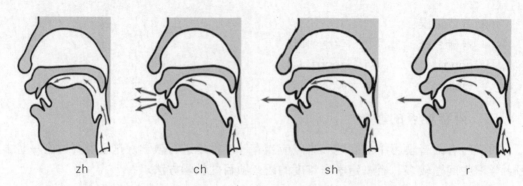

图 9.7　舌尖后音发音部位

资料来源：金晓达、刘广徽：《汉语普通话语音图解课本》。

对不同国家的学生，可以通过对比进行教学。如对泰国学生，可以用泰语中的卷舌音带出类似的音。泰语中的卷舌音很短，一下子就过渡到其他舌位的音，要能够让学生在卷舌那一刹那停下来。英语中有一个 r，发音部位跟汉语的 r 一样。可以用英语的 r 带出汉语的 r。当然要讲清二者的区别。

4. 舌面音 (j、q、x)

以泰语学生学习这几个音为例，泰语中没有舌面前音 j、q、x，但却有与 j、q 相似的舌面中音。教学中可以通过双手模拟发音器官，用形象的外在动作演示让学生明白：发普通话的 j、q 时是舌面前部与硬腭前部接触形成阻碍；泰语中相似的音是发音时舌面中部与硬腭后部接触形成阻碍，只要将舌面与硬腭的接触点往前移，同时不妨把舌尖抵住下齿背就可发出 j、q 了。当学生掌握了 j、q，通过类推也就能够较好地掌握 x 的发音。

（二）韵母

1. i 的教学

拼音字母 i 在普通话中有三个读音。单独成音节时，在 b、p、m、d、t、n、l、j、q、x 后边是一个音，国际音标为 [i]；在 z、c、s 后边是另一个音，国际音标为 [ɿ]；在 zh、ch、sh、r 后边又是一个音，国际音标为 [ʅ]。

[i] 的发音很容易，几乎在每种语言中都有。[ɿ] [ʅ] 相对难一些。在发 z、c、s 时声带振动并延长语音，就是 [ɿ] 了。在发 zh、ch、sh、r 时声带振动并延长发音，就是 [ʅ] 了。由于这两个音只是分别在 z、c、s 和 zh、ch、sh、r 后边出现，没有必要单独教。一般的教法都是跟 z、c、s 和 zh、ch、sh、r 一起教，只要这几个声母发准了，声带振动，就可以了。

2. ü 的教学

很多语言没有 ü，教起来比较困难。较好的办法是用带音法，先教 i，然后嘴唇逐步变圆前突，就可以比较容易地发出 ü 了。

（三）声调

汉语声调是多数国家留学生的学习难点，教学中必须给以最大的重视，使用多种有效的办法。外国学生的主要困难：第二声上不去，第四声下不去，第三声不会拐弯。

1. 对比法

一些学生发第四声时总下不去。吕必松（1996）提过一个方法。英语的 Let's go! 中 go 很像汉语第四声的发音。对英语国家或懂英语的学生，可以先让他们对比上句中的 go 来发音。

2. 第三声

使用模仿法，还可以用演示法等解释。对个别模仿不好的，可以解释声带由紧到松、再由松到紧的过程。

根据现在的研究成果，第三声并不是 214，而是接近 211 或 212。按 214 调值教学也会诱发偏误，就是后半部升得太高，跟第二声相似。从区别性特征来看，第三声也是 212 比较合理。因此，教第三声最好按 212 的调值来教，并通过对比法凸显。

声调教学尤其要重视语流中的声调变化规则，上声变调可以通过声调音高线演示和对比，来加深学生对变调规则的记忆（图 9.8）。这里既包括了变化前后的对比，也包括了变化后，前一字调与后一字调实际调值的对比。

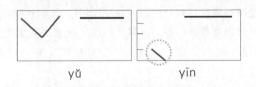

图 9.8　声调音高线演示和对比

此外，在第一声、第二声、第四声前边的第三声，一般也要变为半上声，即 21。这个半上声可以通过标调的方法强化，如将 212 中后半段的上升部分用虚线表示（图 9.9）。

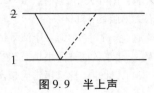

图 9.9　半上声

思考与练习

1. 语音具有哪些物理属性？
2. 什么是音位？请结合例子加以说明。
3. 请从发音部位、发音方法等角度对下列辅音进行分析。
    p、zh、d、n、l、f、j、r、k、s、x、ch
4. 英语母语者在学习普通话声母 b、d、g 时可能出现哪些问题？应该如何纠正？
5. 韩国留学生在学习普通话声母 r、l 时常常混淆，应该如何纠正？
6. 留学生在学习普通话韵母 ü 时常出现什么问题？应该如何纠正？
7. 请分析 z、c、s、zh、ch、sh、r 的学习难度，并制定相应的教学方案。
8. 按照传统的第一、二、三、四声的顺序进行声调教学是否合理？为什么？
9. 留学生学习普通话声调的主要难点是什么？请结合实例说明如何进行声调教学。
10. 下列是留学生容易混淆的声母、韵母，请给每组音设计合适的练习。
    (1) j、q；　　(2) z、c；　　(3) r、l；　　(4) s、x；
    (5) i、ü；　　(6) in、ing；　(7) ian、üan；　(8) ei、ui。

本章参考文献

[1] 北京大学中文系现代汉语教研室．现代汉语［M］．北京：商务印书馆，1997．

[2] 崔永华，杨寄洲．对外汉语课堂教学技巧［M］．北京：北京语言文化大学出版社，1997．

[3] 国家汉语国际推广领导小组办公室．国际汉语教师标准［M］．北京：外语教学与研究出版社，2007．

[4] 刘珣．对外汉语教学引论［M］．北京：北京语言文化大学出版社，2000．

[5] 吕必松．对外汉语教学概论（讲义）［M］．北京：国家对外汉语教师资格审查委员会办公室，1996．

[6] 饶秉才．试论语音学与对外汉语教学［M］//张维耿，等．对外汉语教学研究．广州：中山大学出版社，1991．

[7] 盛炎．语言教学原理［M］．重庆：重庆出版社，1990．

[8] 邢公畹．现代汉语教程［M］．天津：南开大学出版社，1992．

[9] 张斌．现代汉语［M］．北京：语文出版社，2000．

[10] 赵贤州，陆有仪．对外汉语教学通论［M］．上海：上海外语教育出版社，1996．

[11] 周小兵．对外汉语教学导论［M］．北京：商务印书馆，2009．

[12] 周小兵．汉语知识与教学技能［M］．北京：北京语言大学出版社，2015．

第十章 词汇教学

第一节 现代汉语词汇的特点

词汇是语言的建筑材料，是词和固定短语的集合体。词是最小的能够独立运用的语言单位，由语素构成，如"天、地、高兴、游泳、当然"等。固定短语是词与词的组合，相当于一个词，主要由专门用语、熟语和缩略语组成，如"中国人民银行""守株待兔""开后门""大海里捞针——无处寻""上有天堂，下有苏杭""北大""五味"等。

现代汉语词汇主要有以下几方面的特点。

一、双音节词是主体，单音节词仍占有重要地位

根据对现代汉语8000个高频词的统计，双音节词约占70%，单音节词占27%，三音节及三音节以上的词只占3%。但从词语在交际中使用的情况来看，单音节词的使用频率高，分布范围广。根据《现代汉语频率词典》（1986）的统计，6285个双音节词的使用频率平均为60次，2400个单音节词的使用频率则高达350次，使用频率最高的前13个词全部为单音节词，如"的、一、了、是、我、不、在、人"等。可见，现代汉语单音节词的数量虽然没有双音节词多，但在口语交际中，其使用频率远高于双音节词。

很多单音节词构词能力强，可作为语素构成大量合成词，且位置灵活。如"学"：

学报 学费 学会 学历 学期 学生 学术 学说 学习 学校 博学 大学 放学 化学 讲学 教学 开学 科学 留学 逃学 大学生 奖学金 科学家 留学生 助学金 教学法

可以说单音节词依然是现代汉语词汇的基础部分，占有重要的地位。

二、复合法构词为主，偏正式最多

从词的内部结构来看，现代汉语词汇分为单纯词和合成词。单纯词由一个语素构成，如"爱、这、把、犹豫、灿烂、蝴蝶、葡萄、马虎、姥姥、咖啡"等。合成词由两个或两个以上语素构成，构词方式主要有以下三种：

重叠式——词根的重叠，如"爸爸、妈妈、星星、刚刚、偏偏"等。

派生（附加）式——主要是词根前加或后加词缀派生，如"老虎、老鼠、阿姨、阿妹"和"木头、馒头、孩子、屋子"等，其中的"老、阿"是前缀，"头、子"是后缀。

复合式——词根与词根组合，如"道理、长途、鼓掌、欢迎、提高"等。

现代汉语的词汇以合成词为主，而合成词中绝大多数为复合式合成词，约占合成词的97%。这些复合词的构词类型跟短语结构的基本类型大体一致。如联合式的复合词"道路、爱好、寒冷"，联合式的短语"哥哥和弟弟、讨论并通过"；偏正式的复合词"毛笔、长途、红茶"，偏正式的短语"一张桌子、可爱的孩子、热烈欢迎"；动宾式的复合词"命令、吃力、伤心"，动宾式的短语"打扫卫生、恢复健康"；陈述式的复合词"地震、司机、胆小"，陈述式的短语"天气冷、价格贵"；补充式的复合词"提高、充满、书本"，补充式的短语"看清楚、听一遍、说得很快"；等等。

在各种类型的构词方式中，偏正式最活跃，构词能力最强。根据苑春法、黄昌宁（1998）的统计，由语素构成的二字词中，名词、动词和形容词合起来占总二字词的95%。其中偏正式比例最高，约为56%，如"电脑、手机、阳光、爱情"；其次是联合式，约为22%，如"声音、美丽、呼吸"等；再次是动宾式，约为19%，如"司机、改行、出众"等。

三、词汇与非词汇界限模糊，切词困难

首先，汉语词汇在书写时，词与词之间没有间隔，不像拼音文字的词在书写时，词与词之间界限分明。对外国学生，尤其是母语为拼音文字的学生来说，辨识汉语词语有一定困难。

汉语词汇成分切分困难，根本原因是现代汉语的词汇单位与非词汇单位之间缺乏明晰的界限。这主要表现在以下几个方面：

第一，词与语素界限不清。虽然能否独立运用是区分词和语素最基本的标准，但由于现代汉语词汇来源复杂，汉语中的单纯词与语素有交叠现象，要想明确地分辨出哪个是语素哪个是词，并不那么容易。例如，"白"在"白字"中是语素，在"白纸"中却是词；"民"一般不能独立成词，是语素，但是在"民以食为天、爱民如子"中，"民"又是个词了。

第二，词和短语界限不清。一方面，词与固定短语界限不清。例如，"哭穷、露馅、吹牛"等，有人认为是惯用语，有人认为是词；又如"文教、科技"等缩略语频繁使用后，人们甚至意识不到它们本来的短语面目了。另一方面，词和自由短语之间的界限有时也很模糊。如"鸡蛋、鸭蛋"是词还是短语？有的词典将后者作为词收录，却未收录前者。此外，汉语还有不少像"照相、散步、见面、结婚"这样既像短语又

像词的"离合词",更是增加了汉语词界的模糊性。

四、语素造词理据性强,词语表意明确

语素义与词义有直接或间接的联系。用特定语素构造出特定的词是有道理可讲的,是具有理据性的。符淮青(1985)将词义与语素义关系的几种类型描述如下:

第一,词义是语素义按照构词方式组合起来的意义。如"有趣"就是有趣味,"家务"就是家庭事务。

第二,词义同组成它的两个语素义相同或相近。如"道路"的意思等于"道"或"路","美丽"的意思是"美"或"丽"。

第三,语素义表示了词义的某些内容。如"黑板"中的"板"表示它是"平板"的一种,"黑"表示颜色,"黑"和"板"只是提示了事物的某些特征,并没有说明其用途。

第四,词义是语素义的比喻用法。如"风雨"比喻艰难困苦,"手足"比喻弟兄。

第五,词义是语素义的借代用法。如"山水"泛指有山有水的风景。

根据苑春法、黄昌宁(1998)的统计,语素在构词时,约88%的名词、约93%的动词和约87%的形容词保持原来的意义不变。也就是说,汉语复合词的词义大都可以通过构成它的语素的意义以及构词方式来分析和理解。

五、包含共同语素的近义词数量多

现代汉语词汇存在大量意义相同或相近的词语,如"美、美丽、漂亮、好看"。从对常用近义词组的粗略统计看,近义词组内各成员含有同一语素的,约占65%,如"答复—回答、了解—理解、相信—信任、舒服—舒适、天气—气候、忽然—突然、地点—地方—地区、独特—特别—特殊"等。有的近义词组内一部分词条含有相同语素,这部分中的某个词条又与组内其他一些词条含有共同语素,如"凑巧、碰巧、正巧、恰巧、恰恰、恰好、正好",所占比例约为20%。不包含相同语素的近义词所占比例只有10%左右。相同的语素能体现意义共同的成分,不同的语素便往往导致意义的细微差别。

包含共同语素的近义词,有一些音节上不对等。如"眼—眼睛、春—春天、写—书写、到—到达、因—因为、白—白白、头—脑袋—脑袋瓜"等,这些词语在使用时往往有各自的限制条件。一般来说,单音节配单音节,双音节跟双音节组合,如"写字、汉字书写"。

六、有叠音词和带叠音形式的词,叠音形式多样

叠音词是由两个相同的音相叠而构成的词,如"猩猩、姥姥、匆匆"等。现代汉

语词汇里还存在一些带叠音形式的词，名词、数词、量词、形容词、副词、动词都有。叠音形式有：

AA 式：天天　看看　样样　偷偷　悄悄
AAB 式：毛毛雨　蒙蒙亮　娘娘腔　飘飘然
ABB 式：眼巴巴　水汪汪　凉丝丝　静悄悄
AABB 式：漂漂亮亮　花花绿绿　叽叽喳喳　熙熙攘攘
ABAB 式：打扫打扫　漆黑漆黑　雪白雪白　高兴高兴
A 里 AB 式：糊里糊涂　傻里傻气　啰里啰嗦　娇里娇气

除了以上特点外，现代汉语词汇还有一些较为显著的特征：有丰富的成语，而且大多是四个音节的；有丰富、系统的量词和语气词；等等。

第二节　词汇教学的重要性和任务

一、词汇教学的重要性

词汇是学习、掌握一种语言的重要内容。语言交际中，一个人只要运用了合适的词汇，即使音发不准，语法不正确，也能完成一定的交际任务。儿童习得母语开始于单词，此后词汇学习不会间断；而语音、语法学习在成年后进展很小。对二语者来说，词汇是学习的基础和核心，"掌握词汇量越大，用外语进行听说读写的自由度也就越大"（陆俭明，2005）。

词汇教学是汉语教学的重要部分。从目前一般的对外汉语教学模式来看，大多数课堂教学往往从词汇教学开始，词汇教学贯穿了整个语言教学的始终。

二、词汇教学的任务

刘珣（2000）曾指出对外汉语词汇教学应该"根据教学大纲的要求，（使学习者）在有关汉语词汇知识的指导下，掌握一定数量的汉语词汇的音、义、形和基本用法，培养其在语言交际中对词汇的正确理解和表达能力"。

那么怎样才能判断学生是否掌握了某个词语？Nation（1990）曾从接受（听和读）和产出（说和写）两个角度对此进行详细论述，他认为掌握一个词语意味着要了解它的形式（口语的、书面的）、意义（概念、联想）、位置（语法形式、搭配用法）、功能（频率、使用场合）。从输入、输出考虑，词语知识可分为接受性知识和产出性知识。接受性知识是对词的识别和理解，产出性知识则是在理解的基础上对词的使用。

二语词汇习得研究表明，"'认识一个词'并不是要么全知道，要么一点儿也不知道（这种现象在心理学上叫'全'或'无'），而是有不同层次的，从完全缺乏该词的知识到掌握该词的详细知识、来源以及使用它的语境,这是逐渐过渡的。可以将'认识一个词'看成是一个连续体"(江新,1998)。

从"对词的识别和理解"到"对词的使用(说和写)",就是一个词汇知识不断发展的过程。接受性知识一般在产出性知识之前获得。一个人能掌握的产出性词汇知识只是所学词汇中很少的一部分。即使母语者,对一些低频词也不一定会说会写,只是可以听懂、看懂而已。

词汇教学中,词语可以分为复用式和领会式。复用式词语也称复用式掌握词语,要求听、说、读、写"四会",即不仅要理解,还要能运用;领会式词语是指只要求达到领会式掌握的词语,即指听、说、读"三会",听、读"二会"或听"一会"的词语。《新汉语水平考试大纲 HSK 六级》要求考生掌握的词汇量为 5000 个及以上。显然,这些词语对于不同语言水平或不同学习阶段的学习者来说,不可能都达到复用式的掌握。词汇教学既不能单纯追求词汇数量而不顾质量,也不能每个生词都要求"四会",要合理协调二者的关系。

词汇教学的任务,就是帮助二语者掌握一定数量的复用式词语和一定数量的领会式词语,同时努力缩小这两类词汇量的差距,促使学生从理解词汇逐渐发展到能正确运用词汇。教学中应分轻重主次。对复用式词语应精讲多练,对领会式词语则可少花力气。

由于课堂教学时间有限,学生不能仅靠教师在课堂上的讲解和训练来学习词汇。教师要注意指导学生掌握多种词汇学习策略,培养其自学汉语词汇的能力。

第三节　教学词汇的选择和控制

一节课、一课书、一个星期或一个学期应该教多少词汇?学生可以学到多少词汇?这就是词汇选择和控制要解决的问题。词汇选择需要考虑教学大纲、教材、学生水平和特点、二语学习规律等方面的因素。只有综合考察,词汇选取才可能科学,才能使词汇学习合理、科学、顺利地进行。

词汇选择与控制主要包括五个方面:目标词的选取,词汇量的控制,词汇等级的控制,词汇重现率的控制,领会式词语和复用式词语的确定。

如何实现词汇的选择和控制?第一通过教材。教材是教学的主要依据。教材编写者要有词汇控制的意识,要参考教学大纲对语料进行认真处理,使词汇的数量、等级符合大纲要求。第二通过教师。教师在实施教学时,首先要明确教哪些词,不教哪些词;要注意区分复用式词语和领会式词语,可以体现在练习方式和具体要求上。其次要在生词解释、课文讲解、课堂提问、课堂用语等方面使用学生已学词语,谨慎使用超级词和超纲词。

一、目标词选取及依据

一种语言的词汇数量相当大，二语学习者不可能也不必全部掌握。根据教学大纲和学生水平，选取合适的目标词，是词汇教学首先必须解决的问题。

国家汉办《汉语水平词汇与汉字等级大纲》(1992)与《高等学校外国留学生汉语教学大纲（长期进修）》(2002)常常作为选取教学词汇、控制词汇数量和等级的依据。前者（以下简称《等级大纲》）收词（词组）8822个：甲级词1033个，乙级词2018个，丙级词2202个，丁级词3569个。甲级词和乙级词是初级词，丙级词为中级词，丁级词为高级词。后者（以下简称《教学大纲》）收词（词组）8042个：初等阶段2399个，中等阶段2850个，高等级段2793个。

国家汉办2009年的《新汉语水平考试大纲》将词汇分为六级，总词汇量有所减少：一级150个，二级300个，三级600个，四级1200个，五级2500个，六级5000个及以上。这个大纲可以作为词汇教学尤其是海外词汇教学的选词依据。

国家汉办、教育部社科司2010年出版的《汉语国际教育用音节汉字词汇等级划分》，在30多亿字次的语料库的基础上，以频率统计为重要依据对词汇筛选分级：初级2245个，中级3211个，高级5636个，总词汇量为11092个。

二、词汇量的控制

（一）每门课的词汇量

国内汉语教学机构为初级阶段学生开设的课程一般有读写课（综合课）、听力课、口语课，初级阶段后期开阅读课。根据《教学大纲》，初级阶段要学习的词语共有2399个，由四门课程共同承担。从目前各门课程的教学内容、安排的课时以及学生学习汉语的实际情况来看，词汇教学的任务主要还是落在读写课上。据调查和教学经验，读写课承担的教授词汇的数量在80%左右，剩下20%在其他三门课上完成。

中级阶段开设的课程有精读课（综合课）、阅读课、听力课、口语课、写作课、报刊阅读课。根据《教学大纲》，此阶段要学习的词语有2850个。根据课型特点，我们认为，写作课和报刊阅读课课时少，有其特殊性，可以不必规定具体的词汇量。其他各课具体分配如下：

精读课：50%～60%，1425～1710个；

阅读课：20%～30%，570～855个；

听力课：10%～15%，285～427.5个；

口语课：10%～15%，285～427.5个。

(二) 每堂课的词汇量

以初级读写课为例,每课书教学时间一般为 4～5 学时,生词量一般为 20～30 个。实际课堂上,教师会根据教学内容和学生需要适当补充词汇,所以课堂完成的教学词汇量都会多于教材词汇量。除了讲授生词外,还需要讲练语言点、讲练课文、完成练习等,真正用于词汇教学的时间非常有限。要提高词汇教学效果,就要合理安排词汇量和具体教学环节。熟手教师会根据每课书生词的特点和具体的教学内容、对象,将生词教学分散到各个教学环节中,保证每节课都能进行一定数量的词汇教学。

每堂课学习多少生词为宜?过多学生接受不了,过少不能完成教学任务。有人认为低年级的学生一堂课只能接受 10 来个生词,中年级学生可接受 20 多个(徐子亮,2000)。有人认为平均一个课时的教学词汇量可以在 2～6 个词之间浮动(吕必松,1996)。出现这样的差异,主要是词汇学习涉及大脑短时记忆的贮存容量、大脑的加工量、学习者习得词语的潜能以及教学中的许多变因。

根据教学经验,对一堂课的词汇教学量,我们提出自己的意见,仅供参考:

初级班读写课:15～20 个;

中级班精读课:20～25 个;

阅读课:15～20 个;

听力课:10～15 个;

口语课:10 个以内。

这只是大致的量,还涉及复用式词汇与领会式词汇,将在下文讨论。

三、词汇等级的控制

词汇等级控制,就是根据词汇难度,选取与学习阶段相适应的教学词汇。它实际上也是语料难度的控制。

一般来说,初级汉语的生词以《等级大纲》的甲、乙级词或《教学大纲》的初等阶段词汇为主,中级汉语以丙级词或中等阶段词汇为主,高级汉语以丁级词或高等阶段词汇为主,也允许少量词汇超出难度标注。如《教学大纲》规定:初级阶段,初级词可以达纲≥85%(不少于 2039 个),超纲≤15%;中级阶段,中级词汇可以达纲≥80%(2280 个),超纲≤15%;高级阶段,高级词汇可以达纲≥75%,超纲≤15%。

由于社会飞速发展,新词新语不断出现,词汇大纲的编写赶不上词汇变化。教师需要根据"常用先教、急用先教"的原则灵活安排超纲词或超等级词的教学。如"电脑、照相机"等是丙级词,"微信、手机、上网"是超纲词,现在都应该在初级阶段教给学生。

四、词汇重现率的控制

词汇的重现对词汇的巩固和积累有重要作用。一个词语反复出现多次，学生才能记住。研究表明，"新词至少需要6～8次重现，才能初步掌握"（刘珣，2000）。词语重现率越高，越有利于词汇的巩固。《国际汉语教师标准》（国家汉办，2007）把"注重教学中词汇的科学重现"作为词汇教学的一个原则。

词汇重现的途径，首先是教材。除了课文外，生词解释、注释、练习例句、副课文都可以重现生词。初级班，生词初现于读写课，再在听力课、口语课中重现。如果复现词汇率在75%～85%之间，对学生习得词汇会有很好的作用。

其次就是教学实施。不同的教学环节、教学方式都可以实现生词重现。生词教学可以分布在生词表学习、课文讲练、语言点学习等各个环节中。在生词教学环节，如复习、练习、归纳总结，也可以重现词汇。此外，新词跟旧词联系起来，也可达到多角度重现词汇的目的。

五、领会式、复用式词语的选取与控制

在《教学大纲》8000多个词汇中，领会式词语和复用式词语各有多少？根据《教学大纲》的规定，初级阶段领会式、复用式词汇学习量大致要分别达到2000个和1000个，中级阶段领会式、复用式词汇学习量大致也要分别达到2000个和1000个。

至于哪些词汇是领会式，哪些是复用式，《教学大纲》未做明确区分。我们认为，复用式词语应是那些最常用的词汇，像《教学大纲》（附件）"初等阶段词汇（最常用）"表中列出的764个词语，应该是初级阶段复用式词语的主要部分，如"会、看、哭、爱好、词典、飞机、发烧、高兴、好吃、告诉、复习、常常"等常用词。相对来说，领会式词语则是次常用词语，像"配合、普遍、平等、侵略、批准、完整"等是初级阶段的领会式词语，学生理解其意思就可以了。

不同语言技能、不同课程所要求的对词语的掌握是不同的，阅读课、听力课、口语课的大多数生词是领会式，复用式词语主要由精读课、写作课来完成。

复用式词汇也可以根据学习难易度分为两类：难学词，意义、用法比较复杂；易学词，意义、用法比较简单。前者要精讲活练，后者可以少讲多练。如《初级汉语精读教程Ⅰ》（周小兵主编，北京大学出版社2013年）第三十六课有生词"寒假、暑假、老家、辣、爱好、小吃、遇到、困难"等。其中"寒假、暑假、老家、小吃、辣"等名词在生活中常用，但意义、用法都很简单，教学时可以少讲，可以通过提问"寒假你有什么打算？""暑假什么时候开始""你喜欢什么小吃""我们班谁能吃辣的菜？"等，引导学生运用这些词语说话。而"爱好""遇到""困难"等，意义、用法比较复杂："爱好"可做名词、动词，"遇到""困难"的搭配对象多，意义较抽象。教师可

运用恰当的方法和手段讲清楚这几个词语的意义和常见用法，然后组织学生操练。

领会式词汇还可以区分为两类：一类是需要掌握其音形义及常用搭配的词语，如《中级汉语精读教程Ⅰ》（第二版）（赵新、李英主编，北京大学出版社2010年版）第一课的生词"愣、脸色"等，学生要知道其音形义，还要知道一些常用搭配"愣住了、愣了一下""脸色不好"；另一类是只需要能读懂或听懂的词语，如"舟、涯"等词语。不同的词语，教师的教学安排和处理方式都应该是有所区别的。

第四节　词汇教学的重点与难点

复用式词语当然是教学重点。但并非所有复用式词语都是难点，有些复用式词语容易掌握，不必花太多力气。从教学实践看，对二语者来说，以下几类词语是难点，应该重点讲练。

一、近义词

近义词是汉语二语词汇教学中的重点、难点之一，尤其是进入中级阶段，近义词误用偏误十分常见。但近义词数量庞大，不可能都进行讲练。必须抓住近义词教学中的重点、难点，有针对地进行讲练。从二语学习者的角度看，近义词讲练应考虑以下几点。

（一）常用近义词

常用近义词主要是初级、中级近义词。如："不—没、别—不要、家—家庭、见—见面、爱—喜欢、办法—方法、本人—自己、曾经—已经、不同—不一样、到—到达、读—念、立刻—马上、美丽—漂亮、考虑—想、借口—理由、起—起来"等。

这些常用近义词，学生即使学过，偏误仍然不少；有的到了高级阶段，还出现偏误。应予以重视，反复讲练。

（二）用法多、差异多的近义词

这类近义词主要分为三小类：

第一类，意义相近，用法不同，任何时候都不能替换，如："发达—发展、抱歉—道歉、感动—感激"等。

第二类，意义相同，用法有同有异，有时能替换有时不能替换，如："妈妈—母亲、相互—互相、害怕—怕、关—关闭、不同—不一样"等。

第三类，意义相近，用法有同有异，有时能替换有时不能替换，如"爱—热爱、低—矮、通常—常常、安排—布置、安静—宁静、尊敬—尊重、丰富—丰盛"等。

第一类近义词任何时候都不能互换，稍加讲练就可以解决问题。第二类和第三类近义词有时可以互换，有时又不能互换，是教学的重点难点。尤其要注意的是，讲练近义词时，除了重视意义区别外，特别要注意形式区别，如语法功能、组合搭配、使用范围、句型句式等。

例如，针对"常常—通常"，应讲清以下区别：

(1) 使用"通常"的句子一般需要说明与动作有关的情况、条件或结果，句中要有表示时间、地点、方式、条件等的成分；"常常"没有这个限制，可以修饰单个动词或简单的短语。如：

公司通常星期五下午开会。（常常√）/ 公司常常开会。（通常×）

(2) 句中有表示过去或将来的时间词语，只能用"常常"，不能用"通常"。如：

以前我常常和玛丽一起吃饭聊天。（通常×）/ 以后我一定常常来看您。（通常×）

(3) 用"通常"的句子可以表示对比，用"常常"的句子表示的只是一般事实。如：

我通常在家里吃饭，周末的时候才去外面吃。（常常×）

(4) "通常"可以放在句首主语前，"常常"不能。如：

通常我们先去酒吧喝酒，然后再去唱歌。（常常×）

(5) "通常"还可以修饰"情况、做法、方法"等词语作定语，"常常"不能。如：

对待这种情况，公司通常的做法是罚款。（常常×）

（三）考察学习偏误

经常混淆的近义词肯定是教学重点。如"常常—往往"，学生偏误很多：

＊我往往去旅行。/ ＊这个学期，他往往迟到。

＊有一些学生往往不上课。/ ＊我往往没有带书来上课。

再如："见—见面、看到—见到、会—能—可以、知道—认识—了解、又—再、懂—懂得、问—打听、想—考虑—着想、方法—方式"等。针对这类近义词进行讲练，能提高词汇教学效率。

（四）讲练重点是区别性差异

近义词的差异常常是多方面的，但有的差异是"区别性差异"，弄清楚这类差异，就可以减少大多数偏误。讲练应抓住主要差异。如"不—没"主要有五个差异：

(1) "不"多否定将来的、未发生的动作行为，也可以否定经常性或习惯性、规律性的动作行为；"没"多否定过去的、已经发生的动作行为。如：

明天你们去吧，我不去。（将来，没×）/他常常不吃早饭。（经常性，没×）

这里从来不堵车。（规律性，没×）/昨天我感冒了，没去上课。（过去，不×）

(2)"没"可以与"过"配合,"不"不能;"不"可以和"了"配合,"没"不能。如:

我从来没见过他。(不×)/别等了,玛丽不来了。(没×)

(3)"不"可以用在性质形容词之前,"没"不能。如:

不聪明　不漂亮　不舒服　不可爱　不真实　不复杂（没×）

(4)"不"可用在所有助动词前,"没"只能用在"能、能够、敢"等少数几个助动词前。如:

不要　不会　不得　不肯　不愿意　不可以　不应该（没×）

(5)"不"还可以用在"是、像、等于、属于、知道"等动词之前;"没"不能。如:

不是　不像　不等于　不属于　不知道（没×）/不能　不能够　不敢（没√）

其中前三点是主要差异,要抓住这三点讲练;后两点可以先不讲练,出现偏误后再讲解。

二、多义词

多义词是具有两个或两个以上不同义项、各个义项间存在一定联系的词。汉语中有不少基本的、常用的词,都是多义词,如"看、开、乱、要、做、想、吃、漂亮"等;不少多义词还兼属不同词类,表示不同的意义,如"遗憾"既是形容词（非常遗憾）又是名词（终生的遗憾）,"难怪"既是动词（这也难怪）又是副词（难怪他今天不高兴）。

多义词也是教学的重点和难点,教学中应当用举例法和归纳法重点讲练。以"看"为例,当学习表示"观察并加以判断"的"看"（你看今天会不会下雨?）时,教师可以引导学生说出带有"看"的短语或句子,教师再将包含有"看"的不同义项的短语或句子板书下来,组织学生分析归纳例子中"看"的意思。如:

看书　看电影　看我的眼睛　看清楚（使视线接触人或物）

看病　看医生　看外科（诊治）

看朋友　看病人　看了他三次（看望）

想想看　试试看　找找看（用在重叠式动词后,表示试一试）

在复习归纳已学过的"看"的义项和用法之后,教师再结合课文中的例句讲练"看"的新义项。再如中级词汇"勉强",其义项和用法有以下五种:

(1)形容词,能力不够,还尽力做,做状语。如:

吃不完,就不要勉强吃了。

(2)形容词,不是心甘情愿的,做补语、状语。如:

他笑得很勉强,因为他心里并不高兴。/妈妈勉强同意了。

(3) 动词，使别人做不愿意做的事，做谓语。如：
　　他不去就算了，不要勉强他。
(4) 形容词，不充足、凑合，做状语。如：
　　这点钱勉强够用一个月。
(5) 牵强、理由不充足，做谓语。如：
　　这种说法很勉强。

以上这些义项不可能同时出现在一篇课文中，相对来说，前三个义项更为常用。在教学时，教师除了讲练课文中的义项外，还可以通过例句将"勉强"的常用义项展示出来，引导学生发现和归纳"勉强"在句中的不同意思与用法。

多义词教学，应特别注意不同义项的教学顺序，遵循常用原则，分阶段教学。初级阶段，教师一般根据某个多义词在课文中的意思和用法进行相应讲解，不应一次性将各个义项教给学生。如"想"有四个主要义项：①用大脑思考（你想好了再回答）；②想念（我很想妈妈）；③打算（你下课后想去哪里）；④认为（我想他一定不会去的）。这四个义项都很常用，但考虑到学生的接受能力，教师应结合课文内容语境分开讲练，在学生接触"想"的多个义项后，再进行归纳总结。到了中高级阶段，教师可以先让学生明白该词的常用义项、在课文中的意思和用法，再展开其他义项的教学。

三、用法特殊的词语

用法特殊的词语是指那些在用法上与同类词不同或使用上限制比较多的词语。例如，动词"加以"，只能带双音节动词做宾语，不能带其他形式的宾语；"见面、洗澡、堵车、签字、失眠、涨价"等离合词均不能带宾语，中间都可以插入某些词；"绝、耐烦"等词一般用在否定句中；"沉思、沉默"等一些动词不能带宾语，只能带补语；"高速"等形容词不能做谓语，只做定语；"缘故"一般只在"由于……的缘故"和"是……的缘故"的格式中使用；动词"嫌"可以带宾语，但宾语后多数情况下还有补语。这些用法特殊的词语如果不重点讲练，学生很难掌握。

教师可通过例句展示词语的功能与使用条件，引导学生了解词语的用法。如"见面"：
　　我们以前见过面。/昨天我跟朋友见了一面。/我们什么时候见见面？

通过以上例子，让学生明白"见面"的对象不能放在"见面"的后面；"见面"中间可以放"了、过"等，还可以放数词表示动作发生的次数；"见面"可重叠为"见见面"，不能说"见面见面"。如果只教"我们见面了"，就很容易出现"＊我见面了老师"这样的偏误。

四、容易混淆的词语

易混淆词,是指二语学习者容易混淆的词语。易混淆词与同(近)义词有交叉关系,它不仅包括容易混淆的同义词、近义词,还包括语义关系较远或没有同(近)义关系而二语者却经常混用或误用的词(张博,2005、2007)。张博(2008)认为常见的易混淆词除了同义词、近义词以外,还包括以下几类:

(1)母语一词多义对应的汉语词。如英语"know",越南语"biết",韩语"알다",均可对应汉语"认识、知道、了解"。因此,这些母语背景的学习者常将这几个词混淆:

1)*我认识白云山,我的朋友告诉我很有名。(澳大利亚)【正:知道】

2)*那时我才来中国一个星期,只知道几个同学,没其他朋友。(越南)【正:认识】

3)*我了解,他决定给我写信,一定是下了很大的决心。(韩国)【正:知道】

4)*不知道汉字,不念书,就不能理解更多的中国思想。(韩国)【正:认识】

(2)母语汉字词与对应的汉语词。如日语、韩语中均有大量汉字词,其中不少汉字词虽然与汉语的某个词语同形,但意义、用法不相同。例如,韩语汉字词"爱情"的意义范围比汉语大,除了可指爱人之间的感情,还可以指对动物、其他事物的感情,而汉语"爱情"只指爱人之间的感情;"约会"在汉韩两种语言中同形,但完全异义,韩语"约会"是约束的意思;"顽固"在汉语里是贬义词,在韩语里则没有贬义;汉语中"执着"是褒义词,在韩语里则是贬义词。

(3)声音相同或相近、字形相同或相近的词。有一些词语语义上相差较远,但因字音或字形相同或相近,学习者也容易混淆。如:

读音相同或相近:文明—闻名　时事—实事　政治—正直　推迟—推辞

字形相同或相近:穿着(名,chuānzhuó)—穿着(动,chuānzhe)　丈夫—大夫　第—弟

(4)有相同语素的词。有的词语在语义上虽不属于近义词范畴,但由于有一个相同语素,学习者有时也容易混淆。如:

1)*最后他醉得很。但同事没发生他醉了,高高兴兴地吃饭。(日本)【正:发现】

2)*这个镜子是刚刚买的,还有小孩子爸爸非常可惜的镜子,小孩子很烦恼。(印度尼西亚)【正:爱惜】

3)*不一会儿,雨停了,大地和房子好像洗了个澡,一切变得干干净净,空

气也清闲。(韩国)【正:清新】

以上几类易混淆词对于汉语二语学习者而言具有一定难度,尤其是前两类,学习者容易受母语负迁移影响造成偏误。教学中可以利用"最小差异对"来讲练。"最小差异对"就是一组句子除了出现在同一位置上的某个词语不同之外,其余部分完全一样,这组句子因为使用了不同的词语而使得句子的意思不同或导致某个句子不成立。例如"认识""知道"的英文翻译都是"known",学习者在学习汉语的初始阶段就会接触到这两个词,教师可用"最小差异对"的方式展示例句:

我知道李明。→我听说过他的名字。/我认识李明。→我们以前见过面。

通过以上例句,引导学生明白"知道"和"认识"都可以用于人。但"认识"表示见过某人或某人的照片,并可能跟他有交往;"知道"只是听说过某人的名字或有关他的情况,但没有见过,没有交往。在此基础上,教师引导学生说出以下句子,进一步明确这两个词用于"人"时的不同:

我以前不认识他,只知道他的名字。

"认识"和"知道"的对象还可以是某个地方或某个东西,"知道"还常用于事情,教师展示"最小差异对",引导学生把握它们在意义和用法上的不同:

我认识那个水果。→以前见过。/我知道那个水果。→听说过,但没见过。

我不认识路。→走错地方了。/我知道那条路。→但是没去过。

我不知道他去哪儿了。/ *我不认识他去哪儿了。

五、熟 语

熟语主要包括成语、惯用语和歇后语,它们是汉语词汇中的特殊成分,往往包含着特定含义,反映着民族文化和社会背景,不弄清楚就无法理解和运用。中高级阶段有相当数量的成语、惯用语等固定短语,应当重点讲练。如:

讨价还价　实事求是　供不应求　引人注目　举世闻名　聚精会神　一言为定

炒鱿鱼　铁饭碗　大锅饭　碰钉子　吃不消　开眼界　巴不得　凑热闹　想不开

熟语教学,除了要讲清楚基本意思外,还应重点讲解使用条件和限制。例如"聚精会神",除了要让学生明白"集中精神做某事"的意思外,还要强调"在比较短的时间内"这个限制;否则学习者容易造出"*我这个月一直在聚精会神准备考试"。又如"不以为然",应强调用于"对……不以为然";否则学习者可能产生偏误:"*我不以为然他的看法"。

第五节　词汇教学的基本原则

《国际汉语教师标准》提出词汇教学的六条基本原则:第一,注重利用汉字形、音、义相结合的特点进行词汇教学；第二，注重教学中解词的浅显、具体、准确、易懂；第三，注重结合具体语境进行词汇教学；第四，注重理解词汇的概念意义和特定语境下的含义；第五，注重利用对比、组合等多种手段以及游戏、阅读等多种方式进行词汇教学；第六，注重教学中词汇的科学重现。在这里我们主要强调以下几点。

一、浅显讲解，难点分化

首先，用已学词语解释生词和用法。例如，用"请"来解释"邀请"，用"问"带出"询问"；如果顺序反过来，学生肯定难以理解。又如"雄伟"在《教学大纲》中是中级词，《现代汉语词典》解释为：①雄壮而伟大；②魁梧、魁伟。《HSK 汉语水平考试词典》解释为：气势雄壮而高大。其中"雄壮、气势"是高级词，"魁梧、魁伟"是超纲词，学生都没学过。这样的解释，效果肯定不好。如果用学过的词语，可以这样来解释：形容高山、建筑物等高大、很有力量，或形容计划、目标等伟大。

其次，用简单的句子或结构讲解。请看对"节省"的解释：

  A. 使可能被耗费掉的不被耗费掉或少耗费掉。
  B. 尽量少用或不用可能被用掉的东西。

A 是复杂句，有使令动词"使"，有表示被动的"被"，难词"耗费"出现了三次。如果教学时这样解释，对学生理解词义毫无帮助，还会增加学习负担。相对而言，B 使用的词语、句子比较简单，学生容易懂。

此外，在讲解词语时，应该给出清晰、足够的例子，帮助学生准确理解词语的意义和用法。如讲解"帮忙"，如果只解释其为"帮、帮助"，给出"我明天搬家，想请你帮忙"的例句，学习者可能会说出"＊我帮忙他"之类的偏误。教师应该给出以下例句：

  我明天搬家，想请你帮我个忙。／要我帮你什么忙？／×他常常帮忙我。

难点分化，就是要根据学生的接受能力和习得特点将词汇知识点分散开来，分时间、分阶段进行教学。如初级阶段，学生接触到的常用词语很多是多义词，应该先教最常用的义项，后教比较少用的或抽象复杂的义项。如"看"做动词有八个义项，应该按照词义的难易顺序，先教"看书、看电影"，之后再教"看病、看朋友"；到了中级阶段，再教表示"观察并加以判断"以及"取决于、决定于"等意义的"看"。

有的词用法复杂，如动词"理解"，主要做谓语（理解他、互相理解），有时可做宾语（我们需要你的理解）、主语（理解很重要），还可以做定语（理解能力很强），教学时可以先讲做谓语的情况，隔一段时间再讲做宾语、主语的情况，最后讲做定语的情况。

二、结合语境，精讲巧练

精讲，就是有针对性，抓住重点，准确简练，讲清主要意义和用法，不要面面俱到。例如，在初级阶段常碰到一词多义的情况，教师要根据大纲和教材，选取必要的、合适的义项讲授，而不是不分轻重、不分先后地都搬给学生。中级阶段，有的近义词差异较多，如果每个差异都讲，既复杂，学生也接受不了。所以，只要讲清主要的、区别性的差异就行了。

精讲必须跟巧练结合。俗话说"熟能生巧"，反复练习才能熟练掌握，运用自如。练习不是越多越好，如果只是机械练习，效果也未必好。教师在讲解的同时应当创造多种形式、多种内容的词汇练习活动，边讲边练，讲练结合，让学生在反复多样的操练中理解词义，学会使用。如"平时"，教师可先通过完整例句启发学生感知它的意思和用法：

    我平时12点睡觉，昨晚很累，10点就睡了。

然后问学生："你昨晚几点睡觉？"待学生回答后，教师继续问："平时几点睡觉呢？"通过问答，加深学生对"平时"的理解："平时"要跟某个具体时间相对，表示一般的、通常的时候。教师还可以展示后半句，让学生用"平时"说出前半句：

   _____，周末九点半起床。
   _____，节假日人很多。
   _____，今天没迟到。

精讲巧练通常结合典型语境进行。如介词"按"可以跟其他一些词语搭配成"按计划进行、按顺序上车"等结构，这是"按"使用时的短语语境。情景则是说话时涉及的时间、场所、背景、参加者、交际话题、交际目的等。例如，你的提包丢了，但你最重要的证件没放在里面，避免了更大的麻烦，你因此感到幸运。这时可以说"提包丢了，幸亏证件不在里面，不然就麻烦了。"这是"幸亏"使用时的情景语境。在课堂教学中，情景可以是教室里的真实情景，更多的则是模拟情景和想象情景。

语境能使词语的意义和用法更加明确。在词汇教学中，教师应将生词放入上下文或尽可能真实的贴近留学生生活的情景中进行讲解和操练。这样有利于学习者理解和掌握词语的意义和用法，也能激发学习者的学习兴趣，增强师生互动，活跃课堂气氛。

例如针对"倒霉"进行讲练，教师给出"我出门摔倒了，上课迟到了，现在手机又不见了"这三个具体的情景引出"我今天真倒霉"，学生很容易就明白"倒霉"的意思。教师再让学生说出他们认为倒霉的事情，如"钱包被偷了，护照不见了"等，班上同学一起用"倒霉"说出完整的句子。

三、语素教学与整词教学相结合

语素教学，就是利用汉语语素构词的优势，将词和语素的学习结合起来。不但要讲练目标词语的意义和用法，还要将语素构成词的规律教给学生，通过语素义解释词义，并利用语素引导学生扩展生词、猜测词义，帮助学生理解和记忆生词，扩大词汇量。

汉语词的构造单位是语素，许多单音节语素可以单独成词（如"人、学"）；语素跟语素又可以按照一定的构词方式组合成合成词（如"人民、学习"）。合成词的意义大多与语素义存在一定联系，可依据语素义去推求和理解。因此，教学中可以借助语素构词的特点帮助学生学习汉语词汇，提高对词语的领悟和学习能力。例如，认识了汉字"车"以后，就能清楚确定"货车、轿车、电车、出租车"等表示的是交通工具而不是别的事物；学过"高度"这个词，又掌握一些汉语构词知识后，遇到"难度、深度、广度、热度"等词语，加上合适的上下文，就可以猜出大概是什么意思了。

值得注意的是，"面试"这样的词，语义透明度比较高，适合利用语素进行教学。但是，汉语有些词，语义透明度比较低，如"疲惫、小说、马虎、点心"等，就需要进行整词教学；一些音译外来词"幽默、克隆"等也很难进行语素教学，可借助外语翻译或语境，整体掌握词义、用法。

实际教学中，可以同时运用多种方法讲授词语。如"足球"，可以用翻译法；还可以用语素分解的方法把词语分成"足"和"球"。用直观法引导学生了解"足"就是"脚"，"足球"是用脚进行的运动，引出动词"踢"和词组"踢足球"。最后还可让学生扩展出"手球、水球、网球"等。综合讲练，能促使学生更好地掌握词语，扩大词汇量。

第六节 词汇教学的环节和技巧

如果把一课书作为一个教学单位，生词教学可以当成一个教学环节。如何教、如何学可以视为一个一个小的教学环节或教学步骤。下面我们以小环节表示：环节1，展示生词；环节2，解释词义及用法；环节3，词语练习。当然，在教学实践中，不一定将这三个小环节截然分开，而是交叉进行。可以逐个词逐个词地都走这三个步骤；也可以两个、几个词一起分组展示，一起释义和练习。有时还可以把一课书的生词综合展示，再逐一释义和练习。初级班使用较多的是逐一展示和分组展示，中级班使用较多的是分组展示和综合展示。

一、展示生词

把要学的词语通过范读、领读、板书等方法介绍给学生，并让学生认读，从而在词语的书面形式及语音上认识词语，感知词语，这个过程就是展示生词。

（一）展示词语的语音

词汇的物质外壳是声音，大量听力输入是口语输出的基础。生词展示可以只是语音展示，让学生听生词的音，并进行模仿性操练，教师再加以正音。具体的方式有：教师带读，学生集体跟读，或小组跟读、个人跟读等。

这种展示在听力课生词教学中较为常见。讲解生词前，可以先让学生听生词，然后一边模仿发音，一边写出生词的音；也可以将生词放入典型的短语或句子中，学生通过对短语、整句的聆听来感知生词的声音。最后教师再展示生词的音和形，组织学生认读。

（二）展示词语的词形

可以用板书、PPT 或生词卡来展示，分为独词展示和分组展示两种。独词展示就是板书一个词，讲一个词，练一个词；分组展示就是板书一组词，讲一组词，练一组词。不管哪种方式，板书的先后顺序、位置布局等，教师应该心中有数。哪个词写在哪个地方不是随意的，而应该根据教学内容、教学需要有一个整体的安排。

展示的排列顺序一般有两种，一种是按照生词在课文生词表中出现的先后顺序来排列；另一种则是根据词语的特点以及词与词之间的联系，重新调整生词表中的生词顺序，并按照新顺序进行分组教学。

1. 按构字部件排列

一般适用于初级阶段的生词教学。如某篇课文教授"你家有几口人"，生词表中出现了"爷爷、奶奶、爸爸、妈妈、哥哥、弟弟、姐姐、妹妹"等表示亲属称谓的词语，一般的教学可以根据辈分等进行义类方面的教学；也可以根据汉字的偏旁将它们归类展示，让学生注意性别差异在字形上的反映。

一课书中，有着相同部件的生词并不多，教师要有部件意识，善于抓住生词在部件上的相同点进行教学。例如，某课书的生词表中有"推、扔"两个动词，教师可以充分利用形旁表意的功能，将它们排列在一起进行展示，引导学生明白这类词语多用来表示跟手有关系的动作，并回忆之前学过的"搬、摆"，然后再扩展出"拉、扶"等有联系的新词。

2. 按词类排列

这种排列是根据不同词性来将课文中的生词归类排列，便于根据不同的词性特点进行词语搭配和应用。例如，动词（v.）后加宾语，如"打扫房间"；名词（n.）前加修饰语、加数量词，如"好学生、一本书"；形容词（a.）前可以加副词，如"非常漂亮、不好看"；副词（adv.）后加动词或形容词，如"马上走、多么愉快"；等等。这样排列有利于学生建立和巩固对汉语词类的观念,有利于从组合搭配的角度学习词语。

如《初级汉语精读教程Ⅰ》第三十一课《苹果便宜了》有16个生词,其中名词5个,代词1个,形容词5个,动词2个,兼类词1个,量词1个,词组1个。逐个或分组板书如下(以上各词左上角的数字为课本上生词的序号):

    n.   ³高中 ¹¹学院
         ⁴操场 ⁷市场 ¹⁰消息
    phrase ¹⁶笔记本电脑
    v.   ²¹需要 ¹⁴通过
    n./v. ¹³面试
    a.   ²吵⟷⁵安静 ⁶甜 ⁸脏 ⁹着急
    pron. ¹那么
    mea. ¹⁵节

按词类排列,整齐醒目,易于记忆,也利于讲解、复习各类词的有关特点。

名词:第一行名词都可加量词"所",如"一所高中、一所学院",常跟别的词组成短语使用,如"高中生、外语学院、汉语学院";第二行名词常加数量词或修饰词语,如"一个操场、大操场/那个市场、菜市场、水果市场/一条消息、好消息"。

名词短语:常加数量词或修饰词语,如"一台笔记本电脑、新的笔记本电脑"。

动词:都带宾语,如"需要一个汉语老师、需要一台电脑/通过了考试"。

兼类词:讲解"面试"在课文中的动词用法"去面试",利用上一行的动词引出其名词用法"需要面试、通过了面试"。

形容词:"吵"与"安静"意义相反,放在一起,学生容易理解记忆;且这些形容词的前面都可以加"很、非常"等副词,否定时用"不"。

代词:"那么"可跟形容词搭配,教师可组织学生朗读,引导学生用短语说句子。

3. 按相关意义排列

即根据词与词之间意义的相关性进行组合排列。这种排列有助于学生记忆,把孤立的词组成有机的、相互联系的语言材料存入大脑。

如《博雅汉语·初级起步篇Ⅰ》第十一课有25个生词,可以调乱次序,分组板书如下:

    ¹⁵季节——²⁵春天 ²³夏天 ¹¹秋天 ¹冬天 ¹⁴最 ¹³舒服 ²²喜欢 ²⁴游泳

这是一组表季节的名词以及跟季节有关的词语。

    ⁴天气 ⁵怎么样 ²比较 ³冷 ⁶不太 ¹²热 ⁷风 ¹⁶差不多 ¹⁷零下 五⁹度
    ¹⁰晴天 ¹⁹下 ⁸雨 下²⁰雪 ¹⁸常常 不²¹常

这是一组适用于谈论天气的词语。

排列好之后,教师可提问进行讲操,如:"一年有几个季节?""哪个季节最舒服?"

"你喜欢游泳吗?""你冬天去游泳吗?""今天天气怎么样?""明天下雨吗?"这样,将一个个生词纳入有联系的整体中,便于学生理解和记忆。

二、解释词义及讲解用法

(一) 词的释义

词汇意义是词汇教学的重点。词义具体的词容易学,意义较抽象的实词、某些虚词不容易讲解。如果方法正确,可以事半功倍。下面讨论讲解词义的具体方法。

1. 利用形象

利用实物、图片或图画及身体语言或相应动作来说明词义,让学生能直观理解词义。

实物展示:课堂常见物品如"门、窗户、黑板、书、桌子"等,身体部位如"手、眼睛、耳朵、鼻子"等,师生随身穿戴、携带物如"裙子、裤子、鞋、围巾、帽子、钱包、钱、卡、钥匙"等,均可通过指认展示。此外,上课需要学的一些物品,比较容易携带的,如"糖、球拍、筷子、勺子"等,也可以带到教室展示。

图片展示:适用于没有办法用实物展示的事物、自然现象等,如"山、沙漠、鞭炮、闪电、打雷、刮风"等。此外,"爬山、骑车"等动作行为也可以通过图片或图画来展示。

动作、表情演示:讲授一些具体动作行为词语,如"掏、摸、提、扛、端、拿、握"等,可通过肢体动作演示。有些形容词,如"生气、高兴、伤心"等也可以利用表情来演示。一些意义相近的动词如"推、拉、扶"可以通过动作来演示词义的细微差异,效果更直观。可以教师演示,也可以学生表演。这样的教学生动有趣,尤其受到儿童学习者的喜爱。

有的代词也可通过形象法展示意义。如解释代词"这样"的意义时,我们可在黑板上板书汉字"样",问"'样'字怎么写?"→"请大家看,这样写"(教师边写边说)→"'这样'在这里表示写的过程、笔顺、笔画等"。然后通过身体动作及实物展示引出以下组合:

    这样跑、这样走、这样包——归纳出:~ + v.
    这样的笔、这样的衣服、这样的手机——归纳出:~ 的 + n.

2. 利用汉字字形

在教授单音节词时,把汉字的偏旁部首介绍给学生,教学生利用汉字字形理解单音节词的意思或义类。《国际汉语教师标准》要求"注重利用汉字形、音、义相结合的特点进行词汇教学"。

例如"深"的偏旁是三点水,本义跟水有关,指水面到底部的距离大,如"河水很~",教师可以先利用偏旁引导学生理解"深"这一义项,再引入其他义项。

再如"烧、绕、浇"这三个词,由于偏旁部首不同,它们分别跟"火、线、水"有关系;"清、睛、晴"则分别跟"水、眼睛、太阳"相关。在教学中根据它们不同的偏旁,进行字形、词义的分析和比较,可以比较轻松地讲授词义,并引导学生利用字形帮助记忆。

3. 利用近义词或反义词

用近义词释义,如"邀请"在《等级大纲》中属乙级词,可借助其近义词,即甲级词"请"来进行解释。这两个词的意思、用法有重叠的地方,也有不同之处,可通过旧词学习新词。主要讲清其相同点和不同点。

相同点:请客人到自己的地方来或到约好的地方去,可以互换。

不同点:①词义宽窄不同。"邀请"只用于请人做客、参观访问或参加活动等;"请"还可以用于让人做某事或某个动作。②语体色彩不同。"邀请"较为正式,多用于书面语;"请"在书面语和口语中都使用。③语法功能不完全相同。"邀请"可做定语,组成"邀请信"等短语,还可做宾语,如"接受邀请";"请"没有这些用法。

又如用"但是"带出"却",用"天气"带出"气候",用"舒服"带出"舒适",等等。

用反义词释义,如"深"与"浅"这两个词同在一课中出现,教学时就可以由"深"带出"浅"。其他例子还有:由"增加"带出"减少",由"干燥"带出"潮湿"。

4. 借助旧词学习新词

用已学词语解释生词,是中级词汇教学的常用方法。此阶段学生已有2000多个词语的基础,可以用他们初中级阶段学过的词语或句子来解释生词。如:

举世闻名:很有名,全世界都知道。

聚精会神:注意力非常集中、非常专心。

铁饭碗:比喻稳定可靠的工作。

以旧释新法可以激活学生储存在记忆中的旧词语,达到温故知新的效果,形成初中级连贯的词汇学习。特别是成语、俗语、习语等,很难用外语解释,用这种方法解释很有效。

5. 利用语素

就是根据生词中学过的语素来讲解词义或引导学生推测词义。例如:

用品——用(使用、用得上)+品(东西)——做一件事情要用的东西。可以生成"食品、商品、产品/生活用品、学习用品、办公用品"。

售票员——售票(卖票的)+员(人)——卖票的人。由语素"员"可以生成一系列表示从事某一职业的"人",如"服务员、售货员、演员"等。

又如"注重"是中级词,由"注"和"重"两个语素构成,"注"是"注意","重"是"重视",这两个词都是初级词,因此,"注重"就是"注意和重视"。

联合结构、偏正结构的词,特别是简称,适合用语素法。如:

急需　面试　雪白　深夜　赞扬　科技　体检　环保　身高　文教　研制　亚运会

语素法可以帮助学生理解课文中的生词,还可以启发学生理解那些类似的、未学过的词,起到举一反三的作用。教学中可适当列举一些同语素词,扩大词汇量。如:学"加强",可列举"加快、加重、加深、加大";学"废话",可列举"废纸、废水、废气、废品";等等。

6. 利用词组

有一些词义较为抽象的词,光靠单纯的解释,老师难以讲得通俗易懂,学生也很难听得明白。对于这样的词,可以把它们扩展为词组,然后通过解释词组来解释词义。例如"凭",光靠词典的解释"根据、依靠、借着",学生不易理解,但假如把"凭"放在"~票进场/~票供应/~自己的能力(赚钱吃饭)"这样一些词组中来理解,就顺当得多。又如"根本",可先借助字型讲清该词的本义,接着出示词语组合"~不知道/~不明白",帮助学生理解这里的"根本"是副词,指从头到尾、始终、全部之义,多用于否定,从而理解课文里的"桌子上~就没有镜子"这句话。

7. 利用上下文语境

有时上下文是互相解释、补充说明的,根据上下文中词语、意义和词语搭配的关系就能推测出生词的大致意思。如:

小李的家庭很和睦,一家人互相关心,互相照顾,从来没吵过架。

此句中"和睦"是中级词,可以通过后面句子的意思来理解其意义。再如:

他对别人挺热情,但对我却很冷淡。

可根据转折连词"但"和副词"却",推出前后句子的意思是对立的,进而推测出前句的"热情"和后句的"冷淡"意思也是对立的。由此可得知"冷淡"就是"不热情"。

上下文语境和语素法有利于培养学生猜词的能力、跳跃障碍的能力,提高阅读速度和理解能力,特别适合于阅读课和听力课的教学。

8. 利用情景

对一些词义较为抽象的词,可以设计出具体的情景,再从对情景的理解中来理解词义。例如"根据"这个词,教材里标注词性为介、名。按照词典的释义,根据是指把某种事物作为结论或行为的基础。很明显,这样的语言学生不可能理解。

可以设计情景,再由一定的情景产生例句:

老师:现在听写,你们准备好没有?

学生:没有/没准备好。明天听写好不好?

老师：好。根据你们的要求，我们明天听写。

老师接着解释"根据"：

为什么"明天听写"，因为你们没准备好，你们要求明天听写。这样，可以在说明"原因"之前用"根据"。

然后生成例句：

prep. ～他说汉语的情况，我觉得他不是中国人。／～自己的情况决定学习什么专业。／你～什么说我拿你的词典？

n. 你有什么～说我拿你的词典？

这种释义方法，既利用了情景，又利用词的组合，避开了解释抽象义的麻烦和尴尬。但教师在运用这种方法提供情景时，要注意时间的掌握和分配，避免语篇太长而耗时太多。

9. 举例

通过例句来体会理解词义，是词汇教学最常见的方法。如初级阶段对"等"的解释：

我去过北京、上海、南京等城市。→没有全部列举出来，后面有省略。

我去过北京、上海、南京等五个城市。→（同上）

我去过北京、上海、南京等三个城市。→都列举出来了，后面没有省略。

以上义项均为大纲所列，应该都纳入教学范围。在出示了句子之后，再总结出相关标志："等"后有表数量的成分，该数量与"等"前内容相符，可理解为全部列举；否则为部分列举。

这种方法更适合于那些意义比较虚、不太好用词语解释的词语，特别是虚词。如中级阶段学习连词"从而"，在句中连接分句，表示结果或目的关系，意义较虚，不好解释，可以举几个例子来帮助学生理解其意义：

老师改进了教学方法，从而提高了教学质量。（表示结果）

我们应当了解留学生学习中的困难，从而帮助他们提高汉语水平。（表示目的）

10. 翻译法

有一些词，用汉语难以解释清楚而用外语解释更方便；还有外来词语，也是用翻译法好。如：

幽默：humour　　浪漫：romantic　　圣诞节：christmas　　钢琴：piano

棒球：baseball　　网球：tennis　　艾滋病：AIDS　　瀑布：waterfall

初级汉语用翻译法可以帮助学习者很快理解词语意义。但是不同语言的词语之间很难简单地一一对应，它们在语义范围、搭配关系、感情色彩、文化含义等方面存在着许多差异，单纯用翻译法解释可能会引起误解，诱发偏误。例如"下雪"的英文翻译为

snow，但 snow 在英语中既是动词"下雪"，也是名词"雪"，学习者很可能会说出"＊这里有下雪"。再如"开"在英语中的对应词是 open，学生就会将英语 open 的搭配关系用到汉语中来，说出"＊请开你的书／＊开你的嘴"等病句。因此，使用翻译法进行教学时，要提醒学生汉语词语与外语对应词语在多方面的不同，以防止负迁移发生。

翻译法使用要有度。当学生母语不相同时，只用某一种外语解释，效果未必好。

11. 利用图形、符号

如解释"公里、平方、面积"等生词时，就可以先用翻译法对译，然后利用符号公式或图形、图画帮助学生理解词义：

(1) 公里→km；

(2) 平方公里→km^2；

(3) 面积：2 公里×2 公里 = 4 平方公里（在黑板上画出平面图）。

生成句子：这个教室的面积是 25 平方米。中国的国土面积是 960 万平方公里。

难点：km^2 的读法，先读平方，再读公里→类推 $10m^2$。

教一些意义抽象的连词、介词时，适合用符号公式。例如，词典对连词"与其"的释义是"比较两件事而决定取舍的时候，'与其'用在放弃的一面"，如果这样教给学生，学生难以明白，不妨告诉学生"与其"常用于"与其 A……不如 B"的句子中，并展示以下公式：

与其 A，不如 B＝B 比 A 更合适，选择 B（A、B＝表示行为的句子或动词短语）

（二）讲解词语的用法

二语学习，必须理解词义，掌握用法。词语的用法，指词语的语法特征与使用条件，如词性、句子成分、能否重叠以及词语的组合搭配、词在句中的位置、适用对象和适用句式等。这些内容，不像词义那样容易在词典上查到。有的词典没有解释，有的词典解释不清。学生不明白用法，就不会使用；或使用时受母语影响，出现偏误。

讲解词语的用法，主要用举例法。例如"见面、结婚、散步"等离合词的教法：①离合词的对象，一般放在前面，用"跟、给"等介词，如"你跟谁结婚／我跟同学见面／给我照张相"。有的离合词，对象可以放在中间，如"我见过他的面／伤了我的心／问他好／帮他的忙"等。②"了、着、过"等词语一般放在离合词中间，如"他发着烧呢／我们见过一面"。③表示动作数量、持续时间长短的词语常放在离合词中间，如"结过两次婚／散了半个小时步"。

讲解词语的用法时，要特别注意词语的组合搭配。如名词与数量词的搭配，动词、形容词与名词的搭配。汉语可以说"养花、养猫、养大、养活"等，而"养土豆、养花生"之类就是词语搭配的错误。再举几个初级词汇教学的例子：

瓶：有教材列出其名、量两种词性。相应地可以列举——

名词：酒～、玻璃～、大～、小～

量词：三～酒、五～汽水

围：讲解这个动词时，可根据它和补语结合较为高频的语用情况，先出示"围"和结果补语、趋向补语的组合，再结合课文中的语法点"动词+着"，利用句子加深理解、巩固记忆。如：

～成、～在——大家～成一个圆圈。

我们把他～在中间。／他被我们～在中间。

～起来——我们把他～起来，让他站在中间。

结合该课的语法点，讲解"～+着"在一般句子及连动句中的用法：

中山大学的四周用围墙～着。／大家～着熊猫看。／马路上发生了交通事故，很多人～着看，（我觉得这样不好）。

中级词汇教学的例子如下：

分明：形容词。意思是"清楚"或"显然"，多做谓语、状语。与"明明"意思相近，都有"显然"的意思，都做状语，此时可以互换；但"明明"是副词，只可以做状语，不可做谓语，没有"清楚"之义。如：

他这么做，分明是把我不放在眼里。（明明√）

明明是青蛙，偏要叫它田鸡。（分明√）

我的爱恨是很分明的。（明明×）

他是个是非分明的人。（明明×）

三、词语练习

练习，是掌握和巩固词汇的重要手段。语言是"练"会的，不是"教"会的。练习是语言学习的关键。词语练习的设计要科学合理、有针对性，要针对词语的语法功能、组合特点、使用对象、句中位置、感情色彩等方面设计练习。练习的形式要多样：注音、听写、词语搭配、选择填空、选择义项、改错、根据指定词语改写句子、根据指定词语完成句子等。练习量要充足，足量练习才能培养学生的语感，才能使学生逐步熟悉、深刻理解和熟练运用词语。

关于词汇练习，吕必松先生的《对外汉语教学概论》（1996）提到五种不同的练习。

（一）感知练习

要学习生词，首先要从词的读音和形体上反复感知，这是学习和记忆词汇的基础。感知性练习包括语音感知（听音、读音）和词形感知（认字、写字）。语音感知的方法主要有听老师读、听录音跟读、朗读、领读等，还可以让学生根据听到的语音选择相应的词语；词形感知的方法有抄写生词、词语辨认等。

（二）理解性练习

理解性练习主要考查学生对词义的理解是否正确。主要的方法有：说出近义词、反义词，听义说词，听词说义，说出词语的组合搭配，写出语义相关的词语，把母语翻译成汉语或把汉语翻译成母语，给多义词选择合适的义项，选择合适的词语填空，等等。

1. 听义说词

教师用汉语说出词语的意思或讲述一个情景，让学生说出相应的词语。如：

  教师：很少下雨，花草树木很少的地方是什么？
  学生：沙漠。
  教师：快毕业了，我们约着一起吃饭，我们这是要……？
  学生：聚餐。
  教师：小偷偷东西，被人发现了，他应该会很……？
  学生：惊慌。

2. 组合搭配练习

如说出名词的量词，说出动词的宾语、修饰语，说出宾语的动词等：

  教师：我们吃什么？
  学生：吃苹果，吃面包，吃麦当劳……
  教师：怎么吃？
  学生：慢慢吃，很快地吃，大口大口地吃……
  教师：吃面包，还可以"什么"面包？
  学生：买面包、做面包、拿面包、送面包……

书面的练习还可以是把合适的词语连起来。如：

实惠的	环境
陌生的	价格
深刻的	旅行
愉快的	兴趣
共同的	印象

3. 语义相关的词语练习

教师说出或写出一个上位词语，让学生说出下位语义场的词语。如：

  教师：水果。
  学生：苹果、梨、香蕉、西瓜、橙子……

教师说出或写出一个词语，让每个学生说一个跟这个词语有关系的词语。如：

  教师：聚餐。

学生：点菜、菜单、上菜、喝酒、聊天……

（三）模仿性练习

模仿词的语音、书写和用法，主要的方法有跟读、描红、临写、模仿造句等。例如，教师给出例句：

我嫌那个地方太远。（嫌）

导出"嫌"后面常用的结构：

嫌 + 名词 + 形容词

然后让学生模仿例句说出"我嫌……"。教师也可以给出适当的提示："广州太热，不喜欢/东西太贵，不想买"。

（四）记忆性练习

记忆性练习主要帮助学生记住词的发音、意义及用法。主要的方法有听写词语、听音填词或说词、词语接龙、传悄悄话等，听词说义、听义说词也可以是一种记忆性练习。

词语接龙：由教师或学生开头说一个词语，然后让学生说出一个由这个词语的最后一字开头的词语，这样一个接一个说下去，看能说多少词语。在说词的过程中，可以用同音字或音近字替换。如教师说"出生"，一个学生接着说"生活"，接下来学生说"活动""动作"，再接下来说"座位"（"作"与"座"同音）、"危险"（"位"与"危"声调不同），以此类推。

传悄悄话：把重点词语组织成一句话，如"转眼毕业10年了，同学们约好暑假一起回母校聚会"。学生分成几组，教师将句子写在纸条上，交给每一组的第一位同学看一分钟，然后将纸条收上来，让第一位同学把这句话小声地告诉第二个同学，第二个再告诉第三个……每组最后一位同学大声说出或到黑板上写出这句话，看哪组的准确率高。

在课堂上，教师还可以通过实物、图片、身体动作等让学生说词，帮助学生记忆生词。例如展示一张图片，上边有山、树、湖、鲜花、小路、自行车等，教师逐个指着图片上的事物，让一个学生说出一个名称，其他学生跟着读。也可以是拿出或指点课堂上可能有的各种事物，让学生说出名称，如"书包、桌子、椅子、窗户、风扇、空调、门、墙、地图、词典"等。教师或学生还可以做各种姿势、动作，让学生说出相应的动词，如"坐、站、蹲、踢、敲、拍、跳、举手、低头、抬头、回头、摇头"等。

（五）应用性练习

应用性练习就是通过词的实际运用来帮助学生掌握词的用法。主要的方法：词语的搭配练习、辨别和纠正句子中用错的词语、给词语选择合适的位置、用指定的词语改写句子、用指定的词回答问题、用指定的词语完成句子、造句等。例如：

给词语选择合适的位置：

医生 A 说这种病 B 需要 C 休息 D 一个月。（通常）

用指定词语回答问题，如：

你什么时候回老家？（打算）——回答：我打算下个月回去。

周末我们班聚餐，你能参加吗？（遗憾）——回答：太遗憾了，周末我要去香港。

选择词语完成对话，如：

（帮助　帮忙）

A. 阿里，能_____吗？
B. 没问题，要我_____呢？
A. 我明天搬家，你能来给我_____吗？
B. 好的。我明天一定去_____。
A. 阿里，谢谢你！
B. 别客气！咱们是同学，应该互相_____。

用指定的词语完成句子：

我喜欢周末一个人呆在宿舍，_____，很舒服。（看，听，上网聊天）

吃完饭，我们_____吧。（散步　江边）

教师在讲解课文时，可以让学生用指定的生词回答针对课文的问题：

教师：聚会以前，他担心什么？（变化　话题　共同）
学生：他担心大家多年没见，一定都有很多变化，见面时没有什么共同话题。

教师提供情景，要求学生用指定的词语说一段话：

朋友有事请你帮忙，但这件事很难办，你不知道该怎么办：

为难　忍心　想来想去　苦恼

造句也是练习词语的一种常用方法，不过不少学生可能会觉得比较难，教师应使用多种方法启发学生造句。比如让学生用动词"去、买"造句时，可以写出一些相关词语来启发学生：

商店　书店　火车站　书　本子　车票……

又如让学生用"安静"造句时，可以通过提问启发学生：

你觉得哪些地方很安静？/你喜欢热闹还是安静？为什么？

也可以利用图片启发学生造句。如给出一些图片，上边有蓝天、白云、绿树、红花、各种颜色的水果等，让学生用颜色词造句。

除了以上诸点，还有两点必须提及：①练习贯穿于整个词汇学习过程，与展示、释义和解释用法交叉进行，而不是专指做课文后的练习。练习与讲授穿插进行，有助于理解和检查，有助于教学交流、及时发现问题，也有助于防止满堂灌，调动课堂气氛。
②听写也是一种练习、检查的方式。听写不是清一色听写词语，只要课堂上教师讲过的都可以在听写中检查。如先写课文中的生词，再写相关的量词、宾语、修饰语，组词、写词组，写反义词、近义词，造句，等等。

思考与练习

1. 你认为现代汉语词汇有哪些特点？这些特点哪些有利于词汇教学，哪些会给词汇教学带来困难？
2. 在教学中，为什么要对词汇进行选择和控制？选择和控制词汇包括哪些方面？其基本依据是什么？
3. 在词汇教学中，学生要掌握的词语分成哪两种类型？请举例说明。
4. 请结合你的二语学习或教学经历，谈谈怎样才算"学会了一个词"？
5. 对外汉语教学课堂上讲授词语一般有几个小环节或步骤？具体是什么？如何操作？
6. 本章介绍的词语释义方法中，你觉得哪些使用起来比较方便、容易，哪些比较困难？为什么？
7. 词语教学为什么要讲解词的用法？请举例说明。
8. 请结合你的教学实践，谈谈汉语词汇教学中有哪些难点，应该怎么教？
9. 请分析下列句子中的词语偏误及偏误原因：
（1）上周我回老家拜访了我奶奶。
（2）我要信任我自己，我一定能行。
（3）差不多每个家周围都有草。
（4）我刚来的时候，不知道说汉语。
（5）我怕家里人知道我考试的后果。
（6）众所周知他们俩的事情。
（7）在我看来，此世界好像已经很不对劲。
（8）老师，我下午要见面一个朋友。
（9）今天简直很冷。
（10）吃糖多了，容易毁坏牙齿。
10. 在初级阶段的教学中，以下词语可以采用哪些方法来讲解词义？
同屋　寒假　花园　歌星　微笑　睡觉　打开　出去　还是　忽然　精彩　勤快　散步　洗澡　咖啡　危险

11. 下面是一些中级词语，请用常用词、简单句解释意义，并说明用法：

拜访　别扭　成本　承担　迟疑　纯洁　夺取　缓和　再说　以便　动不动　怪不得　打交道　不知不觉　供不应求　千方百计　举世闻名

12. 针对初级阶段的学生，请设计情景对下列词语进行讲练：

紧张　注意　遗憾　要求　只要

13. 给下列词语设计练习（填空、选择、改写句子或完成句子）：

精通　举办　亲手　轻视　强烈　启发　起码　特意　所谓　突出　丝毫　位于　一向　嫌　由　为　于　就　而　凭

14. 分析下列近义词的异同，并说明如何针对非母语者进行教学：

挑选—选择　　参观—访问　　匆匆—匆忙　　说不定—不一定　　又—再
漂亮—好看　　或者—还是　　时候—时间　　知道—了解　　　　老—旧

15. 根据多义词"好"的义项设计练习：

A. 优点多、让人满意，跟"坏"相对　　B. 用在动词前，表示容易
C. 用在动词后，表示完成、实现　　　D. 用在形容词前，表示程度深
E. 用在形容词、数量词前，表示数量多或时间长

16. 以下是《初级汉语精读教程Ⅱ》中某一课的生词，请设计出完整的生词教学方案：

才（副）　　司机（名）　　熟（形）　　香（形）　　盘子（名）　　地板（名）
沙发（名）　　整理（动）　　书柜（名）　　数（动）　　差不多　　翻（动）
纸条（名）　　整齐（形）　　像（动）　　卧室（名）　　认为（动）

本章参考文献

[1] 陈田顺. 对外汉语教学中高级阶段课程规范［M］. 北京：北京语言文化大学出版社，1999.

[2] 符淮青. 现代汉语词汇［M］. 北京：北京大学出版社，1985.

[3] 国家对外汉语教学领导小组办公室. 高等学校外国留学生汉语教学大纲（长期进修）［M］. 北京：语言文化大学出版社，2002.

[4] 国家对外汉语教学领导小组办公室汉语水平考试部. 汉语水平词汇与汉字等级大纲［M］. 北京：北京语言学院出版社，1995.

[5] 国家汉语国际推广领导小组办公室. 国际汉语教师标准［M］. 北京：外语教学与研究出版社，2007.

[6] 江新. 词汇习得研究及其在教学上的意义［J］. 语言教学与研究，1998（3）：65-73.

[7] 李德津. 现代汉语教程［M］. 北京：北京语言学院出版社，1989.

[8] 李晓琪. 博雅汉语·初级起步篇Ⅰ［M］. 北京：北京大学出版社，2004.

[9] 李英. 现代汉语词汇答问［M］. 北京：北京大学出版社，2014.

［10］吕必松．对外汉语教学概论（讲义）［M］．国家教委对外汉语教师资格审查委员会办公室，1996．
［11］刘珣．对外汉语教育学引论［M］．北京：北京语言文化大学出版社，2000．
［12］刘中富．现代汉语词汇特点初探［J］．东岳论丛，2002（6）．
［13］盛炎．语言教学原理［M］．重庆：重庆出版社，1990．
［14］王钟华．对外汉语教学初级阶段课程规范［M］．北京：北京语言文化大学出版社，1999．
［15］徐子亮．汉语作为外语教学的认知理论研究［M］．北京：华语教学出版社，2000．
［16］杨寄洲．对外汉语教学初级阶段教学大纲［M］．北京：北京语言文化大学出版社，1999．
［17］杨寄洲，崔永华．对外汉语课堂教学技巧［M］．北京：北京语言文化大学出版社，1997．
［18］苑春法，黄昌宁．基于语素数据库的汉语语素及构词研究［J］，世界汉语教学，1998（2）．
［19］张博．对外汉语学习词典"同（近）义词"处理模式分析及建议［C］//郑定欧．对外汉语学习词典学国际研讨会论文集．香港：香港城市大学出版社，2005．
［20］张博．同义词、近义词、易混淆词：从汉语到中介语的视角转移［J］．世界汉语教学，2007（3）．
［21］张博．第二语言学习者汉语易混淆词及其研究方法［J］．语言教学与研究，2008（6）．
［22］赵新，洪炜．针对二语学习者的汉语近义词教学［M］．华文教学与研究，2013（4）．
［23］赵新，李英．对外汉语教学中的同义词辨析［J］．华文教学与研究，2000（2）．
［24］周小兵．第二语言教学论［M］．石家庄：河北教育出版社，1996．
［25］周小兵，张世涛．中级汉语阅读教程［M］．北京：北京大学出版社，1999．
［26］周小兵．初级汉语精读教程Ⅰ［M］．北京：北京大学出版社，2013．
［27］周小兵．初级汉语精读教程Ⅱ［M］．北京：北京大学出版社，2015．

第十一章 语法教学

第一节 语法的含义和类别

一、语法的含义

（一）语言的结构法则

语法，指语言的结构法则。具体来说，指最小音义结合体，构成上一层单位的组织、结构规则。包括：

（1）语素构成词的规则，如前缀"老"和词根"虎"构成前加式合成词"老虎"，词根"学"和"习"构成联合关系的复合词"学习"。

（2）词构成短语的规则，如动词"发"和名词"短信"构成动宾短语"发短信"。

（3）词和短语构成句子的规则，如"我""给""他"三个词和短语"发短信"构成句子"我给他发短信"。

从教学的角度来看，语法通常指一种语言中词形变化和组词造句的规则，包括词法（词的构造、变化、分类）和句法（句子的结构、成分、类型）两部分。

（二）对语言结构法则的概括和解释

按这种含义理解，语法就是研究语言结构规律的科学，有时也称为"语法学"。由于概括、解释的内容、角度、方法和程序有所不同，语法学还可以分类，并冠以不同的名称，如历史语法学、比较语法学等。

二、语法学派的类别

语法学派的类别很多。这里只讨论跟对外汉语教学语法关系密切的。

（一）传统语法和结构主义语法

传统语法分为词法和句法两部分。词法主要研究词的构成和分类，包括构词法、词的形态变化、词的分类；句法主要研究句子的构成和分类，包括句子成分（主语、谓语、宾语、定语、状语、补语)、中心词分析法等。传统语法开始主要以印欧语系为研究对象，词的形态变化和词类研究比较多，句法研究比较少，重书面语而轻口语。

传统语法产生的动因就是教育。它比较简明，相对容易学习，一直在中小学教育中占主导地位。传统语法在第二语言教学中影响也很大，一般认为是语法翻译教学法的语言学基础。传统语法往往定出一些规矩，可以这么说，不能那么说。例如，程度副词一般修饰形容词和心理动词（<u>非常干净</u>/<u>有点想家</u>），不能修饰名词和动作动词（＊挺小说/＊十分学习）。因此有人认为它是规定主义语法。

结构主义语法主要从语言形式入手，对多种语言进行真实描写，力求勾勒出不同语言的不同系统。它使用直接成分分析法，由上到下一层一层切分。如：

老师表扬了他。
|＿＿＿主谓＿＿|
　　|＿述宾＿|

它开始只描写现代语言，更重视口语形式。结构主义描述的某些语言现象，传统语法可能认为是不规范的。如"很绅士""挺女人"，是程度副词修饰名词；"很有钱"，是程度副词修饰非心理动词。当然，对某些所谓不规范的语言现象，结构主义的层次分析法可以做合理的解释。如"很有钱"的层次是"很/有钱"，"很"不是修饰动词"有"，而是修饰动宾短语"有钱"；"有钱"不是动作动词性短语，而是表示一种静态，所以可以受程度副词修饰。

结构主义语法注重语言结构的真实描述，被认为是描写主义的语法。语言学家使用结构主义语法对逐步萎缩、将要灭亡的多种印地安语言进行描写，取得很大成就。结构主义语法对第二语言教学也有一定影响，被认为是听说教学法的语言学基础。

(二) 理论语法和教学语法

1. 理论语法和教学语法的区别

理论语法，指各种语言学流派的研究成果。如结构语法反映了结构主义学派理论，生成语法反映了生成主义学派理论。理论语法的目的是"建立语言结构的普遍理论或描述各语言的普遍理论框架"。教学语法，指为掌握本族语和外语的语法规则而编写的语法体系，有较强的规定性。如早期的传统语法。

许国璋（1986）论述过二者的区别：

供语言学研究的语法，目标是明语法的理；分类要求有概括性和排他性；以最少而又足够的例子说明类别；对象是语言研究者，学术兴趣比较一致。教学用的语法，目的是致语法的用；分类不要求严格，以说明用途为主；例子力求详实，本身就是学习的材料；对象是语言学习者，学习条件不尽相同。

这段论述，从研究目标、分类、例子、对象及条件若干方面阐明了两种语法的区别。因此，不同的研究者在研究它们时，应将二者区分清楚；相同的研究者在具体操作时，更应该严格区分。

郭熙（2002）认为，几十年来，理论语法和教学语法并没有各司其职。我们认为，区分不清的表现之一，是将理论语法照搬进教学语法，给二语教学带来负面影响。例如，理论语法把动词后的"了"看作"了$_1$"，表示动作完成，把句末的"了"看作"了$_2$"，表示事件发生或将要发生。不少教材照搬这个顺序，先教"了$_1$"，然后教"了$_2$"。其实，从习得角度看，学习者往往先掌握表示变化的"了$_2$"，后掌握"了$_1$"，按这个顺序教学效果比较好。

科学使用理论语法研究二语教学，可以促进教学语法。如现代汉语存现句：

  门口站着三个孩子。/墙上挂着两幅地图。

大多数教材采用传统语法解释：句法"主—谓—宾"，语义"处所—动作—施事/受事"。二语者学习时会出现很多困惑：（a）发出"挂"的人怎么不在句中出现？（b）"孩子"怎么会在动词"站"后面？（c）"挂着"表示"正在挂"吗？实际运用中，学习者常出现偏误或回避"V着"：

  *桌子上放在一瓶水。/*在桌子一瓶水。/桌子上有一瓶水。

苏丹洁（2010）用构式语法解释存现句，发现很多语言都有跟汉语存现句相同、相近的句式，并从多种语言中概括出存现句的语块链：

  存在处所—存在方式—存在物
  墙上 挂着 两幅地图
  门外 站着 三个孩子

语块分析法主要从认知意义的角度进行分析，划分出来的是语义关系。在教学中，可以不用传统语法术语，而是使用大家都懂的语义方面的词语，结合学生母语进行教学。先讲练"存在处所＋'有'＋存在物"；过一段时间，待学生完全掌握之后，再讲练"存在处所—存在方式（V着/了）—存在物"。教学效果相当好（苏丹洁、陆俭明，2010）。

可见，正确处理理论语法与教学语法的关系是非常重要的。理论语法，要对教学语法进行指导，要解答语法教学提出的一些原则性问题，要满足汉语作为二语/外语教学的需求。教学语法，必须明确自己的特点，强调实用性，并给理论语法提出自己的具体要求和具体问题。这样，二者才能产生良性互动，共同发展。

20世纪初以来，英语二语学习者越来越多，提出不少理论语法、英语母语教学语法难以解决的问题，促使语法研究者更关注外语教学语法，推进理论语法界、教学语法界有更多的合作，使英语语法研究产生飞跃性的发展。走进21世纪，汉语二语学习者迅速增长，汉语理论语法研究、教学语法研究肯定会有更多的结合，推动汉语语法研究飞跃发展。

2. 母语教学语法和第二语言教学语法

母语教学，主要传授语法知识系统。教学对象已有内化的汉语语法规则，能自然用语法规则组词造句连篇，尽管许多人说不出这些规则。母语教学语法的目的有限，如提高知识水平、通过考试、促进中文或外语等专业的教学、搞好文字编辑、做好翻译工作等。

对外族外国人的语法，要将语法规则的解释跟词语、句式、篇章的理解、生成结合在一起，使学生在学习语音、词汇的同时，掌握用词造句的技能，使汉语交际成为可能和现实。由于教学对象根本没有内化的汉语语法规则，教学的主要方式是训练，并通过训练使他们掌握、应用规则，以便用汉语进行有效的交际。而语法知识的学习只是辅助性的。

陆俭明、郭锐（1998）分析过学习两类语法的差异："对汉族学生来说，老师讲的语法规则听了就听了，……不会按老师讲的语法规则去说话。外国或外族学生对汉语原先是一无所知，老师怎么教，他们就怎么学，就怎么说，而且本能地要按照老师讲的语法规则去类推。可是一类推就出错。"赵金铭（1997）也探讨过这两种语法的区别，指出："对中国人的语法是一般性的，粗线条的；对外国人的语法是细密的，管辖范围窄的。"

具体而言，周小兵（2002）提出第二语言的汉语教学语法的八个特点：

（1）实用第一。一切从易教易学出发。

（2）形式和意义并重。例如，不但教格式"把＋名词＋动词＋在＋处所词"，而且要讲清楚语义：动词所指动作的发生，导致名词所指附着在处所词所指位置上，如"把汉字写在黑板上"；避免出现"＊把汉字学在课堂上"的偏误。

（3）考虑篇章和语用因素。例如教"连"字句，如果结合语篇，按照 a 句→b 句→c 句的顺序教，学生很容易掌握：

    a. 这个字留学生不认识，中国学生不认识，连中国老师都不认识。

    b. 这个字留学生、中国学生不认识，连中国老师都不认识。

    c. 这个字连中国老师都不认识。

（4）语法规则的细化和使用条件的充分。只讲程度副词修饰形容词、心理动词不够，还要讲清楚绝对程度副词（很、非常、挺、有些）和相对程度副词（更、最）的区别和使用条件，如前者不用于比较句（＊他比张三很高），后者用于比较句。后者中，双项比较副词可以用于"比"字句（他比张三更高），多项比较副词不行（＊他比张三最高）。此外，有的程度副词还有特殊性，如"有点"，在表示静态意义时只跟贬义、中性形容词搭配（有点脏、有点长、＊有点干净），带有说话人不满意的态度。

（5）注重描写基础上的解释。（见第 297 页对"在图书馆看书"的解释）。

（6）注重语际对比，对比时既要考虑个性又要考虑共性。请对比汉、英、越南语：

汉语：我们学校数学系的年轻女教师
英语：the young woman teacher of the math department in our university
越南语：giáo viên   nữ   trẻ   của   khoa   toán   trong   chúng tôi
　　　（老师）（女）（年轻）（的）（系）（数学）（学校）（我）（们）

个性是：修饰语汉语都在中心词前面，越南语都在中心词后边，英语则有前有后。共性是：表示性别的修饰语离中心词最近，表示年龄的离中心词稍远，表示小部门的更远，表示大部门的最远。

（7）注重习得研究。孙德坤（1993）的个案调查发现，学习者先习得"了$_2$"，两周后习得"了$_1$"，此后出现混用。邓守信（Shou-hsin Teng, 1999）的语料库研究显示，英语母语者先习得"了$_2$"，在习得相当数量的动作动词和过去时间词后才习得"了$_1$"；他据此提出了教学建议。

（8）使用统计方法和实验方法。一般语法书常说，双音节形容词可以 AABB 形式重叠，结果不少学生造出"＊长得美美丽丽/＊特特别别的衣服"这样的偏误。据初步统计，约 60% 的双音节形容词不能这样重叠。

（三）描写语法和解释语法

描写语法，从特定角度用特定方法对语言结构进行描写。被描写的内容是说本族语者实际遵循的规则。描写的目的是建立某种理论。如结构语法，主要任务是细致描写某一种语言的结构规则。至于这些结构为什么产生，并不是它研究的任务。描写语法是所有语法的基础。

解释语法，从多种角度对语法现象进行合理解释，主要解释语法现象和规则产生的原因。解释语法主张综合采用语言学的方法，并兼用社会学、人类学、心理学、逻辑学等多学科方法，来探讨语法现象和规则的来源。

描写语法回答语法规则"是什么"，解释语法回答语法规则"为什么"。以前国内的语法主要是描写型的研究，主要描写语法现象和规则。20 世纪 90 年代以来，解释语法越来越受到重视，并取得了一些成果。

对外国人的语法教学，当然要让学生了解汉语语法"是什么"，掌握相应的语法规则。但由于大多数学生都不是少年儿童，早已经掌握了本国语法规则，有成熟的思维，常常在学习中思索"为什么"，有时还会提出"为什么"。

教学中，教师可以用"约定俗成"来回答"为什么"。但这毕竟不能帮助学生掌握汉语语法。如果教师能知道语法规则产生的原因，能恰到好处地说明"为什么"，就可以促进学生对语法的掌握。即使学生没有问"为什么"，教师心里明白"为什么"，也可以在教学中潜移默化地将"为什么"融在教学中，有利于促进学生掌握汉语语法规则。

举一个例子说明描写语法和解释语法在教学中的作用。

　　甲：小王呢？

　　乙：在图书馆看书。

描写语法的研究告诉我们，"在"字结构当状语时，句子往往表示谓语所指行为正在进行。如上例，"看书"正在进行中。而根据解释语法，这个句子是"他在图书馆"和"他在看书"两个句子加合而成的。深层结构中有两个"在"，因语音形式相同，在向表层结构的转换中，合并成一个。转换生成过程如下：

　　　　在图书馆＋在看书→在图书馆在看书→在图书馆看书

因此，表层的"在图书馆看书"，其中的"在"一身兼二职，除了表示处所外，还具有副词"在"的功能，表示进行体的语法意义；或者说，表处所和表进行的功能迭加在一个"在"身上。这种解释，可以使学生更快地掌握"在"字结构当状语的作用。

第二节　汉语语法的特点

　　对汉语的语法特点，有许多不完全相同的说法。例如，汉语是单音节语言，汉语很少像印欧语系的形态，汉语的词序和虚词非常重要，汉语句子的构造原则跟词的构造原则基本一致，等等。本节主要从语法教学的角度来讨论汉语语法特点。

一、词序和语序重要

（一）某些语义成分的位置比较灵活

先看例句：

　　　　a. 他买了那本书。　　b. 他那本书买了。　　c. 那本书他买了。

上述句子的语序，很多语言不全有。例如，a类，韩语和日语没有；b类，越南语、印度尼西亚语没有；c类，韩语和日语有，但宾语后边要用宾格标志。

　　汉语的这种现象只是表面现象，从根源上看，跟汉语句子结构的特点有关。不少学者认为，汉话句子结构的特点是话题凸显，即句子结构是"话题—说明"，而不是"主语—谓语"。只要是话题（陈述对象），无论是施事、受事、非施事非受事（时间词、处所词、介词结构等）都可以成为话题放在句首。如：

　　　　a. 今天星期四。　　b. 桌子上放着一本书。　　c. 在这个地方可以休息。

话题跟说明之间没有严密的语法关系，关联比较松散，不像印欧语系中主语、谓语的关系那么密切。

（二）语序变化隐含逻辑关系的变化

汉语语序比较灵活，并不是说语序可随意变化。恰恰相反，在许多场合下，语序不同，往往显示的语义语用不同。这正是汉语词序语序重要的第二个表现。请看下面的句子：

  a. 张三到图书馆拿书。 b. 张三拿书到图书馆。

a 句的"到图书馆"比"拿书"早发生，b 句的"拿书"比"到图书馆"早发生。这种现象跟汉语语法的时间逻辑依据相关。"两个句法单位的相对次序决定于它们所表示的概念领域里的状态的时间顺序。"（戴浩一，1988）即某一事物、状态、动作先发生，相应的语言单位在句子里也先出现。

语法的时间逻辑有时还会影响句子的可接受性。如：

  a. 他把黑板上的字擦了。 b. *他把黑板上的字写了。
  c. 他写字写在黑板上。 d. *他擦字擦在黑板上。

a 句的"字"在"擦"之前存在，句子成立；b 句的"字"在"写"之前应该不存在，句子不成立。c 句的"字"在"写"之后存在，句子成立；d 句的"字"在"擦"之后应该不存在，句子不成立。

此外，语序不同，还影响着名词短语的泛指和特指：

  a. 我买了一本书。 b. 那本书我买了。

动词前面的名词倾向于是特指，动词后面的名词倾向于是泛指。再如：

  a. 客人来了。 b. 来客人了。

a 句的"客人"，说话人、听话人都知道是指某个或某些特指的人；b 句的"客人"，听话人并不知道是什么人。名词短语的特指、泛指通过语序来区分，许多语言没有这一特点。如：

  越南语：a. Khách đến rồi   b. Có khách đến
  对译： 客人 来 了   有 客人 来
  ［用"有"表示泛指］
  印度尼西亚语：a. Tamu sudah datang. b. Ada tamu.
  对译：   客人 已经 来   有 客人
  ［动词不一样，凭有无助词进行区分］
  韩语： a. 손님이 오셨다.   b. 손님이 오셨다.
  对译： 客人主格 来了   客人主格 来了
  ［完全一样，只能凭语境区分］

泰语的成分、语序跟越南语一样。

二、修饰成分的位置比较固定

汉语的修饰成分一般都在被修饰成分前边，无论是定语还是状语。如：

漂亮衣服/三件衣服/刚买的衣服/那本书
三件漂亮的衣服/三件刚买的漂亮衣服
常常学习/努力学习/跟同学一起学习/上个月常常跟同学一起努力学习

相比之下，许多语言跟汉语不同。对比"三件漂亮衣服"和"那本书"的说法：

印度尼西亚语：tiga potong baju yang bagus / buku itu
对译： 三 件 衣服的 漂亮/ 书 那［无量词］
越南语：Ba chiếc áo đẹp / Quyển sách đó
对译： 三 件 衣服漂亮/ 本 书 那
韩 语：예쁜 옷 세 벌 / 그 책
对译： 漂亮的 衣服 三 件/那 书［无量词］

不考虑量词的有无，印度尼西亚语和越南语的数（量）词在被修饰语之前，形容词在被修饰语之后；韩语跟印度尼西亚语、越南语正好相反；泰语的语义成分、语序为"衣服漂亮三件/书本那"，数（量）词和形容词都在被修饰语之后。印度尼西亚语、越南语、泰语的指示词都在被修饰语之后，泰语的量词也在被修饰语之后。

三、有一些特殊词类和特殊的词

对比其他语言，有些语言有自己的特殊词类和用法。学英语的中国人觉得冠词、不规则动词和众多的介词比较特殊，学汉语的欧美人则要花大力气学习量词、语气词、方位词等。

（一）个体量词

汉语有几百个量词，跟数万个名词搭配。《现代汉语常用量词词典》（殷焕先、何平，1991）列了 780 个量词。对大多数的量词，学生要一个一个地学习、掌握，难度很大。

值得我们注意的是，在所有量词中，有一部分是度量衡单位词，如：

尺 丈 厘米 米 公里 克 公斤 吨 两 斤 升 立升 秒 分钟 小时

还有一部分是名词借用为量词，如：

杯（一杯酒） 桌（两桌菜） 屋子（一屋子人）

这两类词在绝大多数语言中都有，并不是汉语特有的。汉语（包括汉藏语系中的一些语言）所特有的量词，主要是个体量词。如：

本 台 辆 张 粒 棵 颗 株 根 支 把 幅 盏

这些量词跟个体名词的结合关系相对比较稳定，是印欧语系的语言里所没有的。因此，对母语没有这些量词的学生来说，它们就成了汉语学习的难点。

当然，根据量词的词义类别和形式，根据与所搭配的名词的语义特点，对个体量词进行某些概括，也不是不可能。如"把"多用于有扶手或柄的长形物体，如刀子、尺子、钥匙、雨伞、牙刷等。但是第一，这样的教学必须在学生学习了一些量词和许多名词之后；第二，符合这些搭配说明解释的，只是量词中的一小部分。为什么同样是有扶手或柄的长形物体，如"勺子"却不同"把"而用"个"，"冰棍"不用"把"而用"根儿"呢？而不一定是有扶手或柄的长形物体，像"椅子"，为什么又用"把"呢？

个体量词的使用，虽然在印欧语系中很少，但在一些语言中也有，如韩语、日语、越南语、泰语等。针对这些学生的个体量词教学，相对要容易一些。但要注意，在诸如韩语、日语、越南语、泰语等语言中的量词，跟汉语的量词也不是一一对应的。如越南语在动物名词前，只用量词"只"。

（二）语气词

汉语语气词很重要，也很难学。原因很多，如语气词"呢"的使用：问话人可能只问一半，疑问点常常要根据语境因素来确定，等等。如：

   a. 我买了，你呢？ b. 小王呢？ c. 你什么时候买呢？
   d. 我正找着呢。   e. 我那媳妇儿，厉害着呢！

虽然五个句子都有"呢"，但它们的作用不同。生成、理解这些句子，要靠句中其他语言单位和整个语境。a 句要依靠语言情境，即前一句话来理解；b 句要依靠交际情境来理解；c 句的"呢"其实不承担疑问功能，只是使句子的疑问不那么突兀，起缓冲疑问语气的作用；d 句的"呢"跟"正、着"一起表示动作的进行；e 句的"呢"跟"着"一起表示程度高，并根据语境的不同带有不同的语气。

比较特殊的语气词还有不少，如句末的"了、来着、啊、吧、吗"等。

（三）方位词

跟英语对比可以发现，相同的方位概念，英语用介词短语表示；汉语除了用介词，还要用方位词。如：

   在桌子上 on the table   在桌子下 under the table
   在政治上 in politics   在……基础上 on the basis（of）…

可以看出两点区别：

（1）介词短语英语只是"介词（+冠词）+名词"，汉语却是"介词+名词+方位词"。不用方位词，有些句子就不能成立。如：

   *他住在楼。/他住在楼上。
   *他躺在沙发。/他躺在沙发上。

（2）有些句子，英语使用不同的介词，显示不同的语义、功能区别；汉语里有时介词一样,靠不同的方位词体现这些区别。如:on the table——在桌子上,under the table——在桌子下。有时则无法区别,如:on the table——在桌子上,in politics——在政治上;只是因名词的不同,前者表示处所,后者表示方面。

有学者(刘丹青,2002)认为汉语方位词其实是后置词。它们有时跟前置词(介词)一起构成框架(在……上/下),有时单独跟前边的名词性词语构成短语(家里、地上)。

(四)介词

现代汉语的介词有60多个,比英语中的介词少得多。但相对于外语,这些介词却有不少特点。

有两种情况。一种是特殊介词,数量不多,最典型的是"把",还有"被、在"等。介词"把",在许多语言中没有相应的词。它主要是引出动作的受事,但还有其他功能,如引出施事(把个凤丫头给病了)、使役对象(把她哭成了泪人儿)等。还有,"把"什么时候使用,什么时候不用,也没有完全研究清楚。因此,外国学生学习"把"时,觉得非常困难。

另一种情况是一些近义介词。如表示方向、对象类的介词,就有"朝、向、往、给"等,既有相同之处,又有不同之处。

四、狭义形态少

这一条主要是跟印欧语系对比得出的。这里只谈典型的几条。

第一,名词没有性、数、格。汉语部分指人或指动物的名词后可加"们",但此时也不等同于印欧语的数。我们可以简单对比一下"们"和英语的s。有些区别前人已经谈得很多。例如,汉语的"们"只能加在部分指人或指动物的名词后边,结合面比英语的s窄得多;汉语没有"三个教师们"的说法,即名词后加"们"和名词前的数量词不能同现,英语的数词和s可以同现(three teachers)。

值得注意的是,某些部分指人名词后加"们",跟英语的"N+s"功能也不同。请对比:

　　　　a. 学生们坐了下来。　　　//The students sat down.
　　　　b. *我在校园看见同学们。// We saw the students on the campus.

a句的"学生们"和students都是主语,句子都可以成立。b句"同学们"和students都是宾语,英语可以说,汉语不能说。由此可见,汉语的"们"跟英语表复数的s不同,不是典型的复数形式。

第二,汉语代词没有性和格、人称代词与物主代词的区别。

第三,汉语动词没有形态变化。例如,动词虽然有"着"表示体态,但它与英语

-ing有很大差异。以前的语法书常讲，汉语有两个"着"，"着₁"表示行为动作进行，"着₂"表示状态持续；但在语言实际中，"着₁"单独表示行为动作进行的情况比较少。请对比：

    他睡着觉呢。/ 他睡觉呢。/ ＊他睡着觉。

相对来说，表行为动作进行的功能，大多由动词前的"在、正在"承担。

五、特殊的动词结构

（一）动补结构

  汉语的"动词+补语"结构，对许多外国人来说，很像一个完整的词。而且，补语有多种类型。先看汉语的例子：

    小偷打破了窗子，撬开门，拿走了值钱的东西。

句子中的动补结构，不同语言有不同的对应形式。如：

    英语：broke, forced the door open, got away with…
    印度尼西亚语：memecahkan
         打破（me-表示动作结果，相当于"破"）
    韩语：창문을   깨고，……
       （窗子—宾格）（破—连接语尾）……［没有具体行为"打"］

英语或用一个动词（broke），或用"动词+名词+动词"结构（forced the door open），或用"动词+副词"结构（got away with）；印度尼西亚语用一个合成词；韩语用"名词+后置词+表示结果的动词（相当于汉语补语）"；泰语的语义成分和顺序为："打窗子破，撬门开，拿东西值钱走"。它们都是用"动词+名词+动词（结果）"结构。

  再看可能补语的区别：

    汉语：打得破/打不破［动₁+得/不+动₂ 行为+能/不能产生+结果］
    英语：breakable/not breakable
    印度尼西亚语：bisa dipecahcan / tidak bisa dipecahcan
         能 破 di-表被动 不 能 破 di-表被动
    韩语：깰 수 있다 / 깰 수 없다 / 못 깬다
       破 能 / 破 不能 / 不能 破［没有具体行为"打"］

英语用形容词；印度尼西亚语用"动词（+否定词）+助动词+动词"结构；韩语无需用动词"打"，"破"加助动词词组即可；泰语的语义成分和语序是"能打破/打不破"，肯定式用"助动词+动词+动词"结构，否定式跟汉语接近。

  对比可知，汉语的动补结构跟许多语言中的对应成分形式不同。它既是汉语语法的特点，又是外国人学习的难点。

（二）动宾离合词

动宾离合词指下面一些语言单位：

  见面　鞠躬　洗澡　跑步　结婚　帮忙

它们看起来像一个词，但跟一般动词相比，有一些非词的特点：①表体态的词语往往放在中间，而不是放在最后；②中间还可以插入表数量、性质的词语。如：

  见了面/见了两次面　　鞠过躬/鞠过一次躬　　洗了澡/洗热水澡

  跑着步呢/跑了半小时步　　帮了忙/帮了我一个大忙

在某种条件下它们还可以错位，即后边的单位移位到前面。如：

  这个面我不见　　澡洗完了　　你的忙我一定帮

不少人认为它们介乎词和词组之间，既有词的特征，又有词组（短语）的特征，因此称之为离合词。还有其他一些叫法，如短语词等。

  这些语言单位，如果把它们看作词，"了、着、过"等动态助词和一些数量结构、动作对象就应该放在后面。但这样一来，往往出现偏误。如：

  *见面过/*鞠躬着/*鞠躬了两次/*跑步了三千米/*帮忙同学/*洗澡小孩

这些词跟不少语言中的对应单位有差别，体现了汉语的特点。

六、句子成分跟词类既对应又不对应

  所谓对应，指多数情况下，主语、宾语还是由体词性成分承担，谓语还是由谓词性成分承担。这些基本上跟印欧语系的语言差不多。

  所谓不对应，指在狭义形态不改变的情况下，谓词性成分可以当主语、宾语，体词性成分可以当谓语。如：

  说起来容易，做起来就难了。/去有去的好处，不去有不去的好处。

  艰苦让孩子们更早地成熟。/我们都主张考试，但我反对明天考试。

  听说暑假跟老师一起去四川旅游，我觉得特别兴奋。

  今天国庆。/小王江浙人，长脸，细眼睛。

还有，充当状语的除了副词，还有形容词，如：

  院领导认真讨论了这个问题。/当事人非常详细地讲述了事情经过。

  在许多语言中，谓词性成分也可以当主语、宾语，但必须有形态变化或其他形式标志。

第三节　语法教学的原则

《国际汉语教师标准》（国家汉办，2007，以下简称《教师标准》）指出，语法教学要注重结构、语义、功能相结合，注重针对学习者的语法偏误进行。以下结合《教师标准》提出的若干原则进行讨论。

一、语法教学的目的

教学目的往往会影响教学内容和教学方法。我们在语音教学时谈到，语音教学的目的至少有三个。语法教学也类似。

（一）用汉语交际

将语法规则的解释跟句式以及篇章的理解、生成结合在一起，使学生在学习语音、词汇的同时，掌握用词造句以及连句成篇的技能，使汉语交际成为可能和现实。如对汉语进修生的教学，对汉语言本科一、二年级学生的教学，目的就是用汉语进行交际。

（二）教汉语

此种目的的语法教学，是为了培养汉语教师，让他们能对非母语者有效地进行汉语语法教学。《教师标准》明确指出："教师能了解汉语语法教学的基本原则，具备将汉语语法知识传授给学习者的能力和技巧。"并在"基本能力"中具体列举了七点：

（1）熟悉并掌握汉语语法的基本知识和特点，了解并准确运用描写汉语语法规则的概念、术语等。

（2）了解和熟悉汉语语法的体系、内容，熟悉汉语语法项目的选择、等级划分与排列等。

（3）能根据学习者不同的学习目的、汉语水平，制定不同的汉语语法教学方案。

（4）熟悉并掌握汉语语法的主要特点，并能运用适当的教学方法和技巧进行教学。

（5）了解学习者学习汉语语法偏误的情况，熟悉主要语种学习者学习汉语语法的难点，并能提出有效的解决方案。

（6）能够恰当选用不同的教学策略、方法和技巧进行语法教学。

（7）具备根据不同学习者、不同教学环境对汉语语法教学方法加以综合、发展和创新的能力。

此种目的的语法教学，适用于对外汉语教学专业的本科生、国际汉语教育硕士专业学位生和对外汉语教学方向的硕士生、博士生，适用于汉语作为第二语言/外语的教师培训，包括国内教师培训和国外教师培训。

（三）研究汉语

此类教学的目的是让学习者能从事汉语语法研究。要求在前两点的基础上，进行发现研究课题、搜集研究材料（尤其是各种语料）、使用多种研究方法和手段、科学分析问题、解决问题等方面的教学和训练。如对汉语言文字学专业的研究生，语言学及应用语言学专业对外汉语教学方向的硕士生、博士生，以及汉语国际教育硕士专业学位生的教学。

从汉语教学来说，语法教学的主要目的是前两点；对绝大多数学生来说，主要是第一点。

二、语法教学的内容和语法项目的选择

（一）教学内容

语法教学的内容可以分成以下几个大类：
（1）词的构成（语素和语素构成词）规则；
（2）词类划分；
（3）词和词构成词组的规则；
（4）词和词、词和词组、词组和词组构成句子的规则；
（5）单句构成复句、句子构成语篇的规则；
（6）语法形式和语义表达的关系和规则；
（7）形式、语义和语用功能的关系和规则。

（二）语法项目的选择

语法项目的选择进一步涉及"教什么"的问题。可以分为两类：

1. 体现语法体系总体特征的项目

在教一种语言的语法时，当然要选择体现这种语言语法体系总体特征的语法点。如第二节谈到的汉语的语序、修饰语的位置、一些比较特殊的词、动词结构等。

此外，词的构成方式、词类的划分和划分标准、句式成分和句子类别等，都能体现汉语的总体特征。如汉语句子按功能分有五种句式，即陈述句、疑问句、祈使句、感叹句、呼应句；按谓语类别分有四种句式，即体词谓语句、动词谓语句、形容词谓语句、主谓谓语句。汉语的疑问句按结构分有四种句式，即是非问句、特指问句、选择问句、正反问句。

此外，一些特殊的表达方式也是必须选择的语法点。

2. 学习难点

学习难点应作为必选的语法项目。问题是如何确定难点。一般说来，应该通过语言对比，通过教学实践，找出学习难点。学习项目往往可以分成难度等级。如：

（1）低难度项目。指母语和目的语相同或基本相同的语法项目。如名词类、表示等同的"是"字句。对低难度的语法项目，可以不讲或少讲。

（2）中等难度项目。指语法项目部分对应，部分不对应。如汉语的被动句和英语的被动句。英语被动句都有标志。汉语有一些被动句用"被、给、叫、让"等标志；有一些被动句没有标志，称为意义被动句，如"饭做好了"。此外，即使是有标志的被动句，也可能是部分对应，部分不对应。如汉语"被"字句和英语 be + V-ed + by + NP 的句式。

（3）高难度项目。可以分成几小类。

第一小类，母语没有、目的语有的语法项目。如汉语的个体量词、"把"字句，许多语言没有，学习难度很高。

第二小类，母语的一个项目对应于目的语两个或两个以上的项目。如英语的 little，对应于汉语的"一点""有点"。再看"多"的对比：

  英语：more　than　5 years old / more than 50 years old
  越南语：Hơn năm tuổi / hơn năm mươi tuổi
    　　多　五　岁 / 多　五　十　岁
  汉语：5 岁多 / 50 多岁

汉语"多"在单位词后边；"多"的对应词，英语、越南语都在数词前边。

如果既有形式差异，又有语义区别的，难度更大。请对比：

  汉语：10 岁多 / 10 多岁
  英语：more than 10 years old
  越南语：hơn mười tuổi
    　　多　十　岁

其中，英语、越南语用一个形式表达两种语义；汉语两种形式分别表达两种语义：

  a. 10 岁多（十岁到十一岁之间）
  b. 10 多岁（超过十一岁，不到二十岁）

这两个意思，英语、越南语只用一个句式表达。母语一种形式对应目的语两种形式，难度高。

第三小类，表层相同、深层不同的语法项目。如：

  来客人了。　　客人来了。

前一句的"客人"是不定指的，即说话人原来不知道、听话人更不知道的客人；后一句的"客人"是定指的，即说话人和听话人都知道的确定的客人。

中等难度和高等难度的语法点应该作为教学中的语法项目。

三、语法点的排列次序

语法点的排列次序，涉及先教什么、后教什么的问题，也就是《教师标准》中指出的"熟悉语法项目的选择、等级划分与排列"。可以分几点来讨论。

（一）由易到难

由易到难是一般教学的次序。问题在于，在对外汉语教学中，哪些语法点比较容易，哪些语法点比较难，衡量的标准是什么？

测定语法点的难度，不仅要从语言学的角度考虑其语义、结构的难度，还要从交际的角度考察其使用难度，从心理学的角度考察其学习难度。如下面两个语言单位：

   A. 把书打开　　B. 把书放在桌子上

从结构上看，A 片段比较短，包含四个词，补语只由一个动词构成；B 片段比较长，包含六个词，补语由三个词构成的介词结构充当。从语言结构上看，B 显然比 A 难学。因此，有的等级大纲就将 A 列为甲级项目，认为应该先教；将 B 列为乙级项目，认为应该后教。

施家炜（1998）根据北京语言大学汉语中介语语料库的资料统计发现，即使先教 A，后教 B，学生也是先掌握 B，后掌握 A。原因在于从学习和使用的角度看，B 比 A 要容易学。这可以从几方面讨论。①B 是强制性"把"字句，它的意思不用"把"字句很难用其他句式表达（"他放书在桌子上"不能成立）；A 是非强制性"把"字句，意思很容易用以前学过的非"把"字句表达（"他打开书"）。因此，A 句式可以回避而不出现偏误，B 句式很难回避。②由于第①点的存在，留学生听到的 A 句式就比较少，B 句式比较多。由于输入少，A 句式掌握起来就难一些。这跟使用频率有关。③教学过程中，A 句的意思是一个物件本身的变化，动作没有那么大，动作性没有那么强；B 句的意思是一个物件的位置变化，动作比较大，动作性强。从引起学生注意力这个角度看，B 句式表达的意思比较容易演示和操练，容易教，容易学。

（二）从交际出发

从交际出发是功能教学法的原则。具体来说，就是跟最基本交际密切相关的语法点先教，关系不那么密切的后教。

例如，理论语法认为，"了"可以分为"了$_1$"和"了$_2$"："了$_1$"放在动词后边，表示动作行为的完成，如"他买了一本书"；"了$_2$"放在句子末尾，表示事件、情况的发生或将要发生，如"他去北京了/吃饭了"。以前的对外汉语教材通常按照理论语法的顺序，先教"了$_1$"，再教"了$_2$"。但学生的习得顺序正好相反。

邓守信（1999）根据台湾师范大学第二语言中介语数据库进行的统计发现，母语为英语的汉语学习者往往较早习得"了$_2$"，经过几周后才习得"了$_1$"；尽管教师是先教"了$_1$"，后教"了$_2$"。他认为，应尽可能早地教"了$_2$"，"了$_1$"则要在学生掌握了相当数量的基本动词和类似"昨天、上个星期、今天早上"等时间词后才教。

这里就涉及交际性问题。留学生在学习了很简单的句子后，就可以在句末加

"了₂",使句子表达更为丰富。如:

  a1. 我是留学生。   a2. 我是留学生了。
  b1. 我们是朋友。   b2. 我们是朋友了。
  c1. 现在十点。   c2. 现在十点了。
  d1. 今天星期五。   d2. 今天星期五了。
  e1. 他说汉语。   e2. 他说汉语了。
  f1. 他用词典。   f2. 他用词典了。

上述句子中,左边的都是留学生较早学习并掌握的句子,加上"了₂"就可以变成右边的句子,表示情况变化了。但右边的句子中,a 句、b 句的"是"后一般不能用"了₁"。c 句、d 句是体词谓语句,不能用"了₁"。e 句、f 句的动词后边可以用"了₁";但光加"了₁"句子的可接受性有问题(*他说了汉语/ *他用了词典),必须加其他成分或另一个分句,如:

  e3. 他说了汉语,但我听不清楚。 f3. 他用了我的词典。

显然,这两句对刚学汉语的留学生来说,难度太大。

  可见,变化义的"了₂"对刚学汉语的留学生来说,交际性要比"了₁"强。留学生如果掌握了"了₂",可以在原有基础上进行更多的交际;"了₁"的使用要受到较多的限制。

(三) 参照使用频率

  语法点的使用频率跟它的交际迫切性相关。一般来说,交际迫切性强的,使用频率就可能高。因此,语法点教学的先后次序也可以考虑其使用频率。

  如"着"的教学。描写语法的研究通常将"着"分为"着₁"和"着₂":前者表示动作行为的进行,后者表示状态的持续。较早的对外汉语教材多是先教"着₁",后教"着₂"。但从实际运用来看,"着₁"的使用频率较低,"着₂"的使用频率较高;"着₁"常常跟其他成分如"正(在)、在、呢"一起表示进行,"着₂"常常独自担任表示持续的功能。此外,表示进行的功能往往可以由"正/正在"独自担任。因此,在对留学生的教学中,应该先教表示持续的"着₂",后教表示进行的"着₁"。

  此外,使用频率有时也跟难度相关。使用频率高的,学生经常接触,输入多,输出也相应较多,比较容易学习和掌握;使用频率低的,学生很少接触,学习起来可能困难一些。

(四) 相关语法点组成系列

  如表示比较的句式,有等比句式、差比句式。为了讨论方便,我们将先出现的称为被比较项,写作 A;后出现的称为比较项,写作 B。如"我比他高"写作"A 比 B + 形容词"。

等比句式可以分成好几类，如：

他跟小王一样。

他跟小王一样高。

他有小王那么高。

差比句式起码可以分成两类：一般差比句和度量差比句。一般差比句如：

他比小王高。

他没有小王高。

度量等比句可以分成清晰度量差比句和模糊度量差比句。前者如：

他比小王高两厘米。

后者如：

他比小王高一点。

他比小王高得多。

此外，一般差比句还有两种特殊句式。一种是预设差比句，如：

媳妇儿比女儿更亲。

今年夏天，北京比广州还热。

这类句子中用了"更""还"等副词，表示一种预设义：比较项 B 已经具有形容词表示的性质、状态。如第二句，预设是"广州夏天热"。另一种是话语否定式，如：

他不比小王高。

这类句式从形式上看，好像是"他比小王高"的否定式。但是，在意义上跟"他比小王高"构成反义关系的，是"他没有小王高"。"他不比小王高"一般用于话语否定，往往是否定对方的话、别人的话或一种看法。如：

甲：他比小王高。

乙：他并不比小王高。他长得瘦，而小王太胖，看起来好像他高一点。

否定一种看法的如：

女性并不比男性差。

句子否定的是一种观念：女性比男性差。尽管这种观念在近上下文里可能并没有以话语形式出现，但它存在于许多人的脑子里。

以上举了几种比较句。实际语言中的比较句更多。如心理动词、述补词组充当谓语的"比"字句："他比我更喜欢运动/他比我跑得快"。这么多句式当然要在好几课里教。但最好在教的时候形成一个有序的系列，如：

等比句→一般差比句→预设差比句→度量差比句→差比句话语否定式

在全日制教学模式中，前四种句式可以在第一学年教，最后一种句式最好在第二学年教。现在一些教材，把差比句话语否定式跟一般差比句一起教学，学习者难以掌握，还可能诱发出以下偏误：
    a. 他比我不高。
    b. 北京没有比哈尔滨冷。
    c. 这件红衣服比那件绿衣服贵，那件绿衣服不比这件红衣服贵。
c 句看单句似乎没错，结合上一句就可以看出毛病，是语义偏误。

（五）复杂的语法点分阶段教学

例如"了"可以分为动词后边的了$_1$和句末的了$_2$。这两个"了"都是一个语音形式，语法意义有相似之处，写法也相同；但放在一起教难度太大，学生不容易掌握。比较好的办法是先教"了$_2$"，经过两三周时间，让学生完全掌握了"了$_2$"，再教"了$_1$"。这样不会人为地增加学习难度。

再如包含"着"的句型在初级阶段可能出现以下几种：

句型 1   主语 + 动词 – 着（大家说着，笑着，……［动态］/教室的门开着［静态］）

句型 2   主语 + 动词 – 着 + 宾语（他拿着很多花）

句型 3   处所主语 + 动词 – 着 + 宾语（存现句：墙上贴着红双喜字）

句型 4   主语 + 处所状语 + 动词 – 着（出租汽车在楼前停着）

句型 5   主语 + 动词 1 – 着 + 动词 2（ + 宾语）（连动句：她坐着发言呢/听着音乐聊天）

这五个句型在难度上有一定区别。前四句都只有一个动词，其中存现句体现出汉语特点，有一点难度。句型 4 动词前有状语，跟句型 3 有变换关系（出租汽车在楼前停着→楼前停着出租汽车）。句型 5 包含两个动词，比前几个句型难一点。这五个句型在教学中是应该在一课中教完，还是分开几课教？

我们考察了三本教材，发现不同的教材处理不同。《初级汉语课本》（北京语言学院来华留学生三系，1987）包含句型 3、句型 4、句型 5，前两个句型在第二册第四十三课教，后一个句型在第四十五课教；《现代汉语教程·读写课本》（李德津、李更生主编，1989）包含句型 1、句型 2、句型 3、句型 5，头两个句型在第二册第五十一课教，句型 3 在第五十二课教，句型 5 在第五十四课教；《汉语教程》（杨寄洲主编，2000）列出句型 1、句型 3、句型 5，都在第二册下的第四十七课教。我们认为，前两本教材的处理相对好一些，将几个句型分开教，先教简单的，再教复杂的；后一本教材过于集中，学习难度偏高（周小兵，2003）。

第四节 语法教学的方法

一、情景化教学

《教师标准》要求在进行语法教学时,注重在交际活动中进行,并注重师生的互动性、多样性和趣味性。这离不开情景化教学。情景,原指话语出现和使用的特定场合。情景化教学,指利用和创造特定句子或更大语言单位出现的情景,使学生沉浸在丰富的、自然或半自然的语言习得环境中,接触、输入、习得相关的语言材料,并生成、输出相应的话语。情景化教学可以用在词汇教学中,也可以用在语法教学中。

（1）利用人的情景。如在教"比"字句时,可以直接用班里学生作为语法解释和语法练习的材料。学生根据班上同学的真实情况来理解、生成"比"字句,效果会很好。

（2）利用事物。如学习方位表达时,可以利用教室的实物让学生理解并造句:"窗户在左边,门在右边。黑板在老师后边。空调在窗户旁边。"

（3）利用动作。如教"把"字句时,可以一边做动作,一边解释:"把书放在桌子上。把纸撕成两半。""把门打开。把窗户关上。"在做练习时,可以老师发指令,让学生做相应的动作;然后老师做动作,让学生用"把"字句描述。结果补语句也可以用类似的方法教学。

二、生成式教学

生成式教学的出发点是:复杂句式是由简单句式扩展或紧缩而成;教学中可以将经过压缩或扩展的句型回复原状,使学生容易学习和使用（周小兵,1996a）。

（一）扩展式生成

由简单句（包括单词句）逐步扩展为复杂句。最常见的如:

我学习汉语

我跟阪田慧一起学习汉语

我跟阪田慧一起在中山大学学习汉语

我跟阪田慧一起在中山大学用语音室学习汉语

……

主要训练状语的使用。具体训练时,可以两人一组,一人一句,越拉越长,看谁接不下去。

这种方法也可以用于复句教学。例如,老师说一个起始句,让同学一个接一个地说出表示同一种关系的后续分句：

  这本词典看起来不错，……

  就是词语少了一些。

  可惜印刷不好。

  但是汉语的说明太简单。

  不过价钱有点贵。

  ……

也可以让学生一个接一个地说表示不同关系的后续分句：

  a. 这本词典不错，……

  b. 那本词典好像不太好。（并列）

  c. 而且价钱也不贵。（递进）

  d. 但我没有钱买。（转折）

  e. 许多同学都买了。（前因后果）

  f. 因为有双语解释。（前果后因）

  ……

（二）紧缩式生成

  较长的语言单位，通过删除、替换等方式，逐步紧缩为较短的语言单位。需要指出的是，跟较短的语言单位相比，有些较长的语言单位反而容易理解。因此，紧缩式教学对留学生来说，也是由易到难。

  举一个"连"字句教学的例子：

    a. 他的钱被抢了，皮鞋被抢了，连穿的衣服都被抢了。

    b. 他的钱、皮鞋被抢了，连穿的衣服都被抢了。

    c. 他连穿的衣服都被抢了。

虽然 c 句比 a、b 两句要短，使用频率在现代汉语中最高，但对留学生来说，它最难理解。光用"强调说"来解释，留学生不容易明白。如果先讲 a 句，再讲 b 句，最后讲 c 句，学生容易明白。因为通过跟前边两个或一个分句的对比，最后的分句自然有强调的意味。省略前面的成分，就成了 c 句。这种紧缩式生成的讲解不但学生容易懂，也符合语言的演变规律。从历时看，近代汉语先有 a、b 类句式，然后才出现无对比成分的 c 类句式。

  再看"居然"的例子（方平禄，2002）：

    a. 那个问题已经解释了两遍，我以为他清楚了，可他居然还不明白。

    b. 那个问题已经解释了两遍，可他居然还不明白。

    c. 那个问题我以为他清楚了，可他居然还不明白。

    d. 那个问题他居然还不明白。

a 句是一个复句形式，在包含"居然"的分句前有两个分句：头一个表示初始的客观事实，第二个表示由头一句可能引起的结果；含"居然"句则表示跟第二句相反的事实。这就是"居然"出现的条件。可以说，b 句、c 句、d 句都是 a 句的省略形式。

    在实际语言中，可能 d 句的使用频率比前面三句高；但一开始就讲 d 句，学生不容易了解和掌握"居然"的用法。如果先讲 a 句，再讲 b 句、c 句，最后讲 d 句，通过对比，学生就比较容易掌握"居然"的用法了。

三、对比教学

（一）汉外对比

1. 不同点对比

汉外对比当然要讲汉语跟学生母语的区别。请对比下面的句子：

    汉语：他昨天坐火车去上海了。
    英语：He went to Shanghai by train yesterday.

时间状语汉语在动词前面，英语在句末；表示工具的成分汉语用动宾词组，也在动词前面，英语用介词短语，在动词后边。虽然状语位置不同，但两种语言形成镜像关系：

    汉语：时间状语—工具成分—动词
    英语：动词—工具成分—时间状语

将这些不同点讲述清楚，有利于学生克服负迁移，掌握汉语相关的语法规则，正确使用汉语。

2. 相同点对比

不同的语言之间其实还有许多共同点。如汉语和英语，下列句型是一样的：

    他学日语，我学汉语。/他是学生。

给英语为母语的学生教这些句子，完全可以通过共同点的比较来进行。

    各种语言都有自己的语法特点，但人类语言在语法方面有不少共同点。注意共性，可以通过对比更清楚地描写汉语法，可以有效地指导教学，利用学生母语的正迁移，从已知导向未知。

    例如汉语"不再""再不"的区别，大致对应英语 no longer 和 no more。如：

    他<u>不再</u>住这儿了。He is *no longer* living here.
    我<u>再不</u>到那儿去了。I will go there *no more*.

英语的 no longer 把现在的情况和过去对比，时态以现在时为多，有时也用过去时或将来时；no more 表示今后如何，通常用将来时态。这些特点跟汉语的"不再"和"再不"基本对应。将它们进行对比，有助于搞清楚"不再"和"再不"的区别（潘慕婕，2002）。

又如"连"字句。"连"以前被认为是介词；但在教学实践中按介词教学，会有许多麻烦。如一般的介词，不可能像"连"那样引出那么多类语义成分：

  a. 连天气也变好了。（描述对象）
  b. 连他也不来了。（施事）
  c. 连大衣也没脱。（受事）
  d. 连最简单的问题也不发表意见。（与事）
  e. 连星期天也不休息。（时间）
  f. 连纸杯子也能煮水。（工具）

在英语里，找不到一个类似的介词，可以引出这么多语义成分。但将上述句子译成英语，却发现"连"大多跟 even 对应：

  a. Even the weather became better.
  b. Even he didn't come.
  c. …, without even taking his coat off.
  d. …, without even giving opinion to the simplest question.
  e. …, without even taking a rest on Sunday.
  f. You can even boil water in a paper cup.

从语言共性的角度看，上述汉语句子中的"连"不但跟英语中的 even 对应，而且跟其他许多语言中表示递进（或程度递进）的连词和副词功能相似。如果讲清楚它跟学生母语中对应成分的共性，可以方便学生学习和掌握。

3. 表层结构不同、深层语义结构相同的对比

汉语中一些语法项目，从表层看跟外语不同，但从深层语义结构上看却有相同之处。请对比下面的汉语、英语和越南语的表达：

  汉语：我们学校数学系的年轻女教师
  英语：the young woman teacher of the math department in our university
  越南语：giáo viên nữ trẻ của khoa toán trong chúng tôi
      老师 女 年轻的 系 数学 学校 我 们

这三种语言的表层结构有明显区别：汉语的修饰语都在中心词前面，越南语的修饰语都在中心词后边，英语则有前有后。

但这只是表面现象。如果从深层语义结构上看，三种语言有着极其相似的东西。我们把修饰语分成性别、年龄、小部门、大部门四类，前两类表示中心词所指的性质，后两类表示中心词所指的归属。再考察它们的位置及其跟中心词的距离。不难看出，修饰语和中心词的位置，汉语和越南语形成一种镜像关系：

  汉语：大部门－小部门－年龄－性别 ＋ 中心词

越南语：中心词 + 性别 – 年龄 – 小部门 – 大部门

仔细分析三种语言中修饰语与中心词的语义关系，可以看出，尽管三种语言的表层结构不同，但表示性别的修饰语离中心词最近，表示年龄的离中心词远一点，表示小部门的更远，表示大部门的最远。由此可以总结出一条语义规则：越能反映中心词所指最稳定特征的修饰语，离中心词越近。

由于不同语言中语义的相似性、共同性比句法形式的相似形、共同性要多得多，概括语义共性可以使学生更容易理解和掌握所学的语法项目，纲举目张，同时习得汉语的语法形式。

有人会说，汉语修饰语在前，教这一条规则就够了，根本不用讲那么多语义和共性。但从教学实践看，学生即使知道汉语修饰语在前，也会出现几个修饰语错位的偏误，如：

*数学系我们学校的女年轻教师

如果我们讲清楚上述语义共性，学生的偏误就会大大减少。

（二）汉语内部对比

1. 有和无的对比

  a. 我常常去香港。
  b. 我明天（下星期）去香港。
  c. 我昨天（上星期）去香港了。

c 句有句尾"了"，前两句没有。通过对比，可以让学生理解"了"的意义和作用。又如：

  a. 我要在曼谷住三年。
  b. 我在曼谷住了三年。
  c. 我在曼谷住了三年了。

a 句没有"了"，b 句有"了$_1$"，c 句既有"了$_1$"，又有"了$_2$"。通过意义和形式的对比解释，留学生容易掌握"了"的意义和用法。

2. 同一位置不同近义词的对比

如动词前边的"连连"和"一连"，有时没有区别：

  他连连喝了几杯水。
  他一连喝了几杯水。

但是，"一连"可以修饰"V+时段词语"，"连连"不行。如：

  *孟姜女连连哭了三天三夜。
  孟姜女一连哭了三天三夜。

上述区别说明"一连"可以表示某种行为或状况的持续，"连连"不行（赵新，2002）。

3. 同一个词不同位置的对比

如表示程度的"还",在不同的位置,有不同的意思:

  他身体还好。/他比小王还高。

"还"在"比"字句中表示程度高,在非"比"字句中表示程度浅。

再如"才"的位置:

  他一个小时才做完作业。/他才一个小时就做完作业了。

"才"在时量词(包括时点词)后,表示在特指时段内(时点前)完成动词所指行为时间太长;在时量词前,表示在特指时段内完成某一行为时间不长。再如:

  a. 我比他更高。
  b. 我更比他高。

a 句包含一个预设:"他比一般人要高",并且蕴涵"我和他都高"。b 句包含的预设则是:"某人比他高",蕴涵"我比某人高"和"我和某人都比他高"。蕴涵和预设属于语义和语用的范畴,它们在这两句中的区别主要是由于副词"更"的位置不同而造成的。

4. 不同词语在同一个位置上的对比

如"一再"可以修饰非自主动词,"再三"不行:

  一再获奖 *再三获奖
  一再遭到诬陷 *再三遭到诬陷

5. 相同结构的语义对比

  a. 坐火车去北京 b. 去北京坐火车

两个短语都是连动结构,不同的是:a 句"坐火车"是"去北京"的方式,b 句"坐火车"是"去北京"的目的。两个短语的结构相同而语义结构不同。

第五节 语法点的教学技巧

一、语法点的展示

展示语法点,就是通常说的"引入"语法点。引入要生动、自然、确切、到位。要用合适的方法展示将要学的语法点,让学生对它的形式、意义、功能有初步印象。

(一)结合实际情景的对话

可以结合眼前的实景和动作。如教动补结构时可以结合动作来展示(字写清楚了)。也可以结合学生的实际情况。如"还没……呢"的展示。先板书"还没……呢",然后对话:

教师：谁吃了早饭？
部分学生：我吃了早饭。
教师：谁没吃早饭？
另一部分学生：我没吃早饭。
教师：谁不吃早饭？
玛丽：我不吃早饭。
教师：谁要吃早饭？
山田：我要吃早饭。
教师：很好。注意！（指玛丽、山田）玛丽、山田没吃早饭。（指玛丽）玛丽不吃早饭。（指山田）山田要吃早饭。山田还没吃早饭呢。（板书"山田还没吃早饭呢"，其中"还"写得大一些、粗一些，最好用不同颜色的笔）跟我读：山田还没吃早饭呢。山田要吃早饭。

（二）图片和多种教具的使用

例如，用时钟学习时间词，用放大了的菜单讲价钱，用地图引出存在句、方位词等，用图片引出要教的语法点。

教具的准备和使用应该有所变化。可利用教室里已有实物作为教具。教领属的"的"时，可以用自己的书和学生的书当教具。如：

这是我的书。/这是你的书。/这是他的书。/这是××的书。

还可以将实物跟对话结合起来：

教师：这是什么？
学生（齐）：这是书。
教师：对，这是书，这是我的书。（拿约翰的书）这是约翰的书。（拿自己的书，问学生1）这是谁的书？
学生1：这是老师的书。
教师：很好。（重复并板书，拿约翰的笔）这是谁的笔？
……

（三）行为动作演示

如句末"了$_2$"的教学。先板书"了"。

教师：我要去一个地方。
学生：老师去那里？
教师：老师去办公室。一起说：老师去办公室。
学生：老师去办公室。

老师：（出去几秒后回来）老师去哪里了？

聪明的学生：老师去办公室了。

老师：很好！老师去办公室了。（板书此句。跟我读）老师去办公室了。

介绍趋向补语时也可以边说边做动作：

我进来了。/我出去了。

然后老师做动作，让学生用话语描述动作。

二、语法点的讲解

（一）讲解的内容

可以从形式、意义、功能几个方面进行。

形式讲解包括许多因素，如结构本身、结构的必要成分。如"把""被"句的补语。再如，语法成分的排列次序：

我看了一小时（的）书/我看书看了一小时/我看书一小时了

我看了一星期的报纸/一星期的报纸我都看了/我看报看了一星期

再比如虚词的位置：

他一个小时才做完作业/才一个小时他就做完作业了

必要时可以指明新语法点和已学语法点的关系（同异）。

句子结构不要按照一种模式一次性向学生介绍。如否定式教学，要考虑实际语言使用、肯定否定的对称与否、难度等级等因素。现在不少教材讲一种格式就一定要讲否定式，不管这种否定式在实际语言中的使用情况。如讲完"桌上放着两本书"，就要讲"桌上没放着书"。这类否定句在实际语言中很少使用。学生练习时很容易出错，学了以后根本无法使用。

语法意义的解释，常常借助已经学过的结构，同时说明新旧语法结构的语义联系。如讲解"着"时，可以跟已经学过的"正在、正、在""呢"相连；在表示动作行为的进行上基本一样，还可以表示状态的持续。

语法点的功能，主要指它的使用环境和作用。如"几岁""多少岁""多大年纪""高寿"等表达法，意义差不多，但使用对象不同。"别（不）客气""不要脸"，对汉族人来说绝不会混淆，但留学生有时却会混用，到他宿舍或家里做客，本来应说"别客气"，却说成了"不要脸"。再如"张三不比李四聪明"，主要用于否定"张三比李四聪明"，意义上并不等于"张三没有李四聪明"。讲这种句式时一定要结合语境，说明它使用的场合和作用。

（二）解释语法点的方法

1. 列出公式

公式有各种各样的。如：

三分之二 = 2/3　　　三分之二 ≠ 3/2

两个半小时 = 2 + 0.5 小时　　两个半小时 ≠ 2 × 0.5 小时

A 比 B + 形容词 = A + 形容词 ≠ B + 形容词

我吃饱了 = 我吃，我饱了

字写错了 = 写字，字错了

学习汉语 3 个月了。·———学 习———·
　　　　　　　　　　　3　个　月

离开家 3 个月了。○———离开———·
　　　　　　　　　　　3　个　月

2. 借助图片和其他教具

如趋向补语的使用，可以使用图片说明"走<u>进</u>教室"和"走<u>出</u>教室"的区别，"跑上楼<u>来</u>"和"跑上楼<u>去</u>"的区别。

其他教具可参照"语法点的展示"第 2 点。

3. 利用、创造情景

教"比"字句，可利用班上的真实情况：

　　教师：我们班有几个女生？
　　学生：我们班有九个女生。
　　教师：我们班有几个男生？
　　学生：我们班有六个男生。
　　教师：好，我们班的女生比男生多，男生比女生少。

讲结果补语时，老师用刚学过的"收拾""整理"创造情景：

　　教师：（对一个比较聪明的学生）请你收拾你的桌子。
　　　　　（玛丽收拾桌子）
　　教师：很好，玛丽听了老师的话，玛丽懂了吗？
　　部分学生：玛丽懂了。
　　教师：（对一个听力不好的学生）请你整理你的桌子。
　　　　　（山田没有整理）
　　教师：山田听了老师的话，山田懂了吗？
　　部分学生：山田没懂。

教师：很好。（板书"听懂了""没听懂"）玛丽听了，玛丽懂了，玛丽听懂了。一起读"玛丽听懂了"。山田听了，山田没懂，山田没听懂。一起念"山田没听懂"。

4. 表演

如"把"字句，可以一边做动作，一边讲解。教师把书放在桌上，把笔放进书包，把词典拿出书包，一边做动作，一边讲解相应句式。

5. 内部对比

如"了$_1$"的教学。先请学生对比第一行；然后逐行讲解，以便让学生了解句末"了$_2$"和动词后"了$_1$"的区别：

  昨天我买书了。 昨天我买了一本书。
          昨天我买了书，……
 *明天我买书了。 明天我买了书再去看电影。

总的来说，教师在进行语法讲解时应做到能够恰当选择不同的教学策略、方法和技巧，根据不同学习者、不同教学环境对汉语语法教学方法加以综合、发展和创新。这也是作为国际汉语教师应具备的基本能力。

6. 新旧知识的对比

彭小川（2006）在教授连词"尽管"时，将其与之前学过的连词"如果、即使、既然"进行联系，以旧带新。教师启发学生比较这几个例句，体会它们之间的联系与区别。

  a. 如果下雨，我就不去了。 （假设，结果受影响）
  b. 即使下雨，我也要去。 （假设，结果不受影响）
  c. 既然下雨，我就不去了。 （事实，结果受影响）
  d. 尽管下雨，我还是要去。 （事实，结果不受影响）

在教学中，通过新旧知识的对比，建立各部分知识之间的联系，帮助学生把语言知识不断地系统化，有利于学生所学知识的深化。

7. 发现式的语法教学

认知语言学的理念运用在第二语言教学中，主张使用发现式的教学，即通过学生的洞察性学习来习得语言，充分发挥其能动性。所以，对于那些不是太难发现的语言规律，教师可以通过一组例句，请学生自己发现和总结规律。这样可以有效地提高学生对语言内容的注意水平，增加认知上的投入量，增加学习的成就感。如：

  a1. 他除了喜欢踢足球外，还喜欢跑步。
  a2. 他除了会说汉语外，还会说英语。
  a3. 他除了去过北京外，还去过上海。
  b1. 除了他喜欢踢足球外，我们也喜欢踢足球。

　　　　b2. 除了他会说汉语外，我们也会说汉语。
　　　　b3. 除了他去过北京外，我们也去过北京。
教师可以带领学生总结："除了 A 外，还/也 B"的句式，可以表示 A 项和 B 项的加和关系；"除了"的位置不同，可以改变加和项的内容。如 a 组句子表示的是谓语部分的加和，b 组句子表示的是主语部分的加和。又如：

　　　　c1. 他除了牛肉外，别的肉都不吃。
　　　　c2. 他除了会说汉语外，别的语言都不会。
　　　　c3. 他除了去过北京外，其他城市都没有去过。
　　　　d1. 除了他吃猪肉外，我们都不吃猪肉。
　　　　d2. 除了他会说汉语外，别的人都不会说汉语。
　　　　d3. 除了他去过北京外，别的人都没去过北京。

总结："除了 A 外，都 B"的句式，可以表示排除 A 项的排除关系；"除了"的位置不同，同样可以改变排除项的内容。如 c 组句子是对谓语部分的排除，d 组句子是对主语部分的排除。

三、语法点的练习

（一）机械练习

　　机械练习主要指不怎么需要理解的练习项目，如模仿、重复、替换、扩展等练习。目的是在简单情景中加深学生对语法点的理解，并通过反复的高频率练习达到流利说出包含所学语法点的句子。教师也可以利用这种练习纠正学生的语法、语音、词汇的偏误。机械练习大致的形式有：
　　（1）重复练习：领读，重复句子，重复对话；
　　（2）替换练习：单项替换，多项替换，分句替换；
　　（3）扩展练习：词语扩展，句子扩展，扩展问答。

（二）有意义的练习

　　比较明确理解语法点意义和练习内容之后进行的练习。目的是在有意义的情景中加深对所学语法点的理解，为交际练习打下基础（娄开阳、吕妍醒，2011）。有意义的练习常见的形式有：
　　（1）变换练习：句型变换，合并句子；
　　（2）复述练习：完全复述，简缩复述，扩展复述，角色复述；
　　（3）翻译练习：句子翻译，词语替换翻译；
　　（4）补足练习：补足词语，补足关联词语，补足分句；

(5) 情景描述练习：根据老师提供的情景，用含有目标语言点的句子描述出来；

(6) 修改病句练习：针对学生可能出现的偏误进行有目的的修改练习。

（三）交际练习

交际练习是教师在课堂上利用或创造交际环境，使学生把所学语法点用于实际（或准实际）交际中，根据真实情况进行问答、谈话和讨论等练习活动。其特点是真实。交际练习是语法练习最重要的部分。只有通过这个练习，才能使学生真正掌握该语法点的用法，学会在真实的交际环境中使用。要注意，听说双方要有信息差。交际练习包括两大类：交际练习和交际活动。下面介绍几种形式。

1. 定向问答练习

一般要问教师、其他学生不知道的信息。可以操练使用疑问代词。如：

教师：上个星期我去上海了。
学生1：你去上海做什么？
学生2：你跟谁去上海的？
学生3：你怎么去上海的？
……

2. 描述

学了方位词和存现句（屋子里放着两张桌子）后，可以让学生描述自己的宿舍和家里的情况。也可以三人一组，互相对他人的优点进行描述，以练习程度副词的使用。如：

玛丽汉语非常好。/山田个子很高。/李明的成绩更好了。

3. 叙述

为了练习"一……就……""先……然后……"等句式，可以让学生对自己一天的活动或一个周末的活动进行叙述。

（四）游戏和有意义的课堂活动

现在很多一线汉语志愿者教师面对的是低龄儿童或者青少年学习者，他们与成人有着截然不同的学习心理和学习风格。教师需要充分考虑学习者的特征，增加语言操练的有效性和趣味性，要注重在"用中学""做中学""体验中学"。

1. 课堂游戏

学龄前儿童的思维基本还处于行动思维和形象思维的水平。在学习中，他们无意识记忆明显优于有意识记忆。设置多感官通道参与的游戏来呈现和强化记忆任务，不仅可以激发儿童的学习动机和兴趣，还可以帮助儿童自然形成无意记忆，增强记忆效果（边玉芳 等，2009）。因此，游戏无疑是最适合儿童的教学方式。因为游戏是儿童主要

的生活方式,最能吸引他们的注意力(张念、张丽、林晓群,2012)。课堂游戏的形式如:

(1)通过找图片存在几个差异点的活动,组织低龄学习者练习表达"有/没有、是/不是"等肯定和否定的表达。

(2)在学习使用形容词作谓语时,可以请学生先临摹一些老师提供的图片,或者动手画一些人物。然后由学生自己对画作进行评价。如"眼睛太小了""耳朵太大了""头发太短了"等(黄立,1998)。这个活动还可以用于程度补语的教学中,对画作的评价可以要求使用"V得……"的结构,如"眼睛画得太小了""耳朵画得太大了""头发画得太短了"等。

游戏的类型是多种多样的,动作、表演、手工、唱歌、猜谜、比赛都可以作为课堂操练的形式,只是要掌握好游戏和语言教学的关系,不可让游戏冲淡了语言操练。

2. 有意义的课堂活动

海外中小学生的语法教学常以隐性教学方式进行。单纯的语法讲解不一定受学生欢迎。学习中可以通过一些有意义的课堂活动或者肢体活动来加强语言学习和操练的趣味性。

例如,学习比较句时,李文丹(1998)设计了高矮排队活动来学习"……比……高/矮""……和……一样高"这些句式。我们建议在其基础上增加成就性的成果展示。如:以安排班级成员拍照为活动,请学习者一边进行人员调整,一边用这两个句式进行说明。最后合影,让学生在语言活动中体会在实际生活中使用汉语而获得的成就感。

为帮助海外高中生操练"或者"和"还是"这对近义表达时,有老师这样设计:把全班12人平均分成两组。两组人按内圈和外圈的方式面对面站好。每个人手上拿一份"你喜欢喝什么饮料"的调查表(表11.1)。每个人问站在自己对面的同学三个问题,你想喝A还是B?活动的要求是,你必须问到对方用"或者"回答为止。[①] 在整个活动中,至少有一次,学生会听到对方说"A或者B都可以"。例如,第一次对方说我想喝A,第二次对方说我想喝C,第三次就要问:"你想喝A还是C?"希望对方回答:"A或者C都可以。"

表11.1 你喜欢喝什么饮料

姓名	咖啡	果汁	牛奶	可乐	茶	水

---

① 活动设计者为刘艳君,现在美国国际学校任教。

每轮调查结束之后，内圈的人保持不动，外圈朝指定的方向挪一步，继续采访和对话操练。直到外圈的每个人都回到原来的位置为止。游戏结束后，学生根据采访的结果做报告。

此类有意义的课堂活动的好处是：全班井然有序，操练充分，学生不必坐在椅子上听讲，可以在活动中进行相对来说较为真实的语言操练。

（五）语法点归纳

在一课的语法讲解、练习后，尤其是在整节课结束前，可以用几句话、几个句式将所教的语法点归纳一下，让学生加深印象，巩固记忆。必要时，可以把它们板书在黑板上。

思考与练习

1. 理论语法和教学语法有何区别？
2. 汉语语法具有哪些特点？
3. 为什么说汉语语法的狭义形态少？
4. 语法教学项目的选择和教学次序应注意哪些问题？
5. 面对初中级学生，以下语法项目，哪些需要教，哪些不需要教？需要教的项目，教学如何排序？
    a. 可能补语（这么多东西吃不完）
    b. 及物动词"把"字句（他把作业做完了）
    c. 不及物动词"把"字句（把个小偷给跑了）
    d. "被"字句加"把"字句（他被小偷把钱包偷走了）
    e. 结果补语（打开窗户）
6. 母语英语的学习者出现以下偏误，应该如何教学？
    （1）我昨天见面了一个中国同学。　（2）他碰见了三个老师们。
    （3）这件衣服比那件10块钱贵。　（4）星期天，我在宿舍做我的作业。
7. 分析以下偏误，说明错在哪里？如何改正？相关的语法规则是什么？出现错误的原因可能是什么？同类偏误还有什么？
    （1）我把衣服洗。　（2）玛丽看书在图书馆。
    （3）现在进行会议。　（4）我来中国三月了。
    （5）这双鞋一点儿大。　（6）他去看电影了，还不回来。
8. 讲解语法点的方法有哪些？请举例说明。并参考这些方法，挑选一个你正在或将要教的特定语法点，设计一个教案，并用教学实践来检验该教案，找出优点和不足。

9. 请分别为成人学习者和少儿学习者设计一个补语（如趋向补语、结果补语、状态补语）教学的教案。然后在实践中使用该教案，记录语法教学中的实际情况（如：教师讲什么？学生如何反应？教师如何反馈？师生如何互动？）。根据实际教学情况，对教案进行修改。对比前后两个教案，看看有何区别，并解释原因。

10. 请在教学中找出若干二语者学习汉语语法出现的偏误，尝试分析偏误产生的原因；并选择一个语法点，设计出一个预计可以减少学生偏误的教案，在教学实践中进行检验。

11. 请在以下语法点中选择一个或数个语法点，参照本章内容，设计合理的教案进行实践：

（1）两斤<u>多</u>，二十<u>多</u>斤（概数词"多"）；
（2）一天<u>半</u>，一个<u>半</u>小时（时间词语中的"半"）；
（3）王红<u>不比</u>李湘高（"不比"句）；
（4）他每年阅读<u>十七八</u>本书（概数表达）；
（5）他每天晚上睡觉前<u>跑半个小时步</u>，之后<u>洗冷水澡</u>（离合词）；
（6）被动句。

12. 请参考本章第五节，针对你正在教或者准备教的语法点，为少儿学习者设计一个游戏和有意义的课堂活动。如果你目前没有明确的教学任务，可以尝试练习以下语法点：

（1）"了$_2$""了$_1$"；
（2）动词"喜欢""想""愿意"；
（3）"不""没（有）"V"；
（4）"连……也/都……"。

本章参考文献

［1］北京大学中文系现代汉语教研室．现代汉语［M］．北京：商务印书馆，1997．
［2］北京语言学院来华留学生三系编．初级汉语课本：第二册［M］．北京：北京语言学院出版社，华语教学出版社，1987．
［3］边玉芳，等．儿童心理学［M］．杭州：浙江教育出版社，2009．
［4］国家对外汉语教学领导小组办公室．高等学校外国留学生汉语教学大纲（长期进修）［M］．北京：北京语言文化大学出版社，2002．
［5］国家对外汉语教学领导小组办公室汉语水平考试部．汉语水平等级标准与语法等级大纲［M］．北京：高等教育出版社，1996．
［6］国家汉语国际推广领导小组办公室．国际汉语教师标准［M］．北京：外语教学与研究出版社，2007．

[7] 崔永华,杨寄洲. 对外汉语课堂教学技巧 [M]. 北京:北京语言文化大学出版社,1997.
[8] 戴浩一. 时间顺序和汉语的语序 [J]. 黄河,译. 国外语言学,1988 (1).
[9] 方平禄. "居然"句式的功能与篇章分析 [M] //周小兵,赵新,等. 对外汉语教学中的副词研究. 北京:中国社会科学出版社,2002.
[10] 郭熙. 理论语法与教学语法的衔接问题——以汉语作为第二语言教学为例 [J]. 汉语学习,2002 (4):58-66.
[11] 黄立. 临摹图画 [M] //周健. 汉语课堂教学技巧与游戏. 北京:北京语言文化大学出版社,1998.
[12] 李大忠. 外国人学汉语语法偏误分析 [M]. 北京:北京语言文化大学出版社,1996.
[13] 李德津,李更生. 现代汉语教程·读写课本:第二册 [M]. 北京:北京语言学院出版社,1989.
[14] 李文丹. 高矮排队 [M] //周健. 汉语课堂教学技巧与游戏. 北京:北京语言文化大学出版社,1998.
[15] 李英哲,等. 实用汉语参考语法 [M]. 熊文华,译. 北京:北京语言学院出版社,1990.
[16] 刘丹青. 汉语中的框式介词 [J]. 当代语言学,2002 (4).
[17] 刘月华,等. 实用现代汉语语法 [M]. 北京:外语教学与研究出版社,1983.
[18] 娄开阳,吕妍醒. 美国明德汉语教学模式课堂操练方法的类型及其理据 [J]. 语言教学与研究,2011 (5).
[19] 陆俭明,郭锐. 汉语语法研究所面临的挑战 [J]. 世界汉语教学,1998 (4).
[20] 卢福波. 对外汉语教学实用语法 [M]. 北京:北京语言学院出版社,1996.
[21] 吕必松. 对外汉语教学概论(讲义)[M]. 北京:国家对外汉语教师资格审查委员会办公室,1996.
[22] 吕叔湘. 通过对比研究语法 [J]. 语言教学与研究,1977 (2).
[23] 吕叔湘. 现代汉语八百词 [M]. 北京:商务印书馆,1984.
[24] 吕文华. 对外汉语教学语法体系研究 [M]. 北京:北京语言文化大学出版社,1999.
[25] 吕文华. 对外汉语教学语法探索 [M]. 北京:语文出版社,1994.
[26] 倪焕先,何平. 现代汉语常用量词词典 [M]. 济南:山东大学出版社,1991.
[27] 潘慕婕. "不再"和"再不"[M] //周小兵,赵新,等. 对外汉语教学中的副词研究. 北京:中国社会科学出版社,2002.
[28] 彭小川. 汉语精读课语法例句的设计与展示 [M] //李晓琪. 对外汉语综合课教学研究. 北京:商务印书馆,2006.
[29] 盛言. 语言教学原理 [M]. 重庆:重庆出版社,1990.
[30] 施家炜. 外国留学生22类现代汉语就是的习得顺序研究 [J]. 世界汉语教学,1998 (4).
[31] 苏丹洁,陆俭明. "构式—语块"句法分析法和教学法 [J]. 世界汉语教学,2010 (4).
[32] 苏丹洁. 试析"构式—语块"教学法——以存现句教学实验为例 [J],汉语学习,2010 (4).
[33] 孙德坤. 外国学生现代汉语"了·le"的习得过程初步分析 [J]. 语言教学与研究,1993 (2):65-75.

[34] 王还. 对外汉语教学语法大纲 [M]. 北京：北京语言学院出版社，1995.
[35] 许国璋. 论语法 [J]. 外语教学与研究，1986（1）.
[36] 杨寄洲. 汉语教程：第2册下 [M]. 北京：北京语言文化大学出版社，2000..
[37] 赵金铭. 汉语研究与对外汉语教学 [M]. 北京：语文出版社，1997.
[38] 赵金铭. 汉语作为第二语言教学：理念与模式 [J]. 世界汉语教学，2008（1）.
[39] 赵贤州，陆有仪. 对外汉语教学通论 [M]. 上海：上海外语教育出版社，1996.
[40] 赵新. "连、连连、一连"的语义和句法分析 [J]. 广东第二师范学院学报，2002（3）：80－84.
[41] 张念，张丽，林晓群. 海外儿童汉语课堂教学游戏的编写原则 [M] //周小兵. 国际汉语：第二辑. 广州：中山大学出版社，2012.
[42] 周健. 汉语课堂教学技巧与游戏 [M]. 北京：北京语言文化大学出版社，1998.
[43] 周小兵. 第二语言教学论 [M]. 石家庄：河北教育出版社，1996a.
[44] 周小兵. 句法·语义·篇章——汉语语法综合研究 [M]. 广州：广东高等教育出版社，1996b.
[45] 周小兵. 汉语第二语言教学语法的特点 [M]. 中山大学学报：社会科学版，2002（6）.
[46] 周小兵，赵新，等. 对外汉语教学中的副词研究 [M]. 北京：中国社会科学出版社，2002.
[47] 周小兵，朱其智，邓小宁，等. 外国人学汉语语法偏误研究 [M]. 北京：北京语言大学出版社，2007.
[48] Shou-hsin Teng. The acquisition of "了. Le" in 2 Chinese [J]. 世界汉语教学，1999（1）.

第十二章　汉字教学

第一节　汉字教学的地位和重要性

吕必松(1998)认为，汉字教学"是一个带有全局性的问题"，"充分认识汉字的特殊性以及汉字与汉语关系的特殊性，是寻求新的教学路子的关键"。

一、汉字的特点决定了汉字教学的重要性

第二语言教学的主要目标是使学生掌握运用该语言进行交际的能力。这种能力包括口头交际能力（听说）和书面交际能力（读写），而文字和书面交际能力直接相关。作为汉语书写符号系统的汉字，是获得汉语书面交际能力必不可少的工具。如果只要求掌握汉语听说能力，或许可以回避汉字；如果要获得系统全面的汉语交际能力，汉字是无法回避的。

跟世界上正在使用的绝大多数文字比，汉字非常特殊。这种特殊性可从几方面讨论。

（一）表义性和表音性

1. 汉字的表义性

汉字是记录汉语的书写符号系统，现代汉字由古老的象形表义文字发展而来。虽然汉字中有表示语音的部件（声旁），但从本质上来说仍是表意文字。汉字的字形记录语义，这一点与拼音文字的字母直接记录语音不同。

例如，汉字"女"，在甲骨文中写作𠨰，像一个敛手跪着的人形，表示女性、女人，与"男"相对。现代汉字的"女"虽然已经失去了象形特征，仍是字形直接对应字义，不需要经由字音的中转。与此相对，英文中的"woman"则直接记录语音（两个音节），经由语音连接语义。又如日语中有一个字形与"女"类似的假名"め"，它也是对应于日语中的一个音节，跟语义没有任何联系。

2. 汉字的表音性

汉字已经不是纯粹的表义体系，它有一定的表音性。这主要体现在汉字系统中大量存在形声字。形声字包含一个表义的部件和一个表音的部件。例如，"背、暮、燃"等

字，都是由形旁和声旁组成的形声字。拿"背"来说，它的声旁是"北"，可以表示字音。

但我们要认识到，汉字的表音性是有局限性的。首先，声旁与整字读音完全一致的汉字并不是很多。声旁与整字读音的关系十分复杂，存在完全相同（燃）、音节相同声调不同（背）、声母或韵母相同（冷、睛）、只有声调相同（组）以及声韵调完全不同（凉）等各种情况。

另外，汉字里并没有专职表音的部件，即使是形声字的声旁，本质上也首先是一个表义单位。例如形声字"沐"，它的声旁"木"在这个字里标识它的读音；但"木"本身首先是一个独立的汉字，有音有义，而它作为部件也可以充当表义的成分，如"林、杨、桌"等。

与世界上绝大多数国家所使用的拼音文字相比，拼音文字的字母可以直接表音，"见字知音"的透明度高，只要掌握了比较简单的拼音符号和拼写规则，就比较容易掌握；汉字虽然也有某些表音的成分存在，但是"见字知音"的透明度低，必须一个一个地学习，而且数量庞大，掌握起来难度较大。

另外，由于数千年汉语语音体系和词义系统的变迁，即便是形声字，其表音、表义的功能都有所弱化。据有关统计，现行常用汉字虽有表音和表义因素，但它们的有效性都在50%左右，有相当一部分汉字已经是符号化了的"记号字"。如"特、杂、邓"这些字，已经很难找到它们表音和表义的部分。大量记号字的存在也带来了汉字教学的困难。

（二）书写系统的层次性

从汉字形体和书写的角度来说，汉字是由笔画组成的方块文字，其结构是在平面组合的。这与线性排列的拼音文字存在根本的差异。平面组合的汉字，从结构来说存在各种复杂的结构关系。首先，有上下（要、盘、费）、左右（认、快、放）、包围（国、园、回）、半包围（还、区、同）这些简单结构。其次，还有上中下（意、累、参）、左中右（谢、做、哪）、框架结构（噩、巫）这种比较复杂的结构，甚至一种结构的内部还会包含其他的结构（最、能、圆）。

跟拼音文字单一的线性结构相比，汉字的形体结构复杂得多。这就造成了外国学生在视觉和书写两方面的困难。

（三）文字处理的特殊大脑机制

认知心理学研究发现：拼音文字的认知一般只涉及大脑的左半球，而汉字认知要涉及大脑的两个半球和比较复杂的加工传递程序。

研究表明，语言功能主要定位于人脑的左半球，不同的大脑区域与相应的语言功能相联系。由于汉字不是绝对的抽象语音符号，它既包含抽象的语义，又有形象的结构，所以汉字的加工表现出两脑均势的现象。汉字有形、音、义三个要素，这就造成信息的复杂性，因而要求大脑两半球间协同工作，这是一个十分复杂的过程。汉字处理的特殊大脑机制也是造成外国人学习汉字比较困难的原因之一。

来自认知神经加工机制的证据表明，与拼音文字相比，中文的认知神经加工机制存在一些特性。首先，由于汉字字形的复杂性，在中文加工中，右侧视觉正字法区（right visual-orthographic areas）的激活明显强于拼音文字的加工（Cao, Lee, Shu, et al., 2010；Cao, Peng, Liu, et al., 2009；Perfetti, et al., 2013），这说明相对于拼音文字，汉字加工需要很多的视觉加工。其次，由于汉字书写存在书写顺序，随着汉语水平的发展，汉语母语者会形成一个专门感知汉字书写顺序的认知神经加工网络。当汉字书写顺序出现错误时，左侧背外侧前额叶皮层（the left dorsolateral prefrontal cortex）的激活会增强（Yu, et al., 2011）。

二、汉语与汉字的特殊关系决定了汉字教学的重要性

汉语和印欧语系的语言有很大不同。汉语语素以单音节占主体，语素和"字"是基本重合的，"字"因此成为最基本的语义单位。汉语的字和词语在音、形、义诸方面都存在着密切的关系。因而一般情况下，学会一个汉字，就会比较容易理解由这个汉字参与组成的复合词。如汉语的"马车、汽车、火车、自行车"等词语，都有"车"这个语素；相对应的英语词汇分别是"carriage（cart）、automobile、train、bicycle（bike）"，没有相同的语素。

语素及其书面形式汉字与汉语之间特殊的关系，决定了汉语作为第二语言的教学不同于印欧语系的语言，汉字在对外汉语教学体系中应占有重要的一席。对汉字教学的重视，也必定能够促进对外汉语教学体系作为一个整体均衡、健康地发展。

第二节　对外汉字教学的特点

中国的传统语文教学向来都把识字教育放在首位。千百年来，有各种各样的识字课本流传下来，发展到现代的儿童识字教学，已经形成一个完整的体系。传统汉字教学的经验可以借鉴，但不能全盘搬入对外汉语教学的课堂，因为教学对象不同，前者是母语汉语者，后者是母语非汉语者。此外，到中国国内学习汉语的外国人目前大多是成年人，而在海外学汉语的学习者则有低龄化的趋势。因此，汉字教学一定要充分考虑学习者的特点。

一、"对外"的特点

由于学习者是没有任何汉语基础的外国人，汉语和汉字对他们来说完全陌生，不像本族儿童在已掌握汉语的情况下学习汉字。学一个汉字时，对本族儿童来说，关键是字形；外国学生则是同时学习形、音、义，这势必更加困难。针对这一特点，对外汉字教学务必要形、音、义同步，缺一不可。

对于本族儿童来说，他们早已习惯了汉语里存在大量同音不同义的词语。所以同音字对他们来说并不难接受，他们需要的只是把特定的字形与自己语言知识体系中的词义互相对应。

可对于习惯了拼音文字的外国学习者来说，汉语以形别义的特点要有一个接受的过程，大量的同音字在一开始就成为他们学习汉字的最大困难之一。零起点的学习者在开始学习汉字之后相当长的时间内，往往会出现知音知义不知形的现象。这种"语""文"脱节，表现在输出的汉字上，就是大量的同音替代偏误，如"新"写作"信"、"直"写作"只"、"非"写作"飞"、"借"写作"接"等，甚至"昨"写作"在"、"者"写作"节"（这是对语音掌握的困难带来的音近混淆）。据笔者考察，在学习汉语之初，这是一个相当普遍的现象。因此，由于对外汉字教学"对外"的特点，就要求教学初期特别强调同音字的辨别，使学习者尽快熟悉汉字"形—义"相通的特点。

二、对成人的教学特点

目前在中国国内对外汉字教学的主要对象仍是成年人，这自然要求与针对儿童的汉字教学有所区别。

成人具备了关于母语语言文字的知识，形成了既定的认知模式，具备较强的理解能力和逻辑能力。一方面，他们关于母语文字的经验会产生负迁移，成为学习汉字的障碍；另一方面，他们具备较强的归纳推理能力，可以凭借已有的知识对自己正在学习的知识进行理性思考，各种经验和策略都会有助于汉字的学习。因而针对教学对象的特点，我们应该采取相应的教学方法。

针对成年学习者归纳推理能力强的优势，我们应该重视理性教学。在强调刺激、强化训练的同时，充分利用汉字自身的规律和特点，进行系统的知识和理论的教学。例如，汉字结构的分析，以偏旁为线索的形声字讲解分析，同音异形字、一形多义字的归纳整理，等等。"授之以渔"，让学生感到汉字不是彼此独立的一盘散沙，而是有规律可循的。实践证明，适当的汉字知识和理论讲解可以促进学习者对学习汉字的兴趣，提高学习效率。笔者在一个学期的两次问卷调查显示：系统的汉字知识与识字相结合教学，不仅有效地促进了零起点学习者对汉字的认识，还提高了他们学习的兴趣和自信度（李蕊，2004）。

但是，对外汉字教学虽然要适当引入关于汉字的理论知识，却与针对中国语言文字专业大学生的汉字课完全不同。因为我们说的理论的讲解以学习汉字为最终目的，不要求理论的系统性和专业性。要把握一个度，千万不能把对外汉字教学的课堂上成汉字理论课，那样只会把学习者吓跑。

而且，由于目的不同，对外汉字课堂不排除利用一些俗文字的东西，只要有利于学习者的学习又不是太离谱，可以适当运用以增加课堂的趣味性、提高记忆的有效性。例如对文字形体的联想，把"笑"想象成一张笑脸，而"哭"是一张流泪的脸，等等。但是这一点一定要把握适当的度，在学习初期，学习者还没有形成关于汉字的知识系统的时候可以用到；如果滥用，则会事倍功半，影响学习者系统地把握汉字的规律。

三、对非母语儿童的教学特点

近年来，海外的汉字学习者中，少年儿童的比例在逐渐增加。在对非母语儿童进行汉字教学时，除了考虑对外因素外，也应该符合儿童的认知特点。与成人不同，尽量不要引入理论知识，而应充分发挥趣味性的作用，可以利用多媒体资源中的动画、故事等方法来教授汉字，或者利用俗文字学中的联想法来帮助儿童理解识记汉字。例如，"怕"解释为"心里害怕，脸都吓白了"，"买"和"卖"的区别解释为"买了以后花掉了十块钱，而卖东西的人挣得了十块钱"。再如，使用歌谣《小青蛙》教汉字：

河水青青天气晴，小小青蛙大眼睛。保护禾苗吃害虫，做了不少好事情。

歌谣练习了带有声旁"青"的一系列汉字。

此外，更多地把游戏引入课堂，增加儿童喜闻乐见的手工、音乐、舞蹈、比赛等活动，都是适合儿童认知特点的教学方法。

第三节　汉字教学的原则

一、汉字教学的目的和要求

针对"对外"的特点，汉字教学的目的在对"读"和"写"的要求上应当有所区分。事实上本族人掌握的汉字也往往是认读的多，而书写的少，对外国人我们更不能有过高的要求。

周小兵（1999）提出"分流"的方法，很有启发意义。他提出，对学习者掌握汉字的要求在认读和书写方面要有所区分，不能要求每个汉字都达到四会（听说读写）的程度。针对不同的汉字要有所区别：常用字、字形结构简单鲜明的字要达到能读能写的程度；有些字则要求学习者能认读即可，如某些虽然常用但是笔画繁多、结构复杂的字——"矮、戴、橘、嘴"等；另外一些不那么常用的字或者连绵词中的汉字，能做到在词语中或上下文中理解即可。汉字分流，能一定程度上减轻学习者学习的压力，并有助于学习者扩大识字量，为提高阅读能力打基础。

另外，由于汉字的数目繁多，不可能逐一在课堂上教授，还要求学习者有一定的自学汉字的能力。学习到一定程度的学习者，应该能在一定的上下文中，根据表义的字形以及上下文推测一些汉字的大致意思；更高一点的要求，水平较高的学习者还能运用字典检索汉字。例如，学过了"氵"，遇到一个生字"溪"的时候，可以根据上下文语义以及形旁初步推测它的意思，不影响阅读的进程；进而联系一系列带"氵"偏旁的汉字，学会更多的字。

总之，汉字教学应该在教给学习者汉字的同时，培养和训练学习者的汉字能力，以及用汉字进行交际和自学汉字的能力。

二、汉字教学的内容

（一）一定数目的汉字

汉字的数量很大，但是常用的很有限，本族人日常使用的也不过3000多字，这个数目已经覆盖了常见书报的99.9%。

现行的教学大纲所收汉字的数目也都在3000字以内。《高等学校外国留学生汉语教学大纲（长期进修）》（国家汉办，2002，以下简称《教学大纲》）共收汉字2605个，其中初等阶段1414个，中等阶段700个，高等阶段491个。《汉语水平词汇与汉字等级大纲（修订本）》（国家汉语水平考试委员会办公室考试中心，2002，以下简称《等级大纲》）共收字2905个，其中甲级字800个，乙级字804个，丙级字601个（包括附录11个），丁级字700个（包括附录30个）。

在大纲所要求的汉字中，并非所有的汉字都要通过教学来教给学生，汉字教学要教的只是最基本的高频汉字。据有关数据统计，大概950个字就覆盖了一般书报的90%，这个数目大约对应于《教学大纲》的初等阶段汉字和《等级大纲》的甲级字。

（二）关于汉字的知识

首先是汉字构形知识，主要包括汉字的基本构成要素（笔画、部件、偏旁等）和结构方式（独体、合体以及合体字的结构方式）。可以适当地引入象形、指事、会意、形声等构形方式的概念。《国际汉语教师标准》（国家汉办，2007，以下简称《教师标准》）中提出了汉字教学的基本原则，其中第一点就是根据汉字造字原理进行教学。因此有关汉字构形的知识是汉字教学的重要内容。但在教学的具体操作中又要灵活处理，不能拘泥于此，不能字字都追踪"造字之初"，而要以帮助理解记忆为原则，让学生对汉字理据的理解成为扩大识字量的推动力。

其次是汉字表音表义的方式和程度，包括对形声字的分析，对声（形）旁能够表音（义）和已经失去表音（义）功能的常用汉字，进行以声（形）旁为系的系统整理等。让学生知道汉字的形旁和声旁有一定程度的表音表义功能，可以一定程度上辅助汉字学习；但也不要过分依靠这种理据，夸大形声字的表音表义功能。

总之，汉字教学的内容应该像一张网，以大纲的初级（甲级）汉字为纬线，以汉字知识为经线。它具有横向的延展性，在教学内容以外可以借助经线的维系，通过伴随性学习或自学而不断扩充。

三、汉字教学中的几个顺序关系

（一）先认读后书写，多认读少书写

《教师标准》提出要"注重先认后写"。汉字教学的第一步是教认读。先教学习者认识字形，通过感知字形，明白汉字的语音和语义；认识之后，再学习书写汉字。例如"谢"字，由于交际的需要，会比较早学习；但其字形结构很复杂，笔画又多，不容易写。一开始可以只要求认读，等学习者学过了基本笔画，有了一定的字形分析能力之后再学习书写。

教写汉字是汉字教学无法逾越的重点，但是字字都要求会写是不现实的。要贯彻"认写分流"的原则，"多认少写"。既让学习者掌握基本汉字书写能力，能写一部分基础汉字，又不局限于此，把拓宽学生识字量作为重点，适当减轻记忆负担，满足随着汉语水平的提高而不断拓宽范围的阅读需求。

（二）书写教学先教基本笔画名称，再教书写规则

汉字书写规则是以笔画名称为基础的，如"先横后竖、先撇后捺"。因而称说基本的笔画名称是入门阶段汉字课通常要教的内容之一，在此基础上再循序渐进地以例字来教授书写的基本规则。

例如，先学"横"（一）、"竖"（丨）的笔画名称，学写"十、干"的时候，可以将书写规则描述为"先横后竖"；学会"撇""捺"的笔画名称，学写"人、入"的时候，可以将书写规则描述为"先撇后捺"。

笔画规则的引入要充分结合例字。例如，教"人、三"这样的简单汉字时，就可以引入"从左到右""先上后下"的基本规则；教"水、小"和"丰、中"这样的字，则可以引入下面比较复杂一点的规则："汉字的主体笔画如果跟其他笔画不相交，则先写主体笔画；若主体笔画跟该字的其他笔画是相交关系，则最后写"。

（三）常用字在先，先独体后合体

这是遵循由易到难的一般原则。具体的实施在教学中可以表现为：从意义和笔画都简单的常用独体字开始教学（人、山、口、小、大等），接着教笔画相对复杂难写的独体字（水、气、马、身、我等），然后教结构和笔画都比较简单的合体字（左右结构：体、好、休、明；上下结构：分、字、写、是），最后才出现结构复杂、笔画较多的合体字（上中下结构：累；左中右结构：附；复合结构：够、照）。

然而，并非简单的汉字就一定常用，因此我们不可避免地要处理汉字难易程度和语言难易程度的关系。因为简单的汉字未必常用，其意义未必简单（如歹、殳）；简单、常用的汉字其字形未必简单（如懂、谢）。《教师标准》要求汉字教学要做到"常用字在先、反复重现"。对于常用但字形复杂的汉字，可以采用"先认后写"或者"只认不写"的原则来处理，可以要求学习者只认读不书写，能完成相应的阅读任务即可。如果汉字本身不常用，但作为偏旁十分常见，就要在合体字中作为偏旁提出来（如皿、欠），适当加以解释。若是形旁，要让学习者理解其概念性的含义；若是声旁，则可以适当教授它表音的功能。

四、以部件为中心的汉字教学

汉字习得研究发现，相当一部分汉字偏误都是部件的偏误（如怛心、祺袍），而且随着汉语水平增加，部件偏误的比例会越来越大。因此把部件作为汉字教学的一个重要内容，是符合汉字认知和习得规律的。

部件是现代汉字字形的构字单位。它介于笔画和整字之间，大于或等于笔画，小于或等于整字。"以部件为中心"是合体字阶段的基本教学原则，即以部件为基本点，以点带面，有系统地进行汉字教学。

（一）从汉字结构分析入手，通过归纳部件进行学习

进入合体字教学阶段之后，针对每个要教的汉字，第一步要做的就是进行结构分析，让学习者一开始接触汉字，就意识到它不是无规则线条的堆砌，而是由有意义的单位组成。分析的汉字多了，就可以归纳出反复出现的部件，这样再在其他字里见到该部件的时候，学习者会感到熟悉，生字里总有不陌生的部分。

例如，作为部首的部件——"亻"，这是学习者最早接触到的部件之一。当他们学习"你、他"时，在分析结构的过程中认识了这个部件；以后陆续又学了"们、休、位、住"等字，从而加深了对它的认识。这个时候，教师就可以告诉他们，这叫"单人旁"，就是"人"字的变形，常常用来表示和人相关的意义。到此，学习者就在学会了若干个汉字的同时，很自然地学习了"单人旁"这个常见部件，为以后进一步学习

跟这个部件相关的汉字打下了基础。

（二）强化部件的位置

汉字的不少部件的位置是十分固定的，像"氵、扌、讠"等几乎都是出现在汉字的左边；"火、衣、言"这样的形旁，其出现在不同位置时则表现为形体的不同（灯、热；衬、袋；话、誓）。对于这些部件，在归纳学习时要特别强调它的位置。部件位置意识的形成对于汉字正字法意识的发展非常重要。

汉字偏误分析发现，在学习者输出的汉字偏误中，总有一部分是由于颠倒了位置而造成的。例如，有不少学习者把"想"字上面的"相"写成"目"在左、"木"在右，也有学习者把"味"的两个部件写颠倒了。强化对一部分部件位置的认识，有助于学习者形成正字法意识，减少写错字。初级阶段的非汉字文化圈的学习者经过汉字学习后，也可以形成部件位置意识（陈琳、叶仕骞、吴门吉，2015）。

（三）抓住声旁形旁，强化形声字意识

汉字中形声字是主体，也是最能体现汉字系统性和规律性的地方。声旁和形旁都可以作为学习汉字的线索。

据统计，在《等级大纲》中，甲级词中形声字的比例为49.3%，从乙级词到丙级词、丁级词，形声字的比例是不断增加的，在丁级词中达到79.6%（冯丽萍，1998）。这就是说，虽然在作为教学主体的甲级字中，形声字还没有占绝对优势，但是关于形声字的构字规律，以及表音（义）性的知识，对于促进学习者日后的自学是十分关键的。

对作为声（形）旁的部件，首先要归纳其可以有效表音（义）的特点，然后再指出它的局限性。让学生在形成形声字意识的基础上，正确认识形声字与汉字的真实面貌，培养正确的汉字意识。

例如，作为声旁的部件——"青"。在学生接触到"请、情"之后，就可以归纳"青"大体可以表示汉字的发音（qing）。之后顺势引出"清、晴、精"等汉字，引导学生发现在前两字中"青"的表音还比较精确，在"精"里则变换了声母，但两个声母发音部位相同，仍有一定的联系。

声旁在汉字教学中的利用价值不仅在于它可以提示汉字的发音，同声旁字的系联还可以凸显不同形旁的细微差异。偏误分析发现，外国学生经常错写、漏写或误增汉字的形旁。在教学中经常进行同声旁字的对比和归纳，不仅可以帮助学习者区分字形的细微差别，也给他们的复习和自习提供了一个新的线索。

再如作为形旁的部件——"艹"（草字头）。在学习了"花、草"之后，归纳它表示"草、植物"的义类，随后引出"茶、菜"二字，强化学生对表义性的认识。接着讲"药"，让学生思考为什么"药"也是"草字头"。有的学生就会想到"中药"，给予肯定之后指出因为词的意义范围扩大，形旁的表义已经不明显了。最后讲到"节"（作为量词），像这样的汉字本义已经十分遥远的字，就没有必要再分析形旁的表义性，可以把该字作为形旁表义性丧失的例子，让学生认识到形旁表义的局限性。

特别要注意的是，强调形（声）旁表义（音）的特点的同时，也一定要强调其局限性，以免产生负面的影响。

（四）对形似部件，要进行专门的归纳对比

汉字学习者对汉字的轮廓往往比较容易把握，而容易忽视其中细微的差异。针对这一点，要通过对比，把容易忽略的部分作为强调的重点，以克服这个问题。如"氵"和"冫"、"土"和"王"、"几"和"儿"、"未"和"末"等。教学中应对这类区别比较微小的汉字进行区分练习。

例如，同样是位于左边的部件"讠"和"扌"、"亻"和"彳"、"氵"和"冫"、"衤"和"礻"等，因为形体接近，出现的位置也相同，非常容易写错。对这一类本身是形旁的部件，可以专门归纳对比，利用它们的表义特点来进行辨析。

另外有一些单纯形体接近而没有表义功能的部件，如"车"和"练"字的右边，形体非常接近，而且都会出现在读音为"lian"的字中，如"连、链""练、炼"。这一对部件，后者构成的常用字只有"练、炼"两个，教师可以通过归纳特别指出来，以帮助学生辨析。

再如"妹"和"袜"两个都是常用字，声旁分别是"未"和"末"，很容易混淆。教师不妨多设计一些两字同现的语境（妹妹喜欢长袜子、妹妹买了新袜子），在语境中进行近距离对比，以凸显两者的差别，达到辨析的目的。

总之，对于形似部件的教学，对比辨析、强化记忆是最为有效的方式。

（五）对同音字，要适时地通过部件的分析进行归纳复习

前面已经谈到，同音字是外国人初学汉字的一大难点。通过部件分析，可以强化认识，让学习者发现不同的组成部件影响汉字的意义，从而强化其对形义关系的认识。

例如，"问、闻"有相同的部件，读音也相似。在教学时可以指出，"问"需要用"口"，所以中间是"口"；"闻"的字义虽然已有变化，可以利用常见的词义"新闻"需要用"耳朵"听，所以中间是"耳"。再如，"饱、抱、跑"三个字右边的部件相同，左边三个不同的部件则代表相关的含义："饱"与食物（饣）有关，"抱"需要用手（扌），"跑"需要用脚（足）。通过对其不同部件的分析，来帮助学习者建立汉字与字义之间的联系。

（六）及时归纳复习，强化记忆，防止遗忘

复习可以有多种方式。

（1）可以充分利用课堂上零碎的时间。如一节课内容已经上完，还剩几分钟，可以进行简单的复习。

（2）可以在教学过程中结合新内容复习旧内容。如学到"怕"，可以在归纳形旁的同时，复习以前学过的"忙、快、懂"等。

（3）可以在学习一段时间后进行专门复习。如学习汉字结构一段时间后，可以让学生回忆学过的某种结构的汉字（上下、左右、上中下、左中右等）。

（4）可以给出一些汉字让学生分析、归类。

总之，复习要频繁，方式要多样。

（七）以部件为中心并不等于以部件为教学单位

最后要强调的是：教学过程中，部件分析是一个教学手段，部件是从汉字中分析出来的，归纳部件的目的是帮助学习者形成部件意识，而不是在记忆汉字的同时还要记忆汉字的每个部件。不能把部件作为独立的教学单位，逐个讲解，这样反而会增加不必要的负担。

第四节 汉字教学的技巧

一、展示汉字的技巧

展示汉字就是把汉字展现给学生看，要求简单清晰。

（一）板书展示

教师把要学习的汉字书写在黑板上，达到介绍的目的。这是最常用也最方便的方式。它的好处是不仅可以展示汉字，还能同时展示汉字的书写过程。应该说在教任何一个汉字的写法的时候，都要用到它。

在最初接触汉字的时候，板书过程尤为重要，因为这时候汉字的形、音、义、笔画名称、笔画顺序甚至运笔的方式等，对于学习者来说都是要学习的东西，因此此时的板书十分关键。

例如，要学习"个"，教师的板书要伴随着讲解：

个 gè, a measure word. How to write it? 撇、捺、竖，gè，一个人、一个学生……

初期的板书，汉字一定要清楚，字要大，速度要慢，让学生能看清楚每一笔。有时需要板书一系列字，根据不同的目的和需要，有多种方式可以采用。

（1）以笔画为系。讲解基本笔画时，势必要给出含有该笔画的例字，此时采用这种方式：

横：一、二、三

竖：十、工、上、下

竖勾：水、月、门

（2）以结构为系。讲解合体字的基本结构时，就要用到这种方式：

左右结构：你、汉、的

上下结构：字、是、点

（3）以部件为系。归纳部件时，要采用这种方式：

十：什、南、支

𠂇：左、右、有、友、在

言：说、话、语、认、识

（4）同音字：

gōng：工、公、宫

yī：一、医、衣

（5）形似字或形似部件：

千—干　办—为　处—外　我—找　老—考

欠：欢、歌—攵：收、放、教、数

（6）有共同特征的字：

林、双、朋、多、哥、班、街、咖

总之，以板书展示汉字十分灵活，可以根据需要设计多种展示方式。上面只是提供了展示时板书的样式，具体操作时可以灵活地采用以旧带新、归纳、演绎等多种方法。而且这些展示汉字的方式不仅适合于教新的知识，也可以用于复习。

（二）图片展示

图片展示汉字生动而直观，尤其适用于字义容易以图画描摹的汉字，一目了然，省去了很多讲解意义的过程。如"雨、雪、哭、笑、山、林"等。

（三）卡片展示

通常用同一张卡片的正反两面分别展示形、音、义，如：

正面：　| xiè |　| měi |
　　　　| 谢 |　　| 美 |

反面： ☐To thank　　☐beautiful

利用卡片的好处是：灵活机动，利于多方式地反复操练，方便复习。主要适合于初期的认读教学，书写方法还需板书来补充。

二、教授汉字的技巧

注重形、音、义相结合，是《教师标准》提出的汉字教学基本原则之一。形、音、义是汉字的三要素，在教学的过程中要注意三者的结合，三者都是需要在教学中分别进行讲解的内容。对三者的讲解和教授各有不同的技巧，但在内容上又要时刻注意把形、音、义三者联系起来。

（一）教写字形的技巧

（1）笔画。教学初期，在教给了学生基本笔画的名称之后，学写具体汉字时，不断地强调书写笔画的正确方式，可以帮助学生纠正"画字""倒拉笔顺"的错误。常用的有两种方式：①在汉字上用箭头标示笔画的运笔方向；②一笔一笔地展示汉字的书写过程。如：

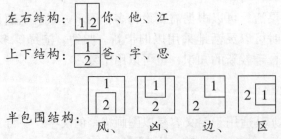

此外，目前也有大量的关于汉字书写笔画和笔顺的网络资源和软件，教师可以搜集并介绍给学生，从而辅助学生的课外汉字学习。

（2）结构。一般常用图示的方式来分析讲解汉字结构。如：

左右结构：[1|2] 你、他、江

上下结构：[1/2] 爸、字、思

半包围结构：[⌐1₂] [⌐1₂⌐] [⌐1_2] [2 1¬] 风、凶、边、区

在教写结构的时候，有两种结构值得格外注意。

第一种是左右结构。由于汉字的书写没有分词标识，初学者又几乎没有什么"字感"，因此，在阅读和书写中，左右结构的汉字常常成为一个难点，学习者经常把左右结构的汉字和两个汉字混淆，如"好"和"女子"。针对这个问题，在初期汉字教学中，使用田字格来教写汉字，比较有用，可以训练学习者把"一个汉字写在一个方块里"，帮助他们形成字感，避免把一个左右结构字写成两个汉字，或者把两个汉字写进

一个格子里。

第二种是左下包围的半包围结构。汉字偏误分析发现，这类字特别容易被学习者写成左右结构。如"辶"写成"讠"，"越""题"等字中拉长的"捺"没写到位。针对这个问题，在教带有"辶"旁的半包围结构汉字时，教师应该特别强调书写的顺序，让学生按照正确顺序，先写里面，再写"辶"，这样就不容易把"辶"写成"讠"；"越""题"这种汉字，则需要格外强调结构的分析，并反复练习拉长的"捺"，以避免错写成左右结构。

（二）讲解字义的技巧

字义讲解技巧的核心就是"以形释义"，目的是建立形义之间的联系。

（1）借助实物释义。有些实义的汉字，可以充分利用随手可得的具体事物来释义，如"手、足、头、桌、门、书、窗"，学生一看就明白，无需再费口舌。

（2）图片释义。参见上文的图片展示汉字。

（3）利用形旁释字。形旁多表示类别意义，相同形旁的汉字往往有着相同的意义类属。通过形旁释字，不仅容易讲清汉字的意义，而且有利于促进部件意识的形成。

形旁教学应该在学生有了一定识字量、有了部件意识之后开始。最常用的方法就是归纳法。这时候，教师可以帮助学生总结同一形旁的汉字，以旧带新，在归纳的过程中，讲解形旁的表义功能。

例如，学习"袜"字的时候，教师可以这样讲解：

教师：（边讲边板书）我们以前学过的"衬衣"的"衬"、"裤子"的"裤"，和这个字的左边是一样的，还记得它表示什么意思吗？

学生：衣服。

教师：对，它就是"衣服"的"衣"变成的，表示人穿的东西。这个字念"wà"，也是人穿的东西，它穿在脚上，在鞋的里边，它是什么？

学生：socks？

教师：对。"袜子"就是 socks。

这样，不仅教了新的汉字和词，还强化了学生对"衣字旁"的认识，一举两得。

利用形旁释义，还要特别注意形近的形旁，进行辨析。在上面的例子中，教师就可以顺势通过字义的分析，辨析"礻—衤"这一组形旁的细微差异。

除此之外，形旁的变形规律也可以帮助解释字义。例如"心"，在汉字的左边（"怀"）和下边（"想"）有不同的写法，但表示相同的义类。这样的归纳对比，不仅有利于字义的学习，还可以通过归纳减少记忆的负担。

（4）借助古文字形体释字。这种方法主要限于个别的意义演变不大的象形字和会意字。如：

山、木、日、月、人、大；休、林、看、明、好、尖、众

这种方法可以在某种程度上提高学生的兴趣；但切忌过度使用，否则容易造成同时记忆古今文字形体的不必要的负担。

（5）俗字源和联想释字。前面已经提到，俗文字的东西可以适当地用在教学中，有些还是十分有效的。如：

买、卖——没有"十"的要去买，有了才可以卖。

左、右——一般中国人吃饭用的那只手是右手，所以有个"口"。

安——女人在房子里，让人感到很安全、平安。

雨——想象这是一面窗户，窗外下雨，雨点打在窗玻璃上。

泪——从眼睛里边出来的水。

但这种方法一定要注意把握适度的问题，千万不可滥用。

（三）教字音的技巧

教字音的时候要格外注意同音字和近音字的辨析。由于初学者对汉字形、义之间的联系比较陌生，很容易混淆同音字和近音字。例如"在""再"二字都是比较早接触且比较常用的，读音完全相同，这样的字在教的时候应该跟同音字进行对比辨析，并设计相关练习进行巩固。

在进入合体字教学阶段后，形声字的声旁应该受到充分的重视。可以引导学生利用声旁类推读音，然后再利用类推成功和不成功的方面说明声旁表音性及其局限。帮助学习者正确认识并合理利用形声字的声旁来学习汉字，也是建立形音联系的关键所在。

例如学习"景"：

教师：猜一猜这个字念什么？

学生：京（jīng）？

教师：对了一半，声调应该是三声：jǐng，scenery，风景的景。

这样，通过声旁猜字音，学习了生字，还强化了对声旁的认识。

三、练习汉字的技巧

（一）认读练习

这主要是通过强化刺激，使学生把汉字的形、音、义作为一个整体来掌握。

对一般的汉字，可以采用以下方式：出示字形念字音，说字义；出示音义，选择正确字形；认读词句、解释意思。在这里，卡片是一种很好用的工具。

格外值得注意的是同音字、近音字、形似字，这类字更应该设计较多的认读练习，在对比辨析的过程中巩固学习的效果。

例1　请认读下列汉字并注音、组词：

在—再　每—美　是—事—市—师　出—书—住　音—阴—应—英　市—巾
复—夏　毛—手　我—找　在—左—右—石

汉字中还有一类特殊的常用字——多音多义字。对于一个多音多义字来说，教学中一般都是先教其中的一音一义；当该字的另一个音义出现时，就要设计相关认读练习进行辨析、巩固。

例2　请认读下面的词语并注音：

音乐—快乐　干净—干活　长短—长大　暖和—和朋友一起

（二）字形练习

（1）笔画。可以采用下列方式：给出汉字让学生按顺序说笔画名称，给出汉字数出笔画数，写出指定的笔画，增加一笔变新字，改变一笔变新字，找出笔画数相同的字，分析笔顺，等等。如：

例1　请找出下列汉字中第几笔是撇？

白　天　开　少

例2　请按照笔画数由少到多的顺序排列下面的汉字。

自　舍　田　水　间

例3　请写出下列汉字的指定笔画。

中（第二笔）＿＿＿＿　亲（第七笔）＿＿＿＿　方（第三笔）＿＿＿＿
这（第六笔）＿＿＿＿　书（第四笔）＿＿＿＿　画（第三笔）＿＿＿＿

（2）结构。画出汉字的结构图，按照结构图写汉字，按照结构给汉字归类，等等。

例　找出下列各组中和其他字结构不同的字。

门　户　住　书　支　长　米　＿＿＿＿
抱　张　双　件　巾　饭　喝　＿＿＿＿
鞋　菜　条　舍　食　宿　草　＿＿＿＿

（3）部件。根据以部件为中心的原则，部件的练习十分重要。

1）分析汉字的部件。

例1　请说出下列汉字中有几个部件，分别是什么？

照（四个部件：日、刀、口、灬）　园（三个部件：囗、二、儿）

2）找出生字中熟悉的部件。

3）用给出的一组部件组字。

例2　请把下列汉字组合成新字，看谁组的又快又多。

口　木　土　心　目　子　女　生　立　日

4）改变左边（右边、上边、下边）的部件，把汉字变成新字。

例3　把下列字左边的部件换一换，变成另外一个字。

眼（　）红（　）情（　）谅（　）灯（　）

5) 给出部件写出含有它的汉字。

例4　根据拼音，写出含有下列部件的字。

寸：guò（　）　duì（　）

力：lì（　）　biān（　）

交：yǎo（　）　xiào（　）　jiāo（　）　jiào（　）

例5　请根据所给出部件和提示字写汉字。

（　）（木）息　　饭（　）（官）　　礼（　）（勿）

6) 给汉字增加部件写成另外的汉字。

例6　给下列部件加上不同的新部件，构成不同的汉字。

（　）—兑—（　）　　（　）—青—（　）

7) 将拆分后的汉字部件组合成汉字。

例7　冫 亻 艹 水 尔 早

(三) 综合练习

(1) 填空练习。可以采用有选项或无选项填空，还可以采用在单词、单句中填空或在语段中填空。

例1　（　）头

A. 木　　B. 禾　　C. 本　　D. 术

(2) 改错练习。可以采用单字改错，也可采用有语境的改错；有别字改错也有错字改错。

例2　我<u>右</u>中山大学学习。

(3) 听写练习。听写是检查教学情况常用的方法。它的好处是：运用范围广，易于灵活操作。

(4) 猜字练习。在语境中根据形旁的义类猜测词义，这属于较高难度的练习，和阅读练习有所重合。

例3　飞机在天上<u>飞</u>，船在水上<u>走</u>

总的来说，汉字教学的方法和技巧虽多，但也要教师根据不同的学习者、不同教学环境进行灵活的综合运用。因此，教师应该在了解学习者的需求和困难的基础上，有针对性地选用各种方法、技巧开展教学，这样的教学效果必定事半功倍。

思考与练习

1. 对外汉字教学的课堂应该教授哪些知识？
2. 某一课有如下这些汉字，试着设计板书：

    你　以　名　外　字　息　写　是　汉　的　刻　点

3. 某一课要教授如下这些汉字，你认为应该采用什么教学方法？

    热　照　煎　忘　念　想　烧　烤　炒　怕　恨　情

4. 如何教授下列部件？请设计一下教案。

    氵　丷　忄　月

5. 在没有独立汉字课的情况下，如何在入门阶段的综合课上教授汉字？请谈谈你的计划。
6. 以下列汉字为例，请设计至少两种不同的练习，帮助学习者掌握不同的半包围结构。

    司　过　屋　过　式　店　边　度　可

7. 对于海外儿童汉语学习者，应该如何教汉字？

本章参考文献

[1] 陈绂．谈汉字及汉字教学［C］//吕必松．汉字与汉字教学研究论文选．北京：北京大学出版社，1999．

[2] 陈琳，叶仕骞，吴门吉．语文分进和并进两种教学模式下非汉字圈初级汉语学习者的正字法意识［J］．语言教学与研究，2015（2）．

[3] 陈仁风，陈阿宝．一千高频度汉字的解析及教学构想［C］//吕必松．汉字与汉字教学研究论文选．北京：北京大学出版社，1999．

[4] 程朝晖．汉字的学与教［J］．世界汉语教学，1997（3）．

[5] 崔永华．汉字部件和汉字教学［M］//崔永华．词汇、文字研究与对外汉语教学．北京：北京语言文化大学出版社，1997．

[6] 崔永华．对外汉字教学的一种思路［C］//吕必松．汉字与汉字教学研究论文选．北京：北京大学出版社，1999．

[7] 冯丽萍．对外汉语教学用 2905 汉字的语音状况分析［J］．北京师范大学学报：社会科学版，1998（6）．

[8] 冯丽萍．汉字认知规律与汉字教学原则［C］//吕必松．汉字与汉字教学研究论文选．北京：北京大学出版社，1999．

[9] 费锦昌．对外汉字教学的特点、难点及对策［C］//吕必松．汉字与汉字教学研究论文选．北

京：北京大学出版社，1999.
[10] 顾安达．汉字偏旁表义度探测［C］//吕必松．汉字与汉字教学研究论文选．北京：北京大学出版社，1999.
[11] 国家对外汉语教学领导小组办公室．高等学校外国留学生汉语教学大纲（长期进修）［M］．北京：北京语言文化大学出版社，2002.
[12] 国家汉语水平考试委员会办公室考试中心．汉语水平词汇与汉字等级大纲（修订本）［M］．北京：经济科学出版社，2001.
[13] 国家汉语国际推广领导小组办公室．国际汉语教师标准．北京：外语教学与研究出版社，2007.
[14] 黄伯荣，廖序东．现代汉语（增订二版）［M］．北京：高等教育出版社，1997.
[15] 姜丽萍．基础阶段留学生识记汉字的过程［J］．汉语学习，1998（2）．
[16] 李大遂．从汉语的两个特点谈必须切实重视汉字教学［C］//吕必松．汉字与汉字教学研究论文选．北京大学出版社，1999.
[17] 李蕊．从偏误分析看留学生汉字发展的早期途径［J］．云南师范大学学报：对外汉语教学与研究版，2004（增刊）．
[18] 李蕊．外国人汉字习得与教学［M］．广州：中山大学出版社，2014.
[19] 柳燕梅．汉字速成课本［M］．北京：北京语言文化大学出版社，2001.
[20] 柳燕梅，江新．欧美学生汉字学习方法的实验研究——回忆默写法与重复抄写法的比较［J］．世界汉语教学，2003（1）．
[21] 吕必松．对外汉语教学概论（讲义）［M］．北京：国家教委对外汉语教师资格审查委员会办公室，1996.
[22] 吕必松．汉字教学与汉语教学［C］．巴黎：巴黎第二届国际汉语教学学术研讨会，1998.
[23] 卢福波．试论汉语教学中字、词、语、句的内在联系［C］//吕必松．汉字与汉字教学研究论文选．北京大学出版社，1999.
[24] 鹿士义．母语为拼音文字的学习者汉字正字法意识发展的研究［J］．语言教学与研究，2002（3）．
[25] 马燕华．论初级汉语水平欧美留学生汉字复现规律［J］．汉语学习，2002（1）．
[26] 彭聃龄．汉语认知研究［M］．济南：山东教育出版社，1997.
[27] 钱学烈．对外汉字教学实验报告［J］．北京大学学报：哲学社会科学版，1998（3）．
[28] 石定果、万业馨．关于对外汉字教学的调查报告［J］．语言教学与研究，1998（1）．
[29] 万业馨．应用汉字学纲要［M］．合肥：安徽大学出版社，2005.
[30] 万业馨．汉字字符分工与部件教学［J］．语言教学与研究，1999（4）．
[31] 万业馨．文字学视野中的部件教学［J］．语言教学与研究，2001（1）．
[32] 王碧霞，等．从留学生识记汉字的心理过程探讨初级阶段汉字教学［J］．语言教学与研究，1994（3）．
[33] 王钟华．对外汉语教学初级阶段课程规范［M］．北京语言文化大学出版社，1999.
[34] 肖奚强．外国学生汉字偏误分析［J］．世界汉语教学，2002（2）．
[35] 杨夷平，易洪川．浅析识字教学的对内对外差别［C］//吕必松．汉字与汉字教学研究论文选．

北京大学出版社，1999．

[36] 杨寄洲，崔永华．对外汉语课堂教学技巧［M］．北京：北京语言文化大学出版社，1997．

[37] 张武田，冯玲．关于汉字识别加工单位的研究［J］．心理学报，1989（3）．

[38] 张学涛．基本字带字教学法应用于外国人汉字学习［J］．汉字文化，1997（4）．

[39] 张永亮．汉字联想网及对外汉字教学［C］//吕必松．汉字与汉字教学研究论文选．北京：北京大学出版社，1999．

[40] 周小兵．第二语言教学论［M］．石家庄：河北教育出版社，1996．

[41] 周小兵．对外汉字教学中多项分流、交际领先的原则［C］//吕必松．汉字与汉字教学研究论文选．北京：北京大学出版社，1999．

[42] 朱治平，哈丽娜．波兰学生暨欧美学生汉字习得的考察、分析和思考［J］．北京师范大学学报：社会科学版，1999（6）．

[43] Cao F，Lee R，Shu H，et al. Cultural constraints on brain development：Evidence from a developmental study of visual word processing in mandarin Chinese［J］．Cereb Cortex，2010（5）．

[44] Cao F，Peng D，Liu L，et al. Developmental differences of neurocognitive networks for phonological and semantic processing in Chinese word reading［J］．Human Brain Mapping，2009（3）．

[45] Perfetti C A，Cao F，Booth J. Specialization and universals in the development of reading skill：How Chinese research informs a universal science of reading［J］．Scientific Studies of Reading，2013（1）．

[46] Yu H，Gong L，Qiu Y，et al. Seeing Chinese characters in action：An fMRI study of the perception of writing sequences［J］．Brain & Language，2011（2）．

第十三章　跨文化交际与文化教学

跨文化交际，也叫跨文化交流（inter-cultural communication 或 cross-cultural communication），就是跨越两种不同文化的交际，发生在两种不同文化背景的人们之间的交流。不同文化背景既可以是本民族与非本民族，也可以是同一民族中文化背景有差异的人。不同民族、国家的人相互之间的交流是最常见的跨文化交流。

外语教师随时处在一个跨文化交际的环境中。作为一个国际汉语教师，应该能够在语言教学和日常生活中顺利完成和汉语学习者之间的跨文化交际，正确传递中国文化信息与知识，让学习者在学习、使用汉语的同时，也能顺利进行跨文化交际。

二语学习跟文化学习关系密切，成功的语言学习者一定是一个成功的文化学习者。文化学习能有效地帮助语言学习，而文化学习本身也是重要的学习内容。

第一节　跨文化交际

跨文化交际包含的内容非常广泛，但基本的内容就是两个：文化和交际。

一、关于文化

（一）文化的定义

给文化（culture）下一个定义是困难的，因为它包含的内容太过复杂，文化包含了历史、宗教、哲学、地理、政治、艺术、军事、风俗、习惯、教育、科学、文学，乃至价值观、道德观、人生观、世界观、行为方式、思维特点等诸多方面。这也就是虽然学者们一再努力给它下一个定义，但至今为止还是没有得到一个公认的、令人满意的定义的原因。不过这并不会给大家造成困惑，反而使人们对文化的概念有了整体的认识：文化是"人类在社会历史发展过程中所创造的物质财富和精神财富的总和，特指精神财富，如文学、艺术、教育、科学等"[①]。

物质财富是指人类创造的各种物质文明，包括衣、食、住、行所有方面的物质，它是一种带有各自明显特点的，可以直接观察的显性文化。如各地不同的服饰、食物、建

[①]《现代汉语词典》（第7版），商务印书馆2016年版，第1371～1372页。

筑、服饰、工具、器物等，它们表现出不同的风格样式。

精神财富同样带有各自的明显特点，但是，它们属于不可见的隐性文化。因为精神财富主要体现在制度文化和心理文化上，价值观、审美观、世界观、人生观是其主要内容，文学、哲学、政治、艺术是其主要载体。如各文化中待人接物、为人处世的不同，乃至音乐的旋律节奏、绘画的主题等的不同。

物质财富和精神财富互为表里，物质的风格特点背后是精神（特指意义上的文化）在起作用。同样的，物质的风格特点又反过来不断地强化其精神（文化）的特点，最后达到物质和精神的完全融合。例如建筑，中国古代建筑中的对称设计，就是中国文化中庸和谐、不偏不倚、允当适度的体现。中国北方四合院民居的布局更加体现其人伦关系。如长辈住上房、兄东弟西、女眷居住在后院等，就是儒家长幼尊卑这些人伦关系的物质体现。

（二）文化的特点

文化是一个复杂的系统，主要的特点是：

（1）文化是群体的。根据美国文化人类学家爱德华·霍尔（Edward Hall）的观点，文化是一个群体的生活方式系统，它是一群人的共享系统。文化不是某个人特有的，而是一群人代代相传后形成的一种相对固定的特质。虽然个人会在某种程度上对自己所处的文化产生影响，但是形成文化的力量却不在个人，而在群体。文化是在互动中产生的，文化就是因为群体互动而生的。

（2）文化是不能遗传的。任何文化都是人们在后天习得的和接受的，文化可以被创造，但不能通过遗传传给下一代。左撇子可以遗传，但不是文化；吃饭用筷子不是遗传的，却是一种文化。

（3）文化是综合的。孤立的文化是不存在的，任何一种文化都是多种文化要素复合的结果。如在建筑中，我们可以看到一种文化中多种因素的复合，如美学、哲学、绘画、科学技术等。

（4）文化是象征的。文化是由一系列象征符号构成的系统，也正因为象征，文化才有具体的展示，才有了能用于传播和交流的意义，世界也才有了意义。例如一种植物，我们中国人叫它"树（shù）"。于是，shù 这个声音就和这种植物建立了联系，它象征了这种植物。同样的植物，英国人把它叫 tree。在说英语的人群中，tree 就是指那种植物了。又如不同的颜色和动物，在各个不同的文化中，它们的象征意义也是不同的。如龙，在中国文化中显示出的是尊贵、威严、吉祥的正面意义；在西方文化中，龙却是邪恶、暴力的负面形象。

（5）文化是可以传递的。文化这些象征符号一旦被创造，就会被传递、运用、模仿。它可以代代纵向传递。例如中国人春节时贴对联的习俗已经传了上千年，今后肯定还将继续传下去。它也可以横向传递到周边国家，为其他文化所接受。又如红色交通灯代表停止前进是英国人的创造，现在已经传遍世界，被普遍接受。还有，不同文化创造出来的体育、艺术形式在世界范围内普遍传播，以及一些本为某一民族、某一文化专有的节日却被其他民族、其他文化所接受，都是文化传递的典型案例。

（三）主流文化和亚文化

主流文化（mainstream culture），又称官方文化，是一个社会群体中发挥主要影响，被最大群体认同的，受到政府提倡的文化。如某个国家、民族对于男女平等的看法和做法，对教育孩子的看法和做法，等等。

亚文化（subculture），又称小文化、副文化、集体文化，是大的文化中由于不同阶层、职业、地域、年龄、性别等差异而形成的小的群体文化。它们属于主流文化所代表的那个大群体，如军队文化、校园文化、城市文化、农村文化等；他们可能有单属于自己的观念和行为，有时还可能会与主流文化有很大的不同。

（四）高语境文化和低语境文化

爱德华·霍尔在1976年出版的《超越文化》中提出高语境（high context）文化和低语境（low context）文化的概念。简单地说，高语境文化中，说话者的言语或行为的意义更多地依赖说话者当时所处的语境来表达，信息被包裹在语境之中，甚至语言本身有时都变得不那么重要。说话者的意愿和情感通过环境、场面、气势、过程，也就是通过语境表达出来。如帝王高高在上的威严和臣子匍匐在地的架势已经明示二者的地位。

低语境文化恰恰相反，交际双方关注的是双方交流的内容，一切信息都需要用语言或其他交际信号清楚明示，没有弦外之音，直截了当，不需要太关注语境。中国、日本、阿拉伯等属于高语境的国家，而斯堪的纳维亚国家、德国、瑞士等属于低语境国家。

（五）关于文化差异的维度

荷兰心理学家吉尔特·霍夫斯泰德（Geert Hofstede）提出了一个测量不同国家间文化差异的框架，这一理论被称为霍夫斯泰德文化维度理论，在世界上有广泛的影响。他从五个基本的文化价值观来考察不同文化间的差异：

（1）权力距离（power distance）。这个维度指某一文化中的人们，尤其是地位低的人们对不同人在社会的权力分配不平等的接受程度。

（2）不确定性规避（uncertainty versus avoidance）。这个维度指一个文化中的人们面对不确定的事件和风险时的回避程度，以及是否通过正式的渠道来避免和控制不确定性。

(3) 个人主义与集体主义 (individualism versus collectivism)。这个维度考察某一社会总体呈现出一个关注个人利益还是集体利益的倾向。

(4) 男性化与女性化 (masculinity versus femininity)。这个维度主要看某一文化是男性的性质偏多还是女性的性质偏多，同时考察社会中男女性质间的差异程度。

(5) 长期取向与短期取向 (long term orientation versus short term orientation)。这个维度指某一文化中的人们抑制当前需求，而将目标放在未来，接受物质、情感的满足推后的程度。

虽然用霍夫斯泰德理论考察各国的文化差异不够精确，带有明显的西方视角，但它毕竟给我们提供了对文化差异进行量化的工具，让我们不再笼统地分析文化的差异。从这点上看，其理论是有价值的。

二、关于跨文化交际

(一) 跨文化交际的过程

交际可以被理解成一个编码和解码的过程。首先，信息发出者将一系列文化元素进行编码，赋予自己的意愿、情感、思想，然后向信息接收者发出。信息接收者接到这一串编码后要进行解码，解码就是对接收到的这些象征符号进行还原或解释。在进行解码后，信息接收者还将向信息发出者进行反馈。这样，一次完整的交际就完成了。

在同一个文化中，编码通常可以被较好地解码，不会产生大的问题。但是在跨文化交际中，编码往往不能被很好地解码，最终造成交际障碍。例如两个中国人在菜市场相遇，一个人说："买肉啊。"另一个会自然地回答："是啊，女儿回来了，买点儿肉包饺子。"但你如果用同样的话问一个在菜市场买菜的德国人，他可能无言以对，不知道你想干什么。"买肉啊"这个编码里包含的"问候""寒暄"信息被错误解码。又如一位中国学生因为爷爷去世，他戴孝走进教室，同学们都会比较小心地保持分寸，不再像平常那样玩笑打闹。因为大家清楚地知道他身上那个黑色布条的意义，同学们解码成功，反馈得当。而如果他在美国的学校戴孝走进教室，美国同学们可能会嘻嘻哈哈跟他开玩笑，还有可能打趣他衣服上的黑色布条，美国同学的解码不成功，这次跨文化交际失败。

(二) 言语交际

语言是人类最重要的交流工具，言语交际是用语言来向对方表达我们的意愿、情感的方式。言语交际主体在言语交际活动中会根据交际对象、交际环境等因素选择最合适的言语方式，并在交际过程中随时调整自己的言语行为，以完成交际任务，达到交际目的。成功的言语交际者可以通过言语清楚地传递出信息，清楚地展示自己想要营造的形象，让交际对象产生预想的感觉。

不成功的言语交际者就是"不会说话"，言语中传递错误信息，导致交际失败。言语交际受文化影响很大，不同的文化有不同的言语交际形式。黎天睦举过几个例子，很能说明问题。一个例子是说某领导人在某单位一个庆祝会上说："大家要努力工作，把工作做得更好……"这样的话中国人听起来没问题，可一个美国人听了会有这样的感觉："你怎么敢在这样一个愉快的时刻批评我们工作做得不好，借机骂我们！"还有一个例子是说一个人冬天见了朋友，说："你该多穿一点儿。"在中国人看来是关心，可这句话英文的意思是："你还是个孩子，糊里糊涂的，不知道穿衣服，我来关心你一下。"同样，中国人的问候"你去哪儿？""怎么这么早？"，给外国人的感觉是过分关心他的私事，会引起怀疑（黎天睦，1987）。

海姆斯（D. Hymes）认为"不得体"就是交际能力的缺失，也是"语法"的错误。

（三）非言语交际

非言语交际是不借助言语进行的交际行为。通常人们通过举止、语调、表情、目光、接触等身体语言进行交流，甚至通过停顿、沉默、空间距离来传递某种信息。除此以外，借助符号也能进行交际，如旗语、信号等。非言语行为在信息沟通中作用巨大，可以修饰言语交际行为，起到加强、削弱或否定言语交际的作用；在某些情况下，还可以直接代替言语交际，完成言语交际所达不到的目的，"此时无声胜有声"。有研究显示，只有7%的信息由言语传递，93%靠非言语来传递。如David Abercrombie 所说："我们用发音器官说话，但我们用整个身体交谈。"（陈观瑜，2001）。

非言语交际有更鲜明的文化特点，不同文化间的非言语交际形式差异很大。同时，非言语交际语义模糊，容易受干扰，传递的信息往往不够明晰，这些特点我们也要注意。

下面列举几种非言语交际的形式：手势、姿态、服饰、眼神、表情、体距、触摸、音量。

1. **手势**

需要注意的是，不同的手势在不同文化中有不同的意思。中国人认为手心向上招呼人是不礼貌的，如同召唤小狗或挑衅；但在其他一些文化中手心向上招呼人并没有这个意思。竖起小拇指，中国人表示的是鄙视，日本人表示与性有关的事。西方普遍用竖起中指表达性交，这个中国原本没有的手势近些年也在中国流行开来，甚至有足球球员在比赛中因为向观众做出这个手势而受到批评处罚。

握手这个世界上普遍的示好方式泰国的乡村人就相当反感。英国人忌讳四人交叉式握手，据说这样会招来不幸。这可能是因为四个人的手臂正好形成一个十字架的原因。

2. 姿态

身体姿态也有很强的文化色彩。如英国人忌讳有人用手捂着嘴看着他们笑,认为这是嘲笑人的举止。

美国人忌讳有人在自己面前挖耳朵、抠鼻孔、打喷嚏、伸懒腰、咳嗽等,认为这些都是不文明的,是缺乏礼教的行为。若喷嚏、咳嗽实在不能控制,则应头部避开客人,用手帕掩嘴,尽量少发出声响,并要及时向在场人表示歉意。他们忌讳有人冲他们伸舌头,认为这种举止是污辱人的动作。

在泰国,地位较低或年纪较轻的人,应该主动向地位高和年纪大的人致合十礼。泰国人忌讳有人盘足或把两腿叉开而坐。他们忌讳有人用脚踢门或用脚指东西,认为这是有伤风化和不礼貌的举止;忌讳别人拿着东西从他们头上掠过,认为这是极不礼貌的举动,是有意的污辱;忌讳左手服务,认为左手不洁净,令人回想起肮脏的事情,甚至还会怀疑是不轨行为。

印度尼西亚同样不能用左手触碰食物。他们把左手视为肮脏、下贱之手,认为使用左手是极不礼貌的。

在接受别人的馈赠或服务(如倒茶、斟酒)时,中国人通常要起身致谢,而西方人一般都坐着不动。同样,东方国家普遍表示尊敬的鞠躬也并不是所有文化的通例。

3. 服饰

服饰在社交中有很重要的作用。客观地说,现代中国人对服饰在社会交往中的作用认识不足,不少人胡乱穿衣,身着T恤、牛仔裤出席盛宴(典礼、音乐会等)的情形时有发生,这在许多文化中都是失礼的。在有的国家,社交服饰是非常考究的,人们在不同的场合需要穿着不同的服饰。

有一次,非洲某国的住房部长在一家大旅馆里举行午宴,宴请我国某建筑公司在当地的工作人员。主人穿着整齐的西服,而我方人员的衣着却十分随便,很不得体。在场的我驻该国大使当即对此提出批评。

国外有一些比较讲究的餐厅、饭馆,谢绝服装不整的人入内用餐。有一些公共场所也禁止衣冠不整的人进入。剧院、音乐厅的要求更加严格。在国外,人们在收到宴会请柬时,经常会在请柬的左下角看到注有"正式的(formal)""非正式的(informal)"或"小礼服(black Tie)"等字样,有时也写着"随意(casual)"。这些都说明宴会主人对着装的要求。如果主人没有在请柬上注明对着装的要求,一般的人就会按通常的做法着装。宴会主人在请柬上对着装提出的要求,反映出主人对宴会性质的想法。

4. 眼神

在交往中,眼神也是很重要的方面。如美国人对握手时目视他方的举动很反感,认为这是傲慢和不礼貌的表示。西方人说话或倾听时习惯看着对方的眼睛,意味着尊重和礼貌;说话时不看着对方眼睛会被认为是无礼的。对于比较含蓄的东方人来说,要做到这一点是比较难为情的;因为如果我们长时间盯着一个人,这个人反而会有些不自在。

5. 表情

中国人含蓄、内敛,表情远没有西方人丰富。我们似乎更接受喜怒不形于色的含蓄方式。在我们的文化中,能控制自己的情感,展现给别人一个平静的表情是有修养和坚毅的体现。

《世说新语·雅量》有一个故事,说的是关系东晋王朝生死存亡的淝水之战,前秦国主苻坚大兵压境。东晋宰相谢安主持朝政,战事最紧急的时候他平静地与别人下棋;当侄儿谢玄大败敌军的喜讯传来,他却好像没发生什么似的。可见他控制感情的能力多么强。

我们这种表情上的含蓄跟西方文化鼓励坦白表现出内心情感的交际方式很不一样,我们要互相理解。

6. 体距

人和人的身体距离多远才让双方感到舒适,每个民族的标准是不同的。"私人空间"的原理告诉我们,当人过分接近时,会令人产生不快及焦躁感。"私人空间"变得狭小不足时,会产生压迫感,而使人不能冷静、客观地做判断,甚至会对侵犯者采取攻击态度。我们要了解和体会不同民族"私人空间"的界线。如欧美人同别人谈话时,不喜欢距离过近,一般以保持50厘米以上为宜;阿拉伯人交谈时的距离就近得多。爱德华·霍尔就说过人与人之间有四种空间距离:公众距离,可以达到360厘米;社交距离,120～360厘米;个人距离,45～120厘米;亲密距离,45厘米到零。超过和没有达到合适的身体距离都会感到不舒服。欧美人心理的"私人空间"范围比中国人大,距离也远一些。中国人的文化心理状态使他们将自身空间范围仅局限于身体的本身,范围较西方人小,距离也较西方人近。

曾有一个留学生说,在中国最可怕的不是厕所的肮脏,而是排队时大家紧密地挤在一起。

7. 触摸

虽然中国人舒适的身体距离和范围较西方人小,但是中国人的身体直接接触却没有西方人多。西方人拥抱、接吻是每日的例行公事,他们也更多地用触摸的方式表达自己的情感,如亲人、朋友间用拥抱表示关怀和爱护。中国人就很少拥抱。成年人的拥抱相当少见,父母与成年子女也很少拥抱。但是,中国人的另一些身体接触方式,如男性间的手拉手和身体接触,会让西方人感到尴尬。

中国人也常常喜欢把触摸孩子的头当成一种喜爱,这在一些文化中很忌讳。泰国和印度尼西亚忌讳触碰任何人的头部,即使是对小孩子。因为头颅被视作人体的最高部分,随便触摸别人的头部就是对他的一种极大的侮辱。泰国人也讨厌西方人平时生活中的拍拍打打的举止习惯,认为这是有伤风化的。

8. 音量

人在不同的交际场合，与不同的交际对象交谈时，音量是不一样的。而不同的音量在某种程度上表现出说话人的修养和态度。在跨文化交际中，对语音的控制要十分留心。西方在语音方面的基本礼仪规范是：与别人进行交谈时，尤其是在大庭广众之前与别人进行交谈时，必须有意识地压低自己说话时的音量；说话的声音最好是低一些，轻柔一些，只要交谈对象可以听清楚即可。在交谈时，特别是在公共场所里与别人交谈时，如果粗声大气，不仅有碍于他人，而且也说明自己缺乏教养。一些中国人在公开的社交场合声音比较大，显得有些吵闹，这有失身份，要注意克服。

总之，每个文化都有自己的交际模式，有约定俗成的习惯，对此我们要有清楚的认识。我们不能以一个民族的文化生活习俗和道德标准去衡量另一个民族的同一行为现象。对于历史文化现象，只要是这个民族习惯的、接受了的东西，应该看作一种正常现象。

（四）文化休克

"文化休克"，又叫"文化震荡""文化震惊"（cultural shock），是 1958 年美国人类学家奥博格（Kalvero Oberg）创造的一个概念。文化休克指一个人身处一个不熟悉的文化环境之中，由于失去了自己所熟悉的文化象征符号和社会交流手段，尤其是语言交际能力的丧失而产生的一种失落、紧张、迷失、沮丧、排斥、无助乃至恐惧的感觉。具体表现是他感觉在这个文化中失去了社会身份，自我认同和人格被降低，生存的能力大打折扣，无能为力。他感觉在这个文化里情感无所依托，于是厌恶周边环境，情绪焦虑低落。

文化休克包括蜜月阶段、沮丧阶段、恢复调整阶段、适应阶段等阶段。文化休克不是一种病，而是一种复杂的个人文化体验，个体差异很大，造成的影响也很不相同。有些人沮丧阶段可以非常短暂，而有的人会持续较长时间。这就需要我们在面临进入一个新的文化时要有所准备，预防文化休克带来的消极影响。有效的方法有很多，如：多了解新文化、新环境，提高自身的语言和文化应变能力，避免产生强烈的文化休克；乐观自信，开放胸怀，在新文化环境中积极参与社会活动，改善人际关系；寻求可靠有力的支持系统，如各种组织或团体、亲朋好友的支持鼓励。

（五）文化适应模式

Brown（1980）从第二语言习得研究的角度对"文化适应"做出了定义，指出"文化适应"是指学习者逐渐适应新文化的过程。"文化适应模式"（Acculturation Model）的基本假设是：第二语言习得只是文化适应的一个方面，一个学习者对目的语社会文化适应的程度将会决定他习得第二语言的程度（Schumann，1978）。该模式通过社会距离的八个因素和心理距离的四个因素来分析和阐述文化适应的程度。

1. 社会距离因素

社会距离关注的是二语学习者群体和目的语群体的社会关系，包括：

（1）社会主导模式，指二语学习者群体与目的语群体的平等程度（分主导、从属、平等三种情况）。一般认为，两个群体处于平等关系更有助于二语水平的发展。

（2）融合策略，指二语学习者群体对目的语文化采取的态度和做法（包括同化、保留、适应）。当二语学习者接受目的语群体的生活方式和价值观（即同化）时，二语习得效果最好。

（3）封闭性，指目的语所在国在社会设施（学校、医院、娱乐场所）等方面的封闭程度。如果二语学习者群体和目的语群体能共享的社会设施多，封闭性低，则会创造更好的习得环境。

（4）凝聚性，指二语学习者群体内部成员的紧密度。如果二语学习者紧密程度过高，社交圈子过于局限在群体内部，则不利于与目的语群体的交流，会阻碍二语水平发展。

（5）二语学习者群体规模。群体规模越小，越不容易形成内部聚集，有利于二语学习者融入目的语群体。

（6）文化一致性。二语学习者群体与目的语群体文化一致性越高，越有利于二语习得。

（7）群体态度。二语学习者群体对目的语群体持正面态度，有助于二语习得的发展。

（8）打算居留时限。打算在目的语群体所在国长期居住的二语学习者可能更主动融入目的语群体，语言习得更快。

2. 心理距离因素

心理距离关注个体学习者对目的语群体的整体情感因素，与个体学习者对学习任务的适应程度有关，包括：

（1）语言休克，指二语学习者使用目的语时感到害怕、恐慌。

（2）文化休克，指二语学习者在接触目的语文化时的焦虑和不安。

（3）学习动机，指二语学习者学习目的语的目的以及为实现该目所做的努力。

（4）自我渗透性，指二语学习者语言自我（language ego）的僵化程度。语言自我是指二语学习者在母语习得过程中逐渐形成的具有保护性的心理屏障。如果二语学习者语言自我渗透性弱，无法打开心理屏障，就很难吸收新的语言信息，从而抑制二语水平的发展。

社会、心理距离太大，学习可能停滞不前，语言形式"皮钦化"。Schumann（1978）记录了一位成年西班牙人在美国习得英语的过程。由于社会距离的阻碍，他的英语中充满皮钦语形式："no + 动词"，不倒装的疑问句，没有所有格、复数和特殊动词形态，等等。

第二节 价值观和文化

一、价值观和道德标准

文化最根本的差异实际上就是价值观的差异,是不同文化对宇宙、社会、人生看法的差异,是对真、善、美定义和判断的差异。世界上许多冲突说到底是价值观的冲突造成的。我们不否认不同文化的人可以有共同的情感和道德,也会有一些相同或相似的价值观;但我们同样也要承认,不同文化的人,价值观可能存在很大的不同。

华盛顿国际中心主任、纽约大学教授罗伯特·科豪尔斯(L. Robert Kohls)在《美国人的生活价值观》(1995)一文中将美国人所有的价值观总结成十三类,并与其他一些国家的价值观做了对比:

美国的价值观	另外一些国家的价值观
人定胜天	命中注定
变化最好	传统最美
争分夺秒	清静无为
平等公正	等级地位(崇拜权威)
个人主义	集体利益
一切靠自己	讲出身血统
竞争第一	合作为上
展望未来	回首往事
积极行动	尊重现实
不拘小节	一本正经
直接、开放、诚实	迂回、规矩、面子
现实主义	理想主义
追求物质享受	崇尚精神安慰

这种对比是有意义,至少让我们多了一个观察不同文化的角度。文化的不同导致了价值观和道德标准的不同。跨文化交际中最常见的问题就是,人们常常会认为自己的价值观"天然优越",本能地将其作为评判其他文化价值观的标准。在汉语国际推广中,当我们与不同文化的学习者交往时,就要了解到双方存在的差异。例如,你因为客气和顾忌面子,没有正面回答他的咨询和意见,没有明确表达你的看法和建议,这样你可能会被他认为是没有意见,甚至是缺乏见解;同样,当他直接、公开地表达对你某个见解的不同意见,你不要认为他是有意冒犯,而对他心存芥蒂。这其实是两种不同文化的价值观和道德标准造成的,我们对此要有心理准备。

二、历时文化和共时文化

文化是在不断发展变化的。虽然文化发展有很强的连续性，不容割断，但我们更应该注意现实的文化特性，不能把"三纲五常""割股疗亲"当成现实中国的文化主流和取向。

在进行中国文化教学时要特别注意历时文化和共时文化的区别。历时文化是"从纵的方面考察某一文化或文化现象的起源、发展、演变，它的阶段性和规律性"，共时文化是"从横的方面考察某一文化或文化现象在某一历史阶段的表象和特征"。"跟第二语言教学密切结合的，主要是当代共时文化。原因是，语言教学的主要目的是使学生用目的语进行有效的交际。脱离当代共时文化的教学对实现这一目的没有多少帮助。"（周小兵，1996）

美国一位华人祖父给孙子讲二十四孝中的"恣蚊饱血""割股疗亲"的故事，结果孩子们捂住耳朵不听。孩子们认为，中国人的祖先太虐待自己的孩子，而孩子没有人权，太可怜。就算在今天，很多关于中国的文学作品、影视作品还是古代的内容，造成外国人心目中的中国人还都是百年前留长辫、穿马褂的形象，这是需要改变的。

作为国际汉语教师，应该多讲在文化接触中已经发展变化了的中国当代文化，多讲今天的中国，多讲当代中国社会中的交际习惯和礼仪规则。只有这样，才能让学生把学到的东西用于真实的交际之中，跟当代中国人进行有效的交际。

第三节　汉语教学中的文化教学

汉语教学中的文化教学有两方面的内容：一是语言教学中的文化教学，即包含在汉语技能教学中的文化教学，如语言技能教材中包含的文化内容、语言本身所包含的文化内容等；二是文化课教学，即以文化本身为教学内容的教学，如"中国概况"课程的教学、中国饮食文化的教学等。

语言技能课中的文化教学和文化课教学的性质不同，所承担的任务也不同。一般来说，对初级水平的学生应该实施语言教学中的文化教学，辅之以文化体验；对中高级水平的学生则可以实施专门的文化课教学。

一、语言技能教学中的文化教学

语言技能课的主要任务是通过听、说、读、写等技能和语言运用能力的训练来培养交际能力。交际能力的培养需要借助一定的语言材料，而语言学习材料就必然包含文化内容，通过学习，学生就能对这些语言材料包含的文化内容有所了解。但语言技能课的中心不是文化教学，当然也不能系统学习文化知识，语言课上语言技能为教学重点的原则不能改变。

语言和文化有密切的关系，但并不等同，它们有各自的特点。在语言教学中要注意文化教学，但不要把什么都和文化联系起来。我们要特别留意的是那些在跨文化交际中因文化差异而造成的交际障碍和语言现象，更多的是要注意语言教学中的文化现象和文化差异，用公平客观的态度，通过对比的方法进行文化内容的教学。

二、文化课教学中的文化教学

文化课的主要任务是系统学习文化知识，这是为高年级和汉语言本科学生开设的专门课程。这些课程可以包括以下方面的内容（国家汉办，2015）：第一，中国文化与中国国情。要求教师"了解中华文化基本知识、主要特点、核心价值及当代意义。了解中国的基本国情。了解当代中国的热点问题"。第二，世界文明与中外文化比较，要求教师"了解世界主要文化的特点。尊重不同文化，具有多元文化意识"。当然，如果在海外，学习者汉语水平不够，也可以使用学生母语介绍相关知识。第三，中华才艺介绍。要求教师"掌握相关中华才艺，并能运用于教学实践"。

三、文化教学对教师的要求

不管是语言教学中的文化教学还是文化课教学，都对教师有较高的要求。根据《国际汉语教师证书考试大纲》（国家汉办，2015），中国文化与跨文化交际课程对教师的要求可以分为四个部分：①了解中华文化基本知识，具备文化阐释和传播的基本能力；②了解中国基本国情，能客观、准确地介绍中国；③具有跨文化意识；④具有跨文化交际能力。当然，要很好地进行中国文化教学，对教师运用学生母语的能力同样有较高的要求，尤其在海外，要求"能使用任教国语言或英语进行交际和教学"。

教师要有正确的跨文化交际意识和较强的跨文化交际能力，要有比较广阔的国际视野和对国家大政方针的了解。尤其在汉语国际教育呈现全球化的今天，更多的汉语教育是在非目的语的环境下进行的，这对我们从事汉语教学的教师和志愿者来说，显得更加重要。国际政治、社会热点、科学发明、人文历史、地方风俗、时尚名人、娱乐体育，都要求我们关注留心。对你所教学生的国家有一个基本的了解，至少不要犯常识性的错误；在政治、宗教、个人隐私这些方面更要保持高度敏感，不要做伤害学生感情的事情。

四、文化教学的基本内容

（一）中国历史介绍

在语言学习中介绍中国历史跟中国历史课不一样，我们并不需要学生去记忆我们的历史年表，也不需要学生去接受我们的历史观和价值观。但是我们可以在语言学习中穿插历史。中国是历史悠久的文明古国，历史故事、寓言、传说数不胜数，其中有非常多的材料非常适合进行语言教学。

介绍历史最好从学生已知的知识开始。例如，由象棋上的楚河汉界联系到楚汉相争，一个简单版的楚汉相争的故事里就有很多可以说的材料。初级的学生可以听简单的故事介绍、复述、复写故事；中高级的学生就可以在这个故事里学到诸如"四面楚歌""鸿门宴""项庄舞剑，意在沛公""约法三章""韩信点兵，多多益善""成也萧何，败也萧何"等汉语熟语。我们要善于利用电影媒体等资料，如用流行、著名的电影进行教学，往往会事半功倍。如《英雄》《霸王别姬》《鸿门宴》《赤壁》等，就很能引起学生的兴趣。更进一步，可以给学生讲李清照的"生当为人杰，死亦为鬼雄；至今思项羽，不肯过江东"，并把故事引申到更深的历史、文学知识的介绍，引向对中国观念文化的介绍，就更有价值了。许多日本、韩国、越南学生对中国历史都有一定的了解，我们要善于利用这一点。

介绍历史要有趣味性。中国历史很多时候故事性很强，画面感也很强，可以很好地加以运用。如楚汉相争时的萧何月下追韩信、鸿门宴、乌江自刎，明末清初的吴三桂引清兵入关等，都非常有趣。

介绍历史要针对不同学生采用不同材料，让他们容易接受，乐于接受，让学生在有趣的故事里接受和了解中国文化、中国历史，进而对中国文化的内在精神也有所理解。

（二）中国国情介绍

中国国情主要指向学生介绍当代中国的政治、经济、社会、教育、文化、法律等知识，这是文化教学的重要内容。随着中国影响力的提升，越来越多的外国人开始比较多地接触中国文化。教学中我们要利用一些现实的事例来展示"中国治理""中国经验"的成功。如介绍改革开放给中国带来的巨大进步，通过电子产品、电子商务、高铁建设这些具有世界级水平的成就形象地展示中国的发展。

特别要利用一些政治观点中性、在国外有一定影响的主流媒体材料，以及学者、政治家有关当代中国的积极评价来介绍中国文化，这样学生更容易接受。

（三）中国地理介绍

地理可能是最现实和最有用的中国情况介绍了，学生一般比较感兴趣，掌握好了地理知识对了解其他中国文化很有帮助。因此教师要利用学生的兴趣来介绍中国地理知识，并由此介绍相关的中国文化知识。

例如地名介绍，为什么叫"湖南""湖北""山东""山西"？什么湖的"南""北"，什么山的"东""西"？学"东西南北"，学"东南、东北、西南、西北"，学各省市的名字，学省会的名字。介绍各地的基本地理特点，"干燥""潮湿""高原""平原",介绍那里的语言、民族、饮食、经济。如果在假期前后,可以向学生介绍中国的旅游景点。

(四) 中国民俗介绍

中国人口众多,地域辽阔,各地、各民族风俗千差万别,我们要充分利用大量鲜活有趣的材料进行教学。一般来说,可以从节庆、饮食、婚丧、语言、艺术等多个方面来介绍民俗。要注意的是,民俗的介绍不是为介绍而介绍,要为语言学习服务,不能脱离学习者的语言水平。正如《国际汉语教师证书考试大纲》所说:"能通过文化产品、文化习俗说明其中蕴含的价值观念、思维方式、交际规约、行为方式。能将文化阐释和传播与语言教学有机结合。掌握相关中华才艺,并能运用于教学实践。"(国家汉办,2015)

例如,介绍中国饮食,就可以顺便把"炒鱿鱼"这个惯用语给介绍了;讲旧时结婚的吹吹打打,就把"吹喇叭,抬轿子"给介绍了;"鬼门关""阎王殿"正好介绍中国人的传统鬼神观;"老皇历"就可以引出中国历法。总之,"能以适当方式客观、准确地介绍中国"(国家汉办,2015)。

文化教学的内容远远不止这些,它贯穿在语言教学的整个环节。所以,中国文化教学的活动不是仅仅局限在教室和教材里,教师要积极主动地用符合学生学习习惯的方法来进行设计和教学。无论在国内还是国外,教师都可以灵活运用各种方法,尽量调动学生学习的兴趣。总之,就是要善于用最能被人接受的方式讲述"中国故事"。

第四节 跨文化交际与文化教学的基本态度和方法

一、对不同文化的基本态度

(一) 反对民族虚无主义和文化沙龙主义

对自己的文化要有深入的理解,要客观、真实、公正。中国文化灿烂、辉煌,但其中也有糟粕的东西。我们必须认识到,"没有十全十美的文化。文化整体的不可褒贬,……我们相信人类存在着对于美与丑、真与伪、善与恶的'共同感觉'(Common Sense)。人们完全有理由批评各种不文明的现象。……如果人们连这点批评的勇气都没有,那么文化的交流与沟通也同样是不可能的"(李铭建,1990)。鲁迅、柏杨对中国文化中的丑陋现象的批判可以作为我们客观、公正评价中国文化的材料。教师应该给学生一个客观的形象,要敢于批评中国文化中的糟粕,对于中国文化存在的不足要勇于承认,因为每个社会都会有这样那样的不足,不必忌讳,但原则问题要旗帜鲜明。教师的客观能培养学生的信任感,一种信任的关系对教学是有利的。

(二) 注意文化教学内容的现实性和可接受性

要注意向学生展示我们现实的文化风貌,不要把明显落后于时代的文化内容当成中国文化的特点来介绍。同时,要避免空洞的政治宣传和道德说教,要注意寻求中国文化中那些包含人类共同感情的东西,不要把中国文化(包括政治观、价值观、道德观)强加在学生身上。

教师一定要有一个宽容的文化观,中国文化本来就是在兼容并包、博采众长中发展起来的。我们历史上就接受了大量的外来文化,唐朝的开放气度使它成为当时世界上最先进的国家。在中国历史上,由于宗教、文化冲突而导致战争的情况并不多见,这跟世界上其他国家的情况很不相同。西方历史上十字军的东征等宗教战争此起彼伏,直至今天还硝烟未了。中国近代开始闭关锁国,反而导致国家的落后与衰弱。今天中国的巨大成就得益于改革开放,也要求我们以一个更开放的态度对待外来文化。

同时,我们也要能妥善处理涉及中国国情方面的敏感话题。在大是大非的问题上要坚持原则,对一些不能接受的观点和文化也要坚决抵制,如对中国的恶意诋毁以及"台独""藏独""疆独"等问题,我们一定旗帜鲜明,维护国家民族利益。

(二) 有跨文化交际的意识

跨文化交际与文化教学要注意对文化差异的认识,尊重不同的文化。理解和宽容由于文化不同带来的冲突。由于老师和学生来自不同文化背景,通常会遵循不同的价值判断标准和行为准则,对同一事物就可能采取完全不同的态度和行为来应对,结果就会导致师生之间、学生和学生之间发生文化的冲突。对此我们要有心理准备和应对的方法。

对教师而言,对不同文化的学习者进行中国语言文化的教学,要特别注意学生的文化背景,要对学生国家的法律规定、价值观、风俗文化、宗教信仰、语言与沟通的方式有所了解。同时,教师要具有较强的跨文化交际能力和灵活处理问题的能力。教师不能以自己文化的立场和价值观为标准去评判别人的文化,要充分尊重文化的多元性和不同的文化。

要正确认识国外汉语学习者对中国的认知程度。2015年6月8日,中国"首都文化创新与文化传播工程研究院"发布了该院年度成果报告《外国人对中国文化认知与渠道调查》。该报告称,中国形象正在被越来越多的外国人认可,但中国文化的被认知程度整体偏低,74.2%的外国人对中国文化符号认知程度为不及格,仅有6%的外国受访者对中国文化符号认知程度为优秀。① 事实上,很多外国人心目中的中国人还是早期

---

① 《人民日报》2015年6月8日。

电影中那种人人会功夫、个个留辫子的形象。

在这样的情况下，教师就要根据学生的实际情况，有效地、正确地传输中国文化的知识，培养学习者对中国的正确认识。

二、文化教学的方法和材料

（一）灵活处理跨文化交际中产生的问题

有一个在美国任教的汉语教师提供的案例（刘逸云，2017）是这样的：

有一天学习"男女平等"这一课。学完后我就挨个儿问他们，在家里是你做饭还是你女朋友做饭呀？是你爸爸还是你妈妈做饭呀？有的回答说我做，有的说我女朋友或者男朋友做，我就引导他们这就叫男女平等。当我问一个男生这个问题时，他说："我爱人做饭。"我问："你结婚了吗？"他说："没有。"我说："没结婚不能叫爱人，那是你女朋友。"他突然说："老师，是男朋友。"这时全班都安静了下来，我也愣了一下。我马上说：那这样就叫做人人平等。所以我们不但可以说男女平等，也可以说人人平等。本来准备笑的几个学生也不笑了，就继续正常上课。

这个教师处理得非常得当，在遇到问题，尤其是遇到与我们的道德认知非常不同的问题时，没有大惊小怪，而是巧妙地化解。

（二）应用现身说法和对比法启发学生思考

教师应正视由于文化不同而产生的偏见乃至冲突，正确应对，而不是选择忽视或逃避。比较好的做法是，教师应先行预想到可能出现的问题，准备比较合适的回答，在回答中以个人作为例子现身说法，拉近与学生的距离。因为教师就是一个中国文化的代表，而且是一个正面的代表。对比的方法往往也能起到非常好的效果。

例如，教师可能常常会被问及"中国人吃猫吃狗吗"这样的问题。可以这样回答：世界上不同的国家、不同民族的饮食习惯不同，有的吃狗肉，有的不吃狗肉，吃狗肉的习惯不止中国有，越南、韩国和别的国家也有；就算在中国，也不是每个地方的人都吃狗肉，很多地方就没有这种习惯。像老师自己，从来不吃狗肉；家里也养了小狗，老师很喜欢它。这样的应对就很恰当。

一些国家的美食，如蜗牛、昆虫，在另一些国家人的眼里却很恶心、恐怖，其实都是文化差异造成的。要了解这些差异并将其适当地运用到教学中去，引导学生进行思考，了解到自己文化中的某些做法对其他文化来说也是很难理解的，这样就能建立起跨文化交际的意识。教师要"能自觉比较中外文化的主要异同，并应用于教学实践"（国家汉办，2015）。

(三) 教材应多采用当代的内容

目前的汉语教材中，有不少教材古代知识文化的比例太大，三皇五帝、三山五岳，厚古薄今，语言艰深，这是很不适合的。比较好的做法是做到"三个平衡"：

（1）传统文化与现代文化的平衡。古代文化固然重要，但文化教学的内容应该和现实生活紧密结合，否则文化教学就失去了最重要的意义。文化教学要做到"学以致用"。如果教材中学生感兴趣的当代话题很多，题材实用性较强，学生会比较喜欢，因为学了能用。

（2）知识文化与观念文化的平衡。这也可以说是知识和理解的平衡。记住大事年表、年节习俗由来、名人生辰功绩乃至城市的特产是需要的，但我们更希望学习者对中国文化的精神、中国人的价值观有所了解，了解中国人交际文化产生的根源，起到追本溯源的作用。教材中要注意引导学生思考和观察中国文化在日常生活的表现，而不是记住了某一个年代和人物。

（3）语言技能和文化内容的平衡。汉语教材，不论是语言教材还是文化教材，都应该十分关注学生的语言能力和接受程度，尽可能降低语言难度。以往自我陶醉的那些充满"文采"的妙语诗篇并不一定适合汉语国际教育的文化教学，胡适关于新文学的"八不主义"的一些观点同样适用于汉语教材的编写和使用，如"不用典""不用套语烂调""不重对偶，文须废骈，诗须废律""不摹仿古人""不避俗话俗字"等。理想的教材应能有效地提高学生的语言交际能力，又能让学生从中学习到目的语中蕴含的文化并能实际运用。

另外，文化教材还应根据学习者水平、特点和课文内容的设置、要求，科学地设计练习，以帮助学习者理解、巩固、应用跨文化交际能力和文化知识。

思考与练习

一、知识题

1. 什么是文化？它有什么特点？
2. 高语境文化和低语境文化在交际上有什么区别？
3. 如何理解跨文化交际中的编码和解码？
4. 非言语交际中交际障碍如何产生？
5. 如何克服文化休克？
6. 如何在跨文化交际中处理各民族不同的价值观和道德标准？
7. 中国是一个文明古国，如何对外国人进行中国文化教学？
8. 文化教学不能"厚古薄今"的理由是什么？

二、分析题

请用本章所学习的知识，分析下列数据，并得出结论。

1. 下面是日本两种职业的月收入。你从中看到了日本文化有哪些方面的特点？请说明。

妇科医生平均月收入：20 岁为 100 万～130 万円（相当于人民币 5.9 万～7.7 万元），30 岁为 120 万～150 万円，40 岁为 140 万～210 万円；

知名出版社编辑平均月收入：20 岁为 20 万～40 万円（相当于人民币 1.2 万～2.4 万元），30 岁为 25 万～50 万円，40 岁为 30 万～70 万円。

2. 盖洛普国际调查联盟 2015 年 3 月公布了一项国际舆论调查结果。针对"是否愿意为国而战"这一问题，参加调查的有 64 个国家和地区的民众。下面是部分国家民众愿意参战的比例。排除政治因素，请根据数据对这些国家文化中某些方面的特点进行分析。

摩洛哥 94%	斐济 94%	巴基斯坦 89%	越南 89%
中国 71%	俄罗斯 59%	美国 44%	韩国 42%
法国 29%	英国 27%	德国 18%	日本 11%

3. 据国际货币基金组织、世界银行和美国中央情报局 2015 年度《世界概况》显示，世界上收入储蓄水平最高的 10 个国家和地区分别是卡塔尔、科威特、中国大陆、韩国、博茨瓦纳、挪威、尼泊尔、中国台湾、土库曼斯坦和印度尼西亚。研究数据显示，人均 GDP 高并不意味着就有更高的储蓄率，人均 GDP 低的国家储蓄率往往超过人均 GDP 高的国家。美国是人均 GDP 最高的国家之一，但也是储蓄率最低的国家之一。排除其他因素，请从文化角度分析其中的原因。

4. 一位在美国生活工作了很多年的华人讲了这样一个故事：我刚到美国时，一位美国同事在听到我的建议时，总爱说"it's a no-brainer"。我想，"no-brainer"就是"无脑人"吧？不就是在说我的建议傻吗？我有点儿不高兴，于是就向我的老板反映同事对我不尊重。老板听后先是一头雾水，进而是吃惊。当我把原委详细向他描述后，老板大笑着向我解释，那个同事不是说我的建议傻，而是很赞同，因为"no-brainer"的真实意思不是"无脑人"，而是"理所当然，容易理解"，没有丝毫贬义。请从文化角度分析"我"的误会是如何产生的？

5. 下面是两本面向外国学习者的中国文化教材目录。请根据教材目录，对比不同教材的文化内容（共时、历时，知识、观念、交际文化）等的比例，从外国学习者和跨文化交际的角度评价相关教材的特点和优劣。

教材一	教材二
第一章　中国的国土	第一章　中国文化界说
第二章　中国的历史	第二章　中国文化的生成背景
第三章　中国的人口	第三章　中国文化的发展历程
第四章　中国的民族	第四章　中国的传统思维方式
第五章　中国的政治制度	第五章　中国的传统伦理道德
第六章　中国的经济	第六章　中国的语言文字
第七章　中国的科技	第七章　中国的古代典籍
第八章　中国的教育	第八章　中国的传统文学
第九章　中国的传统思想	第九章　中国传统艺术
第十章　中国的文学	第十章　中国的传统民俗
第十一章　中国的艺术	第十一章　中国的传统宗教
第十二章　中国的习俗	第十二章　中国的传统教育
第十三章　中国的旅游	第十三章　中国的传统科学技术
第十四章　中国的国际交往	第十四章　中国文化与中国的现代化

本章参考文献

[1] 布拉德福德·霍尔. 跨越文化障碍 [M]. 麻争旗，等译. 北京：北京广播学院出版社，2003.
[2] 陈观瑜. 谈用非言语行为优化英语课堂教学效果 [J]. 广西民族学院学报，2001（3）.
[3] 孔子学院总部/国家汉办. 国际汉语教师证书考试大纲 [M]. 北京，人民教育出版社，2015.
[4] 国家汉语国际推广领导小组办公室. 国际汉语教师标准 [M]. 北京：外语教学与研究出版社，2007.
[5] 黎天睦. 现代外语教学法 [M]. 北京：北京语言学院出版社，1987.
[6] 李铭建. 中国文化介绍的取向 [C] // 中国对外汉语教学学会. 中国对外汉语教学学会第三次学术讨论会论文选. 北京：北京语言学院出版社，1990.
[7] 刘逸云. 访谈式教学的作用与具体实施 [C]. 首届"欧洲汉语教育学科建设——机遇和挑战"国际研讨会论文. 布达佩斯：罗兰大学孔子学院，2017.
[8] 罗伯特·科豪尔斯. 美国人的生活价值观 [N]. 张世涛，译. 西南经济日报，1995-05-26.
[9] 卢伟. "祝颂"言语行为的英汉对比 [J]. 厦门大学学报，2002（3）.
[10] 张红玲. 跨文化外语教学 [M]. 上海：上海外语教育出版社，2007.
[11] 周小兵. 第二语言教学论 [M]. 石家庄：河北教育出版社，1996.
[12] 朱勇. 国际汉语教学案例争鸣 [M]. 北京：高等教育出版社，2015.
[13] Brown H. Principles of language learning and teaching [M]. Englewood Cliffs, NJ: Prentice Hall, 1980.

[14] Schumann J. The pidginization process: A model for second language acquisition [M]. Rowley Mass: Newbury House, 1978.

附　录

美国外交学院《汉语能力标准·文化》

初级：相互交谈的能力有限。举止美国式。可能考虑到但却未表现出自己同老师和其他地位高的人之间身份的差异。不了解所学的少量动词短语要有身体动作伴随。受别人注目恰好增长个人的自负心理。认为在餐桌上剔牙、吐痰、在街上擤鼻涕、吃饭出大声等举止不合本国文化习惯，并为此感到吃惊。如前所示，听说技能有限。可能掌握一些简短套语。一般说来，缺乏日常生活所需要的文化知识。

中级：具有应付基本生活需要的能力，其文化修养能够应付所熟悉的基本生活情境，能够应付跟某些中国人的交际，这些中国人经常跟外国人打交道，有跟外国人交际的经验。了解有限的举止方式，但感到这些方式不够自然，难以见诸行动。对同性朋友的手牵手等身体动作感到不舒服；但不十分清楚对异性的这类举止是不得体的。用不适当的动作表示真诚和友谊，如拍对方的背，对方则认为是一种威胁或侮辱。了解较常用的社交用语，如"早""再见"，但对在较正式的场合下的社交用语不熟悉。语言反应欠妥，如当别人称赞时说"谢谢"，有时还说"＊我贵姓……"之类的错句。过多使用简单套语，因受到挫折而容易发脾气。由于对一些应该接受的礼仪模式全然无知，可能对周围的工作人员表现得粗鲁无礼，或者根本是想炫耀自己的语言能力。不懂得作为主人或客人时的一些习惯，如：作为主人，尽管客人不肯说出自己的需要，仍要为客人准备可口的食物和饮料；作为客人，盘子和杯子里不能剩东西。在非正式会话中，对对方提出的有关年龄、工资等个人问题可以接受，但对此仍感到惊讶和不舒服。因错误而造成误解，因手势、身体动作的误用和文化上的错误假设而影响交际。

高级：具有一定的社交能力。在日常社交中，能够跟那些经常同外国人交往的中国人成功地交往。虽然本国文化仍占优势，但明晓异国的常见礼节规定、禁忌和敏感的问题。经常恢复使用美国惯用的社交方式，借以掩盖自己的无知或避开自己还没有掌握的社交方式。对持续不断的握手仍感到不舒服，但对请别人先进门、先坐下等礼节已不再感到是一种敷衍，而对敬烟、给别人点烟和其他中国人看来有助于建立和谐气氛的方式仍感到难以接受。对口语中使用的有关敬语和自谦之词的区别不敏感，因而在谈到自己所从事的研究工作时常用"研究"，而不用"学"。不了解社交礼仪的细微差别。如：怎样排餐桌座次，怎样敬酒（在正式宴请中独自饮酒是失礼的），适当的祝酒顺序是怎样的。知道作为主人，请客人先动手，但对给客人添菜加饭和其他周到、精微的招待方式运用得不够自如。知道同客人就共同感兴趣的话题有条理地进行友好的交谈，但在亲属关系、家长里短、社交的细微末节之类的集体交谈中很快就不知如何是好。知道主要客人必须第一个起座、宴请什么时候结束合适；也知道在中国客人不拖延时间，主要客人应该第一个告别。对柜台、门前明显的不排队和漠视美国文化中所定义的"个人空间"等现象感到心烦，但开始意识到所谓"个人""私有的"等概念主要存在于西方人的头脑中。

最高级：具有相当的社交和业务能力。几乎能够参加所有的社交和本人业务范围内的活动。可能出现某些不协调的情况，要么在社交场合中表现得太客气，要么在商业交易中表现得又太傲慢，因为其语言能力已超过其社交敏感性。能够不自觉地正确运用身体动作交往。知道怎样像中国人那样要求对方帮忙，坚持要对方接受礼物，熟练地运用社交礼仪规则。了解有关的社交习俗：在饭馆吃饭谁付钱，何时坚持自己付钱，要坚持到何种程度；也了解不在赠送礼物的人面前打开礼物，而对自己所赠送的礼物要说自谦之词"小意思"。对礼节仪式的使用并不过分，一般能够做合理的调整，取法于中。知道能够做何种请求、怎样用间接的非要求的方式做这种请求、如何根据需要恰当地拒绝这种请求。知道在多种场合下所使用的短语和表达方式，也知道如何恰当地使用。理解大部分非语言反应。能够领悟与该文化有关的幽默含义，并欣然而笑。在理解和表达中，有时会出现微小的失误，但不会引起严重误解，即使对方为不常同外国人交往的中国人，也不会误解。

接近中国人水平：具有全面的社交和业务能力。举止恰当，外语文化水平极高，基本上处于支配地位。恪守一条铭记在心的信条：文化知识是相对的，必须注意恰当行事。能够评议、劝说、谈判，提出观点，为贵宾口译，可描述和比较两种文化的特点。在这种比较过程中，可讨论地理、历史、制度、风俗、礼仪模式、时事和国家政策。理解绝大部分非语言反应，几乎通晓所有典故，包括历史和文学方面的普通典故。能够领悟大部分有关外国文化的幽默含义，并欣然而笑。可因场合不同，控制正式和非正式的举止表现。仅在文化背景知识方面，如童年经历、详细的区域地理知识和已发生的重大事件等，逊于中国人。

跟中国人水平一样：达到这一水平的受试者同在该语言文化环境中长大和受过教育的中国人难以区分。

（摘自黎天睦：《现代外语教学法》，北京语言学院出版社1987年版）

[下　编]

语言技能课教学

第十四章　汉语综合课教学

第一节　性质和特点

在国内高校汉语教学课程设置中，综合课有不同的称呼："基础汉语课""汉语精读课""读写课"等。这从一个侧面反映出对外汉语教学界对这门课的认识、理解不尽相同。《高等学校外国留学生汉语专业教学大纲》和《高等学校外国留学生汉语教学大纲（长期进修）》（以下简称《长期教学大纲》）（国家汉办，2002）称之为"承担系统的语言能力教学任务的主要课型，是进行听说读写综合训练的课型"。

国内汉语教学一般在初级阶段开"基础汉语课"或"读写课"，中高级阶段开"精读课"，其基本功能跟综合课相似。不同的是，综合课将读写技能培训跟语言知识传授结合起来，而听说技能的培养主要放在专门的听力课、说话课（口语课）完成。海外的汉语教学，其课程设置没有国内细致，听说读写各技能的训练主要通过综合课来完成。

汉语教学的初级阶段跟中高级阶段综合课的教学内容、方法区别很大。因此，我们采取"初级汉语读写课""中高级汉语精读课"的名称探讨不同阶段汉语综合课的特点。

一、初级汉语读写课的特点

初级汉语读写课（以下简称读写课）在初级汉语教学中地位重要：课时量最大，系统传授语音、词汇、语法、汉字等知识。此阶段，听、说、读、写技能训练很难像中高级阶段那样由各个不同的专项技能课来完成，尤其在零起点阶段，听说领先，读写很难完全分开训练。因此，读写课要全面提高学生的各项语言技能，不能忽视听说技能。

（一）强化教学以建立规范

读写课的主要目标是让学生熟练掌握跟汉语交际技能密切相关的语言要素（语音、词汇、语法），并重点培养学生初步的读写技能。

以建立规范为主的强化教学，是这一阶段教学的主要方式，尤其是在语音和语法方面。教学要强化语音、词汇、语法、汉字的规范，要求学生掌握标准发音、词汇的基本用法和规范的语法。如语法教学,要求在理解语法规则的基础上,能较好地运用这些语法规则。

国内汉语教学对象主要是成年人。他们思维成熟,逻辑能力强,在掌握汉语基本语法规则以后,可以比孩子更快、更容易、更自觉地运用这些规则,生成合格的句子,使汉语交际成为可能。海外汉语教学对象有很多是儿童或中小学生,他们不擅长学习系统和规律性的知识体系,自控能力差,注意力集中时间有限;但模仿能力强,容易接受新事物。因此,初级汉语教学要突出趣味性、形象性,将游戏、娱乐跟有计划的课堂教学有机结合起来。

(二)实践为主

吕叔湘先生说过:"学习语言不是学一套知识,而是学一种技能。"① 语言技能的学习,就是排除母语干扰,形成新的语言习惯。在教师清晰解释语法规则之后,实践就成了最重要的课堂行为。

实践就是训练,就是依据习得理论,科学、高效地培养新的语言习惯,在训练中体会、掌握、应用语法规则。科学,就是制定符合语言教学规律的教学活动;高效,就是在时间有限的课堂教学中最大限度实现教学目的,使收效最大化。

实践是初级阶段教学最重要的手段和原则。"教师要努力做到课堂用语的简洁、精练、完整、准确,尽量避免长篇大论和拖泥带水,把更多的时间还给学生。"② 成功的教学就是要让课堂成为操练场而不是只有一个人表演的说书场。学生的操练时间一定要有足够的保证,使学生真正达到自由运用的程度。

二、中高级汉语精读课的特点

(一)课程性质

中高级汉语精读课(以下简称精读课)的主要任务是系统学习汉语知识,尤其是词汇、语法、语篇知识,主要方式是精讲、精读、精练,特点是基础性、综合性相结合。基础性,是通过学习语言知识,为技能课的训练提供语言基础和技能基础;综合性,是通过讲解读写技能、听说读写训练让学生掌握语言知识。简言之,精读课要以基础语言知识为中心进行综合训练。

精读课的听说读写训练通常表现如下:听,听老师讲解提问,听同学回答问题;

---

① 转引自刘珣:《对外汉语教学概论》,北京语言文化大学出版社1997年版,第13页。
② 朱庆明:《试论初级阶段综合课教学规范化》,王钟华主编:《对外汉语教学初级阶段课程规范》,北京语言文化大学出版社1999年版,第400页。

说，回答问题，向老师提问，发表看法，口头练习；读，准确流利地读生词、课文，理解课文意思，了解中国与世界；写，用汉语做笔记，写生词、句子、语段、短文等。训练基本围绕主课文进行，不另设听说材料和练习。各种技能中，精读课侧重读写，侧重提高阅读能力和书面表达能力。

（二）课程调查

对精读（综合）课的性质和技能教学分布，赵新、李英（2006）做过调研。

1. 学生的意见

精读课是否需要"听"的练习？47%的学生认为"听老师讲课就是听力练习，不必另设听力练习"，42%的学生认为"可以有听写一段话的练习"，11%的学生认为需要另设听力练习。

精读课是否需要"说"的练习？81%的学生认为需要根据主课文的内容进行"说"练习，9%的学生认为不需要"说"，10%的学生认为可以有另外的话题"说"。

精读课的特点是什么？86.6%的学生认为精读课应当"是基础课，主要讲练词语、语法等语言知识"，希望通过精读课"提高语法水平，提高阅读能力和书面表达能力"；11.8%的学生认为既是基础课，又是综合课；只有1.6%的学生认为精读课应当"是综合课，进行听说读写的综合训练"，希望通过精读课"全面提高听说读写的能力"。

可以看出，学生对精读课的第一期望是获得语言知识，提高语法水平、阅读能力和书面表达能力，同时也希望有围绕语言知识进行的听说训练。

学生的要求真实反映了他们实际的语言水平。经过初级阶段学习，学生初步掌握了汉语的基本语法结构和一定数量的词汇，具备了初步的汉语交际能力；但是他们的语言知识还远远不够，以前学过的知识掌握得不牢固。这就需要有一门课，以讲练语言知识为主，让学生掌握好词汇、语法、篇章等语言知识，为各项技能训练课的学习打下坚实基础。

2. 各校教学情况

中高级阶段，国内教学机构开设的课型相当丰富。必修课一般为5～6门，名称和周学时为：精读（6～8）、阅读（4）、听力（4）、口语（4）、写作（2）、报刊（2）。其中阅读、听力、口语、写作是单项技能课，报刊是专门技能课。系统讲授语言知识，不可能由这些专门技能课承担，只能由精读课承担。由于精读课学时有限，技能训练只能以精读为主，不能面面俱到。

第二节 教学内容和教学原则

教学内容主要包括语音、汉字、词汇和语法知识。这些知识通常根据教学大纲，由易到难，有系统地分级安排在各教学阶段汉语综合课教材中。知识主要通过课文体现，通过语言知识点解释和例句加以说明，并通过听说读写练习使学生理解和掌握。

语言的文化因素也是教学内容之一。它们通常出现在课文中，有些通过注释进行说明。这些文化因素跟汉语和汉语交际关系密切，直接影响着学生对汉语的理解和使用。

一、初级汉语读写课

（一）语音教学

1. 语音教学的特点

零起点的汉语教学就是语音教学。课文的汉字不多，教学重点就是让学生对汉语语音系统有初步认识，能比较准确地发音，能识认汉语拼音并用拼音进行拼写，为今后的学习打下牢固基础。

此阶段语音教学的特点，就是严格规范的语音训练。国内外语言教学专家都认为，语音教学在初级阶段必须严格认真，有错必纠。要教标准普通话，针对学生特点有的放矢地训练。

必须杜绝"洋腔洋调"！克服母语语音影响、掌握一种新语音系统有一定困难。尤其是掌握汉语声调，对母语没有声调的学习者来说更加困难。在语音、词汇、语法中，形成坏习惯后最难改正的就是语音。教、学标准普通话是目标语语境教学的最大优势，必须充分利用。语音教学很难获得百分之百的效果，但教师必须尽百分之百的努力。

2. 语音教学内容和教学方法

语音教学内容包括声母、韵母、声调、音节和语调。其中声母、韵母、音节和声调的学习集中在开学的两三周内；此后，语音语调的训练贯穿整个初级阶段。

集中学习语音阶段，教学包括：展示语音，练习发音，指导发音，纠正发音。训练的具体方法就是教师展示语音，学生模仿。教师展示语音时可以适当夸张，以便学生模仿。开始学汉语的学生，有时仅靠模仿还不能较准确地捕捉发音部位和发音方法，需要通过直观方式，让他们看到不同语音的区别性特征。如 b 和 p 的区别是否送气，z 和 j 的区别是发音部位。模仿加讲解区别，能帮助学生准确辨音发音。

声调是汉语语音学习的难点。第一节课就应该让学生树立汉语声调很重要的理念。教完了声母、韵母后，声调的练习、纠正成为重中之重，不能忽视。纠正语音是最重要的方法，尤其要纠正系统错误、典型错误。千万不要让学生的错误读音形成习惯。相应地，认辨、听辨训练就显得极为重要。认辨，写出拼音让学生读；听辨，老师发音，让学生指出、写出、复述出这个音。

有汉字基础后，可以练习给汉字标音。对日韩学生来说，标音能打消他们因汉字好而忽视语音学习的心理，让他们在标音基础上发准语音。

语音训练最好放在实际语言中进行。某一个音，学生单独念能发准，在实际语流中却未必能发准。语流音变，如上声变调、三音节中间音节弱化等，要用词语、句子来教学训练。语音训练的材料，如字、词、句等，最好与交际有关，最好对学习者来说有可以理解的实际意义。把古诗、格言、绕口令当练习材料的做法不适合二语教学。展示常用词语训练语音，学生能懂固然好；不懂对以后的学习也是预习，教师在教学中也便于讲解。

（二）汉字教学

1. 汉字教学的地位

汉字数量虽然很大，但现行教学大纲所收汉字都在3000字以内。《长期教学大纲》收汉字2605个，其中初等阶段1414个，中等阶段700个，高等阶段491个。可见，汉字教学主要集中在初级阶段。

初级阶段综合课或读写课，语音和听说能力培养是教学重点。但汉字学习也非常重要。如果汉字认读水平太低，可能阻碍听说能力的提高，还会影响学生汉语水平的全面发展。一些非汉字文化圈的学生对汉字有畏难情绪，有的甚至不学汉字，使汉语学习进入石化阶段。

课堂上应该用一定时间讲授汉字。但汉字教学要精简，练习不用占很多时间。这是因为：①有专门汉字课；②学生可课后练习；③汉字圈学生不需要。

不过，海外许多教学机构并未开设专门汉字课，初级汉语课中汉字教学比重相对要大一些。特别是对非汉字圈的学生，应该针对其特点，探索有效的汉字教学方法。

2. 汉字教学内容和教学方法

汉字教学可考虑以下四点：①先认后写，多认少写；②熟悉基本构件；③注意偏旁位置，注重声符义符；④敢于拆字分析。即允许学生先"认"后"写"，甚至能"认"不能"写"。强化汉字常用构件的学习，了解汉字结构的几种基本类型（左右结构、上下结构等）和左形右声的结构特点。鼓励学生"秀才认字认半边"，大胆"猜"汉字的大概读音和意思。汉字教学要"字不离词"，通过上下文来猜字。鼓励学生学会分解汉字，在"拆""装"过程中了解汉字构造。

课堂上可讲授一些汉字的常用笔画、偏旁名称，如点、横、三点水、提手旁。可适当讲解汉字书写的一般规律和笔顺，如先上后下、先左后右。要教一些汉字的基本描述方法，如："左边是三点水，右边是一个工人的工"，"口字里边有一个木"，"长江的'江'"，"学校的'校'"。这对他们今后的学习会有很大的帮助。

要强化汉字分析，如声符、义符的辨认和位置。辨认义符对了解字义有帮助，辨认声符对认读汉字有帮助。通过教学，让学生学会分析汉字，找出声符、义符，并敢于根据声符提供的信息试读汉字，根据义符提供的信息猜测字义。

典型的汉字错误必须纠正。可写在黑板上让学生辨别，如缺胳膊少腿或张冠李戴的。一些不显眼的错误也要注意，如"学"上边写成"学"。

汉字手写体的书写方式也应该教。例如，"横"不是平直的横线，而是带有一定的向上角度的横线；"口"并不是标准的正方形，而类似一个上大下小倒置的梯形。这样可以克服写汉字时"中国字、外国样"的毛病。要培养学生接触一点儿汉字手写体的基本形式，培养他们具备一些认读非印刷体汉字的能力。

（三）初级阶段的词汇教学

相对来说，初级阶段的词汇教学内容比较简单，侧重常用词的音与形、基本意思及常用搭配。名词多为具体名词，可用实物、图片、视频展示；动词大多可通过教师行为演示；形容词也可以用图片对比或实物对比的方法教授；副词则要注意与形容词、动词的搭配教学。

1. 生词的书写和语音

常用方法有：领读，学生跟读，生词逐个认读，听写，纠正发音、书写错误等。学生认读生词不能流于形式，要抓住语音偏误适当操练。语音正确，才能做到音义表达的一致。

听写是检验学生对生词音形掌握情况的重要方法。要通过听写发现学生容易混淆的语音和部件，并在课堂上对它们进行对比。学完一个单元，可以对相同部件的字进行归纳，帮助学生复习记忆。

2. 生词的复现和归类

复现生词是帮助学生记忆生词的有效方式，替换练习是一种很好的复现练习。教师可以以重点句型为基础，将已学词语板书出来让学生进行替换。老师可以直接说生词，让学生替换，如"我学了一年汉语"；也可以让学生用已学动词和名词来替换"学""汉语"，如"我看了一个小时电视/他写了半个小时汉字/妈妈洗了两个小时衣服"等。

在结束几课或一个阶段的学习后，老师可以组织学生对已学常用生词进行归类总结，归类的标准可以是词性，也可以是语义场。

3. 注重常用语素的学习

汉语词的构造单位是语素（字），许多常用单音节语素构词能力强，如"心、看、打"等。它们是学习、积累、扩大词汇的基础，是初级读写课词汇教学的重点。在指导学生掌握这些单语素的形、音、义的基础上，可将它们作为与别的语素组成常用词教给学生。学习了"车"，可利用它组成"车站、车票、小车、汽车、打车"等。

不少复合词是用这些常用语素构成的，如"好吃、好看、好听、好喝、好玩"。教师可以进行分解复合词的讲练，学了"好吃"，先分解为"好"和"吃"；再用"看、听、喝、玩"等替换"吃"，扩展出"好看、好听、好喝、好玩"。这样的教学，使词和语素学习同步进行,既扩大了词汇量,又能很好地理解、记忆生词,并体会、掌握汉语的构词规律。

4. 讲练词语的常用搭配

初级阶段的生词大多是常用词语,意义容易理解。这时,需要让学生在掌握基本语义的基础上学会词语搭配。如"学期",应给出常用搭配组合:"一个学期、这个学期、上(个)学期,学期开始了,学期考试",并组织学生操练,让学生明白怎么使用这个词。

在进行词语搭配时,必须适合学生的汉语水平。如教授生词"提高","提高成绩、提高汉语水平"这样的搭配适合初级阶段的学生,而"提高记忆力、提高性能"就不合适了。

(四)初级阶段的语法教学

初级阶段语法教学的内容包括汉语词类、短语、句子基本成分、单句、复句、特殊句式等。要求通过系统教学,让学生掌握这些语法知识,认知汉语结构特点,使听说读写等语言交际技能的学习和训练有一个坚实的语法基础。语法教学应该注意以下几个方面。

1. 准确理解语法

教学语法要求简单明了,容易体现出明显的逻辑关系,最好有形式标志。为了能把语法说清楚,教师应该对汉语语法有系统了解,不能老是用"约定俗成"来笼统解释语法规则。其实大部分语法现象是可以解释的,至少是可以描写出一些规则的。

合格的汉语教师应该能比较清楚地解释语法现象。如"他去了"的"了"表示动作行为完成,"他去过"的"过"表示曾经发生或曾经有的经历。又如"刚"修饰的动词后面不能有"正、在、着、呢"等进行体词语,"刚才"可以;"刚"前边可以出现时点,如"早上刚到","刚才"不行;从词性上说,"刚才"是名词,而"刚"是副词。此外,像"或者"与"还是"、"能"与"会"、"一点"与"有点"、"比较"与"比"、"才"与"就"等,都是初级阶段要教的语法点,教师要能准确辨析它们的异同并合理解释。

2. 形式意义相结合

语法讲解要注意形式意义相结合,用简单明了的符号写出"公式",便于学生操练。如"把"字句,要解释清楚:①句式表达重点是致使;②致使对象一般是有定的;③谓语动词一般不是单个动词,后边通常有其他成分,说明动作发生后致使"对象"怎么样了。如"把书拿出来,把书放在桌子上,把书翻到第十页"。练习时候可展示"公式":

$$N_1 + 把 + N_2 + V + HOW + 了$$

把意义解释和公式展示相结合，方便学生理解和操练。

语法点最好给出形式标志。如表示动作发生晚的"才"，句末一般不跟"了$_2$"；表示动作发生早的"就"，后面常常有"了$_2$"。表示选择的连词"还是"，句末一般是问号；"或者"的句末一般是句号。

3. 高效强化的重复练习

讲解语法点、展示语法形式后，需要大强度、有效率的操练。如操练"把"字句，老师如果只让学生造句，效率就不高。学生可能在冥思苦想中浪费宝贵的课堂时间。教师可以给出特定词语、特定语境或者图画、视频，让学生完成句子。如用以下词语说"把"字句：

黑板、擦/衣服、洗/杯子里的水、喝

因为教师已经给了学生一个提示、引导，不会让他陷入死胡同。

练习应该让所有学生参与。教师备课时要准备足够多的练习材料（超过实际需要，有备无患）。如练习结果补语，教师的"公式"是：

衣服洗 + 怎么样（HOW）了

要快速、不停顿地问学生，让他们脱口说出：

衣服洗（干净、大、小、黑、白、破、旧、长、短……）了

如果要练习表示"由于贵而不能负担"的可能补语，教师写出"公式"：

V 不起

要学生很快地说出：

（买、喝、用、玩、穿、吃、住、租、坐、抽……）不起

组织课堂练习，教师一定要明确目标和内容，充分准备，让学生有数量、时间充足的训练，才能达到熟练运用的效果。对特定语法点，学生必须通过反复操练才能逐渐领会，熟练运用。

4. 重视搭配训练

搭配的范围很广：数量名搭配，如"一匹马、一束花"；动宾搭配，如"打篮球、同意参加"；等等。学生在掌握句型的同时要特别注意词语间的搭配，除了"形似"，还要"神似"。

有些动词只能带体词性宾语，有些动词只能带谓词性宾语，有些动词只能带双音节谓词性宾语，要让学生学会搭配。如：

发电子邮件/打算去/进行讨论

动宾离合词后面不能再带宾语，时量补语在动宾之间，如不能说：

*我结婚他。（应该说"我跟他结婚。"）

*我要见面一个老朋友。（应该说"我要跟一个老朋友见面。"）

*我洗澡十分钟。（应该说"我洗了十分钟澡。"）

关联词语对搭配的要求很高，要强化训练以达到准确运用，练习中可以说出前一部分，如：

因为……、一方面……、只要……、只有……

让学生迅速说出后一部分：

所以……、另一方面……、就……、才……

在课堂上练习语法点，应尽可能多地让学生上讲台或在座位上书写，不能仅停留于口语表达。相对于听力课和口语课，能写下正确的句子是综合课需要培养的能力。

二、中高级汉语精读课

（一）语音教学

通过初级阶段学习，学生已掌握普通话的基本语音和汉语拼音，但语音错误仍然大量存在。中高级阶段的语音教学应有针对性地正音，注重声调、语调训练，要求学生发音标准自然，能较好地运用重音、停顿等表达语义。

中高级阶段学过的多音字、形似字越来越多，多音字、形似字的读音训练也越来越重要。

（二）词汇教学

中高级阶段词汇教学的目的是帮助学生扩大词汇量，能较为自如地运用所学词语进行交际。此阶段课文生词多，意义、用法复杂；母语注释减少，目标语解释增多；直观的形象释义法减少，更多使用例句、情景引导学生理解词义，掌握词语用法。

1. **重点词语教学**

中高级阶段每课生词较多，不可能讲练所有生词，要有所侧重。《长期教学大纲》对生词学习有不同的要求：领会式掌握（"一会""两会"或"三会"）和复用式掌握（听说读写四会）。这两类词语的讲解和练习是有区别的。复用式词语必须得到较多的重复和练习，使它们及时转入长时记忆。因此，对每课生词应找出重点词语，补充例句，介绍用法，并进行大量练习。

重点词语的学习主要包括：

（1）近义词的语义，特别是用法辨析。如"表明—表达—表示—表现、培养—培育、损害—伤害、尊重—尊敬、凭—根据、赢得—获得、一再—再三、忍不住—受不了"。

（2）多义词的义项和用法，如"好、刚、以、为"；多音多义词，如"得、传、好"。

（3）学生不易理解和难以掌握的常用副词、虚词和相关结构。如"而、则、于、从而、反而、简直、甚至、至于、凭、居然、与其……不如、与其……宁可、除非……否则……"。虚词有重要的语法作用,是二语学习的难点之一,涉及词汇教学与语法教学。

（4）用法比较特殊或义项较多,有时兼跨不同词类的常用词语。如"嫌、加以、借以、着想、处于、出于、感受（名/动）、轻易（形/副）、借口（动/名）、保险（动/名）"。

（5）熟语、文言词、习用词组及固定格式。成语如"乱七八糟、千方百计、滔滔不绝、一丝不苟、远走高飞",文言词如"之、其、以、于",习用词组如"这样一来、有两下子、说得过去、总的来说",固定格式如"到……为止、为……所、因……而、千……万……、以……为、就……而言、在…… 看来、由……组成"等。

2. 重视构词法教学

汉语词语的构词形式不多,也就是偏正、联合、补充、述宾、主谓、重叠等有限的几种,比较容易掌握。汉语复合词的结构关系基本上与句法结构关系一致,逻辑性很强,比较容易理解。掌握构词法,可以帮助学生学习生词,扩大词汇量；同时促进语法教学。如解释联合式合成词"颤抖"时,说明"颤"和"抖"意思一样,都是动词。让学生了解联合式合成词大多由两个词性相同,意义相同、相反或相对的语素构成。这样,学生听见或看到"坚强、懦弱、黑暗、停止、制造、偷窃、广阔、紧急"等词语时,就能根据词语中一个已知语素猜到整个词的意思,认识词汇的数量可以跨越式发展。讲解构词法要优先讲练偏正式、联合式,因为它们占所有汉语复合词的70%以上。

如偏正式,可以尝试让学生用"车、机"为中心语组成新词,如：

　　汽车、马车、牛车、火车、电车

　　洗衣机、电话机、电视机、收音机

也可以尝试把"电、水"当修饰语组成新的词,如：

　　电影、电梯、电灯、电信、电表

　　水表、水箱、水桶、水管、水球

讲偏正式复合词时,明确修饰语素和中心语素的位置,使学生更容易根据语素猜词。如：

　　卡丁车、集装箱车、救护车、电瓶车、独轮车

遇到这些词,即使不能知道其确切意思,也能知道这是一些各种各样的"车"。又如：

　　农村、农具、农田、农历、农谚

学生遇到这些词时,可以猜到这是一些跟"农"有关系的词语。

讲练构词法,不但能提高理解汉语词汇的能力,还可培养汉语语感,全面提高交际能力。

3. 重视词语复现

增加词语复现，让学生在不同语境中复习，可减少遗忘。一般说来，新词至少需要 6～8 次复现，才能初步掌握。《中级汉语精读教程》（第二版）（赵新、李英，2010）把生词复现落实在整个教材中，包括主、副课文，词语释义、注释和练习例句。

教师在教学中也应该用多种方法帮助学生复习学过的生词。例如：①讲解生词时，用已学（刚学）词语来解释生词；利用汉语词汇的系统性，将生词跟旧词联系起来。②每一课学完后，用学过的生词给学生讲一个小故事、小笑话，或引导学生编故事。③根据教材内容，每上几课以后，设置一些练习，尽可能多地重现前几课学过的词语。

4. 讲练词汇的使用条件

学生如果只知词汇意义，不知其用法，就不会正确使用。因此，教师讲练时，必须说明词性、语法特点和句法功能，注意用多种方法介绍词语在使用中的位置、组合搭配、适用对象、句式及语用条件。

例如，"优良"只用来指事物，不用来指人；"期望"只能用于对别人，不能用来自己对自己；"增进"一般跟"了解、友谊、健康、团结"等词搭配；"从而"一般用于书面性较强的句子中，后面只能是动宾短语或兼语短语；"情愿"的事一般是不符合自己心愿的，表示完全符合心愿、没有勉强的时候不能用。

5. 控制扩大词汇的度和量

扩大词汇量，是词汇教学的需要，是学生学习、交际的需要。但是，扩大的度和量要有所考虑，不能超过学生的能力盲目扩大。词汇的扩大应注意：

（1）高频词。交际中急切需要的词汇（如"短信、微信"）和某一段时间流行的词语（如"非典"）等应该补充。其原则是，补充的词语是课堂教学或学生日常生活中频繁使用的。

（2）词汇场。扩大词汇可以考虑语义类聚。如以"味道"为核心形成词汇场："酸、甜、苦、辣"；"身体不适感"的词汇场如"累、困、饿、渴、疼、痒、酸"。词汇场要有所控制，不能扩得太大。

词汇扩大要结合构词法进行，使学生对所学词汇有更深的认识。学生一旦感到适度扩大词汇学习并不难，就能激发习兴趣。扩大的词汇要有意识地复习操练，不能讲了就算了。

6. 成段表达训练

中高级阶段词汇教学不能仅局限于生词的理解、组合及造句，还应鼓励学生用生词说出自己想说的事情，提高成段表达能力。复述是检测学生正确使用生词进行成段表达的有效方式。教师可以引导学生对课文重点段落进行有提示词的复述；也可给出关键词，要求学生缩写课文。如果学生觉得课文不太有趣，可让学生用重点生词叙述、讨论某些话题，甚至自由表达。

（三）语法教学

中高级精读课的语法教学，主要是根据课文出现较多或较典型的语法项目进行讲练，目的是帮助学生掌握用词造句以及连句成篇的技能，并运用所学知识进行语言交际。在初级阶段掌握汉语基本语法结构之后，中高级精读课的语法教学应包括两方面内容：

一方面，通过归纳总结式的讲练，巩固初等阶段所学语法知识。初级阶段所学语法知识有相当一部分比较零散，如疑问代词及其引申用法，都是一点一点儿教授给学生的，需要在中高级阶段进行归纳总结。调查显示，有85%的学生认为初级阶段的语法没有完全掌握。从实际情况看，初级阶段学过的语法点，中高级阶段的学生常常出现偏误。如趋向动词的引申用法、动宾组合加时量补语（＊等了10分钟他/＊到了两个月美国）、"以、而、为、则、由"等虚词、反问句和复句等，学生并未掌握好，应在中高级阶段继续讲练。

另一方面，学生在初级阶段所学的语法知识还远远不能满足交际需要，需要在中高级阶段进一步扩展和深化。新语法知识包括各种常用虚词、常用句式和结构、关联词语、多项状语和多项定语、复杂谓语、丰富的量词系统等。新的语法点很多都跟初级阶段的语言点有联系。如"着"，初级阶段已学过"着"表示状态持续、动作行为进行，中高级阶段需要学习"V着V着，……"格式。

为了帮助学生全面、系统地掌握语法知识，我们建议在精读课中设立一些语法专题，对初级和中高级语法项目中的难点集中进行讲练。因为有些语法项目比较复杂，如虚词"以、而"等，这一课中出现一种用法，那一课中又出现另一种用法，各课的注释是零散的、不完整的，在语法专题中集中解释和操练，大大有利于学生对语法项目的全面掌握。

中高级阶段的语法教学内容广泛，根据有关教学大纲的总体要求和中高级精读课教学的特点，我们确定以下几方面为精读课语法教学的重点。

1. 语素教学

语素是最小的语法单位，是语言中最小的音义结合体。中高级阶段的语素教学，是为了让学生了解语素的类别（成词语素/不成词语素、定位语素/不定位语素、词根/词缀）和语素构成词的规则，从而更为有效地帮助学生扩大词汇量。如：

学：学分　学时　学费　学年
严：严格　严厉　严重　严峻
性：积极性　创造性　可靠性　严重性
率：死亡率　及格率　合格率　出生率

语素教学要选取构词能力强、较常用、易辨析的词根和词缀进行教学，可以跟词汇教学结合。

2. 词类教学

词类划分的主要依据是语法功能。词类教学的目的是使学生明确各类词的语法特征和用法，帮助学生提高遣词造句的能力，进而全面提高交际能力。词类教学的主要内容是讲授各类词的语法特征以及同类词组合分布的特点。词的语法特征，主要指词性和充当句子成分的能力；组合分布的特点，指的是词在使用时，分别能与哪类词、哪些结构组合，不能与哪类词、哪些结构组合，可以出现在什么样的结构环境中，不能出现在什么样的结构环境中。以下说明几类词的组合特点。

动词，分析其能否带宾语、带什么类型的宾语（名词宾语还是动词宾语、人物宾语还是事物宾语），可不可以有补语、有什么类型的补语，前面可以有什么类型的状语，等等。例如，"忍受"只带时量补语和趋向补语（忍受了十年/忍受下去），不能带动量补语。

形容词，分析其能否与否定词、程度副词组合，能否进入"A 不 A"（如"漂亮不漂亮"）格式，是与单音节名词组合还是与双音节名词组合，等等。例如，"晴朗"可以用于单音节名词前，也可以用于双音节名词前，但中间要加"的"（晴朗的天/晴朗的天空）。

副词，分析其所修饰的成分有何特点，是单音节还是双音节，是单个词、词组还是句子等复杂形式，是什么类型的复杂形式，可以与时点词语共现还是与时段词语共现，等等。例如，"恐怕"表示猜测，不可以修饰单音节动词；"一连"后面必须跟带有数量组合的动宾结构。

介词，分析其跟什么样的词组成介词结构，介词结构用于修饰动词还是名词，在主语前还是主语后，能否用在动词后，等等。例如，"往"必须跟表示方位、处所的词语组合，不能直接跟指人或物的名词组合。

连词，分析其连接的是什么成分，是名词、名词性结构还是谓词、谓词性结构或小句等。例如，"要么"表示选择关系，一般只连接句子，不能连接名词性词语。

3. 短语教学

汉语的词构成短语，有主谓、动宾、补充、偏正、联合五种结构关系。这五种结构也是语素构成词、词和短语构成句子的结构。短语教学需要突出这一点。

上述五种结构关系中，汉语的"动词 + 补语"结构跟许多语言中的对应成分形式不同，二语学习者不容易掌握，需要在教学中不断重现、扩展和强调。如"说清楚，说不清楚；爬起来，唱起来，跳下去，说下去；玩得很高兴，画得很漂亮"等。

动宾离合词也是一个教学难点。如"见面、请假、洗澡、跑步、结婚"等，看起来像一个词，但跟一般动词比，又有一些非词的特点：①表示体、态的词语往往在中间，如"见过面，结了婚"；②中间可插入表示数量、性质的词语，如"跑了一小时步,请个假";③表示对象的语言单位,有时可放在中间,如"见他一面"。因此,不少人认为它们介乎词和短语(词组)之间,既有词的特征,又有短语(词组)的特征。教学中应注意分析这些特殊结构的组合关系,遇到一个就讲练一个,不断重现,不断加深学生的认识。

短语教学可以结合词汇教学和词类教学来进行,在使学生了解词义以及词与词的组合搭配关系的基础上,进一步分析其结构特点,帮助学生举一反三。

4. 句子和语篇的教学

以上教学内容,都是为了让学生能够正确造句,能够连句成篇,合乎语法地表达完整的意思,达到语言交际的目的。

(1)句子教学。主要讲授词和词、词和短语(词组)、短语和短语构成句子的规则。这既是对语素教学和短语教学的部分重复,也是对语法学习的深化和扩展。

常用句式、固定格式也是句子教学的重点。"是"字句、"有"字句、"是……的"句、连动句、兼语句、"把"字句、被动句、比较句、存现句、反问句、双重否定句以及简单的复句等,都已经是初级阶段的教学内容。但由于受学生汉语水平的限制,初级阶段的教学并不可能穷尽所有句式的各个方面。特别是其中的一些句式,如"把"字句、"是"字句等,语义关系十分复杂,留学生不可能在短时间内全面正确地掌握。因此,中高级阶段精读课的教学还应继续重现、巩固初级阶段所学的各种句式,并在此基础上有所深化和扩展。同时应让学生初步了解某种句式与其他相关句式——如"把"字句之于"被"字句、双重否定句之于肯定句、反问句之于陈述句等——在意义上相近而表达形式、表达功能完全不同的关系,以此丰富学生的表达方式,达到正确、得体地使用汉语的目的。

拿"把"字句的教学来说,初级阶段一般只教表处置义的"把"字句,教学时主要从结构切入来展开其语法知识的介绍,注重"把"字句的结构,组织学生操练时常采用句型转换的方法。这样的教学很容易使学生感到困惑,似乎"把"字句是可用可不用的句子,自然就回避使用。研究显示,即使中高级水平的汉语学习者,使用"把"字句的频率仍不是很高,他们基本上不知道什么时候该用"把",什么时候可以不用"把",用与不用又有什么区别。

因此到了中高级阶段,除了引入新的"把"字句式(如带状态补语的"把"字句:把房间打扫得干干净净;表致使情感变化义的"把"字句:把我高兴坏了)外,教师更需要通过创设语境等方式复现和强化典型的、常用的"把"字句,引导学生认识到"把"字句的使用是由句法、语义、语句重点以及上下文篇章等因素决定的。例如《狡猾的杜鹃鸟》这篇课文出现了不少"把"字句的常用句式:"杜鹃有时把蛋产在地上""(小杜鹃)把蛋挤到自己的背上""它就到这幼鸟的身下,把幼鸟背到身上"。教学时,教师可利用这些课文中的例句引导学生,明确这类表示某人或某事物因为某个动作而发生位置的移动时，如果不使用"把"字句，一般会造成句子的不合格，出现"*杜鹃有时产蛋在地上"这样的错误。在此基础上，教师再提供一些用来对比的例句或不同的上下文情景，让学生体会到用"把"与不用"把"的差别以及"把"字句的使用条件。如：

  A：我的字典呢？　　B：在书架上。
  A：我的字典呢？　　B：我把它放在书架上了。

通过对比，教师可以让学生认识到"在书架上"只说明字典现在的位置，"我把它放在书架上了"则强调"我"对字典的处置结果。再如：

  情景一（A去宿舍送东西给阿里，但阿里不在，阿里的同屋B在）
  A：阿里在吗？
  B：他出去了。有什么事吗？
  A：那麻烦你_____，好吗？
  情景二（B昨天借小王的自行车骑，结果不小心弄丢了。）
  A：你今天怎么不骑车？
  B：_____。

情景一应该使用"把"字句（麻烦你把这些东西转交给阿里），情景二使用"被"字句（我的车被小王弄丢了）。通过这样的对比，可以让学生明白在交际中用"把"还是用"被"，往往跟说话的话题有关，是为了保持话题的一致性。

  可以看出，中高级阶段的句子教学往往不是单一的某个句式的学习，而是要让学生学会根据上下文语境或交际需要，选择一个最恰当的句式进行表达。

  至于固定格式，则应以书面为主，如"……与否""就……而言""因……而""与其……不如"。而"看/瞧把……得"等典型的口语格式就不是精读课所要求掌握的语法点。

  （2）语篇教学。主要是指导学生掌握构成语段语篇的语法手段和词汇手段，能运用所学语言知识就某一方面的内容或话题进行书面或口头的成段成篇表达。这是中高级阶段精读课教学的最终目标，也是跟初级阶段读写课区分最大的教学内容。

  在课堂教学中，口头成段表达是语篇教学的重点。具体的做法有：

  1）就课文内容进行理解性问答。训练时要注意由易到难。教师所设计的问题可以是比较简单的，学生基本上能在书上找到现成答案；但更多的应是理解性问题，是答案内容较多，需要学生思考、将内容重新组织后才能回答上来的问题。教师可将学生要运用的词汇、句式和固定格式等展示出来，再通过一些提示性的细小问题引导学生进行成段表达。例如，学习《花中之王——牡丹》，课文中有个简短的故事用来介绍"姚黄"这一牡丹品种的得名由来，涉及"世代、种植、培育、珍贵、勤劳"等生词。教师针对这个故事提问"为什么有种牡丹花叫'姚黄'？"学生可能回答："这是为了纪念一个姓姚的人家。"教师可以继续追问:"为什么要纪念这户人家?""'姚'是一家人的姓,那'黄'指的是什么?"并按"珍贵、勤劳、世代、种植"的顺序展示生词。这样逐步引导学生说出"'姚黄'是一种很珍贵的牡丹花,'黄'是花的颜色,'姚'是一家人的姓。这家人很勤劳,世代种植牡丹,是他们培育出了这种花。人们为了纪念这家人,就把他们培育出的牡丹花叫作'姚黄'。"

2)复述课文。常用的一个方法就是教师给出重要提示词特别是一些语篇衔接词语,引导学生进行复述训练。不过,中高级阶段的精读课课文较长,所学词汇难度加大,语言点较为零散,教学时很难要求学生将整课书的内容复述出来。因此这一阶段的复述训练应分散进行,可针对课文的某一部分或某一个问题来展开,并充分利用多媒体手段,帮助学生理解和掌握课文内容及相应的语言点。例如《梁山伯与祝英台》这篇课文的后半部分主要讲英台结婚那天在山伯坟前哭泣并跳进坟墓里,最后坟墓里飞出了一对美丽的蝴蝶。这段故事内容不长,又是整个故事的高潮和结局,而且涉及语言点"(天黑了)下来",适合复述。教师可事先搜集这个场景的视频,课堂复述时,先在黑板上板书:

结婚那天　经过　下轿　跪　哭　同生　同死　带……一起
这时　　　天　　墓　　裂　跳　合
雨过天晴　彩虹　鲜花　蝴蝶

接着教师分三段播放视频,让学生看一小段视频,再结合教师所给词语复述课文。课文复述完之后,教师可针对语言点"下来"进行教学。

3)就课文的话题进行讨论,发表自己的看法,并说明理由。这一训练一般是在学习完课文之后进行,可以是学生分组讨论,也可以是点名要学生发言。讨论前教师要给出明确的讨论题目、讨论要求。如课文《二十岁的生日》涉及的话题是"孩子长大了,该怎么过生日",课文学完之后,教师提出问题:"20岁的生日,你跟父母过还是跟朋友过?为什么?"然后让学生进行分组讨论。为帮助学生更好地表达,教师可以给出一些包含有衔接词语的提示信息,如"我选择……这是因为……另外……","我愿意……,原因有……点,首先……其次……",要求学生尽量用上这些词语。

4)用指定词语叙述、描写或评论。这一训练可完全脱离课文内容,要求学生运用所学生词或语言点进行成段成篇表达。由于难度加大,在课堂上一般以小组形式进行,也可以由教师开头,要求学生以句子接龙的形式完成,最后全班一起重复成段表达的内容。例如,学完课文《汉字可以治病》,教师可以展示该课的部分生词,如"颠三倒四、患上、大脑、损害、证实、治疗",并开头"我的一位朋友最近……",引导学生以接龙的形式用这些词语说一段话,如"我的一位朋友最近说话常常颠三倒四"——"医生检查以后说,他患上了失语症"——"患上这种病的人,大脑可能受到过损害"——"后来医生问了他的家人,结果证实他曾经有过脑外伤"——"医生说,这种病目前没有很好的治疗办法"。在接龙的过程中,教师可以通过问题引导学生说句子,如通过"什么样的人会患上失语症?",引出"大脑受到损害的人",再启发学生联系前一句子"他患上了失语症",说出"患上这种病的人,大脑可能受到过损害"。

除了以上课堂上的口头训练之外,教师还可以要求学生在课后以书面形式完成成段表达的练习并上交给教师批改。如让学生选择五个以上的生词写一段话,上面所说的后两项练习也可以作为课后练习完成。

总的来看,语篇教学贯穿于整个教学环节和教学活动中,教师应通过各种途径和灵活的教学方法,尽可能多地让学生不断练习。这样,新的词语、新的句式、新的结构在表达中得到巩固,课文的内容也在问答及讨论中得到更深刻的理解。

第三节 教学环节和教学方法

综合课教学通常可分为以下环节:导入新课,讲练生词,讲练语言点,讲练课文,归纳总结,练习。每个教学环节由若干教学步骤组成。例如,讲解语法点,可由导入语法点、解释语法点、练习语法点等组成。完成教学环节和步骤,可采用不同的教学方法。例如语法点,可用归纳法(先举例句后归纳语法知识),也可用演绎法(先解释语法知识后举例说明)。

以上教学环节是按教材顺序进行的,实际教学中不一定拘泥于此,可以因材施教,灵活调整。导入新课有人从语法开始,有人从课文入手;对词汇、语法、课文,有人逐次讲解,有人讲课文时串讲语法、生词。但是,灵活不等于随意。要让学生能适应教师的教学风格。

综合课教学内容复杂,生词、语言点和课文的学习很难截然分开。下面结合《初级汉语精读教程》(周小兵,2013)与《中级汉语精读教程》(赵新、李英,2008),说明汉语综合课的教学环节与教学的方法和技巧。

一、导入新课

新课导入的目标是:增强学生兴趣,适当了解一些课文内容。导入的方法很多,如展示与课文相关的图片,就课文内容提问。如初级阶段学习《大卫把菜洗干净了》,教师可以先提问:"你们知道哪些中国菜的名字?会做什么菜?"然后展示"西红柿炒鸡蛋"的图片,引导学生说出这个菜的做法,从而引入课文和语法点的学习。又如中级阶段学习《10万元实现一个美梦》,可以组织学生说说自己的梦想,如何才能实现梦想;也可以问学生,如果有10万元,会用来做什么。讨论、问答时,可适当引入新课的一些生词,如"奖金、金钱"。

要注意的是,导入新课点到为止,时间不能过长,以免影响教学进度。

二、讲练生词

讲练生词实际就是生词表的教学。在预习的基础上，根据课文内容和生词的特点对生词表中的词语进行针对性的讲解，通过多种方法让学生了解和熟悉所学词语的形音义。

（一）初级阶段的生词讲练

初级阶段，生词表的学习基本上在一课时内完成。主要教学步骤是：生词认读，生词讲练，生词巩固。这一阶段的生词数量不多，而且大多是常用词汇，要求复用式掌握。教学时，教师要注意将"讲"和"练"紧密结合起来，"讲"中有"练"，或以"练"带"讲"，引导学生通过生词的组合搭配理解和记忆多数生词的形音义，并在一定的上下文和情景中学会使用一些重点词语。例如《没买着词典》（《初级汉语精读教程Ⅱ》第二课）的生词表教学：

（1）认读生词。教师先领读生词表中的生词，学生跟读。接着单个学生轮流认读PPT上展示的生词（不要按生词表中的顺序，按生词的词性归类展示）。教师再次领读生词，注意不能让学生机械跟读，而是尽量将学生比较熟悉或容易理解的生词串起来念，并引导学生组词成短语或组词成句，在短语或句子中理解和记忆生词的意义和用法。如针对名词"语言 词典 围巾 钥匙"，带读时可这样进行：

语言→一种语言、各种语言、学习语言→你会说什么语言？（让学生自由回答）

词典→一本词典、汉语词典、买词典→你想买什么词典？（让学生自由回答）

围巾→一条围巾、红围巾、戴围巾→今天谁戴围巾了？（让学生回答）

钥匙→一把钥匙、一串钥匙（教师展示实物）、找钥匙、忘了带钥匙→教师演示"找钥匙"，并问学生"老师找什么"，引导学生说出"老师找钥匙"。

（2）讲练部分重点生词。如通过师生问答讲解形容词"用功、仔细"，通过例句讲解动词兼名词"经过、建议"，通过动作及图片讲解动词兼形容词"低"，通过情景讲解"顺"。

（3）巩固生词。全班同学再次朗读一遍生词，然后完成练习册中的"选词填空"练习。

不过，仅依靠生词表的学习还不能全面掌握所学词语。教师要善于结合语言点和课文的学习，进一步帮助学生理解和记忆生词，并引导学生正确使用生词。

（二）中高级阶段的生词讲练

中高级阶段，课文长，生词多，学生难以在短时间内掌握所有生词的意思和用法。

教师可以将课文切分为意义相对完整的两三个部分进行教学；生词表的学习也可相应切分，安排在不同课时完成。生词表教学中，不一定逐个讲练生词，而是有选择、有针对性地教学。可以指导学生正确辨识生词的形和音，并通过多种方式引导学生了解生词的意义。简单的常用词语，可在这一环节进行讲解和扩展搭配；某些难词，在生词环节讲基本意思，课文讲练时再结合语境进一步讲解、练习；少数用法复杂的生词也可单独进行讲练。

例如，《奇特的食物》（《中级汉语精读教程Ⅱ》第十课）一共有 53 个生词，整课书分三次完成，每次两课时。根据课文内容可将生词表中的生词切分为三大块进行教学：第一次讲练第 1～10 个生词，第二次讲练第 11～36 个生词，剩下的生词在第三次课上处理。拿第二次课上的生词教学来说，教师可先展示"鳖、蚕、蚂蚱、黄蜂、蜂蛹、蚕蛹、蜘蛛、壁虎、青蛙"等动物的照片，指导学生认读，并用这些动物词语说话，如"我养过蚕""壁虎喜欢吃蚊子""我吃过蚕蛹"等。针对一些相对简单的动词"煎、品尝、嘲笑"，形容词"嫩、刺耳"，教师要展示其常用搭配，引导学生理解这些词语的意义和用法。如：

"煎"：教师可先复习"炒、烤、炸"等常用的烹调方法，然后引出"煎"。通过问题"煎什么"，让学生说出"煎鱼、煎鸡蛋、煎豆腐"等。

"品尝"：可用学生学过的词语释义，"品尝就是尝一尝，认真仔细地辨别东西的味道"。教师展示其常用搭配"细细品尝/品尝一下/品尝了一口"，让学生用这些短语说话。

"嘲笑"：可利用情景释义。教师设置这样的情景："老师在广州生活了二十年了，还不会说广东话。这是因为老师觉得广东话很难学，总是说不好，所以不好意思说，怕别人……"，引导学生说出"老师怕别人嘲笑自己说得不好"，再扩展出"不要嘲笑别人""不要怕别人嘲笑"等。

"嫩"：这是一个多义词，教学时可结合图片，通过短语或句子引导学生理解其在课文中的意思。如"嫩竹""嫩叶""春天到了，树上长出了很多嫩叶""小孩的皮肤很嫩"。

"难怪、偏偏、未免"都是该课的语言点，其意义和用法需要借助一定的上下文才能更好地理解和掌握。在生词表的学习环节，只需指导学生认读这些生词，辨识"偏"与"骗"、"未"与"末"。

三、讲练语言点

语言点包括重点或难点的词语、短语、句型句式、固定结构等。教师可以结合学生经验，引导其理解语言点的意义和用法。方法有举例、描述情景、展示图画视频、多形式操练等。

初级阶段的语言点以汉语的基础语法、基本句型为主，语言点的讲练一般在课文讲解之前进行，也可以与课文讲练结合起来进行。中高级阶段的语言点主要包括重点词语、常用的固定格式等，一般与课文讲练结合起来进行；一些复杂的重点语言项目则在学习课文之前或之后单独讲练。

（一）语言点的讲解

讲练语言点时，要充分利用上下文或情景来启发、引导学生。可采用归纳法：让学生先接触具体的语言材料，进行大量练习，然后启发学生总结语法规则，再运用规则进一步练习。或者使用演绎法：先讲清语法规则，举例说明，使学生对语法结构有清楚的了解，然后在规则指导下进行练习。也可以将演绎法与归纳法结合起来。

例如讲解"S＋把＋O＋V＋结果补语"句式，可以采用归纳法。教师先围绕"怎么做西红柿炒鸡蛋"反复向学生输入"把"字句式，如"把西红柿洗干净，把它切好""用筷子把鸡蛋打好""把炒熟的鸡蛋倒在盘子里"等。待学生有了一定感知后，教师启发学生观察"把"字后面的语言成分，总结句式特点，最后组织学生完成相应的练习。

（二）语言点的操练

操练应形式多样，灵活使用。如机械练习、改说句子、复述、问答、生词连句连篇等。

1. 利用教室和学生的真实情景

例如，给出情景，让学生说一个句子；利用卡片请学生说出完整的句子；给出情景，教师说出前半句，请学生说出完整句子；等等。

例如讲练"一旦"。①引入及讲解：某地的交通情况怎么样？所以我们开车应该怎么样？可是我的朋友开车特别快，现在虽然没发生什么问题，可是"如果有一天"出了事，那就太危险了。

　　→他开车太快，一旦发生交通事故，就太危险了。
"一旦"出现在前一个小句子中，后面常常有"就"。②给例子做练习。用卡片给出提示内容，请学生造句子：

比较大的事情	告诉我
身体出现了问题	太麻烦了
别人知道了	生活不平静

又如讲练"拿……来说"。①引入及讲解："北京有很多美丽的地方，如天坛、颐和园、北海……，拿颐和园来说，简直是太美了。""拿……来说"表示举一个例子，说明一个方面的情况。②给情景做练习。说出前一半句子，请学生说出后一半句子：

我们班的同学们都十分聪明，→

我们的考试成绩都不错，→

再如练习"比"字句时，教师可让学生比较班上同学的高矮、胖瘦；练习趋向补语时，教师可以用包、词典表演，学生说出"放进去""拿出来""放上去""拿起来"等语法结构。

2. 口头扩展替换练习

初级阶段学习各种句式时，常使用这种方法。例如，学生学习用介词"比"表示的比较句（这件衣服比那件漂亮），还有带数量补语的比较句（这件比那件大一号）时，以利用教材里的替换部分做替换练习。例如句型 S＋"比"＋n./pron.＋A，"这件衣服比那件漂亮"可以替换成"这本字典比那本贵/他比我高"等。

这一练习对学生掌握理解语法很重要。由于每一个替换句型的数量有限，而学生人数又比较多，因此教师一定要补充或者引导学生自己添加一些，力争让每个学生都有机会练习相应的语法。

3. 模拟情景对话练习

学习"比"字句时，可让学生做情景对话练习。例如运用"比"字句买衣服，学生分小组、分角色练习对话，模仿现实生活的场景。达到熟练后，选择一个小组到讲台前表演，检查练习效果。

四、讲练课文

初级阶段的课文多为对话体或叙述体短文，篇幅较短，教学时分开进行讲练。中高级阶段的课文多为一篇篇幅较长的文章，应综合考虑教学时间和词汇量、语言点等因素，将课文切分成意义相对完整的若干部分。课文的基本教学步骤是：朗读课文，课文串讲，课文练习。

（一）朗读

朗读是理解课文内容、培养学生语感的重要手段。朗读方式灵活多样，如：①教师领读、学生跟读；②全班齐读；③请若干学生朗读指定部分。通过朗读，教师可以检查学生的预习情况和理解程度，并以朗读为线索进行课文讲练。朗读中，应该提醒学生发好多音字的读音，同时在断句、语调、重音、语气连贯等方面进行范读。随着对课文内容熟悉度的提高，学生就可以由"读"转化成"说"。

跟读有时可以不看书，听一句跟读一句。可训练学生听力和通过听力感受汉语的能力，避免不求甚解地"读字"或"读词"。在中高级阶段，一般不需要教师带读课文，而是更多地由学生朗读课文，教师正音；意思难懂或语句优美的段落，教师可领读。

(二) 串讲课文

常用方法是教师提问，学生回答，引导其了解课文内容及文化信息，检查学生对课文的理解情况，并利用语境帮助学生进一步理解生词和语法点。学生回答问题的过程，实际上也是围绕课文内容进行成段成篇表达的训练过程。

问题包括理解性问题、细节问题。理解性问题常常需要学生用自己的话概括课文内容，或说出对课文的认识和评价；细节问题大多针对语言点，需要学生使用课文中的生词或语言点回答。教师应注意围绕课文，紧扣重点词语、重点句式、语法难点，向学生提出问题，启发、引导学生在句子中理解词义，在语段中理解句义，加深对课文内容的理解和掌握。

如课文《狡猾的杜鹃鸟》（《中级汉语精读教程I》第七课）前三段讲杜鹃养育儿女的特殊方式，细节问题可设计为"杜鹃产蛋的模仿本领怎么样？"（学生用生词"惊人"回答）、"为什么说杜鹃产蛋的模仿本领很惊人？"（学生可用生词"壳、花纹、辨别"）等。等这三段课文内容讲完之后，教师可通过理解性问题"杜鹃怎样养育儿女？"，要求学生概括所学课文内容，以此检查学生对课文内容的理解。

有些已学词语、语言点、常用句式，并非本课内容；有些语言点以前教过，但本课出现新的义项或用法。这些内容都应该在串讲课文时加以处理。

(三) 练习课文

主要练习课文内容、课文生词或语言点。其方法如：①将对话体改为叙述体。②不看书，跟老师说课文。③根据教师的提示词，让学生一个一个复述课文；提示词随练习深入而减少，最后全班学生一起复述课文。④分组做问答练习，然后做全班练习。

初级阶段课文短，多是对话式，不必用很多时间分析、讲解，重在操练。中高级阶段课文长，语言点多，练习时可多通过提示词引导学生叙述主要内容，或组织学生操练语言点。

(四) 讲练课文语言点

中高级精读课，语言点讲练可跟课文讲练同步。要合理安排内容，既充分利用语境帮助学生理解和掌握语言点，又不影响课文学习的完整性。

例如副词"独自"，课文呈现为"这样将巢里的所有的蛋和幼鸟清除掉，小杜鹃就可以独自占有鸟巢了"。可通过提问"最后鸟巢里还有别的幼鸟吗？"，引导学生理解"独自"的意思："没有其他人或动物，只有自己一个做一件事"。可根据课文进一步说出"小杜鹃独自享受母亲的喂养"，并脱离课文，展开即时练习。如：①改句子。教师说"他喜欢一个人去旅行"，学生改为"他喜欢独自去旅行"。②看图造句。教师用

PPT展示一位老人坐在屋前，引导学生说出"这位老人一个人独自生活"。适当练习后，转回课文："鸟巢里没有别的幼鸟，小杜鹃就能——"，学生回答"小杜鹃就能独自占有鸟巢"；教师接着进行下面的课文讲练。

教师还可根据具体情况，使用以下方法讲练语言点：①阅读提问。根据问题阅读课文，找出疑点难点，在学生回答、教师答疑中讲练语言点。②阅读和笔头练习。根据课文内容判断特定句子的正误，选择正确答案，选择跟句中画线词语意思相近的词语，给词语找合适的解释等。③阅读和讨论。按教师问题阅读课文，分组讨论；然后选一人介绍本组讨论意见。

五、课堂练习

练习是为了复习、巩固、运用所学知识，应贯穿整个教学活动。课堂练习包括：听写生词、短语、句子或段落，复习课文内容，复习生词、语言点，完成课本上的练习。

生词和语言点的复习方式有很多种：教师说意思，学生说出词语；事先做好写上生词的卡片，教师利用卡片先请学生认读，然后把卡片发给学生，请学生把课文中包含这个词语的句子说出来；也可利用课本上的"选词填空""用所给词语完成句子"等练习来复习生词。

以上复习方式大都是机械的记忆和理解练习。除了这些练习方法以外，教师还要在课堂上设计一些交际性练习，即利用或创造交际环境，使学生把所学词汇和语言点应用于语言交际中，如根据真实情况问答、谈话和讨论等练习活动。要注意的是这些练习一定要围绕所学词汇，围绕课文内容。练习方式有：

用指定的词语提问或回答问题。可以是教师问，学生回答；也可以是学生问，学生回答。

用指定词语介绍课文内容。教师引导多个学生或全班学生共同完成。

就课文相关话题展开讨论。例如，学习课文《二十岁的生日》之后，可组织学生讨论以下问题：你认为对一个人来说，生日有什么意义？你现在愿意跟父母一起过生日吗？为什么？

课文内容的复习还可以跟听写结合在一起。学生可以根据听写的内容复述课文或概括课文意思。

完成课本上的练习，最忌讳的是看着课本一题一题来做。教师应根据具体情况，在课堂上安排练习的方式。

六、课后复习

课堂上的学习时间极为有限，学生课后的复习和巩固也是十分重要的。教师应根据课堂教学的进度和要求，经常给学生布置课后练习并认真检查。这些应当成为教师的日常工作。

复习的方法有很多种。例如，课后教师可以布置一些相关的补充练习；可以安排同学轮流在课后总结自己所学到的生词和语言点，上课时板书在黑板上；或者每两课撰写一个学习报告。这种方法既可以加强学生的主观能动性，还可以起到巩固知识的作用，一举两得。

还可以在课后有目的、有计划地开展一些语言实践活动，如参观名胜古迹、看文艺演出、专题访问座谈、汉语节目表演、演讲比赛或者课堂辩论等。

七、考　核

考核是教学的重要内容，形式多种多样，可长可短，但不能忽略。尤其在初级阶段。

初级阶段进入汉字学习阶段，就需要每课听写。中高级阶段不一定每课听写，但听写内容应该是句子。应该让学生习惯听完整句并写下来。听写过程实际也是听力训练。

学习了几课（通常为五课）以后，可进行一次简单的单元测试。题量不必太大，一节课能完成比较合适。内容应涵盖本单元的语言点（语音、词汇、句型和语法等），促进复习。

考核要注意二语学习特点和实用性。有的新手教师，让学生写出句式名称，或按规定句式写句子，如"'我们去看电影'是什么句式"，"请用特殊疑问句造一个句子"；有时让学生判断某个词语是什么句子成分。这些是语法知识考察，作为初级阶段的二语考核不恰当。

思考与练习

1. 你认为汉语综合课的性质和特点是什么？
2. 在综合课上如何处理各种语言技能学习的关系？
3. 汉语综合课的教学内容应该包括什么？
4. 从分析汉字基本结构入手说说在综合课上如何进行汉字教学。
5. 在综合课的课堂教学里扩大词汇量要注意哪些问题？
6. 初级阶段的语法教学与中高级阶段的语法教学有何不同？
7. 汉语综合课的教学环节包括哪些？举例说明初级阶段与中高级阶段的综合课教学有什么不同。
8. 在综合课上如何进行生词的教学？如何结合课文的教学讲练生词？
9. 举例说明在综合课教学中如何讲练语言点。
10. 举例说明在综合课的课堂上，如何通过练习帮助学生掌握并运用所学生词或语言点。

11. 成功的课堂教学应该具备哪些特点？

12. 下面是《初级汉语精读教程Ⅱ》第一课的生词表、对话课文及"语法和句式"，请根据这些内容写出一份两课时的综合课教案。

生　词

1. 密码（名）　2. 取（动）　3. 坏（形）　4. 卡（名）　5. 清楚（形）　6. 存（动）　7. 护照（名）　8. 填（动）　9. 表（名）　10. 向（介）　11. 周围（名）　12. 对面（名）　13. 窗户（名）　14. 挥（手）（动）　15. 戴（动）　16. 眼镜（名）　17. 礼貌（名）　18. 玻璃（名）

课　文

（大卫的钱快花完了，今天他去银行取钱。可是银行的ATM机坏了，大卫拿着他的卡去柜台）

大卫：（给职员卡）你好，我想取一千块钱。

职员：不好意思，刚才没听清楚，您取多少钱？

大卫：取一千块。

职员：好的，请输密码。

　　　（大卫输了密码）

职员：您的密码输错了，请再输一次。

大卫：啊，我记错了！

　　　（大卫又输了一次，这次对了。）

职员：这是一千块。

大卫：谢谢。我还想开一个存折。

职员：定期的还是活期的？

大卫：定期的，存一万块钱。从这张卡里取。

职员：请问您带护照了吗？

大卫：带了。（拿出他的护照给职员）

职员：好的，请填一下这张表。

语法和句式

结果补语，用在动词后面，表示动作行为的结果，其结构是：

肯定式：V＋结果补语（＋O）

否定式：没＋V＋结果补语（＋O）

正反疑问句：V＋结果补语＋了＋没有

本章参考文献

[1] 陈田顺．对外汉语教学中高级阶段课程规范［M］．北京：北京语言文化大学出版社，1999．

[2] 国家对外汉语教学领导小组办公室．高等学校外国留学生汉语教学大纲（长期进修）［M］．北京：北京语言文化大学出版社，2002．

[3] 国家对外汉语教学领导小组办公室汉语水平考试部．汉语水平等级标准与语法等级大纲［M］．北京：高等教育出版社，1996．

[4] 崔永华，杨寄洲．对外汉语课堂教学技巧［M］．北京：北京语言文化大学出版社，1997．

[5] 金立鑫．"把"字句的句法、语义、语境特征［J］．中国语文，1997（6）

[6] 刘珣．对外汉语教学概论［M］．北京：北京语言文化大学出版社，1997．

[7] 刘月华，等．实用现代汉语语法［M］．北京：外语教学与研究出版社，1983．

[8] 卢福波．对外汉语教学实用语法［M］．北京：北京语言学院出版社，1996．

[9] 吕必松．对外汉语教学概论（讲义）［M］．北京：国家对外汉语教师资格审查委员会办公室，1996．

[10] 吕叔湘．现代汉语八百词［M］．北京：商务印书馆，1984．

[11] 吕文华．"被"字句和意义被动句的教学构想［J］．语言教学与研究，2013（2）．

[12] 屈承熹，潘文国．汉语篇章语法［M］．北京：北京语言大学出版社，2006．

[13] 盛炎．语言教学原理［M］．重庆：重庆出版社，1990．

[14] 王钟华．对外汉语教学初级阶段课程规范［M］．北京：北京语言文化大学出版社，1999．

[15] 赵新，李英．中级精读教材的分析与评估［J］．语言文字应用，2006（2）．

[16] 赵新，李英．中级汉语精读教程［M］．北京：北京大学出版社，2008．

[17] 周健．汉语课堂教学技巧与游戏［M］．北京：北京语言文化大学出版社，1998．

[18] 周小兵．句法·语义·篇章——汉语语法综合研究［M］．广州：广东高等教育出版社，1996．

[19] 周小兵．对外汉语教学导论［M］．北京：商务印书馆，2008．

[20] 周小兵．初级汉语精读教程［M］．北京：北京大学出版社，2013．

[21] 周小兵，赵新．对外汉语教学中的副词研究［M］．北京：中国社会科学出版社，2002．

附　录

第十五课　大卫把菜洗干净了（教案）

初级汉语读写课。

二、教学对象

初级三班汉语非母语学生（掌握1000词左右的汉语进修生）。

三、教材

《初级汉语精读教程Ⅱ》（周小兵主编，陈淑梅、丁沾沾编著，北京大学出版社2013年版）。

四、教学时间

4学时。

五、主要教学内容

（1）生词（20个）：乡下（名）、做客、为了（介）、趟（量）、许多（数）、任务（名）、负责（动/形）、切（动）、碗（名）、倒（动）、闻（动）、地（助）、共同（形/副）、搞（动）、永远（副）、宾馆（名）、趁（介）、被子（名）、叠（动）、玩具（名）。

（2）拟补充词语：油、锅、葱、第×步。

（3）语法：S＋把＋O＋V＋结果补语。

（4）课文：两篇小短文。

六、教学目标

（1）通过听说读写的练习，学生能够准确掌握课文的生词，对"把"字句有更清楚的认知并能够运用到实际语言交际中。

（2）能够复述课文的主要内容，并且使用本课所学词语、语法进行对话，语言自然流畅。能够在拼音的帮助下流畅地读课文，并在不看拼音的情况下读出生词，语音、语调基本准确。能够写出大部分词语的汉字，笔顺基本正确。

七、教学重点和难点

（1）重点掌握"为了、趟、许多、负责、共同、搞、永远、趁"的意义和用法，要求学生能较好地理解词义并能正确使用。

（2）难点："把"字句。"S＋把＋O＋V＋结果补语"是本课语法，由于学生在前面的课文已经学过部分"把"字句（把这张照片挂在墙上/把菜送到您家），在这一课要注意在复习巩固以前所学知识的基础上引入新的"把"字句式，还要引导学生归纳总结"把"字句的一些使用条件，如：动词一般是能带施事宾语的及物动词；动词的后边不能是光杆动词，总要有别的成分来说明动词处置的对象、方式、结果等，如宾语、补语，最起码要加动态助词（把水喝了）或让动词重叠（把衣服洗洗）；宾语通常是确定的；等等。

八、教学方法

（1）按照"听、说、读、写"的顺序安排教学。听说的训练主要通过课文朗读、复述、词语造句等形式进行，读写主要通过课文朗读、完成填空练习等形式进行。

（2）讲练结合，精讲活练，听说领先，同时加强汉字的读写训练。

（3）运用直观手段，充分利用课堂情景帮助学生理解和掌握"把"字句。

九、教具

本课不必准备特别的教具。但在课堂教学中，尤其是"把"字句的教学中要灵活运用身边的物品，做出如"把书递给我/把书放进书包/把笔扔掉/把杯子里的水喝掉"等动作，提示和帮助学生完成练习。

十、教学环节和步骤

第一讲（第一、二课时，90分钟）

（一）组织教学（约2分钟）

招呼、寒暄，使学生尽快进入学习气氛。

（二）复习旧课（约10分钟）

听写前一课所学生词和语言点。

（三）进入新课（约70分钟）

1. 学习生词

（1）认读生词。教师带读生词，发现问题进行纠正。然后让学生单独念生词，主要纠正发音。注意快速地随机轮流，让所有学生都有机会认读生词。

　　切　倒　闻　搞　叠　碗　趟　地　趁　为了
　　乡下　宾馆　被子　玩具　任务　许多　负责　共同　永远　做客

（2）生词讲练（"搞""为了"放在课文的讲练中学习）。

切：教师用手做出"切"的动作，问："切什么？"引导学生说出"切菜""切西瓜""切水果"。

倒：教师用手做出"倒"的动作，问："倒什么？"引导学生说出"倒茶""倒酒""倒水""倒垃圾"。

闻：教师做出"闻"的动作，问"用什么闻？"（鼻子）"闻什么？"引导学生说出"闻香味""闻花香"。

叠：展示"宾馆服务员叠被子"的图片，问："被子叠得怎么样？""你起床以后马上叠被子吗？""你会叠被子吗？""你会叠衣服吗？"引导学生练习。

趟：板书"V. +一趟"，说明"趟"表示来回走动的次数，前面的动词一般是"来、去、跑、走、回"等。带读"去一趟/跑一趟/走一趟/来一趟"，并引导学生扩展成句子。说明"趟"跟"次"不同，"次"强调次数，可以说"看过一次""考过两次HSK"，这时不能用"趟"。

趁：说明"趁"表示利用某个时间、机会做某事。

　　教师：我妹妹住在北京，这个周末我要去北京开会，所以我可以……
　　学生：趁这个机会去妹妹家。

教师可提供情景组织学生练习。

任务：说明"任务"是应该要做的事情、工作。板书并带读"一项任务/任务很重/安排任务/完成任务"。问："你们现在的主要任务是什么？""李老师的工作任务有哪些？"

负责：板书："v. 这项任务谁负责？"。

　　问：我们如果一起在家做饭菜，谁负责洗碗？谁负责收拾厨房？谁负责买菜？
　　板书："adj. 我们的老师对工作非常负责。"

说明在这个句子里,"负责"表示非常认真的意思。

  问:我们班谁做事最负责?

共同:说明"共同"做形容词,表示"大家都有的"。

  板书:"adj. 共同点　共同的爱好　共同的朋友",引导学生扩展为句子。

  说明"共同"还可以做副词,相当于"一起"。

  板书:"adv. 共同努力　共同完成了这项任务　共同生活了很多年",引导学生扩展为句子。

永远:说明"永远"表示时间很长、没有完的时候,常用在动词前面。

  问:你们回国以后,会忘记老师吗?

    如果不认真学习,能学好汉语吗?

    人死了,我们还可以怎么说?

2. 学习语法"S + 把 + O + V + 结果补语"

(1) 导入与热身。

◆听说练习(问答形式)。

  老师:西红柿炒鸡蛋是什么?

  学生:……

  老师:大家能说说怎么做西红柿炒鸡蛋吗?

  学生:……

  老师:我给你们介绍我的方法。你们听一听,我的方法跟你们的一样吗?你们一边听,一边写。(老师这时将准备好的表格发给学生)

◆汉字练习(学生每人一份表格,听写)。

步骤	西红柿炒鸡蛋——老师的方法
第一步	先 ＿＿＿＿＿,＿＿＿＿。然后,用筷子 ＿＿＿＿＿。鸡蛋里可以放点儿葱。
第二步	把油＿＿＿＿锅里,热一下。然后,把打好的鸡蛋倒在锅里,炒一会儿。闻到鸡蛋的香味就熟了。这个时候把炒熟的鸡蛋倒在盘子里,等一会儿再用。
第三步	＿＿＿＿＿＿＿＿＿＿,炒7到8分钟。
第四步	再 ＿＿＿＿＿＿ 的鸡蛋倒在锅里,加点儿盐,和西红柿一起炒,就可以了。

老师开始念听力文本:

  第一步,先把西红柿洗干净,把它切好。然后,用筷子把鸡蛋打好。鸡蛋里可以放点儿葱。

  第二步,把油倒在锅里,热一下。然后,把打好的鸡蛋倒在锅里,炒一会儿。闻到鸡蛋的香味就熟了。这个时候把炒熟的鸡蛋倒在盘子里,等一会儿再用。

  第三步,把切好的西红柿倒在锅里,炒7到8分钟。

  第四步,再把盘子里的鸡蛋倒在锅里,加点儿盐,和西红柿一起炒,就可以了。

◆评价和总结。

  等学生填写完以后再读一遍,让他们对答案,根据情况可以把教师念的文本用PPT展示出来,或把学生填写的内容写在黑板上。

让学生注意"S + 把 + O + V + 结果补语"句式，教师可以带读带有"把"的句子，目的就是让学生特别留意到"把"字句的使用。

（2）讲练"S + 把 + O + V + 结果补语"。通过展示的"把"字句式，引导学生进一步明确"把字句"的使用条件，强化学生对这一语法的理解。

练习时，可以复习之前学过的"把"字句式，但重点是结果补语。教师利用课堂情境或一些提示，引导学生说出完整的句子，如：

  小静把书搞脏了。/明河把茶喝完了。
  哥哥把钱包弄丢了。/小云把手机摔坏了。

（四）总结（约 3 分钟）
总结本课内容。
（五）布置作业（约 2 分钟）
完成练习册第 3 题"选词填空"、第 6 题"连词成句"。

第二讲（第三、四课时，90 分钟）

（一）组织教学（约 2 分钟）
招呼、寒暄，使学生尽快进入学习气氛。
（二）复习旧课（约 10 分钟）
检查学生完成作业的情况。
（1）用 PPT 展示练习册第 3 题中的句子，点名让学生说出句中应填写的生词，必要时可进行适当扩展。
（2）展示"连词成句"的题目，让学生说出完整的句子。
（三）进入新课（约 70 分钟）
1. 学习课文一
（1）朗读课文。教师带读，一般以句号为停顿，学生跟读。跟读之后可以让学生轮流朗读。教师此时要注意纠正学生发音，随机点名。每个学生读得不要太长，课文反复读两遍，争取让多一些学生有机会读。

通读几遍，扫除词语发音或理解上的困难后，最后由教师再带读一遍。
（2）以填表格的方式讲练课文的主要内容。
两人一组完成表格（可以将表格印给学生，也可以用 PPT 展示）。这个练习是为了检查学生对课文的理解和对关键词语的掌握，更重要的是练习学生对"把字句"的理解和使用。

名字	他/她的任务是什么？	他/她完成任务了吗？
例：小静	负责做菜。	完成了。小静把菜做好了。她做的菜很香。
明河	负责_____	_____。明河把_____。
小云	1. 负责_____ 2. 负责_____	_____。小云把_____。 _____。小云把_____。

续上表

名字	他/她的任务是什么？	他/她完成任务了吗？
金浩	负责	_____。金浩把_____。
大卫	负责_____ 负责_____	_____。大卫把_____。 _____。大卫把_____。

教师在教室里走动，检查学生完成情况，并总结。然后提问：

　　他们在谁家做饭菜？（小静家）

　　小静起床以后做什么了？（她起床以后把房间打扫干净了，布置了一下。）

　　小静为什么打扫、布置她的房间？

由此引出重点词语"为了"。

（3）重点词语"为了"讲练。

教师说明"为了"是要引出目的。板书：

　　为了招待客人，小静把她的房间打扫干净了。

用PPT展示提示内容，让学生说出完整的句子：

　　学好汉语　　来到中国　　得到好成绩

　　每天努力学习　参加朋友的婚礼　请假回国

（4）结合课文进行语法、生词练习。让学生口头介绍一个他们家乡的菜，用上"S＋把＋O＋V＋结果补语"句式和"倒、放、切、闻、为了、第×步"等词语。菜名和材料（ingredients）可以用学生自己的语言。

2. 学习课文二

（1）听读课文。这篇课文较短，可以以听的方式输入课文内容，学生跟读课文。然后学生看书朗读课文，扫清字词障碍。

（2）串讲课文。教师问："小宝和爸爸的共同爱好是什么？""他们和妈妈有什么不同？""父子俩什么时候会把家里搞乱？""妈妈出差快回来时，父子俩会做什么？"引导学生运用生词回答问题。

（3）练习课文。教师展示提示词，让学生复述课文主要内容。

（4）讲练重点生词"搞"与"地"的用法。

搞：说明"搞"就是"做、干"的意思，有一些习惯的用法。板书：

　　搞什么　搞工作　搞调查　搞好　搞乱　搞清楚

引导学生扩张为句子。

地：板书：

　　快走　快跑　慢慢地跑　很慢地走

　　高兴地说　开心地看电影　热情地招待朋友

引导学生观察并总结"地"的使用条件。将语法规则简单化为一个汉字的形容词还是多个汉字的形容词，不用解释太多太复杂，注意举例，并通过例子让学生模仿。板书：

　　两个字的 Adj + 地 + V　　一个字的 Adj + V

学生模仿，说出"努力地学习（汉语）、高兴地跳（舞）、小心地开车、生气地离开"或"快写、早去、多看（中文报纸）"。
　　　结构助词辨析练习：的　地　得
　　　　　穿了一件红色____衣服。
　　　　　生气____走了。
　　　　　说____很流利。
　　　　　中山大学是一个有名____大学。
　　　　　他热情____说："欢迎，欢迎。"
　　　　　大卫唱歌唱____很好听。
　　　　　饿____不得了。

（四）课文总结和布置作业（约5分钟）
1. 总结
简单再总结一下本课语法和重点生词，可配合提问。
2. 布置课后作业
（1）完成练习册上的练习5和练习7。
（2）用"S＋把＋O＋V＋结果补语"及本课重点词语（如"搞、趁、倒"）等写一篇小文章。
（3）复习生词，下一次上课时听写。预习新课。

第十五章 听力技能课

第一节 听力课课型特点

一、语音输入与可懂输入

（一）听力理解的本质和规律

听力理解的本质，是通过语音对言语信息的接收，并通过大脑对信息进行解码。即听话者感知说话者语流中的每一个音节及其他言语信息（重音、语调、停顿等），运用原有知识（包括词汇、句法、语义等方面）对这些言语信息做出解释，进而揭示所接收的语音的含义。这其实是一个语音建构意义的过程。通过听觉来感知言语信息的过程可称为"输入"。

在听说读写四种技能中，听、读属于接受领会范畴，以"输入"为主；说、写属于表达和应用范畴，以"输出"为主。听、说是口语交际行为，读、写是书面语交际行为。

从语言学习、语言交际的角度看，听先于说。只有先听到别人说话，才能模仿别人说话；只有听懂别人的话，才能进行交际。因此，输入是输出的基础和前提；输入应先于输出，多于输出；输入的目的，除接受信息之外，也是为了输出。

这是语言学习的规律，也是听力理解的规律。

（二）听力课的输入

听力课的特点就是以语音输入为主。这可从两方面理解。

1. 听力语料的足量输入

听力课上的输入主要是语音输入，这是毋庸置疑的。输入的语料可以来自多方面，包括课本提供的语言材料；教师自己根据需要补充的材料——与课文互补，课文长篇则补短篇、补一句话、补对话体语料等，初级阶段也可补单句、短语段语料或听音、记音语料等。

在听力课上，要保证足够的时间，让学习者得到足够的语料输入。"注重大量输入和不断练习",是《国际汉语教师标准》(国家汉办,2007,以下简称《教师标准》)提出的听力教学基本原则之一。

2. 为语音输入和理解服务的其他技能训练

听力课以听"为主",但不能光听,还得有说、读、写作为辅助手段。这些手段的应用对提高听力技能、活跃课堂气氛、激发学习兴趣都有一定效果,但都应该为"听"服务。

说、读、写三种技能中,"说"在听力课上用得最多。《教师标准》把"以听为主,听说结合"作为听力教学的另一条基本原则,要求教师在听力课上贯彻执行。我们应该对此有足够的重视。听力课上的"说"与口语课的"说"不同,它不是为了功能训练,不在于表达得正确和得体,而是出于以下目的:①检查听的质量和效果;②帮助记忆;③避免过多、过于单调的听力刺激;④课堂互动的需要。所以,只要学习者说出听到的主要意思,用词不正确、声调不准确、语法有问题等,都可以不追究,不像口语课那样要求表达清楚、得体,也不像综合课那样要求表达正确、流利。

再看"写"。在听力课上,我们可以要求学生边听边记,一边听一边填空,一边听一边用汉字回答问题等。可以写汉字,也可以写拼音,写母语,还可以用同义词、近义词代替。"写"的目的,是检验学生是否能够听懂语料。因此,对写的东西不能要求过高,不能要求文通字顺,更不能要求每个字都写得准确、端庄。

有些练习不适合在听力课上做,如"听语素组词"(业:工~、农~、商~……),因为输入量太少。"听写"要适当应用,写汉字占时长,且训练目的容易转移。可以写拼音,作为单纯的辨音记音练习。如果能与一定意义结合,如听写词组、句子等,也不失为一个办法;但一定不能过多占用听力课语音输入的时间。长篇复述、长时讨论对于听力课也不合适。

(三)可懂输入

在保证语音输入足量的基础上,听力课还得注重可懂输入,把"可懂输入与信息差相结合"(国家汉办,2007)。这样,才能使输入被理解和吸收,成为有效的输入。

为保证可懂输入,教学要从学生实际水平出发,听力语料的难度要适合学生听力水平。一般来说,应该基本上让学生听懂语料,尤其是在讲解、学习该语料中的生词和新表达法之后。教师必须在以下多方面下功夫:语料的选择、补充,课文、练习的处理,听的次数,重点、难点重复,教师提问的设计,教师语速的快、慢,等等。要循序渐进,以取得最佳教学效果。如果教材中有些明显偏难的地方,可以不听,或者把难点化解后再听。化解的方法有很多,如详细讲、听生词和新表达法,放慢语速,多次重复,等等。

二、重现主打课语言点，适量、适度学习语言知识

听力课是一门独立的语言技能课，即听力技能训练课。分技能设课在二语教学中已成为一种趋势。中国对外汉语教学界 20 世纪 80 年代普遍实行分技能设课教学，此后听力课一直被认为是一门比较难上的课。其原因在于：①"听"基本上是被动行为，学习积极性不容易发挥，课堂气氛不易活跃。②新手教师不知道如何启发、引导学生听，找不到分析讲解的切入点，上课无话可说；放录音带、对答案成为一种固定模式；课堂气氛沉闷，学生觉得枯燥。③听力水平的提高缓慢，不易察觉，学生不容易看到自己的进步。

听力课在诸课型中的地位虽然与口语、阅读、写作平行，但与综合课（读写课或精读课）相比，它便是副课。一般认为，综合课是核心课程，是主打课，主要通过课文、练习让学生掌握语音、词汇、语法等基本知识和用法；听说读写等课程应该配合综合课来进行。

如初级班教学，读写课教授了语音、语法和词汇，听力课以另一种形式对它们进行重现。初级班听力课上，基本不承担词汇、语法等教学任务。因此，目前初级阶段的听力课，其实就是一种附属型的技能训练课。

基于这种情况，初级班听力课应有以下的特点：①基本不讲新的语法知识；②课文中出现的个别未学过的词语，只讲语料中的意义和用法，一般不扩展；③以听为主，以操练、再现综合课语言项目为主；④以领会、理解话语意义为主（结合语法学习，补充单句练习）。中级班听力课的情况是：①听力课有相对独立性，与综合课（精读）的关系没有初级阶段那么紧密。②教材中书面语言成分增加，尤其是"新闻报刊听力课"等书面比例更高。③因精读课的语法知识系统性不像初级课本那么强，听力课语料中若出现新的句型、语型、生词等，可适当讲解；但不宜扩展，基本上只讲语料中出现的用法和意义。④在单句理解的基础上，重点训练对语段和篇章的理解。

听力课是否应避开新语言知识点的教学？听力课应该只训练听力技能，还是技能训练、语言知识传授并重？语言知识如何传授？有人认为学生熟悉了汉语拼音之后，独立的听力训练就可以开始。也有人认为不同课型应从不同方面来分担词汇、语法教学的任务；听力课应通过听来学习语言知识（词、语、句），而不是把这些教学从听力课中踢出去（刘颂浩，2001）。我们认为，听力课应是兼顾语言知识传授和听力技能培养，两者应该合理、科学地结合。

三、训练听力技能

听力课的教学目的，具体到每一节课来说，有两个：第一，听懂课文提供的语料，其中包括课文中涉及的语音、词汇、语法知识，也涉及语料所提供的信息和社会、文化

背景知识等；第二，通过对语料的接触和理解，训练并使学生掌握听力技能。

但特定课型来看，听力课的主要教学目的应该提高学生的听力技能。而要提高听力技能，具体的是从训练、提高听力微技能入手。

（一）不同阶段应掌握的听力微技能

关于听力微技能。影响较大的是杨惠元提出的八点（1996）。有学者对这八点提出了一些不同的看法，补充了另外一些微技能。根据前人的科研成果，也根据初、中级不同的情况，我们觉得可以做以下的概括（不能全尽，但应是主要的）。

1. 初级阶段

（1）辨音辨调能力（包括不同声韵组合、不同调类调值、词重音、句重音、语调等）。

（2）对句法结构形式及其意义的领会。

（3）对语境的理解（《现代汉语教程·听力篇》中多数以会话式语段出现，这点很重要）。

（4）抓细节，提高精听能力。

（5）捕捉主要信息。

（6）联想猜测。

（7）记忆存储（具体操练形式可以是听力模仿、替换、回答问题等）。

（8）快速反应（如快速回答问题。"问题"语法简单，句子短；但每个问题只出现一次，使学生高度集中精神，快速反应。这种练习可以调动课堂气氛。但每次操练时间不宜过长）。

以上概括分属于三个不同的层面：（1）（2）主要是语言知识的层面，（3）是语用的层面，（4）～（8）则是思维科学的层面；但它们在提高听力技巧的目的上是一致的。

2. 中级阶段

（1）辨音辨调能力，重点在语调、句调方面。

（2）义群理解，识别句中停顿的能力（语流切分）。

（3）抓细节的能力。

（4）跳越障碍，抓关键词语，掌握关键信息的能力。

（5）联想猜测能力。

（6）预测能力（①语义内容预测；②语法结构形式及成分的预测）。

（7）检索监听能力。

（8）记忆存储能力（边听边记数字，包括理解数字的含义，记时间、地点等）。

（9）概括总结能力（听完语料后，概括大意。还可以在教学中帮助学生学会更高层次的概括,如:两节课可以听完的一个完整语料,边听边把各段的主要意思板书,听完了就是对全文意思、层次的概括和梳理,总结时再根据板书听一遍)。

(10)快速反应能力。

以上诸能力,有的不为听力微技能所独有而与阅读技能重叠,如中级的(3)~(6)和(9)(10)诸点。

(二)几项主要的听力微技能

1. **辨音辨调能力**

学生在听音的过程中,最常出现的是音近字误听和声调误听。

(1)音近字误听,如:

· 吐气与否:

  他饱了/他跑了 他真棒/他真胖(这两例语境可以相同,更容易产生误听);

  兑换/退换(此例语境不同,可以借助语境区别意义)。

· 发音方法相同而发音部位不同的音,如:

塞擦音: z zh(自定/制定)/ c ch(彩礼/柴米)

    舌尖前 舌尖后   舌尖前 舌尖后

擦音: f h(开发/开花)

   唇齿 舌根

· 发音部位相同而发音方法不同的音,如:

舌根: h g(坏人/怪人)

    擦音 塞音

舌面: j x(机器/吸气)

    塞擦音 擦音

(2)声调误听,如轻音、儿化的误听(眼睛←→眼镜)等。

这里强调两点:一是要注意双向误听;二是除了语音阶段,其他阶段的练习最好在一定的语境中(句子中)进行。

(3)综合误听,如:

  长身体时要注意补钙——掌声起时要注意补钙。

2. **联想猜测能力和预测能力**

联想是指接收到一个信号(这里指语音)以后,马上跟其他相关信号(语流中的相关信号或记忆库中的相关信号)建立起联系的心理活动;猜测指对已经接收到的信息(语音信息)进行评判、估计的心理过程;预测则是指根据当下的感知(语音信号)和以往的经验,对即将接受的信息(语境表示的语义)做出推测、估计和预想的心理过程。

例1　女：你怎么回来了？
　　　男：雨下得太大，连飞机都不能起飞了。
　　　女：那么你准备什么时候动身呢？
　　　男：等雨停以后吧。
　　问：雨停以后男的要干什么？
　　　A. 活动一下身体　　B. 出去玩一会儿　　C. 去乘飞机　　D. 什么也不干
正确答案是C。但课上听完一遍后，选C者占少数，一半左右选A。错的原因是把"动身"等同于"活动"——有的不明"动身"之义，有的只听到"动"音，与高频词A项中"活动"的"动"重叠。

启发联想：①在哪儿谈话？（"回来"——家里）②双方什么关系？（可能是夫妻）③为什么回来？（下大雨，飞机飞不了）→"雨停以后"再"去乘飞机"→"跟出去活动身体"没有必然联系。

这是与语流中的相关信号产生联想的例子。

例2　美国一位研究人类行为的教授指出，从一个人的行为不仅能了解他的一些习惯、性格、修养，甚至还可以了解一些他们国家的情况。

听到前面的"不仅"，就可以预知下面有进一层的意思。为了训练预测能力，我们可以设计这样的练习：先听到"修养"处，提出问题：①句子完了没有？②教授认为从一个人的行为可以了解到什么？（给出选择项：A. 习惯、性格；B. 习惯、性格、修养；C. 习惯、性格、修养及其他）接着听完句子，回答C中的"其他"是什么。

这是对语言结构及成分所提供的信息的预测。

3. 检索监听

检索监听有几个方面的含义。

（1）有明确的目的性，在听语料时，带着问题听，在语料中检索，只记住有关问题的部分。如听"全国天气预报"中注意自己想知道的城市的天气情况，又如听某一具体语料前教师布置的问题等。

（2）接收到有关信号，在自己的记忆库中检索，寻找有关的音义交汇点。如：

例3　男：这种药孕妇忌服。
　　　女：医生已经跟她说了，现在她改吃别的药了。
　　问：她怎么了？
　　　A. 头晕　　B. 病快好了　　C. 还吃原来的药　　D. 肚里怀着孩子

设题立意：A项为音近干扰项（"孕"与"晕"）；B项句中没提到，为干扰项；C项检查对"改吃别的药"的接收理解；D项为正确答案。

解题思路（或称解题路径）："为什么改吃别的药"？是因为"头晕"吗？语料中"孕妇"的"孕"与"晕"音同调异，但汉语中没有"晕妇"之说→检索未果。B、C

两项如上所述，不是答案。D 项 "肚里怀着孩子"→检索相关词语 "怀孕"→怀孕的女人称 "孕妇"→ "孕妇忌服"。对！因为是孕妇，所以不能服用原药，必须 "改吃别的药"。

（3）对一些同音词以及语料中的某些语言片段，虽然辨音没有问题，但必须在记忆库中检索出符合语义、语法的相关语词，才能算是理解了语料的意思。如：

例 4　他所领导的一个探险队在尼泊尔西部靠近喜马拉雅山的森林中发现了两只亚洲最大的象。最大的一只身高 11 英尺 3 英寸，比 1882 年在斯里兰卡发现的那只大象还高两英寸。另一只身高 10 英尺 6 英寸。

听完两遍。问：① "发现了什么？"——xiàng。② "什么 xiàng？" "xiàng 是什么？"——不知道。再听第三遍，听前提示注意有没有量词，注意 "xiàng" 后面的语句有否对 "xiàng" 的描写或说明。听完第三遍，学生回答 "大象"。问③ "为什么判断是大象"？—— "两只" "身高……"。

4. 义群理解，语流切分

这一点对于长句的理解尤为重要。这里举一个初级班的例子。

例 5　我一九八一年来过中国，现在是第二次来中国。

问："我第一次来中国是什么时候？"原以为很简单的问题，有的学生却答不出。学生提问："什么叫 wǒ yī？"既把 "一" 划归 "我"，自然就想不到是 "一九八一" 了。这一错解有两个原因：一是录音磁带在主谓之间的停顿不明显。如果教师朗读为 "我／一九八一……"，学生自然没有问题。但实际语言交际中这样的情况不少，如广州方言将某电话号码 86572334 中的 2334 常读为 2 孖/34，与其实义 2/孖 3/ 4 的语义结构切分不同。二是对汉语年份的称法还不熟悉。

以上分析的微技能最好能在每节听力课中有意识地选择一至两个进行训练。这也是听力课有别于其他课型的地方之一。

四、强化、突出语音输入形式

前面谈到听力微技能的一些方面与阅读课重叠，听力理解的题型（如判断正误、选择正确答案、完型填空、填表、连线、改错等）和题类（如对词义的认识，对细节的捕捉，对单句句义的理解，对简单对话的理解以及对整个语段、整篇文章的概括，对说话者或作者的态度、用意、语气的判断等）也基本同阅读课。

另外，影响听力的因素主要有：①近似的音和调；②生词；③长句；④语速；⑤话题陌生。如果再从听力练习、听力考试的角度看，还应该考虑⑥选择项太难、太长、不易明白的问题。在以上六项中，②③⑤⑥也与阅读重叠。

但是，阅读是视觉输入，它的语料以文字形式出现，可以长时间保留。在课堂上学生可以回读，可以主动进行反复刺激，主动采取先读语料再看题目或先看题目再读语料等方法，教师讲解、学生讨论时也可以更容易地凭借文字材料进行。听力课却非如此。以语音形式出现的语料转瞬即逝，学生不能主动地多次接收语音信号的刺激，没有回听的主动权。很多课堂活动需要教师发挥主导作用，如在播放带子时要有讲究，什么地方播、什么地方停、什么地方需要重播、重播几次等。听力课以语音输入信息的形式也给教师在课堂上的讲解、分析增加了难度。另外，它还要求学生在听力课上保持高度集中的精神状态，注意力稍不集中，便很难接收到正确的语音信号。这也对教师的课堂组织和安排、教师的讲课技巧、如何吸引学生注意力、如何调动学生学习积极性等方面提出了更高、更严格的要求。

因此，听力课的时间一般不宜过长，以两节课为一个单位时间较为合适。

第二节 听力课的课堂教学

一、听力课课堂教学环节与教学步骤

根据教育学知识，一般备课过程中我们循教学单位、教学环节（下可再分小环节）、教学步骤的结构程序来安排教学。在实际教学中，课堂操作却是备课分解程序的反向流程，即通过一个个的教学步骤来完成每一个教学环节乃至整个教学单位的教学任务（吕必松，1996）。

（一）教学环节与教学步骤

如果把一个教学单位时间（两节课）作为一个教学单位的话，可以有开头（介绍有关背景知识、导入）、展开（听、理解、练习）和总结三个环节。如果把一课书的内容作为一个教学单位的话，可以有复习旧知识（词语及语法知识、前一课所听语料的复听及检查等）、语料内容导入、学习生词及语言点、听正文、做练习、总结六个教学环节。

1. 初级班的教学环节与教学步骤

就初级班而言，一般的做法是把六个教学环节归并为四个大环节：

（1）复习旧知识。主要是对前课所听语料在各方面的检查，可以再听一遍语料，提一些新问题让学生回答；也可以就语料中的某个生词或句子进行复习、提问等。（这个环节可视具体情况决定进行与否。）

（2）语料内容导入，学习生词和相关语言点。生词表上新旧词语一起排列（如果使用系列教材，读写课学过的词语会在听力课中复现），可以把学习新词与复习旧词结合起来，也可以在学习词语时用以词串句带出新的语法项目等方法进行教学。

（3）听正文与做练习两个环节融合在一起，交叉进行。这是一个重点环节。

(4) 最后的总结。

以上第(3)个大环节的教学安排(在此我们把大环节再分出若干小环节,小环节下再分教学步骤。教学步骤在下文中不作标示)举例如下:

例6 《现代汉语教程·听力课本》第一册第四十三课《我们把儿子也带来了》之第二部分"喂,是格林吗?"

听三遍,判别正误:

W:喂,是格林吗?
G:我是格林,你是谁呀?
W:我是王朋。
G:王朋,你好!你现在在哪儿?
W:我现在在楼下。
G:你来我真高兴。你是从哪个门进来的?
W:是从西门进来的。格林,来你这里真不容易。我两点从家里出来的,现在已经四点多了。我家离这儿太远了。
G:那太辛苦了。你等等,我下楼去接你。
W:不,我们自己上去吧。
G:我们?还有谁?
W:李芳也来了。我去找她,我们一起来的。
G:太好了。我爱人很想认识她。
W:李芳也很想认识你爱人,很想见见小尼科。
G:你们等我一会儿,我马上下去。
W:你不要下来了。我们坐电梯上去吧。

判断正误:

1)格林和王朋在楼下谈话。(×)
2)格林要下楼去找王朋。(√)
3)王朋的家离北京饭店很远。(√)
4)王朋从家出来的时候已经四点多了。(×)
5)李芳以前认识格林的爱人。 (×)
6)王朋和李芳坐电梯上楼去。 (√)

(此套系列教材《现代汉语教程·读写课本》第一册第四十三课的语法点是简单趋向补语。)

(1)第一个小环节。听第一遍,听完提出问题:①"谁跟谁说话?"②"在哪儿说话?"(一人楼上,一人楼下。)③"说话的时间是什么时候?"(四点多了。)这里的②③为难点,不急于回答,再听第二遍。听完第二遍后回答。扣紧语法点简单趋向补语

"进来""下楼去""上去""下去"等。

这是回答概括性的问题,即对会话体语段中情景的理解。

(2)第二个小环节。①听第三遍。②听完做课后的"判别正误"题。如果第一步骤中的情景可以理解的话,则练习中的1、2、4、6题基本没问题。③教师可视情况口头重复2、6两题,突出简单趋向补语句中处所宾语在句中的位置。这两题其实是检查学生对重点句式的掌握情况。④核对答案(可逐题提问,也可六题答案一下子全板书,再检查全班情况),讲解,分析。⑤第3题是训练对细节的捕捉能力。"为什么对?""怎么知道很远?"——"太远了";"两点出门,四点才到"(如果学生能如此回答,则相当理想)。⑥第5题主要检查对词语"很想认识"的接收和理解。

(3)第三个小环节。听第四遍,反复刺激,巩固记忆。

这个听、练的过程主要是从大到小、从粗到细安排。

2. 中级班的教学环节与教学步骤

中级班的教材多为中长篇语料,书面语体、叙述性文章为多。下文以《汉语中级听力教程》(潘兆明,1994)、《发展汉语·中级听力Ⅱ》(傅由,2005,2011)为例。根据教材实际情况,我们一般的做法是:以一段或若干段语料为一个教学环节,逐个环节展开教学过程。每个环节又可依次分成以下三个小环节:①生词、课文、相关习题练习;②课文、生词、相关习题练习;③课文、相关习题练习、生词。一课书各个环节中的步骤可以不同。

这样做至少得注意两个问题:①如何切分?可以根据文章意思。②对习题的安排心中有数,有时必须调乱次序,而不是死板地按照课本的编排。还可以灵活安排语料,有些段落精听,有些段落泛听,"注重精听与泛听相结合"(国家汉办,2007),有重点有难点。

(二)如何听、讲生词

(1)一般的做法是先布置学生预习生词,教师在听、解语料之前先解决生词的障碍。

但也有另外的方法:中级班听力课的生词教学,不一定都要课前预习。不布置预习的目的是让学生在不知道语义范围的情况下接触语料,这是培养、训练学生言语交际技能的一种行之有效的做法,因为交际中本来就不可能总是先预知输入信息的内容。当然,如果没有预习生词,听完语料后的复习就显得犹为重要。

(2)借助教学经验,只讲没学过的;或者由学生自己提出不懂的词,教师解释。一般只讲语料中的词义,引用语料中的例句,也可再做适当扩展和补充。

(3)解释完词义后学生离开课本,听教师读生词或串讲生词(有的单个词,有的可联成词组、句子),让学生在短时或长时记忆中检索。有时还可以听后模仿、跟读,以增强记忆。

（4）看着生词听语料，要求学生用生词串句子，学习生词的用法。

（5）听带有生词的句子，跟读，或回答相关问题，理解语料。

（三）如何听、解语料正文

中级听力教学的重点是训练学生在理解话语意义的基础上理解语篇意义。要做到这一点，必须抓好三个层级，即句子、段落和语篇的理解。句子的难点在于长句；至于语篇的理解，对主要意思的概括一般不难做到；但对文章的脉络、层次的领会就难一些。如《我和茶》（潘兆明，1994）一课，在没有预习的情况下听完一遍，学生可以说出文章的大意是"我"喜欢喝茶、喝乌龙茶等，但对文中的"我"喝茶分三个阶段、从云南到北京喝茶情况的变化这条纵线就较难掌握。当然，这里的理解滞后不仅仅是听力水平的问题。

以下几种方法在听、解语料时比较常用、有效。前三种主要用于听、解句子，后两种主要用于听、解语篇。

1. 抓关键词语法

关键词语就是指对理解句义或学习有关语言知识起重要作用的词或词语。

例7　有人提议鼓励取双字名以减少一些重复。

　　问：为什么要起双字名？（《同名现象的解决办法》，潘兆明，1994）

根据题干回答这个问题，"以"是一个关键词。"以"是连词，表示手段、方式和目的之间的关系，放在小句与小句中间，"以"后表示目的。

思路：①引导学生对音节"yǐ"的听辨。②听到"以"，先假定"以"后部分为目的，捕抓"减少重复"这一动宾搭配。③验证"以"前是做一件什么事情，与后边的目的是否在语义及逻辑上相搭配。

2. 串连法

可以有多种串连。

（1）用句子的主要语法成分串连（抓主、谓、宾语等）。如：

例8　人情是个又大又沉重的雪球，被不想推但又不知不觉推动它的人们滚得越来越大，推它的人却感到越来越累。（《人情大世界》，潘兆明，1994）

（课后有判断正误题："作者认为中国人并不想搞各种人情，但是没有办法。"不搞懂长句的意思，便无法做这一题。）

这是一个由三个分句组成的复句，教师板书：

　　　　人情是……雪球，（s.）被……但……的人们滚得……，……人却感到……
　　　　　　　　①　　　　　　　　　②　　　　　　　③　　　　　　　④

注：A. 这里①②两个定语是理解的重点；B. s 处省略的主语是理解句义的重

要部分；C.③④两个"越来越 + adj."结构的使用对说明句子语义有很大作用。

（2）用生词串连（略）。

（3）用关联词语串连。如：

例9 很少看见家庭主妇一把夺下丈夫的茶壶不让喝茶的，而夺酒瓶子的事却随处可见。（《我和茶》，潘兆明，1994）

板书：很少看见……，而……却随处可见。

注：连词"而"表示前后意思的转折。问：这里表现什么内容的转折？作者是什么意思？

（4）用相关数字串连。如：

例10 铁路部的统计资料表明，我国铁路每年光是因为水灾造成的中断事故就有大约120次，累计中断时间大约1850个小时，造成的直接经济损失达到3.5亿元。（《铁路运输与自然灾害》，潘兆明，1994）

要求：①记下听到的数字（听两遍录音），并记住数字后面相关的量词、名词等以帮助理解；②边提问边板书；③逐个说明每个数字包含的意思；④中间再听一遍，领会重点词语的意思；⑤把课后练习题提到前面完成，如判断正误题"水灾每年造成的灾害都非常严重"；⑥最后再听一遍，巩固记忆。

3. 句型类比法

例11 内蒙人很爱喝酒，他们把喝酒当成一种衡量友谊、感情和面子的尺度。（《喝酒请到内蒙去》，潘兆明，1994）

听解这个句子，可以用类比句帮助。

类比句：在中国，我把学汉语当成一件最重要的事情。

步骤：①先听一遍句子，没听懂，再听一遍。②听一遍类比句，复习"把"字句句法结构及语义。③再听一遍句子，对号入座，定语和宾语的理解是难度，教师要加以解释（生词已学）。④练习。判断正误：

　　蒙古族人喜欢朋友会喝酒。（√）

　　你去蒙古族人家里作客，喝醉了，主人感到很高兴。（√）

也可设计选择题，主要目的是检测学生对句义理解与否。

以上提到的两种方法，在听、解句子的过程中其实也进行了多项听力微技能的训练，如辨音、记音、猜词、抓细节等。

4. 提纲提示法

例12 《分寸》（傅由，2005）一课，分做事和说话两条线，又分别举出中国人照顾生病的日本留学生，餐桌上为别人夹菜、敬酒，以及批评孩子（老师和家长批评的方式方法的不同）、谈恋爱（自己认识和别人介绍认识说话的不同）的例子来说明"说话做事要掌握一个合适的度"，这个度就是"分寸"这样的主题。在听、解课文中，可以用四级提纲示意图帮助学生梳理文章脉络。

提纲提示法也可以用在对段落或某一个话题的听解。

例 13 《科学新发现》（傅由，2011）一课，文中提到有人把闹钟评为"最讨厌的发明之一"，听清楚文中所述的理由是理解这部分内容的重点。教师在讲解中也可以用三级提纲引导学生，如：

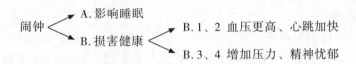

理解了这部分内容，也就为完成课后练习中涉及这一信息点的六个大大小小、不同题型的问题扫清了障碍。

这种提纲式示意图一般由教师采用渐进式板书；也可以先板书用字母代号标注的完整示意图，让学生听后自己填写内容；还可以只板书一部分，启发学生自己补充完整。这种示意图的制作过程也就是教师引导学生对语篇进行理解的过程。教师还可以借助示意图进行种种后续教学，如针对某个重点、难点事例的再听和对全文的梳理等。

5. 化解课文难点段落

听解语篇时，有重点地处理难点段落，对全篇的理解往往可以收到事半功倍之效。

例 13 《要想活得好，放松最重要》（傅由，2005）一课，全课约 650 字，有这么一段："相反，如果你吃芹菜叶子也紧张，**或者**只为能不能再吃一块巧克力而考虑再三，你的心情就和餐桌上的快乐气氛格格不入，**于是**神经系统会发出抗议。**因此**，从所谓健康的饮食方法所获得的那么一点营养，很可能**被**神经紧张的不利作用化解得无影无踪。"这是课文的难点段落，在课后判断正误、选择正确答案、填空三类题目中，均有小题涉及本段信息。这部分的重点听、解是教师必须重视和解决的问题。

化解难点的方法可以从分解复句的角度入手，引导学生先抓住熟悉的、高频的标记"如果……就……"，引导学生从"或者"领会"如果 1"和"如果 2"；注意"于是"引出的结果；再解决"因此"句，在"因此"句的理解中还要抓住"被"的接收；最后连贯起来理解。

解决了这个难点段，课文其他部分的内容就容易多了。

（四）如何进行操练

练习其实是与听、讲解语料交叉进行的，边听边练，听一段做一段。练习题目的次序可以依照正文理解的需要灵活安排，有增有减。一般来说，总结概括性的题目放在后边完成。

二、听力教学要注意的几个问题

（一）"六有"

"六有"包括：课前有准备，课上有讲解分析，有重点，有变化，有交流，课后有要求。

1. 课前有准备

备课不一定要写出很正式的教案，但一定要熟悉教材，心中有数。

（1）接手某一个年级的课时，首先要浏览一遍教材，包括编写说明、体例、教学量的多少、教学时间的安排、编者的意图、编写该教材的原则、教材的重点和难点等。

（2）接手某一课时，至少了解前两课的内容，做到知识有连贯性。

（3）了解主打课，即读写课平行课数的内容（不管是否采用系列教材），特别是语法点、词语的学习情况，掌握教学的主动性。

（4）熟悉当课的教学内容，做好安排。

（5）仔细梳理课文中的练习项目、练习题等，发现难点、问题，以利于讲课中有针对性地解决。

（6）决定是否需要补充材料和练习项目。

2. 课上有讲解分析，有重点，有变化，有交流

（1）有讲解分析。听力课也应讲解分析，要找对切入点，做到有针对性地讲解（上面已有例子说明）。不能在课上教师只是放录音，对答案。

（2）有重点。重点训练哪一种听力微技能、学习哪一种句型、操练哪一个语言练习项目（如听记数字、时间、方位词等），要有一个总体安排。语料中哪一段较难，习题中哪些要多练多花时间……教师要心中有数，课上有重点地进行。

（3）有变化。教学方法、教学步骤不要总是千篇一律，最好做到每次课、每课书都有亮点，让学生有新鲜感。①可以根据教材编排先上生词，再上课文、练习；也可以先听课文，再讨论、说大意、回答问题，最后再回头学习生词等。基础班、中级班都可以这么灵活掌握。②做练习的方法可以一题题对答案，也可以一下子把答案全部板书，再逐题讲解。③上课节奏有变化，有紧有松。如果学生精神不佳，可以考虑多一些输出的练习，多开口，如快速回答问题、模仿操练等。④有时可以一个问题说三遍，有时只说一遍。⑤语速也一样。不少研究者赞成中级班听力教学让学生接触正常语速（200～230字/分）或接近正常语速的语料，不能一味迁就学生。我们赞同这种意见。除了课本，可以补充其他语速趋于正常或真实的语料。另外，教师课堂上的语速也应该有慢有快，该慢时慢，该快时快。这样才可以较好地解决学生只能听懂课文音带和自己老师的说话，走出教室或入系学习就很困难的问题。

（4）有交流。即不唱独脚戏。语言教学与语言学教学不同，语言技能课教学也与专业课教学不同，应多实践多操练，多与学生互动。①做选择题时选出某项，可以提问其根据。一人回答不出，其他人补充。②判断题答案为否定时，要求把错的地方标注出来，或说明哪儿错、为什么错。③学生做错了，要讲解说明清楚，为什么对，为什么不对。多数人做错的题要重点讲解分析。④让学生提问题，让别的学生回答问题。⑤课后多征求学生意见："听懂了吗？"（语料、教师讲解）"会不会太快、太慢？""这方面的内容有意思吗？""上一课的方法好还是这课？""有什么想法？什么建议？"

3. 课后有要求

教师应该要求学生购买录音磁带或拷贝语料，课后复听语料，或者布置一些课上没有听、解的听力材料要求课后练习。有时，还可以布置预习下一课的生词或课中的相关语言点知识。这些课后作业都要进行检查，看学生是否真的按照要求做了。

（二）"三忌"

1. 忌单调刺激

单调刺激，学生容易打瞌睡。现在对外汉语教学小班上课很有优越性，应该以听为主，听说、听写、听做结合（初级班还可边听边做动作）。

2. 忌反复死听、只对答案

（1）有的新老师不能很好地启发引导学生，不知道讲什么、怎么讲，主要是切入点选择的问题。要解决这个问题，一是要结合教材自己用心琢磨，二是要多实践，三是要多听课。

（2）录音带子不是每次都从头至尾播放，中间什么地方不懂了，就该重播什么地方。

（3）做了练习要检查，有了检查就有讲解的契机，有与学生对话的机会，课堂就不会冷清。

3. 忌放羊式上课，要因人施教，尽量调动学生的积极性

（1）了解各个学生的长短处，让各人回答有针对性的问题，如程度高者回答难题，程度低者回答容易的题。

（2）对个别程度较差的学生课前布置预习生词，甚而先读语料，使他们在课上也可以听懂一些，帮助他们树立学习信心，课后多加询问，了解情况，多给予帮助。

（3）鼓励学生主动回答问题，注意不要总是集体回答，应该有个别回答的机会。

思考与练习

1. 如何认识听力课的课型特点？
2. 听力课上如何突出"输入为主"的教学原则？

3. 请解释听力技能与听力微技能的关系，并举例说明几种听力微技能。

4. 以下句子选自《发展汉语·初级听力Ⅱ》，请根据题干每题设计两个听后判断的选择项，注意围绕每一句中的关键句或关键词设计。

(1) 我学了两年汉语了。
(2) 这儿离大华电影院不远。
(3) 他是哪个班的？
(4) 除了他以外，谁我都不认识。
(5) 一到了周末我就觉得很没意思。

5. 以下语料选自《发展汉语·初级听力Ⅱ》，请设计出一共听三遍，每听完一遍后教师提问的问题及讲解重点，并说说这段对话的教学中要训练哪些听力微技能。

女：老孙，早上好！
男：早上好！
女：你到28层，是吧？
男：不，我们公司在38层。你们公司呢？
女：在45层。
男：早上好！
女：电梯太挤了。我常想，要是我们公司在十几层，我每天就爬楼梯。
男：我也是这么想，可现在怎么办呢？
女：没有好办法，只好每天坐电梯了。
男：你看，38层到了。
女：下次见！
男：下次见！

6. 以下是一篇语料，请根据语料内容设计出三种听力练习题（题型自选，每个题型最少要有两个问题）。

转眼我到中国已经半年多了。去年7月刚来中国时，我听不懂也看不懂，没有朋友，心里非常难过。现在我的汉语水平提高了，也交了不少朋友，不但有中国的，而且还有世界各地的。我们一起学习，互相帮助，每天都过得很开心，汉语学习也越来越有意思了。开始上课时，我不习惯老师说汉语，只能听懂百分之四五十。但是我每天努力学习，不懂就问老师和同学，所以我的进步很快。现在我已经能用汉语进行一般的会话，上课也能听懂四分之三了。最重要的是我越来越喜欢汉语了，我想在中国继续学下去，将来找一个和中国有关系的工作。

生活也基本没问题了。刚来中国时我不习惯吃中国菜，觉得油太多，也看不懂菜单，只好常常去吃麦当劳。现在我不但习惯了吃中餐，还会做几个地道的中国菜呢。以后回国可以做给朋友们吃。（根据《博雅汉语·初级起步篇Ⅱ》课文改编）

7. 以下是选自《阶梯汉语·中级听力1》中的两个选择正确答案题，请拟出相关的教学方法及步骤。

题一　跟我想像的正好相反，这个电影相当不错。
　　问：这句话是什么意思？
　　　　A. 我觉得这个电影不好　　　　B. 我没想到这个电影这么好
　　　　C. 这个电影跟我想像的一样好　D. 这个电影没有我想像的那么好

题二　男：你具备当老师的条件吗？
　　　女：您这话什么意思？我可是师范大学毕业的。
　　问：女的是什么意思？
　　　　A. 不明白男的的意思　　　　　B. 自己不应该做老师
　　　　C. 自己可以当老师　　　　　　D. 要去读师范大学

8. 以下是选自《发展汉语·中级听力Ⅱ》某篇课文中的一段，请拟定教学目标——语篇理解和语言要素方面、听力微技能方面，并设计教学环节与步骤。

性格和智商有关吗？最近，一所大学对381名年龄为19到89岁的人进行了研究，并把参加实验的人分成三组：60岁之前组，60岁以上组和高智商组。结果发现，在60岁以前，性格开朗、喜欢学习新东西的人最聪明。60岁以后，性格开朗和智商关系并不大。对老年人来说，那些喜欢讨论问题的人可能因为更多的思考而具有更高的智商。

9. 以下是选自《发展汉语·中级听力Ⅱ》的某篇课文，请预测教学中的难点（难点段落、难点句子、难点词语等），并针对这些难点进行教学设计。

几个人一起去饭馆吃饭，通常中国人会由一个人买单，而西方人则喜欢AA制，大家各付各的，这是为什么呢？

经济学家常常用"流动性"来回答这个问题。在他们看来，以前的中国是农业社会，人的流动性较差。因此，一个人请客买单时，可以想到被请的人以后也会请他，大家轮流请客就是了，这次你请我，下次我请你，谁也不吃亏。而在西方，人的流动性强，一个人请别人的客，被请的人说不定这辈子再也见不到了，为了大家都不吃亏，各付各的是最好的选择。

实际上，中国一个人买单和西方人各付各的并没有什么不同：西方是一次性的AA制，中国人是分成多次的AA制，只不过时间拉长了。

"流动性"的概念还可以解释一些其他现象。例如：农村人为什么比城市人更喜欢生小孩？为什么大多数人更喜欢生儿子而不是女儿？跟城市相比，农村的流动性差，儿女们不太可能远走高飞，因此，生孩子能让父母们得到更稳定的预期收益，这就相当于父母先请孩子的客，把孩子抚养大。父母老了以后，再由孩子请父母的客，照顾他们，让他们有一个美好的晚年。至于城市，小孩的流动性大，长大以后说不定会到哪里去，父母想要依靠他们可不容易，预期收益就降低了。在这种情况下，少生儿女或让儿女早点儿独立就成为家长最合适的选择。至于"重男轻女",道理就更简单:女儿长大以后要嫁出去,"流动性"比男孩高。

从上面的分析可以看出,如果有一天中国人也开始流行 AA 制,那很可能因为中国人的"流动性"增强了。

10. 请根据初级程度的水平编写一段语料,设计三种练习题,并写出完整的教案。

本章参考文献

[1] 傅由,等. 发展汉语·中级汉语听力 [M]. 北京: 北京语言文化大学出版社, 2005.

[2] 傅由. 发展汉语·中级听力 [M]. 2版. 北京: 北京语言文化大学出版社, 2011.

[3] 国家汉语国际推广领导小组办公室. 国际汉语教师标准 [M]. 北京: 外语教学与研究出版社, 2007.

[4] 李德津, 李更新. 现代汉语教程·听力课本 [M]. 北京: 北京语言学院出版社, 1988.

[5] 李晓琪. 博雅汉语·初级起步篇 II [M]. 北京: 北京大学出版社, 2005.

[6] 李杨. 对外汉语教学课程研究 [M]. 北京: 北京语言文化大学出版社, 1997.

[7] 刘颂浩. 对外汉语听力教学研究述评 [J]. 世界汉语教学, 2001 (1).

[8] 吕必松. 对外汉语教学概论(讲义)[M]. 北京: 国家教委对外汉语教师资格审查委员会办公室, 1996.

[9] 潘兆明. 汉语中级听力教程 [M]. 北京: 北京大学出版社, 1994.

[10] 王钟华. 对外汉语教学初级阶段课程规范 [M]. 北京: 北京语言文化大学出版社, 1999.

[11] 杨惠元. 汉语听力说话教学法 [M]. 北京: 北京语言学院出版社, 1996.

[12] 周小兵. 阶梯汉语·中级听力1 [M]. 北京: 华语教学出版社, 2005.

[13] 周小兵. 对外汉语教学导论 [M]. 北京: 商务印书馆, 2008.

附 录

教案设计

《阶梯汉语·中级听力1》第13课《新闻两则》

教学对象: 中级1班, 即刚步入中级阶段学习的学生。

教学时间: 4节课(每节课40分钟)。

教学内容: 根据教材编排和要求, 基本完成如下内容:

(1) 学习22个生词、4个专有名词、1个语法点(成语"人山人海")。

(2) 精听部分: 13个句子填空; 听句子选择正确答案, 完成8道题; 听对话选择正确答案, 完成10道题。

（3）泛听部分：听两则新闻，每则新闻听后都必须完成回答问题、填空、选择正确答案这三种练习。

教学目标：
1. 语言知识方面
（1）对 22 个生词和 1 个语法点的学习。根据听力课特点，要求做到领会式掌握。
（2）能理解相关句子和语篇的较为完整的意思。
2. 听力微技能方面
（1）借助特定语境及上下文（即精听部分的练习），训练听音、辨音、记音能力，对以上生词及语法点加深理解，并学习如何运用。
（2）通过听短文（即泛听部分）及其练习，训练学生在语篇中抓细节、捕捉主要信息、概括总结和检索监听的能力。

教学方法和思路：
根据教材编撰指导思想，以词—句—篇的路子进行听力技能训练，从易到难。

教学安排：
1、2 课时，完成生词学习及精听部分（可以把这作为第一个教学单位）；3、4 课时，完成泛听部分（可以把这作为第二个教学单位）。

第一个教学单位

教学环节一：组织教学，稳定课堂秩序（略）。
教学环节二：复习旧课及新课导入（略）（以上两项5～8分钟）。
教学环节三：学习生词和精听部分一"听句子，填空"（25分钟）。
生词：课前布置预习。课上采取集体朗读（各种形式）、学生就预习中发现的问题提问、教师解答问题（主要结合课文中的用法及义项讲解）等方法和步骤完成。
听句子，填空：采取听音、记音、朗读词语组合、跟读句子等方法和步骤完成。
教学环节四：精听部分二"听句子或对话，选择正确答案"（25分钟）。
总共 8 道题，根据题目内容、难度和学生水平，决定部分题为教师讲解、学生讨论的重点题目，拟第 1、3、4、6 题为重点。这几题教师讲解或引导学生讨论的切入点如下。
第 1 题：生词"储蓄"，关键句型"除了 A，B"。
第 3 题：生词"富有"，关键句型"为了……（为了感谢他）"——为什么要感谢他？怎么感谢他？
第 4 题：语法点"人山人海"，关键词语"有什么意思呀！"。
第 6 题：生词组合"购买力"，关键句型"从……出发"。
教学环节五：精听部分三"听对话，选择正确答案"（20分钟）。
总共 5 个题干、10 个问题。拟以第 1、3 题为重点。
第 1 题：对话中出现 5 个生词，问题考查点是对生词"储蓄"一词的接收、理解和应用。
第 3 题：对话中出现 5 个生词，问题考查点是对生词组合"意料之中"的接收、理解和应用——"修建美食街这个消息""他"觉得突然吗？"他"事先想到会修建美食街吗？
（如果课堂上不能完成以上教学任务，把精听部分三的第 5 题——1 个题干带 5 个小问题，作为

课后完成的作业，下次课检查）

教学环节六：总结、布置作业（略）（3～5分钟）。

第二个教学单位

教学环节一：组织教学，稳定课堂秩序（略）。

教学环节二：复习旧课，即检查上次课布置的作业（略）。

视情况复习上次课学的生词及语法点。（以上两项10～15分钟）

教学环节三：学习泛听部分第一则新闻"高收入家庭低消费"（35分钟）。

根据教材安排，与完成课后三种题型的练习相呼应，本环节再分为四个小环节，每个小环节完成一个题型的练习。拟一共听三四遍全文，某些段落多听。

小环节一：完成练习第一题，即回答问题。

（1）不看书听第一遍全文，听前教师提出相关要求，听完概括文章大意并报告听到的任何细节。此项练习主要训练学生概括总结的能力，也训练在语篇中抓细节的能力。

（2）先看课后练习第一题提出的问题，带着问题听第二遍全文，听后回答。此项练习主要训练学生检索监听的能力。

小环节二：完成练习第二题，即填空。

此项练习是本语篇练习中的难点。本填空题是短文填空，语段140字左右，共要求填写九个空位，其中七个词、两个词组。答案集中在听力文本的第一、二段，但最后第九个答案在文本第五段，即文章末尾。

分解难度的方法：把语段从语义上分为两个层次，逐个层次完成。

第一层次基本是原型填空，有三个空位，比较容易。完成本层次拟听一遍文本相关语段第一段。

第二层次有六个空位，其中第五、第八、第九空位的相关组合在听力文本中没有原形，特别是第九空位，是难中之难，练习中须加以引导。完成本层次拟听两遍文本相关语段第二段及文章末尾。

以上完成后再听一遍文本相关段落，强调对语篇连贯的理解，也可作检查之用。

课堂练习中，填空可以先写拼音，过后再写汉字（或课后作为作业布置）；书写汉字如有困难可以看书。

小环节三：完成练习第三题，即选择正确答案。

此项练习有五题，题目均为细节问题，难度不高。因为之前已听了两三遍语料，故可以先听问题，尝试完成部分题目。在此基础上听第三遍全文，完成剩下的题目。

小环节四：重听全文，复习、巩固。

完整听第四遍全文，要求各人的难点部分有针对性地听。（此环节是否需要，可视课堂实际情况灵活掌握。）

教学环节四：学习泛听部分第二则新闻"广州美食节"（25分钟）。

方法及步骤基本同第一则新闻。但比第一则新闻多设一个导入小环节。

导入方式是师生间关于"食在广州"的聊天。教师最后的引入是："下面我们来听一则与'食在广州'有关的新闻，大家听听新闻里谈的是什么内容？"

这个小环节的设置考虑了教材的内容安排。本则新闻后面的练习中基本为细节性问题，如"美食街开幕仪式由谁主持""一共有多少人参加开幕仪式"等，没有就文章大意提问的问题，教学中正好借助导入，让学生在限定范围内更有针对性地获取文章主要内容，为听正文做些铺垫。这种处理方法也可以说是对教材的补充。

另外，这个导入环节的设置，从整个教学单位来说，还起到一个变换课堂教学节奏和教学方法、活跃课堂气氛的作用。

教学环节五：总结、布置作业（略）（3～5分钟）。

《发展汉语·初级听力Ⅱ》第八课《我们还没想好租不租呢》

课程性质：初级听力课。
教学对象：初级3班留学生。
教学时间：2课时（每课时45分钟，共90分钟）。
教学内容：
（1）学习13个生词、1个专名、10个短语。
（2）学习"就、才、还没……呢、V不V"等四个语法结构。
（3）听两个对话和两篇短文，完成相关练习。
教学目标：
（1）根据听力课的特点，对13个生词、10个短语和4个法结构做到领会式掌握。
（2）能够听懂与"租房"有关的句子和语篇的较为完整的意思，并能就相关话题与他人进行简单交际。
（3）通过对话和短文部分的练习，训练学生能够准确获取交谈中涉及的人物、数字等具体信息。
（4）通过对话和短文部分的练习，训练学生听音、记音、辨音能力，对语篇的整体及细节的把握能力，猜测词义及检索监听能力。
教学方法和思路：依据教材编撰指导思想，以词汇—短语—对话—短文的模式进行听力训练，由易到难，循序渐进。
教学安排：
第1课时，完成第一部分词语、第二部分的"一、听后判断"及"二、对话一"；
第2课时，完成第二部分"二、对话二"和"三、听短文，听后做练习"。

第1课时

教学环节一：组织教学、复习第七课（5～8分钟）。
教学环节二：跟读生词、专名和短语（10～15分钟）。
跟读生词和专名：第一遍跟老师或录音读。第二遍学生自己读，之后教师纠正发音、讲解重点词语。第三遍不看书跟读（个别跟读或整体跟读），巩固理解本课生词。
重点讲解词语：租/出租、套、于是。
跟读短语：跟读两遍后学生提问听不懂的短语，教师解答。也可以逐个听，听后教师提问、学生回答，检查学生对短语的理解情况。最后不看书跟读一遍（个别跟读或整体跟读），巩固理解这些短语。

重点讲解短语：一室一厅（可以采用猜测词义的方法训练学生联想猜词的能力）。

教学环节三：听句子，听后判断 A 和 B 哪个与你听到的句子意思相同（10 分钟）。

这道题共四个小题，每个小题都涉及一两个语法点：第 1、3 小题"就"，第 2 小题"才"，第 4 小题"租不租（肯否短语）""还没…呢"（强调否定）。目的是训练学生对本课出现的重要句法结构形式及意义的领会能力。

教材练习只有四个小题，因此教师可以补充语料，采用听力模仿、替换、回答问题等方法强化学生对这些句法结构形式及意义的领会能力。

以第 4 题为例，肯否结构补充如下例句：

小题 1　<u>去不去</u>买东西我还没想好。（去还是不去）

操作方法：跟读一遍——教师提问"我还没想好什么事情？"或者"我去买东西吗？"——就学生回答的情况适当讲解。

小题 2　<u>买不买</u>这件衣服我要问问妈妈。（买还是不买）

强调否定结构补充如下例句：

补充题 1　我没去过北京。——我还没去过北京呢。

补充题 2　我没吃早饭。——我还没吃早饭呢。

通过两句的对比让学生体会说话人强调否定的语气。

教学环节四：听对话一"我又搬家了"（10 分钟）。

（1）不看书听第一遍，要求学生听完回答：①两个说话人可能是什么关系？②两个人在说什么事情？这两个问题相对简单，考的是学生对整个会话语段中情景的理解。

（2）听第二遍，听完后回答：①两个人中谁又搬家了？②这个人这次搬的地方怎么样？她满意吗？此项练习可以训练学生在语篇中抓细节和检索监听的能力。其中问题②为难点，针对的是关键句"离我们公司不太远，交通也方便，就是有点儿贵"。注意：这个问题学生的回答可能不全面，教师可以多放几次这句的录音，引导学生理解关键词"就是"的意思和听出完整的句子。

教师可以进一步提问："女"的这次租的是多大的房子？（一室一厅），她为什么不租"两室一厅"的呢？（房租太贵了）。考查学生对其他细节的把握能力。

（3）听第三遍，做练习（一）"根据对话内容选择正确答案"和（二）"根据对话内容填空"。由于练习（一）中的三个问题在前两遍中已经出现过，因此这道题做起来并不难；练习（二）中四个空的汉字都比较难写，因此要求学生听后能写对拼音即可，对应的汉字如果时间不够可以布置作业回家写。另外第 2 题句子没有主语，因此较难填写，教师可以先给出主语"这套公寓"。

（4）总听第四遍。（视上课时间和学生回答情况可以省略）

教学环节五：总结，布置作业（略，3～5 分钟）。

第 2 课时

教学环节一：组织教学，复习旧课（5～8 分钟）。

（1）检查上次布置的作业。

（2）复习本课的生词和语法点，为听下面的对话和短文做准备。

教学环节二：听对话二"还没决定租不租呢"（10 分钟）。

(1) 导入。根据题目"还没决定租不租呢"可以知道这个对话讨论的还是租房子的话题。请同学们听第一遍，听后回答：①两个人中谁要租房子？②这个人租了吗？这两个问题考的是学生对语段整体意思的理解。

(2) 听第二遍做练习（一）。学生选错的题目先不急于讲答案，带着问题回到语段中听重点句：第1小题考的是对话第二句"通过中介公司找到了一个"，第2小题考的是第四小句"跟房东见面了，还没决定租不租呢"，第3小题对应的是第六小句"如果住在那儿，坐车要一个多小时才能到我们公司呢"。因此这几个小句是第二遍听的重点，可以反复多听几次。另外还有一个重点句"你不是有汽车吗"，可以通过提问"说话人觉得他有没有汽车"来引导学生对这个反问句的理解。

(3) 听第三遍做练习（二）"根据对话内容填空"，这四个空的汉字都不难写，可以边听写汉字，也可以先记拼音，再给时间写汉字。

(4) 听第四遍反复刺激，巩固记忆。（视上课时间和学生回答情况可以省略）

教学环节三：听短文一"他们还没想好呢"（15分钟）。

(1) 导入。通过同话题聊天的方法导入，让学生谈谈自己租的公寓或宿舍。恰当的导入可以吸引学生的注意力，调动学生的兴趣，为听短文做好准备。最后教师用一句话引入短文："下面我们来听一下爱云和她先生租公寓的情况。"

(2) 听第一遍。听前布置任务：听后说说爱云和她先生租公寓的情况（他们租了什么样的公寓？有什么问题吗？），另外注意听数字，用笔记下听到的数字。听后检查任务完成情况。短文中的数字有"一……、两……一……、一……多……、40……、半……"，问数字的时候，教师进一步提问这些数字后的量词是什么，量词后的名词或量词前的动词是什么，如"一家什么？""一套什么？""一个多小时是做什么的时间？""40分钟呢？""半年呢？"，第一遍学生可能回答不全，带着问题再听第二遍。

(3) 听第二遍，引导学生听出数字前后的名词或动词，并进一步总结文章大意，以此训练学生概括总结的能力和检索监听、记忆存储数字的能力。

(4) 听第三遍，然后做练习（一）"根据短文内容，选择正确答案"和练习（二）"根据短文内容，判断正误"。判断正误的第1小题和（一）1考点一致；第2小题和（一）2考点一致；第3小题考的是听数字"半年"，如果没听到容易做错；第4、5小题考的是短文的原句。

(5) 总听第四遍，复习、巩固全文。

注意：练习（三）不做，因为导入中已经聊了相关的话，因此略去不做。

教学环节四：听短文二"河上现在还没有桥"（10分钟）。

方法及步骤基本同短文一，可以省去导入和数字训练环节。文章的难点是对最后一句话"不过，那套公寓在一条小河的对面，河上现在还没有桥"的理解，教师应引导学生对话语中含蓄表达方法的理解。

教学环节五：总结，布置作业（略）（3～5分钟）。

第十六章　口语课教学

跟综合课不同，口语教学要求学生在听懂的基础上，都能开口说话，都想开口说话。如何让学生说话，让学生如何说话，是外语教学的难点。这对新手教师来说更是一个挑战。

本章讨论口语教学原则和教学环节，最后给出初级和中级口语课的教案以供参考。

第一节　口语教学原则

一、"i+1"原则

i 代表学生已有的汉语水平，+1 指略高于学生水平的语言输入。"i+1"的输入对于学生来说，是可懂的输入。根据领会教学法（comprehension approach）（罗勃特·布莱尔，1987），人是通过可懂输入习得语言的。"i+1"是外语教学的一般原则，对于口语教学，特别是初级阶段的口语教学来说尤其重要。

熟手教师对不同阶段学生的 i 有直觉的了解。新手教师必须对所教课本、学生以前学过的课本和同时用的其他课程课本进行深入了解，才可能对学生的 i 心中有数。教学中还要时时注意 i 的变化，时时做出调整。

好的教材，应该该符合"i+1"原则。在教学过程中，特别是在初级阶段，熟手教师会基于"i+1"原则，有意识地控制课堂教学用语及其语速，用学生已经掌握的词语和语法点，来解释生词、课文、回答学生的问题。备课时要预测学生在词汇、语法上的难点，教学就可以有针对性地进行。如《汉语会话 301 句》（康玉华，来思平，1999，以下简称《301》）第三课"工作"一词英文解释是 work，但它们并不等值。在第七课出现"学习"一词时，教师就可以这样操作：

　　教师：工人工作，大夫工作，老师工作，学生工作吗？
　　学生：学生学习，不工作。

这可以帮助学生理解汉语"工作"的基本意义。这样设计就运用了"i+1"原则："工人"是《现代汉语教程·读写课本》第五课的生词；"老师""学生"在《301》第七课以前也已经学过，"大夫"一词出现在第七课。这些是学生的 i，为了讲清"工作"的确切含义，没有必要再设置新的障碍，就应该用学生已学过的生词来讲。

二、交际原则

根据《国际汉语教师标准》（国家汉办，2007，以下简称《教师标准》），口语教学的第一条基本原则就是"以培养口语交际能力为目标"。交际既是口语课的目的，也是其手段。教学过程就是师生交际的过程，练习过程既包括师生交际，也包括学生之间的交际。学习和大部分的课堂活动应该为诱发真正的交际而设计。

（一）功能导向

《301》以功能为经为纲，以语法为纬为目。这种体例要求说话课教学要着眼于交际情景中的交际功能，让学生掌握在什么时候什么场合谁对谁说什么。例如：

去机场、火车站接人：A：路上辛苦了。B：一点儿也不累/不太累。

去机场、火车站送行：祝你一路平安/一路上多保重。

和别人一起吃饭，自己吃完了，别人还在吃：你们慢吃。

第二十五课中，对于别人的称赞有三种回答方式：

(1) 哪儿啊。

(2) 是吗？

(3) A：你今天穿得真漂亮！

　　B：你的衣服更漂亮。（用"更……"反过来称赞对方）

"麻烦你……"与"麻烦你了"的功能差异在于：前者表示请别人做什么，后者表示感谢。

《301》第二十六课把"祝"与"祝贺"放在"祝贺（congratulation）"这一功能下，其实并不太合适，因为它们的功能不同："祝"表示祝愿（wish），是未然性的；祝贺是congratulation，是已然性的。生词表中把"祝"翻译为"congratulate"是不恰当的。我们在教学的过程中要把这两种功能分清楚。例如，考完试了，成绩全班第一，说"祝贺你"；明天要考试，说"祝你取得好成绩"。两者不能随意替换。

教功能项目时，不仅要教一些简单的套话，还要让学生掌握完成特定交际功能的程序。《301》第二十三课把道歉的程序分解为两个步骤（step）。

(1) 对什么事情道歉：对不起，让你久等了。/真抱歉，我来晚了。

　　　　　　　用的时间太长了，请原谅。

(2) 进一步解释原因：为什么来晚了，因为半路上自行车坏了。

课文中的两个会话，第一个会话有step（2），大卫跟玛丽约会，大卫来晚了半个小时，玛丽生气了，大卫需要解释：为什么来晚了。第二个会话没有step（2），玛丽还词典的时候说"用的时间太长了，请原谅！"，刘京没有生气，马上就接受了她的道歉："没关系"，玛丽就不需要进一步解释为什么用的时间太长了。

《阶梯汉语·中级口语》（张念 等，2006）以功能为纲编写，四册56课即56个功能项目。第一册第九课《感谢》分两个情景。第一个情景是日常口语情景，留学生安妮皮包失而复得，对出租汽车司机表示感谢："太谢谢了，真不知怎么感谢您才好。"另一个情景是开会的正式场合，苏珊娜当志愿者培训幼儿园英文教师，园长在会上发言："我代表全体员工向你表示衷心的感谢。"而会议的正式感谢往往以"再次感谢"结束："让我们再一次用热烈的掌声向苏珊娜同学表示感谢。"同样是感谢，因场合不同，语言表达方式也不同。

（二）任务设计

任务教学法（task-based language teaching）最适合口语教学。任务设计使得交际功能得以落实。我们以《301》第十一课《我要买橘子》为例展示怎么实施任务教学法。首先给学生提供广州市水果价目表（表16.1），规定每组预算为50元。然后，将每三四个学生分为一组，讨论表格中自己喜欢吃的水果，并从中选出三四种。计算每种水果应该买多少才能买到每个人都喜欢吃的，而且用的钱最接近50元。最后将结果填入表16.2，向全班展示本组买了什么水果、都是谁喜欢吃的、每种水果买了多少斤、最后的总花费（徐丹，2015）。

表16.1 水果价格

水果	价格/（元/斤）
苹果	5.00
西瓜	1.80
香蕉	2.00
橘子	4.50
芒果（mango）	8.00
樱桃（cherry）	18.00
菠萝（pineapple）	2.50

表16.2 购买清单

水果	数量/斤	花费/元

《阶梯汉语·中级口语》中"交际活动"都设计为信息差（information gap）任务。在课文附录中，给交际双方或多方每一方的信息和指令都是不同的，这些信息和指令印在附录中不同的页码上，这样交际者的信息互不相通，只有通过对话才能获得对方的信息，完成交际任务。例如，《阶梯汉语·中级口语》第四册第一课的"交际活动"是练习"怀疑"的表达方式。两人一组。角色 A 请看附录 1 的交际活动 1，角色 B 请看附录 1 的交际活动 27。角色 A 是商店售货员，向顾客介绍一种新手机：这种手机的待机时间长达 200 小时，价格便宜，功能实用，质量有保证……直到顾客相信为止。角色 B 是顾客，对售货员的介绍表示怀疑：①自己的手机价格比售货员介绍的贵多了；②用了没多久就要修，到现在一共修了三次；③只能待机 80 小时……这种信息差任务突出了交际的真实性，是该教材获得成功的一大亮点。

我们进行口语课教学要时刻注意其课型特点，就是以情景功能为导向，设计贴近真实生活的交际任务，使学生掌握在不同的交际场合中应如何进行正确的口语表达，以培养学生的口头交际能力，不要把口语课上成对话体的读写课或精读课。

三、个性化原则

《教师标准》提出的另一条口语教学基本原则是"教学活动和交际任务的设计应该接近学习者的实际生活"，本节对这个原则的实施进行详细论述。个性化原则分为个人化和地方化两个方面，个人化涉及学习者本身，而地方化涉及学习者的实际生活环境。

（一）个人化

个人化（personalization）就是在口语教学中要让学生谈自己所熟悉的事情，讲自己的故事。让学生从虚拟的课文里走出来，回到学生亲历的现实世界中。这是学生最愿意说的、也是他最能谈得出的，也是别的同学最有兴趣听的（周小兵，1996）。当然，口语课是口头输出，我们认为口语教学的原则也应该以口头输入（对学生来说是听力）为主。

教师可以根据学生的花名册，让学生了解彼此的中文姓名，他们"认识"以后，要让他们握着手说"见到你很高兴"；让学生把照片带来，介绍自己的家庭成员和他们的工作；把世界地图挂在黑板上，让学生指出自己的国家；说出自己的生日是哪一天，自己的生日晚会怎么开的；自己住在哪儿和电话号码；自己每天的活动；等等。让学生准备发言的题目可以是：我的星期六、星期天，我们国家的天气，我去过的名胜古迹，我的朋友，等等。问学生的问题可以是：你喜欢喝什么饮料，你喜欢什么运动，你的专业是什么，等等。

运用个人化原则，可激发学生用汉语进行口头交流的积极性，活跃气氛；可加深师生之间、同学之间的了解；学生容易记住跟自己生活学习相关的个人化的词汇和表达方式。

（二）地方化

地方化原则就是把焦点放在学生所生活学习的地方。《301》主要以北京为背景来编排课文，外地学校用起来不一定合适。因此，在使用特定教材时，要进行地方化（localization）的处理。第二十八课有这样的对话：

刘京：这儿天气，你习惯了吗？

和子：还不太习惯呢。这儿比东京冷多了。

教师可以指出"这儿"指北京，而学生所在的城市，天气可能完全不同。下面以广州为例讲一下地方化的实例及其运用。

北京的名菜是烤鸭，广州的名菜是烧鹅、海鲜。北京的商业街是王府井，广州是北京路、上下九路。广州人有喝茶（饮茶）的习惯。广州"酒店"（hotel）与"酒楼"（restaurant）的不同，正如北方"饭店"与"饭馆"的不同。广东话很难懂，不过，有一些广东话词语已经进入普通话，如"打的、买单、搞定"等。

在上第十七课《去动物园》时，教师可以介绍本地动物园。如广州，有两个动物园，一个是广州动物园，一个是长隆野生动物园。并展示广州地图，告诉学生怎么去；通过PPT展示图片，教学生动物的名称。等学生参观完动物园，让学生介绍情况。又如《阶梯汉语·中级口语1》第五课《打听：我想问你一件事》，课文中学生打听的就是重阳节，我们可以介绍广州重阳节登白云山的盛况。这样结合本地情况的教学，跟学生的生活环境有密切联系，学生喜欢学，还能把课堂学到的东西用到社会生活实践中去。

四、精讲多练原则

《教师标准》规定的口语教学第二条基本原则就是"注重精讲多练，提高学生开口率"。《对外汉语教学初级阶段课程规范》（王钟华，1999：37）则将精讲多练量化，精讲多练的比例应为3:7，这样自然就提高了学生的开口率。

口语课的精讲应当立足于功能，即讲清特定情景下的特定交际功能，以及完成特定功能的语言项目，以功能统语法。多练即以任务为纲来组织课堂活动。可以将课堂的学生活动切分为各自准备（individual work）、双人练习（pair work）、小组讨论（group work）、班级活动（class work）等。

教学过程中要注意师生互动（interaction）。教学过程就是师生交际的过程。这一过程的话语基本结构为：引发—反应—反馈（IRF：initiation-response-feedback）。这一结构在具体运用时可以进一步扩展（李悦娥、范宏雅，2002：16）：教师向学生发问，学生应答时有偏误，教师做出哪怕最简单的反馈："嗯？"学生改正过来，教师给予积极的反馈："很好！"这样就扩展为"引发—反应$_1$—反馈$_1$—反应$_2$—反馈$_2$"（$IR_1F_1R_2F_2$）结构。

IRF 是教师提问模式，还有教师指令模式 I-RS-F、多向互动模式 I_1-R_1 + I_2-R_2 + I_N-R_N、转述模式 I-R_1I_1-R_2-F_1R_3-F_2、传递模式 I_1-R_1 + I_2-R_2 + I_N-R_N、学生引发模式 I^SR(F)、学生协助引发模式 $IR_1I^SR_2F$ 等（陶思佳，2011）。多种互动模式为口语课的精讲巧练提供了操作性很强的手段。

Antony Peck（1988：11）在谈到优秀语言教师的众多条件时，其中有一条笔者仍记忆犹新：engage in intensive oral exploitation of material（对材料进行密集的口语开发）。所谓材料主要是指教材，也包括教师补充的材料。对材料的密集开发，就是要针对课文内容（如某一个句式、某一种表达法），将各种互动模式应用到课堂活动中。如：

(1) 教师指令模式 I-RS-F：

　　教师（指大卫的词典）：大卫，把词典给我。

　　（学生把词典拿给老师）

　　教师：很好，大卫把词典给我了。

(2) 多向互动模式 $I_1 - R_1 + I_2 - R_2 + I_N - R_N$：

　　教师（问学生）：你今年多大？

　　学生1：我今年十八岁。

　　教师（指学生1问学生2）：他今年多大？

　　学生2：他今年十八岁。

　　教师（问全体学生）：××今年多大？

　　学生（全体）：××今年十八岁。

（一）精讲

精讲的内容主要集中在两个方面。

其一，立足于与情景相结合的功能。例如同样是道歉，可分为亲昵的"都是我的错，你就别生气了嘛"，比较随便的"不好意思啦"，一般客气的"真抱歉""都是我的错，请你多包涵"以及比较正式的"我向您赔礼道歉"（李英，2002）。教师的任务是明确这些不同级别的"道歉"功能在什么情景下使用。

其二，口语用法。流行于普通人中间的社会口语，用词丰富生动、句型灵活多变，留学生如果不熟悉不了解汉语口语表达特点，会出现交际困难。口语教学中应注意多讲一些口语的表达特点，再现社会口语的特色和情景，增强真实感，使课堂教学和社会交际接轨。

一般来说，口语教材都会努力创造一个较为真实的语境，每一课都会出现一些地道的口头语言。这一部分无疑应该成为教师讲解的重点。以《中级汉语口语》（刘德联、刘晓雨，1996）上册第二课为例子。这篇课文有21个生词，包括"选课、选修课、讲座、另外、概况、正式、出版、试用、急于求成"等，同时，它通过练习列出了几个重点口语用法，如"这还 Adj 呀？""谁想……啊！"。好的口语教师知道，需要讲解的是后者，生词让学生预习就可以了。

（二）多练

多练可以从以下几个方面入手：

第一，多样化的练习方式。周小兵（1996）阐述了口语教学的九类练习方式，即问答、复述、叙述、释义、情景对话、讲故事和演故事、演讲、辩论等。其中，问答有三种类型，即机械性问答、扩展性问答和思辨性问答；复述有三种类型，即紧缩性复述、一般性复述和创造性复述；叙述也有三种类型，即叙述眼前景象、叙述非现实景象和看图说话。另外，口语练习方式还包括互相访问、班级调查、游戏等。总之，只要教师始终明确教学目的，合理安排教学时间和节奏，口语课上的练习对于学生来说应该是一种乐趣。

第二，强化教学重点的练习。如前所述，口语课的教学重点不外乎是与特定情景相结合的功能性的词句，以及特殊的口语用法。

李英（2002）的调查表明，近85%的学生喜欢或比较喜欢在课堂上通过大量的情景练习学习生词或新句子。因此，教师的工作就是为学生提供各种各样的情景，设计出交际任务，补充课文的不足，增加学生反复使用新学习的语言知识的机会。例如见面打招呼，教师就可以设计出上十种情景，如早上起床时间见面、上班（课）时间在路上、吃饭时间、在车站、在商店等，让学生通过练习，逐渐掌握中国人见面打招呼的"见事问事"的交际方式。

处理口语用法的练习原则也一样。一般教材都会设计一些练习，但往往不够，教师必须做必要的补充。例如教授"那倒也是"，教材里的练习要求学生模仿课文中的有关句子进行对话。这对学生来说很困难。因此，教师就需要给出几个特定的情景，循序渐进地引导学生正确使用"那倒也是"。如：

①A：我再也不坐火车了，太难受了！
　B：可火车便宜啊！
　A：＿＿＿＿＿＿
②A：麦当劳的东西有什么好吃的！
　B：（好的方面）
　A：＿＿＿＿＿＿
③关于广州
　A：
　B：
　A：

第三，要考虑到学生的年龄因素。对少儿的口语教学就跟成人不一样。如中山大学研究生汪晓波在马尼拉幼聪园教学龄前儿童学习汉语，用"魔法药水"教学。

教师事先准备三个矿泉水瓶，放入半瓶水。打开瓶盖，在三个瓶盖里分别放入红、蓝、黄三种水彩颜料。待水彩颜料干后，把瓶盖盖上。

上课时，先问学生天空是什么颜色。学生没学过"蓝色"，会回答"blue"。这时告诉学生，只要跟着老师念"咒语"就可以把矿泉水变成"blue"。当然，"咒语"就是汉语词"蓝色"。当老师带领学生齐读"蓝色"时，老师晃动矿泉水瓶，水接触到瓶盖，颜料溶解，水就会变成蓝色。"红色""黄色"都照此方法做。

三个生词通过"咒语"方式学习完后，告诉学生，记得"咒语"的人，可以继续晃动这瓶"魔法药水"，借此复习颜色词。最后，学生排队，到老师面前一对一看瓶子说颜色，说对可晃动瓶子；说错的要跟读再晃动瓶子。之后，老师在黑板上贴出几张"红色""黄色""蓝色"的图片，如红苹果、黄橘子等，要求学生回到座位上，用自己摇晃得到的"魔法药水"画出相应的图片。

"魔法药水"符合学龄前儿童的心理，教学效果非常好。（汪晓波，2013）

第二节 口语教学环节

一、导入环节

导入是一个简短的环节，通常5分钟左右，为学习新课做好铺垫。

（一）复习导入

新课在情景功能上与旧课有一定的关联性，就可以通过复习旧课内容来导入新课，温故而知新。如《301》第二十四课《真遗憾我没见到他》，可以通过复习第二十三课《对不起》的意义和用法，引导到新课的关键词"遗憾"，并比较它们的异同。

（二）话题导入

在进入新课之前，就新课内容的相关话题，向学生提问，让学生回答，引起学习的兴趣。如《阶梯汉语·中级口语》第二册第一课的课文二内容是因为飞机晚点，接机的人担心飞机的安全。教师就可以问学生："有没有去过白云机场接朋友？""国内航班通常是在哪儿接机？""是打的去的，还是坐机场大巴去的？""飞机有没有晚点？"

二、课文处理环节

（一）抓住语言点

1. 语音

口语课要求"注重流利性和准确性的结合"（国家汉办，2007）。口语课中语音教学很重要性，原因有：

（1）发音不好会影响交际，声调不同，意义也不同。如"问问他"，有学生"问"发得像第三声。告诉学生"wěn"的意思是kiss，再请学生练习的时候，他们就会特别小心了。

（2）为今后学习打下良好基础。语音错误如果不及时纠正，容易积重难返，出现石化现象。有的学生在本国学了多年汉语，仍然是洋腔洋调，很难再改过来。

（3）纠音成功，当事人会有一种成功感，从而提高学习积极性；其他学生也会提高对教师的信任感。

对口语课语音教学，赵金铭（2006：42）总结出一条"示范—模仿—再示范—再模仿"的路子。既要练习声韵调，又要练习音节连读，即先念单个音节，然后将各个音节串起来念。如：

教师示范：xué, xí　　　学生模仿：xué, xí
教师再示范：xuéxí　　　学生再模仿：xuéxí

示范正确读音时，可以夸张一点，并配合以手势，指明声调音高及其走势，或板书舌位图。朗读也是一种重要的语音训练。先由教师领读，示范正确的语音、语调和语气，学生跟读。领读后可让学生个人朗读、集体齐读、分角色朗读等。对长句可用逐渐扩展方式朗读，如：

我妈妈
我妈妈给我准备了
我妈妈给我准备了几件冬天的衣服
我妈妈给我准备了几件冬天的衣服和一些家乡的特产

2. 生词

口语课的词语教学，首先反映在重点教什么词。一般要抓住两类词：跟情景功能相关的词语，有口语色彩的词语。

讲解的时间，有两种做法：①在讲课文内容之前。适用于难度较大的课文，优点是能够集中扫除障碍，有较充裕的时间让学生理解、练习。②融在课文串讲之中。适用于较容易的课文，在讨论课文时"顺便"学会，比较自然，与课文的内容结合紧密。

词汇讲解方法有：

（1）直接法，直接将实物、图片乃至动作与生词挂钩。

（2）类聚法，将同类事物的词语联系在一起，并归纳到上义词那里。如学"苹果"，可联系到"香蕉""橘子"，并指出它们的上义词"水果"，帮助学生逐渐建立语义系统。

（3）情景法，用具体情景来讲解词语。如"辛苦"一词，光知道它的意思是不够的，它具有"关心""慰问"的功能。如工人们正在忙碌，经理走过来说："辛苦了。"

（4）描述法，教师用语言描述某个词语代表的事物，让学生来猜。例如，教师说：有种东西，很大，有门，用电，里面很冷，饭菜吃不完可以放在里面，不会坏。答案是"冰箱"。

（5）答疑法，学生有疑问，教师当场解释给他听。

（6）提问法，教师就课文内容提问，答案包括需要讲解的生词，检查学生生词预习的情况等。

上述六种方法，（1）～（4）适用于课文之前专门进行的生词讲解，（5）（6）适合于在课文串讲之中进行。

3. 表达式

口语教学要抓住有口语特点的表达式。如"太不像话了""不怎么样""不怕一万，就怕万一""碰钉子""凑热闹""硬着头皮""这么着吧""Adj 得不能再 Adj 了"等。

我们可以按以下步骤来处理这些表达式：

（1）介绍功能。如"太不像话了"是严厉批评别人的话，而"我说呢"表示说话人听到解释后突然明白了。

（2）设置情景，引出例句。如："A：报纸上说今晚有大雨。B：我说呢，怎么会这么热。"

（3）让学生尝试用特定表达式完成在某种情景下的功能。

（二）抓住课文内容

可以通过问答的方式来掌握课文内容。《301》第十六课上半段会话是玛丽约大卫看京剧。我们在学生已经熟悉课文的基础上，先就对话内容提出四个问题：

（1）大卫看过京剧吗？

（2）玛丽听说京剧怎么样？

（3）大卫知道哪儿常演京剧吗？

（4）他们什么时候去看？

可以运用突然提问技巧，教师先提问题，再叫名字，请学生即时回答。当一个学生回答完问题以后，可以就同样内容再次提问。例如问题（3），当学生回答"大卫知道人民剧场常演京剧"以后，马上问："谁知道人民剧场常演京剧？""大卫知道人民剧场常演什么？"这类问题看起来很"傻"，但主要用来问水平较差的学生，让他们也有开口的机会。类似的"傻"问题也可以问那些不注意听讲或随便说话影响别人的学生，这比直接批评更有效。

回答完问题以后，把学生的回答综合起来，进行复述练习：

玛丽约大卫星期六一起去人民剧场看一个很有意思的京剧。

当然，这样长的句子不是一次完成的，是不断扩展的结果：

玛丽约大卫星期六一起去看京剧→

玛丽约大卫星期六一起去人民剧场看京剧→

玛丽约大卫星期六一起去人民剧场看一个很有意思的京剧

这样长的句子可以首先由教师、学生一起说出，然后放开让学生自己说，教师在一旁提示。这样的训练就从单纯的回答问题，过渡到成段的表达，从照本宣科过渡到由心到口的真正的口语表达。

最后板书"相约"功能的程序提纲：

（1）相约原因：（京剧）很有意思，没看过；烤鸭是北京的名菜，没尝过。
（2）相约双方的共同愿望：A："我很想看，你呢？" B："我也很想看。"
"我们应该去尝一尝。"
（3）约好时间和地点：星期六，人民剧场，
A："……好不好？"
B："当然好。"
A："二十八号晚上……"
B："不行。"
A："三十号晚上怎么样？"
B："可以。"

以上程序通过提问、复述、归纳提纲等方式来学习课文内容。提纲既是对课文的总结，也可以作为模仿课文进行会话练习的依据。程序可以变化，如先做判断正误，再复述课文内容、归纳提纲；或者改变顺序，教师先板书提纲，并把重要生语和表达式写出来，再让学生进行复述。

三、语言点练习环节

语言点的练习一般包括替换练习、变换练习、完成句子、完成会话等类型。

替换练习是一种机械操练，持续时间不宜太长。替换训练可以是各自活动，默念或小声念，或全班齐诵。如果是对话形式，也可以连环操作：A问B，B回答；B问C，C回答；C问D，D回答；D问E……

变换练习可以有多种形式，如：肯定句和否定句之间的变换，陈述句和疑问句之间的变换，"把"字句、"被"字句和一般句式之间的变换，还可以进行单句和复句之间的变换。

完成句子是根据给出的词语和表达式来做的，它是一种半机械半自由的练习。如《301》第二十五课的"用所给的词语完成句子"：

　　那个商店的东西＿＿＿＿＿＿。（又……又……）
　　要是我有钱，＿＿＿＿＿＿。（就）

很多口语课本都有完成会话的练习。在做练习时，强调根据上下文来补足缺失的部分，采用先个人活动、后两人对话的方式。在开始阶段，并不要求都能用汉字写下来，可以用拼音，做其他练习也是这样。如《301》第三十三课的"完成会话"：

　　A：请问，一个房间＿＿＿（1）＿＿＿？
　　B：一天八十块。
　　A：＿＿＿＿（2）＿＿＿＿？
　　B：有两张床。
　　A：＿＿＿＿（3）＿＿＿＿？
　　B：很方便，一天二十四小时有热水。
　　A：这儿能打国际电话吗？
　　B：＿＿＿（4）＿＿＿。
　　A：好，我要一个房间。

学生已经学过用"吗"的问句和用疑问代词的问句，根据上下文不难完成。空格（1）和（2）要用针对数词的疑问代词，要学生注意"多少"和"几"的区别。根据住旅馆的情景和下文"一天二十四小时有热水"，知道空格（3）问的是："洗澡方便吗？"空格（3）和（4）都是用"吗"的一般疑问句，汉语这样的问句采取简略形式作肯定或否定回答，通常只要用到问句中的谓词。（4）处只要填"能打"或者"能"就可以了，并不要求完整的句子，这里也可以否定形式作答。

有些语言点我们可以归纳出一个公式来帮助学生掌握，如《301》第二十七课的"练习一"是区别"有点儿""（一）点儿"的用法，我们先列出这样的公式：

　　有点儿＋adj.（形）/v.（动）
　　adj.（形）＋（一）点儿
　　v.（动）＋（一）点儿＋O（宾）

并板书例句，这样学生再做练习，就基本上没什么问题了。这种方法也适用于中高级阶段，例如讲解"别说……就是……也……"：

　　公式：①A→X；②B→X；①比②常见/容易做到
　　　　　别说 A，就是 B，也 X

例句1：别说是<u>火车</u>，就是<u>飞机</u>，他也<u>坐过</u>。
　　　　　　　Ａ　　　　　Ｂ　　　　Ｘ

①A→X：火车坐过；②B→X：飞机坐过；坐过火车比坐过飞机常见/容易做到

例句2：别说是<u>飞机</u>，就是<u>火车</u>，他也<u>没坐过</u>。
　　　　　　　Ａ　　　　　Ｂ　　　　　Ｘ

四、自由表达环节

根据《教师标准》，口语教学的最后一条基本原则就是"注重机械操练与实际应用相结合"。如果说替换练习是机械的操练，变换练习、完成句子和完成对话等是半机械半自由的训练，那么《301》中"根据实际情况回答问题""根据情景会话""谈一谈/说话"等就是自由表达，是接近实际应用的交际任务。

"根据情景会话"一般是双人练习，教师先介绍情景与角色、所要完成的任务及其程序、所用的词语和表达式，让学生自己选角色，两人对话以后可进行课堂表演。例如第138页的"会话"练习的提示：你借了同学的自行车，还车的时候你说你骑坏了自行车，表示道歉。这是课本上的要求。教师据此要学生按照道歉的两个步骤来进行：①对什么事情道歉；②进一步解释原因——为什么骑坏了自行车。还要求学生增加一个步骤：③骑坏了自行车，怎么办。教师此时要帮助那些有困难的学生完成任务，也要随时注意其他学生的情况，对一些学生询问超出课文范围的词汇，可以板书让其他人知道，这对提问者也是一个鼓励。

"谈一谈/说话"是学生独白，先是各自准备，可以写提纲，然后是小组活动，把全班分成两三个组，学生在小组里逐个发言，其他学生可以提问。这样的独白和发言是小规模的，初级阶段的自由表达以情景会话为主。

看图说话是初中级都适宜的自由表达。教师利用教材上或自己准备的漫画、图片，让学生根据图片上的内容，用课上学过的词语和表达式进行口语练习。例如《301》第二十三课《对不起》，是让学生初步掌握用汉语进行道歉的功能。教师在PPT上给出一个新的情景（图16.1），让学生看图进行会话练习，要求：①要说做错了什么；②要道歉；③要说为什么做错了；④还要说怎么办。

《阶梯汉语·中级口语》既是按照功能来编写的，也是按照话题编写的，全书四册56课分为八大话题。由此可以看出对于中级阶段的学生的要求是：既要完成在特定情景下的对话，

图16.1　道歉的情景

又要能够就某个特定话题进行成段的口头表达。该书中练习的"交际活动"当然是信息差对话,"讨论题""请你说""说一段话"等则是成段表达。如该书第二册第六课的"交际活动"是表达"忍让"的信息差任务,而"讨论题"是:你觉得"忍让"是解决问题的好办法吗?为什么?讨论的方式可以是全班性的,也可以是小组讨论,每个小组可以选一个主持人组织讨论、做记录,并总结大家的发言,向全班报告。

如果说中级口语还是兼顾情景对话和成段表达,那么高级阶段的汉语口语教学围绕话题,重心则倾向于成段表达,是有准备有条理的成段表达。《高级汉语口语·提高篇》(第二版)(祖人植、任雪梅,2005)就是这样的体例。该书成段表达的任务更加丰富,也更加贴近实际生活,如演讲、辩论、记者招待会等。演讲分为四个步骤:①课前准备讲稿;②持稿练习(除了语言准确流畅以外,还要注意表情动作);③课上脱稿演讲(可以看提纲);④回答同学/教师提问。

辩论分正方反方两组,教师组织、鼓动和评判双方的辩论。辩论分为如下步骤进行:①双方分别先进行讨论,提出支持本方观点的理由;②选出代表陈述本方观点;③正反双方成员展开辩论。

在自由表达的训练中,教师的作用相当于一个电影导演。学生的交际任务要在教师的监控下进行;同时,教师作为参与者,与学生处于平等的地位。教师可以引导学生运用语言完成各种功能表达;如果出现离题的现象,教师可以婉转地通过提问、转移话题等各种办法进行控制。值得指出的是,在参与过程中,教师的话不宜过多,点到即止。教师应时刻记住,课堂教学应以学生为中心。

思考与练习

1. 怎么理解"i+1"原则?
2. 怎样在口语课中实现交际化原则?
3. 怎样在口语课中做到精讲多练?
4. 请你设计三个情景,帮助学生练习口语表达法"V了个正着"。
5. 口语课中怎样抓住课文内容?
6. 口语课中怎样进行自由表达?
7. 初级、中级和高级口语教学的侧重点有什么不同?
8. 根据本章内容和附录教案二,写出中级口语某一课的教案。
9. 分析下列课堂师生互动是哪种互动模式?

教师:你第一次来中国吗?
学生1:是。你第一次到广州吗?
学生2:是。你第一次写汉字吗?

学生3：不是。我写很多汉字。你第一次吃中国菜吗？

学生4：不是。我吃很多次中国菜。

10.《汉语会话301句》第三十四课"我头疼·会话一"如下，请设计一个相关的交际任务。

大夫：你怎么了？

玛丽：我头疼、咳嗽。

大夫：几天了？

玛丽：昨天上午还好好的，晚上就开始不舒服了。

大夫：你吃药了吗？

玛丽：吃了一次。

大夫：你把嘴张开，我看看。嗓子有点儿红。

玛丽：有问题吗？

大夫：没什么。你试试表吧。

玛丽：发烧吗？

大夫：三十七度六，你感冒了。

玛丽：要打针吗？

大夫：不用，吃两天药就会好的。

本章参考文献

[1] 陈田顺．对外汉语教学中高级阶段课程规范［M］．北京：北京语言文化大学出版社，1999．

[2] 崔永华，杨寄洲．对外汉语课堂教学技巧［M］．北京：北京语言文化大学出版社，1997．

[3] 国家汉语国际推广领导小组办公室．国际汉语教学通用课程大纲［M］．北京：外语教学与研究出版社，2008．

[4] 国家汉语国际推广领导小组办公室．国际汉语教师标准［M］．北京：外语教学与研究出版社，2007．

[5] 康玉华，来思平．汉语会话301句［M］．北京：北京语言文化大学出版社，1999．

[6] 李杨．对外汉语教学课程研究［M］．北京：北京语言文化大学出版社，1997．

[7] 李英．编写中级阶段口语课文的设想［J］．暨南大学华文学院学报，2002（2）．

[8] 李悦娥，范宏雅．话语分析［M］．上海：上海外语教育出版社，2002．

[9] 刘德联，刘晓雨．中级汉语口语［M］．北京：北京大学出版社，1996．

[10] 罗勃特·布莱尔．外语教学新方法［M］．许毅，译．北京：北京语言学院出版社，1987．

[11] 罗青松．课堂词语教学浅谈［J］．汉语学习，1998（5）．

[12] 盛炎．语言教学原理［M］．重庆：重庆出版社，1990．

[13] 陶思佳．初级对外汉语口语课堂上的互动模式［C］//周小兵．中山大学汉语国际教育三十年硕士学位论文选．广州：中山大学出版社，2011．

变换练习可以有多种形式,如:肯定句和否定句之间的变换,陈述句和疑问句之间的变换,"把"字句、"被"字句和一般句式之间的变换,还可以进行单句和复句之间的变换。

完成句子是根据给出的词语和表达式来做的,它是一种半机械半自由的练习。如《301》第二十五课的"用所给的词语完成句子":

　　那个商店的东西_____。(又……又……)
　　要是我有钱,_____。(就)

很多口语课本都有完成会话的练习。在做练习时,强调根据上下文来补足缺失的部分,采用先个人活动、后两人对话的方式。在开始阶段,并不要求都能用汉字写下来,可以用拼音,做其他练习也是这样。如《301》第三十三课的"完成会话":

　　A:请问,一个房间_____(1)_____?
　　B:一天八十块。
　　A:_____(2)_____?
　　B:有两张床。
　　A:_____(3)_____?
　　B:很方便,一天二十四小时有热水。
　　A:这儿能打国际电话吗?
　　B:____(4)____。
　　A:好,我要一个房间。

学生已经学过用"吗"的问句和用疑问代词的问句,根据上下文不难完成。空格(1)和(2)要用针对数词的疑问代词,要学生注意"多少"和"几"的区别。根据住旅馆的情景和下文"一天二十四小时有热水",知道空格(3)问的是:"洗澡方便吗?"空格(3)和(4)都是用"吗"的一般疑问句,汉语这样的问句采取简略形式作肯定或否定回答,通常只要用到问句中的谓词。(4)处只要填"能打"或者"能"就可以了,并不要求完整的句子,这里也可以否定形式作答。

有些语言点我们可以归纳出一个公式来帮助学生掌握,如《301》第二十七课的"练习一"是区别"有点儿""(一)点儿"的用法,我们先列出这样的公式:

　　有点儿+adj.(形)/v.(动)
　　adj.(形)+(一)点儿
　　v.(动)+(一)点儿+O(宾)

并板书例句,这样学生再做练习,就基本上没什么问题了。这种方法也适用于中高级阶段,例如讲解"别说……就是……也……":

　　公式:①A→X;②B→X;①比②常见/容易做到
　　　　别说 A,就是 B,也 X

例句1：别说是火车，就是飞机，他也坐过。
　　　　　　　A　　　　　　B　　　　　X

①A→X：火车坐过；②B→X：飞机坐过；坐过火车比坐过飞机常见/容易做到

例句2：别说是飞机，就是火车，他也没坐过。
　　　　　　　A　　　　　　B　　　　　X

四、自由表达环节

根据《教师标准》，口语教学的最后一条基本原则就是"注重机械操练与实际应用相结合"。如果说替换练习是机械的操练，变换练习、完成句子和完成对话等是半机械半自由的训练，那么《301》中"根据实际情况回答问题""根据情景会话""谈一谈/说话"等就是自由表达，是接近实际应用的交际任务。

"根据情景会话"一般是双人练习，教师先介绍情景与角色、所要完成的任务及其程序、所用的词语和表达式，让学生自己选角色，两人对话以后可进行课堂表演。例如第138页的"会话"练习的提示：你借了同学的自行车，还车的时候你说你骑坏了自行车，表示道歉。这是课本上的要求。教师据此要学生按照道歉的两个步骤来进行：①对什么事情道歉；②进一步解释原因——为什么骑坏了自行车。还要求学生增加一个步骤：③骑坏了自行车，怎么办。教师此时要帮助那些有困难的学生完成任务，也要随时注意其他学生的情况，对一些学生询问超出课文范围的词汇，可以板书让其他人知道，这对提问者也是一个鼓励。

"谈一谈/说话"是学生独白，先是各自准备，可以写提纲，然后是小组活动，把全班分成两三个组，学生在小组里逐个发言，其他学生可以提问。这样的独白和发言是小规模的，初级阶段的自由表达以情景会话为主。

看图说话是初中级都适宜的自由表达。教师利用教材上或自己准备的漫画、图片，让学生根据图片上的内容，用课上学过的词语和表达式进行口语练习。例如《301》第二十三课《对不起》，是让学生初步掌握用汉语进行道歉的功能。教师在PPT上给出一个新的情景（图16.1），让学生看图进行会话练习，要求：①要说做错了什么；②要道歉；③要说为什么做错了；④还要说怎么办。

图16.1　道歉的情景

《阶梯汉语·中级口语》既是按照功能来编写的，也是按照话题编写的，全书四册56课分为八大话题。由此可以看出对于中级阶段的学生的要求是：既要完成在特定情景下的对话，

[14] 汪晓波．"主题活动"在东南亚学龄前儿童汉语课堂上的应用与反思——以菲律宾马尼拉幼聪园为例［D］．广州：中山大学，2013．

[15] 王若江．对汉语口语课的反思［J］．汉语学习，1999（2）．

[16] 王世生．中级汉语课的口头成段表达训练［J］．语言教学与研究，1997（2）．

[17] 王钟华．对外汉语教学初级阶段课程规范［M］．北京：北京语言文化大学出版社，1999．

[18] 徐丹．初级汉语口语课中的任务设计［C］//周小兵．汉语国际教育硕士论文选．广州：中山大学出版社，2015．

[19] 张念，等．阶梯汉语·中级口语［M］．北京：华语教学出版社，2006．

[20] 赵金铭．汉语可以这样教——语言技能篇［M］．北京：商务印书馆，2006．

[21] 周小兵．第二语言教学论［M］．石家庄：河北教育出版社，1996．

[22] 周小兵．中山大学国际汉语教育三十年硕士学位论文选．广州：中山大学出版社，2011．

[23] 周小兵．汉语国际硕士学位论文选［M］．广州：中山大学出版社，2015．

[24] 祖人植，任雪梅．高级汉语口语·提高篇［M］．2版．北京：北京大学出版社，2005．

[25] Hadfield J. Classroom dynamics［M］．Oxford：Oxford University Press，1992．

[26] Peck A. Language teachers at work：A description of methods［M］．Prentice Hall International（UK）Ltd，1988．

[27] Tomalin B, Stempleski S. Cultural awareness［M］．Oxford：Oxford University Press，1993．

附　录

教案设计

教案一　初级口语教案

教学内容：《汉语口语301句》第十六课《你看过京剧吗？》。

教学课时：三课时，120分钟。

一、复习旧功能项目，引导新课新功能（5分钟）

第十一课到第十五课是一个完整单元，都是关于"需要"这个功能的，要买水果、要买衣服、要看电影、要去外边吃饭等。教师在第十五课结束时应该给整个单元做总结，归纳"需要"这一功能的表达。在第十六课开头，即可由"需要"过渡到"相约"这个新的功能。例如，教师可提出一些"需要"（要买东西、看电影等），并邀请学生一起去（复习能愿动词和"怎么样"），让学生尝试回应邀约。教师可以提问（画线部分是前一单元学过的句子和表达）：

我常去（某购物地点）买东西，那儿的东西很多，也很便宜，你<u>要不要</u>一起去？

我<u>想</u>买件衣服，你和我一起去<u>怎么样</u>？

听说（某电影）很好看，你<u>要</u>去吗？/你<u>想不想</u>去？

……

学生从老师这些问题中可以清楚地了解老师的意图，会尝试回应邀约（接受的回答会比较多；拒绝的表达较难，可能会比较少）。老师可以根据回答再补充一两个问题，如：

那我们明天去怎么样？

我们什么时候去呢？

学生会说出一个时间，至此师生就完成了一个相约的简单对话。老师这时可以板书"相约"，并小结：我们常常请朋友跟我们一起去做一件事，朋友有没有空儿、想不想去，我们要问一问他们，这就是"约"。第十六课是约朋友去干什么呢？是看京剧、吃烤鸭（板书"京剧""烤鸭"）。教师可以事先准备京剧和烤鸭的图片。

二、"基本句"教学（15分钟）

每一课前有基本句学习是《汉语会话301》的一大特点，教师可以根据学生水平，选择这个部分的处理方法。学生接受能力强，可以把这部分作为重点句式归纳，不作细讲，只在总结阶段简单练习。如果学生水平较低，宜在每课书的开头就做详细的讲解，降低学生在学习课文阶段的难度，并且在最后总结阶段也要再复习，把掌握基本句作为掌握一课书的最低标准。

假设学生水平有限，那么我们在这个部分要突出"V过""没V过""还没V过……呢"和无主句"有（人）（干什么）"这几个重点句式。教师可以用以下问答的方式把基本句都串讲一遍：

先问学生"你们看过京剧吗？"（板书"V过"），很多学生会摇头说"没看过"（也会有学生说"不看过"，教师要纠正是"没看过"），可能有学生会说"电视里看过"。教师要兼顾个性化和地方化，可以接着说：你没看过京剧，你看过"X剧"吗？这时可以引入一些地方戏剧的介绍，例如说广州话的是粤剧（板书"粤剧"及拼音），也可以增加"话剧/歌剧"（板书"话剧/歌剧"及拼音），可能现代年轻人更感兴趣。

教师再问"你知道哪儿演X剧吗？"，可板书介绍当地一个演出的地点。再问"你知道哪儿买到票吗？"，可以复习结果补语"V到O"（第15课）。

教师再问"你吃过北京烤鸭吗？"，根据学生回答，让学生说"我们还没吃过北京烤鸭呢"。教师再说"我们应该去尝尝"和"我们应该去尝一尝"（复习14课的"VV"和"V-V"）。教师再说"什么时候去呢？"，学生可能会说出一个时间，教师回答"不行，（什么时候）有朋友来看我"。在这个部分，学生可能会说当地没有北京烤鸭吃，老师可以把烤鸭变成当地名菜，例如回答："北京烤鸭是北京的名菜，有名的菜，广州的名菜是烧鹅。"（板书"烧鹅"），继续完成后面的句子。

基本句串讲完后，教师逐句领读，然后全班齐读。基本句一共八句，让一个学生念一句，另一个学生念另一句……如学生念对了，教师即时鼓励"很好"；如有错，教师即时反馈："嗯？"学生有的会自己改正，或者其他学生告诉他正确发音，或者教师纠正发音。学生出错的地方要念得慢一点儿，夸张一点儿。最后再分别请学生每两句一念，检查掌握的情况。

推测主要是声调和平舌音、翘舌音、轻声等方面的问题。例如：第一声不够高，要告诉学生，第一声要"一直很高"（keep high），并用手势示意（一手超过头顶，水平向右移动）；

三声念得像阳平，关键是半上掌握不好。告诉学生，三声很低，教师夸张地发低音，身体就势往下沉；轻声轻不下来，用学生已经学过的轻声"爸爸、妈妈、哥哥"等为例，让学生模仿，练习"朋友"。教师纠错的时候，让学生跟读。

三、"会话"教学（20+20分钟）

1. 朗读会话（一）

让学生男女分部朗读会话（一），女生是玛丽，男生是大卫，教师跟着男生和（或者）女生一起念。然后领读、齐读。朗读的方式可以多样，也不必在每一课都保持一样的步骤，可以根据情况使用齐读、跟老师读、跟同学读、分角色读等不同方式。

2. 就对话内容提出问题

（1）大卫看过京剧吗？

（2）玛丽听说京剧怎么样？

（3）大卫知道哪儿常演京剧？

（4）他们什么时候去看？

运用突然提问技巧，是教师先提问题，再叫名字，请学生马上回答。而且当一个学生回答完问题以后，可以就同样内容再次提问。例如问题（3），当学生回答"大卫知道人民剧场常演京剧"以后，马上问："谁知道人民剧场常演京剧？""大卫知道人民剧场常演什么？"这样的问题可以问那些水平较差的学生；或者问那些思想不集中、不注意听讲，或随便说话影响别人的学生。在四个问题之后，教师也可以根据学生实际情况增加一些问题，如："你们在广州看过粤剧/话剧吗？你知道在哪儿演吗？"

提问这个步骤也可以有两种选择：如果全班大部分同学接受能力较好，老师可以提高难度，让学生合上课本回答问题；对于水平较低的同学，在一个问题没有回答出来之后可以允许其翻开课本，补答问题。

3. 进行复述练习

首先可以做简单的对话大意复述，如：

教师问：玛丽约大卫干什么？

学生答：看京剧。　　　　　　　板书：玛丽约大卫一起去看京剧

老师问：什么时候？

学生答：星期六。　　　　　　　板书：（原句上加入）星期六

老师问：去哪儿看？？

学生答：人民剧院。　　　　　　板书：（原句上加入）人民剧场

老师问：听说京剧怎么样？

学生答：听说很有意思。　　　　板书：（原句上加入）一个很有意思的

最后就组成一个长句子："玛丽约大卫星期六一起去人民剧院看一个很有意思的京剧。"

另外，也可以利用关键字词或符号，提示学生复述出整篇对话，如：

教师问：大卫看过京剧吗？

学生答：没看过。　　　　　　　板书：没

老师问：他想看吗？

学生答：他很想看。　　　　　　板书：想看

老师问：他知道哪儿演吗？

学生答：人民剧院常演。　　　　板书：人民

老师问：大卫去看吗？
学生答：当然。
老师问：他去买票吗？
学生答：是的。　　　　　　　　板书：当然　票

用相同的方法，问玛丽的说话内容：
教师问：玛丽问大卫什么？
学生答：他看过京剧吗？　　　　板书：看过？
老师问：玛丽说京剧怎么样？
学生答：她听说京剧很有意思。　板书：听说
老师问：玛丽也想看京剧吗？
学生答：想。
老师问：她知道哪儿演吗？
学生答：她不知道。　　　　　　板书：也　知道？
老师问：玛丽约大卫什么时候去看？
学生答：星期六。　　　　　　　板书：星期六？
老师问：玛丽叫大卫干什么？
学生答：买到票以后告诉他。　　板书：买到　告诉

这样就得到一个关键词的板书提示，学生可以根据提示词把对话复述或背诵下来。

　　玛丽：看过？　听说　也、知道　星期六？　买到、告诉

　　大卫：没　　想看　人民　当然、票

复述练习也可以尝试不同的方法。例如把对话体的课文改成陈述体时，教师可以要求以会话中某一人的角度复述，或第三者角度复述；教师可以给关键词复述，也可以先展示复述的范文，然后逐渐删减文字，直至学生把完整的范文背诵出来。

4. 朗读会话（二）

找两个发音较好的学生念会话（二），然后领读、齐读。接着问问题：

（1）和子听说什么是北京的名菜？

（2）和子为什么28号晚上不能去？

（3）他们什么时候去尝北京烤鸭？

让学生完整回答，回答后全班重复一遍答案，再让个别学生重复。每个问题都大致这样操作。

5. 双人练习

同桌两人或由老师分配两人，分角色朗读，念两遍。要求学生有表情动作，以进入课文提供的情景中。此时是巩固步骤，教师巡视，以解决个别困难学生仍然存在的问题。另外教师也可要求学生将文中"烤鸭、北京、二十八号晚上、有朋友来看我、三十号"这几个部分替换上适合的词语，再做角色朗读。

最后，教师可以归纳一下完成交际功能的程序，以及相应的词语。板书如下：

约朋友一起去……

(1) 为什么要约：听说（京剧）很有意思，没看过；
　　　　　　　　听说烤鸭是北京的名菜，还没尝过呢。
(2) 两个人都想去：大卫很想看，玛丽也很想看；
　　　　　　　　我们应该去尝一尝。
(3) 约好什么时候、什么地方：人民剧场，
　　　　　　玛丽　"二十八号晚上"　　玛丽　"星期六好不好？"
　　　　　　大卫　"当然好"　　　　　和子　"不行"
　　　　　　玛丽　"三十号晚上怎么样？"　和子　"可以"

四、"替换与扩展"教学（5分钟）

替换部分先各自准备，教师巡视。生词可能有"长城、茶、咖啡"，不必生硬地给学生解释，可以利用语境提示他们，例如这么说："美国人/英国人/法国人/（加上班上其他西方学生的国籍）喝咖啡"，"中国人/日本人/韩国人/（加上班上其他东方学生的国籍）喝茶"。然后全班齐读。做完课文中提供的替换内容后，教师可以再让几个学生造新的句子。如第一句"你看过京剧吗？"后面提供了六个替换选项，那么每个学生替换一句，从第七名同学开始，让他造一个新的句子，如"你看过那个电影吗？你学过汉语吗？"等。

扩展部分有个小对话：
A：你看杂技吗？
B：不看。昨天的练习我还没做呢。

双人练习，让学生继续补充这个小对话，A先介绍杂技怎么样，然后再约B一次。老师可先提供词语，如"听说、有名、有意思、怎么样"等。

五、"练习"（15 + 30分钟）

练习2 用"了"或"过"回答问题。一共七个问题，教师逐题分别问不同的学生。其中"你来过中国吗？"，学生大多理解有误，要接着问"你第几次来中国？"，如果有学生回答"第一次"，那么教师告诉学生："你第一次来中国，你以前没来过中国。"

练习3 判断正误。为了提高难度，教师也可用听辨的方式让学生找出错句。

练习4 把下列句子改成否定句。先板书例句："我还没吃过烤鸭呢。"然后让学生齐读原句，并模仿例句改成否定句。

练习5 听述。先领读然后齐读。接着给学生大概5分钟单独准备背诵，在这个时间里教师板书：
以前……，昨天晚上……。中国杂技……，以后……。
我……。小王……，星期六……。

下一步骤是全班一起看黑板提示词语背诵，接着抽查。

练习6 语音练习。齐读后抽查。

补充自由表达的交际任务。双人练习：约朋友去喝茶（可补充词汇"饮茶 Yum Cha"和"点心 Dim Sum"）。要求按照本课的程序去做。板书程序及其关键词语：
(1) 为什么要约：听说……，还没……呢
(2) 两个人都想去：很想……，也很想……

我们应该……
(3) 约好什么时候、什么地方：……好不好？ ……怎么样？
　　　　　　　　　　　　　　当然好　可以　不行

教师巡视，帮助有困难的学生，并注意其他学生的要求，选择一两组同学进行表演。

六、复习和布置课后作业（10分钟）
(1) P94的练习1，用"了"或"过"完成句子，写在书上，下节课检查。
(2) 预习第十七课生词。

教案二　中级口语教案

（本教案由中山大学外国语学院颜铌婷老师编写，特此鸣谢）

教学内容：《阶梯汉语·中级口语》第二册第十二课《交涉：能给我们一个合理的说法吗？》。
教学课时：四课时。
本课共两篇课文，每篇课文后附有练习，一般两个课时完成一篇课文并让学生完成部分练习。
教学目的：
(1) 学习、操练常用的表达交涉的词语和句式。
(2) 学完后使学生能够运用表示交涉的句式完成交际任务。
(3) 能够使用交涉的句式叙述自己在生活中进行交涉的经历。

课文一

一、课前话题导入及热身（15分钟）
在这一课中，有些生词及注释比较难，可以选取和话题相关的几个词语及注释，在课前让学生学习和讨论。如"签订协议""旺季""交涉"。复习已经学过的词语"花冤枉钱"。

1. 导入（5分钟）
提问引入话题：大家知道中国人一般什么时候去旅行吗？（学生可能会回答："五一、十一、春节……"）根据回答总结："像这样有很多人都会去旅游的时间，我们可以说'旅游旺季'。"（板书"旅游旺季"）

2. 热身（10分钟）
提问："如果你要在旅游旺季出去旅游，你喜欢自己去还是喜欢和旅行社一起去？"（学生可能会回答"自己去"或"和旅行社"）。根据回答引入词语："自由行"和"跟团"（配合板书）。然后，让学生两人一组，简单地讨论一下：你认为"跟团"容易出现什么问题？如果出现问题你会怎么办？说说你自己的经历。讨论结束后，请一两名学生谈一谈。根据学生的回答，引导学生复习词语："花冤枉钱"。引入新词："签订协议"和"交涉"（配合板书）。强调交涉是指和别人商量来解决问题、提出自己的要求，一般用在比较严肃、正式的场合，如"和工厂交涉、和经理交涉"。

二、课文教学及讲解生词（30分钟）
课文比较长，可将课文按意思分成两个部分，前10行为第一部分，后10行为第二部分。

1. 第一部分的学习

先听老师读第一部分。第一部分比较难理解的句子可能是:"是三星级标准,不一定有国际酒店管理三星级认证""最起码应该 24 小时供应热水"以及"能给我们一个合理的说法吗?"。读时,在"签订协议""住房标准""三星的标志""最起码""供应"等比较难的词语上稍微停顿并反复两三次,给有需要的学生标注拼音的时间。

读第一部分后提问:"书上这两个人物是什么关系?发生了什么问题?"学生可能回答"没有三星级标志"(配合 PPT 图片,说明"三星级标志"的意思)、"没有热水"等。根据学生回答简单说明"是三星级标准,不一定有国际酒店管理三星级认证"的意思是:服务是三星级的,但是不一定有三星级的标志。继续引导学生:三星级的酒店应该有什么样的服务?学生可能会根据课文回答"有热水"。对学生的回答给予肯定,指出"最起码应该 24 小时供应热水"的意思是:最少应该要 24 小时都有热水。

接着,帮助学生整理思绪:因为没有热水,所以游客感觉怎么样?他想要导游做什么?一些水平比较高的学生可能回答"游客不高兴",要"合理的说法"。教师可继续提问:"那什么叫合理的说法?"而后根据学生的回答总结:这里"合理的说法"就是要导游说出一个让大家可以理解的、让大家满意的原因。

2. 提问引入第二部分的学习

第二部分的难点可能是"一时""费了九牛二虎的力气""当回事儿""以便取得大家的谅解""请示""汇报""满意的答复"。

教师可以提问:"如果你是导游,你要怎么给游客解释?怎么样能给他一个合理的说法?"然后引入:我们看看课文里的导游是怎么说的。

老师领读课文第二部分,仍然在上述重点词句上停顿反复,引起学生注意。读课文后,请学生回答:

(1) 为什么订不到酒店?

(2) 这个酒店容易订到吗?

(3) "费了九牛二虎的力气才订到的"是什么意思?

(4) 什么是"以便取得大家的谅解"?指出"以便"常常放在后面一个句子的开头,表示做前面这件事是为了得到后面这个结果,并配合 PPT 让学生回答,如:

老师请你把字写得大一点,以便_____。

请你留下你的联系方式,_____(以便)。

……

(5) 游客有什么要求?

(6) 最后导游有什么解决的办法?

3. 重点理解并掌握的难点

设计语境让学生重点理解并掌握"当回事儿"和"费了九牛二虎的力气"的意思和用法。

(1) "当回事儿"。先联系上下文,让学生猜测"不能不当回事儿"是什么意思?学生可能回答"不能觉得不重要""不能不关心"。给予学生肯定,并说明常常和"把"一起使用,可以说"不把……当回事儿"。

口头设计几个情景，请学生回答，如："明天就要考试了，但是我一点儿也不紧张，还出去玩儿，就可以怎么说？"学生可能回答出："我不把考试当回事儿。"照此再给出几个情景，可以先让学生集体回答，再叫答一些水平相对低一些的学生，来确定大部分学生是否理解。

（2）"费了九牛二虎的力气"。先引导学生："'九头牛两只老虎的力气'是指力气大还是小？"学生会回答："大。""所以'费了九牛二虎的力气'是说'费了很大的力气'，那说明做这件事是难还是容易？"学生会回答："难。"然后设计情景："我要去看电影，可是人很多，我排队排了3个小时才买到票，我就可以怎么说？"学生可能会回答："我费了九牛二虎的力气买到票。"这时应该指出："费了九牛二虎的力气"后面常常要加上"才"。再给学生口头提供几个情景，让学生完成句子。

（第一节课结束）

三、朗读与正音（5分钟）

初步通过听说的方式讲解完课文以后，让学生两人一组分角色朗读课文。教师在学生朗读时可以在班级中巡查，也可以利用这个时间解答学生的个别问题。

等大部分学生分别读完对话后，随机请两个学生朗读对话，将学生读错或咬字不清晰的地方，书写在黑板上，然后请全部再次齐读。

四、标注重点句式（10分钟）

先让学生在课文中找出和别人"交涉"时应该使用的句子。在学生找出大部分句子之后再用PPT展示，并将句子分成导游说的话和游客说的话两部分，有助于学生理解"交涉"时不同的人物应该怎么表达和怎么应答。

（1）提供服务的人：
1）对不起，我想您有些误会……
2）真的很抱歉，是我的工作没做好……
3）这样吧，……我一定给你们一个满意的答复。

（2）享受到服务的人：
1）能给我们一个合理的说法吗？
2）你不能不当回事儿吧？
3）你打算怎样处理？
4）我们总不能花冤枉钱吧。

五、课堂练习（20分钟）

给学生提供含有信息差的话题内容，分组，让学生扮演不同角色完成交际任务练习。可以选用教材"交际活动"中的练习或者用课文里的词语设计一些与课文内容相关的交际背景，有助于学生复习生词和课文活动。第一次练习主要是为了加强学生对句式的熟悉度，可以指定学生必须使用某些句子来完成。如：

（1）人物A：你是客人，你在旅游旺季时去旅游，住在酒店。洗澡的时候，水突然很烫，把你烫伤了。酒店费用不便宜，可是服务这么差。所以你很生气，你找到酒店的经理，希望他们赔你5000元。

需要使用的句子:
1) 能给我一个合理的说法吗?
2) 你不能不当回事儿吧?
3) 你打算怎样处理?
4) 我总不能花冤枉钱吧。
5) 说明你的要求。

(2) 人物B：你是酒店经理。有一个客人来和你交涉。因为他洗澡的时候被酒店的热水烫伤了，但酒店浴室里有"小心热水"的标志，而且他伤得不严重。所以你认为酒店只能赔500块。和客人一起商量解决这个问题。(你想尽量将赔偿降到最低。提示：酒店浴室里有"小心热水"的标志。)

需要使用的句子:
1) 对不起，我想您有些误会……
2) 真的很抱歉，是我的工作没做好……
3) 这样吧，……我一定给你们一个满意的答复。
4) 我们也不能花冤枉钱啊。
5) 提出解决的办法。

将以上材料分别发给不同的学生，让学生进行角色扮演，要求使用所给出的句子。在学生练习过程中，教师可以解答学生问题或对学生进行一定的提示，启发学生灵活地完成交际任务。

六、课堂展示（10 分钟）

大部分学生完成对话后，随机请两三组学生进行展示，并将使用不恰当的句子记录下来，对学生的表演进行点评和纠正。

七、布置课后作业

(1) P110 的练习二，用指定词语完成对话。
(2) 预习课文二的生词。

(第二节课结束)

课文二

一、讲评与复习（10 分钟）

(1) 检查 P110 练习二，请学生完成练习。
(2) 帮助学生复习、回忆上次课的重点词语和句子。教师可以提问：
  1) 如果我去买电影票，排队排了 3 个小时才买到，我可以说这张电影票是怎么样买到的？(九牛二虎之力)
  2) 如果明天就要考试了，但是他今天还出去玩儿，就可以说他怎么样？(不当回事)
  3) 如果花了本来不应该花的钱，可以叫花什么钱？(花冤枉钱)
  4) 如果你和别人发生了一些问题，特别是受到了让你不满意的服务时，你可以怎么做？(交涉)
  5) 交涉的时候，可以说些什么？对方可能怎么回答？(总结交涉用句型)

二、课文的朗读与教学（15分钟）

课文二相对比较简单，需要让学生理解的词语是"高峰""显示""蒙""绕道"，希望学生掌握的短语是"为……着想""够可以的""好心当成驴肝肺"。

1. 话题导入（2分钟）

教师提问：在生活中，如果你坐出租车，你最容易遇到什么麻烦？学生可能回答："司机听不懂我的话。""堵车。""司机他骗我。"……教师根据回答继续提问："什么时间最容易堵车？"（引入生词"上下班高峰"，配合板书）"如果你不会说汉语，你怎么知道应该付给司机多少钱？"（引入生词"表上显示……钱""电脑上显示……"，配合板书）"如果司机骗你，你还可以说'他蒙我'（但是一般北方用得比较多）。""如果司机知道你不认识路，所以故意走一条比较远的路，你可以说他怎么样？"（引入生词"绕道"）

2. 带读生词及注释（3分钟）

教师带读生词及注释部分，有助于学生复习上面引入的几个生词。注释部分停顿并反复，留给学生标注拼音的时间。

3. 朗读课文（5分钟）

将班上的学生分为两部分，分别朗读司机和乘客的对话，教师将朗读过程中出现的错误或不准确的词语标注在黑板上，学生读完后，教师再进行纠正。

4. 听课文，并根据课文内容提问（5分钟）

先放课文录音，接着老师读课文＋注释部分（停顿并反复），最后提问。

教师问：对话发生在哪里？

学生答：出租车上。

教师问：乘客觉得司机有什么问题？

学生答：司机故意绕道。

教师问：司机是怎么想的？为什么要走这条路？

学生答：我往这边开是为您着想，想快点儿到，没想到会堵车。（板书：为您着想）

教师问：乘客的心情怎么样？他说了什么？

学生答：乘客不高兴。他说你就是知道才这么绕，真够可以的。（板书：真够可以的）

教师问：最后司机是怎么想的？他说了什么？

学生答：算我倒霉，好心当成驴肝肺。（板书：好心当成驴肝肺）

三、重点词句的教学与练习（20分钟）

（1）"为sb.着想"。常常说为某人着想，意思是为某人考虑，从某人的角度来想，是为了某人好。情景释义：你的弟弟不努力学习，可能考不上大学，所以你很担心，你可能会给他什么建议？学生可能回答："我建议他好好学习。"教师总结：我们可以说"我建议你好好学习都是为你着想"，或者也可以说"为了你的将来着想，我建议你好好学习"。配合PPT展示，再举一些情景，让学生试着用"为……着想"完成句子。

（2）"够可以的"。让学听句子。

你真够可以的，每天都不去上课。

（教师问：这是表扬还是批评？学生答：批评。）

你真够可以的，每天不上课，汉语还这么好。

（教师问：这是表扬还是批评？学生答：表扬。）

教师总结，我们可以说"sb. 真够可以的"意思是你真厉害，有时候是表扬，有时候是表示批评或者惊讶。举两三个具体情景，让学生用"你真够可以的"说句子。

（3）"好心当成驴肝肺"。"驴肝肺"是指驴的内脏，是不好的东西。所以这个词的意思是：把别人的好心看成不好的。例如，教师说："我经常不打扫房间，所以我妈妈帮我打扫了。本来我应该觉得怎么样？可是妈妈她打扫以后，我找不到我的书了，所以我很生妈妈的气。这个时候妈妈可能会说什么？"学生可能会回答："好心当成驴肝肺。"教师更正："你把我的好心当成驴肝肺了。"让学生两两一组，用"好心当成驴肝肺"说说自己的小故事。随后教师请几名学生讲述，给予反馈，看看学生是否理解并掌握。

（第三节课结束）

四、交际活动（43 分钟）

1. 标注重点句子（3 分钟）

让学生在课文中找出表达"交涉"功能的句子。教师配合 PPT 展示并分类。

司机：

（1）你自己看，我又没骗你。

（2）我……是为您着想，……

（3）行，行，行，那你说怎么办吧？

（4）算我倒霉，好心当成驴肝肺。

乘客：

（5）有没有搞错呀？

（6）……，你真够可以的！

（7）不要蒙我……

（8）35 元，我平时打的就是这个价（提出要求）。

2. 交际活动一（20 分钟）

让学生选用以上句子，两两一组，扮演角色，完成教材 P114 的练习（1）。

教师在学生练习中解答疑问，启发学生完成交际活动。待大部分学生完成后，请一两组进行展示，并进行点评和纠正。

3. 交际活动二（20 分钟）

利用 PPT 归纳、展示课文一及课文二中表达"交涉"功能的句子。学生重新分配为两人一组，选择至少 4 个表达"交涉"的句子，说说自己生活中和别人进行交涉的故事。当一人叙述的时候，要求另外一名学生进行记录。两人分别叙述完毕后，教师随机请学生复述同伴的交涉故事并进行提问和点评。

五、布置作业（2 分钟）

（1）P113 的练习二，用下列词语完成对话。

（2）P114 综合练习一，根据要求填表。

（第四节课结束）

第十七章　阅读课教学

《国际汉语教师标准》(国家汉办, 2007) 在阅读教学的基本原则中提出, "注重培养学习者运用自下而上与自上而下等不同的阅读策略的能力"。这意味着, 作为一名合格的汉语教师, 首先必须对学习者如何进行阅读有一个基本的了解。只有在此基础上才能准确把握上述原则, 才能进一步讨论阅读课的性质和特点。

第一节　读者是如何阅读的？[①]

一、阅读习得的认知基础

阅读习得的简易模型 (Simple View of Reading) (Hoover & Gough, 1990) 定义了阅读发展所需的两大认知基础: R (阅读) = LC (语言理解) × D (文字解码)。第一, 该模型认为阅读发展的首要基础是语言理解 (language comprehension)。心理学家发现学习者在口语发展的过程中可建立起一种对语言结构有意识地觉察和操纵的能力, 这包括语音、语素和正字法意识三项子技能。三者形成一种互动的关系, 不仅促进母语, 亦可促进第二语言的发展 (梁利娟、陈宝国, 2013)。第二, 该模型认为阅读发展的重要基础是文字解码 (decoding), 即识字, 被视为一种脱离了内文情境的阅读。弱读者通常表现出识字速度慢、遗忘速度快、识字量难以达到同年级标准等特征。该模型在拼音、非拼音文字的实证研究中均得到了验证 (Kendeou, *et al.*, 2009; 王孝玲、陶保平, 1996)。

二、阅读过程中的词汇识别

词汇识别是阅读的重要基础。认知心理学家通过实验发现, 语境和词频对读者的词汇识别起重要作用。

词频指的是词在社会上流通时出现的次数。这个意义上的词频是对全社会整体而言的, 而每个人的心理词典中的词频又各不相同。心理学家认为对于读者来说, 高频词就是新近看到过的词, 反之就是低频词; 一个低频词经过重复后就会产生高频词效应。

[①] 本部分以陈贤纯《外语阅读教学与心理学》第二、三及五章为基础整理。

语境在阅读心理学研究中指的是上下文，包括目标词前后的词、句子以及整个篇章。心理学家通过实验发现，在目标词与语境一致的时候，语境能促进目标词的识别。

上述的研究告诉我们，阅读教学中，词汇在合适的、不同的语境中反复地出现是让阅读者自然习得词汇的最佳途径。

三、句子理解

读者运用句法策略和语义策略来进行句子理解。

句法策略是指读者利用句子中提供的句法结构方面的经验性知识对句子进行加工。首先，读者能够利用对某些有结构意义的词的了解来进行句子理解。例如读者看到"在"，就会预料到后面可能是一个表示地点的名词；看到"了"，就能推测前面的词汇是表示动作的动词。其次，读者也常常根据语序来进行句子理解。例如，看到"荷兰阿姆斯特丹"，读者可能会根据中文地名的顺序原则推断，阿姆斯特丹是荷兰的一个地名。最后，读者还会利用基本的句型知识来进行阅读理解，如"把"字句、"被"字句。

语义策略是指读者利用句子中已知的语义信息预测后面部分的意义，并进一步做句子加工。读者可以依靠日常逻辑来对阅读内容进行预测。例如读者看到"花""红""女孩"和"摘"几个字，他很可能会产生"女孩摘红花"这样的合乎逻辑的理解，而不需要经过任何句法分析。此外，语境也在句子理解中起重要的作用。前面的句子告诉读者后面可能出现什么句子，后面的句子反过来又能修正对前面句子的错误或含混理解。

在实际阅读中，上述两种策略是无法截然分开的，两者交互起作用。

四、篇章理解

读者理解篇章的策略可分为宏观和微观两个层次。

宏观策略包括结构策略、背景策略、文化策略和标题策略。结构策略是读者通过文章结构来预测篇章内容的发展。例如当读者阅读一篇新闻时，他可以根据众所周知的新闻"金字塔结构"来处理自己的阅读。后三者顾名思义，分别指的是读者根据自己对文章背景的了解、自己的文化背景或对标题的深入分析来促进自己对整个篇章的理解。宏观策略是一种自上而下的加工策略。

微观策略包括忽略细节、抓关键词和概括与推论。忽略细节和抓关键词是同时进行的，熟练的读者能够迅速地找到文章的内容关键词进行重点阅读，同时忽略掉与这些关键词联系不大的其他细节，促进阅读的质量和速度。概括就是把低层次的概念归类总结为高一个层次的概念，减少记忆项目。例如，把"苹果、梨、芒果、水蜜桃、西瓜……"概括为"水果"；又如总结自然段的大意。推论是阅读中最常见的策略之一，与下面将要讲到的图式有关。微观策略是一种自下而上的加工策略。

五、图式与推论

图式是一种知识单位，是心理对客观世界的反映。常见的图式有：①事件图式。例如去餐厅，我们自然会根据去餐厅的图式来行动：进餐厅、找桌子、坐下、叫服务员、要菜单……结账。②场景图式。每个不同的场景都有特定的道具。例如图书馆，就包括了一座楼，楼里有很大的房间，一排排的书架，书架上满是书，等等。③角色图式。例如一个"贤妻良母"，其行为举止语言如何，外表性格怎么样，这在我们大脑中都有固定的图式。④范畴图式。现实中的桌子的样式何止千万，但我们总是能在许多东西中指认出"桌子"来，根据的就是范畴图式。

在阅读理解中，图式具有预期作用。例如当读者看到下面这段话：

> 他被送进了医院，……十二个小时后，他死了。

他们很容易就会产生以下预期：中间部分的内容是关于抢救过程的。他们根据有关的事件图式产生了这样的预期。

图式还对输入的材料具有选择作用。这种选择一方面是为了印证图式所产生的预期；在前面的例子中，读者在阅读中间部分时，就会选择性地寻找一些医学抢救方面的词语，如果找到了，预期就得到了印证；如果找不到，读者就可能判断，病人没有得到应有的治疗，于是就要寻找新的图式：医生见死不救，因为他没有钱……

图式的选择作用的另一个方面是选择重点。读者根据图式来决定哪些信息重要，需要分配更多的注意。

最后，图式还能够通过重组信息来帮助理解和记忆。

学者们认为，阅读理解中的推论就是从各种各样图式中产生的。首先，图式选择推论。如果没有相关的图式，推论就不可能进行；不同的图式产生不同的推论。其次，读者还能根据图式对表达得不够具体的内容进行推论使之具体化。例如，读者看到"那个容器装着苹果"，他就会推论出该容器很可能是篮子或盘子；"装着可乐的容器"则多半是瓶子或杯子。再次，图式中的各种关系，如因果关系（下雨了，地就会湿）、事件的连续性关系（先点菜后上菜）、概念的上下位关系（茶几是桌子的一种），以此为基础上，产生因果推论、连续性推论和归纳推论。最后，读者还能把本来生疏的或不具体的信息归入自己已有的图式中去加以理解，这是类比推论。

第二节 怎么上阅读课？

阅读课的教学目标主要包括：第一，增加学生的词汇量。通过大量阅读，促进学生的伴随性词汇习得。第二，培养学生的阅读技能。提供针对性技能操练，帮助学生提高阅读效率，并同时巩固语言知识，获取信息。第三，提高学生的阅读速度。

是否能做到上述三点，与选用教材的编写理念和质量密切相关。本章仅以《中级汉语阅读教程》（修订版）（徐霄鹰，2009）及《阶梯汉语·中级阅读》（徐霄鹰、张世涛等，2004）（以下分别简称《教程》及《阶梯》）为平台，介绍如何通过课堂教学实现上述教学目标。

一、阅读课文处理

（一）常规处理

常规的阅读课课文篇幅比精读课（综合课）课文短。教师的处理步骤包括：

（1）读前介绍或讨论。教师就阅读课文的主题进行简短介绍或组织学生进行头脑风暴式的讨论。这些介绍和讨论可以围绕标题、话题、文章背景、体裁、风格等进行。读前准备恰当，不但能够引起学生对即将阅读的文本的兴趣，激活或建立其相关的心理图式，还能够帮助他们建立阅读目标和阅读预期，并自然地引导出文章的内容关键词。另外，开始阅读前，教师还应当向学生指出文章的难点和重点，给出自己对该课文的难度评价。

（2）学生独立阅读。

（3）教师引导学生完成阅读理解题目。

（4）教师讲解。根据学生完成题目的情况，对课文的难点进行重点讲解。

课文处理过程还应当贯穿词汇教学。教师可以在第一环节提前列出词汇，也可以在讲解阅读题目时顺带解释词汇。注意，阅读课的词汇教学力度与精读课完全不同，我们在后面章节将详细介绍。

（二）强化处理

有些课文难度特别大，或者包含了教材规定的目标教学词汇，那么就需要比常规处理更长的教学时间以及更深入的讲解；但仍然不可与精读课文教学混淆。强化处理课文有如下要点：第一，一般要求教师用不同方式带领学生通读课文。只读一次，不必重复。第二，解释更多词汇。只解释，不讲词汇用法；且解释应当尽量结合上下文语境进行。具体如何操作，我们在后面将详细介绍。第三，除了内容理解练习，教师还可以增加专门针对词汇学习的练习。

如果一篇文章大部分内容都需要教师讲解学生才能明白，那么，这种课文显然不适于作为阅读课文。教材中若出现此类文章，建议教师弃用。还有一种文章只是某一两个段落过难，那么教师可以口头介绍难度大的部分内容，使学生在意义连贯的基础上阅读全文。

例如，《教程》上册第一课《中国古代辉煌的科学技术》，这篇课文对于刚进入中级班的学生来说难度相当高。教师可以将语篇中的连接词如"其中""除了……还有……"以及"没有……可以相比"等词语写在黑板上，在学生第一次阅读完成后，引导学生根据这些词语/句式梳理文章的大意。

（三）简化处理

需要简化处理的课文包括要求眺读、查读的课文，以及难度显然低于学生水平的课文。简化处理课文有如下要点：第一，一般提出明确的阅读时间要求；第二，先引导学生找出阅读要点，如阅读理解题目，然后带着目标读原文；第三，一般不讲生词。

（四）课后阅读的处理

课后阅读文章有两类：一类是课堂时间无法完成的教材课文，一类是教师布置学生自己找的文章。对第一类文章，一般按常规处理，只是把学生独立阅读的时间放到课后；对第二类文章，教师可发挥空间较大，这在后面章节将详细介绍。

二、阅读理解题目的讲解

（一）难度低的理解问题

对于这类问题，教师应当确认学生不但知道答案，而且知道是课文中哪些词句提供了答案。另外，这类问题也可以留给班级里水平比较低的学生。

（二）难度高的理解问题

在做理解练习时，学生会遇到一些疑难问题，教师要带着学生回到语料相关部分细读。这时，教师的任务是帮助他们找对地方，帮助他们理清语义或句法的线索。重点是告诉学生如何处理阅读难点：是跳过去继续读，还是使用某种阅读技巧进行有效推测，或是就几个关键词查字典，等等。

例如，《教程》上册的《海鸟是怎样发现食物的》这篇课文后有一道练习，要求学生判断"硫化物的气味跟浮游动物相同"的正误。要正确回答这道题目，学生必须看懂课文中的这个句子：

这些硫化物的气味跟那些植物性浮游生物被动物性浮游生物吃掉时产生的气味相同。

一般的情况是，多数同学知道这个句子就是正确回答的关键，但觉得它很难理解。这时，教师可以指导学生把硫化物、植物性浮游生物、动物性浮游生物三个专有名词分别以 L、Z 和 D 来代替，学生们再读，发现这个句子其实是个结构很简单的句子，然后很快就找到了答案。类似的讲解重复几次后，学生们就能渐渐掌握阅读那些专业性较强的科普文章的有效方法了。

有些学生认为很难的阅读理解题目，实际上并不是由于原文难度高，而是由于提问的角度很刁钻（如"文章没有说，但是我们可以看出……"这样的题目），或者选项有干扰性大或超出原文的地方。例如《教程》中的课文《旗袍》中有一个选择题：

  旗袍的"黄金时代"是什么意思？
  A. 那时的旗袍喜欢用金色 B. 那时旗袍文化成熟而又代表性
  C. 那时的旗袍最贵 D. 那时的旗袍一直流行到现在

原文是这样的："全世界家喻户晓的旗袍，被称作'Chinese dress'的旗袍，实际上是指30年代的旗袍。旗袍文化完成于30年代，那是旗袍的黄金时代。"教师应当引导学生通过排除法排除其他选项，获得正确答案，并学习"黄金时代"一词。

（三）理解问题设计不足

如果教师认为课后练习不足以判定学生是否能基本理解课文意义时，应针对练习没有覆盖的课文部分，另外提出理解问题，要求学生回答。

例如以下短文：

  即使早期人类的一夫一妻关系造成了现代男人和女人的体形差距微小，但是差距仍然存在，这又该如何解释？对此科学家提出了许多理论。其中之一认为，虽然女人并不喜欢那些整天与其他男人打架的男性，但体形比较大的男人却能保证家里食物更充分。与此同时，男性也许喜欢选择体形较小的女人，因为她们消费的食物相对较小。

教材针对这一段只有一个判断正误题：

  女人喜欢体形较大的男人是希望他们能打架。

而这一段实际上两个方面都讲到了，因此，教师可以增加"男性为什么喜欢体形较小的女性？"这样的问题。

（四）检查理解率的方法

阅读开始前和练习完成后，要引导学生正确评价阅读材料和评估自己的理解水平。也就是元认知策略中的读前策略和读后策略。这一点对于那些刚开始上阅读课的学生尤其重要，因为他们特别没有自信。当大约四分之三的学生完成了阅读理解题目时，教师应当开始提问，以检查学生的阅读理解情况。

常规的做法是教师点某个学生说出答案，并回答为什么选择该答案。教师可以根据问题的难度来选择水平不同的回答者。在巡视时，应当关注那些选择了错误答案的学生，提问时可有针对性地提问他们，找出错误的症结所在。

对于一些很简单的问题，可以快速核对答案，不必追问选择的理由。

如果学生给出的答案是错误的，教师不要急于给出正确答案，而是应当点另一位学生回答。

除了课堂提问，教师也可以设计答题卡，让学生在下课前上交。下一次上课时，再根据答题情况进行讲解。

三、技能训练部分的处理

（一）讲解

1. 简单，避免语法术语

《教程》和《阶梯》的每一课都有独立的阅读技能训练，这一部分涉及许多语言知识。在阅读课上，对这些知识的讲解要尽量简单直接，在几分钟内解决；因为在精读课上它们已经被详细讲过了。

例如讲解"通过句法搭配关系推测生词"时，就没有必要讲什么是句法搭配，更没有必要讲句法搭配的规则。只需要给学生两个句子：

大水淹了房子。/郝腾喝了一瓶香槟。

引导学生通过句子构成以及"大水"和"房子"，推测出"淹"的词性和意义；通过"喝了一瓶"，推测出"郝腾"和"香槟"为何物。

2. 归纳形式标记

要在短时间内讲解清楚语法知识是很困难的。阅读课讲解语法知识的目的是帮助学生理解词汇意义，解构长句难句。因此，教师需要尽量寻找归纳形式标记，才能达到好学好用的教学效果。如：

- 最后一个"的" ↘ 　　　　　　　　　　　　　最后一个"的" ↘
　　　　主 ＋ 谓语 V＋了／着／过／得／V ＋ 　　　　　　宾

- 在介词结构中的不是主谓宾

　介词结构：……以前／以后／的时候

　　　　　在／对／给／根据／按照……

请注意，这里的"主"和"宾"并不是严格语法意义上的主语和宾语，而是句子中接近主语和宾语的部分。例如：

清华大学刘天明老师编的介绍一般电脑知识和使用方法的科普读物《电脑入门》，受到广大读者，特别是文化水平不高的读者的广泛欢迎。

这里，只要学生能把"科普读物《电脑入门》"作为主语，"广泛欢迎"作为宾语来理解，就达到练习目的了。一般来说，能做到这个程度对学生的阅读理解已经足够了，因此也没必要在课堂上进一步指出"主语是'《电脑入门》'，宾语是'欢迎'"。这样既不符合阅读课的教学特点，也增加了学生的学习负担。

（二）技能练习

简短的讲解后，以大量的练习去深化学生对这些知识的理解。这些练习大多需要学生的分析、比较、根据系统再创造……开始时，一些习惯了被动吸收知识的学生会感到不适应，因此，成对或小组练习是一个值得推荐的课堂练习方式。合作、讨论有助于他们互相激发、互相帮助，减少学生对教师讲解的依赖。这也是阅读课与精读课根本区别之所在。请看以下例子。在第二次进行的抽取句子主干的练习中，有这样一道题目：

> 我的一位在南京工作的姐姐前几天给我的孩子寄来了一件她亲手打的浅蓝色的毛衣。

一个三人小组中，A第一次没来上课，于是同桌B向她解释抽取主干的方法：先找到"了"，确定谓语是"寄来"，然后通过前面的"最后一个'的'"来确定主语是"孩子"，后面的"最后一个'的'"来确定宾语是毛衣。这时，同组的C提出了异议，他认为，主语应该是"姐姐"，因为，"我的孩子"前面有一个"给"。A和B又认真地看了看板书，再读一读句子，最后表示赞同C的意见。

在这个过程中，教师必须始终强调，训练的目的不是为了获得语言知识本身，而是为了提高阅读能力。例如，构词法是为了猜词，抓句子主干是为了更快地理解长句子。

（三）阅读课文中的技能训练

在以后的语篇阅读中，教师要随时提醒学生注意使用某些对应的阅读技能。我们建议教师在备课时，应当从每篇语料中都找出一个阅读技能训练点。要求学生猜测某些生词的意思，是最需要磨炼的阅读技巧。

例如《教程》中有一篇阅读课文《"退稿"的启示》，一开篇就有一句话：

> 俗话说：牙齿和舌头难免相碰。夫妻之间在一起生活，肯定会有矛盾。

而教材"压缩长句"技能训练中恰好有如何处理长句中的俗语、成句、古诗句等引言的内容，教师就可以在阅读前提醒学生运用这个技能。

四、培养学生良好的阅读习惯

（一）培养推测能力

在本章的第一部分我们已经看到，在阅读中，读者无论是对词汇、句子的理解还是对篇章的理解，都采取了许多与推测（推论/预期/猜测）有关的策略。阅读过程中包含了一个"自上而下"的过程，读者根据所获得的语言提示，激活自己的已有图式，对课文所要表达的意思产生预期，然后一边推论猜测，一边验证修改之。

因此，教师应时刻提醒学生，不要一遇到不懂的字、词就求助于词典，或纠缠于难句，应鼓励他们建立假设，然后继续读，在更大的语境中验证假设。

在讲解的时候，教师除了解释这些难字、词、句的意义外，更重要的是和学生一起讨论各种可能的推测办法，或者说采取何种阅读理解策略，用"最低代价"理解难点——用最少的精力和时间来进行有效的理解。

（二）鼓励容忍模糊性

阅读课追求阅读量，对理解率的要求一般不会是百分百的，尤其是一开始的时候，能有个百分之六七十，能够回答大部分阅读理解题目就可以了。而且，好的读者一般总是先快速地通篇阅读，理顺文章的脉络，而忽略不懂或似懂非懂的细节问题。读完后，他们会结合文章的主要观点和理解题目，再回到文章的重点部分，进行更深入的阅读。

但是，很多学生不能忍受这个词"可能是这个意思"，那个句子"大概是这个意思"式的模糊性。这样的学生一遇到生词、复杂的语法或表达方式，往往就滞留在那里，来来回回地读，或者查字典。还有一个让学生停步不前的重要原因就是无法正确地划分出词界，换言之，他们常常找出一些"非词"，然后苦于无法理解这些"非词"的意义。无论是出于何种原因的纠结，其结果都是在合理的时间内无法完成全篇阅读。更糟糕的是，这些部分常常跟文章的主旨和理解并没有太大的关系，又或者这些问题能够通过下文给出的其他信息得到解答。

因此，教师在课堂上要不断地提醒学生："别管这里，先往下读。"对理解监控能力的实验研究表明：继续读下去是在所有理解失败的补救措施中最为成熟、最为高级的一个策略（陈贤纯，1998）。但是，学生"求真"的心理得不到满足，往往会觉得在阅读课上没有学到东西。因此，教师可以跟学生"协商"，找出两三个难词或长句进行重点讲解和操练。在教学中，当课文中出现类似上面例子这样的情况时，教师都应该把它们拿出来，进行讲解或要求学生进行讨论，使全体同学都能够逐渐理解和建立监控意识，培养他们的监控能力。

（三）纠正不良阅读习惯

以下几个所谓的不良阅读习惯，究其本质都是读者在理解失败（或担心失败）时采取的一种补救措施，是理解监控的方法。之所以成为"不良习惯"，是因为它们被过度使用了。

1. 依赖字典

一部分学生，一遇到生词就翻字典，结果是根本无法完成连贯的阅读；另一部分学生有"追根究底"的习惯,即使自己猜测出词义,甚至老师口头讲解了,他们仍然要通过字典的解释来加以确认。对于前者,一见到就要制止;对于后者,在不耽误课堂学习的情况下,可以允许,但一般要求他们课后再进行。

2. **朗读、默读和"指读"**

好的读者的视幅总是比较大的,他们可以"一目十行"。当然,在阅读汉语时,视幅的扩大还有一个如何正确划分词界和意群界线的问题。但即使是无法做到正确划分界线,大的视幅也有利于阅读理解。例如,阅读以下句子"……必须要面对摔下山粉身碎骨的可能。即使是粉身碎骨,……"。学生遇到第一句时,往往会苦于无法正确划分"摔下山粉身碎骨":是"摔/下山/粉身/碎骨","摔下/山粉/身碎骨",还是……;但是,当学生看到"即使是"后面的那个"粉身碎骨"时,他们的难题就可以解决了。在这个例子中,大视幅阅读的学生显然能比逐字逐句读的学生更早地找到解决问题的窍门。

朗读、默读和"指读"就是三个严重限制视幅、影响阅读速度的不良阅读习惯。这三种阅读方法都拖慢了整体阅读速度。而好的读者应该只在遇到重点和难点时才放慢阅读速度。

出声朗读必须禁止,一般学生也都会听从教师的指导。但要纠正"指读"却不那么容易。对于刚从初级班上来的学生,可以容许他们在头几个星期保持这一习惯,但应告诉他们这是不良的阅读习惯,要求他们自我控制。随着班级的升高,教师可采取更严厉的措施,如不断的警告,没收学生的"指读"工具——通常是笔。默读是最难被察觉的,教师只能通过反复强调来提醒学生克服这一习惯。

(四)不同的阅读方式与阅读时间控制

教程中绝大多数的课文要求进行通读。所谓通读,就是要求学生通过阅读,既能抓住文章的中心意思,又能掌握比较重要的细节;既能明确文章的脉络,又能理解具体的描述;最后,对文体风格和作者的态度也有所了解。

另外,教程中还按照不同的阅读目标、阅读文本的种类,要求学生以不同的阅读策略进行阅读,这些阅读策略包括:寻找特定细节信息的查读,浏览大意式的略读,为进一步阅读打前站的眺读。

教师的任务是"训练学习者根据不同的阅读目的,选择适当的阅读方法"(国家汉办,2007),并控制阅读时间。

有关阅读速度,教学大纲都有明确的数据,但在实际操作中很难一概而论。作为教师,要灵活地把握喊停的时机。一般而言,中等以上的学生做完理解练习,中等的学生做了一部分理解练习,中下的学生阅读完或基本阅读完全文时,教师就可喊停,然后检查学生的理解情况。

对于一些查读、跳读文章，可限定短时间，或带领学生即时做阅读练习。

第三节　阅读课怎么教词汇？

词汇理解和积累在阅读课上是最重要的内容。一些针对学习者的调查也表明，通过阅读提高词汇量是学习者对阅读的最主要的期待（陈贤纯，1998）。因此，阅读课上的词汇教学非常重要。

一、如何选定教学词汇

阅读课教材后面列出的生词基本上是参考性的，而且对于学生来说，通常只是有限的一小部分。教师在教学中讲不讲生词、讲什么生词需要根据学生的水平灵活把握。

需要讲解的词语一般有两类：一是对阅读理解十分重要的内容关键词，二是可能通过各种方式推测出来的生词。

（一）内容关键词

这类词语对理解文章非常关键。教师可以在阅读前通过简单提问了解学生对于这些词语的理解情况。如果发现学生对某个（些）词语理解有困难，则需要进行讲解。具体方法我们在后面介绍。

（二）可猜测词

正如前面所强调的那样，阅读课的教学目标是鼓励学生进行伴随性词汇学习，提高其阅读技能。而猜词是实现这两个目标的落脚点。

在开始阅读之前，教师应选择一两个甚至若干个可通过猜测获得大概词义的词语，提前写在黑板上（或告知学生在某段某行，提前加标注），提醒学生在阅读的同时要特别注意这些目标词，鼓励他们运用学过的技能进行词义猜测。

有关调查表明，学习者对目标词的注意有助于提高他们对词汇意义的理解率（朱勇、崔华山，2005）。因此，提前把可以推测的词语列出来是很重要的一个步骤。阅读完成以后，教师应就词义提问学生，并根据情况追问他们如何推测出词义，使用了哪些线索或阅读技能。

二、讲解词语的方法

原则上，阅读课教师不讲解课文中的生词；有些生词对于内容理解十分关键，或是对日常阅读很重要，这时，教师可以根据情况进行讲解。但要首先牢记阅读课讲解生词的原则：第一，讲解时一定要利用课文中的上下文，在语境中讲解词义；如果课文中提供的语境不明确、不够用,教师可自创语境。第二,点到为止,不需要讲解词汇在文本之外的其他意义和用法。

(一) 讨论法

讨论法就是围绕课文的主要内容或相关内容,通过讨论,导入关键词或扩大学生的词汇量。例如,在阅读《购物天堂香港》前,先跟学生讨论"购物"和"天堂"两个词,引导学生说出:"香港是买东西的最好的地方。"然后,再讨论买东西的人可以又叫什么、为什么香港东西便宜等问题,引导出课文最重要的两个生词:消费者、关税。

(二) 语境展示法

语境展示法就是通过上下文的意思来引导学生找出关键词的意义。例如阅读《冒充土著人的澳大利亚白人》,可以造一个语境:"以前外国人在中国买门票、飞机票、火车票都比中国人贵,有些日本人、韩国人就冒充中国人,买便宜的票。"这样,学生很容易就领会了"冒充"的意思。又如前面提到的句子"……必须要面对摔下山粉身碎骨的可能。即使是粉身碎骨,……",引导学生想象从山上摔到山下,身体和骨头会是什么状态,"粉身碎骨"这个词汇的意义也就很明显了。

(三) 图画—实物法

这一方法顾名思义就是运用图画或实物来讲解生词。有些生词,尤其是名词很难说清楚,这时用这个方法不但快,而且生动明确。例如《印错的美元》,可以向同学借100元,然后用实物说明什么是"防伪线""水印",什么情况叫作"颠倒"。又如《早期的自行车》,可以请一个同学在黑板上画一辆自行车,然后根据图画来说明"链条""脚踏板""前轮""后轮""充气轮胎"等生词。

(四) 联想—引导法

这一方法是通过联想引导学生找出可能的关键词及其意义。例如《伦敦的出租汽车》,可以引导学生想想,关于出租汽车可能谈论什么。一般他们就会联想到日常生活中遇到的出租车问题,如"绕路""拒载"等。那么怎么办呢?他们又会联想到"投诉""处罚"等。这一方法并不新鲜,许多关于词汇教学的论文中都提到。但是,在阅读课教学中使用这一方法要注意适度,必须根据实际情况控制时间和联想范围。联想过度的话,一是无法完成教学任务;二是出现的新词汇过多,反而会使学生无所适从。

(五) 综合法

上述几个方法还可以综合使用。例如《限制中学生发型》,可以使用语境展示法来解释"限制":"开车有速度限制,每小时不能超过 60 公里";可以用实物来解释"发型",每个同学的发型都不一样;可以请学生发表对限制发型的意见,引出"统一""规定""赞成"等词汇。

三、词汇练习的方法

阅读课上的词汇练习有两个基本点一定要注意:一是讲理解,不讲运用;二是重实词,不重虚词。

刘颂浩(1999)把词汇练习归纳为五类,分别是辨认、联想、搭配、评价和总结。我们结合他的观点介绍一些练习词汇的办法以及如何处理这些练习。

(一)猜词练习

《教程》《阶梯》的阅读技能训练部分有大量的猜词练习,有通过字形猜词、语素猜词、句内词语互释、上下文猜词等。

除了特别容易的练习,一般可要求学生以两人或小组为单位做这些练习。这样做有三个好处:第一,学生一个人做练习,特别容易放弃,然后求助于字典;有同伴时,他们则倾向于先讨论。而我们知道,人的思维在讨论时特别活跃。第二,一般情况是有一个学生已经知道或者更快理解了目标词的意义,他就会向同伴解释词义。在解释的过程中,他不但要利用课本上给出的线索,而且也要动用自己以往的知识储备,甚至要给出新的语境;同时,听讲的一方则必须集中注意力去听懂他的解释。这样,这个讲解—理解的过程就强化了对目标词的认知。第三,学生在讨论的过程中会提出问题,这便于教师发现问题。

在阅读训练中,如前所述,应先把需要学生猜测的词语写在黑板上,这就是一种辨认练习。在许多篇章的阅读理解题中,也有不少关于词汇的题目,需要学生在课文中辨认出目标词。

(二)词汇联想

阅读理解篇章中常常有一些有意思的词汇,可加以利用,促使学生进行词汇联想,扩大他们的词汇量。例如《赤道雪峰——乞力马扎罗山》,可以利用赤道引出"南极""北极""南回归线""北回归线",利用"山顶"引出"山脚""山腰",等等。同样,要注意联想适度。

(三)评价练习

评价练习也是一种讨论。如阅读了《悠闲就是快乐》,可以请学生评价一下"悠闲"和"忙碌"的生活。

第四节　如何把阅读课上得生动有趣？

很多年轻教师反映，上阅读课最大的困难是单调，学生读，老师讲解；然后，学生又读，老师再讲解……周而复始，了无新意，缺乏高潮，教学双方都觉得很沉闷。

这个问题的起因主要有两个：一是跟精读、口语等课程不同，阅读在很大程度上是由单个学生独立完成的，学生与教师的互动很少，与同学的互动则为零；二是阅读基本上是一个输入的训练。根据《国际汉语教师标准》，教师的基本能力包括"了解阅读教学的不同环节，为阅读前、阅读中、阅读后设计相应的任务和活动"，因此，把阅读课上得生动有趣的关键就是能够根据课程内容设置形式多样的阅读任务和课堂活动。

一、增加参与感，加强师—生、生—生互动

尽量增加一些成对或小组练习的机会，具体做法如前所述。另外，还可以布置学生完成课后作业。要求他们选择自己喜欢的，难度、长短合适的文章，仿照课本处理生词，出阅读理解题，交给教师修改后复印。上课时，教师拿出 10～15 分钟作为"××同学时间"，把复印好的某同学选的文章发给大家，由那位同学当老师，主持这篇文章的阅读讲解。这个做法不但活跃了课堂气氛，又能帮助教师发现学生的兴趣点，还能促进学生的课外阅读。

二、增加信息输入量，结合文化知识学习

一般每次上课都要阅读大约四篇课文，这些课文的题材、体裁各异，常常能为教师提供很好的话题，尤其是一些关于热点问题、中国文化知识或涉及文化差异的课文，更给了教师很大的发挥余地。

国家汉办发布的《国际汉语教学通用课程大纲》（2008）的"中国文化题材和文化任务举例表"中，列举了教师在不同级别的教学中应该注意的题材、任务和跨文化思考问题，教师可将其作为设计课堂活动和讨论的主要依据之一。

学生对这类讨论往往非常感兴趣，教师要注意课堂控制。

三、增加输出机会

调查表明大部分学生并不认为阅读课就是"读"的课，他们认为，阅读课也应该"读讲结合"（徐霄鹰、张世涛，2004）。这个"讲"不但是教师讲解，也包含了学生的"讲"。换言之，如何在一门输入型的课程里加入适当的输出，是一个值得研究的课题。有几个行之有效的方法。《阶梯》就在此研究的基础上加入了"读后说"练习。

（一）不同答案的讨论

针对不同的理解问题，学生常常有不同的答案。这时，教师不应只是简单地说出谁对谁错，而是应该启发学生自己去思考，去争论，引导他们自己找出正确的答案。

（二）词汇讨论

每篇课文都会有一些词汇是可以用来讨论的。有些是跟内容有关的，如课文中出现了"海军"，那么还可能有"什么军"？有些是跟构词法有关的，如课文中出现了"现代化""舒适感"，那么还有"什么化""什么感"？

（三）内容讨论

有些课文能提供很好的讨论话题，如《丈夫保存着前妻的信》。要时刻保持警惕的是，不能让讨论变成了阅读课的主角。一般情况下，每次讨论最多也不应超过5分钟。

（四）充分利用教材

《教程》和《阶梯》都设计了多样化的课堂活动和讨论题目，教师应在备课时对活动规则、要求和讨论内容有充分的了解，在上课时才能灵活自如地组织这些活动和讨论，使之始终围绕"阅读理解"或"阅读技能"这个中心进行。

四、合理安排阅读节奏

阅读语篇时，假如学生一节课都在阅读复杂而单调的科技论文，或是简单的无意义的广告、目录，他们觉得无聊是很自然的；又或者8点刚过，或12点快到的时候，让他们看一篇严肃的长文，学生无法集中精力也是很自然的。这里所说的"阅读节奏"，就是要避免类似的情况。

很多新教师容易犯的错误就是"唯课本是从"，阅读一就是阅读一，阅读二就是阅读二，……这样是不对的。首先，教材编排肯定有不完善的地方；其次，统一的教材无法配合千变万化的具体情况。因此，必须通读全教材，然后适当安排每堂课读什么：不同的题材、体裁、长短、难度、对阅读策略要求不同的文章，都要有一个均衡全面的考虑，而不是拘泥于教材。如果有需要，完全可以看完第5页的文章，就看第20页的文章。

第五节　报刊阅读课

根据《国际汉语能力标准》，阅读报刊属于"汉语书面理解力"的第五级，因此，报刊阅读课在对外汉语教学中一般在中级阶段后期才开设。报刊课的阅读材料通常是从实际生活中的报刊中选录，基本上都是原文；另外，报刊阅读课的目的是培养学生阅读中文报刊中的文章的技巧，了解这些文章的特点，提高理解这些文章所提供的信息的能力。也就是说，报刊阅读课在教学上主要是从句子到篇章的阶段，这一阶段在阅读技能的范畴上来看也属于阅读的中高级层次。

作为阅读课的一个分支，报刊阅读这门课程必须遵循本章前面论述到的阅读课教学的基本规律；但是，作为一门单独开列的课程，它也有自身的特点。吴成年在其专著《汉语报刊课研究》（2016）中指出："报刊课是一门注重报刊语言形式训练与增进中国国情了解相结合的语言课；是一门以阅读能力为核心、多种其他语言技能训练兼顾的综合（或多种）技能训练课。"

一、报刊阅读课的特点

（一）报刊语言的教学

报刊阅读课所选用的语料大都来源于报纸上的第一版和第二版的文章[①]，其语体大都是新闻体的议论文。这类文章为了在有限的空间里提供尽可能多的信息，往往把文章写得尽可能的简练，形成了所谓的新闻语体，在词汇的使用、句子和篇章的结构上都有其特点。

1. 词汇特点

在词汇上，报刊语言有以下几个特征：

（1）书面词汇多。正统的新闻语体在词汇上大量采用书面词语，这些词语在日常生活的口语里一般不会出现。换句话说，报刊文章中常常使用学生在跟中国人交往时接触不到的类似"当今、随之、称为、较之、不争、创汇、抉择、共识、急剧、滞后、不乏、日臻、逾"这样的词语。

此外，为了做到言简意赅，新闻语体的文章中还不时出现古词语和成语。例如：

　　……社会上出现钢琴热，父母就不惜高价买回钢琴强迫孩子练。这难道不是出自爱心吗？可是因讨厌练钢琴砍掉手指头者有之，砸烂钢琴者有之，父母这种爱难道是明智的吗？

在这个句子里，其他部分学生都不难理解，但"……者有之，……者有之"这个古代汉语的句子格式对学生来说是一个理解障碍。

[①] "报刊阅读"中的"报刊"一词，虽然在词典上解释为"报纸和杂志的总称"，其实从选用的材料来看通常只是报纸，杂志也只限于新闻类的杂志，如《瞭望》等。这门课的英语名称在很多学校里也只是 Newspaper Reading，而不是 Newspaper and Magazine Reading。

（2）缩略词多。报刊文章用有限的版面报道尽可能多的信息，常常将几个词压缩成一个词。一些缩略词已经成为常见词，较易理解，如股市、环保、公交；但更多的缩略词涉及国情、历史，难度颇大，如"三资"企业、"三来一补"、两个文明、两会、五保户、"三转一响"、"三大件"等。

（3）新词多。由于报刊语言具有很强的传递信息的功能，常常要对层出不穷的新事物进行及时报道，自然会出现一些新词。

2. 句子特点

在句子结构上，新闻语体的文章往往采用结构或层次复杂的长句。例如：

> 近年来随着外国日用化学品公司大举进入中国市场，各类外国品牌或合资品牌的洗涤品、化妆用品以其高质量、高品位的优势在中国市场占据了半壁江山，被广大居民所认可，这其中广告的宣传作用是不可忽视的。

像这类未经改写的长句子常常使刚上这门课程的学生摸不着头脑。

3. 句子和语段连接特点

新闻语体文章中句子的各个语义部分之间往往采用连接词来衔接，以表达句子之间的各种逻辑关系，像介词"就"的用法几乎可以说是新闻语体文章的"专利"。

但是，分句之间又未必就一定用连接词来表示其中的递进、目的、结果等逻辑关系，新闻也常用所谓的"意连法"来连接句子。这对于学生来说，是一个更大的学习难点。

最后，需要特别指出，此节归纳的报刊语言特点是针对传统纸媒的新闻语体文本而言，网络新媒体的语言特点与此完全不同。

（二）教材与补充材料的结合

报刊阅读课教材的编写目的是使学生通过阅读这些材料来掌握中文报刊语言的特点，提高其阅读中文报刊的能力；在现实生活中，人们阅读报刊的目的却是为了及时获得最新的资讯。因此，教材先天就有"过时"的特点，报刊阅读课教师常常会面临学生感到教材、课程不但很难而且非常没意思的难题。

解决办法就是固定教材和补充资料相结合。高质量的固定教材在生词、短语、句式、结构的确定与注释，以及练习的编写上经过精心策划、挑选和设计，主要担负了语言知识的教学和语言技能的训练的任务，帮助学生获得和提高阅读中文报刊的能力。获取最新资讯的功能则可由补充材料来完成。学生可以运用从固定教材中学习到的有关知识和技能，阅读补充材料，进而获取自己感兴趣的最新信息。

另外，教师还可以围绕固定教材提供的话题来选择最新的报刊文章。当然，也可以让学生根据自己的兴趣爱好选读最新报刊文章。此外，教师或学生也可以选择授课时发生的重大突发事件或热门话题新闻作为补充教学材料。

（三）注重与文化教学结合

外国人读中国报纸的动机就是了解当代中国。因此，在所有的语言课中，报刊课理应是与当代中国国情、社会现实关系最密切的。

因此，教师在备课时，应当熟悉报刊课文的文化背景，关注课文中的文化点。同时，应当具有跨文化的视角，事先考虑到来自不同文化背景的学生会如何理解课文中的文化论题，如何激发相关讨论，引导学生在深入了解中国的同时，培养跨文化意识和能力。

二、报刊阅读课的教学技巧

（一）报刊语言教学

1. 词汇

首先，教师要把一些新闻语体中常见的词语或表达法作为阅读目标词提取出来，把它们与表达同样意义的口语体或其他常见词语和表达法进行对比，略做讲解，引起学生的注意。随着新闻阅读量的提高，学生会不断地遇到这些词语，并且对它们习以为常。

其次，面对众多的书面词语和表达法，教师要时刻提醒学生关注那些对理解句子的意义起关键作用的词语，特别是影响句子层次意义的词语。再以上面长句为例：

> 近年来随着外国日用化学品公司大举进入中国市场，各类外国品牌或合资品牌的洗涤品、化妆用品以其高质量、高品位的优势在中国市场占据了半壁江山，被广大居民所认可，这其中广告的宣传作用是不可忽视的。

在这个长句里，"大举进入"和"占据了半壁江山"这两个在意义上相关联的书面表达法是理解句子前半段的内容——"外国日用化学品在中国很受欢迎"的关键词。句子中部出现的介词"以"和代词"其"以及最后一个分句中的"其中"，则可视为理解句子后半段内容——"受欢迎的原因"的标志词。

2. 句子

抓理解句子的关键词语，只是阅读理解的第一步。学生还必须懂得句子与句子之间连接的各种方式，充分认识到句子与句子组合的层次性。

新闻语体的文章，为了准确传达信息，条理十分清晰，常常用各种连接词来表示各个语段的逻辑关系。因此，学生必须充分理解常用的连接词及其连接语段的方式，诸如"尽管、然而、由于、随着、为了、因而"等。要指出的是，不少连接词都是学生在初级或中级精读课程里学过的。但是，他们在学这些连接词的时候，这些词往往是在比较短的语段中出现的，而且文体大都是记叙文。在新闻语体的议论文中，这些连接词连接的语言片断不少都比较长，连接的不仅是一个句子的各种成分，而且连接不同的句子，乃至段落。学生对这种现象不习惯，常常顾头不顾尾，看到后面忘了前面。这都要靠多阅读多分析才能逐渐养成习惯。

3. **篇章**

对词语与句子有比较充分的理解只是给阅读打下基础。在报刊阅读课中，更重要的任务是促使学生提高阅读整篇文章、了解联贯的思想内容、掌握篇章主要内容的能力。报刊阅读课的重点应该放在帮助学生学会分析篇章的内部结构，从而尽快了解全篇文章的大意、概括与归纳出全篇文章的中心思想来。

实际上，新闻报道类文章的结构往往也是从概括到具体的。一般来说，报道的标题（主标题或副标题）点出主要事件，第一个自然段交代时间、地点、人物与主要事件，从第二个自然段开始才详细报道事件的具体细节。我们在开始讲授报刊阅读课，介绍新闻报道的一般格式的时候，就应要求学生习惯于这种格式，习惯于概括和归纳主要事件。

（二）强调课外报刊阅读

报刊课的教学应该特别鼓励甚至严格要求学生进行课外阅读。通过课外阅读，学生才能作为真正的报刊阅读者进行阅读，并运用在课堂上学到的知识。本门课程最主要的教学技巧之一就在于教师如何把课外报刊阅读和课堂教学有机地结合起来。

课外阅读一般包括学生自由阅读、教师指定阅读两种。后者一般也应由教师或学生提出几个选题，在课堂上协商后决定；也可以由指定学生选出，再让全体同学一起阅读。总而言之，选读的应该是学生感兴趣的、想追踪的热点新闻。

（三）相关课堂活动

吴成年认为报刊课同时也是一门结合听说读写的综合技能课，这一综合性一般体现在课堂活动设计上。形式多样的、富有针对性并且符合学生水平的课堂活动不但可以帮助教师检查学生课内外阅读的进行情况，更可以促进学生的阅读积极性，从而达到通过阅读实践来提高阅读能力的目的。这里只举几个常见的课堂活动进行说明。

（1）"有报天天读"。一般来说，学生自由阅读的新闻都是比较短小的，教师每次上课都可安排出一点时间，全班同学轮流充当主持人，讲述或点评其阅读的新闻。

（2）"新闻综述"及"新闻发布会"。当今新闻资讯发达，针对同一个热点新闻，传统报刊和网络上都往往会有许多不同的版本以及提供丰富的背景资料和相关信息。可以安排学生以小组为单位进行全面的阅读、汇总，并在课堂上进行"新闻综述"；也可以请这组同学作为"新闻发言人"，回答教师及其他同学针对新闻提出的问题。

（3）"班级文摘报"。同学们以小组为单位，轮流负责一期"新闻文摘报"，完成后复印或电邮给其他同学阅读。还可由全班选举出最佳"文摘报"。

（4）"编前会议"。全班同学分成"国际新闻""国内新闻""体育""娱乐""科技""经济金融"等不同组，事先进行准备，在课堂上分别报告其负责专题的最新消息。最后由全体同学决定哪些新闻可以进入头版，哪条新闻可作为头条。

（5）看报纸，读文化。有条件的话，可以请不同国家的同学把他们国家最重要的报纸的电子版（注意，应该是同一天的报纸）带来并进行简要介绍，全班一起看看这些报纸版面的安排、版式的设计有什么不同，反映出什么样的文化差异。

（6）"同一个新闻?"。针对一些世界性的热点新闻，教师可安排学生阅读中国报纸的报道，然后请不同国家的学生讲讲他们国家的报纸在报道和评价同一新闻时提供了什么不同的事实、有什么不同的角度、表现出什么不同的倾向性等。同样，教师也可选择国内不同类型的报纸对同一新闻的报道，引导学生分析其中的不同。

只要教师开动脑筋，可以设计出许多生动活泼、促进学习的课堂活动。但一定要注意，教师必须在活动前给予学生足够的指导、提示，引导他们完成各种任务，特别是提醒他们注意并运用在课堂阅读中获得的词汇、句法和篇章知识。

思考与练习

1. 一本阅读教材有意识地在不同的课文中加入同一个词汇的原因是什么？
2. 一个读者在理解句子"他吻了我"时，判断出"吻"是"他"发出的一个动作，采取的是什么策略？
3. 假设有一篇关于乐高的文章，词汇难度很大。但是一个阅读水平一般的学生却轻松地完成了阅读理解习题，原因可能是什么？请用本章第一节的概念来解释。
4. A、B、C 三个学生，汉语水平由高到低和阅读速度由快到慢排列为 A＞B＞C。他们同时阅读一篇文章，你会在何时开始检查他们的阅读理解情况？
5. 检测学生是否理解"黑板"的构词方式，以下哪题更好？
（1）"黑板"的构词方式是：
A. 偏正式　　　B. 述补式　　　C. 动宾式　　　D. 联合式
（2）"黑板"的构词方式跟以下词语一样：
A. 地震　　　　B. 提高　　　　C. 光明　　　　D. 卧室
6. 请列出一个好的阅读者的三个特点。
7. 根据以下阅读课文完成三个教学任务：
（1）请选出一个内容关键词。
（2）将"粉丝""阶层""出色"作为可猜测词，如何利用语境引导学生猜词？
（3）请设计一个词汇联想练习。

英国伯明翰大学文化研究博士刘娜曾把不同美剧的粉丝做了阶层上的区分。美剧迷大体可分为三类：第一类是以喜看《老友记》等经典美剧为代表，这类美剧迷的数量众多，基本涵盖了整个都市白领阶层；第二类是以喜看《越狱》、《24》等剧为代表，他们当中男性明显多于女性，职业上大都集中于大学生和公司职员；第三类是以喜爱《人人都爱雷蒙德》等剧为代表的粉丝，这类粉丝一般具有更出色的英文能力和更高的教育背景，因此更能欣赏这类剧中的文化意味和幽默卖点。

美剧作为一种时尚潮流，一种美国文化代表，它捕获的粉丝群，可以说是中国的精英阶层，这些人的思考方式、文化品位无疑会对中国的未来产生巨大影响。于是近来有中国学者发出感叹：看美剧不止是一种娱乐方式。

8. 下面是一篇报刊新闻。如果你是报刊阅读课的教师，在学生开始阅读前，你将会提醒学生关注哪些新闻语体中常见的词语或表达法？还有哪些对理解句子的意义起关键作用的词语？

记者11日从交通运输部获悉，春运首日全国交通运输系统春运工作进展平稳。预计全国完成道路客运量5405万人次，比去年同期增长3%。共投入大中型营运客车76万余辆，发送班次200余万个。全国主要省份水路客运量预计完成69.5万人次，同比增长5%。

据介绍，当前春运客流以学生流和民工流为主，长途客流主要从沿海经济发达地区流向中西部地区。为方便旅客购票，大型汽车客运站已实行了计算机售票，部分省份开通了联网售票，各地汽车客运站秩序井然。

本章参考文献

[1] 陈贤纯. 外语阅读教学与心理学 [M]. 北京：北京语言文化大学出版社，1998.
[2] 国家汉语国际推广领导小组办公室. 国际汉语教师标准 [M]. 北京：外语教学与研究出版社，2007.
[3] 国家汉语国际推广领导小组办公室. 国际汉语教学通用课程大纲 [M]. 北京：外语教学与研究出版社，2008.
[4] 国家汉语国际推广领导小组办公室. 国际汉语能力标准 [M]. 北京：外语教学与研究出版社，2007.
[5] 梁利娟，陈宝国. 元语言意识对第二语言习得的影响及其与其他因素的交互作用 [J]. 外语教学理论与实践，2013（2）.
[6] 刘颂浩. 阅读课上的词汇训练 [J]. 世界汉语教学，1999（4）.
[7] 刘颂浩. 汉语学习者阅读过程中理解监控行为考察 [M] //周小兵，宋永波. 对外汉语阅读研究. 北京：北京大学出版社，2005.
[8] 孙萍萍. 报刊阅读课中的文化教学 [M] //周小兵，宋永波. 对外汉语阅读研究. 北京：北京大学出版社，2005.

［9］王孝玲，陶保平．小学生识字量测试题库及评价量表［M］．上海：上海教育出版社，1996．

［10］吴成年．汉语报刊课研究［M］．北京：北京大学出版社，2016．

［11］徐霄鹰．改进中级阅读教材的设想［J］．语言教学与研究，2001（4）．

［12］徐霄鹰，张世涛．留学生对阅读教材的反应与要求——留学生阅读调查分析［M］//周小兵，宋永波．对外汉语阅读研究．北京：北京大学出版社，2005．

［13］徐霄鹰，张世涛，等．阶梯汉语·中级阅读［M］．北京：华语教学出版社，2004．

［14］杨小虎，张文鹏．元认知与中国大学生英语阅读理解相关研究［J］．外语教学与研究，2002（3）．

［15］朱勇，崔华山．汉语阅读中的伴随性词汇学习再探［M］//周小兵，宋永波．对外汉语阅读研究．北京：北京大学出版社，2005．

［16］周小兵，等．中级汉语阅读教程［M］．北京大学出版社，2009．

［17］周小兵．汉语阅读教学的理论与实践［M］．北京：北京大学出版社，2007．

［18］Hoover W，Gough P. The simple view of reading［J］. Reading and Writing：An Interdisciplinary Journal，1990（2）．

［19］Kendeou P，et al. Predicting reading comprehension in early elementary school：The independent contributions of oral language and decoding skills［J］. Journal of Educational Psychology，2009，101（4）．

附　录

教案设计

教学内容：《中级汉语阅读教程》（修订版）第十六课。

教学课时：2个课时，90分钟。

教学目的：

（1）练习阅读技能之"通过上下文推测生词"。

（2）通读三篇，查读两篇。（本教案列出了该课所有教学内容的处理方案，实际教学中，需要根据具体情况灵活调整阅读篇章数量和处理深度。）

一、通读练习

阅读4《比尔先生》，5～10分钟。

1. 提问导入

齐读全文第一句"从美国来的比尔先生，因为语言问题在中国出了不少笑话"，然后讨论：你们在中国有没有因为语言问题闹过笑话？

简单处理：只完成理解练习题（5分钟）。

全班分甲乙两组，甲组读第2～3自然段，乙组读第4～5自然段。然后互相讲比尔先生闹了什么笑话。

说明：阅读4文字很简单，内容也有趣，刚开始上课，学生陆续到来，情绪未安定，用简单的阅读任务来进行过渡。

二、技能训练（30分钟）

1. 热身活动（5分钟）

先进行热身活动。

2. 提问导入

为什么大家能完成热身活动里的任务呢？——上下文。

3. 讲解（3分钟）

（1）板书（用不同颜色笔）：

他刚才吃了两块萨其马。

那个电影糟透了，很多人没看完就走了。

我们应该平等地看待妇女，而不应该歧视她们。

（2）点出每句中画线部分的联系，引导学生说出红色（即加黑点）词语的意思。

4. 练习（20分钟）

（1）练习1～2一起做（2分钟）。

（2）练习3～4一起做（3分钟）。

（3）练习5、热身活动6一起做（5分钟）。

（4）总结：请学生将三个部分练习和黑板上的例句联系起来。

（5）做练习7（10分钟）。

第一步，要求学生分组完成，提出比赛建议："看哪个小组完成得最快，最好。"

第二步，当第一个小组示意完成时，可告知全班。待有一半以上小组完成时，请各小组报出答案，评价他们的答案是否合适。最后请大家评议哪个小组完成得最好。

三、查读练习及课堂活动：阅读1和阅读2

1. 阅读1《可食餐具》

（1）课堂活动（5分钟）。教师准备五六张中西餐具的图片（或其他类型的餐具），请五位同学依次到讲台前。

查读（3分钟）。全体一起做查读。提问课文前的填空题，要求学生随问随查，教师点名回答。

2. 阅读2《扇子语》（10分钟）

提问导入：猜猜什么是扇子语？

教师准备一把折扇，请全班同学选一位男同学来做模特儿。教师说出想要用扇子表达出什么意义。如教师问："用扇子语怎么表达'你喜欢我吗'？"学生查读，在课文中找到"打开扇子，把脸的下半部遮起来"一句。学生指导模特儿："你把扇子打开，放在脸前面，下一点，对了。"

四、通读练习：阅读3和阅读5

1. 阅读3《饮食应少肉多鱼》（10～15分钟）

（1）请学生用自己的话转述题目。

（2）板书需要学生注意的目标词：

　　　　巨型　体积　纠正

（3）教师评价课文：不太难，但要注意第三段的科技专名。

（4）开始阅读并完成阅读理解题目。

（5）请学生说说目标词的意思，并引导他们说出是怎么知道的。（说明：注意强调推测词语意义的技能。）

（6）请学生说出第三段的科技专名，并引导他们说出是怎么找出来的。

2. 阅读5《囚爱》（15～20分钟）

（1）在黑板上写出"囚"和"自由"，引导学生利用汉字字形分析"囚"的字义。

（2）评价课文：文字不难也不容易，但要理解含义还是比较难的，注意第五段和最后一段。

（3）开始阅读，并要求学生在带"囚"的词语下画线。

（4）请读得快的学生把带"囚"的词写到黑板上：

　　　　囚犯　囚禁　囚爱

（5）完成理解题1，引导学生通过语素和上下文解释"囚犯"和"囚禁"。（说明：注意强调推测词语意义的技能。）

（6）完成理解题2。

（7）课堂讨论：什么是"囚爱"——责任、良心和自由的关系。

说明：以上两个查读和通读，根据课时长短的不同、学生水平的高低，可有以下几种组合：

组合1：阅读1—阅读3—阅读5—阅读2；

组合2：阅读1—阅读3—阅读5；

组合3：阅读3—阅读5—阅读2；

组合4：阅读5—阅读2。

第十八章　写作课教学

第一节　汉语写作教学的特点

一、汉语写作的特点

在听、说、读、写四种语言技能中，听、读属于语言的输入，说、写属于语言的输出。根据语言学习和教学的规律，输入在先，输出在后。只有在大量输入的刺激后，才有可能输出。因此，一般来说，输出性的说、写要比输入性的听、读难。

说和写相比，写更难。这里有三个原因：第一，说是使用有声语言系统（口语），写是使用文字系统（书面语）。对正常人来说，使用书面语要经过正规学习，比使用口语难。第二，汉语的文字系统跟绝大多数语言不同，不是拼音文字，跟口语的声音联系不密切，学习和使用起来更难。第三，写在交流过程中只能通过语言转化成文字进行表达，而说除了可以直接用有声语言进行交流外，还可以借助语言之外的其他方式，如表情、手势、动作等进行补充、修正。因此，写对语言运用的要求更高。

二、汉语写作教学的特点

写作教学主要从写的角度培养学习者语言交际的能力。由于写作综合了字、词、句法、篇章等方方面面的知识，是语言综合运用能力的一种表现，因此，写作课通常在学习者具有一定水平的听、说、读的能力之后开设。

汉语二语写作教学重视培养在实际运用中写的能力。写包括填写表格、记录一个地址、写一句祝福语、描述所在位置、介绍个人情况、叙述一个故事、写一篇说明文等，这有别于汉语母语者写作即写文章的观念。

《国际汉语能力标准》（国家汉办，2007b）将汉语书面表达能力分为五级，五级为最高级。其中一级能力的描述为：

　　能书写社交场合中的简单用语，如贺卡上的问候语、信封上的地址等，书写基本正确；能抄写、记录时间、姓名、数字或价钱；能用简单的字词填写与个人信息最相关的表格。

五级能力的描述为：

能撰写一般场合或一定工作范围内的应用文或普通工作文件，格式正确，语言表达清楚、通顺；能对听到或读到的材料进行总结，有条理地写出说明、摘要或简要报告；能够撰写一般性文章，就具体或一般性抽象话题进行描述、阐释或说明，用词恰当，表达通顺。能正确反映客观情况，表达自己的观点。

可见，五级的写作能力才符合汉语母语者的写作观念。从一级上升到五级，有一个漫长的过程。如果没有对国际汉语教学中"写"的正确理解，将"写作"等同于写文章，就会把汉语二语写作跟汉语母语写作混为一谈，很可能出现教师在课堂上把文章的结构、修辞等讲得滔滔不绝，学生却听得云里雾里的现象；往往教师付出很多，但学生收效甚微。

第二节　写作教学原则

《国际汉语教师标准》（国家汉办，2007a）提出写作教学的五条基本原则：
（1）注重写作知识的教学与写作实践相结合。
（2）注重写作教学与其他技能教学相结合，强调写作教学与阅读教学之间的密切关系。
（3）注重对写作过程中各个环节的具体指导。
（4）注重采用教师评语、学生反馈和师生面谈等形式对学习者进行指导。
（5）注重写作教学的实用性和应用性。

下面结合这五条原则，分别论述写作教学的原则。

一、实用性原则

教学要满足留学生的实际写作需求，要重视各种应用文体的写作练习。

不论学生出于怎样的动机来学习汉语，他们的目的都是能使用汉语，"学以致用"在第二语言教学中尤为明显。写作教学是否具有实用性是写作教学成败的关键。学生之所以来上写作课，是想学到其他课上学不到的有关写作方面的知识，解决其他课型没有解决的问题：一方面学习篇章写作知识、写作技能，另一方面通过文字的输出训练解决语言运用中的实际问题。因此，要注重词语、句式的语义解释和语用规律的归纳。

例如，记叙文的写作，在表达时间、事情发展的顺序时，通常使用"有一天、第二天、第三天""后来、从此以后"等词语来表达。说明文的写作，反映某一事物发展过程的顺序，常常用"首先、其次、再次、然后、最后"等词语表达。这样的归纳有助于学生在不同的文体中准确、恰当地使用这些表达方式。

写作往往要解决"为何写、写什么、怎么写"等问题，写作的交际作用不如其他技能直接、应用频率高，因此更应该在教学中让学生体会写作的实用性和交际价值。应用文体的写作训练能较好、较直接地体现写作的交际使用价值，因此要加强应用文体的写作训练。

有交际价值的写作容易使学生产生兴趣，而且应用文的写作相比于其他文体的写作，非语言技能因素的影响小一些，比较适合中级汉语水平的学生练习。

应用文的种类可以根据学生的实际需要教授，不仅是当前的需要，如请假条、留言条、家信等，而且要顾及留学生未来的可能需要，如投诉信、求职信、实验报告、新闻消息等。

二、联系性原则

写作教学要注重与其他语言技能的联系，尤其是口语和阅读的关系。

从语言的技能来说，口语和写作都属于输出技能；但就难度而言，写作比口语难，习得的顺序一般是先口语，后写作。为了减少写作的难度，我们通常在课堂上通过口语的练习，形成写作的雏形。俗话说：熟读唐诗三百首，不会作诗也会吟。说得多，说得好，写自然不会差。可见，先口头表达，再笔头表达，是输出训练的两个相连的部分。从前者过渡到后者，是写作教学的一个途径。

写作和听、阅读的关系也很密切。从写的需求来说，有时获取了具体信息，写的交际活动才可以继续下去。例如，接一个电话，只有听清楚来电的信息，记录清楚信息后，才能写留言条；要填写表格，只有明确填表的要求，才能填写相关的信息。否则，写的交际活动会中断或无效。

从写的能力的培养来说，只有在阅读范文之后，才能模仿写作。因此，对范文的理解和掌握是之后模仿写作的前提。只有看得多了，才可以上升到写。看是输入，写是输出，先输入后输出。

任何语言都是由词语构成的。一定的词汇量是写作的基础，丰富的词汇量是写作的保障。从课堂上学到的词汇是有限的，而实际的写作常常需要使用超出课本的词语。通过阅读可以扩展词汇，为写作服务。因此，写作教学应该强调阅读的重要性。

三、渐进性原则

教学时要考虑学生接受知识、培养能力的可能性，注意切分教学任务。篇章的写作可以化解为几个小的写作任务，从完成关键词语的写作，到完成句子的写作，再到完成段落的写作，最后是篇章的写作。

例如教学生写游记，可以通过以下几个写作小任务来完成：①让学生阅读范文，找出范文中的时间和游玩的地点表达，模仿范文写出自己某日游玩的时间、地点。②让学生挑选范文中游玩时所见所闻所到过的地方的句子，进行抄写，然后模仿写出自己游玩时看见了什么、去过哪些地方、做过什么等，用句子的形式表达。③让学生学习范文中不同的游玩点是通过什么路径完成的，之后要求学生模仿范文，把游玩的内容连成一个段落。④让学生学习范文中有关景色描写的段落，然后模仿范文描写自己游玩地的某一处风景，用段落的形式表达。⑤让学生通读范文全文，讲解游记的整体写作方法及注意事项，让学生在前面词、句、段的基础上完成一篇游记的写作。因为一篇游记的写作分解成五个由易到难、由点到面的写作任务，每个任务都有不同的练习重点，最后组合成一个篇章，学生就不会觉得写一篇游记很难了。

这样，把完整的写作分解成一个个小的写作过程，逐步消解篇章写作的难度，符合学生习得的规律。

四、互动性原则

教学时要注重师生之间的信息交流，使静态的写作活动动态化。虽然写作是一种相对静态的个体思维活动，但是作为技能的培养，作为一种教学活动，要使之动态化，这样才有利于学生写作能力的快速提高，同时增强写作的趣味性。

互动可以是教师和学生之间，也可以是学生和学生之间。

师生之间的互动可以体现在写作之前和写作之后的信息交流和反馈上。写作之前，教师应该对学生写作中可能出现的困难或偏误有所预测，加以引导和化解，减轻学生开始写作时的负担；写作之后，教师应该对学生的作文进行有效的讲评或批改。讲评或批改的形式可以多种多样，如：朗读学生的优秀习作，激发学生的写作兴趣；集中讲评大多数学生存在的偏误；在学生作文的错漏处做记号，让学生重新修改，之后再针对依然存在的错误，跟学生面谈等，使学生有所收获。师生之间的互动还可以体现在共同完成写作的任务，如老师写一个开头，学生续写，或者反过来。

学生和学生之间的互动，可以以小组的形式完成某一个学习任务，如完成一个调查任务；也可以是学生之间互评作文，在评改中取长补短。

五、操作性原则

教学中要注重学生及时操练语言知识，遵循讲练结合的原则。

在课堂上写，还是在课后写？这是一个有争议的问题。有的人认为写作需要相对较长的一段时间思考，在课堂上写不出好作文；有的人认为学生在课堂上不写，课后更不会写。

我们的观点是：任何一种语言技能都需经过反复的练习才能真正掌握。写是一种难度较高的技能，更需要及时、不断、反复地练习。本着讲练结合的原则，在课堂上应该练习写作。课堂上的写作训练要注意四个问题：①写的内容要具体或者有直观性，不要让学生在决定写什么的问题上浪费时间。②写的时间不宜太长，我们认为一次写作的时间以半小时左右为宜。写作课的教学一般每周两个课时，花一节课的时间写作，学生会觉得写作课没意思,回家也可以写。③堂上写作应该及时讲评。及时的讲评可以激发学生写的兴趣,因为写作不仅仅是输出,也希望得到反馈信息的输入。④堂上写作最好和课后写作有联系。如堂上写作是课后写作的一部分,学生会觉得课堂上的练习很有用。

例如,教学生写微型调查。首先,引导学生注意这一课的语言点:"在文章中引述别人的意见来说明道理的两种表达方式——直接引述和间接引述"。接着就这个语言点进行口头练习:让学生谈谈为什么来中国学习汉语?你觉得本地的交通怎么样?你觉得留学生食堂的饭菜怎么样?一个学生说完他的观点,请另一个学生转述前面学生说的内容。然后,指导学生阅读范文全文,了解文章结构的特点,布置课后作文——写一个微型调查。提示学生可以把口头练习中印象最深刻的一个观点写下来,注意观点明确,语句通顺。最后,检查学生的书面练习并进行讲评。这样,通过口头和笔头的练习,学生对直接引述和间接引述某人的技巧就比较清楚了,课堂的练习为微型调查的写作积累了素材,课后写起来就不太难了。

吕必松(1996)指出:"对外汉语教学中现在似乎存在着这样的现象:在初级阶段,学生在课堂上操练的机会还比较多,而到了中、高级阶段,操练的机会就越来越少。这是不正常的。"操作性原则就是讲求语言的实践,把更多的时间交给学生练习。

第三节 课堂教学方法

写前准备、写作训练、作文讲评构成写作课堂教学的三个主要环节。下面就这三个环节谈谈相应的教学方法。

一、写前准备

写前准备包括话题的引入、写作方法的介绍和范文的学习、语言知识的学习。根据教材设计和课程设计的不同,可以只包括其中一种,或者几种,或者全部。写前准备的主要目的是引导学生进入话题,形成关于某种方法的概念,激活学生已有的语言知识,让学生理解怎样运用特定语言表达形式进行写作,为动笔完成完整文章的写作做准备。

(一)话题的引入

1. 通过讨论引入

讨论是比较常见的引入方法。例如,要学习如何写一篇表示比较与对比的文章,可以先从学生身边熟悉的话题谈起:"你常去的餐馆有哪几家?选择其中的两家,说说它们的相同(相似)之处和不同之处。""在你的朋友中选择两个,说说他们有什么相同(相似)之处和不同之处。"要写作关于分类说明类的文章,可以先提出这样的问题:"你桌上的书大概可以分成几类?""想一想,你每天买的东西可以分成哪几类?"

再如，在学习写一篇解决问题类的文章之前，可以让学生思考问题（分成小组进行），并用简单的汉语写出至少三个可能的解决办法。写完后跟班上其他同学比较一下各自的解决办法。如：

思考的问题：很多人没办法在足够的时间内入睡或者保持很好的睡眠状态，这就是失眠。你可以给这些人什么样的建议？

写出解决的办法：

1.
2.
3.

2. 通过图片引入

在写作课上，很多时候可以使用"图片引入"的方法。如在描写人物时，展示图片（图18.1）后，老师提问："她（他）的头发怎么样？眼睛怎么样？嘴怎么样？耳朵怎么样？"并引入一些描写人物的词语，如"单眼皮""双眼皮""卷卷的头发""光头""高高的鼻子"等。

图 18.1　人物图片

在描写动物或宠物时，展示图片（图18.2）后，老师提问："它的眼睛怎么样？耳朵怎么样？它的毛是什么颜色的？"并提示可以使用形容词重叠来进行描写，如"胖胖的""白白的""尖尖的（耳朵）"。

图 18.2　动物或宠物图片

在描写家居布置或空间时,展示图片(图18.3)后,老师可以让学生假设自己站在房间门口,并提问:"房间中间是什么?往左边看是什么?对面的墙上有什么?"并提示可以用存现句来写,如"墙上挂着很多画"。

图18.3 家居布置

还可以为学生提供自己所在学校的校园地图以供描写。

3. 通过音乐或短视频引入

例如,要学习写一篇对流行音乐或歌曲进行分析的文章,可以先播放一首当前流行的歌曲或者经典的通俗歌曲(如邓丽君的《月亮代表我的心》),然后提问:"为什么这首歌这么受欢迎?"由歌曲引出大家的感受或评价。又如,要学习写作电影观后感,可以先播放一段某部电影的三五分钟的视频剪辑(如《功夫熊猫》),然后,老师提问:"你觉得这部电影怎么样?喜欢吗?觉得什么地方好?"通过提问引发学生对于电影的评价和分析。要注意的是,播放的音乐或电影视频剪辑应该是知名度较高、流传较广、符合大多数学生兴趣的,否则就起不到热身的作用,课堂效果也会打折扣。

(二)写作方法的介绍和范文的学习

写作方法(特别是文章的结构或表现手法等)的介绍常常和范文结合在一起。在学习过程中,应该充分发挥学生的主动性和积极性,避免以教师为主的大量讲解。例如,教议论文的写作,可以选取一两篇结构清晰的短文给学生阅读,然后让学生总结文章的结构特点或表现手法的特点。

如在关于如何解决交通问题的一课中,范文如下:

现在世界各大城市的交通问题都很严重,道路不畅,堵车是常见的事情。之所以出现这种情况,主要原因在于汽车过多。汽车增多不但造成了交通问题,也直接导致了空气的恶化、环境的污染。为了解决这个问题,本文提出以下几点建议。

第一，应该对汽车的销售和使用进行限制。对于汽车已处于饱和状态的城市，应停止汽车的销售，对购买小汽车的要征收一定的税费。其次，严禁空驶，鼓励搭车，使私家车空间得到充分利用，提高汽车使用效率。如被交警发现空驶，要加以罚款处罚。

第二，大力发展公共交通。……（略）。

第三，鼓励人们使用自行车作为出行工具。……（略）。

由汽车过多带来的城市交通问题在各大城市都存在，但并非没有解决办法。限制汽车的销售和购买，鼓励更多人乘坐地铁、公交车等交通工具，这几点都是可行的措施。为了改善环境与交通，我们每个人都要意识到汽车的问题，并努力参与到解决这一问题的行列中。

通过教师的引导和提问，师生共同概括出解决问题类文章的写作框架：

1. 开头
1) 描述问题并说明它为什么严重；
2) 写出关于解决问题的论点。
2. 用于支持的段落
1) 在每一个支持段讨论解决办法；
2) 提供每个解决办法的细节；
3) 按照重要程度组织段落。
3. 结尾
1) 概括解决办法；
2) 给出结论或者做一个建立在你的建议基础上的预测。

除了概括"相同"之处外，也可以采用对比的方法让学生来发现"不同"。如教怎样写简历，可以先展示一份英文（或学习者母语）的简历，让学生讲解英文简历的特点；然后展示这份简历的汉语版，比较两份简历格式、顺序、内容等各方面的异同；最后着重指出汉语简历写作的注意事项。

（三）语言知识的学习

语言知识的学习可以有很多方式，如开门见山式、改错式、汉外对比式都很常用。除此之外，还有以下方法。

1. 提问式

教按照时间顺序记事的记叙文时，要复习时间词的使用，可以以提问的方式导入对时间词的讲解。如问学生："今天你几点起床？起床后你干了什么？"学生会有不同的回答，但是共同的是都涉及一连串的动作。教师会发现学生难在不会用时间词表示时间的推移、转换，或者只用一个时间词进行表达。于是，给学生提示一些时间词："然后,以后,随后,于是,接下来"等,让学生再把说过的语段说一遍。可以明显发现加上时间词以后,动作有先后连续性,语义更明确。接着,说明时间词有连接作用,讲解不同时间词的表达和用法或引导学生阅读范文,并注意时间词在范文中的运用。

2. 引导式

例如,教学生掌握篇章中代词的使用。可以采用以下步骤:

(1) 展示正确单句。如:

　　a) 我叫赖军义。

　　b) 我是印度尼西亚人。

　　c) 我在中山大学汉语中心学习汉语。

　　d) 我来广州一年多了,是去年2月来的。

(2) 让学生连句成段。如有的学生可能会出现类似的语段:

　　我叫赖军义,我是印度尼西亚人,我在中山大学汉语中心学习汉语,我来广州一年多了,是去年2月来的。

(3) 让学生找出毛病。如大部分学生会发现毛病所在——"我"太多了。

(4) 解释语篇规则。在若干个单句构成的语段中,单句主语都是同一个人称代词,而且表达的意思比较统一时,后面单句的主语常常省略;当表达新的一层意思时,第一个小句的主语趋向于复现这个代词。该语段的正确表达是:

　　我叫赖军义,是印度尼西亚人,在中山大学汉语中心学习汉语。我来广州一年多了,是去年2月来的。

一般讲解语篇、语用知识,引导的方法便于学生感悟、接受新知识。

二、写作训练

写作训练指学生的笔头练习,主要目的是通过各种方式的写作实践,使学生熟练使用相应的表达方法,提高用汉语进行书面表达的能力。写作训练包括具体语言形式的练习和篇章的写作练习。

(一) 词语句式训练

词语和句式是写好一篇文章的基石,需要充分的练习加以巩固,并促使学生最终将其正确运用到篇章中。例如在学习写作对比类的文章时,可以为学生提供以下常见的语言表达方式:"却,与……不同,相反,与此相反,相对而言……",并给出例句,以及常用句式"在很多方面不同于""和有很多不同之处(相似之处)"等,然后给学生布置写作任务:

　　就以下话题进行比较,写一个句子,注意使用以上提供的多样的表达方法。

　　1. 话题:在大公司工作和在小公司工作

主题句：

2. 足球和篮球

主题句：

3. 中国的教育体系和你国家的教育体系

主题句：

（二）篇章写作训练

1. 命题写作

在篇章写作方面，最常见的是给题目写作。例如学习写作对比类的文章以后，可以提供以下题目：

1. 比较你自己和你家里的另一个成员。
2. 就以下方面比较你自己的文化和另一种文化，如饮食习惯、教育、政府、经济、宗教信仰或者社会生活。
3. 比较你与之合作过的两个人，如工作中遇到的同事，或者在一个团体中遇到的两个学生，或者你曾经的两个老板。

需要注意的是，给题目写作离不开教师的引导和启发。例如上例中，在学生确定题目以后，教师可以要求他们分别列出两者的相似之处和不同之处，把相同之处列在一起，不同之处列在一起。在此基础上列出文章的提纲，然后开始写作初稿。这种分步骤的写作过程的引导不但能够减轻学习者的畏难心理，而且能够为最后完整篇章的写作打下良好的基础。

命题写作，可以在组织学生参加各种活动之后进行。如长短途的旅游，参观企业、学校、养老院、农村等，跟大中小学的学生联欢，等等，之后写有关活动的情况。

2. 听后写

教师或某一个学生讲或者读一段话或一篇短文，之后让学生把听到的内容写出来。这样学生不用考虑写什么，只要把听到的内容写下来就行。之后，学生可以对照听的内容（文字稿），检查自己写的情况。注意听的内容不宜过长，尽量不出现新的词汇和语法。

3. 说后写

先练习说，说完以后，把说过的话写下来。刚开始练习说后写，可以说得比较简单。接着提出更高的标准，要求说相对完整的语段，或者表达一个观点。像议论文的写作，论点一开始可能不是特别明确，论据可能不是特别充分，思路可能不是特别清晰，这都没有关系。通过自己说、同学的提问、相互的讨论，会使论点变得明确，论据充分，思路清楚。说清楚了，再写下来。

这种先说后写的方式能有效地缓解学生害怕写作的紧张情绪，说得越多，讨论得越充分，最后写就越容易。学生在说的过程中有语病的，可以先纠正；在初步写的过程中有错漏的，可以及时补正。

4. 看后写

借助于一些形象化的材料进行写作练习。这些材料可以是照片、广告、地图、数据表、漫画、画报等，也可以是电视小品、电影、各种表演等。如在学习写作比较类文章时，可以让学生看下边的两个广告（图18.4），找一找这两套房子之间的异同，运用学过的表达方法写几个表示比较的句子。

图 18.4　房子广告对比

5. 读后写

通过阅读，参照范文的格式和结构进行模仿写作，如应用文以及各种文体的写作。还可以看一些比较长的记叙文、小说等，然后写读后感等；看一些论说性文体，做笔记、摘记等。

6. 读后续写

给学生文章的开头，让学生接着写。续写可以以全体学生参与的方式进行，即一个人写一句地续写；也可以分组进行续写；还可以以个体的方式进行，即各人写各人的。

三、作文讲评

作文讲评就是对学生作文中出现的各种问题进行分析、讲解或讨论。主要目的是通过信息的反馈，使学生书面语的表达更加规范。作文讲评可以分为教师讲评、分组讨论、学生自改和学生互评几种方式。

（一）教师讲评

教师主导的讲评比较常见，通常采用以下几种形式。

1. 肯定式

在作文讲评中肯定、表扬学生作文中用得好的词语、表达得体的句子，或通篇语句通顺的作文、立意新颖的作文。教学实践证明，肯定和表扬可以激发学生写作的热情，提高学生写作的兴趣，因此，这是每一次作文讲评不可缺少的讲评方式。可以采取教师在黑板上板书作文中用得好的词语、句子，或请学生朗读写得好的语段或全文，或将写得好的句子、语段、作文印发给学生等方法表示鼓励。

2. 偏误归类式

对学生作文中的偏误进行归类讲评。因为写作是个体性行为，每个学生作文出现的偏误都不一样，归类讲评可以更有针对性地解决大部分学生存在的问题。归类可以依据学生的母语划分，如以英语为母语的学生的问题、韩国或者日本学生存在的问题；也可以把学生写作时出现较多的问题、偏误进行归类，然后进行讲解。

为了让学生容易发现写作中的某些问题、偏误，需要对某些或某个问题、偏误进行凸显性处理，而不是照搬学生原文。一般来说，教师可以对学生作文进行有目的的修改——改正次要、零散的错误，只保留准备讲解的主要偏误，如前文所述滥用"我"的问题，便于教学示范及讲解，也便于学生点滴吸收，综合运用。如果展示原文，问题太多，学生抓不住重点，学习效果反而不好。

需要注意的是，不要指出并试图纠正学生所有的错误。纠错要注意"适度性原则"。一般来讲，对写出来的成篇文章，应以鼓励为主。学生的作文可能问题很多。对这些作文，最好只指出严重的（如会造成误解的）、普遍的（不少同学都会出现的）错误。否则效果会适得其反：一是会打击学生积极性；二是即使指出了也不可能完全改好，因为问题太多。

3. 类比式

将主题相近的作文进行比较、分析。比较的作文可以是学生和学生作文的比较，也可以是学生作文和中国人作文的比较。由于主题相近，类比更容易让学生发现自己作文的不足之处。

（二）分组讨论

分组讨论适用于无论优点还是缺点都有代表性的学生作文。所谓有代表性可以从以下几个方面考虑：整体结构的安排，开头、结尾的写作，具体的标点、词语、句式的使用。如果能结合前一节课讲授的内容，会更有针对性。具体操作方式是：教师挑选合适的学生作文并印发给学生，然后让学生讨论该作文好在哪里、不足在哪里，最后讨论应该如何修改。

与罗列问题逐一讲解的方法相比，这一方法更直观，学生参与度更高，也更有启发性，可以起到举一反三的作用。需要注意的是，对学生原文应该做一定的技术处理，如删掉作者的名字，对作文中出现的小偏误进行修改，将文章输入电脑，打印后发给学生。

（三）学生自改

教师只在学生的作文中做评改的记号，不直接将修改的结果写出来，让学生根据符号的提示重新思考、修正。例如，教师可以在作文错句下画线：

＊妈妈永远在我的心里是一个伟大的、乐观的、很坚强的女人。

学生将修正的结果交给教师，看有没有改对。如果学生不明白为什么错，可以请教教师。教师再根据学生修改的情况，对疑难点在全班进行讲评。这种方式的讲评对强化学生语言运用的规范非常有效。需要注意的是，实施这一方法时要注意学生的水平，同时也要注意修改任务要适量。

（四）学生互评

对于具有一定汉语水平的学生，可以采用互相评改作文的方法。学生互评运用得当，可以起到很好的效果。以电影评论的写作为例。首先，按照事先确定的名单分组，每组三人。分组后，给每个人发一张问题清单。然后，把之前交上来的学生作文初稿发下去，要求每个人要看其他两个人的作文，根据问题清单上的问题对其中一人的作文加以评论，要保证每个人的作文都得到评论和建议。问题清单如下：

（1）看看电影内容介绍和分析部分的比例，是否内容介绍过多，分析过少？如果是，内容介绍部分怎样可以少一些？分析部分哪一点可以多写一些？给出你的建议。

（2）在分析部分，每一段内容是否清楚，是不是把不同的内容混在了一段之中？或者把同一类的内容分散到不同的地方了？

（3）如果一段之中有主题句的话，看看主题句是否准确概括了这一段的内容？

（4）看一看他（她）所分析的几点，在先后顺序的安排上有没有问题？如果有问题，试着提出一些改善建议。

（5）对于电影的分析（或者对电影成功原因的分析）是否充分，是否抓住了重点，你看了他（她）的文章，是否能够相信正是他（她）所说的这些原因使电影获得成功？

（6）是否有结尾？结尾怎么样？

（7）文章的格式（题目、每段前空两格）、标点是否正确？

在课堂上的互评之后，要求学生课后根据同伴和教师的意见修改，改好后交给教师或发到教师邮箱。教师进一步跟进学生在整体结构、语言表达、格式等方面的修改情况。

为了保证学生互评的顺利实施，要注意以下问题：①重视问题清单的设计。问题清单所提的问题要具体，要根据学生作文中存在的问题有的放矢地设计问题清单。②学生互动中教师应发挥的作用不可忽视。虽然问题清单是有针对性的并且很具体，但是学生仍不免有注意不够的地方。因此，教师要对学生进行指导或示范，提醒大家未注意到的问题，给学生以启发。③教师在学生互评之后的进一步跟进非常有必要。

思考与练习

1. 写作课不只是写，有时候也会让学生先口述一段话，然后再把这段话写下来。这体现了写作教学的什么原则？
2. 请解释一下什么是渐进性原则，并举例说明。
3. 请列出两种以上写作课堂与学生互动的形式，并加以说明。
4. 写作课堂教学的三个主要环节是什么？请举例说明。
5. 如果要学习按照时间顺序记叙一件事情，可以怎么引入？
6. 看下面的范文，如果你是教师，你会如何讲解？

   我认为看电视有利于儿童。首先，看电视也是一种教育方式。一方面，一些学习、动物世界、历史等节目可以教授孩子科学、历史等方面的知识；另一方面，一些旅游节目，可以帮助孩子足不出户，就能了解世界其他国家的风景、文化，丰富孩子们的知识。另外，看电视可以减轻压力。现代社会竞争越来越激烈，父母们"望子成龙、望女成凤"，孩子们的压力也很大，星期一到星期五要上课，周末还有各种各样的辅导班，看电视可以帮助孩子们放松心情。

7. 请看下面一段学生作文，如果你是教师，你会如何批改与讲评？

   昨天我玩的很开心了，我去了一个又大又漂亮的公园，那个公园叫越秀公园，是广州最大的公园，公园里鸟语花香，我非常喜欢。我是跟朋友一起去，朋友也很喜欢，我们一起散步在公园里，一边看看旁边的绿树一边聊天，开心极了。从公园出来以后，我们去一个饭店在公园旁边吃饭，我们点很多菜，朋友问老板他们的特色菜是什么，老板回答是白切鸡，我们点了一个白切鸡，我们又点了青菜、豆腐、一条鱼……，很满意。

8. 近十年出版的汉语写作教材有哪几种？请分析、比较它们各自的特点。

本章参考文献

[1] 蔡永强. 发展汉语中级写作（Ⅰ、Ⅱ）[M]. 北京：北京语言大学出版社，2012.
[2] 陈淑梅. 互动式汉语写作教学法行动研究报告[J]. 海外华文教育，2014（1）.
[3] 陈田顺. 对外汉语教学中高级阶段课程规范[M]. 北京：北京语言文化大学出版社，1999.

[4] 陈作宏. 体验汉语写作教程系列教材 [M]. 北京：高等教育出版社，2006.
[5] 国家汉语国际推广领导小组办公室. 国际汉语教学通用课程大纲 [M]. 北京：外语教学与研究出版社，2008.
[6] 国家汉语国际推广领导小组办公室. 国际汉语教师标准 [M]. 北京：外语教学与研究出版社，2007a.
[7] 国家汉语国际推广领导小组办公室. 国际汉语能力标准 [M]. 北京：外语教学与研究出版社，2007b.
[8] 何立荣. 留学生汉语写作进阶 [M]. 北京：北京大学出版社，2003.
[9] 刘弘，凌雯怡. 国内外二语写作研究现状与特点的比较研究 [J]. 云南师范大学学报：对外汉语教学与研究版，2012（5）.
[10] 罗青松. 对外汉语写作教学研究 [M]. 北京：中国社会科学出版社，2002.
[11] 罗青松. 对外汉语写作教学研究述评 [J]. 语言教学与研究，2011（3）.
[12] 罗青松. 汉语写作教程 [M]. 北京：华语教学出版社，1998.
[13] 吕必松. 对外汉语教学概论（讲义）[M]. 北京：国家教委对外汉语教师资格审查委员会办公室，1996.
[14] 乔惠芳，赵建华. 外国留学生汉语写作指导 [M]. 北京：北京大学出版社，1995.
[15] 吴振邦，吕文珍. 汉语写作：供三年级使用 [M]. 北京：北京语言文化大学出版社，1994.
[16] 杨寄洲，崔永华. 对外汉语课堂教学技巧 [M]. 北京：北京语言文化大学出版社，1997.
[17] 杨俐.《外国人汉语过程写作》的编写理念 [J]. 语言教学与研究，2007（6）.
[18] 张念. 多层分项 循环渐进——新型写作教学模式探讨 [J]. 海外华文教育，2003（3）.
[19] 张念. 对外汉语写作教材编写的发展与思考 [C] //蔡昌卓. 多维视野下的对外汉语教学研究——第七届国际汉语教学学术研讨会论文集. 桂林：广西师范大学出版社，2009.
[20] 赵洪琴，傅亿芳. 汉语写作：供二年级使用 [M]. 北京：北京语言文化大学出版社，1994.
[21] 周红，包旭暖. 对外汉语写作教材考察与分析 [J]. 云南师范大学学报：对外汉语教学与研究版，2012（1）.
[22] 周小兵. 第二语言教学论 [M]. 石家庄：河北教育出版社，1996.
[23] 周小兵，张念. 新型汉语写作教材的编写原则 [C] //国家对外汉语教学领导小组办公室教学业务处. 对外汉语教学与教材研究论文集. 北京：华语教学出版社，2001.
[24] Bitchener J, et al. The effect of different types of corrective feedback on ESL student writers [J]. Journal of Second Language Writing, 2005, 14 (3): 191–205.
[25] Blanchard K, Root C. Ready to Write 1: A First Composition Text [M]. 3rd Ed. New York：Pearson Longman, 2010.
[26] Blanchard K, Root C. Ready to Write 2: Perfecting Paragraphs [M]. 4th Ed. New York：Pearson Longman, 2010.
[27] Blanchard K, Root C. Ready to Write 3: From Paragraph to Essay [M]. 3rd Ed. New York：Pearson Longman, 2004.
[28] Grabe W, Kaplan R B. Theory & Practice of Writing [M]. New York：Longman, 2009.

附 录

教案设计

一、《祝好人平安》

课程名称：写作。
教学对象：中级 1。
授课学时：2 课时（每课时 45 分钟）。
使用教材：《汉语写作教程》（罗青松，华语教学出版社，1998）第六课。
教学目的：
通过学习，使学生领会表示时间推移的语句的表达作用；通过操练，使学生能够运用表示时间的语句，组句成段、组段成篇。
教学原则：
以学生为中心，注重实用性、渐进性和操练性原则。在教学中精讲多练，采用提问式、对比式和集体编故事等方法，促使学生动脑筋，调动学生的积极性和参与热情，以提高学生的成段、成篇的表达能力。

一、作文讲评（约 10 分钟）
（1）表扬写得好的作文。
（2）集体修改偏误。

二、写前指导（约 10 分钟）
问学生，一边提问，一边将表示时间推移的语句写在黑板上：
　　第二天、后来、过了不久、……个月后
1）你什么时候到广州的？
2）到广州的第二天你做什么？
3）在广州生活习惯吗？哪些地方不习惯？
4）什么时候开始习惯广州的生活？
请另外一个同学描述回答问题的这位同学的情况，注意用上时间词。
5）刚来广州的时候，你会说汉语吗？会说哪几句？
6）你在餐厅吃饭吗？吃饭的时候，你会用汉语点菜吗？
7）过了多久，你可以和服务员说汉语？
请另外一个同学描述回答问题的这位同学的情况，注意用上时间词。
总结：用了表示时间推移的语句，就可以讲述一件事情，可以描写一种变化。

三、范文学习与练习（约 25 分钟）

1. 生词（请学生指出不明白的生词，然后通过语境讲解）
2. 阅读范文，就内容提问。
3. 找出范文中具体的时间、不确定的时间、时间的推移的表达。
4. 通过时间词的表达，述说范文的内容。

总结：在文章中恰当地运用时间词，可以起连接的作用。

5. 课后练习三。

四、写作操练（约 40 分钟）

1. 教师和学生用时间词一起编故事。

1）教师将表示"时间推移"的常用表达写在黑板上：

第二天、一个星期以后、过了一些日子、后来、从那以后、时间一天天地过去了、三年后

2）教师问学生：你们都知道有哪些运动项目？学生回答：跑步，打排球，打篮球，游泳，打网球，打高尔夫球，滑冰……

3）教师：我们现在一起用"时间推移"和运动项目的词语编一个关于麦克的故事。有一天麦克忽然觉得锻炼身体很重要，所以，第二天起床以后，他就开始跑步。你觉得麦克跑步跑得怎么样？

　　学生1：跑得不好，跑步没意思。
　　教师：一个星期以后，麦克不跑步了。他怎么样？
　　学生2：他打排球。
　　教师：开始，麦克觉得排球很好玩，可是……
　　学生3：过了一些日子，他觉得排球也没意思。
　　学生4：他排球打得不好。
　　教师：后来，麦克不打排球了，他打篮球。麦克的篮球打得怎么样？
　　学生5：不好。
　　教师：怎么办呢？（用手指表示"时间推移"的词语）
　　学生6：从那以后，麦克就不打篮球，他学游泳。
　　教师：他游泳游得怎么样？
　　学生7：很好。
　　教师：时间一天天地过去了，麦克越游越好。后来他怎么样了？
　　学生8：三年后，……。

2. 分小组活动。至少运用三个表示"时间推移"的词语，可以讲述一个人的变化，或描述一件事的发展、变化。挑选其中一组在全班讲述，及时讲评。

五、作业（约 5 分钟）

大家是留学生，来中国生活了几个月，开始的时候有哪些地方不习惯，后来怎么样了，现在的感觉怎么样？可以用"时间推移"把所有的变化连起来，写出来，题目可以是《来中国留学的这段日子》。

刚才上课时，教师和大家一起编故事，后来小组也说了很多故事。如果你记住了其中的一个，把

它写出来也可以。注意使用"时间推移"。

二、《香港之旅》

课程名称： 中级写作。
教学对象： 中级 4。
授课学时： 2 课时（每课时 45 分钟）。
使用教材：《发展汉语·中级写作Ⅱ》（第二版）（蔡永强，北京语言大学出版社，2012）第 17 课。
教学目的：
通过学习，使学生熟悉介绍某地特点的一般写法，掌握"尽管/虽然……但是……、或许正因为如此、最……之一、一个……另一个"等重点表达的使用方法，并能正确运用到写作中。
教学原则：
精讲多练，以学生为中心，注重实用与互动；细化写作过程，让学生有话可写。

一、作文讲评（约 10 分钟）
1. 展示优秀作文，并加以表扬。
2. 全班一起修改偏误。

二、写前指导（约 15 分钟）
问学生如下问题：
1. 来中国以后，你去过哪些地方旅游？
2. 在你去过的这些地方中，你最喜欢哪里？
3. 你在那儿玩了几天？那里有什么好玩的地方？有什么好吃的东西？
同样的问题，可以多问几个学生。如果学生回答问题时，使用了关联词或者其他比较好的词句，板书在黑板上，并告诉学生使用这些词，作文可以写得更好。
继续问问题。提问时要注意尽可能让每个学生都有开口的机会。
4. 你去过香港吗？去那儿做什么？
5. 你去过香港哪些地方？
这时学生会说出不同的地点，可以顺着学生的回答，再问一下这些地方有什么特点。
6. 你喜欢香港吗？为什么？
7. 如果用一个词形容香港，你觉得是什么？
最后，教师展示一些香港的图片，全班同学一起总结一下香港是一个什么样的地方，有哪些好吃的，好玩的，给人印象较深的特色是什么。

三、学习表达范例（约 15 分钟）
将前面学生表述的内容引入到该课的表达范例中，并进行相应的练习。以"尽管……，但……"为例：

教师：阿里说他去过北京，北京很大，有很多名胜古迹；他去过上海，上海很现代、很漂亮。但是他最喜欢桂林，桂林的风景太漂亮了。我们用"尽管……，但……"，可以怎么说？

学生：尽管阿里去过北京，觉得北京很大，有很多名胜古迹，他也去过上海，上海很现代、很漂亮，但是他最喜欢桂林，因为桂林的风景太漂亮了。

教师：很好！我们可以简单地说：尽管阿里觉得北京、上海很有意思，但是他最喜欢桂林。

教师：我们一起看 P.14 练习 3 中"尽管……，但……"两个例句，一起朗读。"尽管"的后面常常说明一些事实、情况，"但"的后面是想说的感觉或者决定。广州很潮湿，好不好？

学生：不好。

教师：你们喜欢广州吗？

学生：喜欢……还可以……

教师：所以我们可以说——尽管广州很潮湿，但我还是很喜欢广州。下面我们一起做 P.15 第 1 题"试试看，用'尽管……，但……'改写下面的句子"。

四、学习范文《香港之旅》（约 10 分钟）

1. 先让学生自己看范文，3～5 分钟，标出不懂的字词。

2. 学生提问不懂的地方，教师讲解。

3. 教师提问：大家都看完范文了，请根据印象，给同学们介绍香港之旅，注意顺序。

教师可以提问几个同学，记录、比较他们介绍的顺序与内容，然后总结范文结构与作者思路，完成第 14 页练习 2。

（练习 2 答案：对香港的印象——香港的交通——香港的美食——香港的两个特色："夜景"和"垃圾桶"——香港的车靠左行驶）

4. 请学生在范文中找出学习过的表达范例，以及影响篇章结构的关联词。如"可以说是""最……之一""一个……，另一个……"。这些语言点可以在课文中学，教师再给出书本上的例句，然后加以简单操练（PP. 15 – 16 的练习）。

（提示：课后练习教师可以有目的地选择做，有的练习可以不做，如 P.16 练习 5。）

5. 总结描述某个地方特点的一般写法，及注意事项。

一般写法：①总的介绍那个地方怎么样；②主要介绍这个地方的文化、美食、环境、交通、特色等；③用简单的句子总结。

注意：每段都有一个主题或中心，内容要一致，不能一会介绍美食，一会介绍环境；注意使用关联词写作，这样会使文章看起来连贯、通顺。

五、写作实践（约 35 分钟）

（提示：写作实践其实是一个集体模仿写作的过程，教师的作用主要是通过教学活动，分解写作的难度，为学生课后完成作文打基础。）

三四个同学一组（教师可以事前问学生喜欢哪些城市，把喜欢某个城市的学生安排在一个组），每个组一张纸，请他们完成。纸张如下：

1. 你们最喜欢的城市是_____
2. 你觉得那个城市怎么样？它有什么特色？（你可以从天气、交通、饮食、旅游景点等方面来介绍）

_____
_____
_____
_____
_____
_____

请每组同学汇报完成的情况，其他同学可以补充内容，教师进行点评，对能使用本课表达范例的小组给予表扬。

六、课后作业（约 5 分钟）

请大家写一篇关于旅游的文章。你去过哪些城市，你觉得哪个最漂亮，或者哪个最难忘？请介绍一下。刚才的小组活动也是写一个城市，你也可以把刚刚所写的内容再扩充一下，写得更详细一些。文章的写作思路可以仿照范文（教师也可在 PPT 写清楚写作框架）。作文题目可以是《……之旅》或者《一个难忘的城市——……》，不少于 500 字，注意使用今天学习的关联词和固定结构。

第十九章 专用汉语

十年来，专用汉语教育发展迅速，为各行各业培养了大量的专门人才。如何实现"专业素质高、汉语能力强"的培养目标？国际汉语教育需要考虑以下问题：什么是专用汉语？专用汉语教师教什么、学生学什么？常用的教学方法有哪些？如何进行专用汉语测试与评估？

第一节 专用汉语的定义与分类

专用汉语（Chinese for Specific Purposes，CSP）是指与某种特定需求相关的汉语。如为了从事导游职业而学习旅游汉语，为了商贸需要而学习商务汉语，为了攻读医学学位而学习医学汉语，等等。从语言学习的阶段性来看，专用汉语学习者一般需先掌握基本的汉语知识与技能（称为"通用汉语"学习阶段），然后进入专用汉语的学习。从教学内容来看，专用汉语根据学习者的专门需要用汉语来教授专门的知识和技能。如对于临床医学专业全英文授课的留学生来讲，虽然医学专业课完全使用英文，但他们需要到我国的医院见习和实习。因此，为该类学生开设的医学汉语课程就要教授在医院工作所需的汉语，如各科室住院部的常见病、常见症状、常用药、常用治疗方法和常用交际用语等。

根据专用汉语的用途，一般可将其分为专业汉语和职业汉语两大类。前者也称为学术汉语，后者也称为业务汉语。

一、专业汉语

专业汉语指各院校为来华留学生学习相关专业开设的汉语课程，如为理工科学生开设的科技汉语、为医科学生开设的医学汉语等。课程开设的目的旨在以汉语作为专业学习的工具，帮助仅有通用汉语学习经历的相关专业留学生提高专业汉语水平，适应汉语授课模式的专业课程学习。

专业汉语课程的教学内容涉及大量的专业知识、专业词汇和与专业相关的书面语表达形式，教学重点在于从汉语的角度帮助留学生理解专业学科的内容，而不在于传授专业知识。

二、职业汉语

职业汉语指为满足学习者从事某项职业或业务需要而设置的汉语课程。课程开设的目的旨在帮助学习者学习并掌握从事其职业或业务所必需的汉语知识和技能。

职业汉语课程的学习者可分为两大类：一类是具备了职业知识，只是不知道汉语如何表达，我们称之为有知识储备的学习者。如北京外国语大学跟欧盟联合培养的欧盟经理人项目，学习者已经具备商务知识和商务工作经验，只需要学习跟商务职业有关的汉语知识（含口语和书面语）。另一类是无职业知识储备的学习者，他们需要在职业汉语课程里同时学习职业知识。如来中国学习汉语以便以后从事中外商务工作的留学生。为他们开设的"在华经贸实务"等课程，教学重点既要帮助他们掌握专业词汇和与职业相关的汉语表达方式，又要传授相关的职业知识。再如在中国用英语学习医学专业的留学生，已经用英语学习了医学专业知识和作为医生这一职业的知识。但是为了在中国的医院见习、实习时，用汉语与中国医护人员、病人及其家属等交流沟通，需要学习汉语。为这些学生开设的医学汉语课程，教学重点在于帮助留学生掌握与职业相关的汉语表达方式，不在于传授职业知识。

第二节 专用汉语教学大纲与课程设置

一、专用汉语教学大纲

以下主要介绍商务汉语教学大纲、医学汉语教学大纲和旅游汉语教学大纲。

（一）商务汉语教学大纲

针对商务汉语水平考试，2006年8月，国家汉办和北京大学商务汉语考试研发办公室编著的《商务汉语考试大纲》由北京大学出版社出版。这一考试大纲后的附录有《商务汉语交际功能项目》和《商务汉语常用词语表》。

《商务汉语交际功能项目》把商务活动中的交际功能项目分为生活和业务两大类。其中，生活类包括与商务活动有关的日常生活及社会交往活动。每一大类包括若干小类，每一小类列举了若干交际任务，如：生活类的签证，包括咨询、说明和办手续；业务类的招聘，包括招聘启事和面试。这些交际功能项目没有划分层级。

《商务汉语常用词语表》中的词语包括商务业务以及与商务有关的生活、社交、工作中的常用词语，共2457个。按照词语的使用范围，这一词表分为两个表：表一收录与商务有关的生活、社交、工作类词语1035个，表二收录商务活动中的常用业务类词语1422个。大纲没有对这些商务词汇划分等级。

为满足汉语学习者的商务测试需求，孔子学院总部/国家汉办委托对外经济贸易大学国际商务汉语教学与资源开发基地，组织中外专家，借鉴近年来国际语言测试和商务汉语研究的最新成果，对 2006 年开考的商务汉语考试（BCT）进行了改版，编著出版了《商务汉语考试 BCT（A）大纲》《商务汉语考试 BCT（B）大纲》和《商务汉语考试大纲（口语）》。基于大规模调研和数据分析，研究人员制定了《商务汉语能力标准》。BCT（A）以《商务汉语能力标准》为主要依据，根据多项权威汉语语料库的词频情况和国际汉语教学的实际情况设定了考试的参考词汇，共 600 词；BCT（B）设定的考试参考词汇共 4000 词。

针对商务汉语专业的学历教育，北京语言大学出版社于 2012 年 4 月出版了《经贸汉语本科教学词汇大纲》。该大纲专门针对经贸汉语本科四年制学历教育制定，主要由研究报告、总词表、核心词语表、附件四部分构成。大纲由零起点起步，共包括初、中、高三个等级，涵盖了经贸汉语本科学历教育一至四年级的全部内容。

（二）医学汉语教学大纲

国内学习医学的留学生越来越多，一些高校研发了医学汉语教材，自编了相应的教学大纲。如中山大学周小兵、莫秀英主编，十几所大学参编，针对临床医学专业留学生编写了《医学汉语·实习篇》，并撰写论文拟定了该课程的教学大纲。该大纲包括课程性质、课程基本内容、课程目标、课程安排、教学建议、课程考核与评估等。尽管它还没有形成专用医学汉语统一的教学大纲，但该大纲对临床医学专业留学生教学还是有指导作用的。

针对中文授课模式的医学生开设的医学汉语，目前教育部门也没有统一的教学大纲，教材也多是各个院校的自编教材。2017 年中山大学莫秀英、邓淑兰针对这类留学生编写并出版了《专业基础医学汉语——解剖与组胚篇》和《专业基础医学汉语——细胞生物学篇》，并将在教材和教学实践的基础上编写专业医学汉语教学大纲。

（三）旅游汉语教学大纲

目前，关于 HSK（旅游）的研发主要由上海师范大学对外汉语学院旅游汉语课题组负责。他们于 2008 年编著并出版了《旅游汉语功能大纲》和《旅游汉语词汇手册》，对功能和词汇方面进行了等级划分，但对旅游汉语的教学没有制定明确的大纲。

《旅游汉语功能大纲》将功能细目分成五大类：组织旅游、景区游览、饭店实务、旅行社实务、旅游发展和相关管理。其中，组织旅游的侧重点放在组织、安排游客在旅游中的各项活动，重点在"导"；景区游览主要涉及旅游生活中的游览、娱乐、购物等各项活动，重点在"游"。各功能细目大多分为初、中、高三级，如安排行程、办理手续等；有的功能细目只有中、高两级，如饭店管理，以及介绍景区当地的风俗习惯、禁忌避讳、经济发展、人民生活水平、政治文化生活等。

《旅游汉语词汇手册》共收常用旅游汉语词语4674条，分为初、中、高三个级别，每个词条包括序号、词条、汉语拼音、词性和英语释义。此书为旅游汉语的教学、教材编写和旅游汉语考试提供了词语考试方面的范围和依据，可作为旅游汉语学习者、旅游者和旅游从业人员的工具书和学习参考书。

二、专用汉语的课程设置

（一）商务汉语

就汉语作为第二语言而言，商务汉语是当前最热门的一门职业汉语。周小兵等（2008）认为："商务汉语的教学目的是为了让学习者能用汉语从事与商务或经贸有关的活动。"

商务汉语方向的学历生，有的是一、二年级学通用汉语，三、四年级学商务汉语技能类和知识类课程。非学历生学习商务汉语也要具备一定的通用汉语基础，在高校一般是中高级班才开设商务汉语课程。商务汉语的教学重点是汉语语言技能的训练和商务专业知识的训练，其中商务专业知识的传授是浅层次的、通用的、常识性的，以满足现代社会商务交流的需要。

目前，大部分高校开设的商务汉语技能课程主要有商务汉语综合课、商务口语交际、商务写作、商务阅读、经贸洽谈、经济导读、商务文书概论等，商务知识类课程主要有世界经济概论、经济学原理、国际贸易实务、市场营销学、涉外经济法规、当代中国经济与社会等。

（二）医学汉语

学习职业类医学汉语的留学生，一般已学过通用汉语，汉语水平达到HSK四级或以上，而且已用英语学习了与职业相关的医学知识。医学汉语课程一般在三、四年级和去医院见习前开设，其目的是帮助留学生适应实习工作，能用汉语跟病患及家属、医护人员交流沟通。

职业类医学汉语课程侧重于对学生听说能力和交际能力的训练。教学内容要求与临床实习需要的汉语表达尤其是口语表达密切相关，主要包括常用人体各种结构、常用药物、病人的体征、主要症状和诊断等方面的词汇，用于询问病人病情、讨论病例和治疗方案、回答病人疑问、向病人做各种解释等的常用句式以及常见实验报告内容的表述、病历的书写，等等。

作为专业汉语课程之一的医学汉语课程，是为用汉语学习临床医学专业的留学生开设的。课程开设时间在本科一年级。虽然我国要求进入理工农医专业的中文授课留学生入系前的 HSK 水平需达到 4 级或以上，但留学生没有学习过医学专业课程。进入专业学习后，专业理论课程方面，他们是与中国学生一起大班上课，使用汉语编写的教材，授课语言为汉语，专业课的作业、测验、考试也要求用汉语完成。对于该类留学生来说，用汉语学习医学专业的语言障碍非常大。因此，医学汉语课程的开设目的是要帮助他们扫除语言障碍、看懂专业教科书、听懂专业课，最终顺利完成专业课的学习。专业类医学汉语课程侧重于阅读理解和听力理解能力的训练。课程的内容以培养阅读专业基础课教科书的能力为主，以训练与专业学习相关的听力及写作能力为辅。

（三）旅游汉语

随着中国经济的发展和人民消费水平的提高，出国旅游的中国人越来越多，国外越来越需要懂汉语的导游。同时，旅游也是一种学习语言的好方法。外国留学生来自世界各国，他们来到中国，也常常通过旅游来了解中国。旅游汉语作为一门职业汉语也就应运而生了。系列旅游汉语教材也不断面世，如《旅游汉语系列教材：游学中国》《体验汉语旅游篇》等。

基于职业汉语的特殊需要，目前国内的旅游汉语教学以口语交际为主，教学内容主要是与旅游整个行程相关的各项工作，包括组织旅游、景区游览、饭店实务、旅行社实务、旅游发展和相关管理等。

（四）警务汉语

目前，越来越多的外国警界认识到了警务汉语在本国执法以及跨国合作领域的重要性，自发开始了速成警务汉语培训。为满足中外警界的迫切需求，科学拓宽职业汉语的教学领域，2014 年由北京外国语大学张京京等编著并出版了面向执法联络员汉语培训项目的专用系列教材。该套教材包括：《警务汉语（生活篇）》，适合零起点学习者；《警务汉语（专业篇·初级）》，适合具有 HSK 2 级至 3 级水平的学习者，也可作为 HSK 4 级以上学习者的辅助教材或速成教材；《警务汉语（专业篇·中高级）》，适合 HSK 4 级以上学习者。田有兰、王新编著并出版的《警务中泰英三语教程》，内容涉及警务及法律常识，书中内容具有很强的针对性，如公共安全、失物招领、交通管理、处理交通违规、巡逻及盘查、刑事审讯、非法移民、非法务工、处理刑事案件、社区警务管理等。该教材为读者提供了常用的警务中、泰、英三语词汇、习惯用语和表达方式。

（五）军事汉语

随着中国综合实力的不断增强，中国与世界各国之间的军事友好交流工作也日益增多，每年到中国各军事院校学习深造的外军留学人员数以千计，其学员主要来自非洲、东南亚和中亚等地。这些外军留学人员为满足日常生活和军营交流的需要，也希望学习一些汉语。我们的军队总部机关也认识到汉语言培训在传播中国军事思想文化、彰显中国军队软实力方面的作用。军事汉语是针对外军来华留学人员的日常生活和军营交流，军事汉语的教学以口语交际为主，同时辅以提高学习者听读能力，以提高外军留学人员进行相关听说交际和阅读相关专业资料的能力。目前军事汉语开设的主要课程有孙子兵法、军事汉语阅读、中国军队概览等，已出版《初级军事汉语》《军事汉语阅读》《古代军事文选》等教材。

第三节　专用汉语教学方法

本小节主要介绍商务汉语和医学汉语的教学方法。

一、商务汉语教学方法

由于其教学内容、教学目的的特殊性，商务汉语在教学上要以学生为本，突出交际性、实用性，注重师生互动与沟通，教学方法具有多样性和灵活性的特点。

以下介绍专业术语教学方法和商务汉语常用的任务型教学法及案例教学法。

（一）专业术语教学方法

1. 迁移释义法

商务汉语中的专业术语是主要运用于商务交际活动中的专门用语，抽象程度低，其中有不少术语与通用汉语的联系非常密切，甚至与通用汉语词汇有交叉重叠，如"索赔""滞销""疲软""押金"等。迁移释义法就是引导学生利用已知的通用汉语词汇理解新的商务术语，促成从通用汉语词汇到商务专业术语的迁移。例如，讲授"索赔"这个词，就可以告诉学生"索"就是向别人要钱或东西，"索赔"就是找人要赔偿，为什么要赔偿？因为对方给自己带来了损失。然后再引导学生理解国际贸易中索赔发生的原因、索赔的范围等。

2. 例释法与图示法

在教学中，有的专业术语离学生的日常生活经验较远，意义解释比较复杂，最好的办法就是举例子，有时再借助图示，就能让学生较好地理解术语的含义。例如"信用证"这一国际贸易中普遍采用的支付方式，解释起来非常复杂，在《国际贸易理论与实务》（卓骏，2006）里，信用证"是银行应买方要求和指示向卖方开立的、凭符合信用证条款规定的单据向第三者（受益人）或其指定方进行付款或承诺、议付汇票，或授权另一银行进行付款或承兑、议付汇票的一种书面承诺"。这种标准的术语解释，术语套术语，句式又复杂，一般的学生难以理解。如果举一个开立信用证的实例，再配以多媒体图示（图19.1），学生理解起来就容易多了。

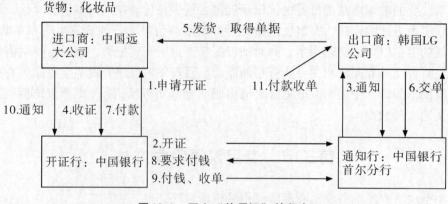

图 19.1 开立"信用证"的程序

在讲解时，教师还可以先引入学生熟悉的网上购物所使用的支付宝。支付宝是第三方支付平台，是一种有保障的支付方式；信用证跟支付宝有一定的相似之处。由学生熟悉的支付宝迁移到跟其有相似点的信用证，再利用多媒体图示一步一步地讲解信用证的一般收付程序，学生就能更清楚地了解这一支付方式了。

3. 对比分析法

商务汉语中的专业术语有许多是成组出现的。例如，讲海上运输保险时，就会出现平安险、水渍险、一切险、一般附加险、特殊附加险等险别术语；讲投资方式时，就会涉及外商独资、中外合资、中外合作；讲加工贸易形式时，就离不开来料加工、来件装配、来样加工。这些大量出现的新术语必然会给学生的理解带来困惑，对于他们的语言技能训练更是一个不小的障碍。在教学时，教师可以对成组的术语进行对比分析，引导学生掌握这些术语之间的相同点和不同之处。要注意的是，在商务汉语技能类课程的教学中，教师解释商务专业用语时要避免就词论词，不要花费太多时间来解释这些词语，让学生能在商务交际活动中正确使用才是教学的最终目的。

（二）任务型教学法

任务型教学法是20世纪80年代兴起的一种第二语言教学法，它是基于完成交际任务的语言教学方法，教学活动以学生为中心，教师根据教学内容设计具体的、具有明确目标的语言交际任务，让学生用目的语协商、讨论，完成任务，从而达到学习的目的。商务汉语教学强调交际性和实用性，特别适合用任务型教学法来开展教学活动。

例如在商务口语课上学习有关"交货"的话题，就可以安排以下几个主要教学环节：

第一步：让学生听一段谈论"交货"的对话，通过听觉输入的方式引入和激活本课的背景知识，为学生提供完成交际任务所必需的语言基础和商务知识。例如，国际贸易中交货时间一般怎么规定、在规定交货时间时应考虑哪些因素、卖方不能尽早交货的原因可能有哪些，以及谈论交货时间时可能使用到的词汇，如订单、投放、货源、催促、抢先、额外、支付、加班、一次性交货、销售旺季、最佳上市时间等。

第二步：将学生分成两人一组，完成交际任务。教师给每组学生各发两张事先准备好的卡片，其中一位学生扮演买方，他的卡片上写有货物名称及买方对交货时间的要求；另一位学生扮演卖方，他的卡片上写有货物名称以及卖方不能答应买方要求的原因。两位学生运用上一步骤中学到的背景知识和词汇商议好交货时间和地点。在这一步骤中，教师发放给各组的卡片，在货物名称、买方对交货时间的要求、卖方不能答应买方要求的原因等方面都应有所不同。

第三步：请若干组学生在全班进行公开表演。教师对学生完成任务的情况进行点评，针对学生出现得较多的语言错误进行集体纠正，并进一步强化商务知识和常用商务词汇。由于课堂教学时间有限，在这一环节中，并不是所有的学生都能上台表演，教师可以安排部分学生在下一次课上展现任务完成情况，也借此帮助学生巩固、深化已学知识。教师还可以根据情况，要求学生将模拟的交际活动拍摄成视频发给教师，教师及时给予反馈，并在课堂上针对部分视频进行点评。

运用任务型教学法开展教学活动需要注意以下几方面的因素：第一，注重任务的真实性和实用性。教师所设计的任务要与学生今后在实际工作和商务活动中可能面临的常见任务以及相应的汉语语言技能相联系。第二，不能忽略语言形式的输出，所设计的任务要能引导学生运用特定词汇、句型和表达方式。第三，合理定位任务难度。任务的设计要考虑到学生的语言能力和知识储备，任务难度可以略高于学生现有水平，力求最大限度地调动学生的积极性。第四，合理安排与有效使用时间。任务的完成需要占用一定的课内时间甚至课余时间，时间压力是教师运用任务型教学法开展教学时不得不考虑的重要因素，任务太复杂或安排过多都是不现实的。

（三）案例教学法

案例教学法就是在教学中运用现实案例进行教学。案例常以书面的形式展示出来，学生在阅读、研究、讨论的基础上，通过教师的引导解决具体案例或疑难问题。针对教学中的难点或一些较为抽象的知识点，采用案例教学法，引入一些实例，或者师生一起讨论分析相关案例，可以让学生在实际的情景中把握相关的概念和知识点，也可以使某些枯燥的知识点变得生动起来，吸引学生兴趣，从而活跃课堂气氛。案例教学一般分为以下几个步骤。

1. 展示案例

在分析讨论之前，教师将案例发给学生或用 PPT 展示，要求学生查找、阅读相关理论知识，以便找到分析案例的依据。如学习"国际货物的运输保险"，教师可引入案例："我公司以 CIF 条件出口一批罐头，签订合同后，接到买方来函，声称合同规定的目的港最近发生暴乱，要求卖方在办理保险时加保战争险。对此，我方应该如何处理？"为帮助学生把握案例所涉及的知识点，教师还可以展示具体的问题，以引导学生去寻找解决问题的依据：海洋货物运输保险有哪些险别？战争险属于哪类险别？按 CIF 条件成交的买卖合同，保险应该由哪一方购买？按国际惯例，卖方办理保险时，需投保哪些险别？

2. 分析与讨论

教师将学生分成若干小组，以小组为单位进行分析与讨论。教师应督促每个学生积极参与，用汉语发表自己的观点和见解。小组讨论结束后，最好能形成统一的意见或认识。然后，各小组指派代表向全班同学阐述本小组的讨论结果。值得注意的是，教师在讨论中不要轻易表露自己的观点，以免学生产生依赖心理。若学生的观点不一致，可以引导学生展开讨论；若学生的分析判断有错误，教师可采取提问的方式，使学生意识到问题出在哪里，从而自觉加以修正。教师还可以充分利用部分有商务实践经验的学生，让他们来发表自己的见解或做出评判。

3. 案例总结

案例分析、讨论结束后，教师应及时总结本次讨论。总结并不是简单地给出所讨论案例的答案，而且在实际教学中有不少案例并没有标准答案。教师的总结是为了指出本次案例讨论的思路、重点和难点、主要解决的问题以及如何运用理论知识来解决实际问题。教师还可以评价本次案例讨论的成功与不足，将学生的表现作为平时成绩。

针对一些复杂的案例或实用性很强的案例，教师还可以要求学生在课后根据小组讨论的结果和教师的总结撰写案例报告，以巩固、加深所学的知识点，同时提高学生的书面表达能力。

二、医学汉语教学方法

医学汉语课的教学设计指对教学环节的设计和对教学方法的选择。根据学生需求选择了教学内容后，教师需要对教学环节和各环节使用哪些教学方法进行设计。以下介绍针对实习需求和针对专业学习的两类医学汉语的教学方法。

（一）针对实习需求的医学汉语教学

针对实习需求的医学汉语，教学环节可以分为生词学习、课文学习、口语训练和一般练习。

1. 生词教学

生词学习重点在专业词语，这些词语基本上都是超纲词。专业词语的教学方法主要有：

（1）图片或实物展示法。教学上借助图片或实物展示生词的含义。如学习"杵状指"这个词，可以先展示中国传统的农具之一——"杵"，启发学生说出杵的特点——头的部分特别粗大。再展示手指头特别大特别肥的病态手指——杵状指。

（2）表情动作解释法。实习用的专业词语很多与病人的症状有关。解释这些生词时，除了利用实物图片外，有很多也可以通过表情动作去解释，帮助学生理解。如"反跳痛"这个词的意思指医生在病人痛处轻轻按压，然后迅速抬手，在抬手的一瞬间病人有明显的痛感。教师展示相关图片并做解释后，可扮演医生的角色，并参照课文内容，将手放在一位学生腹部轻压，在抬手的一瞬间，让学生夸张地大喊很痛。接着让学生两人一组互相模仿医生和病人演示反跳痛，以加深其对该词的理解和印象。

（3）适时归纳法。医学汉语有不少专业词语的结构中有共同的语素（如听诊、问诊、叩诊、触诊、初诊、确诊、误诊、复诊等），教师可在适当时候进行归纳。

（4）课文句子举例法。通用汉语词汇教学中，教师常用浅显的语句帮助学生理解生词。医学汉语的专业词汇教学用这种方法效果不是很好。因为课文中含有专业词语的句子往往是学生学习的难点。因此，在生词学习环节，可尽量将课文中的语句直接（或略作改写）作为讲解生词的例句。

2. 课文教学

课文教学的主要目的是让学生能认读、理解并复述课文内容。通常使用的方法是教师带读、学生朗读、分角色朗读、学生复述、根据课文总结病人的情况（如病史、症状、体征、检查及结果、诊断、治疗方法、医嘱等）。

3. 口语训练

课文是模拟医院情景的对话，口语训练则要求学生能模拟课文的情景进行口头交际。口语训练主要包括看图对话和有信息差的对话两大类。看图对话的图与课文情景相关，可以根据课文限定学生必须使用某些专业词语进行对话。学生可以分成小组一起进行准备，最后选一些小组进行展示。有信息差的对话方法是把学生分为医生、病人、病人家属、实习生等角色，各角色先阅读自己的信息，自己先做准备，最后教师从各角色中各选一人进行对话，可以根据课堂时间选取若干组。

4. 一般练习

一般练习可视具体情况课外或课内完成。认读词语、句子等最好安排在课内；词语填空、完成对话、回答问题等可以布置为课外作业，课内检查或展示。

（二）针对专业学习需求的医学汉语教学

针对专业学习需求的医学汉语，教学环节大致分为复习上一课、新课生词学习、课文学习和练习等教学环节。

1. 复习上一课

由于专业医学汉语的内容对学生来说难度非常大，但对其学习专业课又有很大的帮助，因此，复习环节在专业医学汉语教学中必不可少。复习形式一般为听写和听力理解，每课所需时间在 20～30 分钟之间。听写又可分为词语听写和句子听写。词语听写可选择专业词语和对课文理解比较重要的普通词语。句子听写则可选择课文中比较重要的语句，如果句子的书面语体色彩较浓，可以适当改为口语化的语句，目的是提高学生专业听力能力。听力理解则可选取课文中某些重要的内容，教师略加口语化处理后朗读，学生听后做选择、判断题或回答问题等练习。听力理解的目的除了复习所学内容外，也是为了提高学生的专业听力能力。

2. 新课生词教学

用于针对专业学习需求的医学汉语的教学内容直接选自医学教科书，课文表述、词语和句式等基本上保留专业教科书的原貌，因此每课的生词量较大。课文内容本身会对大部分的专业词语进行介绍说明，因此在生词教学环节只需带读专业词语，大部分不需要讲解。如"角膜"这个生词，课文中会有"角膜呈透明的圆盘状，略向前方突出，边缘与巩膜相连"的解释，因此不需要在生词教学环节讲解。

3. 课文教学

课文教学环节是本课程的重点，因此，要把较多的教学时间放在这个环节。由于课文生词多，句子长，加上使用的是书面表述方式，因此课文的阅读理解难度非常大，教学上要综合运用多种方法。常用的方法有：

（1）朗读法。课文要反复朗读，形式有教师带读、学生轮读、学生齐读等。读的时候还要注意长句里短暂停顿的位置。

（2）图片、实物展示法或图表法。为了帮助学生理解课文内容，需要使用图片、实物或自己制作图表辅助讲解。如讲解眼球的结构时，可以展示眼球结构的图片，边看图边学习课文内容。专业医学汉语课文也常常出现某些物质演变发展的步骤或过程，用图示法展示这些步骤或过程可以帮助学生理解和掌握课文内容。

（3）复述法。复述法是巩固课文理解的有效方法。教学上可以从易到难使用复述法。如先给出较长的提示，然后逐渐减少提示，重要的内容可直至没有提示。

（4）小组协作法。专业医学汉语课文内容的难度非常大，小组协作法可以克服学生的畏难情绪，使其跨越学习障碍。如借助图片学习了眼球的各种结构后，可以将学生分成两三人的小组，一人指点眼球结构的位置，其他人说出名称，并且轮换练习，最后让各小组再次演示。

（5）归纳法。归纳法包括用简单语句概括、用图表概括等。如用简洁的语句概括段落内容、用图示归纳课文某些内容、用表格归纳对比课文内容等。专业医学汉语课文内容是根据医学教科书选取的。医学教科书表述方式的主要特点是：每段的主要内容或观点大多在各段的第一个句子,少数在最后一个句子,极少数在段落中间。因此学习课文的每个段落后,都可以让学生概括归纳该段的主要内容。这种方法既可以帮助学生从总体上理解课文内容,也可以帮助学生提高直接阅读专业教科书的效率。专业医学汉语课文常常出现对不同物质、原理等的说明,让学生列表格可以训练其归纳对比的能力,帮助其更深入地理解课文内容,同时也有助于他们完成专业课的作业和考试中的对比论述题。

4. 练习

专业医学汉语的练习主要在课内完成。有些练习可以穿插于课文教学环节,如根据课文内容回答问题的练习,可以在讲解相关课文内容时穿插进行。有些练习可以在课文教学之后进行,如根据词语画形状、写出与书面语意思相同的口语、写出与单音节词意思相同的双音节词、根据课文内容完成表格、填图等。课外布置的作业,应该以复习性的为主,如根据课文内容填空、回答问题、名词解释等。

第四节 专用汉语的测试和评估

一、商务汉语的测试和评估

为促进汉语国际推广,国内已开发了多种汉语水平考试,商务汉语水平考试(BCT)就是其中的一种。BCT 面向全球,测试第一语言非汉语者从事商务活动所应具有的汉语水平。BCT 作为一个考试系列,由 BCT(A)、BCT(B)和 BCT(口语)三个独立的考试组成:BCT(A)"面向商务汉语初学者,考查考生运用汉语完成日常交际和基本商务交际任务的能力"(国家汉办,2014);BCT(B)"面向商务汉语中高水平学习者,考查考生运用汉语完成较为复杂的商务交际任务的能力"(国家汉办,2015);BCT(口语)"面向全部商务汉语学习者,通过网考形式,采用个性化、针对性的试题考查考生运用汉语口语完成各类交际任务的能力"(国家汉办,2014)。

商务汉语考试(BCT)具有以下特点:①注重商务实用。考试遵循以用为本、听说导向、能力为重、定位职场的原则,力求贴近职场实际情况。②贯彻《商务汉语能力标准》,倡导考教结合。《商务汉语能力标准》基于大规模调研和数据分析,《商务汉语考试 BCT 大纲》与之相呼应,为精细化的能力评估和系统化的教学活动提供依据。③将商务文化纳入考查范围,以提高商务汉语学习者的跨文化交际能力。

评估方式对学生的学习倾向有很大影响。商务汉语的评估方式应根据需求分析来确定,主要包括平时成绩评估和考试成绩评估。还要根据课型特点确定平时成绩和考试成绩的占比。如综合课以笔试为主,考查学生的读写能力,平时成绩、期中考试成绩、期末考试成绩占比分别为 15%、25%、60%;听说课以口头考试为主,辅以笔试,平时课堂测试成绩、期中考试成绩、期末考试成绩占比分别为25%、25%、50%；知识类课程多选择笔试，以阅读理解和应用商务知识为主，评估也是课堂测试评估与考试测试评估相结合，成绩占比根据具体课型略有差异。

二、医学汉语的测试和评估

医学汉语的测试包括平时课堂测试和期中、期末考试。课堂测试一般为笔试，主要以听写形式出现，目的是督促学生及时复习并检查其学习、复习情况。课堂测试设计根据各课内容进行，原则上以词语和句子为主，短语段听力理解为辅。针对实习需求的医学汉语课程，其教学重点在于听说能力的训练，故一般不进行课堂测试；针对专业学习需求的医学汉语课程，其教学重点是对专业知识的阅读理解和听力理解，一般每课都需要安排课堂测试。

针对实习需求的医学汉语期中、期末测试应以口试为主，笔试为辅。如口试占70%，笔试占30%。口试也应根据教学目的进行设计。如为了提高学生认读专业词语的能力，可以设置看汉字读专业词语和句子、短语段的题型。为了巩固所学内容，可以设计问答题型，问答题可以是考官发问，被试回答（如：为了确诊病人是不是得了肺癌，应该做哪些检查?）；也可以是考官说出某些情况，被试根据情况提出问题（如：病人捂着肚子说肚子很痛，你可以问他什么?）。为了提高学生的专业交际能力，可以设计情景对话的题型，要求学生按照病人、实习生、指导医生等角色，根据规定的情景进行对话。笔试可以设计词语搭配（如病种与治疗方法或药名搭配、身体部位与症状连线等）、选词填空（如从课文中选出重要的句子，把专业词语抽出作为备选词语）、完成问答、阅读对话或语段后回答问题、根据医生和病人的对话写出病人的情况等题型。

针对专业学习需求的医学汉语期中、期末测试，一般只设计笔试。其题型尽量与教材练习一致。一般的题型有听力理解（单选题、多选题、判断题、听后回答问题等）、写出与单音节词意思相同的双音节词、写出与书面语意思相同的口语词、根据词语画出相应的形状、选词填空、阅读理解（阅读后填图、填表、名词解释、多选题、单选题、简答题等）。

评估方法主要包括平时成绩评估和考试成绩评估。医学汉语课程难度较大，为了使学生注意平时循序渐进地认真学习和复习，平时成绩的评估非常重要。平时成绩一般占课程评估成绩的40%。针对实习需求的医学汉语课，为了突出听说能力的重要性，平时成绩评估可包括考勤、每课作业、课文认读、课堂会话等。针对专业学习需求的医学汉语课，平时成绩则可包括考勤、每课听写、每课作业、课堂小组展示等。考试成绩一般占课程评估成绩的60%，笔试根据学生的实际卷面成绩确定，口试的评估方法可参照通用汉语的口语课。

思考与练习

1. 如何区分专业汉语和职业汉语？请举例说明。
2. 如果你是商务汉语教师，你如何教授"微信支付"？
3. 讲授商务汉语专业词汇时，可以采用哪些方法？你觉得哪些方法更有效？
4. 下面是《专业基础医学汉语——解剖与组胚篇》第十五课的一个语段，请根据针对专业学习需求的医学汉语的课文教学法设计出该语段的教学方案。

人胚第18～19天，生心区的中胚层内出现围心腔，围心腔腹侧的中胚层细胞密集，形成前后纵行、左右并列的一对长索，称生心板。生心板的中央变空，逐渐形成一对心管。由于出现头褶，胚体头端向腹侧卷曲，以致原来位于口咽膜头侧的心管和围心腔转至口咽膜的腹侧，原来在围心腔腹侧的心管则转至它的背侧。当胚体发生侧褶时，一对并列的心管逐渐向中线靠拢，并从头端向尾端融合为一条。与此同时，心管与周围的间充质一起在心包腔（即围心腔）的背侧渐渐陷入，如此便在心管的背侧出现了心背系膜，将心管悬连于心包腔的背侧壁。

5. 请根据针对实习需求的医学汉语生词教学法，设计出《医学汉语·实习篇Ⅰ》第七课中的生词"胃溃疡、胃出血、胃穿孔、潜血、止"的教学方案。
6. 下面是商务汉语教学中关于索赔的一个案例，请运用任务型教学法设计出教学方案：

有一份CIF合同，中国某公司出售400公吨洋葱给澳大利亚公司，洋葱在中国某港口装船时，经公证行验明：完全符合商销品质，并出具了合格证明。但该批货物运抵澳大利亚时，洋葱已全部腐烂变质，不适合食用，买方因此拒绝收货，并要求卖方退回已付清的货款。

7. 案例教学法有什么特点？如何运用案例教学法针对货款的支付方式进行教学？

本章参考文献

[1] 邓淑兰，莫秀英. 专业基础医学汉语——细胞生物学篇 [M]. 北京：北京大学出版社，2017.
[2] 关道雄，费飞. 商务汉语课教学中的任务类型及设计 [C] // 《第九届国际汉语教学研讨会论文选》编辑委员会. 第九届国际汉语教学研讨会论文选. 北京：高等教育出版社，2010.
[3] 国家汉办. 商务汉语考试BCT（A）大纲 [M]. 北京：高等教育出版社. 2014.
[4] 国家汉办. 商务汉语考试BCT（B）大纲 [M]. 北京：高等教育出版社. 2015.
[5] 莫秀英，邓淑兰. 六年制MBBS医学汉语课程教学大纲初探 [J]. 现代语文，2015（9）.
[6] 莫秀英，邓淑兰. 专业基础医学汉语——解剖与组胚篇 [M]. 北京：北京大学出版社，2017.
[7] 莫秀英. 医学汉语·实习篇Ⅰ [M]. 北京：北京大学出版社，2007.

[8] 莫秀英．医学汉语·实习篇Ⅱ［M］．北京：北京大学出版社，20010．
[9] 莫秀英．医学汉语·实习篇Ⅲ［M］．北京：北京大学出版社，2012．
[10] 上海师范大学对外汉语学院旅游汉语词汇大纲课题组．旅游汉语词汇手册［M］．北京：世界图书出版公司北京公司，2008．
[11] 上海师范大学对外汉语学院旅游汉语功能大纲课题组．旅游汉语功能大纲［M］．北京：世界图书出版公司北京公司，2008．
[12] 沈庶英．经贸汉语本科教学词汇大纲［M］．北京：北京语言大学出版社，2012．
[13] 田有兰，王新．警务中泰英三语教程［M］．昆明：云南大学出版社，2008．
[14] 吴淑姣．留学生经贸汉语课程中的术语教学［J］．暨南大学华文学院学报，2006（4）．
[15] 张黎．经贸汉语课程研究［M］．北京：商务印书馆，2007．
[16] 周小兵，干红梅．商务汉语教材选词考察与商务词汇大纲编写［J］．世界汉语教学，2008（1）．
[17] 卓骏．国际贸易理论与实务［M］．北京：机械工业出版社，2006．
[18] Tom Hutchinson & Alan Waters．特殊用途英语［M］．上海：外语教育出版社，2002．